ein Ullstein Buch

PROPYLÄEN WELT GESCHICHTE

Eine Universalgeschichte
Herausgegeben von
GOLO MANN
unter Mitwirkung von
ALFRED HEUSS
und
AUGUST NITSCHKE

Band I
Vorgeschichte · Frühe Hochkulturen
Band II
Hochkulturen des mittleren und östlichen Asiens
Band III
Griechenland · Die hellenistische Welt
Band IV
Rom · Die römische Welt
Band V
Islam · Die Entstehung Europas
Band VI
Weltkulturen · Renaissance in Europa
Band VII
Von der Reformation zur Revolution
Band VIII
Das neunzehnte Jahrhundert
Band IX
Das zwanzigste Jahrhundert
Band X
Die Welt von heute
Band XI
Summa Historica

Elf Bände in zweiundzwanzig Halbbänden

Dritter Band
2. Halbband

Griechenland
Die hellenistische Welt

OLOF GIGON
C. BRADFORD WELLES

Der Beitrag von C. Bradford Welles ist von Dr. A. R. L. Gurland in die deutsche Sprache übertragen worden.

CIP-Kurztitelaufnahme der Deutschen Bibliothek

Propyläen-Weltgeschichte:
e. Universalgeschichte; 11 Bd. in 22 Halbbd. / hrsg. von Golo Mann unter Mitw. von Alfred Heuss u. August Nitschke. – Frankfurt/M, Berlin, Wien: Ullstein.
([Ullstein-Bücher] Ullstein-Buch; Nr. 4720)
ISBN 3-548-04720-3

NE: Mann, Golo [Hrsg.]

Bd. 3. → Griechenland, die hellenistische Welt

Griechenland, die hellenistische Welt. – Frankfurt/M, Berlin, Wien: Ullstein.
Halbbd. 2. Olof Gigon; C. Bradford Welles. – 1976.
(Propyläen-Weltgeschichte; Bd. 3)
([Ullstein-Bücher] Ullstein-Buch; Nr. 4726)
ISBN 3-548-04726-2

NE: Gigon, Olof [Mitarb.]

*Ullstein Buch Nr. 4726
im Verlag Ullstein GmbH,
Frankfurt/M – Berlin – Wien*

*Der Text der Taschenbuchausgabe
ist identisch mit dem der
Propyläen Weltgeschichte*

**Umschlag: Hansbernd Lindemann
Alle Rechte vorbehalten
© 1962 by Verlag Ullstein GmbH,
Frankfurt a. M./Berlin
Printed in Germany 1976
Gesamtherstellung: Ebner, Ulm
ISBN 3 548 04726 2**

INHALTSVERZEICHNIS

C. Bradford Welles

401 DIE HELLENISTISCHE WELT

Alexander erobert Thron und Heer *(403)* Kleinasien wird besetzt *(409)* Krieg gegen Dareios III. *(413)* Der Griff nach Mittelasien *(421)* Indien und das Ende *(428)* Die Erben Alexanders des Großen *(434)* Ehen und Dynastien *(444)* Die Entfaltung des hellenistischen Staatensystems *(452)* Staaten und Staatenbünde in Griechenland *(460)* Ptolemäer und Seleukiden *(465)* Erste Intervention Roms *(475)* Erschüttertes Mächtegleichgewicht *(481)* Von Kynoskephalai bis Apameia *(486)* Das römische Makedonien *(491)* Antiochos IV., der Erscheinende Gott *(495)* Zerbröckelnde Dynastien *(500)* Abschied der Attaliden *(503)* Mithridates VI. Eupator kämpft gegen Rom *(506)* Liquidation des Seleukidenreichs *(511)* Ausklang des politischen Hellenismus *(517)* Ethnischer und kultureller Schmelztiegel *(521)* Sklaverei als Hellenisierungsmittel *(526)* Wirtschaft und Technik *(530)* Kyniker, Stoiker, Epikureer *(536)* Die Wissenschaften im Aufschwung *(542)* Göttliche Könige – universalere Götter *(546)* Prosa und Dichtung: zufriedene Vielfalt *(552)* Vom Mythos zum Alltag in der Skulptur *(559)* Besseres Wohnen für Götter und Menschen *(567)*

Olof Gigon

573 DAS HELLENISCHE ERBE

Das Erbe der Griechen *(575)* Religion, Kult, Mythos, Theologie *(577)* Der Grieche und der Andere *(583)* Politik und Staat *(587)* Die lebende Natur *(593)* Naturbeherrschung und Seinserkenntnis *(595)* Die Ideale *(599)* Ruhm und Unsterblichkeit *(600)* Macht und Recht *(604)* Reichtum und Natur *(606)* Lust, die Ethik der Genügsamen *(608)* Die Lebensform der Theoria *(609)* Homer und die griechische Roman *(616)* Hesiod und das Lehrgedicht *(624)* Die griechische Lyrik: Lied, Epigramm und Elegie *(629)* Die Tragödie *(637)* Die Klassiker der attischen Komödie *(645)* Historiographie und Biographie *(650)* Die Kunst des klugen Arguments *(659)* Die praktischen Wissenschaften *(662)* Die Philosophie *(665)*

675 UNIVERSALGESCHICHTE IN STICHWORTEN
(Von *Heinz* und *Christel Pust*)

685 NAMEN- UND SACHREGISTER
(Von *Bruno Banke*)

722 QUELLENVERZEICHNIS DER ABBILDUNGEN

C. Bradford Welles

DIE HELLENISTISCHE WELT

Alexander erobert Thron und Heer

Alexander der Große, Sohn König Philipps II. und der Epirotenprinzessin Olympias, wurde zum König der Makedonen im Monat Daisios (Mai oder Juni) des Jahres 336 v.Chr. Die Umstände, unter denen das geschah, waren ungewöhnlich und vielsagend. Philipp II. hatte für Makedonien viel erreicht. Im Jahre 359, in einer Zeit, da Makedonien auf allen Seiten von Feinden bedroht wurde und die Argeadendynastie Mühe hatte, sich gegen rivalisierende makedonische Fürstengeschlechter zu behaupten, war er als Dreiundzwanzigjähriger zum Regenten für seinen minderjährigen Neffen geworden. Er hatte Erfolg. Schon zwei Jahre später war er König, und in seiner vierundzwanzigjährigen Regierungszeit stieg Makedonien zur Vorherrschaft in der griechischen Welt auf. Die thrakischen und illyrischen Staaten im Norden und Westen wurden Philipps Vasallen. Dazu war er Oberhaupt der Amphiktyonie von Delphi und der Stammes- und Städtebünde der Thessaler und Hellenen. Mit diesen Kräften konnte er rechnen, als er Vorbereitungen für die Aufgabe traf, die er sich als nächste gesetzt hatte: den Krieg gegen Persien. Er war noch nicht fünfzig Jahre alt, ein talentvoller Mann auf der Höhe seiner körperlichen und geistigen Kräfte. Da fällte ihn der Dolch des Mörders.

Kurz nach seiner Thronbesteigung hatte Philipp Olympias, eine Tochter des Königs Neoptolemos von Epirus, geheiratet. Die Ehe hatte politische Hintergründe. Beide Königshäuser leiteten ihre Abstammung von Zeus ab: die Argeaden über Herakles, die Epiroten über Achilleus, und mit dieser dynastischen Verbindung hatte Philipp wertvolle Beziehungen in Thessalien gewonnen. Der Ehe mit Olympias entstammten zwei Kinder: ein Sohn, Alexander, 356 geboren, und eine Tochter, Kleopatra, ungefähr ein Jahr jünger. Aber die Monogamie gehörte nicht zu den Traditionen der Argeaden. Bald hatte sich Philipp andere Frauen aus Thessalien und Thrakien geholt, zum Teil wohl ebenfalls aus politischen Gründen, und auch aus diesen Ehen gab es Kinder. Doch blieb Alexander Philipps Lieblingssohn und erhielt die Erziehung, die einem künftigen König gebührte: er wurde zum Krieger ausgebildet, und alles Wissen und alle Gelehrsamkeit der griechischen Welt vermittelte ihm der Philosoph Aristoteles. In der Schlacht von Chaironeia führte er das Kommando über den linken Flügel der Makedonen (wahrscheinlich unter dem wachsamen Auge des Generals Parmenion); die thebanische Front zerbrach unter dem Ansturm seiner Reiter. Vermutlich waren seine Soldaten Thessaler, denn es ist anzunehmen, daß die makedonische Reiterei, die »Schar der berittenen Gefährten«, unter Philipp auf dem rechten Flügel kämpfte. Philipp verzichtete auf den Angriff und begnügte sich damit, mit seinem Flügel die Athener in Schach zu halten. Alexander konnte den Siegesruhm einstreichen.

Aber nach diesen ersten Triumphen geriet Alexander ins Hintertreffen. Wohl im Hinblick auf den bevorstehenden Asien-Feldzug fügte Philipp, um sich mit dem makedonischen Adel besserzustellen, der Zahl seiner Frauen zum erstenmal eine Makedonin hinzu. Welchem Adelsgeschlecht diese Kleopatra entstammte, wissen wir nicht; sie war jedenfalls Nichte und Mündel des Feldherrn Attalos, der eine Tochter des Parmenion geheiratet hatte. Die Makedonen, die Olympias nie gemocht hatten, waren von der neuen Ehe des Königs begeistert; manch einer wagte sogar, der Hoffnung Ausdruck zu geben, daß es nun einen legitimen Thronerben, einen Königssohn von rein makedonischem Geblüt, geben werde. Wutentbrannt zog sich Olympias nach Epirus zurück, und man kann sich denken, daß Philipp erleichtert aufatmete. Es wird ihn weniger erfreut haben, daß Alexander die Partei der Mutter ergriff; er ging mit ihr ins Exil, und von den fünf Freunden, die er mitnahm, waren nur zwei »echte« Makedonen; die übrigen drei waren nach makedonischer Auffassung »Griechen«: Söhne griechischer Familien, die sich auf Philipps Einladung in Amphipolis niedergelassen hatten, von den Makedonen nicht als ihresgleichen akzeptiert. Man kann daran ermessen, in welch rebellischer Stimmung Alexander von dannen zog.

Daß er von seinem einzigen erwachsenen und kriegstüchtigen Sohn am Vorabend eines großangelegten und gefahrenreichen überseeischen Feldzugs im Stich gelassen wurde, brachte Philipp in eine peinliche Lage. Er gab sich Mühe, den Konflikt beizulegen. Als die letzten Kriegsvorbereitungen im Gange, die Streitkräfte bereits aufgestellt und Gesandte aus allen verbündeten und unterworfenen Landschaften eingetroffen waren, um dem König einen glücklichen Ausgang des Krieges zu wünschen, wurde in Aigai, dem alten Nationalheiligtum Makedoniens, ein großes Fest zu Ehren der Zwölf Götter veranstaltet, bei dem Philipp als die dreizehnte anwesende Gottheit gefeiert werden sollte. Zugleich sollte ein Familienereignis festlich begangen werden, mit dem Philipp allen Grund hatte zufrieden zu sein: die Königstochter Kleopatra heiratete ihren Onkel Alexander, Thronfolger von Epirus; Olympias war einverstanden, und der makedonische Alexander war mit dem epirotischen Bräutigam zur Hochzeit gekommen. Der Höhepunkt der Feierlichkeiten von Aigai sollte eine Galaveranstaltung im Theater sein, bei der wohl auch die Vermählung des prinzlichen Paares bekanntgegeben werden sollte. Die Zeremonie sollte mit Sonnenaufgang beginnen.

Lange vor Morgengrauen war jeder Sitz besetzt. Alles blickte wie gebannt auf den Eingang. Philipp, der unter gewöhnlichen Umständen von seinen als Leibwache dienenden Freunden umringt gewesen wäre, war zu einer dramatischen Vertrauensgeste überredet worden: er hatte die Freunde vorausgeschickt und folgte selbst in einigem Abstand zwischen den beiden Alexander, dem Sohn und dem künftigen Schwiegersohn. In diesem Augenblick drängte sich der Mörder, Pausanias, nach vorn und stieß auf Philipp mit einem Dolch ein.

Und nun zeigte sich Merkwürdiges: ohne zu zögern, griffen Alexanders Freunde überlegt und entschlossen ein. Während sich die königliche Gefolgschaft ratlos und verwirrt um den tödlich getroffenen Philipp scharte, stürzten sich drei von Alexanders Freunden mit Waffen in den Händen auf Pausanias und schlugen ihn tot. Dann eilte der Freundeskreis des Thronfolgers mit dem sich ebenfalls hastig bewaffnenden Alexander, Sohn des Fürsten Airopos von Lynkestis, zum Burgpalast, und dort entbot der Lynkestier seinem Namensvetter als erster die einem König gebührende Begrüßung. Unverzüglich wurde eine Untersuchung abgehalten, und alle angeblich am Anschlag Beteiligten wurden sogleich ums Leben gebracht. Zu den Hingerichteten gehörte Alexanders Vetter Amyntas, für den Philipp als Regent amtiert hatte und dessen eigene Anwartschaft auf den Thron begründet genug war, des Amyntas Halbbruder Karanos und die beiden älteren Brüder des Alexander von Lynkestis. Philipps makedonische Frau Kleopatra und ihr Sohn, noch ein Wickelkind, wurden von Olympias getötet; Kleopatras Onkel Attalos, der als Armeebefehlshaber mit der makedonischen Truppe in Kleinasien stand, fiel einem Meuchelmord zum Opfer.

Man braucht nicht phantasiebegabt zu sein, um sich das Entsetzen und die Verwirrung der Makedonen vorzustellen. Daß die Ermordung Philipps von Alexander organisiert worden war, können nur die wenigsten ernsthaft bezweifelt haben. Der angebliche Anlaß zu Pausanias' Feindschaft gegen Philipp lag viele Jahre zurück; in Wirklichkeit hatte nicht Philipp dem Pausanias ein Unrecht zugefügt, sondern Kleopatras Onkel Attalos. Pausanias war im westlichen Bergbezirk Orestis zu Hause, genau wie Perdikkas, einer der drei, die ihn töteten. Perdikkas und seine Mittäter Leonnatos und Attalos, Sohn des Andromenes (Schwager des Perdikkas), zählten damals und auch später zu den engsten Freunden Alexanders. Daß Pausanias tot war, hatte zur unmittelbaren praktischen Folge, daß er einem hochnotpeinlichen Verhör nicht mehr unterzogen werden konnte. Die Hingerichteten hatten mit Philipps Tod offensichtlich nicht gerechnet und von ihm nichts zu erwarten; einer von ihnen war ein Feind des Pausanias. Der offenkundige und unmittelbare Gewinner war Alexander, nur in diesem Augenblick hatte er zuschlagen können; im Felde wäre Philipp jedem Zugriff entzogen gewesen. Die Vorstellung, daß Alexander den Pausanias erst zur Ermordung seines Vaters angestiftet und dann zum Sündenbock gemacht haben soll, ist wenig sympathisch, aber sämtliche Tatsachen weisen eindeutig auf diesen perfiden Verrat hin. Der Vorfall ist ein nützlicher Fingerzeig: mit Einheit und Harmonie war unter den Makedonen nicht zu rechnen. Gelegentlich hat Alexander selbst von Makedonen als wilden Tieren gesprochen; er wußte nur zu genau, daß man mit Unschuld allein weder König der Makedonen werden noch es bleiben konnte.

Mit dem Tode Philipps ging sein Reich in die Brüche, denn es hatte auf persönlichen Bindungen an ihn, nicht auf staatlichen Beziehungen zu den Makedonen beruht. Daß Alexander seine Thronrivalen vernichtet hatte, mag immerhin viele gefreut haben: wenigstens gab es kein Rätselraten mehr darüber, wer König sein würde. Alexanders eigene *sýntrophoi*, die jungen Adligen, die mit ihm zusammen am Hofe erzogen worden waren, unternahmen energische Schritte, um Alexanders Herrschaft zu sichern. Antipater, Philipps größter Feldherr, war auf ihrer Seite. Philotas, der Sohn des Heerführers Parmenion, war ein Freund Alexanders. Parmenion selbst hatte in Kleinasien die Ermordung seines Schwiegersohns Attalos durch Alexanders Vertrauensmann Hekataios geduldet oder ihr sogar Vorschub geleistet. Die Soldaten aber hatten Philipp angebetet, und im Heere gärte es spürbar. Alexander griff nun zu dem sichersten Mittel, die Disziplin wiederherzustellen: er gab der Armee etwas zu tun.

Das erste Problem war politischer Natur: die Position, die sich Philipp in Makedonien und Griechenland geschaffen hatte, mußte von neuem gefestigt werden. Makedonien hatte keine geschriebene Verfassung; der König konnte sich nur behaupten, wenn die fürstlichen Familien, die die einzelnen Clane beherrschten, und das Volk als Ganzes ihn akzeptierten. Die gemeinsame Willensbildung kam im Heer zum Ausdruck, wo sich der Adel in den territorial gegliederten Schwadronen der berittenen »Gefährten« *(hetairoi)* konzentrierte und die Volksmasse die ebenfalls nach Bezirken gegliederten Regimenter der schweren Infanterie, die »Fußgefährten« *(pezhetairoi)* stellte. Das Heer hatte, wenn es sich in einer Massenzusammenkunft versammelte, das traditionsgeheiligte Recht, einen neuen König zu bestätigen und über Personen, die der Verschwörung gegen den König beschuldigt wurden, zu Gericht zu sitzen und ihre Hinrichtung zu verfügen. Da die wirklichen oder vermeintlichen Mörder bereits tot waren, brauchte Alexander nur seinen Standpunkt bekanntzugeben und dem Heer zuzusichern, daß der Wechsel der Person keinen Wechsel der Politik bedeute. Da er sich der Unterstützung der Vornehmen versichert hatte, gab es keine Schwierigkeiten. Im legitimen Königsstamm hatte Alexander keine Rivalen mehr, und seine militärischen Qualitäten hatte er inzwischen zur Genüge bewiesen; das alles versprach viel Erfolg im Krieg gegen Persien, und der Krieg war die Gelegenheit, Ruhm zu ernten und vor allem Gewinne einzuheimsen, auf die sich jeder Makedone freute.

Die Vorbereitungen müssen einige Wochen gedauert haben: das reichte aus, um die Kunde vom Tod Philipps in ganz Griechenland zu verbreiten, ließ aber nicht genug Zeit für eine gemeinschaftliche Erhebung der griechischen Stämme und Staaten; überdies stellten die griechischen Gesandtschaften, die vor der Ermordung Philipps nach Aigai gekommen waren, gewissermaßen Geiseln dar, die für das Wohlverhalten ihrer Auftraggeber einstehen mußten. Auflehnung gab es möglicherweise in Thessalien, und die Ambrakier vertrieben die makedonische Garnison; sonst stieß Alexander, als er mit seinem Heer nach dem Süden marschierte, auf keinerlei Widerstand. In Thessalien unterstützten ihn die Verwandten seiner Mutter, die Aleuaden von Larissa; einer von ihnen, Medios, Sohn des Oxynthemis, war ein guter persönlicher Freund Alexanders. Schließlich stimmten die Thessaler Alexanders Anspruch auf die Führung in Griechenland zu; wahrscheinlich wählten sie ihn auch zum Oberhaupt des Thessalischen Bundes. Das öffnete ihm den Weg nach Thermopylai und Delphi; auch die Delphische Amphiktyonie gab ihre Zustimmung. War Alexander erst einmal in Zentralgriechenland, so ließ sich alles übrige leicht in Ordnung bringen. Ambrakia tat Abbitte und erhielt die Absolution; Theben, Athen und die kleineren sicherten ihre Gefolgschaft zu. In Korinth trat die Versammlung des Hellenischen Bundes zusammen, an der alle peloponnesischen Staaten außer Sparta teilnahmen. Alexander wurde zum Oberhaupt des Staatenbundes und zum Oberbefehlshaber für den Krieg gegen Persien gewählt. Kriegspläne wurden entworfen und, obgleich Alexander den Zeitpunkt für den Invasionsfeldzug noch nicht festsetzen konnte, die Beiträge der einzelnen Staaten zur Finanzierung des Krieges erhoben. Später sollte ihm der Bund siebentausend Fußsoldaten und tausend Reiter zur Verfügung stellen.

Im Herbst 336 kehrte Alexander nach Makedonien zurück und wandte sich dem militärischen Teil seiner Aufgabe zu. Mit Diplomatie allein waren Anschluß und Beistand der Thraker und Illyrer nicht zu erreichen. Nicht nur waren hier die einzelnen Stämme von jeher von einem unbändigen Unabhängigkeitsdrang besessen; weitgehend herrschten überhaupt, seit die Kelten bis zur Donau vorgedrungen waren, chaotische Zustände. Seit zwanzig Jahren waren zwar schon die Paioner Makedonien untertan, und der Agrianerkönig Longaros war sogar mit Alexander befreundet und mit seinen Truppen zu ihm gestoßen, aber das Odrysische Reich war von Philipp erst fünf Jahre zuvor erobert worden, und auf seine Zuverlässigkeit war kein Verlaß. All diesen Völkern – wie auch den Makedonen selbst – mußte erst einmal Alexanders Feldherrnfähigkeit anschaulich vorgeführt werden.

Lange brauchten sie darauf nicht zu warten. Antipater war als Vizekönig in Makedonien belassen worden; Parmenion war mit seinem Heer in Kleinasien. Mit nur einem Teil des makedonischen Heeres, einem Aufgebot von Bogenschützen und Schleuderern, und den Agrianern des Longaros marschierte er zu Beginn des Frühjahrs gen Norden. Es war seine erste Erfahrung mit gemischten Feldstreitkräften, aber er bewies sofort, daß er kombinierte Waffengattungen mit großem Geschick zu handhaben wußte, zugleich zeigten sich die Vorteile der Disziplinierheit und Kriegstüchtigkeit der makedonischen Schwerbewaffneten zu Fuß und zu Pferde. Die Balkan-Bergpässe versperrten die Triballer, die dabei waren, in geschlossenen Scharen nach dem Süden zu stoßen, und deren Selbstvertrauen gewachsen war, seit sie vier Jahre zuvor einen halben Sieg über Philipp errungen hatten. Die Bergabhänge hinunter ließen sie große, schwere Karren rollen, die die hinaufstürmenden Makedonen erdrücken oder auseinandertreiben sollten. Aber Alexanders Soldaten waren geschickt genug, beiseite zu springen und die Karren an sich vorbeirasen zu lassen, oder sie warfen sich zu Boden und ließen die Karren über ihre Schilde fahren. Nachdem der Paß überschritten war, schickte Alexander seine Schützen gegen die Hauptmasse der feindlichen Stammeskrieger vor, die sich in einer Talschlucht in den Flußniederungen vergraben hatten, und reizte sie so lange, bis sie aus der geschützten Stellung hervorkamen. Auf offenem Gelände waren aber die Triballer der Phalanx nicht gewachsen und wurden in Haufen niedergemetzelt.

Alexander brauchte nur drei Tage, um bis zur Donau vorzurücken, wo die Triballer ihre Frauen und Kinder auf einer Insel in Sicherheit wähnten; jenseits der Donau waren in ziemlicher Stärke die Geten aufmarschiert. Zunächst ließ sich die Insel auch mit Hilfe von Kriegsschiffen aus Byzantion nicht einnehmen; daraufhin ließ Alexander im Schutz der Dunkelheit eine ganze Flotte von Booten und Flößen zusammenstellen und brachte Fußvolk und Reiterei aufs andere Ufer. Die Geten flohen. Nur noch auf sich allein gestellt, kapitulierten die Triballer. Immer noch halsstarrig, nichtsdestoweniger aber erheblich beeindruckt, schickten die Kelten Unterhändler zu Alexander. Auch die Odrysen müssen sich beeilt haben, ihre Unterwerfung zu erklären. Alexander hatte als Heerführer Geschick und Findigkeit bewiesen und den Makedonen gezeigt, daß er entscheidende Siege ohne große Verluste zu erkämpfen wußte. Darauf kam es ihnen in erster Linie an. Außerdem gab es ansehnliche Beute.

Bei seiner Rückkehr ins Land der Agrianer erfuhr Alexander, daß der Illyrerkönig Kleitos eine Koalition gegen ihn gebildet, die Offensive begonnen und die makedonische Festung Pelion im Erigontal besetzt hatte; zur Koalition gehörten Glaukias mit seinen Taulantiern im Westen und die Autariaten im Norden. Alexander sollte in eine Falle gelockt werden. Wie so oft, ging er auf die Provokation ein und kehrte sie zu seinem Vorteil. Er überließ es den Agrianern, mit den Autariaten fertig zu werden, und marschierte, um Pelion zu nehmen, durch das Erigontal, auf der einen Seite den Fluß, auf der anderen die Berge, wo die feindlichen Stämme auf ihn lauerten. Die drohende Katastrophe vereitelten Diszipliniertheit und Manövrierfähigkeit der makedonischen Truppe. Die Gegner ließen sich aus der Stadt heraus- und von den Bergen herunterlocken; unter dem Schutz der Bogen- und Ballistenschützen setzte Alexander über den Fluß und wieder zurück und überrumpelte bei Nacht das Feindeslager, das dabei vernichtet wurde. Kleitos und Glaukias mußten fliehen; sie waren nicht nur besiegt, sondern auch blamiert worden. Obgleich Alexander keine Zeit mehr blieb, sie bis in ihre Heimatbezirke zu verfolgen und dort mit ihnen abzurechnen, wagten sie nicht mehr, gegen ihn aufzumucken. Für seine Soldaten war Alexander zum Abgott geworden.

Es war nun aber auch höchste Zeit, daß etwas geschah. Nach Griechenland waren Nachrichten gelangt, wonach Alexander tot sein sollte, und der Hellenische Bund drohte auseinanderzufallen. Den Anfang machte Theben mit einem Angriff auf die makedonische Besatzung der oberhalb der Stadt gelegenen Burg Kadmeia. Hätte die Zeit gereicht, so wäre bald ein griechisches Heer mit Kontingenten aus Elis, Arkadien und Messenien aufmarschiert und hätte vielleicht sogar aus der Peloponnes die Spartaner und aus Zentralgriechenland die Aitoler und Athener an sich gezogen. Gegen Alexanders Hellenischen Bund schleuderte Theben die Parole vom Königsfrieden, die allen Griechen die Freiheit verhieß. Bereitwilligst stellte der Großkönig der Perser Geldmittel zur Verfügung: für dreihundert Talente durfte Demosthenes Waffen für Theben einkaufen. Alexander ließ jedoch der Fronde keine Zeit, ihre Kräfte zu sammeln.

In sieben Tagesmärschen erreichte er mit seinen Truppen Thessalien, und nach sechs weiteren Tagen war er in Boiotien. Theben hatte von seinen Bundesgenossen keine Hilfe erhalten. Auch Alexander hatte nur die Truppen bei sich, mit denen er den Krieg in Thrakien geführt hatte, und auch mit den Verstärkungen aus Phokis und Boiotien war sein Heer nicht groß. Die Thebaner wagten daher, ihm außerhalb ihrer Festungsmauern entgegenzutreten; sie schlugen sich gut, aber sie kämpften allein. Auf dem Höhepunkt der Schlacht ließ Alexander das Regiment seines Freundes Perdikkas Theben von der Rückseite angreifen und durch ein Hintertor in die Stadt eindringen; Ptolemaios schrieb zwar später, Perdikkas habe auf eigene Faust gehandelt, aber Ptolemaios hat Perdikkas nie sehr gemocht. Nachdem die Stadt gefallen war, wurde unter Führung der Phoker und Boioter, der alten Todfeinde Thebens, ein großes Massaker veranstaltet: sechstausend Menschen sollen erschlagen, dreißigtausend gefangengenommen worden sein; nur wenige entflohen, vor allem nach Athen. Auf Beschluß der anwesenden Mitglieder des Hellenischen Bundes wurde die Stadt dem Boden gleichgemacht; nur die Tempel und die Häuser Pindars und seiner Nachkommen blieben verschont. Die Gefangenen ließ Alexander als Sklaven verkaufen.

Die grausige Abrechnung verbreitete in Griechenland Angst und Schrecken. Wer von Alexander abgefallen war, suchte eiligst wieder den Anschluß. Wie immer, wußte Alexander nicht nur streng zu sein, sondern auch Milde walten zu lassen. Er überließ es den Athenern selbst, über das Schicksal ihrer makedonenfeindlichen Führer zu entscheiden. Darauf flohen einige athenische Politiker nach Persien; denen, die – wie Demosthenes – im Lande blieben, geschah nichts. Flüchtlingen aus Theben durfte Athen sogar Asyl gewähren.

Inzwischen war es Herbst geworden. Alexander war seit sechs Monaten im Felde. Ohne erst den Hellenischen Bund nach Korinth zusammenzurufen, ließ er die Griechen wissen, der Krieg gegen Persien werde im Frühjahr beginnen. Dann zog er mit seinem Heer aus Griechenland ab und ging an die Vorbereitung des Feldzugs. Parmenion und Antipater drängten ihn zur Heirat, damit Makedonien einen Thronfolger bekomme; aber Alexander weigerte sich: entweder war ihm jede Ehe zuwider – oder er hielt es für zu schwierig, eine politisch geeignete Braut zu finden. Die Kriegskasse war trotz der Beute aus Thrakien und Theben so gut wie leer, wahrscheinlich war der größte Teil der Beute an die Soldaten gegangen; dem Heer gegenüber war Alexander aus guten Gründen immer freigebig. Mit dem Verkauf von Kroneigentum wurde Geld beschafft, nicht genug. Als die Armee gegen April 334 marschbereit war und sich von Pella aus in Bewegung setzte, um zum Hellespont zu ziehen, hatte Alexander kaum bares Geld, wohl aber, wie es hieß, Schulden. Dafür hatte er die Qualitäten sichtbar werden lassen, die ihm die Eroberung des Orients leicht machen sollten: er hatte sich ruchlos und taktvoll, bis zur Leidenschaftlichkeit erregbar und edelmütig gezeigt und ein vollendetes militärisches Können im Gebrauch kombinierter Waffen unter beliebigen Gelände- und Witterungsbedingungen an den Tag gelegt. Er konnte seine Feinde nicht nur physisch besiegen, sondern auch im Geist bezwingen. Voller Hoffnung und Zuversicht überquerte das Heer gegen Anfang Mai den Hellespont.

Kleinasien wird besetzt

Als Vizekönig war Antipater in Makedonien verblieben; er sollte für Ruhe in Europa sorgen und je nach Bedarf den Nachschub – Material und Mannschaften – organisieren. Als Stellvertreter im Oberbefehl hatte Alexander Parmenion mitgenommen. Ein Teil des Heeres hatte in der Heimat bleiben müssen. Bei sich hatte Alexander sechs Infanterieregimenter aus den Hochlandbezirken unter dem Kommando bewährter Offiziere, von denen einige seine persönlichen Freunde waren, und sechs Reiterschwadronen aus Neumakedonien, Bottiaia und Amphipolis, deren Kommandopersonal noch weithin unbekannt war. Daneben hatte Alexander ein Gardeinfanterieregiment, die *hypaspistai*, unter dem Befehl von Parmenions Sohn Nikanor und die Gardereiterei, die *ilé basiliké* oder *ágema*, an deren Spitze Kleitos der Schwarze, ein Bruder der Amme Alexanders, stand. Die berittenen Truppen führte Parmenions zweiter Sohn Philotas. In offener Feldschlacht hatte Parmenion den Oberbefehl über das gesamte Fußvolk und den linken Flügel der Kampffront. Mit Recht mochte Alexander der Meinung sein, daß der Parmenion-Familie ein viel zu großer Einfluß eingeräumt worden sei. Überdies war auch noch einer der Regimentskommandeure, Koinos, ein Schwiegersohn Parmenions. Möglicherweise war seine Frau die Witwe des Attalos, den Alexander hatte umbringen lassen.

Zu Beginn des Feldzugs zählten die makedonischen Truppen zwölftausend Fußsoldaten und achtzehnhundert Reiter. Dazu kamen die bundesgenössischen und Söldnerhopliten, die thrakischen Speerwerfer, die Bogenschützen und die sehr brauchbaren Agrianer, die Alexander stets in seiner Nähe behielt. Von der Reiterei waren am wichtigsten die achtzehnhundert Thessaler, die immer auf dem linken Flügel fochten; außerdem verfügte der Kavallerieverband über berittene Verbündete und Söldner und die leichtbewaffnete thrakische und paionische Reiterei. Die gesamte Kampftruppe einschließlich der Artillerie umfaßte nicht ganz vierzigtausend Mann; daneben gehörten zu Alexanders Heer eine technische Ingenieurabteilung und die kleine Leibwache im eigentlichen Sinn, die aus bewährten nahen Freunden Alexanders bestand und für besondere Aufträge und Sonderkommandos eingesetzt wurde.

Der Troß, der später riesengroß werden sollte, muß im Anfang ziemlich klein gewesen sein. Dazu gehörten die Königspagen, die Kammerherren, die Hofsklaven, das literarische, wissenschaftliche und persönliche Gefolge des Königs und das Personal, das mit der Beförderung von Gepäck, Proviant und gelegentlich auch Artillerie- oder Belagerungsmaschinen betraut war. Es gab keine Frauen – oder nur sehr wenige. Junge Eheleute unter seinen Soldaten schickte Alexander im Winter 334/333 auf Heimaturlaub; später, als sich die Armeen immer weiter von der Heimat entfernten, stand es allen Heeresangehörigen frei, sich bei der Eroberung neuer Gebiete Frauen oder Konkubinen aus der einheimischen Bevölkerung zu nehmen. Bald sollte es auch noch eine Gefangenenformation geben; an ihrer Spitze stand Laomedon, einer der drei Griechen, die im Jahre 337 Alexanders Exil geteilt hatten.

Unter der Führung Parmenions setzte das Heer bei Sestos nach Abydos über; vor der persischen Flotte wurde es von einem makedonischen Geschwader an der Mündung des Hellespont beschützt. An dieser Stelle ließ sich auch Alexander über die Meerenge bringen. Er ergriff von Asien symbolisch Besitz, indem er seinen Wurfspieß vom Boot aus in den Boden stieß. Dann ging er mit wenigen Freunden an Land und begab sich nach Ilion. Dort brachten Alexander und Hephaistion, sein intimster Freund, dem Andenken von Achilleus und Patroklos Opfer dar. Von der Wand des Athena-Tempels nahm Alexander den angeblichen Achilleus-Schild, der später in jeder Schlacht vor ihm hergetragen wurde, und ließ dafür seinen eigenen zurück. Nach dem symbolischen Ritual wieder mit der Truppe vereint, marschierte er gen Osten, den Persern entgegen.

Daß Alexander heranrückte, war den Persern bekannt, und sie hatten gegen ihn ein ansehnliches Heer zusammengebracht. Alle anatolischen Satrapen waren angetreten. In der Hauptsache muß das persische Heer aus ihren Satrapentruppen bestanden haben; verstärkt wurden sie durch etwa zwanzigtausend griechische Söldner unter dem Befehl des Rhodiers Memnon. Ein einheitliches Kommando fehlte, obgleich Memnon im Jahr zuvor den Auftrag erhalten hatte, den makedonischen Generalen Parmenion und Kalas entgegenzutreten, und die eigentlichen Reichstruppen befehligte, die am Kampf teilnahmen. Nach der Überlieferung soll er zum Rückzug und zur Verwüstung des Landes vor den heranrückenden Truppen Alexanders geraten haben; freilich kann das auch eine nach der Niederlage in Umlauf gebrachte Legende sein. Die Perser hatten genug Truppen und hätten siegen können, wenn sie ihre Truppen richtig eingesetzt hätten. Aber die Kräfte der ausgezeichneten iranischen Reiterei wurden nutzlos vertan, und die griechischen Söldner wurden gar nicht erst in den Kampf geführt.

Die beiden Heere trafen sich am Granikos, ungefähr auf halbem Wege zwischen Abydos und Kyzikos, und die Schlacht war eher ein zufälliges Aufeinanderprallen als eine geplante Kampfhandlung. Nach einem der Berichte soll Alexander bei Einbruch der Dunkelheit mit der marschierenden Kolonne, ohne haltzumachen, den Strom überquert und sich durch die persische Reiterei am anderen Ufer hindurchgekämpft haben. Nach einem anderen, eher einleuchtenden Bericht setzte Alexander im Morgengrauen über den Strom, ohne auf Widerstand zu stoßen, wurde jedoch von den Persern gestellt, ehe der größte Teil seiner Streitkräfte das feindliche Ufer erreicht hatte. Jedenfalls griffen die Satrapen unklugerweise an, als ihre Fußtruppen noch nicht in Kampfstellung waren. Vielleicht hofften sie, Alexander zu töten und damit die Angelegenheit zu erledigen; vielleicht waren sie aber auch einfach unfähig. Alexander rückte etappenweise von der Rechten her vor, mit einer gemischten Formation in der Vorhut: leichter Reiterei und Speerwerfern, einem Regiment der Phalanx und einer Schwadron der Reitergefährten. Nachdem diese Stoßkolonne die persische Front aufgerissen hatte, ließ er seine schwere Reiterei schräg zur Mitte hin vorstürmen; nach einem stürmischen Gefecht, in dem Kleitos Alexander dadurch das Leben rettete, daß er einem bereits zuschlagenden Angreifer den Arm abhieb, wurde die persische Reiterei in die Flucht geschlagen; wer nicht tödlich getroffen war, jagte von dannen. Den griechischen Söldnern blieb nach vielleicht sogar heftigem, aber sehr schnell abgeblasenem Widerstand nichts übrig, als sich zu ergeben.

Mit nur geringen Verlusten hatte Alexander Kleinasien erobert. In Dion wurden Standbilder der Reiter, die im Kampf gefallen waren, errichtet. Die Gefangenen ließ Alexander als Sklaven nach Makedonien bringen. Nach Athen wurden dreihundert Kriegerrüstungen gesandt – zum Zeichen dafür, daß »Alexander und die Griechen, jedoch nicht die Lakedaimonier« den Barbaren Asiens Beute abgenommen hatten. Auf dem Südmarsch nach Sardes stellte Alexander seine eigenen Beamten an die Spitze der persischen Provinzorganisation. Die Küstenstädte Kleinasiens öffneten Alexander ihre Tore; in der Annahme, daß ein Regimewechsel ihre Ergebenheit verbürgen würde, setzte er in allen Städten demokratische Verwaltungen ein. Nur Milet, das sich auf die persische Flotte stützen zu können glaubte, leistete Widerstand, wurde aber im Sturm genommen. Dann löste Alexander vorübergehend seine Flotte auf, für die er zunächst keine Verwendung hatte; im nächsten Jahr wurde sie dann wieder zusammengestellt. Von den letzten persischen Streitkräften in Kleinasien wurde mit Unterstützung der Flotte Halikarnassos verteidigt; doch Alexanders Belagerungsmaschinen zertrümmerten die Stadtmauern, und die Garnison mußte auf dem Seeweg evakuiert werden; sie nahm an der großen Flottenoffensive teil, die Memnon versuchte und der erst sein Tod im folgenden Jahr ein Ende bereitete. Karien übergab Alexander Ada, der letzten Überlebenden des dortigen Königshauses, zu deren

Schutz er Truppen hinterließ, die aber auch noch die Zitadellen von Halikarnassos einnehmen sollten. Das eigentliche Heer und den Troß brachte Parmenion zurück nach Sardes und von dort nach Gordion, wo er überwinterte; das gab ihm auch Gelegenheit, die Satrapenfestung Kelainai zu belagern.

Alexander war im Herbst die Küste entlang weiter östlich gezogen und hatte die Unterwerfung der Städte Lykiens entgegengenommen. Hier setzte er als Satrapen den Griechen Nearchos ein, einen Freund aus seinen Jünglingsjahren. Nearchos sollte die persische Flotte daran hindern, die Küstenstädte als Stützpunkte zu benutzen: solange die Küste in makedonischen Händen blieb, war die persische Flotte von der für sie lebenswichtigen Verbindung mit Phönikien abgeschnitten. In Lykien machte Alexander kehrt und stieß über Pamphylien und Pisidien ins Innere Kleinasiens vor; bei sich hatte er im wesentlichen dieselben Truppen, mit denen er 335 in Thrakien gekämpft hatte: die makedonische Phalanx und schwere Reiterei mitsamt Bogenschützen und Agrianern. Ein Winterfeldzug im Gebirge hatte seine Schwierigkeiten, doch kam Alexander ohne große Kämpfe erfolgreich voran; nur an einer Stelle leisteten die Einwohner einer Gebirgsfestung erbitterten Widerstand und ließen, als ihnen Gefangennahme drohte, nach lykischer Sitte ihre Familien in Flammen aufgehen.

Mitten im Winter gelangte Alexander nach Gordion. Da gab es den berühmten Streitwagen des Midas, dessen Deichsel mit dem, wie es hieß, unlösbaren Gordischen Knoten mit unsichtbaren Enden an dem Joch für das Pferdegespann festgemacht war; wem es gelang, den Knoten zu lösen, der sollte nach der Sage König der ganzen Welt werden. Diesen Knoten, so heißt es bei den meisten Chronisten, durchhieb nun Alexander mit seinem Schwert. Aristobulos, der sich mehr ans Detail hielt, schrieb, Alexander habe den Pflock herausgenommen, der die Deichsel festhielt, und damit die verborgenen Enden des Knotens bloßgelegt. Und Ptolemaios zog es in seiner Geschichte vor, den ganzen Vorfall fortzulassen. Schon zu seinen Lebzeiten sahen die Menschen in Alexander nur das, was sie sehen wollten.

Da Parmenion ein tüchtiger Organisator war, fand Alexander alles für den Weitermarsch ins Innere des Perserreiches bereit. Die beurlaubten jungen Ehemänner waren aus der Heimat zurück; mit ihnen waren, hauptsächlich aus Makedonien, neuausgehobene Truppen gekommen. Während der Abwesenheit Alexanders hatte Parmenion eine Verschwörung aufgedeckt (oder erfunden), in die Alexander von Lynkestis verwickelt sein sollte, und ihn auf Grund geheimer Instruktionen des Königs gefangengesetzt. Der wichtige Oberbefehl über die thessalische Reiterei wurde ihm abgenommen, aber es gab keinen Prozeß: offenbar stand die Anklage gegen den Lynkestier auf so schwachen Füßen, daß der königliche Namensvetter die Öffentlichkeit scheute. Bevor Alexander Gordion verließ, übertrug er die Satrapie Phrygien dem begabten und tüchtigen Antigonos, einem Freund seines Vaters, der bis dahin das vom Hellenischen Bund gestellte Fußvolk geführt hatte. Ihm sollte später eine gewichtige Rolle zufallen.

Ohne Schwierigkeiten passierte die Armee die Bergpässe, die nach Kilikien führten; unterwegs konnte Alexander noch die nominelle Unterwerfung Kappadokiens einstecken. Wie immer, führte er die Truppen mit einer Avantgarde an: den Hypaspistai, den Reiter-

Griechen und Perser in der Schlacht am Granikos in Nordwestanatolien
Marmorrelief am sogenannten Alexander-Sarkophag, Ende 4. Jahrhundert v. Chr.
Istanbul, Archäologisches Museum

Die Ebene von Sardes in Westkleinasien
Zu beiden Seiten der Straße das Gebiet der alten Stadt

gefährten (oder jedenfalls einem Teil der Gefährtenschwadronen), den Bogenschützen und den Agrianern. Zu Beginn des Sommers rückte das Heer in Tarsos ein. Hier befiel Alexander eine schwere Krankheit, wahrscheinlich weil er, von der Hitze und den Strapazen des Marsches erschöpft, in die eisigen Fluten des Kydnos gestiegen war. Die Lage war kritisch: zwar lagen Nachrichten über den Tod Memnons und über Erfolge der neuen Flotte Alexanders vor, die unter dem Befehl des Amphoteros, dem Bruder des Krateros, stand, zugleich wurde aber gemeldet, der Großkönig sei mit einer gewaltigen Streitmacht von Babylon aufgebrochen und nach Kilikien unterwegs.

Alexander verlangte von seinen Ärzten ein radikales Heilmittel, das ihm der Leibarzt Philipp aus Akarnanien auch tatsächlich verabreichte, worauf sich der König schnell erholte, sei es dank dem Wundermittel, sei es trotz ihm. In der späteren Verleumdungskampagne gegen Parmenion wurde die Behauptung verbreitet, Parmenion habe Alexander vor dem Leibarzt Philipp brieflich gewarnt, ihn also um jede Genesungschance bringen wollen. In Wirklichkeit konnte Parmenion, der bei der Haupttruppe stand, von der Krankheit des Königs gar nicht unterrichtet sein; hätte er über Philipp Nachteiliges gewußt, so hätte er mit der Weitergabe der Nachricht nicht bis zu dem Augenblick gewartet, da Alexander den Becher mit der gefährlichen Medizin an die Lippen setzte; übrigens hatte Alexander im Falle des Lynkestiers bewiesen, daß er jederzeit bereit war, auf bloßen Verdacht hin zu handeln. Jedenfalls war Alexander bald schon wieder in der Lage, die Unterwerfung der kilikischen Städte persönlich entgegenzunehmen und einen Feldzug von sieben Tagen gegen die Stammeskrieger im Westen zu führen. Die Südküste Anatoliens war nun ganz in seiner Hand; nichts hinderte ihn mehr, nach dem Süden aufzubrechen.

Krieg gegen Dareios III.

Mit den Truppen, über die ihm der Schlachtbefehl zustand, dem Fußvolk der Bundesgenossen, der Söldnerinfanterie und den thrakischen und thessalischen Reitern, war Parmenion vorausgeschickt worden: er sollte die Pässe im Amanosgebirge besetzen und dafür sorgen, daß die übrige Truppe unbelästigt durch die Küstenniederung ziehen konnte. Ähnlich hatte er 334 Alexanders rechten Flügel beim Marsch durchs Mäandertal gedeckt, und das gleiche sollte sich nach der Schlacht von Issos bei Damaskos wiederholen. Hatte die Hauptmarschkolonne das Tal passiert, so sollte er sich ihr mit seinen Regimentern anschließen; schon auf dem Marsch konnten auf diese Weise die einzelnen Einheiten die ihnen in der Schlachtordnung zugedachten Positionen einnehmen. Damit war aber der Weg über die Berge zur Küste frei. Die aus dem Zweistromland heranrückenden Perser zogen ihrerseits über die Pässe und erreichten die Küste bei Issos. Dort hatte Alexander einen kleinen Teil des Heeres zurückgelassen, zum Teil Kranke und Verwundete. Die Perser schlachteten sie ab und zerschnitten Alexanders Verbindungslinien. Auf diese Kunde hin machte Alexander kehrt und marschierte zurück bis an den Pinaros, wo die Perser zwischen Gebirge und Seeküste Feldbefestigungen aufgeworfen hatten.

Alexander war in eine schwierige Lage geraten. Viele Kritiker sind der Ansicht, er habe sich heftig verrechnet. Im Altertum überwog allerdings die Meinung, daß es ein gravierender Fehler des Perserkönigs war, seine große Streitmacht in einem engbegrenzten Raum zu konzentrieren, und es ist nicht unwahrscheinlich, daß Dareios in eine ihm von Alexander gestellte Falle gegangen war. Gewiß hatte Alexander die in Issos zurückgelassenen Soldaten, vermutlich eher kampfuntüchtige Besatzungstruppen als lazarettpflichtige Patienten, opfern müssen; aber sentimental war Alexander nicht. Dafür hatte er Dareios in eine Position hineinmanövriert, in der die Perser nicht mit Erfolg kämpfen konnten und in der sein eigenes Heer sich in einer Stellung sah, in der es sich gut schlagen mußte, um mit dem Leben davonzukommen. So hatte es der vielbewunderte Agathokles von Syrakus in Afrika gemacht, als er die Schiffe verbrannte, mit denen seine Krieger hätten heimsegeln können. Auf seine Makedonen durfte sich Alexander verlassen; was jedoch die griechischen Verbündeten und Söldner anging, die sich im Kampf noch nicht bewährt hatten, so mußte er seine Zweifel haben. Nicht umsonst stellte er auf den linken Flügel vier Regimenter der makedonischen Phalanx unter dem Befehl seines erfahrensten Heerführers Krateros: sie sollten den Griechen zeigen, was von ihnen erwartet wurde.

Alles verlief planmäßig. Während Parmenion und Krateros die schwere Infanterie der Perser, ihre griechischen Söldner und die Karduchen in Schach hielten, warf Alexander mit seiner von Bogenschützen, Speerwerfern und Agrianern unterstützten leichten Reiterei den über die Hügel verteilten linken Flügel der Perser ins Gebirge zurück und ging dann mit den schwerbewaffneten Reitergefährten und zwei Regimentern der Phalanx zum Angriff auf die persische Mitte über. Es war der gleiche »Schrägangriff«, der bei Granikos so gut geglückt war und der später auch bei Gaugamela seinen Zweck erfüllen sollte. In Gefahr, umzingelt und ins Meer getrieben zu werden, mußten die Perser ihre Stellungen räumen und sich in großer Eile zurückziehen. Bis in die späten Abendstunden verfolgte Alexander mit der Reiterei den fliehenden Perserkönig; es gelang ihm, Dareios von seinen Truppen abzuschneiden, die nach dem Norden abrückten; nur eine Kolonne der griechischen Söldner unter dem Kommando eines Makedonen namens Amyntas durchbrach Alexanders Front und gelangte bis zum persischen Flottenstützpunkt Tripolis in Phönikien. Dort verbrannten die Griechen alle überflüssigen Schiffe und segelten mit der restlichen Flotte nach Ägypten, das Amyntas als provisorischer Satrap halten wollte. Zum Glück für Alexander vernichteten die Ägypter die Truppen des Amyntas; auf treue Gefolgschaft konnte der Perserkönig in Ägypten nicht rechnen.

Die übrigen persischen Befehlshaber kamen zuerst nach Kappadokien, wo sie freundlich empfangen wurden und zusätzliche Mannschaften ausheben konnten. Dann durchzogen sie mit zwei Marschkolonnen den größten Teil Kleinasiens: eine Kolonne marschierte durchs Mäandertal, die andere, hauptsächlich Paphlagonier, rückte gegen den Satrapen Kalas im hellespontischen Phrygien vor.

Am Ende wurde der Angriff mit Hilfe des kilikischen Satrapen Balakros aufgefangen, der Milet zurückeroberte; drei große Siege wurden auf das Konto Antigonos' gebucht, der möglicherweise den Oberbefehl innehatte. Diese Kämpfe müssen das Frühjahr 332 beansprucht haben.

Das große persische Heer hatte sich in einzelne Teile aufgelöst, so daß Alexander zunächst keine neue militärische Bedrohung zu befürchten hatte. Um das Heer aufzustellen und auszubilden, das er dann nach Griechenland führte, hatte Xerxes vier Jahre gebraucht; jetzt dauerte es zwei Jahre, bis Dareios wieder kampfbereit war. Überdies hatte Alexander die Harems des Dareios und der persischen Vornehmen gefangengenommen, darunter Dareios' Mutter, Frau und drei kleine Kinder. Er hätte dem Großkönig seine Forderungen diktieren können. Dareios streckte auch sofort diplomatische Fühler aus, um zu erfahren, welche Bedingungen für Alexander annehmbar wären. Aber Alexander ließ sich auf keinerlei Verhandlungen ein. Er hatte die königliche Familie menschlich und ehrenhaft interniert, was ihm im Altertum wie in der Neuzeit von denen hoch angerechnet worden ist, die vom Schicksal der übrigen erbeuteten persischen Frauen nichts in Erfahrung gebracht hatten. Für Alexander hatten die Angehörigen des Dareios ihren offenkundigen Wert als Geiseln.

Ohne auf Widerstand zu stoßen, hätte Alexander bis nach Babylon und Susa marschieren können. Er zog es vor, zunächst Phönikien und Ägypten zu nehmen, womit sich mancherlei im voraus bereinigen ließ. Die persische Flotte, die ihre Stützpunkte auf Kypros und in Phönikien hatte, war noch vorhanden; anderseits waren die levantinischen Provinzen und Ägypten als Einnahmequellen wichtig. Freilich hätten diese Landstriche, wenn Alexander seinen Sieg hätte sofort ausnutzen und die persischen Hauptstädte erobern wollen, auch von einem seiner Generale besetzt werden können. Aber entweder verließ sich Alexander nicht auf seine Generale, nicht einmal auf Parmenion, oder er hatte andere zwingende Gründe – sei es Wißbegier, sei es religiöses Interesse –, die Welt der Levante selbst zu sehen. Er ordnete Parmenion mit dem üblichen Abschirmkorps nach Damaskos ab, wo ein günstiges Geschick dafür sorgte, daß der persische Armeetroß unversehrt erbeutet wurde, und zog selbst nach dem Süden. Es gab keinen Widerstand. Die kyprischen und phönikischen Fürsten unterwarfen sich und lieferten, sobald sie heimgekehrt waren, ihre Schiffe aus.

Die Schlacht von Issos hatte im Spätherbst stattgefunden. Nun war der Winter hereingebrochen. Als Alexander nach Tyros kam, wurde gerade zur Wintersonnenwende das große Jahresfest des Melkart abgehalten. Alexander bat, dem Fest beiwohnen und opfern zu dürfen, denn Melkart galt als eine Gestalt des Herakles, seines Ahnherrn. Das sah unverfänglich aus, bis Alexander erklärte, ohne bewaffnetes Gefolge nicht kommen zu wollen. Nun war aber Tyros eine mit Mauern befestigte und von Schiffen gut verteidigte Insel und konnte, solange es keine bewaffneten Gegner hereinließ, hoffen, einer Besetzung zu entgehen. Alexander wurde aufgefordert, seine Opfer auf dem Festland, in Alt-Tyros, darzubringen; zugleich erklärte sich Tyros bereit, sich mit ihm zu verbünden. Nun mußte sich Alexander entscheiden. Daß er Tyros für einen gefährlichen Gegner gehalten habe oder dringend auf Beute angewiesen gewesen sei, ist schwer vorstellbar. Nur unbezähmbarer Stolz und das Bedürfnis, immer wieder Unmögliches zu tun, können ihn bewogen haben, auf seiner Forderung zu bestehen und, da sie nicht erfüllt wurde, die Belagerung von Tyros in Angriff zu nehmen, die nicht weniger als sieben Monate dauern sollte.

Die Stadt Tyros nahm die kleine Insel ganz ein. Die Stadtmauern begannen am Rande des Wassers; die beiden Häfen waren befestigt und mit schwimmenden Molen abgeriegelt.

Die Stadt war nur einzunehmen, wenn man vom Festland aus einen etwa achthundert Meter langen Damm bis zur Insel baute, was denn Alexander auch tat; Tyros wurde damit zur Halbinsel und ist es seitdem geblieben. Der Dammbau kostete viel Zeit, zumal die am Bau Beschäftigten von den tyrischen Schiffen aus ständig angegriffen und am Arbeiten gehindert wurden. Erst im Frühjahr konnte Alexander eine Flotte zusammenstellen und die Tyrer einschließen. Offenbar war Alexanders Unterfangen auch eine Herausforderung der Götter: ein empörter Poseidon wehrte sich nicht nur mit Winterstürmen, sondern auch mit der Entsendung eines gewaltigen Wals. Auf beiden Seiten wurden große Heldentaten vollbracht und viel Scharfsinn entwickelt, worüber die Quellen mancherlei zu berichten wissen. Irgendwann wurde es Alexander zu langweilig; er verließ Tyros und unternahm einen schnellen Feldzug gegen die Bergstämme des südlichen Libanons; da Parmenion noch in Damaskos war, ließ er sich unterdes von Perdikkas und Krateros vertreten. Ein andermal verfiel er in eine schwere Depression; sein Freund Amyntas, Sohn des Andromenes und älterer Bruder des Attalos, der Philipps Mörder umgebracht hatte, mußte ihm neuen Mut einflößen.

Alexanders Nöte waren auch dann noch nicht vorüber, als der Damm endlich bis zur Insel vorgetrieben war, denn er war für das Erstürmen der Festung nicht breit genug. Der Angriff mußte auch von der See her geführt werden, und dazu mußte man auf notdürftig aneinandergeseilten Frachtkähnen Türme und Belagerungsmaschinen montieren und diese schwimmenden Notgebilde so dicht an die Mauern heranbringen, daß die Maschinerie ihren Dienst tun konnte. Tyrische Taucherabteilungen waren ständig damit beschäftigt, Unterwasserhindernisse gegen die Belagerer aufzubauen, und makedonische Taucherabteilungen hatten alle Hände voll zu tun, sie wieder zu beseitigen; heftige Zusammenstöße blieben nicht aus. Zu guter Letzt wurde vom Damm her eine Bresche in die Mauer geschlagen, die schwimmenden Türme waren in Gefechtsstellung, und das makedonische Fußvolk eröffnete den Sturmangriff. Über eine Brücke, die von einem der Türme zur Mauer geschlagen wurde, stürmte Alexander die Festung mit einer Abteilung der Hypaspistai, seine kyprisch-phönikische Flotte durchbrach die Hafensperre. Was folgte, war allgemeines Schlachten. Verschont wurden nur die wenigen, die in den Tempeln Zuflucht gefunden hatten. Zweitausend tyrische Krieger wurden gekreuzigt und dreizehntausend Frauen und Kinder in die Sklaverei verkauft. Die Stadt wurde neu besiedelt und mit einer neuen Verwaltung versehen, der »Apollon Philalexander«, den die Tyrer mit goldenen Ketten gefesselt hatten, damit er sie nicht im Stiche lasse, wurde befreit, und Alexander konnte endlich dem Melkart sein Opfer darbringen. Die Eroberung hatte sich als reichlich kostspielig erwiesen — und war doch wohl nicht sehr viel wert.

Auf dem Weitermarsch nach Ägypten stieß Alexander auf Widerstand nur bei Gaza, dessen Eroberung weniger aufwendig, aber viel wichtiger war als die von Tyros, denn Gaza versperrte den Weg über die Sinai-Halbinsel. Die Stadt wurde von einem persischen Eunuchen namens Betis wütend verteidigt, und da sie sich an einem Sandhügel in die Höhe reckte, war die Ausschachtung von Gräben und Tunnelgängen ebenso schwierig wie die Errichtung von Belagerungstürmen. Alexander wurde verwundet, konnte aber dennoch dank der Kombination von Artillerie und Belagerungsmechanik die Festungsmauern durchbrechen; aus Gaza machte er einen Militärstützpunkt. Einigen Berichten zufolge soll er aus

Wut über den Zeitverlust, den die Belagerung verursacht hatte, den gefangenen Betis lebendigen Leibes hinter seinem Streitwagen hergeschleift haben.

Im Frühherbst 332, als das Hochwasser des Nils schon im Abebben war, fiel Alexander in Ägypten ein. Irgendwie war an Stelle des persischen Satrapen, der bei Issos gefallen war, ein anderer ernannt worden, und da er keine Truppen hatte, übergab er das Land Alexander, ohne es auf einen Kampf ankommen zu lassen. Von den Ägyptern freudig empfangen, begab sich Alexander nach Memphis und brachte dem Apis das Königsopfer dar. Wahrscheinlich wurde er nach ägyptischem Ritus als Pharao gekrönt. Mit großem Eifer vertiefte er sich in administrative und diplomatische Probleme. Bald aber trat er die Staatsgeschäfte an Parmenion ab, der seit Gaza wieder bei ihm war, und wandte sich dem eigentlichen Zweck seiner ägyptischen Kampagne zu. Mit einer kleinen Freundesschar und militärischem Gefolge besuchte er das Amun-Orakel in der Oase Siwa. Das Orakel, in romantischer Isolierung in der Libyschen Wüste gelegen, war, ohne wirklich ägyptisch zu sein, Teil der Weisheit Ägyptens. Bei den Griechen genoß es besonders großes Ansehen und wurde in wichtigen Angelegenheiten regelmäßig zu Rate gezogen. Die Pythia von Delphi hatte unzweifelhaft recht behalten, als sie Alexander die Unbesiegbarkeit weissagte; nun sollte Amun für Alexanders weitere Pläne die göttlichen Weisungen erteilen.

Vielleicht wollte Alexander auch noch andere Fragen an das Orakel richten. Im griechischen religiösen Denken war göttliche Zeugung nichts Ungewöhnliches, und es gab keinen Grund, warum Olympias, die für Mystik einiges übrig hatte und, was ihren Sohn anging, voller Ehrgeiz war, das Andenken Philipps hätte hochhalten sollen. Allgemein hielt sich jedenfalls die Version, wonach Alexander schon beim Betreten des Tempels von Amun als Sohn angeredet worden sei. Darüber hinaus soll ihm Amun versichert haben, er werde alle besiegen, die er besiegen wolle. Das genügte Alexander. Für sein Verhältnis zu den Makedonen sollte allerdings die Vaterschaft Amuns, sosehr sie griechischen Vorstellungen entsprechen mochte, zum Stein des Anstoßes werden: die Makedonen verehrten Philipp und wollten Alexander als einen der Ihren behalten.

Der Siwa-Vorfall war heftig umstritten. Schon im Altertum waren viele Versionen über den Besuch bei Amun im Umlauf. Sicher ist da nichts überliefert, außer daß der Besuch stattgefunden hat. Wir wissen nicht, wen Alexander mitgenommen hatte: vielleicht Hephaistion, Leonnatos, Lysimachos, vielleicht andere intime Freunde. Ptolemaios, der wohl nicht mit von der Partie war, hat weder die Zusammensetzung des Gefolges festgehalten noch erwähnt, wer das Militär befehligte; er hätte gute Gründe gehabt, die Namen zu verschweigen, sofern zur Mannschaft die Reitergefährten unter Philotas und die Fußgefährten unter Nikanor oder Perdikkas gehört hatten, was plausibel gewesen wäre. Im Gegensatz zu anderen Chronisten hat er dagegen aus irgendeinem Grund besonders hervorgehoben, daß Alexander auf der Rückfahrt von Siwa, statt wie auf der Hinfahrt den Küstenweg zu benutzen, die direkte Strecke nach Memphis durch die Wüste eingeschlagen habe. Die Hinreise war äußerst beschwerlich gewesen, mit Sandstürmen und Wassermangel, und nur ein providentieller Regen und andere Beweise göttlicher Gnade hatten die Wanderer ans Ziel gelangen lassen; nichts dergleichen geschah auf der Rückreise, die ohne jeden Zwischenfall verlief.

Entweder vor oder nach seinem Besuch in der Oase entwarf und verfügte Alexander den Bau einer Stadt westlich des Nildeltas zwischen dem Mareotissee und dem Meer, an einer Stelle, wo ein Damm die Insel Pharos mit dem Festland so verbinden konnte, daß wie in Tyros zwei brauchbare geschützte Häfen entstehen mußten. In den folgenden Jahren von Kleomenes erbaut, sollte dies Alexandreia, die erste und erfolgreichste der nach Alexander benannten Städte, zur Hauptstadt der Ptolemäer und zur größten Stadt des hellenistischen Ostens werden. Durch einen Kanal mit dem Nil verbunden, vermittelte die neue Stadt auf einem bequemen Weg den Verkehr zwischen Ägypten und dem Mittelmeer und eignete sich gleich gut als Handelsplatz und Verwaltungszentrum.

Zu Beginn des Frühjahrs 331 war Alexander so weit, daß er den Marsch nach dem Osten antreten konnte. Seine Eroberungen waren gesichert. In Griechenland hatte er alle, die einer Versöhnung zugänglich waren, versöhnt, so daß Agis von Sparta, als er sich einige Monate später gegen Makedonien erhob, nur noch wenige Anhänger auf die Beine brachte. Die Satrapien waren in Händen von Männern, auf die sich Alexander einstweilen verlassen konnte. Eine verzahnte Befehlsteilung verbürgte die Ordnung in Ägypten: zwei Makedonen teilten sich in das Kommando der Besatzungstruppen, ein dritter stand an der Spitze der Flotte, zwei weitere beherrschten mit ihren Garnisonen die Zitadellen von Memphis und Pelusion; dazu gab es noch Söldnertruppen unter dem Befehl eines Griechen aus Aitolien; die Zivilverwaltung unterstand zwei Griechen und einem Ägypter. In der Folgezeit erwies sich Kleomenes aus Naukratis als der fähigste der von Alexander eingesetzten Befehlshaber. In seinen Händen konzentrierten sich die größten Machtbefugnisse, wenn es auch nicht wahrscheinlich ist, daß er zum Satrapen ernannt wurde; alle Befehlsstränge führten direkt zu Alexander: er wußte nur zu gut, daß im Ernstfall auf niemanden Verlaß war. Ähnlich bestellte er, als er wieder nach Tyros kam, Landeskämmerer für Kleinasien und die Levante, die verwaltungsmäßig seinem Freund Harpalos, dem königlichen Schatzmeister, unterstanden, aber ihre Weisungen unmittelbar vom König erhielten. In Tyros opferte er dem Melkart-Herakles und empfing eine Abordnung aus Athen, der er die Freilassung der am Granikos gefangengenommenen und in Makedonien als Zwangsarbeiter beschäftigten Athener versprach. Dann erst war er bereit, den Endkampf mit dem Großkönig aufzunehmen.

Mit rund vierzigtausend Fußsoldaten und siebentausend Reitern setzte Alexander im Juli 331 über den Euphrat bei Thapsakos und durchquerte, ohne auf Widerstand zu treffen, Mesopotamien. Seit der Schlacht am Granikos waren seine Streitkräfte angewachsen, aber seine Schlachtkonzeption, die auf koordiniertem Einsatz verschiedener Waffen beruhte, war dieselbe geblieben. Der Großkönig dagegen, der mit einem großen Heer in Babylon kampiert hatte und dann in nördlicher Richtung zu den großen Ebenen jenseits des Kleinen Zab (östlich des Tigris) gezogen war, bereitete etwas Neues vor. Bei Issos hatte er gehofft, Alexander mit schwerer Infanterie zu besiegen, war aber von den Reitergefährten zurückgeworfen und in die Flucht geschlagen worden. Jetzt hatte er eine gewaltige Reitermacht aus den oberen Satrapien zusammengebracht: leichte und schwere Reiterei, zu der auch panzertragende Steppenreiter gehörten. Das Kampfgelände war sorgfältig ausgewählt und vorbereitet worden. Die Phalanx des Alexander sollte von den persischen, mit Sensen ausgerüsteten Streitwagen aufgehalten und auseinandergetrieben, seine beiden Flügel sollten mit einem Massenaufgebot iranischer Reiter umschwärmt und eingekreist werden. Der Plan war brauchbar und hätte verwirklicht werden können, wenn ihm nicht zwei Faktoren entgegengewirkt hätten: einmal die Schwierigkeit, große Massen von Reitern während des Gefechts zusammenzuhalten und zu lenken, zum andern die am jeweiligen Ansatzpunkt unwiderstehliche Stoßwirkung der anstürmenden makedonischen Gefährtenformationen. Auch wenn der Plan in der Praxis durchführbar gewesen wäre, hätte es Alexander nicht nötig gehabt, einen Vorschlag des Parmenion zu befolgen, die Perser bei Nacht anzugreifen und den Sieg gleichsam zu »stehlen«, ein übrigens angesichts der zahlenmäßigen Stärke und der großen Beweglichkeit der persischen Truppen nicht ungefährliches Vorhaben. Für Alexander stand fest, daß sich Dareios in der Mitte der Schlachtlinie aufhalten würde; dort konnte und mußte er einen Durchbruch wagen, um Dareios vom Schlachtfeld zu vertreiben. Mehr brauchte er sich nicht vorzunehmen, alles übrige war Sache der größeren Manövrierfähigkeit.

Die Mondfinsternis am 20. September wurde als günstiges Vorzeichen gedeutet. Tatsächlich war Alexander in einer günstigen Lage. Dareios hatte zwar Reiterei unter Mazaios, dem Satrapen von Babylon, als Abschirmverband vorgeschickt, aber Alexander nicht daran gehindert, mit seinen Truppen den Tigris zu durchwaten; damit war die Gelegenheit verpaßt, Alexanders Vormarsch durch Störaktionen zu behindern. Ungestört konnte Alexander bis ans Kampfterrain bei Gaugamela herankommen und ein befestigtes Lager aufschlagen, während Dareios seine Truppen erst in Schlachtordnung brachte, als Alexander nur noch wenige Meilen entfernt war. Mazaios, der die Reiterei auf dem rechten Flügel befehligte, hatte den Auftrag, Parmenion zu umgehen und die makedonische Schlachtlinie aufzurollen. Auf Dareios' linkem Flügel standen Reitertruppen unter Bessos, dem Satrapen von Baktrien, Alexander direkt gegenüber. Die Mitte der persischen Front hielt Dareios selbst mit Fußvolk und Reitergarde, griechischen Söldnern und etlichen Elefanten. Was er vorhatte, war nicht viel anders, als was Alexander bei Issos gelungen war. Indem nun Alexander so tat, als gehe er in die Falle, machte er in Wirklichkeit Dareios' Plan zunichte.

Anstatt geradeaus vorzustoßen, wich Alexander nach rechts aus. Das Manöver war gefährlich, weil es seine Front bedenklich ausweitete. Eben damit aber geriet Dareios' Plan durcheinander. Wollte Dareios an dem gewählten Kampfgelände festhalten, so mußte er den Kampf nicht, wie geplant, auf dem rechten Flügel aufnehmen, sondern auf dem linken, wo er auf Alexanders beste und am stärksten konzentrierte Truppen stieß. Nach einem heftigen Reitergefecht griffen die persischen Streitwagen mit ihren Sensen Alexanders Gardefußvolk an, aber diese Attacke zerschellte an Alexanders ausschwärmenden Soldaten und richtete keinen Schaden an. Zwischen Dareios' vorgeschobenem linkem Flügel und seiner Mitte hatte sich unterdes eine Lücke aufgetan, und in diese Lücke trieb Alexander wie am Granikos mit Reitergefährten, Gardefußvolk und vier Regimentern der Phalanx einen Keil. Diesem Ansturm hielt die geschwächte persische Mitte nicht stand. Um sich in Sicherheit zu bringen, mußte Dareios fliehen. Damit war die Schlacht entschieden. Daß Alexanders linker Flügel in schwere Bedrängnis geraten war, spielte nun keine Rolle mehr.

Gleichzeitig mit Alexanders Angriff auf den Perserkönig war die berittene persische Reitergarde aus der Mitte der Dareios-Front in eine Lücke in Alexanders Schlachtlinie hineingestürmt und im Galopp hindurchgeritten. Da Alexander eben Alexander war, kann man vermuten, daß er es gerade darauf angelegt hatte: die beste persische Reitertruppe stand ihm auf diese Weise in dem Augenblick nicht mehr im Wege, in dem es für die Perser am meisten darauf angekommen wäre, ihm ein unüberwindliches Hindernis entgegenzustellen. Im selben Augenblick wurde zwar auch Parmenion von Mazaios schwer bedrängt, und er mag sogar von Alexander sofortige Hilfe verlangt haben; aber das war nun nicht mehr nötig: da Dareios bereits auf der Flucht war, konnte Alexander, wie er es zweifellos geplant hatte, mit seiner disziplinierten Kolonne nach links schwenken und sich der zurückbrausenden persischen Reitergarde entgegenwerfen, die ihren fatalen Fehler viel zu spät begriffen hatte. Es wurde heftig gefochten, und viele der Gefährten wurden getötet oder verwundet, darunter Hephaistion, Koinos und andere Offiziere; aber den Persern ging es nur noch darum, der schlimmsten Gefahr zu entrinnen. Auch Mazaios, dem die verzweifelte Gegenwehr der Truppen Parmenions, namentlich der Thessaler, schwer zu schaffen machte, sah nun, daß die Situation nicht mehr zu retten war, und befahl den Rückzug.

Die Niederlage brachte den Persern schwere Verluste. Da ihr Heer aber im wesentlichen aus Reiterei bestand, blieben viele Einheiten ziemlich intakt und konnten sich mit dem König bis nach Arbela zurückziehen, wo sie sich neu formierten. Von dort entkamen sie über die Bergpässe nach Medien. Dagegen wich Mazaios, um seine babylonische Satrapie abzuschirmen, nach dem Süden aus und fiel dann von Dareios ab. Alexander belohnte ihn reichlich und nahm ihn in seine Dienste.

Während Parmenion das Schlachtfeld zu säubern und den Heerestroß des Großkönigs zu übernehmen hatte, setzte Alexander mit der Reiterei den fliehenden Persern bis nach Arbela nach. Dareios war mit seiner Armee bereits weitergezogen. Dafür fiel seine Kriegskasse Alexander in die Hände, aus ihr verteilte er üppige Geschenke an seine Truppen: was dabei herauskam, war das Doppelte bis Zehnfache der regulären Monatslöhnung. Von Arbela begab sich Alexander nach Babylon, das ihm von Mazaios ausgeliefert wurde. Jetzt durfte das Heer ausruhen und weitere Beispiele der Schätze und Kostbarkeiten kennenlernen, die den Eroberern Asiens winkten. Der Luxus, mit dem die Truppen empfangen, bewirtet und unterhalten wurden, mochte vielleicht Moralisten schockieren, aber Alexander kannte seine Makedonen: eben dafür kämpften sie, nicht für abstrakte Schemengebilde. Von diesem Zeitpunkt an wuchs der Troß immer mehr, der die kämpfende Truppe auf dem Marsch begleitete: ihre Habe, ihre Frauen, ihre Sklaven, später auch ihre Kinder. Was sich da voranwälzte, glich eher einer Volksmasse auf dem Zug zu neuen Siedlungsgebieten als einer marschierenden militärischen Formation. Nicht nur um die Truppe bei guter Laune zu halten, förderte Alexander das Zusammenraffen von Hausrat und Hausstand: es ließ die Soldaten die makedonische Heimat vergessen und ihr Heim im Heereslager finden; sie sollten eine neue Generation aufziehen, der sie keine anderen Bindungen mitgäben als ihre eigenen.

Für Alexander selbst war Babylon noch in anderer Beziehung bedeutsam. Mazaios, als der erste Kollaborateur unter den Persern mit der Rückgabe seiner alten Satrapie belohnt, wurde zum Modell für die künftige Verwaltung der eroberten Gebiete. Ebenfalls in Babylon lernte Alexander die »Chaldäer« kennen, Magier, Zauberer und Sterndeuter, deren halb wissenschaftliches, halb mystisches Brauchtum einem tiefen Verlangen in seinem Wesen entgegenkam. Einige von ihnen sollte er fortan ständig bei sich behalten.

Der Griff nach Mittelasien

Es war Spätherbst 331 geworden. In kurzen Etappen zog Alexander bis nach Susa. Unterwegs stießen Verstärkungen aus Makedonien zu ihm, die Antipater freigegeben hatte, als er von Agis' bevorstehendem Angriff noch nichts wußte; sie wurden von Alexanders Freund Amyntas geführt, der sein Kommando in der Phalanx wieder übernommen hatte. Das gab den Anlaß zu einer Reorganisation der Armee. Einzelheiten darüber fehlen, aber jedenfalls wurden neue Kommandostellen in der Reiterei und im leichten Fußvolk geschaffen: sowohl zur Belohnung bewährter Offiziere als auch zur Vorbereitung der bevorstehenden Gebirgs- und Steppenfeldzüge. Eine Vorhutformation hatte Susa zur Kapitulation gezwungen; zu großer Eile lag kein Grund vor. In Susa fand Alexander eine der großen Schatzkammern des Perserreiches vor; nun war er reich. Dreitausend Talente sollte sein Freund Menes, der neue Kämmerer für Syrien und Mesopotamien, zur Küste schaffen: einerseits für Antipater, von dessen Sieg über Agis Alexander noch nicht unterrichtet war, anderseits für die Aushebung neuer Soldaten, da die Feldregimenter abgelöst werden mußten und die Besetzung neuer Gebiete den Bedarf an Besatzungstruppen fortwährend erhöhte. Der persische Satrap Abulites wurde in seinem Amt belassen, aber wie Mazaios wurde auch ihm eine Truppe unter dem Befehl eines makedonischen Offiziers beigegeben, die ihn bei der Stange halten und für Ordnung sorgen sollte.

Zum erstenmal war eine persische Hauptstadt besetzt worden, und zum erstenmal setzte sich Alexander auf einen persischen Thron. Hier, in Susa, brachte er auch die königlichen Gefangenen, die Mutter und die Kinder des Dareios nebst vielen anderen, unter. (Die Gemahlin des Großkönigs war vor Gaugamela in der Gefangenschaft gestorben.) Die Gefangenen sollten Griechisch lernen und auf ihre Rolle in der neuen Gesellschaft, deren künftige Umrisse bereits erkennbar waren, vorbereitet werden; schon plante Alexander die Mischehen, die er sieben Jahre später bei seiner Rückkehr aus dem Osten durchsetzen sollte. Er sah sich in jeder Beziehung als den König von Asien. In Susa fand er das Doppelstandbild von Harmodios und Aristogeiton, das Xerxes entführt hatte, und sandte es zum Dank für Athens Unterstützung im Kampf gegen Agis nach Athen zurück.

Im Sinne des Vergeltungskrieges für das, was Xerxes den Griechen angetan hatte, sah sich Alexander dem Hellenischen Bund gegenüber zu einem symbolischen Akt verpflichtet: die königlichen Paläste von Persepolis mußten den Flammen geweiht werden. Persepolis aber lag jenseits der schneebedeckten Pässe des Zagros: den direkten Zugang versperrten zunächst die Gebirgsstämme der Uxier und hinter ihnen reguläre Heeresverbände unter Ariobarzanes, dem Satrapen der Persis. Auf einem leichter passierbaren und nicht blockierten Weg sollte Parmenion den Troß nachbringen; mittlerweile stieß Alexander mit den Makedonen, der leichten Reiterei, den Bogenschützen und den Agrianern ins Gebirge vor und nahm eine feindliche Stellung nach der andern ein. Gegen die Uxier hatte er ein Umgehungsmanöver vorgesehen und mit seiner Ausführung Krateros beauftragt, den er als besseren Vertreter und als eventuellen Nachfolger des Parmenion heranzubilden suchte; schon in den Schlachten von Issos, Tyros und Gaugamela waren ihm besondere Aufträge zuteil geworden, und wenn er auch ein fanatischer Makedone war, hatte er doch nicht zu Philipps Generalen gehört und war Alexander treu ergeben. In der Aktion gegen Ariobarzanes sollte Krateros allerdings nur eine Ausgangsposition schaffen, während Alexander die für den Angriff bestimmte Truppe in einem Nachtmarsch über schwieriges Gelände führte und drei andere Kommandeure, darunter Koinos, noch weiter in feindliches Gelände eindrangen. Später behauptete Ptolemaios in seiner Geschichte, auch er habe in dieser Aktion ein selbständiges Kommando gehabt; das ist indes wenig glaubhaft: er zählte zwar zu Alexanders Freunden, hatte bis dahin jedoch nur wenig Befehlserfahrung gesammelt und war auch noch nicht mit der Aufnahme in die Leibwache ausgezeichnet worden.

Nachdem der Weg freigelegt war, kam Alexander nach Pasargadai und Persepolis; beide Städte ergaben sich mit vollen Schatzkammern. Weil Pasargadai das von Alexander respektierte Grab Kyros' des Großen beherbergte, wurde es verschont; dafür bekamen die Makedonen zur Belohnung für ihre treuen Dienste Persepolis zum Plündern. Als Motiv hätte auch Habgier gereicht; außerdem wurde noch berichtet, das Heer sei auf eine Gruppe griechischer Handwerker gestoßen, die von den Persern verstümmelt worden seien, um ihnen das Entkommen aus großköniglichen Diensten unmöglich zu machen. Alexander sicherte den Soldaten reiche Gaben zu, aber damit war ihr lodernder Zorn nicht gelöscht; sie rächten sich an Persepolis. Freilich war der Festungsbrand zugleich auch ein überlegter symbolischer Akt. Es ist zu vermuten, daß er von einem trunkenen *Komos*, einem dionysischen Tanz- und Trinkfest, begleitet war: nur zu gern feierten die Makedonen ihre Feste auf diese Weise. Zweifellos war auch manche *Thais* dabei; die Offiziere waren jetzt jedenfalls reich genug, sich griechische Hetären leisten zu können. Brand und Plünderung kosteten Alexander nichts, denn alles Wertvolle war auf seinen Befehl schon vorher aus den Gebäuden entfernt worden. Der griechischen Welt zeigte die Vernichtungsorgie von Persepolis an, daß der Krieg der »Rache für Xerxes' Frevel« abgeschlossen war. Im folgenden Frühjahr wurden die Truppen des Hellenischen Bundes reich belohnt nach Hause entlassen. An schweren Gefechten scheinen sie, wenn man von der thessalischen Reiterei absieht, nicht allzu intensiv teilgenommen zu haben; offenbar machten auch nur wenige von Alexanders Angebot Gebrauch, als Söldner in seinen Diensten zu bleiben.

Die Satrapie Persis wurde einem Perser übertragen, ebenso die Finanzverwaltung; der Befehl über die Besatzungstruppe dagegen einem Makedonen: dies nun schon erprobte Verfahren setzte sich immer mehr durch. Zunächst blieben noch Parmenion und Krateros zurück, während Alexander einen eiligen Feldzug in die Persis abschloß; dann zog die gesamte Streitmacht an den Osthängen des Zagrosgebirges entlang nordwärts nach Ekbatana, der alten Hauptstadt Mediens und dem Hauptverkehrszentrum des Perserreiches. Hier ließ Alexander Parmenion seine Residenz aufschlagen, allerdings mit ungeklärten Amtsbefugnissen: weder als Schatzmeister, denn das war Harpalos in Babylon, noch als Satrap von Medien, denn das war ein Meder, noch auch als Truppenbefehlshaber, denn die Besatzungstruppen unterstanden mehreren Offizieren, die ihre Befehle von Alexander direkt empfingen. Offensichtlich wollte Alexander Parmenion mit seinem zu großen Einfluß und seinen zu altväterischen Auffassungen auf bequeme Art loswerden. Nach Makedonien konnte er ihn nicht zurückschicken: das wäre ein zu heftiger Affront gewesen; außerdem hätte sich Parmenion in der Heimat mit seinem alten Freund Antipater zusammengetan, der auch nicht alles, was Alexander tat, nach seinem Geschmack fand. So war es wohl am einfachsten, ihn in Würden, aber ohne Macht in Ekbatana zurückzulassen.

Wieder wurde die Verfolgung des geschlagenen Königs Dareios aufgenommen. Seit der Schlacht von Gaugamela waren sechs Monate vergangen. Dareios hatte nach wie vor nur ein Häuflein Truppen bei sich; außer den wenigen griechischen Söldnern, die noch übriggeblieben waren, hielten die Soldaten eher zu Bessos und den anderen östlichen Satrapen als zum besiegten Großkönig. Er konnte nur noch weiterfliehen. Als Alexander ihn schon fast eingeholt hatte, erschlugen ihn die eigenen Satrapen: sie konnten seine Gefangennahme nicht zulassen, denn als Gefangener hätte er sich in aller Form ergeben und das Reich dem Sieger ausliefern müssen; ohne ihn konnten sie den Widerstand fortsetzen. Was Dareios' Tod bedeutete, war Alexander wahrscheinlich nicht ganz klar. Er ordnete fur den ermordeten Großkönig ein Staatsbegräbnis in Persepolis an und benahm sich fortan so, als sei er nun selbst der rechtmäßige König: er trug persische Kleidung, übernahm das persische Zeremoniell und errichtete einen persischen Hof mit Höflingen und traditionellem Harem, von dem er allerdings, sagt Plutarch, nur spärlich Gebrauch machte. Aber der Orient akzeptierte Alexander nicht als Dareios' Nachfolger, und es dauerte noch sechs Jahre, bis die östliche Welt – Provinz um Provinz – dazu gebracht werden konnte, sich zu unterwerfen.

Ungehindert erreichte Alexander über Parthien und Hyrkanien das Kaspische Meer, stieß aber an dessen Südwestküste auf heftigen Widerstand der Marden. Sein Lieblingsroß Bukephalos wurde von den Feinden ergriffen, aber auf Drohungen hin wieder freigegeben. Kaukasische Stämme, unter denen griechische Autoren die berühmten Amazonen zu erkennen glaubten, schickten Gesandte und boten Alexander ihre Freundschaft an. Als sich Alexander wieder nach dem Osten wandte und über die Steppe nach Areia und Margiane zog, unterwarf sich ihm der Satrap Satibarzanes und wurde darauf in seiner Stellung belassen. Das war eine Falle: kaum hatte sich Alexander in Richtung Baktrien in Bewegung gesetzt, als Satibarzanes hinterrücks eine Erhebung anzettelte; er rechnete damit, daß gleichzeitig auch Bessos und die Baktrer Alexander angreifen würden. Aber Bessos kam zu spät. Alexander teilte seine Streitkräfte, ließ Krateros zur Abwehr des Bessos zurück und kehrte sich mit der üblichen beweglichen Angriffstruppe (den Regimentern von Koinos und Amyntas, den Reitergefährten, Bogenschützen, Speerwerfern und Agrianern) eilends gegen Satibarzanes, der mit einer Reitereskorte fliehen mußte. Um Ruhe zu haben, gründete Alexander in der Nähe von Merv eine neue Garnisonstadt; dann wechselte er die Richtung und marschierte südlich in die Drangiane, wo als Besatzungsstützpunkt noch ein Alexandreia ins Leben gerufen wurde; spätere Ereignisse sollten dieser Stadt den Beinamen *Prophthasia* (Vorausahnung) verleihen. Satibarzanes wurde, als er sich in Areia von neuem zu behaupten suchte, von dem Griechen Erigyios, einem Jugendfreund Alexanders, in einem heroischen Zweikampf getötet.

In Alexandreia Prophthasia wurde ein Anschlag auf Alexanders Leben »vorausgeahnt«, der Parmenion und Philotas das Leben kostete und der, da Parmenions ältester Sohn, Nikanor, sechs Monate früher gestorben war, die »Parmenion-Dynastie« auslöschte; nur Parmenions Schwiegersohn Koinos blieb am Leben. Wahrscheinlich hatte sich Alexander über Parmenion ausgiebig beklagt: zu viele Geschichten wurden erzählt, in denen es immer wieder hieß, Parmenion habe den König schlecht beraten und dafür Tadel einstecken müssen. Als aufrechter Makedone und Freund Philipps muß Parmenion Alexanders Arroganz schmerzlich empfunden, vielleicht auch seinen Unmut geäußert haben, und Kritik vertrug Alexander nicht. Da Nikanor tot und Parmenion in Ekbatana war, blieb Philotas in der Umgebung des Königs isoliert. Nun war eine Verschwörung aufgedeckt worden, in die etliche Makedonen verwickelt waren; keiner von ihnen war prominent – außer dem Leibwächter Demetrios, der auch nicht weiter bekannt war. Von dieser Verschwörung sei Philotas, so lautete später die Anklage, unterrichtet worden, habe ihr aber kein Gewicht beigemessen und sie Alexander nicht gemeldet. Über einen Pagen kam der Vorfall Alexander zu Ohren. Sofort befahl er seine Freunde zu sich und erhob bittere Vorwürfe gegen Philotas und dessen Vater. Bekräftigt wurden die Beschuldigungen bezeichnenderweise von Philotas' engsten Freunden Koinos, Hephaistion und Amyntas, Sohn des Andromenes; für sie war das ein willkommenes Mittel, jeden Verdacht von sich abzuwälzen. Dabei blieb es nicht: sie verlangten die Folterung des Philotas, leiteten sie persönlich, verhöhnten Philotas in seiner Qual und preßten ihm ein Teilgeständnis ab. Das genügte: er wurde von der Armee abgeurteilt und hingerichtet. Und Polydamas, ein Freund Parmenions, wurde mit der grausigen Mission betraut, Parmenion ermorden zu lassen. Das alles wurde in großer Eile besorgt. Nun war Alexander Parmenion und dessen Söhne los. Viele aber erschütterte und empörte die barbarische Verhöhnung von Recht und Gerechtigkeit, die mit der bald folgenden grundlosen Hinrichtung Alexanders von Lynkestis vollbracht wurde. Jedenfalls war sie ein Mahnmal: nun mußte jedem klar sein, wie gründlich sich Alexander des Terrors zu bedienen wußte.

Im Herbst 330 zog das Heer über Arachosien ins Paropamisosgebirge, in die winterlichen Schrecken des vereisten Hindukush hinein; den Winter über blieb es in unterirdischen Behausungen unter der dicken Schneedecke. Im Frühjahr, als der Boden aufzutauen begann und Erdarbeiten möglich wurden, ging man an den Bau eines neuen Alexandreia, in dem einige Makedonen und Griechen, die nicht weitermarschieren konnten, und viele Einheimische angesiedelt wurden. Für die Sicherheit hatte ein kleiner Heeresverband zu sorgen, dessen makedonischer Befehlshaber wie gewöhnlich auf den iranischen Satrapen aufpassen sollte. Sobald die Bergpässe schneefrei waren, zog das Heer nördlich nach Baktrien und besetzte kampflos die baktrischen Städte. Da sich Bessos immer weiter zurückzog, ging Alexander über den Oxos und rückte in die Sogdiane ein. Der Kyprosfürst Stasanor aus Soloi, der sich Alexander in Tyros angeschlossen hatte, wurde nach Areia zurückgeschickt, wo er die Satrapie übernehmen und die wichtigen Verkehrsverbindungen nach dem Westen sichern sollte.

In der Sogdiane stand Alexander schwierigen Problemen gegenüber. Es war ein Land der Ebene zwischen Wüste und Gebirge. Die Bevölkerung war teils nomadisch, teils in befestigten Städten in den Flußtälern konzentriert. Beherrscht wurde das Land von stolzen, unabhängigen Stammesfürsten; ihre Stärke waren ihre Reitertruppen und uneinnehmbaren Felsenburgen. Jenseits des Iaxartes im Norden hausten die von den Persern nie unterworfenen Skythenstämme, denen auf der Suche nach Raubgelegenheiten jeder Vorwand recht war, in das Gebiet der seßhaften Sogder einzufallen. Diese Gegend zu befrieden und sich ihre Naturschätze und sonstigen Hilfsquellen zu sichern war nicht einfach. Alexander hatte Verstärkungen bekommen und verfügte über starke Reiterverbände, aber die Hauptmasse seines Heeres bildete immer noch das Fußvolk. Der Feldzug, der an seine Klugheit und Geschicklichkeit hohe Ansprüche stellte, dauerte vom Frühjahr 329 bis zum Frühjahr 327.

Anfänglich hatte sich der Feldzug trügerisch gut angelassen. Bessos, der sich den Königstitel zugelegt hatte, hatte sich so anmaßend und herrschsüchtig gezeigt, daß die sogdischen Stammesfürsten Spitamenes und Oxyartes ihn festnahmen und als Mörder des Dareios zur Bestrafung an Alexander auslieferten. (Später freilich nahm Ptolemaios das Verdienst, Bessos dingfest gemacht zu haben, für sich in Anspruch.) Die Sogderhäuptlinge hofften, mit ihren Ergebenheitsbezeigungen einen Dauerfrieden erkauft zu haben, Alexander aber stellte ihre Friedfertigkeit auf eine harte Probe, indem er immer wieder neue kriegerische Aktionen unternahm. So zog er weiter nach dem Norden, besetzte Marakanda, rückte zum Iaxartes vor, erstürmte die am Flußlauf gelegenen Städte, setzte schließlich über den Strom und fügte den Skythen eine schwere Niederlage zu; das mag seine glanzvollste militärische Leistung gewesen sein, deren Generalprobe viele Jahre vorher der große Angriff auf die Geten nördlich der Donau gewesen sein mochte. Nach dem Sieg über die Skythen wurde am Iaxartes die Stadt Alexandreia *Eschâte*, »Äußerstes Alexandreia«, errichtet.

Die gehobene Stimmung fand ihr jähes Ende mit der Nachricht, daß Spitamenes mit Hilfe der Skythen Marakanda angreife. Hier beging Alexander seinen einzigen großen Fehler. Unverständlicherweise entsandte er zum Entsatz von Marakanda eine viel zu schwache Truppe, und dazu noch unter geteiltem Befehl; sie ging dem Feind in die Falle und wurde aufgerieben. Damit wurde der bis dahin kaum angetastete Glaube an die Unbesiegbarkeit der Makedonen schwer erschüttert, und es half Alexander wenig, daß er anschließend das Polytimetostal verwüstete. Als er im Herbst 329 nach Baktra-Zariaspa ins Winterquartier zog, hinterließ er die Sogdiane in hellem Aufruhr.

Im ganzen muß der Winter unerfreulich gewesen sein. Aus Makedonien und Westasien trafen allerdings zahlreiche neue Truppen ein, die zum Teil von den einstigen Satrapen von Ionien und Lykien, Asander und Nearchos, rekrutiert worden waren. (Von Asander, einem Vetter Parmenions, war später nichts mehr zu hören; dagegen sollte Nearchos, ein Gespiele Alexanders, noch eine bedeutende Rolle übernehmen.) Mehrere Satrapen wurden zur Berichterstattung und Rechnungslegung vorgeladen und einige bestraft. Auf barbarische Weise wurde Bessos hingerichtet. Sowohl Iranier als auch Makedonen waren unruhig und gereizt, und es ist nicht verwunderlich, daß bei einem Gelage wütender Streit zwischen Alexander und Kleitos dem Schwarzen ausbrach, dem Kommandeur der »Edelschar der

Gefährten«, der berittenen Garde, der Alexander am Granikos das Leben gerettet und dessen Schwester ihn großgezogen hatte. Alexander durchbohrte ihn mit einem Speer; Kleitos war tot – und der König tat Buße. Den Makedonen mochte das als weitere Warnung dienen: einer der anspruchslosen alten Gefährten war der König längst nicht mehr.

Gerade um diese Zeit stand Alexander vor einer lebenswichtigen Entscheidung. Daß er seine Machtposition als König von Makedonien und erst recht als König von Asien nur seinem Feldherrnruhm verdankte, war ihm wohl bewußt. Weder Zuneigung der Beherrschten noch verfassungsmäßiges Recht bedeutete viel. Unter den führenden Männern gab es keinen, auf den er sich hätte verlassen können – außer vielleicht Krateros. Und Krateros war, obschon er bei der Beseitigung des Philotas mitgewirkt hatte, doch viel zu sehr Makedone, als daß er Alexanders Asiatisierungspolitik hätte goutieren mögen. Aus all diesen Gründen hatte Alexander die militärische Befehlsgewalt niemals aus der Hand gegeben. Jeden Sieg hatte er selbst erfochten, und wahrscheinlich hatte ihn gerade die Angst vor möglichen Rivalen dazu verleitet, mit dem Kampf gegen Spitamenes eine Gruppe unfähiger Truppenführer zu betrauen. Jetzt mußte er aber das Risiko eingehen, das Heer einer tüchtigen militärischen Führung zu unterstellen. Die Reiterei der Nomaden ließ sich nicht einfach überrollen. Ihr mußte mit starken beweglichen, von festen Stützpunkten aus operierenden und von befähigten Befehlshabern geleiteten Angriffstruppen begegnet werden. Die Zusammensetzung dieser Truppen mochte variieren, den Kern jeder Formation mußte aber in jedem Fall ein Regiment der Fußgefährten bilden. Statt der ursprünglichen sechs Fußgefährtenregimenter wurden jetzt acht oder neun aufgestellt, und die größere Zahl der Kommandeure schien die Verfügbarkeit bewährter Truppenführer zu garantieren.

Als Alexander im Frühjahr 328 in die Sogdiane einmarschierte, ließ er in Baktrien fünf bewegliche Kampfverbände zurück. Das System bewährte sich im Sommer, als Spitamenes mit Hilfe der skythischen Massageten einen Überfall auf Baktra versuchte: er wurde von Krateros in die Flucht geschlagen. Alexander marschierte mit fünf Marschkolonnen, von denen drei, aus Perdikkas' Regiment ausgewählt, seiner unmittelbaren operativen Leitung unterstanden. Die Marschtruppe besetzte das ganze Land und räumte mit lokalen Widerstandszentren auf; Hephaistion baute unterdes Festungen und befestigte Städte und sorgte für Ordnung. Im Norden blieben dann Koinos und Meleager, der mit seinen Truppen aus Baktrien gekommen war; sie sollten, während sich Alexander nach Nautaka in der Südsogdiane zurückzog, auf die Skythen in den Wintermonaten aufpassen. Zu Beginn des Frühjahrs 327 rückten Spitamenes und die Skythen gegen sie vor, wurden aber so entscheidend geschlagen, daß Spitamenes' Verbündete es vorzogen, ihn umzubringen und auf Nimmerwiedersehen zu verschwinden. Ungefähr um dieselbe Zeit wurde die Gebirgsfeste des Oxyartes von Alexanders leichtbewaffneten Stoßtruppen eingenommen und von Krateros ein großer Sieg über die Bergstämme im Pamirgebirge erfochten. Damit war die ganze Gegend bezwungen, und Alexander hatte alle Veranlassung, voller Zuversicht in die Zukunft zu blicken.

In seinem Winterquartier zu Nautaka beschäftigte er sich inzwischen mit anderen Dingen. Von einigen Freunden, namentlich Hephaistion, dazu angeregt, versuchte er, den Makedonen die persische Hofsitte der kniefälligen Verehrung des Königs aufzuzwingen;

DIE HELLENISTISCHE WELT

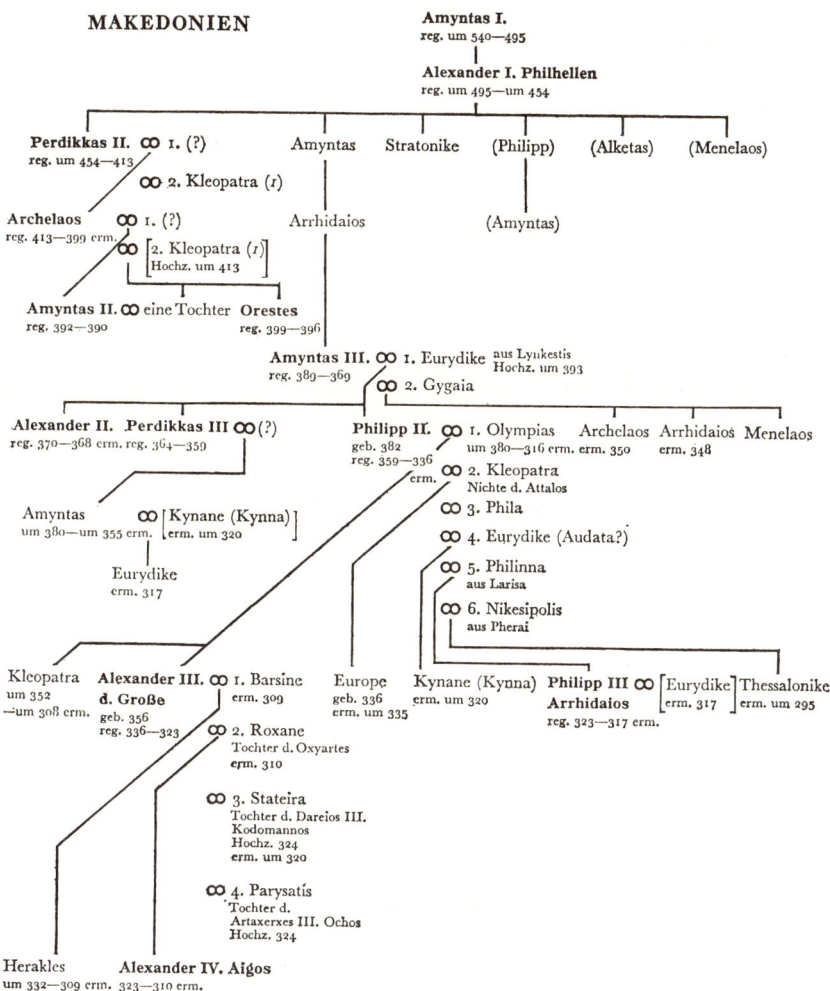

er bestand allerdings nicht darauf, als er auf ernsten Widerstand stieß. Polyperchon, der sich über den Plan lustig gemacht hatte, wurde vorübergehend in Haft genommen, durfte indes seinen Regimentsbefehl behalten. Eine wirkliche oder vermeintliche Verschwörung unter den Königspagen diente als Vorwand für die Verhaftung des Historikers Kallisthenes, eines Neffen des Aristoteles; er wurde jedoch nicht hingerichtet, sondern kam erst zwei Jahre später in Indien ums Leben. Die Gefangennahme der Oxyartes-Familie verschaffte Alexander eine bequeme Gelegenheit, seine Beziehungen zum sogdischen Adel zu festigen: er heiratete Oxyartes' Tochter Roxane, die damals wohl noch ein Kind war; von ihrer Schwangerschaft sollte erst vier Jahre später die Rede sein.

Indien und das Ende

Schon von Nautaka aus hatte Alexander im Hinblick auf den geplanten Feldzug nach Indien viele Iranier als Soldaten, vor allem für die Reiterei, angeworben. Mit einem Heer von siebzigtausend Fußsoldaten und zehntausend Reitern überschritt er im Frühjahr 327 den Hindukush und fiel in Indien ein. Die Makedonen, die noch am Granikos die Hälfte der Truppen gestellt hatten, machten jetzt kaum noch ein Viertel ihres Bestandes aus. Wir wissen zwar von elf Regimentern der Fußgefährten – außer der Garde – und von vier oder gar fünf Reiterregimentern; doch ist kaum anzunehmen, daß es sich noch um rein makedonische Einheiten handelte. Im nächsten Jahr ausgehobene Verstärkungen erhöhten die Gesamtzahl der Soldaten auf hundertfünfundzwanzigtausend, aber nur ein Teil davon waren Kampftruppen; ein erheblicher Teil der Soldaten stellte die Besatzungsgarnisonen oder war im Sicherheitsdienst der Satrapien eingesetzt.

Obgleich Alexander den Troß radikal eingeschränkt hatte, war die Beförderung eines so umfangreichen Heeres über die Bergpässe bis ins Industal eine außergewöhnliche technische Leistung. Und dabei gab es für den Feldzug kaum einen zwingenden Grund. Was Alexander erobert hatte, war das Perserreich, und Indien war keine persische Provinz, sondern verbündetes oder völlig unabhängiges Gebiet, das nur Kyros der Große einst durchschritten haben sollte. Aber Indien war reich, fremdartig und in unmittelbarer Reichweite. Daß er einmal an einer Stelle haltmachen könnte, ist Alexander wahrscheinlich nie in den Sinn gekommen: dazu war sein Drang nach Eroberung und Neuheit, den Arrian *póthos* nannte, zu unersättlich.

Der Feldzug zog sich über drei Jahre hin und ist in vieler Hinsicht dunkel geblieben. Die verhältnismäßig nüchternen Berichte unserer Quellen erzählen von allerhand wundersamen Dingen, die nicht notwendigerweise unwahr zu sein brauchen; da ist die Rede von Affen und Schlangen, von riesigen Feigenbäumen, von Brahmanen und nackten Weisen, von riesigen Strömen und vom Monsunregen, von Ozeangezeiten und endlosen Ebenen, in denen Reiterheere und für den Krieg abgerichtete Elefanten zum Kampf eingesetzt werden. Alexanders Rückweg am Arabischen Meer entlang und über Gedrosien vermittelte die Bekanntschaft mit ausgedörrten Wüsten, mit ausschließlich von Fischen lebenden Wilden *(ichthyophágoi)* und mit »Schulen« von Walen, die an Kriegsflotten erinnerten. Es wurde viel gekämpft, zunehmend blutiger und zunehmend zielloser, zumeist gegen Stämme und Städte, von denen kein Grieche je etwas gehört hatte und deren Sprachen niemand kannte.

Die Verluste waren groß. Einmal wurde Alexander, der auch früher schon oft genug verwundet worden war, fast tödlich getroffen; nur dem Schild des Achilleus von Ilion, den ein junger Freund namens Peukestes trug, verdankte er die Rettung. Ebenso unübersehbar wie die Schlachten war die Beute. Die Verbindung mit dem übrigen Teil des Reiches war spärlich und unregelmäßig; viele der Satrapen konnten sich dem Glauben hingeben, Alexander würde niemals zurückkehren. Anderseits muß eine Flut von wissenschaftlichen Berichten und Spezimensendungen an Aristoteles in Athen gegangen sein. Schriftsteller wie Onesikritos, Kleitarchos und Nearchos schrieben Geschichten nieder, die den Grundstock der späteren Indien-Kenntnisse der Griechen bilden sollten.

Reste einer hellenistischen Festung auf Ikaros (Failaka) im Persischen Golf
Stützpunkt der Flotte unter Nearchos

Alexander der Große
Abguß einer Tonform mit dem Bildnis des Herrschers als Helios
Aus den Funden auf Ikaros (Failaka). Kuwait, Archäologisches Museum

DIE HELLENISTISCHE WELT

Es waren märchenhafte und phantastische Jahre, von Bedeutung vor allem für das Werden der späteren Nachfolger Alexanders, für die Entstehung einer Gruppe von Menschen, der die Macht nach seinem Tod zufallen sollte. Dazu gehörten die Kommandeure: Perdikkas, Krateros und Meleager, die von Anfang an dabei waren, und Polyperchon, Antigenes, Perdikkas' Bruder Alketas und Perdikkas' Schwager Attalos, die später hinzugekommen waren. Dazu gehörten ebenso Alexanders Freunde aus der Kindheit und den Jugendjahren, die jetzt militärische Erfahrungen sammelten: Hephaistion, Leonnatos, Ptolemaios, Nearchos. Soweit es allerdings um die Tätigkeit Ptolemaios' und Nearchos' in Indien geht, sind Vorbehalte am Platze, denn was wir über ihren Aufgabenbereich und ihre Leistungen wissen, stammt fast ausschließlich aus ihren eigenen späteren Geschichts- und Memoirenwerken. Möglich ist, daß in der großen Schlacht gegen Poros Seleukos den Kommandoposten innehatte, der sonst Leonnatos zugeschrieben wird. Ohne Befehlsgewalt nahmen aus der näheren Umgebung des Königs auch noch die Leibwächter Lysimachos, Aristonous und Peithon, Sohn des Krateuas, am Feldzug teil.

Immer noch experimentierte Alexander überaus vorsichtig mit seinen Generalen. Nachdem Krateros und Koinos Siege in der Sogdiane erfochten hatten, wurden sie nie wieder mit einem selbständigen Feldkommando betraut. Für den Marsch durch das Kabultal hatte Alexander an ihrer Stelle Perdikkas und Hephaistion mit der Führung der Haupttruppen beauftragt; sie sollten die gewählte Route offenhalten und mit Festungen absichern. Sich selbst hatte Alexander wie üblich die Aufgabe vorbehalten, mit den makedonischen Leichtbewaffneten den linken Flügel durch Kampfhandlungen gegen die Bergstämme abzuschirmen. Krateros mußte sich mit dem wenig ruhmreichen Oberbefehl über den Troß bescheiden. Marschiert wurde den Rest des Jahres 327 und die ersten Monate des Jahres 326; die Spitzenleistung des Feldzuges war die Eroberung der schier uneinnehmbaren Zitadelle von Aornos, an der einst Herakles gescheitert war. Als Alexander den Indus erreichte, konnte er über eine von Perdikkas und Hephaistion gebaute Brücke gehen. Die gesamte Streitmacht betrat nun das Gebiet des Königs von Taxila, der Alexander freundlich gesinnt war. Als es aber weiter östlich über den Hydaspes gehen sollte, stießen die Truppen auf den nächsten König, Poros, der die Flußübergänge mit einem großen Heer verteidigte.

Es war Mitte des Sommers, und der Fluß führte noch kein Hochwasser. Koinos wurde zurückgeschickt, um Boote vom Indus zu holen, und Alexander begann mit täglichen Manövern und Reiterbewegungen, die den Gegner über den eigentlichen Angriff, wenn es endlich soweit war, täuschen sollten. Nachdem alle Vorbereitungen getroffen waren, ließ Alexander Krateros mit dem Lager zurück, stellte drei Stoßtrupps in gleichen Abständen am Ufer entlang auf und marschierte in der Nacht stromaufwärts. Der Sinn des Manövers war, Poros dazu zu bringen, seine Verteidigungslinie möglichst lang zu strecken; sobald Alexander einen Brückenkopf gebildet hatte, sollten die zurückgelassenen Truppen nachfolgen. Die Schlacht, die sich entspann, zeichnete sich durch komplizierte Reiterbewegungen aus, in denen Koinos eine wichtige, wenn auch nicht ganz geklärte Rolle spielte. Er befehligte die Reiterei ebenso wie seine eigenen Fußsoldaten, und es ist möglich, daß er Poros' Reiter in einen Hinterhalt gelockt hat. Gegen dessen Elefanten setzte Alexander erst leichte, dann schwere Infanterie ein. Der Sieg war nicht schwer zu erkämpfen, obgleich Poros selbst, eine riesige Gestalt auf einem riesigen Elefanten, große Heldentaten vollbrachte. Nach der Schlacht blieb Krateros wieder zurück, um zwei Städte zu bauen, von denen eine nach Alexanders Roß Bukephalos, einem Opfer der Schlacht gegen Poros, benannt wurde. Alexander selbst marschierte weiter über den Akesines zum Hyphasis; sein Vormarsch wurde von Perdikkas und Hephaistion mit kleineren Gefechten abgeschirmt: zum erstenmal führten beide ein selbständiges Gefechtskommando. Eine Stadt am Akesines wurde von Hephaistion erbaut. Nach Alexanders weiterem Plan sollte der Hyphasis überquert und der Marsch nach dem Osten am Ganges entlang fortgesetzt werden.

Das war für die Soldaten zuviel. Sie weigerten sich weiterzuziehen. Einen Fürsprecher fanden sie in Koinos, der sich ein gewisses Recht erkämpft hatte, im Namen des Heeres zu sprechen. Was blieb Alexander übrig, als nach Bukephala und Nikaia am Hydaspes zurückzukehren und dort das Winterquartier aufzuschlagen. Aber Alexander schätzte keinen Widerspruch. Sehr bald starb Koinos: ob eines natürlichen Todes oder nicht, ist unbekannt; ihren Ungehorsam mußten die Makedonen mit Gefahren und Entbehrungen des folgenden Jahres in reichlichem Maße bezahlen.

Nun wurde eine Flotte zusammengestellt, wobei Alexanders Freunde als Trierarchen amtierten. Im Frühjahr 325 zog das Heer zu Wasser stromabwärts gen Süden. Krateros folgte mit dem Troß auf dem rechten Ufer, Hephaistion mit einem Stoßtruppverband auf dem linken; Nearchos war, wie er später berichten sollte, Flottenchef. Es wurde heftig gekämpft, vor allem gegen die Malloi, in der Gegend, in der sich der Hydaspes mit dem Akesines vereinigt. Hier entging Alexander bei der Erstürmung einer Festung mit knapper Mühe dem Tod. Weiter stromabwärts wurden achtzigtausend Untertanen des Königs Sambos nach erbittertem Widerstand niedergemetzelt. Perdikkas, Hephaistion und Ptolemaios taten sich als selbständige Befehlshaber hervor. Irgendwo unterhalb der Stelle, wo der Akesines in den Indus mündet, wurde der Troß unter Krateros entlassen und auf der nördlichen Route über Arachosien und die Drangiane nach Karmanien im Westen geschickt. Das Heer setzte seinen südlichen Weg fort. Das Reich des Musikanos wurde unterworfen, Pattala besetzt und das Indusdelta durchforscht. Alexander segelte sogar auf den Ozean hinaus, um dem Poseidon zu opfern. Auch den von Amun benannten Göttern brachte er Opfer dar, um kundzutun, daß er seine Mission vollbracht habe.

Nearchos wartete mit der Flotte, bis der Südwestmonsun vorbei war, und segelte erst im September. Alexander war indes schon im Sommer von Pattala nach dem Westen aufgebrochen. Sein erstes Angriffsobjekt war der wohlhabende Stamm der Oreiten. Die Oreiten wurden geschlagen und von Marschkolonnen unter Alexander, Ptolemaios und Leonnatos gründlich ausgeplündert: das ganze Gebiet, berichtet Diodoros, war Feuer, Verwüstung und Gemetzel. Dennoch mußte Leonnatus mit dem Auftrag dableiben, eine Stadt und einen Versorgungsstützpunkt für Nearchos zu bauen. Die Oreiten besaßen aber noch so viel Kampfgeist, daß sie sich prompt gegen ihn erhoben.

Alexander zog inzwischen mit einer kleinen, hauptsächlich makedonischen Truppe weiter westlich, schwer geplagt von der Hitze, der Wasserknappheit und dem Lebensmittelmangel. In dieser Gegend siedelten nur kleinere Stämme primitiver Wilder, besonders in der Nähe der Küste, und der Marsch hatte keinen anderen Sinn, als nur zu zeigen, daß auch die Natur mit ihren schlimmsten Plagen Alexander keinen Einhalt zu gebieten vermochte; aber vielleicht war Alexander über den tatsächlichen Zustand gar nicht im Bilde. Die Lagergefolgschaft hatte schwere Verluste zu verzeichnen, und was an Troß noch mitgeführt wurde, mußte, nachdem die Lasttiere aufgegessen worden waren, unterwegs liegenbleiben. Schließlich schlugen sich die Truppen doch noch bis nach Karmanien durch, wo Krateros zu ihnen stieß, der zwar einige Kämpfe, aber keine wesentlichen Schwierigkeiten zu bestehen gehabt hatte; dorthin gelangte auch die Flotte, die wie die Truppen hauptsächlich unter dem Mangel an Trinkwasser und Nahrung gelitten hatte. Die Vereinigung der Truppenteile wurde ganz nach dem Herzen der Makedonen in einem gigantischen *Komo* zu Dionysos' Ehren gefeiert.

Anfang 324 wandte sich Alexander von neuem politischen und Verwaltungsproblemen zu. Satrapen und andere höhere Beamte mußten über ihre Tätigkeit Rechenschaft ablegen, und wer eine zu große Militärmacht aufgebaut hatte, mußte sie auflösen. Wie immer, wurde jeder Art Anschuldigung Glauben geschenkt. Die beiden Offiziere, die an der Spitze der Besatzungstruppen in Medien standen und den Mordbefehl gegen Parmenion hatten ausführen müssen, der Thrakier Sitalkes und Koinos' Bruder Kleander, wurden ihrerseits beseitigt. Alexanders Schatzmeister Harpalos entfloh aus Babylon mit sechstausend Söldnern und fünftausend Talenten; weswegen, ist unklar: gegen bloße Großspurigkeit und Verschwendungssucht hätte Alexander kaum etwas einzuwenden gehabt. Offenbar hatte Alexander kein großes Interesse daran, seiner habhaft zu werden, denn er erreichte Griechenland ungeschoren und brachte seine Truppen auf den Söldnermarkt von Tainaron und sein Gold nach Athen; beides sollte in der griechischen Erhebung des folgenden Jahres eine Rolle spielen. Harpalos selbst wurde auf Kreta von seinem Adjutanten Thibron unter schimpflichen Umständen umgebracht.

Wieder setzten sich Heer und Flotte in Bewegung: Hephaistion führte den Troß die Küste entlang, während Alexander mit einer kleinen Truppe den Weg übers Gebirge nach Persepolis und Pasargadai nahm. Dort wurde der amtierende Satrap hingerichtet; außerdem wurden angebliche Schänder des Kyros-Grabmals ermittelt und bestraft. Die Satrapie fiel an Peukestes, der Sprache und Gebräuche der Iranier erlernt hatte. Alexander begab sich dann nach Susa, wo Flotte und Heer zusammentrafen, ließ den iranischen Satrapen hinrichten und setzte an seine Stelle einen Makedonen. Anläßlich einer großen Siegesfeier wurden den acht Leibwächtern, von denen sich Peukestes, Leonnatos und Hephaistion besonders ausgezeichnet hatten, goldene Kronen verliehen; die gleiche Auszeichnung erhielten Nearchos und Onesikritos, der eine als Admiral, der andere als Hauptsteuermann der Flotte (vielleicht aber auch beide als gleichrangige Admirale). Ansehnliche Gaben gingen auch an andere Offiziere. An die makedonischen Soldaten wurden beträchtliche Geldbeträge, zehn- oder zwanzigtausend Talente, also etwa ein Talent pro Kopf, ausgezahlt, und vermutlich nicht, wie es hieß, nur zur Begleichung ihrer Schulden, was eine Sonderprämie für die Leichtsinnigsten bedeutet hätte, und – warum sollten Soldaten mit ihrem hohen Sold und ihrer häufigen Beteiligung an umfangreicher Beute überhaupt schwer verschuldet gewesen sein?

Die Verbindungen, die die Soldaten mit eingeborenen Frauen eingegangen waren, wurden als legale Ehen anerkannt. Ein Sonderfonds stellte die Aufbringung der Mittel für die Erziehung der Lagerkinder sicher. Zum Zeichen der unverbrüchlichen Verbindung des makedonischen Volkes mit dem iranischen wurde in persischem Stil eine feierliche Massenhochzeit abgehalten: Alexander heiratete zwei königliche Prinzessinnen, und achtzig seiner Freunde heirateten Töchter des iranischen Adels. Unter den Jungvermählten waren Hephaistion, Krateros, Perdikkas, Ptolemaios, Nearchos, Seleukos und der königliche Sekretär Eumenes. Alexander hatte vorher bereits zwei Ehen geschlossen: zuerst nach der Schlacht von Issos mit der Halbgriechin Barsine, Tochter des Artabazos, dann mit der Sogderin Roxane; aber einen anerkannten Erben hatte er noch immer nicht.

Von Susa aus müssen zwei wichtige Botschaften an die griechische Welt gerichtet worden sein; wenigstens eine von ihnen wurde bei den olympischen Spielen 324 verlesen. Das war die Verordnung über die Verbannten, die die Griechen anwies, alle aus der Heimat vertriebenen Bürger, sofern sie nicht religiöser Vergehen schuldig waren, zurückzuholen. Der Satzung des Hellenischen Bundes brauchte das nicht zu widersprechen, sofern es sich nur um eine Empfehlung handelte – etwa nach der Formel: »Wir halten es für das beste, daß Ihr Eure Verbannten zurückholt...« Wahrscheinlich glaubte Alexander etwas sehr Populäres zu tun, zumal er sich erbot, für die entstehenden Kosten teilweise oder sogar ganz aufzukommen. Er irrte sich gründlich: es ging um die aus politischen Gründen Verbannten, denen man Einfluß und Eigentum genommen hatte und deren Heimkehr Rückgabe des geraubten Vermögens und Wiedereinsetzung der Vertriebenen in bestimmte Machtpositionen nach sich ziehen mußte. Einer solchen Regelung widersetzten sich vor allem die Athener und die Aitoler, und wahrscheinlich ist bis zu Alexanders Tod auch nichts in dieser Richtung geschehen.

In den zuverlässigsten unserer Quellen ist diese Verordnung merkwürdigerweise nicht erwähnt, und nicht ein einziger Alexander-Historiker spricht von der zweiten Botschaft aus Susa, dem Ersuchen Alexanders um die Einführung eines Alexander-Kults in den griechischen Städten. Was Alexander im einzelnen wollte, ist nicht ganz klar. Denkbar ist, daß ihm – wie Philipp – daran lag, als Dreizehnter unter die Zwölf Götter aufgenommen zu werden, und eine solche Ehrung wäre, mit den Maßstäben der Alten gemessen, nicht unverdient gewesen. Von griechischen Einwänden wird denn auch, obgleich Alexander in Griechenland nicht übermäßig populär war, kaum etwas berichtet.

Mut und Standhaftigkeit führte dem Heer – ebenfalls in Susa – der indische Büßer-Asket Kalanos vor. Er war alt, und um körperlichem und geistigem Verfall zu entgehen, beschloß er, seinem Leben aus eigenem ein Ende zu bereiten. Auf einem riesigen Scheiterhaufen steckte er sich selbst in Brand.

Von Susa zogen Heer und Flotte den Tigris aufwärts nach Opis; dort wählte Alexander unter den Makedonen zehntausend der ältesten und kampfuntüchtigsten aus und schickte sie nach Hause. Ihre eingeborenen Frauen und Mischlingskinder sollten in Asien bleiben. Die Durchführung der Aktion lag in den Händen von Krateros und Polyperchon; Krateros sollte Antipater als Vizekönig in Europa ablösen und ihn veranlassen, mit einem Ersatzheer von derselben Größe nach Asien zu kommen. Bis dahin sollte das Heer aus zehntausend

Makedonen und dreißigtausend nach makedonischem Vorbild ausgebildeten Iraniern bestehen; die vier Regimenter der Gefährten sollten mit iranischen Mannschaften bis zur vollen Stärke aufgefüllt, ein fünftes Regiment, ausschließlich aus Iraniern, sollte hinzugefügt werden. Auch Stab und Offiziere sollten eine starke iranische Beimischung erhalten. Die Kunde von dieser Reorganisation löste Empörung unter den Truppen aus. Indes gelang es Alexander auch diesmal, die offene Meuterei beizulegen. Ohne sich zu beeilen, traten Krateros und Polyperchon eine gemächliche Reise an: ein Jahr später waren sie erst bis Kilikien gekommen.

Zu ihrer Abreise wurde ein großes Fest veranstaltet, bei dem um ewiges Einvernehmen zwischen Makedonen und Persern gebetet wurde. Jetzt, nachdem die Entbehrungen des Feldzugs vorbei waren, wollte jeder möglichst viel vom Leben haben und alle Lebensgenüsse auskosten. Das erste Opfer war Hephaistion: er starb in Ekbatana an den Folgen eines ausgedehnten Trinkgelages. Alexander verfiel in tiefe, verzweifelte Trauer. Hephaistion war sein liebster Freund gewesen, wohl der einzige, zu dem er wirklich Vertrauen gehabt hatte, nicht zuletzt deswegen, weil er nicht eben mit großem Feldherrntalent gesegnet und bei den Makedonen nicht sehr beliebt war. Der Arzt, der das Pech hatte, Hephaistion behandelt zu haben, wurde gehenkt. Zu Amun sandte Alexander einen Boten, um zu erforschen, wie der tote Hephaistion angebetet werden sollte; für das Heer wurde offizielle Trauer verfügt, in ganz Persien erloschen die heiligen Flammen, und in Babylon sollte die größte Beisetzung der Geschichte stattfinden. Gegen Ende des Jahres wurde in einem Winterfeldzug das Land der Kossäer im Medischen Gebirge besetzt: die Kossäer waren die letzten Feinde, die noch übriggeblieben waren; dabei führte Ptolemaios eine der beiden makedonischen Einheiten; Perdikkas war bereits in Babylon.

Im Frühjahr 323 kam Alexander nach Mesopotamien und machte sich dann langsam auf den Weg nach Babylon. Er wollte der Trauerfeier für Hephaistion beiwohnen und anschließend einen Feldzug ins Innere Arabiens unternehmen, für den vorbereitende Erkundungen bereits durchgeführt worden waren. Alexander lebte nur dem Kampf und dem Abenteuer. Er konnte nicht stillstehen. Eine Expedition sandte er zum Kaspischen Meer, eine andere nach Armenien; vielleicht – verwunderlich wäre es nicht – hatte er auch schon auf Afrika und Westeuropa ein Auge geworfen. Hatte ihm Amun nicht die Eroberung der ganzen Welt verheißen? Nicht daß Alexander an anderen Dingen uninteressiert gewesen wäre: er war kein Zerstörer, sondern wie Herakles und Dionysos ein Zivilisationsbringer. Er förderte Literatur und Kunst, Wissenschaft und Bildung. Er baute Städte, Kanäle, Straßen, Häfen. Er sorgte für gute Verwaltung und förderte Ansätze, die sich durchaus zu einem Weltbürgerdasein hätten entfalten können. Vermutlich stammen die »Letzten Pläne« mit ihren grandiosen Projekten, die nach seinem Tod zum Vorschein kamen, tatsächlich von ihm. Aber seine große Leidenschaft waren Krieg und Durchforschung von Neuland, und er mußte, solange es nur ging, immer weiter vorstoßen.

Chaldäer hatten ihn vor der Reise nach Babylon gewarnt; er reiste trotzdem. Die Beisetzung Hephaistions wurde mit großem Aufwand zelebriert. Auf Weisung Amuns wurde ein Heroenkult für Hephaistion eingeführt, der das ganze Reich umfassen, aber seinen Mittelpunkt in Alexandreia haben sollte; dort sollte Kleomenes ein majestätisches Grabmal errichten. Aus allen Ecken der bekannten Welt kamen Gesandtschaften und wurden in geordneter Folge empfangen. Die Feldzugsvorbereitungen nahmen ihren Fortgang. Die Festlichkeiten dehnten sich immer weiter aus, nahmen überhaupt kein Ende. Dann passierte das Unerwartete: bei einem Essen, das sein thessalischer Freund Medios gab, trank Alexander zu Ehren von Herakles einen gewaltigen Pokal Wein aus (nach anderen Berichten befiel ihn einfach heftiges Fieber) und konnte sich plötzlich nicht mehr auf den Beinen halten. Freunde geleiteten ihn zurück zum Palast, und nach elftägiger Krankheit starb er dort am frühen Abend des 10. Juni; die Dauer der Krankheit schien eine Vergiftung auszuschließen. Seinen Siegelring, das Emblem der Herrschaft, reichte er bezeichnenderweise erst im letzten Augenblick dem Perdikkas, seinem rangältesten und wohl auch tüchtigsten General. Er wußte, daß es keinen Sinn hatte, einen Nachfolger einsetzen zu wollen.

Die Erben Alexanders des Großen

Alexander hatte eine einzigartige Stellung eingenommen, die kein anderer hätte antreten können. Sie beruhte in der Hauptsache auf seinen ununterbrochenen überwältigenden Kriegserfolgen, daneben aber auch auf seinem Talent der Menschenbehandlung, seinem Mißtrauen, seiner Rücksichtslosigkeit und der Faszination, die von ihm ausging. Das Instrument seines Erfolges war das makedonische Heer zu Fuß und zu Pferde mitsamt den aus Thrakien stammenden Hilfstruppen, die er fast immer persönlich anführte: den Agrianern, den Bogenschützen und den Speerwerfern. Nur in drei Fällen erlaubte er anderen, den Befehl über diese Truppen auszuüben: davon ist Ptolemaios' angebliches Kommando an der Persischen Pforte wahrscheinlich dessen eigene Erfindung; kurze Zeit unterstanden diese Truppen 327 Krateros und 325 Leonnatos, und dabei muß es sich um außergewöhnliche Situationen gehandelt haben. Die Thraker hingen persönlich an Alexander und waren auch besonders tüchtige Kämpfer. Die Makedonen waren Alexander weniger ergeben, aber er sicherte ihnen Siege und Beute und verwöhnte sie in jeder Beziehung (außer in militärischer). Sie trugen immer den Sieg davon und erlitten nur geringe Verluste. Es waren ihrer vierzehntausend am Granikos, zwanzigtausend bei Issos und etwa fünfundzwanzigtausend in Baktrien. Daraus, daß Antipater 323 nur vierzehntausend neue Rekruten stellen konnte, kann man schließen, daß die meisten Makedonen im wehrfähigen Alter in Asien waren. Zahlreich waren sie nicht. Von ihnen befanden sich, als Alexander starb, rund zehntausend in Kilikien; es waren die ältesten, niemals besiegten Veteranen aus Philipps Zeiten, Fünfzig- bis Sechzigjährige. Die Truppen in Babylon müssen zumeist jünger gewesen sein.

Von diesen jüngeren makedonischen Kriegern hing die Zukunft des Makedonenreiches ab. Das übrige Heer zählte nicht eigentlich, weder politisch noch militärisch. Es gab vielleicht sechzigtausend Söldner, Griechen, Anatoler, Asiaten, deren Treue dem Zahlmeister galt und von denen die meisten Garnisonsdienst taten. Größer war vermutlich die Zahl der iranischen Soldaten, zum größten Teil in Babylon, zum kleineren in den Satrapenheeren, wahrscheinlich dem König von Asien treu, aber von jedem Einfluß auf seine Wahl ausgeschlossen; am Kampf um die Macht, der nach Alexanders Tod ausgefochten wurde, nahmen sie nicht teil.

Die Entscheidung darüber, wie das Reich regiert werden sollte, lag bei den Makedonen, und die Makedonen waren uneinig. Die Fußgefährten, alte Veteranen nicht anders als jüngere Soldaten, wollten einen makedonischen König wählen, die Beute aufteilen und nach Hause ziehen. Normalerweise wäre ihr Wortführer Krateros gewesen, aber er war in Kilikien. In ihrem Namen traten die Kommandeure Meleager und Attalos auf, und in ihrem Sinne wurde Alexanders Halbbruder Arrhidaios unter dem Namen Philipp als König ausgerufen. Aber die Leibwächter und Freunde Alexanders, deren Ansichten von den Reitergefährten geteilt wurden, waren keineswegs bereit, Asien aufzugeben. Einen eigenen Thronanwärter hatten sie nicht; sie konnten höchstens darauf hoffen, daß Roxane, die schwanger war, einen Sohn zur Welt bringen würde; Nearchos schlug Barsines Sohn Herakles vor, fand aber damit keinen Anklang. Ptolemaios wollte die königliche Gewalt zunächst stellvertretend wahrnehmen lassen; das hieß, die Entscheidung so lange hinauszuzögern, bis nichts mehr getan werden konnte. Im Endergebnis geschah das tatsächlich. Meleager und seine Anhänger wurden von Alketas und Attalos, Bruder und Schwager des Perdikkas, verraten und ermordet. Philipp III. Arrhidaios blieb zwar dem Namen nach König, und auch das Knäblein, das Roxane inzwischen geboren hatte, wurde als König Alexander IV. anerkannt, aber Regent wurde Perdikkas.

In Perdikkas' Umgebung blieb von den Leibwächtern nur Aristonous; die anderen erhielten mit dem Satrapentitel eigene Provinzen, die sie fortan als ihnen von den Makedonen verliehene Erbdomänen behandelten. Diese Provinzen waren die fünf wichtigsten Teile des Reiches, die auch am leichtesten zu verteidigen waren. Peukestes behielt die Persis, Peithon übernahm Medien, Ptolemaios Ägypten und Lysimachos Thrakien. Sie alle verschanzten sich in ihren Domänen und taten ihr möglichstes, um ihre Macht zu vermehren und Popularität zu erwerben; Ptolemaios und Lysimachos lebten lange genug, um sich sogar zu Königen zu machen. Nur Leonnatos, dem das hellespontische Phrygien zugefallen war, kam nicht mehr dazu, seine Provinz zu regieren. Alexanders Kindheitsfreund Laomedon, Bruder des Erigyios, erhielt Syrien und der königliche Sekretär Eumenes Kappadokien. Die übrigen Satrapien verblieben den früheren Satrapen; vier von ihnen – Stasanor in Baktrien, Philotas in Phönikien, Asander in Lykien und Menander in Lydien – waren Freunde Alexanders und hatten sich, als er starb, in Babylon aufgehalten. Antigonos blieb, distanziert und unbelästigt, auf seiner Burg in Kelainai in Phrygien. Der einstige Admiral Nearchos wurde bei der Erbteilung übergangen und später kaum noch erwähnt; vielleicht ist er auf irgendeinen Marineposten berufen worden, so wie Seleukos zum Befehlshaber der Reitergefährten ernannt wurde. Ein vorher nicht erwähnter, aber offenbar prominenter Mann namens Arrhidaios sollte, so hatte es Alexander verfügt, die Beisetzung des Königs im Ammonion organisieren und ausrichten; Arrhidaios gab diesen Auftrag nicht aus der Hand.

Alle diese Ereignisse und Entscheidungen beanspruchten eine Woche, vielleicht auch nur einige Tage. Schleunigst machten sich dann die Satrapen auf den Weg; in ihre Provinzhauptstädte nahmen sie so viele Freunde, so viel Geld und so viele Soldaten – vor allem

Makedonien — mit, wie sie nur zusammenbekommen konnten. Perdikkas durfte die königliche Familie, wesentlich eingeschränktes Regierungspersonal und ein verkleinertes Heer behalten. Er hatte die Regentschaft gewonnen, lief aber Gefahr, das Reich zu verlieren. Vordringlich war für ihn, die Unterstützung von Krateros und Antipater zu gewinnen. Zunächst aber mußte er Peithon in die Oberen Satrapien beordern, damit eine Meuterei unter den griechischen Garnisonen niedergeschlagen werden konnte.

Unklar ist die Position des Krateros, gleichviel, ob er Perdikkas in Asien oder Antipater in Europa beistehen sollte. In beiden Fällen hatte er nicht viel Grund, sich in Bewegung zu setzen, den Rest des Jahres 323 verbrachte er denn auch weiterhin in aller Ruhe in Kilikien. Antipater wiederum sah sich einer Erhebung der griechischen Welt unter der Führung der Athener, Aitoler und Thessaler gegenüber, und als er mit einer kleinen Truppe nach dem Süden marschierte, wurde er prompt vom Athenergeneral Leosthenes in Lamia eingeschlossen. Die Griechen waren zwar uneins und in Belagerungsoperationen nicht sehr bewandert, wozu auch noch sehr bald der Tod ihres Generals kam, aber die Situation war dennoch schwierig. Kleitos der Weiße, der frühere Kommandeur, der mit Krateros auf dem Heimweg war, wurde beauftragt, das Kommando der Hellespont-Flotte zu übernehmen, und im Frühjahr 322 führte Leonnatos sein Satrapienheer nach Europa. Indes erhielt er von Lysimachos in Thrakien keine Verstärkung, weil sich der thrakische Vasallenkönig Seuthes erhoben hatte; Leonnatos blieb so ohne Hilfe und wurde besiegt und getötet.

Dafür dezimierte Kleitos die athenische Flotte bei Amorgos, und Krateros, der Antigenes mit dem Gardefußvolk zur Bewachung seiner Schatzkammer in Kyinda zurückgelassen hatte, brachte sein Heer noch zur rechten Zeit nach Griechenland, so daß es an der entscheidenden Schlacht von Krannon im Juli teilnehmen konnte. Die griechische Koalition zerfiel; Athen kapitulierte und ließ sich eine Oligarchenregierung aufzwingen. Unter den Nachfolgern (Diadochen) Alexanders hob sich die Stimmung. Krateros und Perdikkas heirateten Töchter Antipaters. Der Regent Perdikkas schien am Ziel seiner Wünsche angelangt zu sein. Ptolemaios, sein einziger Feind, war schwer in Anspruch genommen: in Kyrene hatte der Harpalos-Mörder Thibron Konflikte ausgelöst, und Ptolemaios, dessen Hilfe angerufen worden war, versuchte nun, Kyrene in seine Hand zu bekommen.

Die äußere Harmonie zerflatterte im Herbst 322. Olympias, die Mutter Alexanders, die von Antipater und Krateros bedrängt wurde, knüpfte Beziehungen zu den Aitolern an und entsandte ihre Tochter Kleopatra, die Witwe Alexanders von Epirus, nach Kleinasien. Perdikkas hatte in Kappadokien und Pisidien Siege errungen und wurde von Eumenes animiert, Kleopatra zu heiraten und den Thron für sich zu beanspruchen. Von Kleopatra ließ sich Perdikkas sogar dazu anstiften, Alexanders Halbschwester Kyane zu ermorden; aber nun meuterten die Makedonen, und es blieb Perdikkas nichts anderes übrig, als zuzulassen, daß Kyanes Tochter Eurydike, eine Nichte Alexanders also, dessen Halbbruder König Philipp heiratete. Gleichzeitig mußte jedoch Antigonos, der ein Freund Antipaters war, seine phrygische Satrapie aufgeben und nach Europa fliehen, so daß Perdikkas keine Rivalen mehr in Asien hatte. Doch ehe er König werden konnte, mußte er nach makedonischem Brauch den Leichnam Alexanders zum Bestattungsort schaffen und für die Beisetzung sorgen.

In diesem Augenblick, Anfang 321, begannen sich die Widerstände zu häufen. Der mit der zeremoniellen Beisetzung betraute Arrhidaios entschlüpfte, vielleicht von Ptolemaios bestochen, Perdikkas' Zugriff und gelangte mit dem Leichenzug nach Ägypten. Perdikkas sah sich nun genötigt, südwärts gegen Ptolemaios zu ziehen, aber den mit ihm verbündeten Aitolern gelang es nicht, Antipater in Griechenland festzuhalten. Mit Hilfe des Kleitos und seiner Flotte überquerte Antipater den Hellespont. Zwar wurde Krateros von Eumenes besiegt und getötet, aber Antipater mit seinen Makedonen kam unerbittlich näher und näher. Nun wurde Perdikkas, der am Nil auf ein Hindernis gestoßen war, von seinen eigenen Offizieren umgebracht. Das Heer versammelte sich in Triparadeisos in Nordsyrien und erklärte Eumenes und Perdikkas' übrige Anhänger für vogelfrei. Die von Eurydike aufgestachelten Soldaten verlangten Geld, aber irgendwie gelang es Antipater, sie zur Ruhe zu bringen, und er selbst wurde als Regent ausgerufen. Perdikkas' Gegner wurden belohnt: Arrhidaios erhielt als Satrapie das hellespontische Phrygien und Antigenes die Susiane – und dazu den Auftrag, Silber für die Soldaten von Susa zur Küste zu bringen; Antigonos bekam die Hälfte des makedonischen Königsheeres, wobei ihm Antipaters Sohn Kassander als Reiterbefehlshaber zugeteilt wurde, und wurde zum Feldzug gegen Eumenes, Alketas und Attalos abkommandiert. Nun kehrte Antipater mit den Königen nach Makedonien zurück, wo Polyperchon in seiner Abwesenheit einen Angriff der Aitoler zurückgeschlagen hatte. Aber selbst die Autorität Antipaters konnte den Tatendrang der ehrgeizigen makedonischen Generale nicht zähmen.

Antigonos führte lediglich seinen Auftrag durch, als er 320 Eumenes in Kappadokien angriff. Eumenes, der ein größeres Heer hatte und der bessere Feldherr war, wurde von seinen Truppen im Stich gelassen und mußte in die uneinnehmbare Festung Nora fliehen. Seine Soldaten traten nun, wie das später allgemeiner Brauch werden sollte, in Antigonos' Dienste; die Kriege betrafen fortan nur die Generale, die Treue der Heere galt ausschließlich den eigenen Interessen, die Soldaten folgten ihren militärischen Führern nur so lange, wie diese Führer Erfolge erzielten. Der leichte Sieg über Eumenes, dem sich im nächsten Frühjahr ähnliche Operationen gegen Alketas und Attalos anschlossen, stattete Antigonos mit der größten militärischen Macht aus, die es zu dieser Zeit gab, und ließ ihn von weiterem Aufstieg träumen. Im Vergleich dazu war Ptolemaios weitsichtiger: mit seinem Einfall in Syrien, dem Laomedon zum Opfer fiel, und mit der Annexion des eroberten Gebietes verfolgte er in erster Linie den Zweck, Ägypten vor einer Invasion zu schützen.

Die günstige Gelegenheit bot sich Antigonos 319, als Antipater in Makedonien starb und Polyperchon als Regenten und Kassander als Chiliarchen zurückließ. Die beiden waren einander wenig gewogen. Kassander begab sich alsbald zu Antigonos nach Asien und vereinbarte mit ihm eine Aufteilung des Reiches in Einflußsphären. Er selbst erhielt die Möglichkeit, mit Billigung der anderen nach Makedonien zurückzukehren; dafür sollten Ptolemaios und Lysimachos ihre Herrschaftsbereiche behalten und Antigonos freie Hand in Asien haben. Jetzt fiel es Antigonos nicht schwer, Arrhidaios aus dem hellespontischen Phrygien und Kleitos aus Lydien zu vertreiben; ihm kam es darauf an, alle Satrapen auszuschalten, die unter Alexander Ruhm und Ansehen erworben hatten und nie bereit gewesen wären, sich Männern zu unterwerfen, mit denen sie sich gleichrangig wähnten.

DAS HAUS
DES LYSIMACHOS

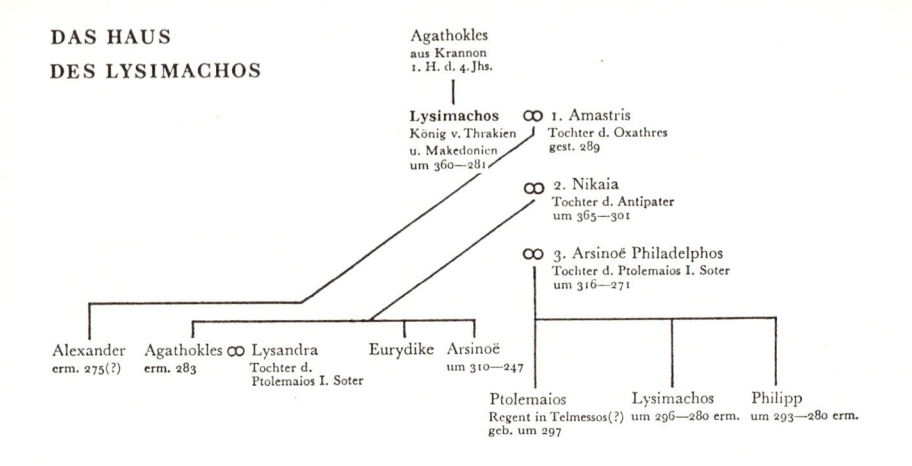

Agathokles
aus Krannon
1. H. d. 4. Jhs.
|
Lysimachos ∞ 1. **Amastris**
König v. Thrakien Tochter d. Oxathres
u. Makedonien gest. 289
um 360—281

∞ 2. **Nikaia**
Tochter d. Antipater
um 365—301

∞ 3. **Arsinoë Philadelphos**
Tochter d. Ptolemaios I. Soter
um 316—271

Alexander	Agathokles ∞ Lysandra	Eurydike	Arsinoë
erm. 275(?)	erm. 283 Tochter d.		um 310—247
	Ptolemaios I. Soter		

Ptolemaios   Lysimachos   Philipp
Regent in Telmessos(?) um 296—280 erm.   um 293—280 erm.
geb. um 297

DIE ANTIGONIDEN

Antigonos I. ∞ **Stratonike**
Monophthalmos   aus Makedonien
König v. Phrygien   Hochz. um 338
geb. 384
reg. 306—301

Demetrios I. Poliorketes ∞ [1. **Phila** (*1*)]   Philipp   Krateros ∞ 1. **Amastris**
König v. Phrygien   [um 360—288 erm.] geb. um 333 Heerführer   Tochter d. Oxathres
u. Makedonien   gest. 321   gest. 289
um 337—283
reg. zwischen 306 u. 283

∞ 2. **Deidameia**
Tochter d. Aiakides
gest. um 298

                                                                        ∞ 2. **Phila** (*1*)
                                                                        Tochter d. Antipater
                                                                        um 360—288 erm.

∞ 3. **Ptolemais**
Tochter d.
Ptolemaios I. Soter

∞ 4. **Lanassa**
Tochter d.
Agathokles v. Syrakus

Antigonos II. ∞ Phila   Stratonike   Demetrios ∞ 1. **Olympias**   Krateros
Gonatas   Tochter d.   geb. 317   der Schöne   Tochter d.   Heerführer
geb. 319   Seleukos I. Nikator   König v. Kyrene Polykletos aus Larisa 321 — um 252
reg. 283—239 geb. um 295   reg. 258
                                          erm. 258 ∞ 2. **Berenike**
                                                    Tochter d.
                                                    Magas v. Kyrene
                                                    um 273—221 erm.

Demetrios II. Aitolikos ∞ 1. **Stratonike**
geb. um 278   Tochter d.
reg. 239—229 Antiochos I. Soter
              erm. um 235

∞ 2. **Phthia**   **Antigonos Doson** ∞ [Chryseis (*1*)]   Alexander ∞ Nikaia (*2*)
Tochter d.   geb. 263   um 295 —   geb. um 280
Alexander II. v. Epirus   reg. 229—221   um 245 erm.

(?) ∞ [3. **Nikaia** (*2*)]
     [geb. um 280]

∞ 4. **Chryseis** (*1*)

Philipp V. ∞ 1. **Polykrateia**
geb. 237   aus Argos
reg. 221—179

(?) ∞ 2. (?)

Perseus ∞ Laodike   Demetrios III.
212 — um 166 Tochter d.   um 206—181 erm.
reg. 181—168 Seleukos IV. Philopator
              erm. um 150

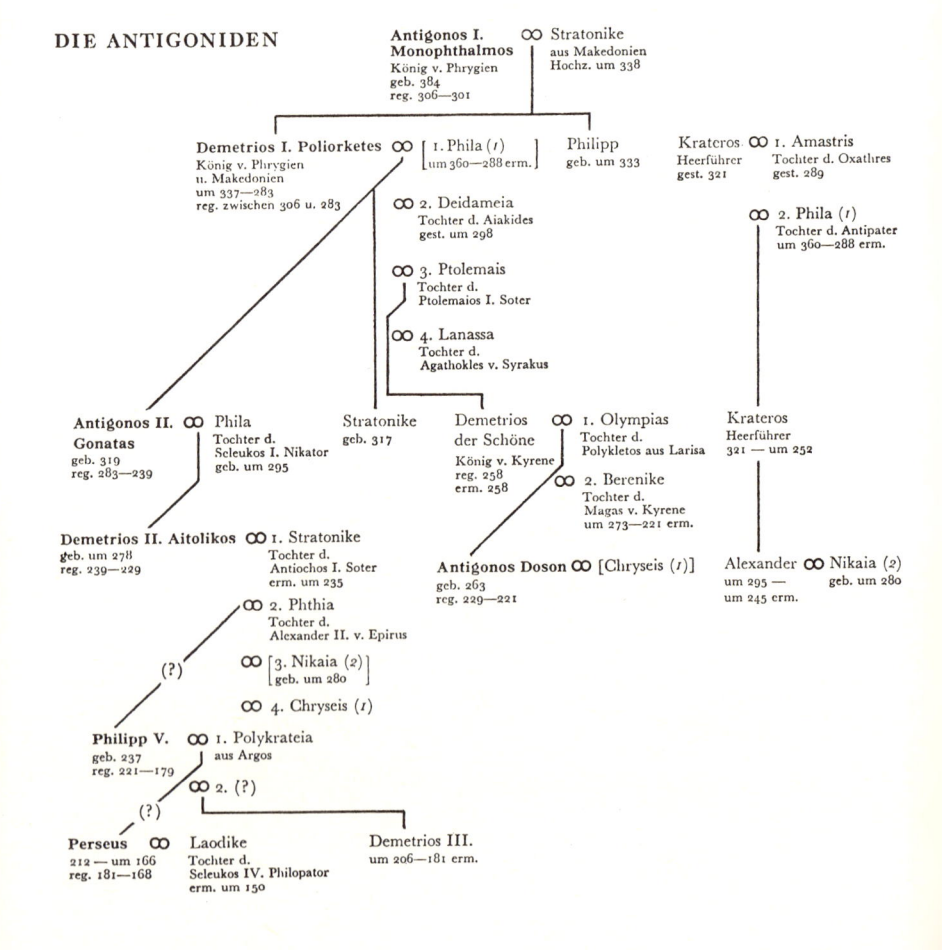

PONTOS

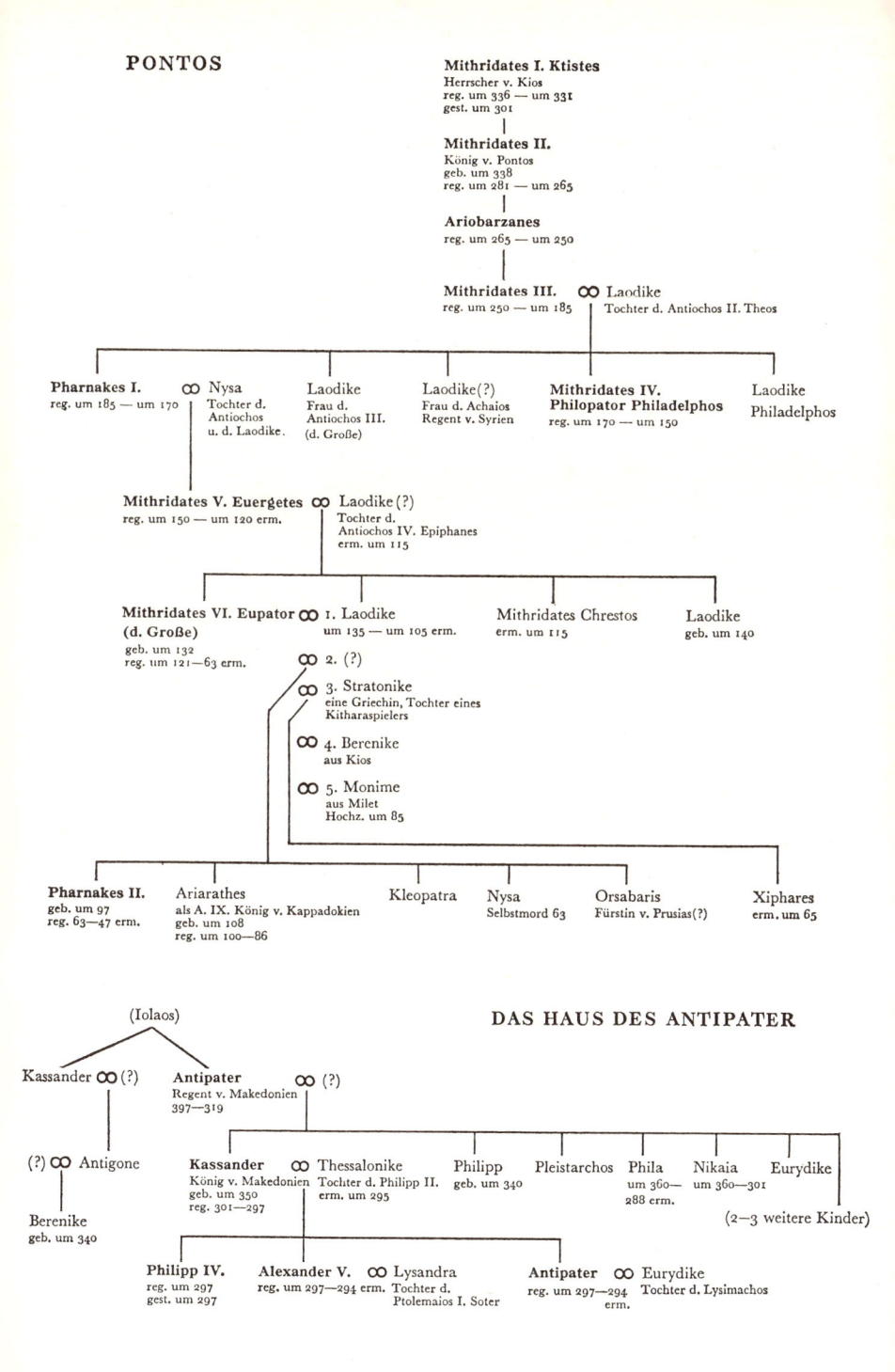

Mithridates I. Ktistes
Herrscher v. Kios
reg. um 336 — um 331
gest. um 301

Mithridates II.
König v. Pontos
geb. um 338
reg. um 281 — um 265

Ariobarzanes
reg. um 265 — um 250

Mithridates III. ∞ Laodike
reg. um 250 — um 185 — Tochter d. Antiochos II. Theos

- **Pharnakes I.** ∞ Nysa
  reg. um 185 — um 170 — Tochter d. Antiochos u. d. Laodike.
- Laodike
  Frau d. Antiochos III. (d. Große)
- Laodike (?)
  Frau d. Achaios Regent v. Syrien
- **Mithridates IV. Philopator Philadelphos**
  reg. um 170 — um 150
- Laodike Philadelphos

Mithridates V. Euergetes ∞ Laodike (?)
reg. um 150 — um 120 erm. — Tochter d. Antiochos IV. Epiphanes
erm. um 115

- **Mithridates VI. Eupator (d. Große)** ∞ 1. Laodike
  geb. um 132 — um 135 — um 105 erm.
  reg. um 121—63 erm.
  ∞ 2. (?)
  ∞ 3. Stratonike
    eine Griechin, Tochter eines Kitharaspielers
  ∞ 4. Berenike
    aus Kios
  ∞ 5. Monime
    aus Milet
    Hochz. um 85
- Mithridates Chrestos
  erm. um 115
- Laodike
  geb. um 140

- **Pharnakes II.**
  geb. um 97
  reg. 63—47 erm.
- Ariarathes
  als A. IX. König v. Kappadokien
  geb. um 108
  reg. um 100—86
- Kleopatra
- Nysa
  Selbstmord 63
- Orsabaris
  Fürstin v. Prusias (?)
- Xiphares
  erm. um 65

DAS HAUS DES ANTIPATER

(Iolaos)

- Kassander ∞ (?)
- **Antipater** ∞ (?)
  Regent v. Makedonien
  397—319

- (?) ∞ Antigone
  - Berenike
    geb. um 340
- **Kassander** ∞ Thessalonike
  König v. Makedonien — Tochter d. Philipp II.
  geb. um 350 — erm. um 295
  reg. 301—297
- Philipp
  geb. um 340
- Pleistarchos
- Phila
  um 360—288 erm.
- Nikaia
  um 360—301
- Eurydike

(2—3 weitere Kinder)

- **Philipp IV.**
  reg. um 297
  gest. um 297
- Alexander V. ∞ Lysandra
  reg. um 297—294 erm. — Tochter d. Ptolemaios I. Soter
- Antipater ∞ Eurydike
  reg. um 297—294 erm. — Tochter d. Lysimachos

Allerdings war immer noch Eumenes da, fast ein Gefangener zwar, aber doch ein Mann von großen Fähigkeiten und beträchtlichem Ansehen. Antigonos hielt es für geraten, ihm eine Position in seinem Machtbereich anzubieten. Eumenes fiel die Entscheidung nicht leicht, denn um dieselbe Zeit unterbreitete ihm Polyperchon auf Anraten der Olympias ein anderes Angebot: im Namen der Könige wurde er aufgefordert, den Oberbefehl in Asien zu übernehmen. In der geschichtlichen Überlieferung ist das Bild des Eumenes romantisch verklärt; aber schon die Tatsache, daß er sich 322 auf die Seite von Perdikkas geschlagen hatte, bewies, daß er mächtigen Ehrgeiz und wenig Skrupel hatte. Nach einigem Zögern entschied er sich für den höchsten Einsatz: gelang es ihm, die Belastung der griechischen Abstammung zu überspielen und die Satrapen im Kampf um Antigonos um sich zu scharen, so mochte er die Chance haben, Antigonos auszustechen und sich selbst an seine Stelle zu setzen. Es entbrannte also ein wütender Kampf zwischen Eumenes und Antigonos, der das Geschehen in Asien in den folgenden zwei Jahren beherrschte.

Im Winter 319/318 ließ sich Eumenes von den Königen zum Oberbefehlshaber in Asien ernennen. Damit hatte er einen Titel, aber nicht mehr als eine Handvoll Soldaten gewonnen. Immerhin hatten ihm die Verhandlungen mit Antigonos die Möglichkeit verschafft, Nora zu verlassen und sich frei zu bewegen. Und obschon Antigonos über ein Heer von sechzigtausend Fußsoldaten und zehntausend Reitern nebst einigen Elefanten verfügte, war seine Aufmerksamkeit durch die Ereignisse in Griechenland vollauf in Anspruch genommen. Dort hatte Polyperchon einen dramatischen Aufruf an die Stadtstaaten erlassen, in dem er ihnen seine Unterstützung beim Sturz der von Antipater eingesetzten Oligarchien versprach; und wirklich vollzog sich vielerorts, namentlich in Athen, eine demokratische Revolution. Aber im Frühjahr segelte Kassander nach dem Piräus und brachte, als Polyperchon vor Megalopolis einen Rückschlag erlitt, Athen von neuem unter seinen Einfluß: in Wirklichkeit wollten die Stadtstaaten nur auf der Seite der siegreichen Bataillone sein. Nun mußte indes Antigonos, um Kassander zu Hilfe zu kommen, eine Seeschlacht gegen Kleitos den Weißen schlagen, der wieder an der Spitze der königlichen Flotte stand; das war nicht einfach und erbrachte nur mit Mühe den gewünschten Erfolg.

Da Antigonos abgelenkt war, benutzte Eumenes die günstige Gelegenheit, übers Gebirge nach Kilikien zu gelangen. Dort wurde seine königliche Bestallung von Antigenes und den Veteranen des Gardefußvolks (den »Silberschilden«) honoriert: Eumenes bekam Geldmittel aus der Schatzkammer von Kyinda und konnte Soldaten anwerben. Die »Silberschilde« zogen mit ihm nach Nordsyrien; sie folgten ihm auch, als er Ende des Sommers den weiteren Weg nach dem Süden von Ptolemaios versperrt fand und, gleichzeitig von Antigonos bedroht, nach dem Osten auswich und nach Babylonien marschierte, wo er mit der Unterstützung treuer Satrapen rechnete. Indes fand er durchaus keine Gegenliebe bei Peithon in Medien, wurde von Seleukos in Babylon entschieden abgewiesen und mußte in Antigenes' Susiane-Satrapie überwintern. Antigonos folgte ihm auf dem Fuße, hob Truppen aus und unternahm verschiedene diplomatische Schachzüge, vermied aber eine offene Schlacht, in der sich Eumenes' militärisches Geschick und der Ruhm des letzten noch existierenden Regiments der Alexander-Veteranen gegen ihn hätten auswirken müssen.

Opportunität siegte aber über Legitimität sowohl in Europa als auch in Asien: von dem Griechen Eumenes ließen sich die Makedonen nicht viel sagen, das Königshaus war zerrissen und zum Regieren untauglich. Anders ausgedrückt: Eumenes konnte seine Generale in Alexanders Zelt vor Alexanders leerem Thron nur zu überreden versuchen, ihnen aber nicht wirklich Befehle erteilen, und in Makedonien endete der Zwist zwischen Olympias und Eurydike 317 damit, daß beide Frauen und auch König Philipp III. Arrhidaios ums Leben kamen. Es blieb zwar noch der kleine Alexander IV., der Sohn Roxanes, aber König von Makedonien war in Wirklichkeit, wenn auch nicht dem Namen nach, Antipaters Sohn Kassander, der die Prinzessin Thessalonike, eine Halbschwester Alexanders, zur Frau hatte.

Endgültig kam die Sache der makedonischen Dynastie noch im selben Jahr in den Ebenen östlich des Zagrosgebirges zu Fall. Solange ihn Peukestes und die östlichen Satrapen unterstützten, blieb Eumenes im Felde unbesiegt. Dafür gelang es Antigonos mit der überlegenen Reitertruppe, die ihm Peithon zur Verfügung gestellt hatte, Eumenes' Heerlager mit den Familien der »Silberschilde« und ihrer Habe in die Hand zu bekommen. Nun war es mit der Eumenes-Treue der Alexander-Veteranen vorbei: was ihnen wirklich am Herzen lag, waren ihre Angehörigen und ihr Besitztum, und sie zögerten nicht, Eumenes auszuliefern, um beides wiederzuerlangen. (Zur Strafe wurden sie allerdings als Einheit aufgelöst und auf verschiedene Grenzgarnisonen verteilt.) Wenn auch offenbar mit einigen Beklemmungen, entschloß sich Antigonos, Eumenes umzubringen; Antigenes erlag der Folter. Antigonos war unumschränkter Herr über Asien geworden; die Inhaber der entlegeneren Satrapien beließ er im Amte, ermordete aber Peithon, entließ Peukestes und ersetzte beide durch eigene Vertraute. Sein einziger Fehler war, daß er einen von Mißtrauen erfüllten Seleukos aus Babylon entkommen und zu Ptolemaios nach Ägypten gelangen ließ.

Sechs Jahre zuvor hatte die Ermordung des Meleager die Generale gegen Perdikkas aufgebracht, und der Tod des Krateros vier Jahre zuvor war dem Heer Veranlassung genug, Eumenes in Acht zu tun. So führte jetzt Antigonos' Wüten gegen Antigenes, Peithon, Peukestes und Seleukos dazu, daß sich seine drei Verbündeten gegen ihn zusammentaten. Alle diese Freunde Alexanders verdankten ihre Positionen den makedonischen Soldaten, und im Grunde unterschied sich auch ihre Haltung kaum von der Haltung der Soldatenmasse: sie hatten die Beute untereinander aufgeteilt und mußten sich gegen jeden zur Wehr setzen, der sie daran hindern wollte, das Erworbene in Ruhe zu genießen. Im Winter 316/315 gab es viel diplomatische Betriebsamkeit, und im darauffolgenden Frühjahr wurde Antigonos in Nordsyrien ein ganzes Bukett von Forderungen präsentiert. Er sollte, wenn er auf Frieden Wert legte, Babylonien an Seleukos zurückgeben und Ptolemaios die Herrschaft über ganz Syrien einräumen; er sollte außerdem das gesamte Eumenes und den Anhängern Polyperchons abgenommene kleinasiatische Gebiet, Kappadokien und Lydien an Kassander und das hellespontische Phrygien an Lysimachos abtreten und schließlich auf den größeren Teil der fünfunddreißigtausend Talente verzichten, die er den Schatzkammern des Reiches entnommen hatte. Das alles war nicht ganz ungerecht. Dennoch lehnte Antigonos – was die anderen wohl auch erwartet hatten – jede Verhandlung ab.

Von Seleukos hatte er nichts zu befürchten, und den übrigen Konkurrenten konnte er die von Alexander in der Verordnung über die Verbannten und die 319 von Philipp und

Polyperchon ausgegebene Propagandaparole entgegenhalten. Die griechischen Städte in Asien waren bereits frei, mit anderen Worten: demokratisch verwaltet und von keinerlei Garnisonen besetzt; dagegen beherrschten Ptolemaios, Lysimachos und Kassander mit Hilfe von Oligarchien und Besatzungstruppen eine nicht geringe Zahl griechischer Städte in Griechenland, in der Ägäis und in Afrika. Mit der Proklamation, daß alle Griechen in Zukunft frei sein sollten, erzielte Antigonos einen propagandistischen Erfolg, dem er sogleich die Verkündung seiner eigenen politischen Absichten folgen ließ: nicht um zusätzliches Gebiet für sich wollte er kämpfen, erklärte er, sondern lediglich versuchen, die griechischen Untertanen seiner Widersacher gegen deren Tyrannis aufzubringen.

Der Krieg, der darauf folgte, zog sich über fünf Feldzugsperioden hin und endete mit einem allgemeinen Frieden im Herbst 311. Gekämpft wurde in Kleinasien, wo es Antigonos nicht sehr schwer fiel, den Nordwesten zu halten, wo ihm aber das von Asander, einem unabhängigen Satrapen, regierte Karien und das im Aktionsbereich der Ptolemaios-Flotte gelegene Lykien Ungelegenheiten bereiteten. Gekämpft wurde in Thrakien, wo Antigonos 313 den thrakischen König Seuthes in eine Koalition mit den griechischen Schwarzmeerstädten hineinbrachte, die er dann aber selbst nicht wirksam unterstützte. Gekämpft wurde in Kyrene, das 313 mit Unterstützung des Antigonos rebellierte, aber von neuem bezwungen wurde. Am meisten gekämpft wurde in Griechenland, wo die Generale des Antigonos viele große Erfolge erzielten und wo die Situation so ungeklärt blieb, daß Kassander nicht in Ruhe auf den Ausgang warten konnte.

Kurze Zeit focht Antigonos im Jahre 315 im Bunde mit Polyperchon und dessen Sohn Alexander, was wiederum Ptolemaios die Gelegenheit gab, sich zum Verteidiger der vielberufenen Freiheit der Griechen aufzuwerfen. Anderseits fühlte sich Kassander in die Enge getrieben und bat 313 um Frieden; nur waren seine Verbündeten noch nicht soweit, und Antigonos wollte keinerlei Zugeständnisse machen. Aber im Frühsommer 312 erfocht Ptolemaios einen entscheidenden Sieg bei Gaza in Palästina. Antigonos hatte ihn 315 nach Ägypten zurückgetrieben, 314 nach einjähriger Belagerung Tyros erobert und sich sicher genug gefühlt, seinem Sohn Demetrios den Befehl zu übergeben und nach dem Norden abzuziehen. Mit dem Sieg des Ptolemaios über den jungen Demetrios war für Seleukos eine Atempause gesichert: er konnte nach Babylon zurückkehren und sich dort gründlich festsetzen.

Das brachte Antigonos in Eile wieder nach Syrien zurück. Jedoch gelang es ihm nicht, die Nabatäer zu unterwerfen und damit seine Südgrenze zu sichern, und da sich Seleukos in die Oberen Satrapien zurückgezogen hatte, war auch die Hoffnung, ihn gefangenzunehmen, hinfällig geworden. Endlich war nun Antigonos bereit, Frieden zu schließen. Er hatte fast alles erreicht, was er angestrebt hatte; nachgeben mußte er nur insofern, als er sich mit Seleukos' Rückkehr nach Babylonien abfand, aber es ist möglich, daß er noch nicht einmal diese Konzession vertraglich bekräftigte. Von den Briefen, die er bei dieser Gelegenheit an die griechischen Städte schrieb, hat sich einer erhalten: darin drückt er seine Befriedigung darüber aus, daß ihre Freiheit nun offiziell anerkannt worden sei.

Antigonos hatte Grund, zufrieden zu sein. Lysimachos war offenbar noch mit inneren Wirren beschäftigt; gegen Seleukos behauptete sich Antigonos' Bezirkskommandant in der

Festung von Babylon; Kassanders Aufmerksamkeit war durch einen Angriff der Autariaten im Norden in Anspruch genommen. Nur Ptolemaios konnte dem Gewinner Antigonos gefährlich werden. Und dennoch brach der Krieg wenige Monate später, im Frühjahr 310, von neuem aus. Ptolemaios beschuldigte Antigonos, die Freiheit der griechischen Städte in den Küstenstrichen Kilikiens unterdrückt zu haben, und entsandte dorthin eine Flottenexpedition, die einiges erreichte: Antigonos' Freiheitsparole war in Ptolemaios' Händen zum *casus belli* geworden. Unterdes hatte Kassander Antigonos' letzten General in Griechenland, seinen eigenen Neffen Ptolemaios, mit Erfolg bestochen und in seinen Dienst genommen. Antigonos revanchierte sich, indem er Alexanders letzten überlebenden Sohn, Herakles, zu Polyperchon schickte; Alexander IV. und dessen Mutter waren bereits ein Jahr vorher von Kassander umgebracht worden. Aber Polyperchon benutzte Herakles nur als Tauschobjekt; dafür, daß Kassander seine unabhängige Stellung auf der Peloponnes anerkannte, zahlte er gern den vereinbarten Preis: er ließ Herakles umbringen.

Im Jahre 309 besetzten Ptolemaios' Generale die Küste von Pamphylien und Lykien, und im folgenden Jahr segelte Ptolemaios selbst nach Griechenland, befreite die zu Polyperchons Einflußsphäre gehörenden Städte Korinth und Sikyon; daß er auch weiterhin die Freiheit der Griechen verkündete, hinderte ihn natürlich nicht, in den »befreiten« Städten Besatzungsgarnisonen zu stationieren. Das geschah zwar unter dem Aushängeschild seines Bündnisses mit Kassander, aber auch Kassander muß diese Operation mit gemischten Gefühlen betrachtet haben. Im selben Jahr 308 eroberte Seleukos endgültig Babylonien, und diesmal mußte Antigonos die Eroberung anerkennen. Ptolemaios konnte Kyrene, wo sich sein General Ophellas selbständig gemacht hatte, wiedergewinnen; allerdings bekam Ophellas Angst vor Ptolemaios' zunehmender Macht und stellte sich an die Spitze einer Expedition, mit der er vor Karthago zu Agathokles stieß, wurde jedoch von seinem Bundesgenossen ins Jenseits befördert.

Auf all diese Vorstöße mußte Antigonos mit Entschiedenheit reagieren. Im Frühjahr 307 sandte er Demetrios mit einer Flotte nach Athen; die Athener dachten, die Schiffe gehörten Ptolemaios, und übergaben den Eroberern ohne weitere Umstände den Hafen von Piräus. In einer Schnellkampagne sicherte sich Demetrios Munichia und Megara und zog im Triumph in Athen ein, wo er die Demokratie wiederherstellte und sich als Gott feiern ließ. Zu den traditionellen zehn Phylen wurden zwei neue hinzugefügt, die nach Antigonos und Demetrios benannt wurden; Athen galt nun als verläßlicher Bundesgenosse und konnte für künftige Operationen als Stützpunkt dienen. Damit wollte sich Demetrios nicht begnügen: nach seiner Rückkehr nach Karien im Herbst rüstete er seine Flotte neu aus und konnte schon im Frühjahr 306 auf Kypros landen, wo er sich wieder als Befreier feiern ließ. Das konnte Ptolemaios nicht unbeantwortet lassen. Er segelte mit seiner gesamten Flotte nach Salamis, wurde aber entscheidend geschlagen, worauf ganz Kypros zum freien Verbündeten des Antigonos wurde. Nun entschloß sich Antigonos zu dem gewichtigen Schritt, auf den er lange gewartet hatte. Eine Stadt, die seinen Namen trug, Antigoneia, hatte er bereits gegründet; jetzt, da die Siegesnachricht von Salamis vorlag, nahm er den Königstitel an, den er zugleich auch Demetrios verlieh. Das war ein kühner Schritt: mit dem Königstitel war der Anspruch auf den makedonischen Thron verbunden, und Antigonos hatte nur wenige Makedonen bei sich, die den Griff nach dem Erbe Philipps und Alexanders hätten sanktionieren können.

Nun war die Invasion in Ägypten fällig. Es war nur natürlich, daß Antigonos das Eisen schmieden wollte, solange es heiß war. Seit Alexanders Tod hatte sich Ptolemaios als der standhafteste Feind aller Zentralisierungstendenzen betätigt. Gelang es Antigonos, Ptolemaios zu beseitigen und die reichen Schätze Ägyptens an sich zu reißen, so konnte er mit ziemlicher Gewißheit auf die Unterwerfung der anderen Rivalen hoffen. Er hatte aber insofern Pech, als die Invasion eine äußerst schwierige militärische Operation war. Seine Flotte wurde von Stürmen beschädigt; sein Heer stieß auf gewaltige Befestigungsanlagen und breite Ströme; es gab nicht genug Proviant für die Soldaten, die der Feind mit Bestechungen zum Desertieren verleitete. Einige Monate versuchte Antigonos durchzuhalten, als aber auch noch das Frühlingshochwasser hinzukam, blieb ihm nur der Rückzug. Die Eroberung Ägyptens war mißglückt. Nun schmückte sich auch Ptolemaios mit dem Titel eines Königs, und seinem Beispiel folgten Kassander, Lysimachos und Seleukos. Jetzt gab es fünf mögliche Nachfolgedynastien, den Ausschließlichkeitsanspruch auf den Thron Makedoniens hatte Antigonos verloren.

Ehen und Dynastien

War nun die Zeit für eine allgemeine Friedensregelung gekommen? Es mochte so aussehen. Aber noch hatte Antigonos seinen Ehrgeiz, und Demetrios war stets von Unruhe besessen. Ein ganzes Jahr wurde mit einer spektakulären, sinnlosen, aber auch erfolglosen Belagerung von Rhodos verbracht, dessen einziges Vergehen Neutralität war. Mit allen Königen hatte Rhodos in Freundschaft leben und Handel treiben wollen und hatte infolgedessen Antigonos, obgleich mit ihm verbündet, jede Hilfe beim Angriff auf Ägypten verweigert. Gewiß wäre es für die Wirtschaft des Ptolemäerreichs ein schwerer Schlag gewesen, wenn sich die Häfen von Rhodos und Kypros dem ägyptischen Handel verschlossen hätten; aber die Belagerung brachte Antigonos um die Sympathien der Griechen, und ihr Mißerfolg fügte seinem Prestige heftigen Schaden zu.

Dadurch nicht abgeschreckt, kehrte Demetrios 303 nach Griechenland zurück. Er erzielte manchen Erfolg auf der Peloponnes und wurde vom neu ins Leben gerufenen Staatenbund von Korinth zum bevollmächtigten Feldherrn gewählt; im folgenden Jahr zog er nach dem Norden und bedrohte Makedonien. Verzweifelt machte Kassander ein Friedensangebot. Als er aber abgewiesen wurde, glückte ihm wider Erwarten die Wiederherstellung der großen Allianz. Jetzt war Lysimachos stark genug, in Kleinasien einzufallen, und Seleukos konnte mit einem gewaltigen Heer und vielen neuen indischen Elefanten in Kappadokien einrücken. In aller Eile wurde Demetrios nach Asien zurückgerufen. Die Streitkräfte waren auf beiden Seiten ziemlich gleich, zumal sich Ptolemaios mit einem kurzen Einfall in Palästina begnügte und sich sofort wieder in seine uneinnehmbare Bastion zurückzog. Die Entscheidung fiel 301 in der Ebene von Ipsos in Phrygien. Demetrios mit seiner Reiterei schlug sich großartig, aber Antigonos wurde besiegt und fiel auf dem Schlachtfeld. Demetrios verblieben klägliche Überreste eines Königreichs. Seleukos und Lysimachos teilten Asien untereinander auf und räumten Ptolemaios nur einen bedingten Anspruch auf Syrien ein.

So entscheidend der Sieg der Verbündeten war, eine Ära des Friedens läutete er nicht ein. Es blieben genug ungelöste Fragen übrig, die die Verbündeten auseinanderbrachten; anderseits war aber auch Demetrios nicht entmachtet und sein Ehrgeiz ungebrochen. Nach der Schlacht von Ipsos gelangte er mit fünftausend Fußsoldaten und viertausend Reitern wohlbehalten nach Ephesos und fand es verlockend, die Rolle eines Seekönigs zu spielen. Er hatte eine große Flotte, eine volle Schatzkammer und als Operationsbasis die phönikische Küste, Kypros und die westlichen Seehäfen Kleinasiens. Bis auf Rhodos waren die wichtigsten Inseln des Ägäischen Meeres in seiner Hand, und in Griechenland beherrschten seine Garnisonen einen erheblichen Teil der Peloponnes; Athen hatte sich allerdings für neutral erklärt und weigerte sich, ihn zu empfangen. Sein ständiger Begleiter war der junge Pyrrhos, Anwärter auf den Thron von Epirus, dessen Schwester Deidameia Demetrios' dritte Frau geworden war. Phila, seine erste Frau, von der er nicht geschieden war und die ihm treu ergeben blieb, war die Schwester König Kassanders und der Frauen des Lysimachos und des Ptolemaios. Von seinen Rivalen war nur Seleukos mit ihm weder verwandt noch verschwägert. Aber gerade Seleukos gab ihm seine erste Chance.

Im Frühjahr 300 setzte Demetrios Pyrrhos als Vizekönig in Griechenland ein, stach wieder in See, um den Krieg gegen Lysimachos – vermutlich in Thrakien – wiederaufzunehmen, und erzielte einige Erfolge. Mittlerweile hatten sich die Beziehungen zwischen Seleukos und Ptolemaios abgekühlt, da beide die syrische Ebene beanspruchten, die vor der Schlacht von Ipsos in Ptolemaios' Händen gewesen war. Ptolemaios fand es daher opportun, seine Freundschaft mit Kassander und Lysimachos durch dynastische Ehen zu konsolidieren. Seine Tochter Arsinoë verheiratete er mit Lysimachos und seine Tochter Lysandra mit ihrem Vetter, Kassanders jüngstem Sohn Alexander. Das verschob die prekäre Gleichgewichtslage. Seleukos sah sich eingekreist. Zum Sieg in Ipsos hatte er wohl am meisten beigetragen und aus dem Sieg am wenigsten gewonnen. Der Hauptgewinn, ganz Kleinasien bis zum Tauros, war an Lysimachos gefallen, und Kleinasiens Südküste von Karien bis Kilikien hatte Kassanders Bruder Pleistarchos, wohl eher als Dynast denn als Vizekönig, eingeheimst. Außer an der Nordküste Syriens war Seleukos vom Meer und von der griechischen Welt abgeschnitten; das aber waren die Quellen der Mittel, die er am meisten benötigte: griechische Soldaten, Techniker und Geschäftsleute. Da ihm außerdem auch noch Demetrios' militärische Gaben imponierten, ließ er Demetrios wissen, daß er einem Bündnis nicht abgeneigt sei.

Demetrios war begeistert. Im Frühjahr 299 segelte er nach Kilikien und bemächtigte sich gleich nach der Landung der Reste der Schatzkammer von Kyinda. Mit lauten, nicht unberechtigten Klagen floh sein Schwager Pleistarchos zu Seleukos, stieß aber auf eisige Ablehnung. Er kehrte nach Karien zurück, mußte sich jedoch in erster Linie darum kümmern, sich in Sicherheit zu bringen; vielleicht hat er dabei auch über die Treulosigkeit vorgeblicher Freunde nachgedacht. Seleukos aber empfing Demetrios in Rhossos und heiratete mit extravaganter Festlichkeit Demetrios' siebzehnjährige Tochter Stratonike. Ihre Mutter Phila wurde mit dem Auftrag, Kassander freundlich zu stimmen, nach Makedonien entsandt. Das war eitel Schaumschlägerei: die schlimmsten Befürchtungen der großen Verbündeten bewahrheiteten sich im folgenden Jahr, als Demetrios und Seleukos gemeinsam den gesamten einstigen Herrschaftsbereich Pleistarchos' besetzten. Nun versuchte es Ptolemaios wieder einmal mit der Diplomatie: er gab Demetrios, da die Epirotin Deidameia gestorben war, eine seiner Töchter zur Frau, ein Mädchen in noch nicht heiratsfähigem Alter. Als Gesandter des Demetrios ging Pyrrhos nach Alexandreia; er blieb dort ein Jahr, avancierte zum Günstling der Königin Berenike und heiratete ihre (aber nicht Ptolemaios') Tochter Antigone. Für Demetrios war das eine gute Zeit, auch wenn sein Verhältnis zu Seleukos darunter litt, daß Seleukos von der gemeinsam eroberten Beute unbedingt Kilikien, Tyros und Sidon haben wollte.

Ereignisse jenseits des Ägäischen Meeres schufen eine neue Situation im Jahre 297. Einerseits war es einem gewissen Lachares gelungen, sich in Athen als Tyrannen zu etablieren, und die verbannten Demokraten forderten Demetrios auf, ihnen zur Wiederherstellung einer demokratischen Ordnung zu verhelfen. Anderseits hatte Ptolemaios Pyrrhos in Epirus an die Macht gebracht, wo sich der legitime König, sein Vetter Neoptolemos, Sohn der Alexander-Schwester Kleopatra, mit ihm in die Macht teilen mußte. Und schließlich starb im Frühjahr Kassander nach einer schleichenden Krankheit, und nach einer Viermonatsherrschaft seines ältesten Sohnes Philipp wurde Makedonien unter der Regentschaft der Königinwitwe Thessalonike auf die beiden jüngeren Söhne Antipater und Alexander aufgeteilt. Das alles war für Demetrios Versuchung genug. Er segelte nach der Peloponnes und verbrachte das folgende Jahr damit, seine Position auszubauen. Unterdes hatte Pyrrhos seinen Vetter Neoptolemos ermordet und war zum alleinigen König von Epirus geworden. Im Herbst 295 war Demetrios so weit, daß er Athen belagern konnte; die Belagerung dauerte den ganzen Winter, Athen wurde ausgehungert und mußte sich ergeben. Vergebens versuchte Ptolemaios' Flotte, die Blockade zu durchbrechen; vergebens bemühten sich Ptolemaios und Lysimachos, Demetrios durch Angriffe auf seine asiatischen Besitzungen abzulenken. Lysimachos eroberte die Küstenstädte, darunter Ephesos; Ptolemaios bemächtigte sich sowohl Kypros' als auch der phönikischen Hafenstädte Tyros und Sidon; Seleukos besetzte – vielleicht in freundlicher Absicht – Kilikien, um es nicht in die Hände der beiden anderen fallen zu lassen. Möglich ist allerdings, daß diese Eroberungen eher durch Bestechung als durch militärische Gewalt zustande gekommen waren, und es gibt keinen Hinweis darauf, daß sich Demetrios Mühe gegeben habe, sie zu verhindern.

Nachdem Demetrios Athen in seiner Hand hatte, gab er den Athenern, wie 307, Freiheit und demokratische Verfassung wieder; konsequent verfolgte er Athen gegenüber die Politik, die sein Vater 315 verkündet hatte. Nichtsdestoweniger legte er freilich Besatzungsgarnisonen in den Piräus und in andere Orte; das Ziel war unverkennbar ein griechisches Imperium. Im Sommer 294 fiel Demetrios in Lakonien ein und hätte beinahe Sparta genommen, wäre ihm nicht gleichsam in letzter Minute eine viel reizvollere Gelegenheit entgegengekommen. Wie nicht anders zu erwarten war, befehdeten einander in Makedonien die beiden Söhne des Kassander. Antipater, der ältere, hatte die Mutter, Thessalonike,

DIE HELLENISTISCHE WELT

EPIRUS

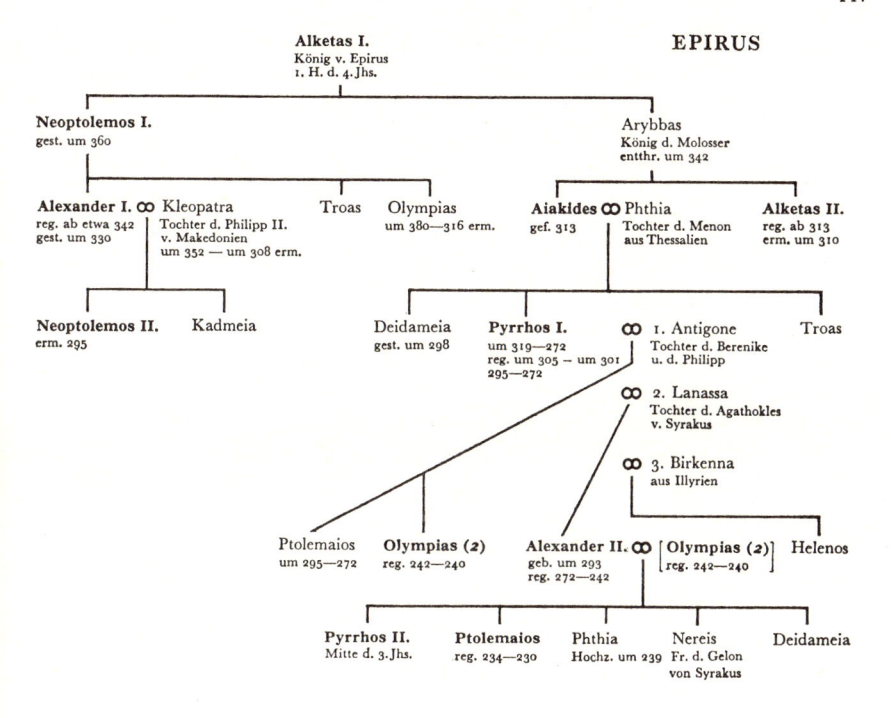

Alketas I.
König v. Epirus
1. H. d. 4.Jhs.

- **Neoptolemos I.**
  gest. um 360
  - **Alexander I.** ∞ **Kleopatra**
    reg. ab etwa 342 | Tochter d. Philipp II.
    gest. um 330 | v. Makedonien
    | um 352 — um 308 erm.
    - **Neoptolemos II.**
      erm. 295
  - **Troas**
  - **Olympias**
    um 380—316 erm.
    - **Kadmeia**
    - **Deidameia**
      gest. um 298
- **Arybbas**
  König d. Molosser
  entthr. um 342
  - **Aiakides** ∞ **Phthia**
    gef. 313 | Tochter d. Menon
    | aus Thessalien
    - **Pyrrhos I.**
      um 319—272
      reg. um 305 – um 301
      295—272
      ∞ 1. **Antigone**
      Tochter d. Berenike
      u. d. Philipp
      ∞ 2. **Lanassa**
      Tochter d. Agathokles
      v. Syrakus
      ∞ 3. **Birkenna**
      aus Illyrien
  - **Alketas II.**
    reg. ab 313
    erm. um 310
    - **Troas**

Ptolemaios | **Olympias (2)** | **Alexander II.** ∞ [**Olympias (2)**] | **Helenos**
um 295—272 | reg. 242—240 | geb. um 293 | [reg. 242—240]
 | | reg. 272—242

- **Pyrrhos II.**
  Mitte d. 3.Jhs.
- **Ptolemaios**
  reg. 234—230
- **Phthia**
  Hochz. um 239
- **Nereis**
  Fr. d. Gelon
  von Syrakus
- **Deidameia**

DIE ATTALIDEN

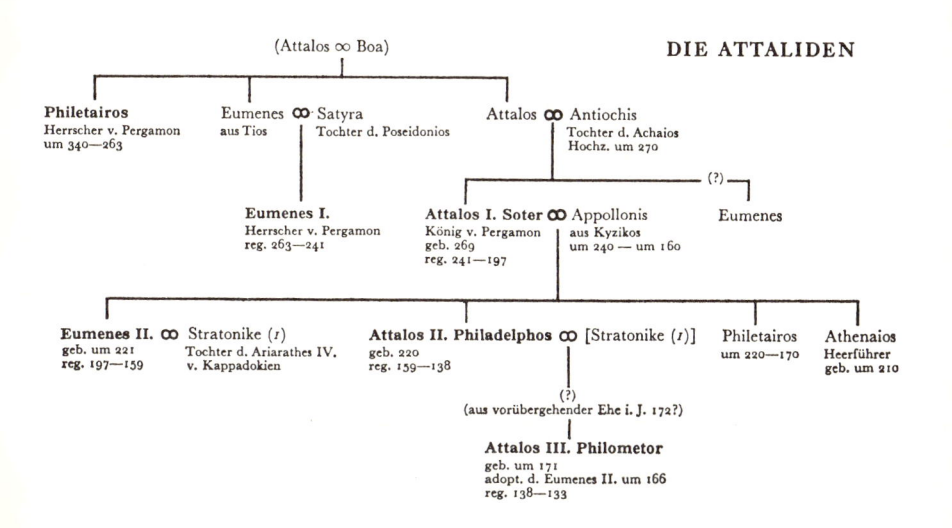

(Attalos ∞ Boa)

- **Philetairos**
  Herrscher v. Pergamon
  um 340—263
- **Eumenes** ∞ **Satyra**
  aus Tios | Tochter d. Poseidonios
  - **Eumenes I.**
    Herrscher v. Pergamon
    reg. 263—241
- **Attalos** ∞ **Antiochis**
  | Tochter d. Achaios
  | Hochz. um 270
  —— (?) ——
  - **Attalos I. Soter** ∞ **Appollonis**
    König v. Pergamon | aus Kyzikos
    geb. 269 | um 240 — um 160
    reg. 241—197
    - **Eumenes II.** ∞ Stratonike (1)
      geb. um 221 | Tochter d. Ariarathes IV.
      reg. 197—159 | v. Kappadokien
    - **Attalos II. Philadelphos** ∞ [Stratonike (1)]
      geb. 220
      reg. 159—138
      (?)
      (aus vorübergehender Ehe i. J. 172?)
      - **Attalos III. Philometor**
        geb. um 171
        adopt. d. Eumenes II. um 166
        reg. 138—133
    - **Philetairos**
      um 220—170
    - **Athenaios**
      Heerführer
      geb. um 210
  - **Eumenes**

ermordet und versuchte, den jüngeren Bruder Alexander zu vertreiben. Alexander wiederum rief seine Schwäger Pyrrhos und Demetrios um Hilfe an. Pyrrhos kam, verjagte Antipater, der zu Lysimachos floh, und kehrte in sein eigenes Königreich zurück. Demetrios wartete, setzte sich erst im Herbst mit seiner Armee gen Norden in Bewegung und erschien in Makedonien als freundlicher Besucher. Alexander bereitete dem Besucher, ohne ihm recht zu trauen, einen königlichen Empfang. Er hätte recht getan, wäre er noch mißtrauischer gewesen: auf der Reise nach Thessalien, wohin er Demetrios das Geleit gab, wurde er, als er von einem offiziellen Festessen in sein Quartier zurückkehrte, ermordet. Demetrios war König der Makedonen.

Die Lage war für Demetrios günstig. Die mächtigsten Rivalen hatte er sich mit der Preisgabe seiner asiatischen Besitzungen vom Halse geschafft; nun war zwar Alexanders Witwe Lysandra ebenso wie Antipater zu Lysimachos geflohen und hatte dessen Sohn Agathokles geheiratet, aber Lysimachos war gerade dabei, einen Krieg gegen die Geten am anderen Ufer der Donau zu führen, und kaum in der Lage, in Makedonien einzugreifen. In den nächsten zwei Jahren gelang es Demetrios, seine Herrschaft über den größten Teil Griechenlands auszudehnen. Es ist anzunehmen, daß er Griechenland wie eine asiatische Satrapie regierte; jedenfalls versuchte er eifrig – und kaum zur Freude der Makedonen –, den recht bürgerlichen makedonischen Regentenhaushalt in einen üppigen asiatischen Königshof zu verwandeln.

Zufrieden aber war Demetrios nie, und es entsprach nicht seinem Charakter, sich günstige Gelegenheiten zur Erweiterung seines Herrschaftsgebiets entgehen zu lassen. Um 292 bot ihm Lanassa, Tochter des Agathokles von Syrakus und Fürstin von Korkyra, ihre Hand und ihre Besitzungen. Die Gründe dafür sind dunkel. Nach der sensationellen, wenn auch erfolglosen Invasion in Afrika in den Jahren 310 bis 307 und dem Friedensschluß mit Karthago (306 oder 305) hatte Agathokles gleich den Nachfolgern Alexanders im Osten den Titel eines Königs angenommen und um etwa 300 Theoxene, eine Tochter der Berenike, geheiratet. Nun spielte er die gesellschaftliche Rolle eines hellenistischen Königs, und es gehörte wohl dazu, daß er bald darauf seinem Schwager Pyrrhos seine Tochter Lanassa zur Frau gab und ihr als Aussteuer die Epirus vorgelagerte Insel Korkyra schenkte. Die Geschichte dieser Ehe bleibt völlig in Dunkel gehüllt, aber die Könige waren selten treue oder loyale Ehemänner. Wenige Jahre später trennte sich jedenfalls Lanassa von Pyrrhos, behielt aber Korkyra und wandte sich Demetrios zu, dem, wie berichtet wird,

---

Tetradrachmen aus den hellenistischen Königreichen Ägypten, Makedonien, Thrakien und Syrien
München, Staatliche Münzsammlung
und Tübingen, Archäologisches Institut der Universität
Oben: Die Münzvorderseiten mit den Bildnissen von Ptolemaios I., 285–283 v. Chr.; Demetrios Poliorketes, 291/290 v. Chr.; Alexander d. Gr. als Sohn Amuns (auf der Münze des Herrschers Lysimachos), 297–281 v. Chr.; Alexander d. Gr. als Herakles im Löwenfell (auf der Münze des Herrschers Seleukos I.), um 282 v. Chr.
Unten (spiegelbildlich): Die Münzrückseiten mit den Bildern Adler des Zeus auf Blitz; Poseidon mit Dreizack und Aphlaston; Athene Nikephoros; Zeus mit Adler

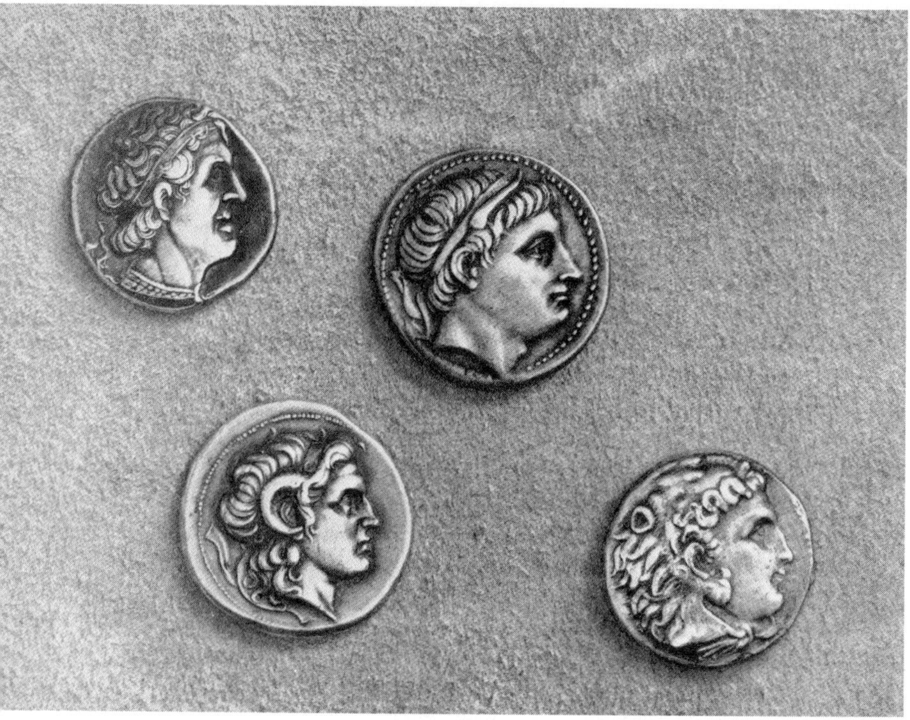

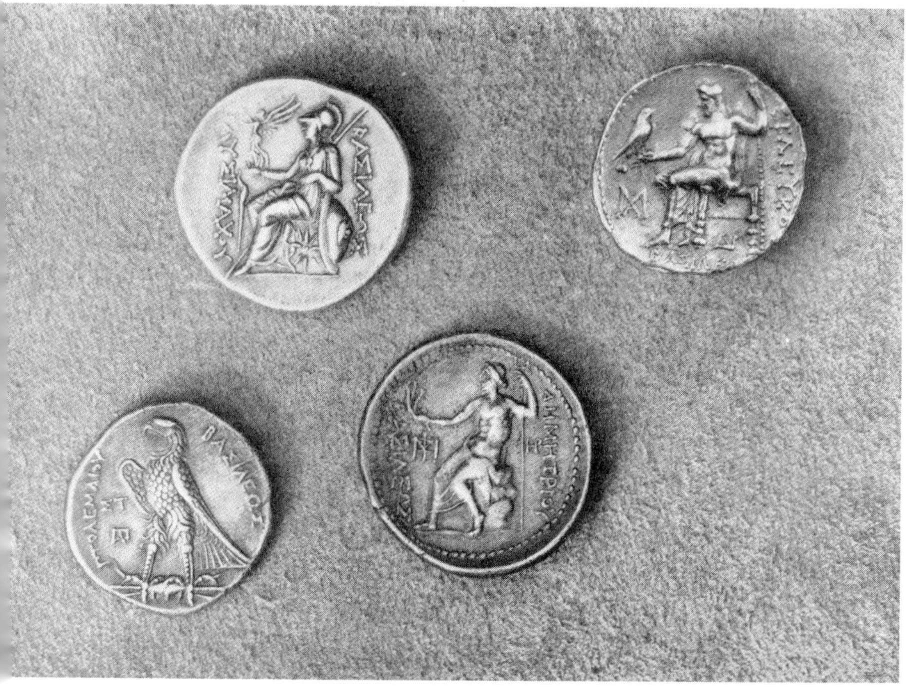

Bewaffneter makedonischer Offizier in Begleitung seines Dieners
Grabstele aus Alexandreia, um 300 v. Chr. Alexandria, Griechisch-Römisches Museum

schönsten Mann der Zeit. Demetrios akzeptierte die Offerte, obgleich sie ihm keine wirklichen Vorteile brachte und ihn in einen bisher wenig geklärten Krieg mit Pyrrhos und dessen Verbündeten, den Aitolern, verwickelte; offensichtlich konnte Pyrrhos nicht dulden, daß sich sein Rivale eine Operationsbasis in seiner nächsten Nähe und damit eine Einflußsphäre in Westgriechenland verschaffte. Es gab unentschiedene, aber blutige Kämpfe in Epirus, Thessalien, Makedonien und sogar in Boiotien, das von Demetrios abzufallen suchte und wiedererobert werden mußte. Gegen 289 war der Krieg mit einem Remis ausgegangen, und der ewig machtlüsterne Demetrios begann Pläne für die Loslösung Ioniens vom Machtbereich des Lysimachos zu schmieden.

Er kam zu spät. Lysimachos war lange Zeit mit wechselndem Erfolg mit dem Krieg gegen die Geten beschäftigt gewesen. Er selbst oder sein Sohn Agathokles oder auch beide zusammen waren irgendwann gefangengenommen worden, und obgleich diese Geschichte in der Überlieferung romantisch verbrämt worden ist, kann man unterstellen, daß Lysimachos seine oder des Sohnes Freilassung mit dem Abbruch des Krieges erkaufen mußte. Er wurde aber auch in Asien bedroht und schloß aus diesem Grunde ein Bündnis mit Pyrrhos; im Jahre 288 fielen beide von zwei Seiten in Makedonien ein. Das von Demetrios ausgepowerte und unzufriedene Land erhob sich, Demetrios mußte fliehen, und Lysimachos und Pyrrhos teilten Makedonien untereinander auf. Dann nahmen die Dinge eine für Demetrios noch schlimmere Wendung: mit Unterstützung von Ptolemaios revoltierte Athen. Als Demetrios im Frühjahr 287 nach Milet segelte und seinen Sohn Antigonos (später Gonatas genannt) mit der Verteidigung der Reste seines griechischen Reiches betraute, konnte er nur elftausend Soldaten mitnehmen.

Diplomatisch war allerdings die neue Kampagne gut vorbereitet. Milet erklärte sich für Demetrios, und er konnte ungehindert an Land gehen. Die Stadt hatte, wie eine Inschrift berichtet, von Seleukos 288/287 reiche Gaben erhalten; es war ein wahrhaft fürstliches Geschenk: fünfundsechzig Talente Gold, nahezu zweihundert Talente Silber und fast zwölf Talente Weihrauch, Myrrhe, Kassia, Zimt und Kostos. Offiziell war das alles für den Apollon von Branchidai, den Schirmherrn des Seleukos, bestimmt, aber in Wirklichkeit kann die Gabe nur der Preis oder die Belohnung für Milets Abfall von Lysimachos gewesen sein. Mit Leichtigkeit gelang es Demetrios, andere Städte, vor allem Sardes, auf seine Seite zu ziehen, und guter Dinge konnte er mit seiner neuen Frau Ptolemais den Winter über in Milet bleiben. Auch diese Ehe war ein Winkelzug: Ptolemaios hatte seine Frau Berenike (Mutter der Arsinoë und der Antigone) zur Hauptfrau gemacht und ihrem Sohn (später Ptolemaios II.) die Thronfolge versprochen, was von der ersten Frau, Eurydike, Tochter des Antipater und Mutter der Lysandra, als schwere Kränkung und Zurücksetzung empfunden wurde. Sie verließ Alexandreia mit ihrer jüngeren Tochter Ptolemais, und Demetrios fand es strategisch vorteilhaft, sie als Verbündete zu gewinnen. Möglicherweise war auch Eurydikes Sohn Ptolemaios *Keraunós* (Donnerkeil), der enterbte Thronfolger, mit nach Milet gekommen. Lange kann jedoch seine Freundschaft mit Demetrios, wenn sie je bestanden hat, nicht gedauert haben: im folgenden Jahr gehörte Keraunos bereits zum Hofstaat des Lysimachos, wo seine Schwester Lysandra die Frau des Thronfolgers und seine Halbschwester Arsinoë Königin war.

In diesem folgenden Jahr schlug aber Lysimachos sowohl gegen seinen Bundesgenossen als auch gegen seinen Feind los. Gegen Demetrios schickte er seinen Sohn Agathokles vor, während er selbst Pyrrhos in Westmakedonien angriff, ihn ganz aus Makedonien vertrieb und nach Epirus zurückdrängte. Gleichzeitig besetzte Ptolemaios' Flotte die Inseln des Ägäischen Meeres. Damit waren die Seeverbindungen des Demetrios abgeschnitten. Seine weiteren Aussichten waren miserabel. Er mußte sich entschließen, die Küste aufzugeben und den Rückzug nach dem Osten anzutreten. Seine Armee blieb ihm zwar erstaunlich treu, erlebte aber ein Ungemach nach dem andern. Als der Winter hereinbrach, sah Demetrios keinen Ausweg mehr und ergab sich Seleukos auf Gnade und Ungnade. Er wurde in Syrien in Ehren interniert und starb dort zwei Jahre später, im Jahre 283, im Alter von vierundfünfzig Jahren. An seiner Stelle regierte sein Sohn Antigonos, der sich wenigstens auf den schmalen, aber sicheren Streifen der »Fesseln Griechenlands«, das von den befestigten Städten Demetrias, Chalkis und Korinth mit ihren ergebenen Garnisonen abgesteckte ostgriechische Gebiet, stützen konnte.

Brillant, wenn auch wenig stabil und von abenteuerlicher Unrast besessen, erscheint Demetrios, in den Quellen *Poliorketés* (Städtebelagerer) genannt, als der interessanteste Mensch seiner Zeit. Daß er im historischen Rampenlicht so funkelnd leuchtet, verdankt er freilich nicht zuletzt seiner Freundschaft mit dem begabten Historiker Hieronymos von Kardia, auf dessen Berichten Diodoros' »Bücherei der Geschichte« und Plutarchs Demetrios- und Pyrrhos-Biographien fußen. Im Vergleich zu Demetrios verblassen die anderen führenden Gestalten der Periode (Pyrrhos vielleicht ausgenommen) schon deswegen, weil wir über sie zuwenig Konkretes erfahren. Dunkel bleibt vor allem die Rolle des Seleukos, den die Quellen bald als Demetrios' Verbündeten, bald als seinen Feind schildern. Als wahrscheinlich drängt sich dabei die Vermutung auf, daß das Grundgefüge der Bündnisse, das 299 zustande gekommen war, in den folgenden Jahrzehnten beibehalten wurde. Wenn es hin und wieder anders aussieht, mag das auf Lücken im Quellenmaterial zurückgehen, das sich keineswegs vollständig erhalten hat. Gegen die Annahme, daß Lysimachos und Ptolemaios entschiedene und konsequente Gegner ihrer Nachbarn und natürlichen Rivalen Seleukos und Demetrios gewesen seien, ließe sich nur die schon erwähnte Einzeltatsache anführen, daß Ptolemaios im Jahre 298 eine seiner Töchter dem Demetrios anvermählte, und wahrscheinlich ist das nur ein taktischer Schachzug gewesen. Dem steht auf jeden Fall eine viel wichtigere dynastische Ehe gegenüber: als Ptolemaios im Jahre 285 den Sohn Berenikes zu seinem Mitregenten machte, sorgte er auch dafür, daß der junge Mann, sein späterer Nachfolger, die Tochter des Lysimachos und seiner Hauptgemahlin Nikaia zur Frau bekam. Sie hieß Arsinoë – nicht zu verwechseln mit ihrer gleichnamigen Schwägerin und Stiefmutter, die als ihre Nachfolgerin in die Geschichte eingehen sollte.

Dieselben Quellen, die Demetrios in einem günstigen Licht erscheinen lassen, haben von Lysimachos ein höchst unfreundliches Bild hinterlassen. Alles, was konkret über ihn bekannt ist, spricht jedoch eher für als gegen ihn. Vierzig Jahre lang war es ihm gelungen, die ägäische Welt vor den wandernden Donau-Stämmen zu behüten, aber schon drei Jahre nach seinem Tod hatten die Galater Makedonien und Griechenland überrannt und waren in Kleinasien gelandet. Aus Inschriften ist bekannt, daß Lysimachos den Küstenstädten Ilion,

DIE HELLENISTISCHE WELT

Smyrna, Ephesos und Priene half, sie vergrößerte und ihnen ein gewisses Maß an Freiheit gewährte, wenn er auch eher Oligarchien begünstigt haben mag als Demokratien, die zumeist Demetrios unterstützten. Seine Regierungspraxis scheint ordentlich und nicht allzu kostspielig gewesen zu sein. Trotz alledem wurde er im Todesjahr von Demetrios, in das auch der Tod des Ptolemaios und des Agathokles von Syrakus fiel, in einen Krieg mit Seleukos verwickelt. Er wurde geschlagen und fiel im Gefecht.

Die Vorgeschichte dieses Krieges war wirr und undurchsichtig. Nach überlieferten Berichten hatte Lysimachos' Frau Arsinoë, Tochter Berenikes und Schwester Ptolemaios' II., um die Interessen ihrer Kinder zu fördern, ein Komplott gegen den Thronfolger, Lysimachos' ältesten Sohn Agathokles, organisiert. Agathokles wurde ermordet, und seine Witwe Lysandra, Tochter Ptolemaios' I. und Eurydikes, eine Halbschwester Arsinoës also, entfloh mit anderen Angehörigen des Königshauses – es muß 284 oder 283 gewesen sein – zu Seleukos; auch Lysandras Bruder Ptolemaios Keraunos war vermutlich unter den Flüchtlingen. Zu gleicher Zeit verließen den Hof andere prominente Persönlichkeiten; wichtig war vor allem der Abfall des Philetairos, der der Schatzkammer des Lysimachos in Pergamon vorstand; es hieß, Abscheu und Furcht hätten ihn zur Flucht bewogen. Man darf vermuten, daß bei all diesen Vorgängen Agenten des Seleukos ihre Hand im Spiel hatten. Jedenfalls war es Seleukos, der den Krieg anfing.

Kleinere Gefechte, an denen beide Könige beteiligt waren, begannen 282 in Kleinasien. Zur entscheidenden Schlacht kam es dann bei Korupedion im Hermostal nördlich von Smyrna; hier fand Lysimachos den Tod. Seleukos nahm sich noch die Zeit, das neue Regierungssystem für Kleinasien auf die Beine zu stellen und diplomatische Verhandlungen mit den iranischen Dynastien in Bithynien und Pontos und einer Gruppe griechischer Städte um Herakleia Pontika anzuknüpfen; dann begab er sich im August 281 nach Thrakien. Schon wenige Tage später wurde er von seinem Schützling Ptolemaios Keraunos, der auf den Thron Makedoniens spekulierte (und vielleicht entsprechende Zusicherungen erhalten hatte), ermordet. Mit Seleukos' Tod erlosch die Generation der Diadochen.

Der Mörder wurde in Europa als König gefeiert. In Asien übernahm Antiochos, der Sohn Seleukos' und der iranischen Prinzessin Apama, der bereits als Mitregent fungiert hatte, die Nachfolge des Vaters. Er war seit 294 mit Demetrios' Tochter Stratonike, der früheren Frau seines Vaters, verheiratet. Diese Übertragung einer Frau vom Vater auf den Sohn nahmen sogar die Makedonen mit Befremden auf, und dem Publikum wurde sie als pathologische Abirrung, gegen die sich nichts machen ließ, präsentiert; sie hatte aber insofern einen durchaus einsehbaren Sinn, als sie die Verbindung der Seleukiden mit dem Haus der Antigoniden auf eine dauerhafte Basis stellte. Außerdem scheint Stratonike, die Enkelin Antigonos' und Antipaters, eine ungewöhnlich tüchtige und fähige Person gewesen zu sein.

Die Entfaltung des hellenistischen Staatensystems

In die folgenden sechs Jahrzehnte fiel die Konsolidierung und Entfaltung des Systems der hellenistischen Staaten, in dessen Rahmen die Hellenisierung des Orients rapid vor sich gehen und dem später die Aufgabe zufallen sollte, die griechische und hellenisierte Welt gegen Rom zu verteidigen. Historisch kommt diesen sechs Jahrzehnten gewaltige Bedeutung zu. Was wir über sie wissen, setzt sich allerdings aus sehr ungleichen Elementen zusammen. So lebhaft und reich das geistige und literarische Leben dieser Periode war, so wenig wurde in ihr – wenn man von der Darstellung der eigentlichen Diadochenzeit absieht – Geschichte getrieben.

In der Lebensspanne der Diadochengeneration und unmittelbar danach schrieben die großen Historiker der Alexander-Zeit: Kleitarchos aus Alexandreia, Aristobulos aus Kassandreia und König Ptolemaios von Ägypten, ja auch Diyllos aus Athen, der die Ereignisse bis zum Tode Kassanders im Jahre 298 festgehalten hat. Demosthenes' Neffe Demochares schilderte als Zeitgenosse die Geschichte Athens bis zum Jahr 280, und der Athener Duris, der einst als Tyrann auf Samos geherrscht hatte, schloß mit demselben Jahr seine mit 370 – dem Jahr nach der Schlacht von Leuktra – einsetzende historische Darstellung ab. Der begabteste und einflußreichste Schilderer der Zeit nach Alexander, Hieronymos von Kardia, der ein Freund und Landsmann des Alexander-Sekretärs Eumenes war und am Antigonidenhof lebte, brachte seine Geschichte nur bis zum Tod des Pyrrhos im Jahre 272, und über diese Zeit unterrichten auch noch die Memoiren, die Pyrrhos selbst hinterlassen hat. Bis 262 reicht die Geschichte der Westgriechen von Timaios aus Tauromenion, der in Athen schrieb, aber sie befaßt sich nicht mit dem Osten. Verloren sind die von Nymphis aus Herakleia Pontika stammende Geschichte seiner Heimatstadt, aus der einiges in das Werk des viel späteren Autors Memnon eingegangen ist, und eine Beschreibung der Keltenwanderungen und der Regierungszeit von Ptolemaios II. und von Antiochos I. aus der Feder eines fast völlig unbekannten Demetrios aus Byzantion; aber selbst wenn uns diese beiden Werke erhalten geblieben wären, hätten sie uns kaum über das Jahrzehnt 270 bis 260 hinausgeführt.

Bis zu dieser Zeit ist das vorliegende Material zwar nicht erschöpfend, aber immerhin halbwegs aufschlußreich; es bezieht sich jedoch fast ausschließlich auf Griechenland und Makedonien. Dasselbe gilt von der Zeit nach 250, für die Polybios und Plutarch, weil sie sich für diese Dinge besonders interessierten, einiges Material gerettet haben; dazu gehören vor allem verschiedene Schilderungen aus den Memoiren Aratos' von Sikyon, des Initiators des Achaiischen Bundes, und aus dem Werk des Atheners Phylarchos, der als einziger die Geschichte des Duris bis zum Jahr 219 fortgeführt hat; freilich ist auch von dem, was er über die Jahre 270 bis 250 aufgezeichnet hatte, das meiste verlorengegangen. Dies Material war zwar von späteren weltgeschichtlichen Darstellungen übernommen worden, aber auch davon ist außer Justins kurzem Bericht über Pompeius Trogus nichts bewahrt geblieben.

Gerade für die Werdezeit des Hellenismus sind wir infolgedessen zu einem erheblichen Teil auf Inschriften und die Papyri aus Ägypten angewiesen, die auf die Ereignisse der Zeit häufig ein grelles und durchdringendes Licht werfen, bisweilen aber dunkel und in der

Regel ortsgebunden oder in anderer Hinsicht begrenzt sind. An allen Ecken und Enden bleiben unbeantwortete Fragen; sogar ein so grundlegendes chronologisches Hilfsmittel wie die Liste der attischen Archonten enthält noch nach der Forschungsarbeit von Generationen von Gelehrten Elemente des Ungewissen. Aus all diesen Gründen kann für die Zeit, auf die es hier ankommt, nur eine bis zu einem gewissen Grade hypothetische Darstellung geboten werden, und viele Geschehnisse können nicht die Behandlung finden, die ihnen zukäme.

Bei aller Konsolidierung, die die Periode bringen sollte, konnte unmittelbar nach der Ermordung des Königs Seleukos von stabilen Verhältnissen noch nicht die Rede sein. Eindeutig war nur der hellenisch-makedonische Charakter der hellenistischen Welt, der immer deutlicher hervortrat. Die makedonischen Dynastien in Ägypten und Asien wären ohne ständigen lebendigen Kontakt mit den Ländern der Ägäis nicht lebensfähig gewesen. Antiochos konnte auch als Sohn einer iranischen Mutter nur in geringem Maße auf wirksame Unterstützung aus den iranischen Teilen Asiens hoffen, und die semitischen und anatolischen Völker waren nur mehr oder minder fügsame Untertanen. Anderseits hatten ihn zwar die Makedonen und Griechen, die in seinem Dienst standen, als König anerkannt, aber ihre Treue war noch nicht auf die Probe gestellt worden, und ihre Zahl war unzureichend. Griechische Rekrutierungsgebiete waren Seleukos größtenteils verschlossen gewesen; in der Armee, mit der er Lysimachos besiegte, dürften außer Überläufern aus dem Lysimachos-Lager und einigen Veteranen der Demetrios-Heere nur wenige Griechen Dienst getan haben. Es ist dagegen nicht unwahrscheinlich, daß sich viele Soldaten des Demetrios ebenso wie die Überreste von Lysimachos' Streitkräften zu Ptolemaios Keraunos geschlagen hatten. Für Antiochos war es aber lebenswichtig, Kleinasien zu behaupten.

Er handelte auch mit der gebotenen Eile. Die Nachricht von dem Tode des Vaters erreichte ihn vermutlich in Babylon, wohl nicht vor Oktober 281; dieselbe Nachricht löste in Nordsyrien, dem eigentlichen Herzstück des Seleukidenreiches, einen wahrscheinlich von Ptolemaios-Anhängern angestifteten Aufstand aus. Natürlich mußte Antiochos zuallererst seine Herrschaft in Nordsyrien sichern; dennoch brachte er es auch in Kleinasien fertig, aus Teilen der Streitkräfte seines Vaters, die nicht nach Thrakien mitgenommen worden waren und die der Dynastie noch die Treue wahrten, ein Heer zusammenzustellen. Zwar wurde eine Division von den Bithyniern zusammengeschlagen, trotzdem konnte Antiochos schon um die Mitte des Sommers 280 den Marsch nach dem Norden antreten. Eine Inschrift in Milet berichtet, daß er dort im Herbst 280 das Amt des »Kranzträgers« *(stephanephóros)* übernahm.

Ähnlich galt auch für Ptolemaios II. das Gebot der Eile. Sein Vater hatte eine konsequent philhellenische Politik getrieben und sich in der Behandlung der in seinen Diensten stehenden Makedonen und Griechen sehr geschickt erwiesen. Überaus wichtig waren Griechen und Makedonen für die Verteidigung und Verwaltung des Königreichs; nicht minder war Ptolemaios indes auch auf Kriegsmaterial, das Ägypten nicht liefern konnte, auf Eisen, auf Holz und andere forstwirtschaftliche Erzeugnisse für den Schiffbau, auf Silber und Kupfer für die Staatskasse angewiesen. Da er Weizen, Papyrus und andere ägyptische Produkte zum Verkauf anzubieten hatte, konnte er es sich leisten, großzügig zu sein:

454   C. BRADFORD WELLES

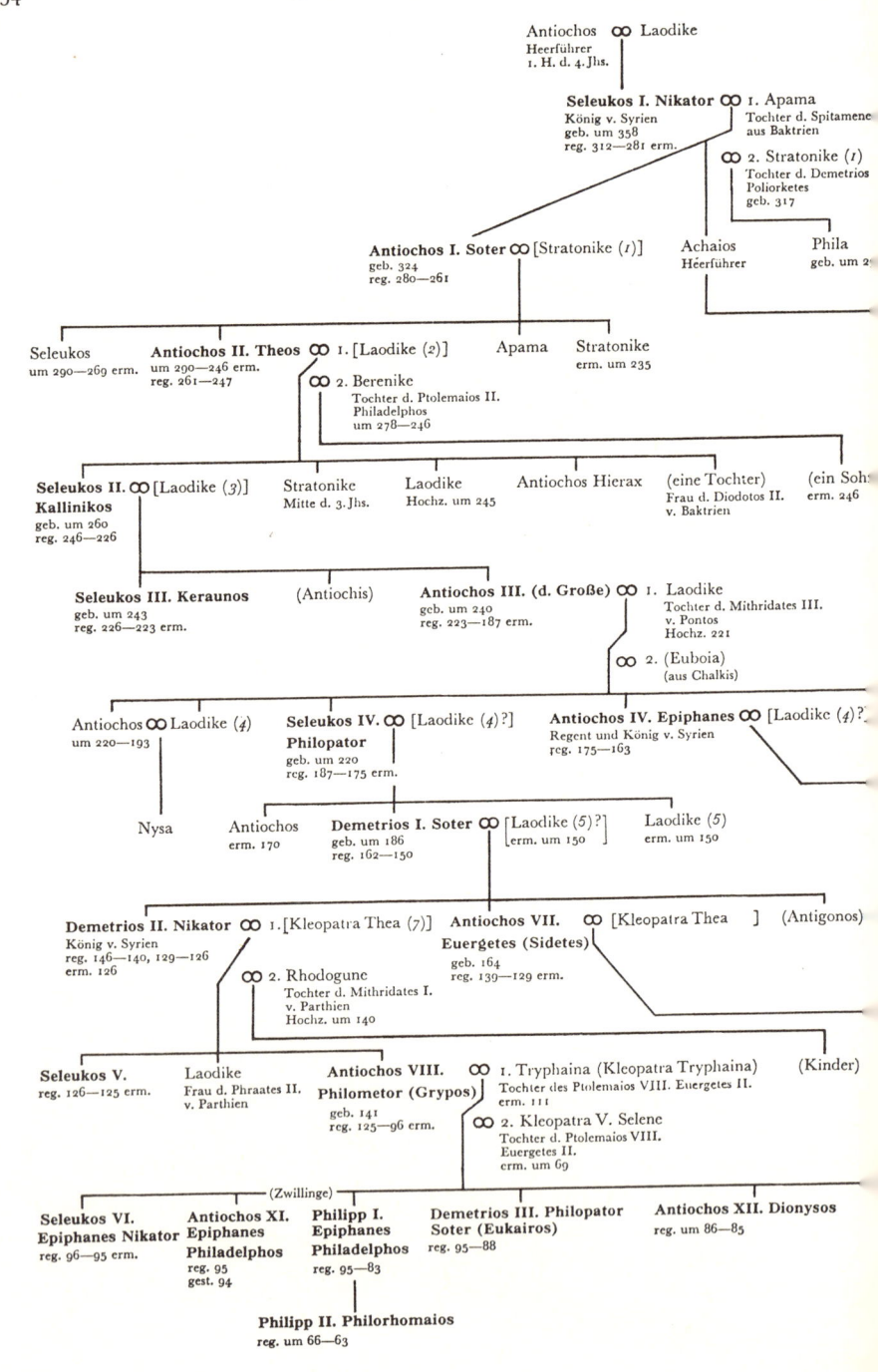

Antiochos ∞ Laodike
Heerführer
1. H. d. 4. Jhs.

Seleukos I. Nikator ∞ 1. Apama
König v. Syrien   Tochter d. Spitamenes
geb. um 358   aus Baktrien
reg. 312—281 erm.
  ∞ 2. Stratonike (1)
  Tochter d. Demetrios
  Poliorketes
  geb. 317

Antiochos I. Soter ∞ [Stratonike (1)]   Achaios   Phila
geb. 324   Heerführer   geb. um 2[...]
reg. 280—261

Seleukos   **Antiochos II. Theos** ∞ 1. [Laodike (2)]   Apama   Stratonike
um 290—269 erm. um 290—246 erm.   erm. um 235
                 reg. 261—247
                 ∞ 2. Berenike
                 Tochter d. Ptolemaios II.
                 Philadelphos
                 um 278—246

Seleukos II. ∞ [Laodike (3)]   Stratonike   Laodike   Antiochos Hierax   (eine Tochter)   (ein Soh[n])
Kallinikos   Mitte d. 3. Jhs. Hochz. um 245   Frau d. Diodotos II.   erm. 246
geb. um 260   v. Baktrien
reg. 246—226

Seleukos III. Keraunos   (Antiochis)   **Antiochos III. (d. Große)** ∞ 1. Laodike
geb. um 243   geb. um 240   Tochter d. Mithridates III.
reg. 226—223 erm.   reg. 223—187 erm.   v. Pontos
                                                                              Hochz. 221
                                                                              ∞ 2. (Euboia)
                                                                              (aus Chalkis)

Antiochos ∞ Laodike   **Seleukos IV.** ∞ [Laodike (4)?]   **Antiochos IV. Epiphanes** ∞ [Laodike (4)?]
um 220—193   **Philopator**   Regent und König v. Syrien
                       geb. um 220   reg. 175—163
                       reg. 187—175 erm.

Nysa   Antiochos   **Demetrios I. Soter** ∞ [Laodike (5)?]   Laodike (5)
        erm. 170   geb. um 186   [erm. um 150]   erm. um 150
                     reg. 162—150

Demetrios II. Nikator ∞ 1. [Kleopatra Thea (7)]   **Antiochos VII.** ∞ [Kleopatra Thea]   (Antigonos)
König v. Syrien   **Euergetes (Sidetes)**
reg. 146—140, 129—126   geb. 164
erm. 126   reg. 139—129 erm.
  ∞ 2. Rhodogune
  Tochter d. Mithridates I.
  v. Parthien
  Hochz. um 140

Seleukos V.   Laodike   **Antiochos VIII.** ∞ 1. Tryphaina (Kleopatra Tryphaina)   (Kinder)
reg. 126—125 erm. Frau d. Phraates II. **Philometor (Grypos)** Tochter des Ptolemaios VIII. Euergetes II.
                   v. Parthien   geb. 141   erm. 111
                                        reg. 125—96 erm.
                                          ∞ 2. Kleopatra V. Selene
                                          Tochter d. Ptolemaios VIII.
                                          Euergetes II.
                                          erm. um 69

                        (Zwillinge)

Seleukos VI.   **Antiochos XI.**   **Philipp I.**   **Demetrios III. Philopator**   **Antiochos XII. Dionysos**
Epiphanes Nikator   **Epiphanes**   **Epiphanes**   **Soter (Eukairos)**   reg. um 86—85
reg. 96—95 erm.   **Philadelphos**   **Philadelphos**   reg. 95—88
                         reg. 95   reg. 95—83
                         gest. 94

Philipp II. Philorhomaios
reg. um 66—63

DIE HELLENISTISCHE WELT

DIE SELEUKIDEN

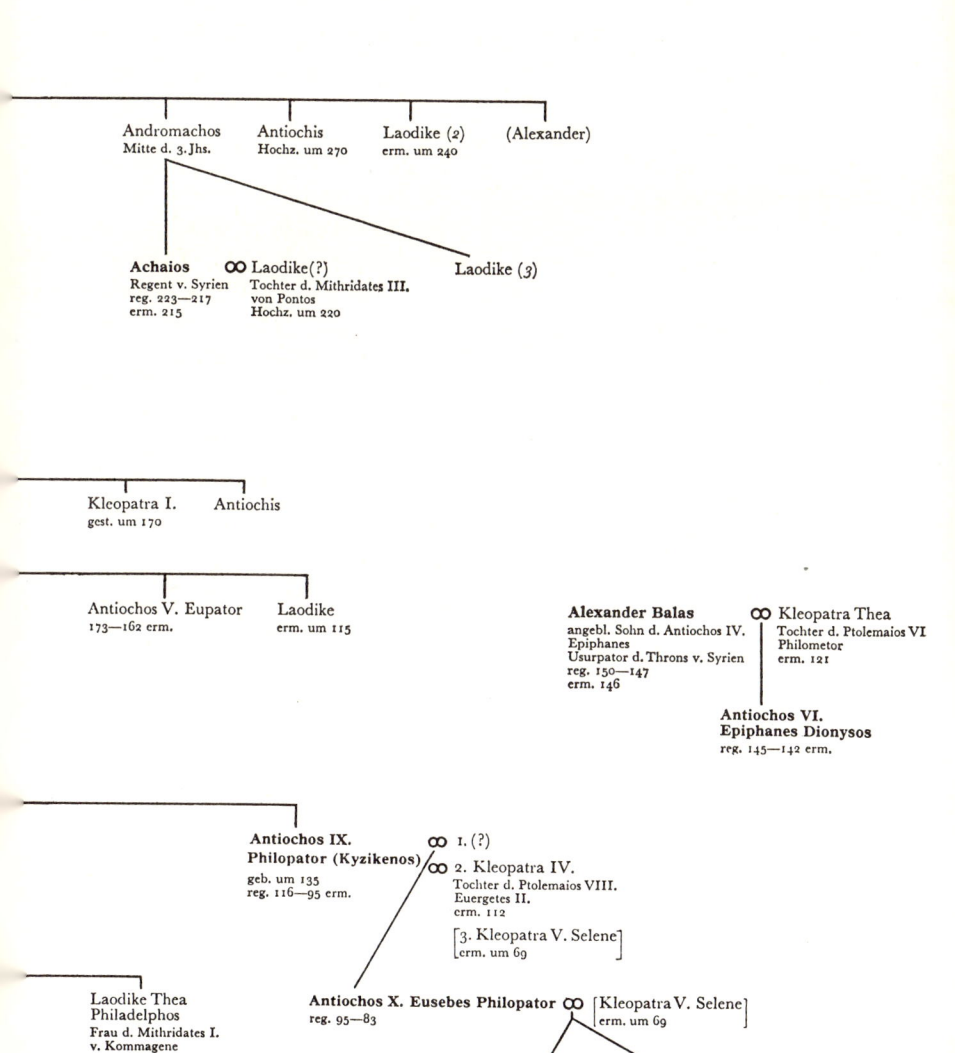

Andromachos — Antiochis — Laodike (2) — (Alexander)
Mitte d. 3. Jhs. — Hochz. um 270 — erm. um 240

Achaios ∞ Laodike(?) — Laodike (3)
Regent v. Syrien | Tochter d. Mithridates III.
reg. 223—217 | von Pontos
erm. 215 | Hochz. um 220

Kleopatra I. — Antiochis
gest. um 170

Antiochos V. Eupator — Laodike — **Alexander Balas** ∞ Kleopatra Thea
173—162 erm. | erm. um 115 | angebl. Sohn d. Antiochos IV. | Tochter d. Ptolemaios VI
 | | Epiphanes | Philometor
 | | Usurpator d. Throns v. Syrien | erm. 121
 | | reg. 150—147
 | | erm. 146

Antiochos VI. Epiphanes Dionysos
reg. 145—142 erm.

Antiochos IX. Philopator (Kyzikenos) ∞ 1. (?)
geb. um 135 ∞ 2. Kleopatra IV.
reg. 116—95 erm. | Tochter d. Ptolemaios VIII.
 | Euergetes II.
 | erm. 112
 | [3. Kleopatra V. Selene]
 | [erm. um 69]

Laodike Thea — **Antiochos X. Eusebes Philopator** ∞ [Kleopatra V. Selene]
Philadelphos | reg. 95—83 | [erm. um 69]
Frau d. Mithridates I.
v. Kommagene

Antiochos XIII. (Asiatikos) (ein Sohn)
geb. um 85
reg. 69—64 erm.

er brauchte — im Gegensatz zu den anderen Königen — seine griechischen Verbündeten oder Untertanen nicht mit Steuern zu belegen; aber ohne Stützpunkte für die Flotte konnte auch er nicht auskommen. Kypros und Phönikien lieferten viele der von ihm benötigten Waren. Unzufrieden war er dagegen mit dem sich um Delos gruppierenden Bund der Inselstaaten. Delos war 285 Demetrios abgenommen worden. Nach Korupedion wurde Samos aus Lysimachos' Herrschaftsbereich übernommen. Antiochos wurde 279 Milet entzogen; dafür, daß es die Schirmherrschaft wechselte, belohnte es Ptolemaios mit zusätzlichem Gebiet: das war weder das erste noch das letzte Mal, daß eine Stadt aus den Nöten eines Königs Nutzen zog.

Die Ermordung des Seleukos durch Ptolemaios Keraunos war keine improvisierte Affekthandlung. Was auf dem Spiel stand, war der makedonische Thron, allmählich hatten es die meisten Menschen satt, ihn als Kriegsbeute behandelt zu sehen; daß eine Dauerregelung allgemein begrüßt werden würde, verstand sich fast von selbst, und darauf spekulierte Keraunos. Mit dem Verschwinden des letzten Kassander-Sohnes Antipater war das alte Königshaus erloschen; Neoptolemos von Epirus, ein Neffe Alexanders des Großen, war schon vorher von Pyrrhos umgebracht worden. Da es Nachkommen Philipps II. nicht mehr gab, konnten Legitimitätsansprüche nur noch von drei Geschlechtern geltend gemacht werden: legal waren als Könige außer Kassander nur Demetrios, Pyrrhos und Lysimachos eingesetzt worden. Nun hatte Lysimachos das aus Makedonien und Thrakien bestehende Königreich Philipps II. wiedererstehen lassen; vielen Makedonen erschien das als die einzig richtige Lösung, die sie allen asiatischen Beziehungen und Verbindungen vorzogen. Darauf zielte auch Ptolemaios Keraunos. Er war, etwa vierzigjährig, ein erfahrener General, als Enkel Antipaters und Neffe Kassanders auch dynastisch annehmbar. Um seine Position noch mehr zu stärken, heiratete er seine Halbschwester Arsinoë, die Witwe des Lysimachos, und adoptierte ihre drei Söhne, so daß gewissermaßen auch die Kontinuität der Lysimachos-Dynastie gewahrt wurde; außerdem kam er damit in den Besitz der starken und relativ unabhängigen Stadt Kassandreia. Schließlich verzichtete er auch noch offiziell auf jeden Anspruch auf den ägyptischen Thron.

Ob das Ptolemaios II. sehr interessiert hat, kann man bezweifeln: von schriftlichen Zusagen des enterbten Halbbruders hing seine Sicherheit schwerlich ab. Wichtig war aber dieser Verzicht für die Makedonen, weil er ihnen eine gewisse Garantie dafür bot, daß der neue König Makedonien nicht bloß als Sprungbrett für weitere Eroberungen benutzen würde, wie es der »Städtebelagerer« Demetrios getan hatte. Auch von außen gesehen, war die Position des »Donnerkeils« ziemlich sicher: Pyrrhos, der doch zum mindesten Westmakedonien eine Zeitlang beherrscht hatte, war mit der Vorbereitung seines Italien-Feldzugs beschäftigt und bereit, Ptolemaios als den Gebieter Makedoniens anzuerkennen, falls er als Gegenleistung militärische Hilfe bekam.

Vorher schon hatte Demetrios' Sohn Antigonos schwere Rückschläge erlitten. Seit der Gefangennahme seines Vaters im Jahre 285 trug er den Königstitel, obgleich er später seine lange Regierungszeit erst vom Tode seines Vaters an datierte, also vom Jahre 283; er war etwa gleichaltrig mit Ptolemaios Keraunos und ebenfalls ein Neffe Kassanders. Sein Königreich bestand 281 nur aus einigen festen Stützpunkten in Griechenland, namentlich

Korinth, dem Piräus, Chalkis und Demetrias; neben einer kleinen Flotte hatte er ein bescheidenes Söldnerheer. Er hatte sich, als er von Seleukos' Tod erfuhr, sofort nach Makedonien aufgemacht, um Anspruch auf den Thron zu erheben, war aber von Ptolemaios Keraunos abgefangen und in einer Seeschlacht besiegt worden, vermutlich – da er sich anschließend nach Boiotien zurückzog – in der Pagasaibucht. Er unternahm weiterhin vergebliche Versuche, sich Athens zu bemächtigen, störte aber den Vetter Keraunos nicht beim Ausbau seiner Machtposition.

Der »Donnerkeil« hatte seine Mutter unter dem Schutz eines gewissen Apollodoros, den er als Garnisonskommandanten eingesetzt hatte, in Kassandreia gelassen und war mit Arsinoë und ihren Söhnen nach Pella gezogen. Hier begannen die schweren Störungen. Ptolemaios, der älteste der Arsinoë-Söhne, entkam zu Monunios, dem König der illyrischen Dardaner, und kehrte mit einem Heer zurück, um das Königreich seines Vaters Lysimachos zurückzuerobern. Der Anschlag mißglückte, aber Keraunos begriff, was ihm drohte, und brachte, ohne zu zögern, die beiden Brüder des Rebellen um. Das war für Arsinoë Grund genug, ihn zu verlassen; sie suchte Zuflucht auf Samothrake, von wo sie sich bald in die ägyptische Heimat begab. Einige Jahre später heiratete sie ihren vollbürtigen Bruder Ptolemaios II., was ihr den Beinamen *Philádelphos* (Bruderliebende) und eine gewisse geschichtliche Berühmtheit eintrug. Den Keraunos hat die wahrscheinlich unausweichliche Ausrottung von Rivalen in der Überlieferung als einen Menschen von abgründiger Grausamkeit erscheinen lassen. Daß er sich gegen die sittlichen Empfindungen seiner makedonischen Zeitgenossen schwer vergangen habe, ist jedoch kaum anzunehmen: dynastische Mordtaten waren sie seit eh und je gewöhnt.

Wie dem auch sei: eine lange Lebenszeit war Ptolemaios Keraunos nicht mehr beschieden. Im Frühjahr 279 wurde Makedonien von einer Wanderwelle der Kelten unter der Führung eines Häuptlings namens Belgios überflutet. Es ist möglich, daß ihrer sehr viele waren, aber jedenfalls waren sie schlecht bewaffnet und bar jeder militärischen Disziplin, der makedonischen Phalanx also im Grunde in keiner Weise gewachsen. Die Dardaner boten den Makedonen Hilfe an, aber Ptolemaios hatte kein Zutrauen zu denen, die ihn ein Jahr zuvor bekriegt hatten, und lehnte ab. Er zog gegen Belgios zu Felde, wurde besiegt und kam nicht mehr mit dem Leben davon. Die nächsten anderthalb Jahre blieb Makedonien ohne feste Regierung; während sich mehrere Fürsten um den Thron stritten, hielt ein Truppenführer namens Sosthenes das Heer beisammen und schob einige Riegel gegen die Raubzüge der Kelten vor.

Eine bessere Lösung sollte auf gewundenen Umwegen aus Kleinasien mit Demetrios' Sohn Antigonos kommen, der in der Geschichte – man weiß nicht recht, warum – den Beinamen Gonatas trägt. In Kleinasien führte Antiochos einen einigermaßen ziel- und richtungslosen Unterstützungskrieg für eine von König Zipoëtes geführte bithynische Partei, die gegen eine andere bithynische Partei unter Zipoëtes' älterem Bruder Nikomedes kämpfte und dabei auch noch Nikomedes' Verbündete, Herakleia Pontika, Byzantion, Chalkedon und andere Städte des sogenannten Nordbundes, zu Gegnern hatte. Es ist anzunehmen, daß Philetairos in Pergamon ungeachtet seiner verwandtschaftlichen Beziehungen zu der Nordbund-Stadt Tieion getreulich zu Antiochos hielt; dafür wurde aber die

Küste, von der aus Antiochos operieren mußte, immer wieder von Ptolemaios' II. ägyptischer Flotte überfallen, was Antiochos nicht geringe Schwierigkeiten bereitete. Dennoch kam Antiochos Schritt für Schritt weiter, und gegen Ende 279 bekam es Nikomedes mit der Angst zu tun: er sah die Freiheit, die seine Ahnen erfolgreich gegen die Perser, gegen Alexander und gegen die Diadochen verteidigt hatten, akut gefährdet und hielt Ausschau nach neuen Bundesgenossen. Auf welche Weise er mit Antigonos in Berührung kam, wissen wir nicht – vielleicht durch Vermittlung eines Mitgliedstaates des Nordbundes; wir wissen aber, daß Antigonos im Frühjahr 278 nach Kleinasien segelte und »eine Zeitlang«, sagt Memnon, gegen seinen Schwager Antiochos Krieg führte.

Die Motive, die ihn dazu gebracht haben, sind unklar. Erst im Herbst davor hatten Antiochos und er, offenbar in gegenseitigem Einvernehmen, je fünfhundert Söldner nach Thermopylai geschickt, um eine zweite Welle der Kelten unter Brennos, der Delphi brandschatzen wollte, abzuwehren. Zum erstenmal waren hier Griechen auf Kelten gestoßen und durch deren wildes Aussehen und rasendes Umsichschlagen in Angst und Bangen versetzt worden. Die Zahl der Kelten war beträchtlich und ist in späteren Berichten noch zusätzlich übertrieben worden; es waren ihrer jedenfalls so viele, daß sie ein kombiniertes Heer von rund fünfundzwanzigtausend Griechen in die Defensive drängen konnten. Die meisten Staaten nördlich des Isthmos von Korinth hatten Truppen beigesteuert, und der Befehl war dem Athener Kallippos übertragen worden. Die Thessaler scheinen neutral geblieben zu sein und blieben jedenfalls hinter ihren Festungsmauern ungeschoren; außer der kleinen aitolischen Stadt Kallion hatten die Kelten keinen befestigten Platz überfallen. Es gab einen kurzen, aber ziemlich verheerenden Einfall in Aitolien, der vielleicht nur als Ablenkungsmanöver gedacht war, wonach die Hauptmasse der Kelten einen Bogen um den Engpaß machte und hinunter nach Phokis zog.

Auf ihrem Marsch wurden die Kelten ständig angefallen, und als sie zum Parnassos kamen, kehrte sich sogar das Wetter gegen sie. Es tobte ein Schneesturm, auf den heftiger Schneefall folgte. Das hob die Stimmung der Griechen, die nun fanden, Apollon selbst verteidige seinen Tempel. Die Kelten waren gegen das Unwetter nicht gewappnet und gaben auf. Unter schweren Verlusten schlugen sie sich wieder bis Thermopylai durch und verließen dann Griechenland, während sich die Griechen angesichts ihres ersten nachhaltigen Sieges in achtzig Jahren vor Freude kaum zu fassen wußten. Erhalten hat sich ein Erlaß der Inselstadt Kos, in dem »die Griechen« zu ihrem Sieg beglückwünscht werden und dem Gott für sein Erscheinen gedankt wird. Der Erlaß beantwortete eine Siegesmeldung von nicht genannter Seite, die aber nur von den Aitolern ausgegangen sein konnte: jetzt hatten sie gute Gründe dafür anzuführen, daß sie sich Delphis bemächtigt hatten und es in der Hand behielten; um diese Zeit scheinen sie auch das jährliche »Erlösungsfest« *(sotéria)* eingeführt zu haben, das drei Jahrzehnte später in eine alle fünf Jahre stattfindende Veranstaltung umgewandelt und allgemein als mit den Pythischen und Nemeischen Spielen gleichwertig anerkannt wurde. Welche Rolle die kleinen von Antigonos und Antiochos gestellten Kontingente bei der Abwehr der Kelten gespielt haben, ist nicht bekannt. Keinem der beiden Könige wurde für die Hilfeleistung gedankt; ihre Truppen waren offenbar 278 in ihre regulären Standorte zurückgekehrt.

Daß Antigonos, der nicht stark genug war, ein zerrüttetes und chaotisches Makedonien an sich zu reißen, ein Heer nach Asien führen konnte, ist recht merkwürdig. Vielleicht rechnete er damit, nach Abschluß des Feldzugs von den Verbündeten für seine Sache Hilfe zu erhalten. Tatsächlich ist es so gekommen, wenn auch in einer Form, die schwerlich hätte vorausgesehen werden können. Nachdem er an einigen Gefechten teilgenommen hatte, wechselte Antigonos überraschend zur Gegenseite hinüber. Vermutlich hatte seine kluge Schwester Stratonike die Vereinbarung zustande gebracht, in der er sich bereit erklärte, ihre und Antiochos' Tochter Phila zu heiraten und mit dem Schwager und Schwiegervater ein Bündnis zu schließen. Es ist auch möglich, daß er in Asien noch Soldaten angeworben hat; im Sommer jedenfalls segelte er über den Hellespont nach Lysimacheia. Er wurde von Kelten angegriffen, führte sie in einem Nachtgefecht in die Irre und errang einen entscheidenden Sieg. Als er dann in Makedonien einmarschierte, war er den Makedonen als König recht. Um die Scharte auszuwetzen, holte der betrogene Nikomedes mit Byzantions Hilfe die Reste der Keltenhorden nach Asien herüber, bewaffnete sie und setzte sie als Verbündete gegen Antiochos ein. Die Kelten, die in Europa blieben, schufen ein neues Königreich, Tylis. In den nächsten hundert Jahren haben Tylis und das erneuerte Odrysenreich die griechischen Küstenstädte in Thrakien und am Schwarzen Meer ständig geplagt.

Nachdem Antigonos Gonatas knapp vier Jahre nach Korupedion und wenig mehr als drei Jahre nach Seleukos' Tod König von Makedonien geworden war, zeigte die hellenistische Welt ein politisches Gefüge, das sie bis zum Einbruch der Römer behalten sollte. Die Dynastien der Antigoniden, der Seleukiden und der Ptolemäer behaupteten sich in Makedonien, Asien und Ägypten. Makedonien übte einen starken, wenn auch nicht ausschlaggebenden Einfluß in Griechenland aus, wo Athen und Sparta, die Aitoler und später die Achaier politisch eine wichtige Rolle spielten und gelegentlich sogar kleinere Mächte – Epirus und Akarnanien, Elis, Argolis und Messenien – in die Waagschale fielen. Die kleineren Inseln des Ägäischen Meeres schlossen sich jeweils als Bundesgenossen der Macht an, die gerade das Meer beherrschte, erst Ägypten, später Makedonien; den größeren Inseln, namentlich Kreta mit seinen bedeutenden Hafenstädten und dem Handelsstaat Rhodos mit seiner Flotte, war es bisweilen möglich, auch eine eigene Politik zu treiben. Ägypten beherrschte Kypros und die Küsten im Südwesten Kleinasiens; seine einzelnen Besitzungen zogen sich bis nach Thrakien und bis zum Hellespont hin. Von den Küstenstädten abgesehen, unterstand Thrakien nicht der griechisch-makedonischen Herrschaft, ebensowenig wie die nördlichen Staatsgebilde Kleinasiens: Bithynien, Pontos, Kappadokien und Galatien. (Galatien war das ostphrygische Gebiet, in dem sich 277 die drei Galaterstämme der Trokmer, Tolistoager und Tektosagen ansiedelten.) Reich und mit seiner mächtigen Festung relativ ungefährdet, konnte sich das kleine Fürstentum Pergamon, das später zum Königreich wurde, unter den größeren Nachbarn ein unabhängiges Dasein erhalten; sein Staatsgebiet wurde bald größer, bald kleiner – je nach den wechselnden Schicksalen vor allem der Seleukidendynastie. Trotz vielen Plackereien dynastischer Konflikte, die mitunter sogar zu Bürgerkriegen ausarteten, behaupteten die Seleukiden ihre Herrschaft in Asien vom Ägäischen Meer bis zum Hindukusch, obschon die großen Räume

Mittelasiens von der Mitte des Jahrhunderts an den Aufstieg separatistischer Kräfte in Baktrien und Parthien begünstigten. In dieser relativ stabilen Situation gab es viele konstruktive Leistungen, aber auch viele kleine Kriege, die meistens von Berufsheeren ausgefochten wurden, jedoch – außer hin und wieder in Griechenland – keine allzu großen Zerstörungen anrichteten. Es war eher eine Zeit kulturellen Wachstums als eine Zeit politischen Wandels.

Die Außenpolitik der größeren Mächte richtete sich nach dem um diese Zeit verkündeten Grundsatz des indischen politischen Denkers Kautilya: »Dein Nachbar ist dein Feind, aber der Nachbar deines Nachbars ist dein Verbündeter.« Zwischen den Ptolemäern und den Seleukiden gab es weiterhin Streit um die Grenzgebiete in der Levante und in Kleinasien, und Ägypten und Makedonien rauften sich um die Vorherrschaft im Ägäischen und die Zufahrtstraße zum Schwarzen Meer. Diese Konstellation machte Antigoniden und Seleukiden zu Bundesgenossen, zumal sie in Thrakien und im nördlichen Kleinasien durch Pufferstaaten voneinander getrennt waren und die Seleukiden keinerlei aggressive Pläne in Griechenland oder in der Ägäis verfolgten. Jede Partei unterstützte die Gegner oder revoltierenden Untertanen der anderen. So wurde im Ersten Syrischen Krieg (um 275–272) der aufsässige Magas in Kyrene (im ägyptischen Einflußbereich) von seinem Schwiegervater Antiochos I. unterstützt, und nach Magas' Tod (258) setzte Antigonos den eigenen Halbbruder Demetrios den Schönen als Herrscher in Kyrene ein. Umgekehrt hat wohl Ptolemaios II. in Kleinasien den kleineren Staaten und den freien griechischen Städten gegen die Seleukiden den Rücken gestärkt oder vielleicht auch aktiv geholfen und in Griechenland Pyrrhos von Epirus, Athen, Boiotien, Sparta und Achaia mit Subventionen und manchmal mit Flottenhilfe versehen und sich, wenn sie untereinander Streit hatten, in Ungelegenheiten verwickeln lassen; als Antigonos' Neffe Alexander, Statthalter in Korinth, 253 revoltierte und sich als König selbständig machte, wurde seine Unabhängigkeit von Ptolemaios anerkannt. Von der diplomatischen Geschichte der Epoche ließe sich, wenn mehr Detailmaterial vorläge, ein farbiges und spannungsreiches Bild entwerfen.

Staaten und Staatenbünde in Griechenland

In Griechenland kämpften traditionsgemäß weiterhin alle gegen alle. Wie üblich, verschoben sich die Bündnisse; wie üblich, gab es interne Parteizwistigkeiten, die sich auch nach außen hin auswirkten. Aber die Schrecken der Kriege wurden weitgehend dadurch gemildert, daß sie von größeren und weniger zahlreichen Staaten ausgefochten wurden. Die einzelnen Städte wurden entweder von anderen Mächten – wie Athen und Korinth von Makedonien – direkt beherrscht, oder sie bewahrten – wie Elis, Sikyon, Argos und Megalopolis – ihre Unabhängigkeit unter einem Tyrannenregiment, das in der Regel zu Makedonien hielt und von Makedonien gestützt wurde. Nur in der Regierungszeit Kleomenes' III. (237–222) versuchte Sparta eine Wiederbelebung der besonderen Art imperialistischer Politik, wie sie Sparta, Athen und Theben im früheren Griechenland getrieben hatten.

Sonst hielt sich Sparta an seine nun schon traditionelle Politik der Tyrannen- und Makedonien-Gegnerschaft. Daraus erwuchsen zwei Kriege: ein Krieg in Aitolien im Jahre 280, der seinen Grund im Bündnis der Aitoler mit Antigonos Gonatas hatte, und der Chremonideische Krieg von 267 bis 262, in dem König Areus seine peloponnesischen Verbündeten (Elis und einige Städte Arkadiens) gegen Mächte ins Feld führte, die, wie eine große in Athen gefundene Inschrift sagt, die Griechen zu Sklaven machen wollten. In dem Freiheitskrieg zugunsten der aufständischen Athener fand Sparta diesmal die Unterstützung Ptolemaios' II., der grundsätzlich an der von seinem Vater und seiner Schwester Arsinoë befolgten Politik der aktiven Parteinahme für die griechische Freiheit festhielt. Der Erhebung der Athener blieb der Erfolg versagt: Areus wurde südlich von Korinth geschlagen und kam nicht durch die makedonische Isthmos-Sperre, und die von Patroklos kommandierte ägyptische Flotte konnte nichts dazu tun, den Gang der Ereignisse zu Lande zu beeinflussen; so konnte Antigonos einen überraschenden Angriff König Alexanders II. von Epirus abwehren und Athen durch Aushungerung in die Knie zwingen. Sparta erfuhr eine vorübergehende Schwächung, während Athen keinen wesentlichen Schaden davontrug; das Gesamtergebnis dieses Krieges, der von allen griechischen Kriegen in der ersten Hälfte der erörterten Periode den größten Aktionsradius hatte, war gering.

Im ganzen war die Periode für Griechenland positiv. Allerdings wurde 275 bis 272 mit der Rückkehr Pyrrhos' aus Italien Unruhe ins Land gebracht, denn Pyrrhos, der als Feldherr brillieren konnte, war ein miserabler Staatsmann und fand im Grunde nur am Krieg Gefallen. Seine Feldzüge in Süditalien und Sizilien hatten viele sensationelle Siege erbracht, aber es waren regelrechte »Pyrrhos-Siege«: sie wurden so teuer erkauft, daß der Sieger hinterher schwächer dastand als der Besiegte. Nach fünfjährigem Krieg mußte sich Pyrrhos aus Tarent heimlich heraussstehlen, so daß er nur ganz wenige Soldaten nach Epirus zurückbrachte; aber schon im Frühjahr 274 konnte er in Makedonien einfallen und die Königsgewalt wieder an sich bringen, und Antigonos Gonatas mußte in den Küstenstädten Zuflucht suchen. Die Herrlichkeit dauerte nicht lange: die Plünderung der Königsgräber in Aigai durch Pyrrhos' keltische Söldner brachte einen so gewaltigen Prestigeverlust, daß Pyrrhos es vorzog, nach Epirus heimzukehren.

Dafür fing er im folgenden Jahr ein neues Kriegsabenteuer an, diesmal gegen Sparta, wo er einen Thronanwärter namens Kleonymos unterstützte. Fast gelang ihm die Einnahme Spartas 272, doch hatten sich inzwischen all seine Feinde gegen ihn verbündet. Antigonos hatte Makedonien zurückerobert und erschien mit einem Heer auf der Peloponnes. Um die Stadt Argos entbrannte ein heftiger Kampf, dabei wurde Pyrrhos von einem Ziegelstein, den eine Frau von einem Dach nach ihm geschleudert hatte, tödlich getroffen. Sein Sohn Alexander schloß Frieden und zog nach Epirus ab; später beteiligte er sich kurz am Chremonideischen Krieg, hielt sich aber sonst von allen martialischen Abenteuern fern. Alles in allem hat Pyrrhos den Gang der griechischen Geschichte nicht grundlegend beeinflussen können.

Das wichtigste und neuartigste Kennzeichen der Epoche, in der Makedonien eine zwar noch bedeutende, aber nicht mehr wie früher überragende Rolle spielte, war das Erstarken der beiden großen Staatenbünde. Antigonos Gonatas hatte Glück mit seiner Politik im

Norden. Er unterhielt freundschaftliche Beziehungen zu den Illyrern und Thrakern; Paionien war ihm untertan; in Griechenland war er das Oberhaupt des Thessalischen Bundes und hielt die Schlüsselfestungen der Ostküste, Demetrias, Chalkis, Piräus und Korinth, fest in seiner Hand. Bei Aufständen oder Erhebungen — wie in Athen im Chremonideischen Krieg oder in Korinth unter seinem Neffen Alexander (253-246) — begnügte er sich mit der bloßen Wiederherstellung des Status quo. So konnte er mit Epirus und den Aitolern in Frieden leben und Makedonien dazu verhelfen, nach den Strapazen der Kriege Alexanders und der Diadochen Atem zu schöpfen und Kräfte zu sammeln.

In der früheren griechischen Geschichte hatte von den beiden Staatenbünden nur der Aitolische eine größere Bedeutung gehabt; die zwölf kleinen achaiischen Städte waren belanglos. Die Aitoler waren Dorf- und Bergbewohner; jährlich kamen sie in Waffen zur allgemeinen Bürgerversammlung und wählten einen militärischen Befehlshaber, der auch das Haupt ihrer Zivilverwaltung war. Ihm zur Seite standen die Apokletoi, der Vollzugsausschuß des von den aitolischen Gemeinden im Verhältnis zu ihrem militärischen Beitrag gewählten Rates der Tausend. Ursprünglich nur als verwegene Kämpfer in ihrem eigenen Gebietsbereich bekannt, traten die Aitoler erstmalig 323 mit ihrer maßgeblichen Beteiligung am Lamischen Krieg ins Rampenlicht der Geschichte; später kämpften sie auf seiten Perdikkas' und Antigonos' gegen Antipater und Kassander, und um das Jahr 300 begann ihre Expansion nach dem Osten, nach Zentralgriechenland; den Städten oder Stämmen, die sich ihnen anschlossen, gewährten sie volle Mitgliedsrechte in ihrem Staatenbund.

Zu Anfang des 3. Jahrhunderts errangen die Aitoler die Vorherrschaft über Delphi. Von da an fiel ihnen eine gewichtige Rolle bei der Verteidigung des Heiligtums gegen die Kelten zu. An ihren Sieg erinnerten dann die Soteria-Festspiele, die nach 250 im gesamthellenischen Maßstab abgehalten wurden. Aus ihrer patriotischen Haltung heraus förderten die Aitoler – sei es über Delphi, sei es direkt – die Veranstaltung nationaler Feste (so in Magnesia am Mäander); besonders aktiv setzten sie sich für die Anerkennung von Städten und Heiligtümern als vor Angriff und Plünderung geschützten Asylstätten *(asylia)* ein. Dies Raubverbot mußte natürlich – die Aitoler waren als Seeräuber wohlbekannt – auch ihre eigenen Piratenschiffe treffen, bedeutete also für sie ein empfindliches Opfer. In dieselbe Zeit fiel die Freilassung zahlreicher Sklaven, von der Inschriften auf Gebäudemauern in Delphi berichten, eine Leistung, der ebenfalls Anerkennung – wenn auch mit Vorbehalten – gebührt. Bis in die zwanziger Jahre des 3. Jahrhunderts setzte sich die Expansion des Aitolischen Bundes fort. Um diese Zeit war er der größte Territorialstaat Griechenlands: zu ihm gehörten Elis, Messenien, das östliche Arkadien und ganz Zentralgriechenland vom Golf von Ambrakia bis zum Euripos.

Die Gebietsausweitung des Aitolischen Bundes und seine zunehmende Zentralisierung lassen sich an Hand der in Stein gemeißelten Protokolle des Rates der Amphiktyonie von Delphi verfolgen. Nach 318 erschienen zu den Sitzungen keine Thessaler mehr, die Untertanen Makedoniens waren; später kamen Delegierte *(hieromnémones)* nur aus Aitolien befreundeten Staaten, wobei unklar bleibt, wie Aitolien selbst, das vorher nie zur Amphiktyonie gehört hatte, zu einer Vertretung gelangt ist. Im Jahre 277 stellte Aitolien drei

Delegierte, dreizehn weitere Delegierte kamen aus sieben verschiedenen Regionen. Im Jahre 226 stellte Aitolien bereits fünfzehn Delegierte, und außer ihm waren nur noch zwei Staaten vertreten: Delphi, der Sitz der Amphiktyonie, und Chios, dem die Aitoler um 258 eine Vertretung zugestanden hatten. (Chios und die Aitoler hatten darüber hinaus in dem als *isopoliteia* bekannten Verfahren eine gemeinsame Staatsangehörigkeit eingeführt.) Die übrigen Mitglieder der Amphiktyonie waren entweder – wie Athen oder Argos – zu Feinden geworden oder – wie Phokis und die Lokrer – in anderen Staatsgebilden aufgegangen.

Das alles war weniger durch Krieg als durch Diplomatie oder militärischen Druck zuwege gebracht worden. Der Eckstein der aitolischen Politik war Frieden mit Makedonien; nur zweimal gab es Störungen: einmal 292 und das nächste Mal zwanzig Jahre später, als die Aitoler in Feindseligkeiten zwischen Makedonien und Epirus verwickelt und zu Bundesgenossen des Pyrrhos wurden. Aber 239 heiratete der neue makedonische König Demetrios II. die epirotische Prinzessin Phthia, und die Aitoler mußten angesichts des entstehenden nachbarlichen Machtblocks Anschluß an die Achaier suchen, die sich erst sechs Jahre früher der aitolischen Eroberung Boiotiens mit Gewalt widersetzt und zwei Jahre früher die Aitoler bei Pellene geschlagen hatten. Demetrios wiederum verbündete sich mit Agron, dem König der Illyrer, und erhielt von ihm Unterstützung nicht nur gegen die Aitoler, sondern auch gegen die sich auf der Wanderung befindenden Bastarner im Norden. Die Machtverhältnisse verschoben sich, als kurz darauf das epirotische Königshaus erlosch, und im Jahre 235 annektierten die Aitoler das Königreich Epirus. In der Folgezeit weitete sich ihre Aktivität so sehr aus, daß sie sogar Sparta angriffen. Diese halbkriegerischen Vorstöße änderten jedoch nichts daran, daß die Aitoler nicht eigentlich Eroberer, sondern Träger eines werdenden Nationalstaats waren. So etwas hatte es in Griechenland auf dieser Stufe noch nicht gegeben.

Im Gegensatz zum Aitolischen war der Achaiische Bund erst in einem späten Geschichtsstadium aufgetreten; er war auch von Anfang an eher ein Bund unabhängiger Städte als ein Staat. Eine gemeinsame Staatsangehörigkeit bestand nur bei den ursprünglich achaiischen Städten; es gab aber eine Bundesversammlung, in der die Städte nicht nach ihrer verschiedenen Stärke vertreten waren, sondern alle die gleiche Stimmenzahl hatten; sie wählte einen Bundesfeldherrn und andere gemeinsame Amtsträger. Auch Bundessteuern wurden erhoben. Das eigentliche Gemeinschaftsanliegen des Bundes war jedoch die Außenpolitik, das heißt Krieg; eine einheitliche und folgerichtige Politik zu betreiben war indes schwierig, weil der Bundesfeldherr zwar beträchtliche Machtbefugnisse hatte, aber niemand zwei Jahre hintereinander zum Bundesfeldherrn gewählt werden durfte.

Im Jahre 280 gegründet oder wiedergegründet, blieb der Bund bis 251 ziemlich bedeutungslos. Die Wendung brachte ein Umsturz in der Stadt Sikyon; dort hatte ein zwanzigjähriger Jüngling namens Aratos, Sohn eines prominenten, mit Antigonos Gonatas befreundeten Bürgers, den Tyrannen Nikokles ermordet und die Macht an sich gerissen. Seine Position war schwierig: sowohl Antigonos als auch sein rebellischer Neffe Alexander von Korinth hatten es auf Sikyon abgesehen. Um sich halten zu können, wandte sich Aratos schutzsuchend an die Achaier und erwirkte den Anschluß Sikyons an den Achaiischen Bund. Schon 245 wurde er zum erstenmal zum Bundesfeldherrn gewählt, und von da an übte er einen entscheidenden Einfluß auf die Politik des Bundes aus. Die Ausweitung des Bundes war in der Hauptsache sein Werk. Ein mäßiger Frontoffizier, aber ein begabter Stratege und gewandter Politiker, brachte es der tüchtige, ehrgeizige und von Skrupeln kaum belastete Staatsmann fertig, sich bis 222 fast regelmäßig jedes zweite Jahr zum Bundesfeldherrn wählen zu lassen, so daß er einen mehr oder minder kontinuierlichen und konsequenten Kurs steuern konnte.

Aratos' Politik richtete sich vornehmlich gegen Makedonien und das makedonische System der Beherrschung der Stadtstaaten durch Tyrannen. Das setzte ihn in Gegensatz zu den Aitolern, garantierte aber ein friedliches Verhältnis zu Sparta, das ähnliche Ziele verfolgte; zugleich brachte ihm diese Politik regelmäßige Subventionen von den ägyptischen Ptolemäern ein. Nach dem Tode des Rebellen Alexander hatte Antigonos 246 Korinth zurückerobert; Aratos nahm es ihm 243 wieder weg. Diesen Erfolg verdankte er dem Verrat syrischer Soldaten des Antigonos, deren Treue durch die Siege der Ptolemäer über Seleukos II. im Dritten Syrischen Krieg (246-241) erschüttert worden sein mochte. Damit war für Aratos der Weg über den Isthmos nach Megara und Athen offen und Antigonos von den ihm ergebenen peloponnesischen Tyrannen abgeschnitten. Ein Einfall der Aitoler im Jahre 241 erreichte gar nichts: sie kamen zwar bis Pellene, wurden aber dann von Aratos überfallen und vernichtend geschlagen.

Eine Wendung in der Politik des Achaiischen Bundes kam im Gefolge eines Regierungswechsels in Sparta. Dort war 237 der sehr energische König Kleomenes III. ans Ruder gekommen. Die ersten Anzeichen einer aktiveren Politik Spartas führten dazu, daß die bedeutende spartafeindliche Stadt Megalopolis, die von dem tatkräftigen Tyrannen Lydiades regiert wurde, 235 dem Achaiischen Bund beitrat, und 229 kam Argos dazu. Im selben Jahr verwirklichte Aratos seinen lange gehegten Plan, die makedonischen Besatzungstruppen aus Athen zu vertreiben, und unter seiner neuen, demokratischen Regierung, an deren Spitze die Brüder Eurykleides und Mikion standen, bekannte sich Athen zu einer Politik der Neutralität, bei der es auch blieb. Das alles brachte Aratos einen beträchtlichen Machtzuwachs, ließ aber auch seine Gegner enger zusammenrücken: Makedonien, die Aitoler und Sparta schlossen ein Bündnis ab; ja die Aitoler halfen Sparta sogar noch unterderhand, die ihnen befreundeten oder ihrem Bündnis angehörenden arkadischen Städte Tegea, Mantineia und Orchomenos einzustecken.

Lange hielt diese Allianz nicht. In Sparta ging Kleomenes 225 daran, ein höchst revolutionäres Programm in die Praxis umzusetzen: Schuldenstreichung, Neuverteilung des Grund und Bodens, Verleihung des Bürgerrechts an viele Angehörige der unteren Schichten. Überall bekamen es die konservativen Elemente mit der Angst zu tun. Die Aitoler, die auf der östlichen Peloponnes keine unmittelbaren Interessen hatten, kehrten zu ihrer ursprünglichen Neutralität zurück, und der Makedonenkönig Antigonos Doson ließ sich sogar - ob durch Überredung, ob durch Bestechung - zu einem Bündnis mit den Achaiern bewegen. Aratos überließ ihm die strategisch entscheidende Festung Akro-Korinth, und dazu nahm sich Antigonos - dank dem Verrat der dortigen Konservativen - auch noch Argos. Im Jahre 223 wurde er zum Bundesfeldherrn des Achaiischen Bundes gewählt und brachte anschließend die arkadischen Städte auf seine Seite. Daß Kleomenes im folgenden Winter

Liste der Amphiktyonen von Delphi aus dem Herbst des Jahres 266 v. Chr.
Oberteil einer Marmorstele mit den Namen der Delegierten aus Aitolien, Boiotien, Phokis,
Athen, Euboia und Delphi
Delphi, Archäologisches Museum

Griechische Bundesprägungen des 3. Jahrhunderts v. Chr.
München, Staatliche Münzsammlung

Rückseite eines Triobols mit dem Monogramm des Achaiischen Bundes, Gepräge aus Kaphyai in Arkadien, nach 227 v. Chr. – Unten: Rückseite einer Tetradrachme mit dem Wahrzeichen des Aitolischen Bundes. Gepräge aus Lysimacheia in Aitolien (?), um 250 v. Chr. (Stark vergrößerte Wiedergaben)

Megalopolis besetzte und brandschatzte, war nur ein Intermezzo: nicht einmal die Zivilbevölkerung ließ sich einschüchtern, die standhaften Megalopolitaner rückten geschlossen nach Messenien aus. Und im Sommer 222 wurde die spartanische Armee in der Schlacht von Sellasia aufs Haupt geschlagen. Kleomenes floh nach Ägypten; Sparta wurde besetzt und zur Republik erklärt. Plötzlich wurde jedoch Antigonos Doson nach Makedonien zurückgerufen, weil die Illyrer ins Land eingefallen waren, und fiel im Kampf gegen die Eindringlinge.

Der Achaiische Bund war nun Herr über die Peloponnes, aber makedonische Truppen beherrschten den Isthmos von Korinth; der neue makedonische König Philipp V. fand sich in ungefähr der gleichen Situation wie Antigonos Gonatas ein halbes Jahrhundert früher. Nachdem Sparta eine schwere Macht- und Prestigeminderung erlitten hatte und Athen neutralisiert war, blieben in Griechenland gerade noch drei bedeutende politische Mächte übrig. Da die aitolische Politik nicht makedonenfeindlich und die Achaier mit den Makedonen verbündet waren, konnte das Land eigentlich einer Zeit des Friedens entgegensehen. Die Aitoler hatten in Zentralgriechenland so etwas wie einen Nationalstaat geschaffen, und wenn der Achaiische Bund auch weniger fest gefügt war, wirkte auch er in der Richtung der Ausschaltung lokaler Zwistigkeiten und Konflikte. Drei Menschenalter später konnte der Historiker Polybios sogar die Behauptung aufstellen, die Hauptziele des Achaiischen Bundes seien Freiheit und Einheit der Peloponnes gewesen. Er war selbst ein Achaier aus Megalopolis, und für ihn ließ sich damit die Tatsache erklären, daß ganz Südgriechenland allmählich als Achaia, als das Land der Achaier, zu gelten begann. Auf ihn – und auf Aratos, dessen Memoiren ebenfalls viele Leser hatten – geht das im ganzen günstige, vielleicht zu günstige Bild zurück, das sich vom Achaiischen Bund in der geschichtlichen Überlieferung erhalten hat.

Ptolemäer und Seleukiden

Von den neuen Monarchien hatte das ptolemäische Ägypten die engsten Beziehungen zur griechischen Welt. Ptolemaios II. Philadelphos (285–246) und Ptolemaios III. Euergetes (246–221) führten die philhellenische Politik des Stifters der Dynastie fort; sie war, so opportunistisch sie sein mochte, populär und hatte Erfolg. Mit großem Nachdruck setzten sich die Ptolemäer für die Freiheit der Griechen ein; in der politischen Praxis brauchte das nicht mehr zu bedeuten, als daß sie in Griechenland makedonenfeindliche Staaten unterstützten, aber über die Tagespolitik hinaus hatte diese Haltung sichtbare kulturelle Auswirkungen. Die griechischen Heiligtümer füllten sich mit Gaben der Ptolemäer, die nicht nur dem Alltag verhaftet waren. Auf einem Altar in Theben ist ein Pindar zugeschriebener Hymnus an den Amun von Libyen eingemeißelt, den offenbar Ptolemaios Philadelphos dort hat anbringen lassen. Ob echt oder nicht, war er – wie auch die idealisierte Geschichte der Pharaonen, die Hekataios von Abdera um diese Zeit verfaßte – dazu bestimmt, den Griechen das Bewußtsein einzupflanzen, daß Ägypten ein bewundernswertes und ihnen

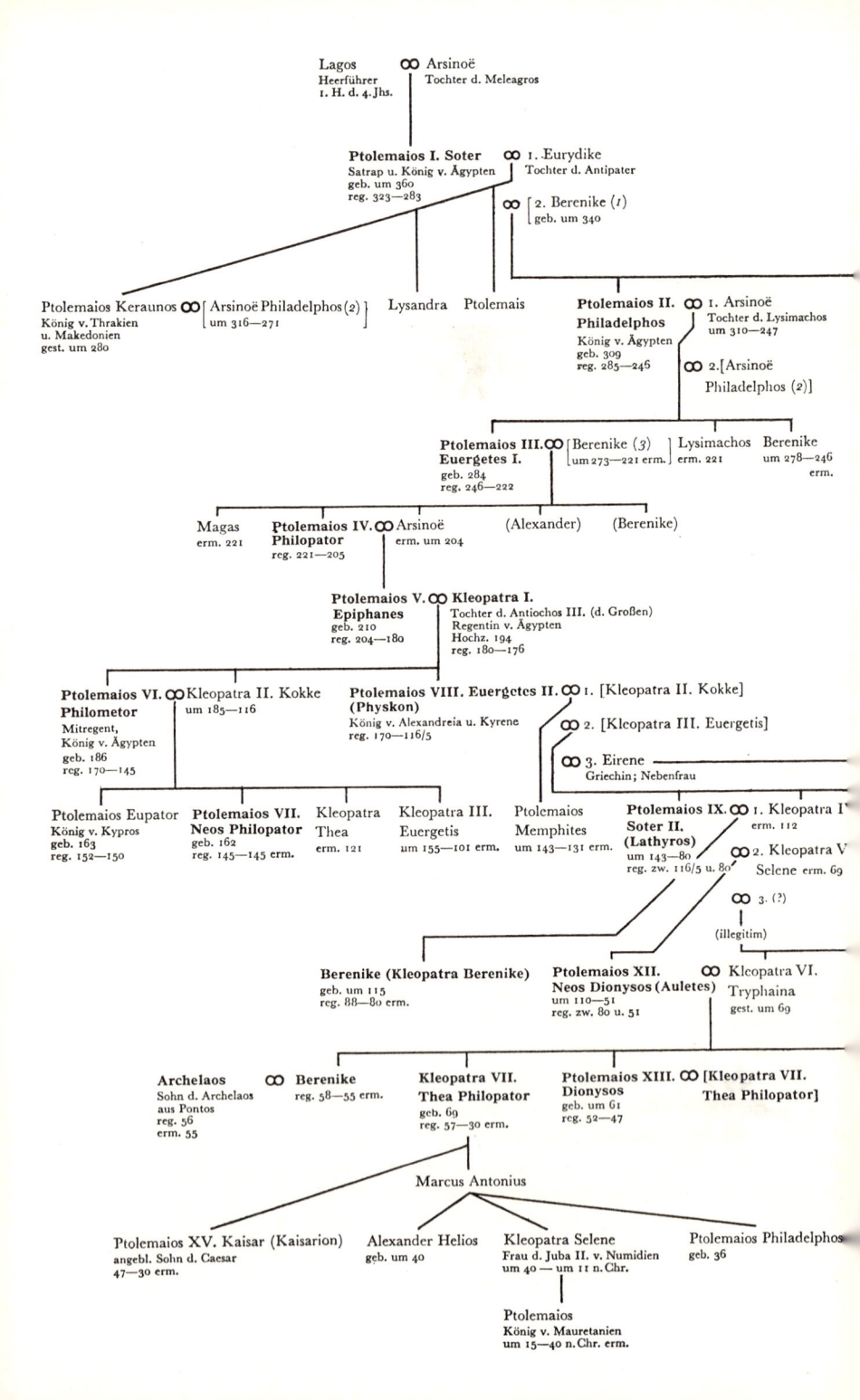

Lagos ∞ Arsinoë
Heerführer Tochter d. Meleagros
1. H. d. 4. Jhs.

Ptolemaios I. Soter ∞ 1. Eurydike
Satrap u. König v. Ägypten Tochter d. Antipater
geb. um 360
reg. 323—283

∞ 2. Berenike (1)
geb. um 340

Ptolemaios Keraunos ∞ [Arsinoë Philadelphos (2)]   Lysandra   Ptolemais   **Ptolemaios II.** ∞ 1. Arsinoë
König v. Thrakien   um 316—271   **Philadelphos**   Tochter d. Lysimachos
u. Makedonien   König v. Ägypten   um 310—247
gest. um 280   geb. 309
                                                                              reg. 285—246

∞ 2. [Arsinoë Philadelphos (2)]

Ptolemaios III. ∞ [Berenike (3)]   Lysimachos   Berenike
Euergetes I.   um 273—221 erm.   erm. 221   um 278—246
geb. 284   erm.
reg. 246—222

Magas   **Ptolemaios IV.** ∞ Arsinoë   (Alexander)   (Berenike)
erm. 221   **Philopator**   erm. um 204
              reg. 221—205

Ptolemaios V. ∞ **Kleopatra I.**
Epiphanes   Tochter d. Antiochos III. (d. Großen)
geb. 210   Regentin v. Ägypten
reg. 204—180   Hochz. 194
                     reg. 180—176

Ptolemaios VI. ∞ **Kleopatra II. Kokke**   **Ptolemaios VIII. Euergetes II.** ∞ 1. [Kleopatra II. Kokke]
Philometor   um 185—116   **(Physkon)**
Mitregent,   König v. Alexandreia u. Kyrene
König v. Ägypten   reg. 170—116/5
geb. 186
reg. 170—145

∞ 2. [Kleopatra III. Euergetis]

∞ 3. Eirene
Griechin; Nebenfrau

Ptolemaios Eupator   **Ptolemaios VII.**   Kleopatra   Kleopatra III.   Ptolemaios   **Ptolemaios IX.** ∞ 1. Kleopatra IV
König v. Kypros   **Neos Philopator**   Thea   Euergetis   Memphites   **Soter II.**   erm. 112
geb. 163   geb. 162   erm. 121   um 155—101 erm. um 143—131 erm. **(Lathyros)**
reg. 152—150   reg. 145—145 erm.   um 143—80
                                                                                      reg. zw. 116/5 u. 80

∞ 2. Kleopatra V
Selene erm. 69

∞ 3. (?)
(illegitim)

Berenike (Kleopatra Berenike)   **Ptolemaios XII.** ∞ Kleopatra VI.
geb. um 115   **Neos Dionysos (Auletes)**   Tryphaina
reg. 88—80 erm.   um 110—51   gest. um 69
                                    reg. zw. 80 u. 51

Archelaos ∞ **Berenike**   **Kleopatra VII.**   **Ptolemaios XIII.** ∞ [Kleopatra VII.
Sohn d. Archelaos reg. 58—55 erm. **Thea Philopator**   **Dionysos**   **Thea Philopator**]
aus Pontos   geb. 69   geb. um 61
reg. 56   reg. 57—30 erm.   reg. 52—47
erm. 55

Marcus Antonius

Ptolemaios XV. Kaisar (Kaisarion)   Alexander Helios   Kleopatra Selene   Ptolemaios Philadelphos
angebl. Sohn d. Caesar   geb. um 40   Frau d. Juba II. v. Numidien   geb. 36
47—30 erm.   um 40 — um 11 n. Chr.

Ptolemaios
König v. Mauretanien
um 15—40 n. Chr. erm.

DIE PTOLEMÄER

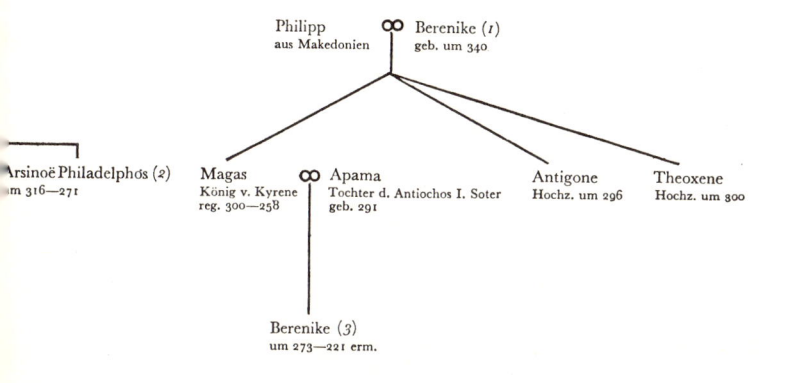

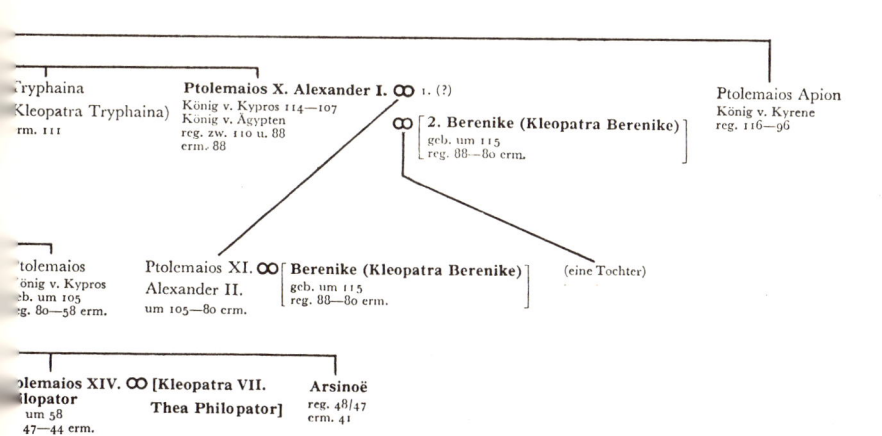

Philipp aus Makedonien ∞ Berenike (*1*) geb. um 340

Arsinoë Philadelphos (*2*) um 316—271

Magas
König v. Kyrene
reg. 300—258

∞ Apama
Tochter d. Antiochos I. Soter
geb. 291

Antigone
Hochz. um 296

Theoxene
Hochz. um 300

Berenike (*3*)
um 273—221 erm.

Tryphaina
Kleopatra Tryphaina
erm. 111

Ptolemaios X. Alexander I. ∞ 1. (?)
König v. Kypros 114—107
König v. Ägypten
reg. zw. 110 u. 88
erm. 88

∞ 2. Berenike (Kleopatra Berenike)
geb. um 115
reg. 88—80 erm.

Ptolemaios Apion
König v. Kyrene
reg. 116—96

Ptolemaios
König v. Kypros
geb. um 105
reg. 80—58 erm.

Ptolemaios XI. ∞
Alexander II.
um 105—80 erm.

Berenike (Kleopatra Berenike)
geb. um 115
reg. 88—80 erm.

(eine Tochter)

Ptolemaios XIV. ∞ [Kleopatra VII.
Philopator   Thea Philopator]
um 58
47—44 erm.

Arsinoë
reg. 48/47
erm. 41

geistig verwandtes Land sei. In dem um 273 verfaßten Panegyrikos besang Theokrit den Philadelphos ob seiner Macht, seines Reichtums und seiner Großzügigkeit und das Land Ägypten ob seines Beitrags zu Frieden und Wohlstand. Die eheliche Verbindung des Königs mit seiner Schwester Arsinoë, die im Jahr zuvor gefeiert worden war, verglich er mit der heiligen Götterehe des Zeus und der Hera.

Vielleicht hatte die Götterehe die königliche Geschwisterehe überhaupt erst inspiriert; zur ägyptischen Tradition gehörten Geschwisterehen sonst ebensowenig wie zur griechischen. Schon zu ihren Lebzeiten wurde Arsinoë ausgiebig gefeiert und wie eine Göttin verehrt, und der Kult wurde nach ihrem Tod beibehalten. Warum sie ein Bronzestandbild im Musenheiligtum zu Helikon in Boiotien auf einem Strauß reitend darstellt, ist nicht überliefert. Vielleicht sollte sie als zehnte Muse – die Muse Afrikas – erscheinen. Jedenfalls verfehlte solche Ägypten-Propaganda ihre Wirkung in Griechenland nicht: in den Papyri finden wir die Namen vieler Griechen, die Theokrits Rat befolgten und in Ptolemaios' Dienste traten.

Zweifellos war das eine Leistung der Ptolemäer. Theokrit nannte Philadelphos den Herrn Phönikiens und Arabiens, Syriens, Libyens und Äthiopiens, Pamphyliens und Kilikiens, Lykiens, Kariens und der Kykladen. Ungefähr die gleiche Aufzählung findet sich im Verzeichnis fremder Besitzungen des Ptolemaios Euergetes in der Adulis-Inschrift nach dem Dritten Syrischen Krieg. Allerdings sind hier einige Gebiete hinzugefügt, zum Beispiel Thrakien und der Hellespont, ja auch noch – ohne allzu realistische Gründe – Mesopotamien und Babylonien, die Euergetes vorübergehend besetzt haben sollte; sehr wesentlich waren solche kleineren Gebietsveränderungen nicht.

Gewinne und Verluste von begrenztem Umfang brachten den Ptolemäern die drei Kriege mit den Seleukiden (ungefähr 275–271, 259–253, 246–241). In der Schlacht von Kos entweder kurz vor 261 oder kurz vor 255 (in diesen beiden Jahren erwähnen die Annalen von Delos einen Friedensschluß) nahm Antigonos Gonatas den Ptolemäern den Inselbund der Kykladen weg. Wahrscheinlich wurden diese Inseln zur Zeit der Rebellion Alexanders von Korinth zurückerobert, gingen aber, als die makedonische Flotte später (wohl um 244) bei Andros erneut siegte, wieder verloren. Danach, etwa um 227, versuchte es Antigonos Doson mit einer Expedition gegen die ptolemäischen Besitzungen in Karien, die zu nichts führte. Trotz solchen Wechselfällen übte Ägypten auch weiterhin eine beträchtliche Anziehungskraft auf Griechen sowohl aus Griechenland als auch aus Kleinasien aus. Es wurde auch in keiner Weise daran gehindert, Alexandreia zum zweiten Zentrum der hellenischen Welt auszubauen und die weitere Erschließung und Ausbeutung der wirtschaftlichen Potenzen des Niltals zu organisieren.

Mit Hilfe erfahrener politischer Ratgeber, wie Demetrios aus Phaleron, der das ägyptische Gesetzbuch schuf, bauten die Ptolemäer nach dem vorgefundenen ägyptischen Modell einen zentralisierten bürokratischen Staat auf. An der Spitze des Staates stand der »Sachwalter« *(dioiketés)*, etwa dem Großwesir der Pharaonen vergleichbar; sein Amtssitz war Alexandreia, das auch die großen Ministerien mit ihren Tausenden von Beamten und ihren gewaltigen Archiven beherbergte. Ihnen unterstand die gesamte Wirtschaft des Landes. Angebaut wurde nach einem vorher genehmigten Plan; die gewerbliche Wirtschaft

DIE RÖMISCHE WELT IM ALTERTUM

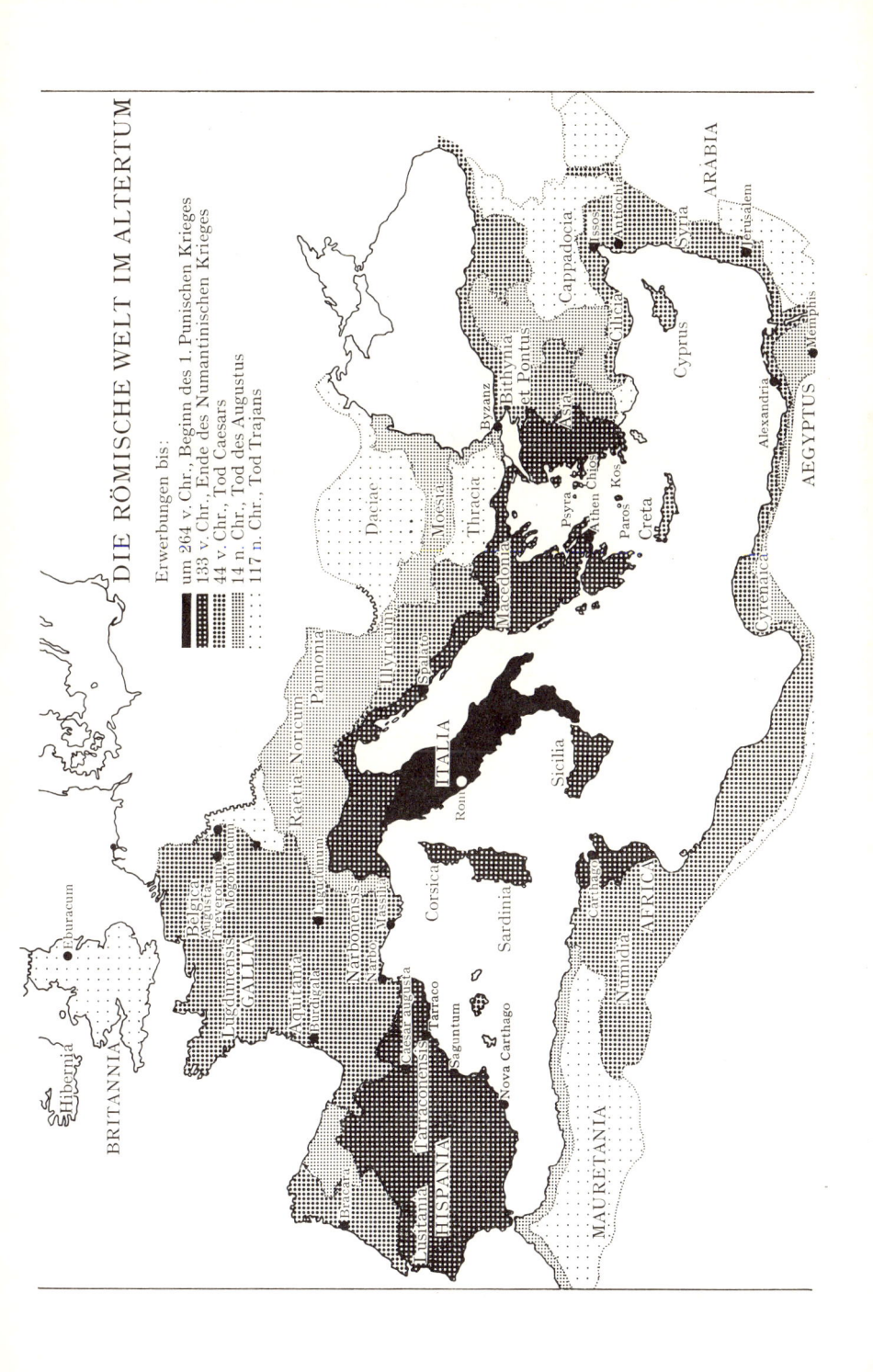

Erwerbungen bis:
- um 264 v. Chr., Beginn des 1. Punischen Krieges
- 133 v. Chr., Ende des Numantinischen Krieges
- 44 v. Chr., Tod Caesars
- 14 n. Chr., Tod des Augustus
- 117 n. Chr., Tod Trajans

arbeitete im Rahmen eines Systems königlicher Konzessionen und Monopole unter der Aufsicht von Steuerpächtern und Staatsbeamten. Sicherheitswesen und Justiz waren Sache der Gouverneure *(strategoi)* der Nomen oder Distrikte, denen Militärsiedler *(kleruchoi)*, Polizei und Richter zur Seite standen.

Die höheren Posten waren in den Händen von Griechen oder Makedonen, sofern solche verfügbar waren, sonst aber, namentlich wo die Kenntnis der Landessprache unerläßlich war, in den Händen von Ägyptern, vorzugsweise aus den Reihen der alten herrschenden Klasse. Andere Fremde, vor allem Juden, dienten als Beamte und Soldaten. Der Wahrung der königlichen Interessen galten strenge Gesetze, aber ihr Vollzug stieß auf Schwierigkeiten, und es gab viele Gelegenheiten, sich – legitim oder auch nicht – zu bereichern. Griechen kamen in großer Zahl, besonders in der Regierungszeit Ptolemaios' II., als die große Fayûm-Oase südwestlich von Memphis für Anbau und Siedlung erschlossen wurde, und viele von ihnen prosperierten. Viele heirateten ägyptische Frauen; das waren die Anfänge der im folgenden Jahrhundert fühlbar ins Gewicht fallenden Mischbevölkerung.

Das Schmuckstück Ägyptens war Alexandreia mit seinen Palästen und öffentlichen Gebäuden, den heiligen Stätten des Königskults und des Serapis-Kults, dem Museum und der Bibliothek, den ausgedehnten Hafen- und Werftanlagen und der Insel Pharos mit dem großen Leuchtturm und der kilometerlangen Mole. Für Feindesangriffe fast unerreichbar, war Alexandreia mit seinem Seehafen, seiner Kanalverbindung zum Nil und seinem fast das ganze Jahr hindurch unveränderlich guten Klima geradezu von der Natur dazu bestimmt, ein Zentrum des Handels, des Verkehrs und der Vergnügungen zu sein; mit der besten Bibliothek der Welt und der großzügigen Förderung von Gelehrten und Schriftstellern machten es die Ptolemäer auch zum Zentrum der Kultur. Athen behielt seinen Vorrang in der Philosophie und Rhetorik und blieb auch weiterhin die Stadt des abstrakten Denkens, aber nach Alexandreia kamen Wissenschaft, Studium und Literatur, vielleicht auch die Künste (Alexandreias eigener künstlerischer Beitrag ist noch nicht genügend aufgehellt).

Als königliche Residenzstadt hatte Alexandreia keine volle Selbstverwaltung. Es gab eine griechische Bürgerschaft mit den üblichen kulturellen Einrichtungen und Bildungsinstitutionen, mit Ephebenausbildung und Pflege der körperlichen Ertüchtigung (und vertraglich garantierten kulturellen und kultischen Betätigungsmöglichkeiten für Ägypter, Juden und sonstige Einwohner, die nicht als Bürger galten), aber keinen Stadtrat *(boulé)* und keine gewählte oder ernannte städtische Exekutive. Dagegen hatte die von Ptolemaios I. gegründete Stadt Ptolemais in Oberägypten eine normale griechische Bürgerschaftsverfassung; allgemein scheinen die Ptolemäer die von ihnen beherrschten Städte großzügig und ohne vorgefaßte Herrschaftsideen behandelt zu haben.

Die Inselstädte des Ägäischen Meeres und die Küstenstädte Westanatoliens behielten ihr eigenes Regierungssystem, manchmal unter einem ptolemäischen Statthalter (wie zum Beispiel dem Königssohn Ptolemaios in Milet um 260), manchmal mit einer ägyptischen Garnison, manchmal unter der Oberaufsicht eines königlichen Admirals. Anderseits wurde Telmessos in Lykien einem königlichen Anverwandten, Ptolemaios, Sohn des Lysimachos (wohl kaum identisch mit dem Sohn des Königs Lysimachos und der Arsinoë, der sich 280 gegen Ptolemaios Keraunos erhoben hatte), als Geschenkdomäne *(doreá)* überlassen; in Kyrene hatte sich Ptolemaios I. selbst zu einem der Stadtväter gemacht, um die Stadt verfassungsmäßig beherrschen zu können, und möglicherweise blieb dies System unter Magas und auch noch später bestehen, nachdem Ptolemaios III. Magas' Tochter Berenike geheiratet und Kyrene an Ägypten angegliedert hatte. Ein Teil der Städte Palästinas und Syriens genoß volle Autonomie, ein anderer wurde von Besatzungsgarnisonen beaufsichtigt. Königliche Beamte verwalteten weite Teile des palästinensisch-syrischen Gebietes direkt, fast wie in Ägypten; in Grenzbezirken regierten befreundete einheimische Stammesfürsten – wie das Geschlecht der Tobiaden im Land der Ammoniter. Auf Kypros waren die alten Könige beseitigt worden, und die kypriotischen Städte galten im Prinzip als freie Bundesgenossen, aber es gab eine ägyptische Besatzungstruppe und eine Zentralregierung unter einem Strategos.

Die andere große hellenistische Monarchie, das Seleukidenreich, war von der griechischen Welt durch den Küstensaum ptolemäischer Besitzungen in Asien getrennt; als eigene Domäne konnten die Seleukiden in Kleinasien eigentlich nur die Landschaft Troas und den ionischen Hafen Smyrna ansehen, und auch diese Domäne ging nach 240 an Attalos I. von Pergamon. Nur kurze Zeit, zwischen 259 und etwa 244, lösten Milet und Ephesos ihre Bindungen an das Ptolemäerreich; dafür mußten die Seleukiden einen hohen Preis zahlen: sie gaben den beiden Städten Freiheit und Autonomie, ein Entgegenkommen, das Antiochos II. den Beinamen *Theós* (Gott) eintrug, das ihnen aber die Möglichkeit beließ, sich nach Belieben wieder mit den Ptolemäern zu verbünden. Für diese Hafenstädte boten die Häfen der nordsyrischen Küste keinen vollgültigen Ersatz. In Kilikien war nur der Binnen- und Flußhafen Tarsos von einigem Wert; in Syrien war Laodikeia am Meer – ebenso wie Alexandretta – kaum mehr als eine ungeschützte Anlegestelle, und Seleukeia in Pieria wurde schon zu Beginn des Dritten Syrischen Krieges von den Ptolemäern erobert und in eine ägyptische Festung verwandelt. Da Hellespont und Bosporos im Kontrollbereich Bithyniens und der Städte des Nordbundes lagen und die Aiolis vom unabhängigen Reich Pergamon beherrscht wurde, muß das Seleukidenreich den Griechen sehr fern vorgekommen sein. Von Griechen, die ins Seleukidenreich auswandern, ist in den Quellen bezeichnenderweise nur selten die Rede, sofern nicht Griechen aus Städten des westlichen Kleinasiens gemeint sind, die wie Magnesia am Mäander zum unmittelbaren Herrschaftsbereich der Seleukiden gehörten.

Wahrscheinlich empfanden die Griechen die Seleukidenkönige auch als fremdartiger und ihnen weniger wesensverwandt als die Ptolemäer. Als einziger der Diadochen hatte Seleukos I. seine iranische Frau behalten. Das half ihm zweifellos, das Wohlwollen seiner iranischen Untertanen zu erhalten, aber damit waren seine Nachfahren, die, wie Pausanias von Ptolemaios I. schrieb, »Makedonen gerufen werden wollten, was sie ja auch seien«, ihrer Abstammung nach halbe Iranier, und die späteren Seleukiden verschwägerten sich auch noch mit den iranischen Königshäusern von Pontos und Kappadokien. Wenn eindeutiges Material auch nur spärlich vorliegt, so ist kaum zu bezweifeln, daß es in den Heeren, der Beamtenschaft und dem Freundeskreis der Seleukiden viel mehr Iranier und andere Asiaten als Makedonen oder Griechen gab.

Ebensowenig wie die Ptolemäer haben die Seleukiden das Interesse bedeutender und sachkundiger zeitgenössischer Historiker erweckt. Zwar soll Phylarchos den Krieg zwischen Antiochos I. und Eumenes von Pergamon ausführlich beschrieben haben, aber von seinem Bericht hat sich nicht ein einziges Bruchstück erhalten. Im Gegensatz zu den Ptolemäern verschwendeten die Seleukiden einen großen Teil ihrer Energie in dynastischen Streitigkeiten. Um 269 ließ Antiochos I. seinen ältesten Sohn und Mitregenten Seleukos unter der Beschuldigung des Verrats umbringen. Im Jahre 246 wurde Antiochos II. von seiner ersten Frau, Laodike, der Tochter seines Onkels Achaios, vergiftet, weil er sie sechs Jahre früher durch Ptolemaios' II. Tochter Berenike ersetzt hatte und nun beabsichtigte, Berenikes Sohn als Thronfolger einzusetzen. Und nachdem Seleukos II. die Einheit des Reiches 241 wiederhergestellt und das ptolemäische Besatzungsheer vertrieben hatte, machte dieselbe Laodike seinen Bruder Antiochos mit dem Beinamen *Hiérax* (Falke) zum Gegenkönig in Kleinasien, und der »Krieg der Brüder«, der daraus entstand, führte zur Zweiteilung des Reiches.

Das kam nur Attalos I. von Pergamon zugute, der diese Gelegenheit benutzte, einen Krieg gegen Hierax (230/229) zu führen und von Troas und Ionien Besitz zu ergreifen. Wenngleich der größte Teil dieses Gebietes später (226-223) von Seleukos III. und seinem Bruder Antiochos III. zurückgeholt werden konnte, war die Dynastie dadurch doch beträchtlich geschwächt worden, zumal der häufige Regentenwechsel eine kontinuierliche Politik verhinderte. Die Könige kamen sehr jung zur Königswürde und starben eines gewaltsamen Todes. Antiochos II. mag, als er auf den Thron kam, an die Dreißig gewesen sein; Seleukos II. war bei seiner Thronbesteigung kaum zwanzig Jahre alt, Antiochos III. fünfzehn und Hierax erst vierzehn. Infolgedessen lagen die Entscheidungen größtenteils in den Händen der königlichen Minister; übermäßige Macht fiel mancher Königinwitwe – wie etwa Laodike – zu, was angesichts des absoluten und unteilbaren Herrschaftsanspruchs der makedonischen Monarchien äußerst bedenkliche Situationen schuf.

Die dynastischen Fehden gefährdeten die Herrschaft der Seleukiden in höherem Maße als die große Ausdehnung und heterogene Zusammensetzung ihres Herrschaftsbereichs. Aber auch diese Faktoren trugen nicht unwesentlich zum allmählichen Zerfall ihres Besitztums bei. Schon Seleukos I. hatte Indien an Candragupta abgetreten und als Gegenleistung ein Bündnis und Lieferungen von indischen Kriegselefanten eingeheimst; die freundschaftlichen Beziehungen erhielten sich noch unter Candraguptas Enkel Ashoka, der zum Buddhismus übertrat und dessen großer Glaubenseifer aus einer griechischen und aramäischen Inschrift hervorgeht, die kürzlich in Afghanistan aufgefunden worden ist. Zu unabhängigen Königreichen wurden in den letzten Regierungsjahren Antiochos' II. Parthien unter einer iranischen und Baktrien unter einer griechischen Dynastie. Die Zeitrechnung, die mit der Gründung des Partherreichs im Jahre 248/247 begann, wurde im Osten – wie auch die mit dem Jahr 312/311 einsetzende Seleukiden-Zeitrechnung – jahrhundertelang beibehalten.

Die Wesensschwäche des Seleukidenreichs (die an ähnliche Gebrechen des Perserreichs ein Jahrhundert früher erinnert) ermöglichte es kleineren Staatsgebilden auch in Kleinasien, sich zu behaupten und auszudehnen. Pontos-Kappadokien und Süd-Kappadokien wurden als unabhängige Königreiche anerkannt und halfen den Seleukiden als Bundesgenossen im Kampf gegen Bithynien und gegen die Galater. Ihre der Abstammung nach iranischen Könige Mithridates und Ariarathes heirateten Töchter Antiochos' II.; eine dritte Tochter heiratete Diodotos von Baktrien, der vielleicht als Bundesgenosse gegen die Parther in Frage kam; später nahm Antiochos III. eine Mithridates-Tochter zur Frau. Nach und nach gerieten alle diese Staaten unter hellenistischen Einfluß, wenn auch vielleicht nicht in so raschem Tempo wie Bithynien. Zu besonderer Blüte kam Bithynien unter Nikomedes; der von ihm gegründeten und nach ihm benannten Stadt Nikomedeia am Golf von Astakos war eine lange und ruhmreiche Geschichte beschieden.

Nach dem Tod Nikomedes', der um die Mitte des 3.Jahrhunderts gestorben sein muß, riß sein älterer Sohn Ziaëlas, den er enterbt hatte, mit Unterstützung Armeniens und der galatischen Tolistoager die Herrschaft an sich. Ptolemaios, Antigonos und der Nordbund waren von Nikomedes mit der gemeinsamen Wahrung der Interessen des von ihm benannten Thronerben gegen Ziaëlas betraut worden; sobald aber Ziaëlas nach wenigen Gefechten fest auf dem Thron saß, kam das alte Bündnissystem wieder zur Geltung. In einem Schreiben an Kos nannte Ziaëlas den König von Ägypten seinen Freund und Verbündeten, und der Historiker Memnon berichtet, ohne ein Datum dafür anzugeben, von einem Seekrieg Byzantions und Herakleias gegen einen nicht näher bezeichneten Antiochos (vermutlich handelte es sich um Antiochos II. in seinen letzten Regierungsjahren).

Am meisten profitierte von der Schwäche der Seleukiden Pergamon. Auf seiner Felsspitze im Kaikostal vor Angriffen sicher, hatte der Eunuch Philetairos, ein hellenisierter Paphlagonier aus Tieion, eine der Schatzkammern des Lysimachos gehütet, bis er sich um 283 auf Seleukos' Seite schlug; nach Seleukos' Tod wurde er zu einem praktisch unabhängigen »Dynasten«. Seine Machtposition beruhte auf seinem Reichtum: sein vorgebliches Vasallenverhältnis zu Antiochos I. hatte ihn nicht dazu bewegen können, die Schätze des Lysimachos den Seleukiden auszuhändigen. Die Münzen, die er aus Lysimachos' Silber prägte, trugen das Bildnis des Seleukos, aber seinen, Philetairos', Namen. Im übrigen diente ihm der Schatz nicht nur zur Finanzierung eines Söldnerheeres, sondern auch als Werkzeug der auswärtigen Politik. Von Antiochos verlangte er Lösegeld, bevor er Seleukos' Leichnam herausgab, aber die Nachbarstädte Pitane, Aigai und vor allem Kyzikos beschenkte er reichlich; in Kyzikos zählt eine Inschrift die Gaben auf, die im Laufe von fünf Jahren (281-276) von Philetairos eingegangen waren. Bei der griechischen Welt draußen machte er sich beliebt, indem er dem Apollon in Delphi und Delos und den Musen in Thespiai Geschenke darbrachte. Während seiner Herrschaft wurde Pergamon zu einer griechischen Stadt, und unter seinem Nachfolger Eumenes (263-241) erscheint die Stadt als autonomes politisches Gebilde, gewissermaßen vom Hof separiert, eine königliche Residenz, aber keine Königsstadt. Jedes Jahr wurden fünf Zivilbeamte, die Generale *(strategoí)* hießen, und eine Kommission von Schatzmeistern gewählt; auf die Wahl mag die Dynastie Einfluß genommen haben, formal war die städtische Exekutive unabhängig. Mit seinen Freunden und Soldaten hauste der Dynast auf seiner Burg, von der Stadt als Wohltäter *(euergétes)* verehrt und mit Anbetungsopfern bedacht.

Als Eumenes 263 nach dem Tod seines Onkels Philetairos die Regierung antrat, begann eine kühnere Politik. Eumenes besiegte Antiochos I. in einer Schlacht bei Sardes. Wenn es,

Ruinen der Arsenale auf der Nordspitze des Burgberges von Pergamon in Mysien, 3. Jahrhundert v. Chr.

Verzweiflungstod eines gallischen Ehepaares
Römische Kopie der Figurengruppe vom Siegesmonument Attalos' I. in Pergamon, 230–220 v. Chr.
Rom, Thermenmuseum

was wahrscheinlich ist, stimmt, daß der Seleukidenkönig in dieser Schlacht ums Leben gekommen ist, muß es 261 gewesen sein. Als Sieger konnte Eumenes seine Herrschaft über das gesamte Kaikostal ausdehnen; er gründete die Garnisonsstädte Philetaireia und Attaleia, wo er Truppen stationierte. Unter unaufgeklärten Umständen gab es eine Truppenmeuterei; auf beiden Seiten wurden, wie eine Inschrift berichtet, Eide abgelegt, worauf sich die Soldaten fügten.

Den rechten Platz unter den hellenistischen Königreichen erwarb sich die Dynastie unter Attalos I., einem Neffen und Adoptivsohn des Eumenes. Attalos konnte sich auf königliche Abstammung berufen: seine Mutter war die Seleukidenprinzessin Antiochis, Enkelin Seleukos' I. und Schwester der Laodike (derselben, die ihren Gemahl Antiochos II. umgebracht hatte). Attalos nahm denn auch, nachdem er seine Herrschaft mit einem Sieg über die Galater begonnen hatte, den Königstitel an. Die Galater waren schon früher, 275, von Antiochos I. mit Hilfe seiner Kriegselefanten geschlagen worden, hatten aber seitdem nicht aufgehört, Kleinasien derart zu beunruhigen und zu drangsalieren, daß nicht nur einzelne Städte, sondern auch die Seleukidenkönige ihnen regelmäßig Subventionen zahlen mußten, um von Raubzügen und Überfällen verschont zu bleiben. Attalos erfocht seinen Sieg, wie aus Inschriften in Pergamon zu ersehen ist, an den Quellen des Kaikos, offenbar in einer Defensivschlacht, die der Abwehr eines Galaterüberfalls galt. Dennoch brachte er Attalos viel Ruhm, und an ihn erinnert das erste große Denkmal der pergamenischen Skulptur: das Siegesmonument zu Pergamon, das später in Athen nachgebildet wurde und auf dem Gestalten verwundeter oder sterbender Galater dargestellt sind.

Zehn Jahre später unterstützte Attalos seinen Vetter Seleukos II. gegen dessen Bruder Antiochos Hierax; mehrmals besiegte er Hierax und dessen galatische Bundesgenossen und konnte ihn schließlich aus Kleinasien vertreiben. Attalos eroberte dabei Ionien und anderen Seleukidenbesitz, konnte aber das Eroberte nicht lange halten. Der Krieg hatte indes eine nachhaltige Wirkung: entweder weil er mit den Galatern verbündet war oder weil er die wachsende Macht Pergamons fürchtete, war Ziaëlas von Bithynien zum Freund des Antiochos Hierax geworden, und fortan sollte die Rivalität zwischen Bithynien und Pergamon ein ständiger Faktor der anatolischen Politik sein. Ziaëlas selbst wurde von galatischen Söldnern ermordet; der Rückschlag, den Bithynien dadurch erlitt, ließ Pergamon gegen Ende der Periode zum mächtigsten Staat Kleinasiens werden.

Welche Fortschritte der Hellenismus in dieser Zeit in Asien machte, ist schwer abzuschätzen. Einiges historische Material findet sich in Inschriften; so erfährt man über den Ablauf der Kriege des Attalos mancherlei aus den Ruinen seines Siegesmonuments zu Pergamon. Recht viele Nachrichten liegen über die Beziehungen der Seleukiden und der Attaliden zu den alten hellenischen Städten an den Küsten Anatoliens vor. Eine Inschrift aus Samos belehrt uns über die Technik politischer Verhandlungen: Antiochos II. hatte kontinentalen Grundbesitz samischer Bürger in Anspruch genommen, und Samos sandte einen gewissen Bulagoras nach Kleinasien, um die Rückgabe zu erwirken. Er begab sich zunächst nach Ephesos und folgte dann dem König nach Sardes, wo er, da der König ihn anscheinend nicht empfing, Geschenke an den Hofstaat verteilte; das tat die gewünschte Wirkung, und Bulagoras konnte Schreiben des Königs an die Regierung von Samos, an den lokalen Kommandeur der seleukidischen Truppen und an den Verwalter der königlichen Domänen mitnehmen, in denen die Ansprüche der Samier bestätigt wurden. Derselbe Bulagoras wurde später zur Teilnahme an den Ptolemäischen Festspielen nach Alexandreia entsandt: offenbar wußte Samos zwischen den beiden dynastischen Machtbereichen die richtige Balance zu halten.

In der Regel gelang es auch den Städten des Festlands, sich die Autonomie zu bewahren, und oft konnten sie sogar die Unabhängigkeit durchsetzen. Unter Antiochos I. wurden einem gewissen Aristodikides aus Assos, einem Freund des Königshauses, aus königlichem Besitz beträchtliche Ländereien in Troas geschenkt; er wurde zugleich ermächtigt, dies Land der Hoheit »einer beliebigen Stadt, mit der wir befreundet und verbündet sind« (eigens genannt waren Ilion und Skepsis), zu unterstellen; augenscheinlich hatte das zu bedeuten, daß in die Stadthoheit einbezogenes Land weder vom König noch von seinen Nachfolgern zurückgenommen werden konnte, während außerhalb der Stadthoheit gelegener Grundbesitz jederzeit dem Zugriff des Königs unterlag. Sogar der Verkauf verschiedener Besitzungen Antiochos' II. an seine geschiedene Frau Laodike wurde in mehreren Städten registriert, obgleich diese Güter überhaupt nicht im Bereich städtischer Zuständigkeiten lagen. Gewöhnlich bekundeten die Städte ihre Treue zur Dynastie, indem sie die Befolgung eines besonderen Kults der Königsfamilie verfügten. Mit großem Pomp wurde in Smyrna der Kult der Stratonike, Schwester des Antigonos Gonatas und Ehefrau zweier Könige, Seleukos I. und Antiochos I., eingeführt; dafür erwirkte Antiochos II. in weitem Umkreis die Anerkennung der Unantastbarkeit der Stadt (Recht der *asylía*).

Wie die Perser vor ihnen, hielten die hellenistischen Könige die Souveränität der Städte für vereinbar mit ihrer Unterstellung unter die königliche Oberhoheit. Das übliche Verfahren war die offizielle Anerkennung der königlichen Herrschaft durch die Stadt, die häufig oder möglicherweise immer mit der Errichtung eines lokalen Königskults einherging. Verbunden waren damit das Recht des Königs, von der Stadt Treue und Unterstützung zu verlangen, und seine Pflicht, sie zu beschützen und zu fördern. Von Rechts wegen galt der König als Erlöser *(sotér)* und Wohltäter *(euergétes)* der Vasallenstädte, die in Notzeiten an ihn appellieren durften.

Im allgemeinen behielten die hellenistischen Könige die vor ihnen geltende Einteilung ihrer Gebiete in Provinzen oder Satrapien bei; diese regionalen Einheiten wurden von Militärgouverneuren *(strategoí)* regiert, denen Finanz- und Wirtschaftsverwalter *(oikonómoi* oder *dioikétai)* und königliche Richter zur Seite standen. Die eigentlichen Königsdomänen, auf denen Hörige angesiedelt waren, unterstanden unmittelbar der Verwaltung des Königs; außerhalb solchen königlichen Besitztums bedienten sich die Beauftragten des Königs des institutionellen Apparats organisierter Stammesverbände *(éthne)* oder lokaler Machthaber *(dynásteis)*. Nach Möglichkeit sollten die Aufrechterhaltung der Sicherheit und Ordnung und die Handhabung der Verwaltungsgeschäfte lokal eben an solche Stammesgebilde oder Ortspotentaten delegiert oder – im Bereich autonomer Städte – den Stadtverwaltungen anvertraut werden.

Wenn die Könige, vor allem die frühen Seleukiden, neue Städte mit dynastischen Namen oder sonstigen griechischen Benennungen gründeten, verfolgten sie zum Teil denselben

Zweck. Zum Beispiel läßt eine Inschrift aus der Regierungszeit Antiochos' III. erkennen, daß die Stadt Apollonia im Oberen Mäandertal für die Verwaltung einer Anzahl von Dörfern, die ihren Tempeln gehörten, verantwortlich war. Es gab verschiedene Typen der neuen Stadt: einige Neugründungen wurden auf völlig neuem Gelände gleichsam aus dem Boden gestampft – wie die vier Seleukidenhauptstädte in Nordsyrien (Antiocheia, Apameia, Laodikeia und Seleukeia); andere entstanden durch Reorganisation älterer Städte (Pergamon, Sardes, Tarsos), die zum Teil umbenannt wurden; wieder andere hatten ihren Ursprung in Militärsiedlungen. Viele der neuen Städte hatten zu Anfang keine nennenswerten Selbstverwaltungsrechte und nur wenige griechische oder makedonische Einwohner und wurden von Garnisonskommandeuren oder königlichen Vögten *(epistátai)* verwaltet. Mit der Zeit wurde die Bevölkerung homogener und nahm die griechische Sprache an, dann kamen auch die charakteristischen Merkmale einer griechischen Polis zum Vorschein: die Volksversammlung, der gewählte Rat der Stadt und gewählte Organe der Vollzugsgewalt.

So sahen die Fundamente des Hellenismus in Asien aus. Sie wurden in dem Maße ausgebaut, wie Griechen in größerer Zahl herangeholt werden konnten, aus denen sich für die Städte eine gleichsam vorgeformte Bürgerschaft zusammenstellen ließ. Als die Stadt Magnesia am Mäander in einem Rundbrief Ende des 3. Jahrhunderts um allgemeine Anerkennung ihres der Artemis Leukophryene geweihten Heiligtums und der zu Ehren der Göttin periodisch veranstalteten Festspiele bat, kamen, in die übliche diplomatische Form gekleidet, Antworterlasse auch von manchen Städten aus dem östlichen Teil des Seleukidenreichs, und eine dieser Städte, das ferne Antiocheia in der Persis, erinnerte bei dieser Gelegenheit daran, daß sie zu einem früheren Zeitpunkt auf eigenen Wunsch ein bedeutendes Kontingent von Siedlern aus Magnesia habe aufnehmen dürfen.

Erste Intervention Roms

Daß expansionistische Mächte aufeinanderprallen und daß Expansion stets gesteigerte Ansprüche und Verpflichtungen mit sich bringt, die ihren weiteren Verlauf der bewußten Lenkung oder Begrenzung entziehen, ist eine Fibelweisheit der Geschichte. In mancher Hinsicht schien sich in der hellenistischen Welt des 3. vorchristlichen Jahrhunderts eine dauerhafte Verständigung von Staaten anzubahnen, die den Eindruck erweckten, als ob sie sich mit ihrem Staatsgebiet begnügen und mit ihren Nachbarn in Frieden leben wollten. Dennoch gab es um 220 bis 210 noch genug unüberbrückte Gegensätze und unbefriedigte Machtaspirationen, aus denen neue Konflikte zu entstehen drohten. Unter Ptolemaios III. hatte Ägypten Kyrenaika wiedererobert und die fremden Besitzungen behauptet, die für seine Sicherheit wesentlich waren: Syrien-Palästina, Kypros und die Küsten Lykiens und Kariens mit ihren entlegeneren Küstenstützpunkten, die bis zum Hellespont reichten. Daheim gab es schwelende ethnische und organisatorische Probleme, die aber noch nicht akut geworden waren. Der Außenhandel mit Griechenland, dem Schwarzen Meer und dem westlichen Mittelmeer florierte. Ptolemaios IV. (221-205) sah sich keinen allzu drängenden Fragen gegenüber, die einer sofortigen radikalen Lösung bedurft hätten.

Anders sah es im Seleukidenreich unter dem jungen König Antiochos III. (223-187) aus. Schwerlich konnte sich das Reich mit der faktischen, wenn auch vielleicht noch nicht formalen Unabhängigkeit Baktriens und Parthiens abfinden; vordringlich war die Wiederherstellung der unterbrochenen Verbindung zu den Griechen, die westlich über Kleinasien geführt hatte. Daraus ergaben sich Konflikte: zuallererst mit Pergamon, etwas weniger akut mit Ägypten und in weiterer Ferne mit den kleineren anatolischen Staaten, die zunächst noch als Bundesgenossen von erheblichem Nutzen waren. Seit den Tagen Seleukos' I. hatte die Dynastie ihren Anspruch auf Syrien und Palästina aufrechterhalten; daß die Ptolemäer Palästina besetzt hielten, war für die Seleukiden um so schimpflicher, als damit auch eine ihrer Hauptstädte und dynastischen Namensstädte, Seleukeia in Pieria, in ptolemäischem Besitz war.

In Kleinasien hatte Attalos I. das frühere Seleukidengebiet an sich gerissen und damit den größten Staat der Halbinsel aufgebaut. An weitere Expansion war für den Augenblick nicht zu denken, es gab ohnedies genug schwierige innere und äußere Probleme zu lösen. Im Gegensatz zu den Seleukiden und den Ptolemäern hatten die Attaliden nicht das Prestige der von den großen makedonischen Feldherren abstammenden Dynastien geerbt, und trotz all ihrer Großzügigkeit und trotz dem zunehmenden Glanz ihrer Hauptstädte waren sie nie beliebt. Ihre Herrschaft beruhte auf ihrem Reichtum und ihren Soldaten. Mochte Attalos ob seiner Siege über die Galater noch so viel Dank und Anerkennung ernten, in seinen purpurnen Gewändern sah nicht nur ein Dichter aus Telmessos nichts als blutige Striemen auf dem Rücken seiner Untertanen. Die auswärtigen Beziehungen gestalteten sich schwierig. Bithynien war Attalos' Feind, und da es mit den Ptolemäern befreundet war, konnte Pergamon schwerlich auf viel Beistand bei den Ptolemäern rechnen. Pontos und Kappadokien standen Bithynien nicht unbedingt freundlich gegenüber, aber sie waren die traditionellen Feinde der Seleukiden, mit denen die Attaliden mehrfach verschwägert waren. Blieben nur noch die Galater, und sie waren nicht nur vor kurzem erst geschlagen worden, sondern auch allgemein unberechenbar, obschon oft als Söldnerreservoir nützlich.

Die zunächst endgültig anmutende Regelung, die sich in Griechenland aus der Schlacht von Sellasia ergeben hatte, war fraglich geworden, als Antigonos Doson starb und der siebzehnjährige Philipp V. auf den makedonischen Thron (221-179) kam. Hatte er vom Vater die weise Mäßigung des Antigonos Gonatas und das traditionelle Bündnis mit den Seleukiden geerbt, so war ihm anderseits von der Mutter her, der epirotischen Prinzessin Phthia, einiges vom Charakter und von den Traditionen Pyrrhos' und Alexanders des Großen als Erbteil zugefallen. Sparta war von Antigonos und den Achaiern besiegt, aber nicht zerschmettert worden; daß es seine einst so stolze Position ohne Kampf aufgeben werde, war nicht zu erwarten. Die Achaier mochten, nachdem sie genug erreicht hatten, zufrieden sein, und daß sie ohne makedonische Hilfe nicht hatten siegen können, hatte sie vorsichtig gemacht. Aber die Aitoler, die in den Konflikt mit Sparta nicht hineingezogen wurden und deren Kräfte unverbraucht waren, hatten vordem der Gewalt weichen und ihre Besitzungen auf der westlichen Peloponnes preisgeben müssen; nur Phigaleia und Elis hatten sie als

Sprungbrett für die Zukunft behalten. Das ganze Jahrhundert hindurch hatten sie mit Makedonien Frieden gehalten und sich eine dominierende Position um die Bucht von Malia gesichert; sie beherrschten damit die beiden Amphiktyonien von Pylos und Delphi, ließen jedoch die Vormachtstellung der Makedonen in Thessalien unangefochten.

Gestört wurde dieser Frieden nur, wenn Makedonien, wie das 292 unter Demetrios I. und 239 unter Demetrios II. geschah, Anstalten zu einer aktiveren Politik im Westen traf; darin mußten die Aitoler eine Bedrohung ihrer Position an der adriatischen Küste sehen. Das Königreich von Epirus bestand nicht mehr. In den machtpolitischen Auseinandersetzungen waren indes die Illyrer an seine Stelle getreten; als Bundesgenosse Makedoniens hatte der Illyrerkönig Agron den Aitolern 231 bei Medeon in Akarnanien eine Niederlage zugefügt. Inzwischen waren die Illyrer selbst in Nöten; ihre Schwäche und Aktionsunfähigkeit forderte Makedonien geradezu unabweisbar zu einer Intervention heraus. Darin lag eine Gefahr für den Frieden ganz Griechenlands.

In Illyrien erhielt die griechische Welt den ersten Vorgeschmack von der expandierenden Macht Roms. Freilich war das nicht die erste Begegnung Roms mit dem Osten. Die Legenden von dem Arkader Euander und dem Troianer Aeneas sind erwiesenermaßen recht alten Datums; sie sind ebenso unbeweisbar wie die These vom Einfluß Athens auf die römische Gesetzgebung der Zwölf Tafeln, aber auch ebenso plausibel: ungefähr so könnten sich die Dinge zugetragen haben. Und man darf annehmen, daß der Aufstieg Roms zur führenden Macht Italiens im 4. Jahrhundert, obwohl er in den zeitgenössischen griechischen Annalen keine Spuren hinterlassen hat, in Griechenland nicht wenig Aufmerksamkeit erregte. Daß die Römer 323 Gesandte zu Alexander dem Großen abgeordnet hätten, wurde und wird nur von wenigen geglaubt; indes will Polybios wissen, daß Rhodos im Jahre 166 – nach einer rhodischen Darstellung – bereits auf hundertvierzig Jahre Zusammenarbeit mit Rom zurückblickte. Da ist zwar nicht von Bündnis, sondern nur von Freundschaft die Rede, aber in der politischen Theorie Roms kam dieser Unterscheidung geringere Bedeutung zu als bei den Griechen; jedenfalls wären demnach die Anfänge dieser Verbindung, was immer ihr Rechtscharakter gewesen sein mochte, in den Ausgang des 4. Jahrhunderts zu verlegen.

Bestimmt machte Pyrrhos' Italienkrieg den Namen Roms im gesamten Osten bekannt. Hieronymos von Kardia schrieb eine Geschichte dieses Krieges und fügte ihr eine »Archäologie«, einen Bericht über Roms Altertümer, bei. Kurz danach nahm Timaios in seine Geschichte Siziliens einen Abriß der Geschichte Roms auf, als dessen Fortsetzer sich Polybios bekannte. Gleichzeitig tauchte Rom auch in anderen Sparten der griechischen Literatur auf: Rom war das Thema mancher Dichtungen Kallimachos' und Lykophrons. Politische und wirtschaftliche Kontakte wurden aufrechterhalten und intensiviert. Der Westhandel der Ptolemäer brachte Berührungen mit Rom, zum mindesten auf süditalienischem Boden; die Gesandten von Kos, die um 240 die Anerkennung der Asylia-Unantastbarkeit für ihre Stadt zu erlangen suchten, brachten aus dem Reich Roms Antworten einer sizilianischen und mehrerer italischer Städte nach Hause.

Mit der Zeit mußten über die Adria politische Brücken geschlagen werden. Der erste Fall, über den berichtet wird, ist bezeichnenderweise – um 230 – ein Ersuchen der Akarnanen um Beistand gegen die Aitoler. Der Bericht ist zweifelhaft; auf keinen Fall wurde von

Rom Hilfe gestellt. Polybios wiederum nannte die Delegierten, die 228 die Aitoler aufsuchten, die erste römische Gesandtschaft in Griechenland. Wie dem auch sei: Roms Einmischung in die Angelegenheiten Illyriens ging auf die Beschwerden italischer Bundesgenossen zurück, deren Schiffahrt von Piraten der illyrischen Königin Teuta behelligt wurde.

Bei Polybios erscheint die Episode als ein Fall ruchloser Seeräuberei – von der Art der Piratenexzesse, die er später dem Illyrer Skerdilaidas, Demetrios von Pharos und den Aitolern ankreidete. Dabei ist zu bedenken, daß der Krieg im Altertum normalerweise die Plünderung feindlicher Besitzungen einschloß, wenn er nicht gar ausschließlich darin bestand. Als Achaier war Polybios von vornherein geneigt, die Aitoler und Philipp wie auch Philipps illyrische Verbündete in möglichst ungünstigem Licht erscheinen zu lassen. Es kann sein, daß Teuta lediglich ihre Souveränität zu wahren und Schiffe, die die Untere Adria passierten, zur Entrichtung von Zöllen zu zwingen suchte. Jedenfalls entsandte Rom 230 Vertreter nach Illyrien, die die Unterbindung der Schiffsüberfälle verlangten. Da diese Forderung ignoriert wurde, erschienen im folgenden Jahr, um ihr Nachdruck zu verleihen, eine römische Flotte und ein römisches Heer. Die Übermacht Roms war gewaltig; es brauchte kaum zur Waffe zu greifen. In einem 228 unterzeichneten Abkommen verzichtete Illyrien auf alle Eroberungen in der Nähe der griechischen Westküste und verpflichtete sich im übrigen, sich in jeder Beziehung friedlich zu verhalten; zugleich stellte Rom einige Inseln, darunter Korkyra, und einen Gebietsstreifen auf dem Festland um Atintania herum offiziell unter seinen Schutz; anders ausgedrückt: es nahm das »Schutzgebiet« für sich selbst in Anspruch.

Anschließend wurden römische Gesandte zu den Achaiern und den Aitolern abgeordnet, wohl weniger, wie Polybios es darstellt, um die Griechen mit der Kunde zu erfreuen, daß ihnen von Illyrien her keine Gefahr mehr drohe, als um die Inbesitznahme griechischen Gebiets durch die Römer zu motivieren und zu rechtfertigen. Was Rom genommen hatte, war in Wirklichkeit weder ein Teil Illyriens noch illyrischer Besitz, sondern griechisches Gebiet, das die Illyrer zu erobern versucht hatten. Nach Makedonien wurden, obgleich Rom jetzt mit Makedonien im Westen zusammenging, keine Gesandten geschickt. Dafür wurden diplomatische Beziehungen sowohl mit Athen als auch mit Korinth angeknüpft; Korinth, das dem Achaiischen Bund angehörte, erkannte die Römer sogar als Hellenen an und erlaubte ihnen die Teilnahme an den Isthmos-Festspielen. Auf diese Weise wurde Rom 228 zu einem griechischen Staat, ganz gleich, wie sich die Rechtslage nach römischen Begriffen darstellen mochte. Faktisch betrachtete Rom das Verhältnis zu den neuen Untertanen, Bundesgenossen und Freunden als eine Dauerverbindung mit eindeutigen Verpflichtungen für beide Seiten. Dahinter stand seine militärische Macht, die weitaus größer war als die aller griechischen Staaten zusammen und die sich auf reiche Bevölkerungsreserven, strikte Disziplin, entwickelte Kriegstaktik und die modernsten Waffen stützte. Und die in Rom herrschende Oligarchie war geduldig, zäh und unbeugsam. In dem Wettstreit, der nun begann, waren die Kräfte von vornherein ungleich verteilt.

Während der nächsten acht Jahre waren die Römer mit den Galliern in Norditalien und mit Karthagos Vordringen in Spanien beschäftigt und kümmerten sich wenig um ihre Interessen und Verpflichtungen in Griechenland. Inzwischen konnte Illyrien sein gutes Verhältnis zu Makedonien nicht nur erhalten, sondern weiter ausbauen. König Agrons Nachfolger, Skerdilaidas und Demetrios von Pharos, die über die auseinandergerissenen Hälften des gespaltenen Königreichs herrschten, schafften es, gemeinsame Sache zu machen, und Demetrios unterstützte Antigonos Doson bei seinem karischen Feldzug zur See und auf der Peloponnes zu Lande; es war daher natürlich, daß die erste Angriffshandlung nach dem Regierungsantritt Philipps auch wieder von Demetrios ausging: im Jahre 220 versuchte er, sich des messenischen Hafens Pylos zu bemächtigen. Dieser expansionistische Vorstoß nach dem Süden verletzte eindeutig den Vertrag mit Rom; möglicherweise hatte Demetrios angenommen, daß das Verbot der Ausfahrt aus dem Adriatischen Meer für ihn als ehemaligen Verbündeten der Römer aus dem Ersten Illyrischen Krieg nicht galt. Den Messenern kam der aitolische Befehlshaber in Phigaleia zu Hilfe, und Demetrios' Angriff wurde zurückgeschlagen. Die Achaier aber sahen im Vorgehen der Aitoler eine feindliche Handlung und griffen die aitolische Armee an, wurden jedoch bei Kaphyai in Arkadien besiegt. Nun appellierten sie an Philipp, und auf Philipps Antrag erklärte der Hellenische Bund den Krieg und ordnete die Auflösung des Aitolischen Bundes an.

Daß die Aitoler es unterlassen haben sollten, das alles nach Rom zu melden, ist schwer vorstellbar. Schon im folgenden Jahr trieb ein römisches Expeditionskorps Demetrios aus dem Lande (Zweiter Illyrischer Krieg) und zerstörte seine Festungen Dimale und Pharos; gleichzeitig marschierten die Aitoler in Makedonien ein und setzten Dion in Brand. Philipp, zu dem nun auch Demetrios gestoßen war, konnte sich nicht wehren, weil er seine Kräfte auf einen drohenden Einfall der Dardaner konzentrieren mußte. Allerdings dauerte die Atempause, die die Aitoler ihren Verbündeten viel mehr als den eigenen Waffen verdankten, nicht lange. Mit Hilfe der Illyrer setzte sich Philipp 218 auf der Insel Kephallenia fest, die die Seewege der Aitoler beherrschte, brach vom Westen her in Aitolien ein und brandschatzte die aitolische Hauptstadt Thermos; dann zog er auf die Peloponnes und zwang Sparta, eine ihm freundliche Regierung einzusetzen. Schließlich führte er 217 einen erfolgreichen Feldzug gegen die Dardaner, kehrte nach Abschluß der Kampagne nach Griechenland zurück und vertrieb die Aitoler aus Theben in der Phthiotis.

Philipp hatte genug erreicht und akzeptierte den Frieden, um den sich die Aitoler durch Vermittlung von Freunden und Neutralen – Chios, Rhodos, Byzantion und Ägypten – bemühten. Auf dem Kongreß von Naupaktos, auf dem es auf Grund des von den Kampfparteien errungenen Besitzstandes zu einer Regelung kam, wies der Aitoler Agelaos den König auf die römische Gefahr hin. Aus dem Munde derer, die erst zwei Jahre vorher die Hilfe Roms in Anspruch genommen hatten, mochte sich diese Mahnung zwar merkwürdig anhören, aber sie war von Philipps eigenen Überlegungen nicht weit entfernt. Er hatte von Hannibals Sieg am Trasimenischen See gehört und sah nun eine Chance, entweder seinem Verbündeten Demetrios wieder zur Macht in Illyrien zu verhelfen oder sich selbst in den Besitz Illyriens zu setzen; mit Skerdilaidas stand er nicht mehr auf freundlichem Fuße.

Im Herbst 217 brach Philipp in Illyrien ein. In den nächsten vier Jahren wurde in Illyrien ständig gekämpft. Zunächst vermied es Philipp, die Römer in die Auseinandersetzung hineinzuziehen, aber nach der Schlacht von Cannae verhandelte er mit Hannibal und schloß mit ihm 215 ein Bündnis. Mit den Römern stieß Philipp bei Orikos und Apollonia zusammen und eroberte Atintania. Seine achaiischen Verbündeten beteiligten sich nicht an diesem Krieg und zerstritten sich sogar mit Philipp über Messenien, wo er festen Fuß fassen zu können glaubte. Als Aratos 213 starb, waren die Beziehungen zwischen Philipp und den Achaiern recht kühl geworden. Philipp erreichte nicht sehr viel, weder für sich noch für die Sache der Befreiung Griechenlands vom Einfluß Roms. Was herauskam, war das Gegenteil von dem, was Agelaos vorgeschwebt hatte. Zwar waren die Römer in Italien, Sizilien und Spanien vollauf beschäftigt, aber 212 gelang es ihnen dennoch, die recht unwilligen Aitoler dazu anzuhalten, ihre Bündnisverpflichtungen wahrzunehmen und Rom zu Hilfe zu kommen; im folgenden Winter wurden dann Sparta, Pergamon und König Pleuratos in Illyrien in das Bündnis einbezogen; das wiederum brachte die Achaier auf Philipps Seite. Als auch noch Prusias von Bithynien aus Feindschaft gegen Attalos zu Philipp hinüberschwenkte, hatte der Krieg ungewöhnliche Proportionen angenommen, und es war auch ein ungewöhnlich zerstörerischer Krieg.

Über den Inhalt der Vereinbarungen zwischen Rom und Aitolien hat Livius berichtet, und dieser Bericht findet seine Bestätigung in einem Bruchstück des ursprünglichen Wortlauts, das sich in einer Inschrift in Akarnanien angefunden hat. Danach sollten von den gemeinsam eingenommenen Städten die Grundstücke und Gebäude den Aitolern und alle beweglichen Güter den Römern zufallen. In dieses Abkommen wurden auch die anderen Verbündeten eingeschlossen. Als die Flotten Roms und Pergamons 210 Aigina eroberten, fiel die Insel an Attalos, der den Aitolern als ihren Anteil dreißig Talente auszahlte; die Insel selbst blieb ein pergamenischer Stützpunkt in griechischen Gewässern bis zum Ende der Attalidendynastie. Die Römer nahmen alle bewegliche Habe ebenso wie die Gefangenen an sich, und ihr Befehlshaber ließ sich nur widerstrebend dazu bewegen, den Bürgern Aiginas zu erlauben, sich mit einem Lösegeld loszukaufen, statt als Sklaven verkauft zu werden.

Glücklicherweise nahm Rom nur einen geringen Anteil am Krieg. Philipp entfaltete große Energie und zog aus dem Krieg, obgleich er 208 von Illyrern und Dardanern angegriffen wurde, den größten Vorteil. Akarnanien wurde von Aitolien losgerissen, Attalos mußte heim nach Kleinasien eilen, um einen Einfall des Prusias abzuwehren. Als auch noch Sparta 207 von den Achaiern unter ihrem tüchtigen General Philopoimen entscheidend geschlagen wurde, hatten Roms Verbündete genug und schlossen Frieden (206). Aber dann waren plötzlich die Römer, über die Sonderfriedensidee ihrer Verbündeten entrüstet, mit einer starken Truppenmacht zur Stelle, und eine neue Friedenskonferenz wurde 205 in Phoinike abgehalten. Ein Friedensvertrag wurde ausgehandelt, der im wesentlichen auf dem Status quo beruhte und den fast alle griechischen Staaten unterzeichneten. Auf seiten Philipps unterschrieben Thessaler, Boioter, Akarnanen, Epiroten, Achaier und Bithynien, auf seiten Roms Spartaner, Elier, Messener, Athener, Ilioten, Pergamon und Illyrien. Aus irgendeinem Grund erwähnt Livius die Aitoler nicht; sie waren aber sicherlich in den Vertrag eingeschlossen, ebenso wie der Athamanenkönig Amynander, der persönlich an der Konferenz teilnahm. Der Vertrag wurde in Rom ordnungsgemäß ratifiziert. Rom hatte nun ganz Griechenland und Teile Kleinasiens in seine Einflußsphäre gebracht, wenn das auch wahrscheinlich keinem Griechen bewußt war. Alle Konflikte, die fortan in diesem Teil der Welt ausbrechen sollten, waren damit Roms Sache geworden. Nachträglich besehen, kann man einen tieferen Sinn darin entdecken, daß Attalos zum Zeichen seiner Ergebenheit den Schwarzen Stein der Magna Mater von Pessinos, den die Römer angefordert hatten, von den Galatern beschaffte und nach Rom sandte.

Erschüttertes Mächtegleichgewicht

Im östlichen Teil der hellenistischen Welt vermehrte sich unterdes die Macht der Seleukiden und verringerte sich die Macht der Ptolemäer. Das Gleichgewicht der Kräfte, das im Verhältnis der beiden Monarchien auf Frieden hingewirkt hatte, war erschüttert. Für Roms spätere Eingriffe in dieser Konfliktzone sollte das von weitreichender Bedeutung sein.

Anfänglich waren allerdings die Aussichten der Seleukiden recht düster. Als Seleukos III. 223 von zwei Offizieren ermordet wurde, war Antiochos III. erst siebzehn Jahre alt. Er hatte den älteren Bruder nicht in den Krieg begleitet, sondern war nach altem persischem Brauch, der sich auch im Seleukidenreich verschiedentlich bewährt hatte, als Regent und Thronfolger in Syrien geblieben. Die Armee in Kleinasien entschied sich für einen Vetter seines Vaters, Achaios, Sohn des Andromachos. (Andromachos war ein Bruder der Laodike, also Vetter und Schwager Antiochos' II.) Der seriöse und tüchtige Offizier Achaios behielt loyal den Armeebefehl an der Front und zeigte sich zunächst gewillt, dem jungen Antiochos den Thron offenzuhalten. Er betrieb den Krieg gegen Attalos mit vermehrter Energie, und in den zwei oder drei Jahren, in denen Antiochos damit beschäftigt war, den Aufstand Molons, des Befehlshabers der Oberen Satrapien, zu unterdrücken, gelang es ihm, den Pergamenen fast alles, was sie erobert hatten, wieder abzunehmen.

Er verbündete sich mit Byzantion, das die Zölle im Hellespont erhöht hatte, um seinen Tributverpflichtungen gegenüber den Tylis-Kelten nachzukommen, und das deswegen von Rhodos und Bithynien bekriegt wurde; dieser Streitfall wurde indes doch noch durch Verhandlungen beigelegt. Und obgleich eine neue pergamenische Offensive den Seleukiden den größeren Teil Nordwestanatoliens entwand, war Achaios, der seinen Sitz in der Festung Sardes aufgeschlagen hatte, im Jahre 217 in einer gesicherten Position. Antiochos aber war eben, nachdem er Ägypten den Krieg erklärt hatte und mit seiner Armee bis nach Raphia in Südpalästina vorgedrungen war, von Ptolemaios IV. aufs Haupt geschlagen worden. Auf diese Kunde hin fiel Achaios von Antiochos ab und erklärte sich selbst zum König. Es wiederholte sich, was sich nicht viel mehr als zwei Jahrzehnte früher zwischen Seleukos II. und Hierax zugetragen hatte.

Indes war Antiochos III. tüchtiger und hatte mehr Glück als Seleukos II. Im Bunde mit Attalos, der Achaios für gefährlicher hielt, fiel er in Kleinasien ein, riegelte Achaios in Sardes ab, nahm ihn schließlich 215 gefangen, als er bei dem Versuch, nach Ägypten zu entkommen, verraten wurde, und brachte ihn nach orientalischer Mode um. Er einigte sich mit Attalos, indem er ihm Mysien und die Aiolis abtrat und dafür Lydien und Phrygien behalten durfte. Im Jahre 212 begann der siebenjährige Feldzug im Osten, der die Souveränität der Seleukiden bis nach Indien tragen und dem König den Beinamen »der Große« eintragen sollte: allgemein setzte sich die Ansicht durch, Antiochos habe als Eroberer Alexander fast den Rang abgelaufen. In Wirklichkeit behielten Arsakes III. von Parthien und Euthydemos von Baktrien ihre Unabhängigkeit und wurden unter der Oberhoheit des Großkönigs Antiochos als Könige anerkannt; Sophagasenos in Indien wurde dafür, daß er Kriegselefanten lieferte, als freier Bundesgenosse akzeptiert. Mochte nun das Seleukidenreich wirklich oder nur scheinbar an Macht gewonnen haben, im Ansehen stand es, als Antiochos 205 nach Syrien heimkehrte, sehr hoch. Um diese Zeit starb Ptolemaios IV. und hinterließ den ägyptischen Thron einem fünfjährigen Kind.

In den hellenistischen Staaten war jeder Regierungswechsel eine riskante Sache. Besondere Gefahren lagen im Regierungsantritt eines jungen und unerfahrenen Königs, und die Thronbesteigung eines kleinen Kindes mußte Katastrophen heraufbeschwören, sofern nicht ein energischer und zielbewußter Verwandter des Königshauses – wie 359 oder 229 in Makedonien – die Verantwortung auf sich nahm und allen Machtgierigen Respekt beibrachte. Brüder oder andere männliche Verwandte hatte aber Ptolemaios IV. nicht hinterlassen und die Betreuung des kleinen Thronerben zwei Freunden, Agathokles und Sosibios, anvertraut, die beim Volk – wenigstens nach der Darstellung der Geschichtsschreiber – keinen Anklang fanden. Das war Verhängnis genug. Überdies war aber Ägypten in den voraufgegangenen sechzehn – vielleicht auch nur zehn – Jahren wesentlich geschwächt worden.

In den Quellen erscheint Ptolemaios IV. Philopator als schwächlicher Herrscher, als Lüstling und Dilettant. Wahrscheinlich trifft das nicht zu, obgleich er zweifellos ein Verehrer des nicht ganz respektablen Gottes Dionysos war und seine Abbildungen ihn als etwas korpulent und schwammig zeigen, ein Familienzug, den schon sein Großvater Philadelphos aufwies. Die griechische öffentliche Meinung nahm einigen Anstoß daran, daß er seine vollbürtige Schwester Arsinoë geheiratet hatte; dieser Ehe war nach zehn Jahren der einzige Sohn entsprossen, den er als Thronerben hinterließ. Möglicherweise war Arsinoë viel jünger als ihr Bruder-Gemahl; geschildert wird sie als armselige Königin ohne jeden wirklichen Einfluß. Zu Beginn seiner Regierungszeit soll Philopator manchen Mord aus dynastischen und sonstigen Gründen verübt und auch die eigene Mutter, Königin Berenike, umgebracht haben. Unmöglich oder unwahrscheinlich war das bei den Sitten der hellenistischen Höfe nicht. Allerdings ist das, was über Philopator an unbestreitbaren Tatsachen bekannt ist, keineswegs ungünstig.

Als er im Jahre 218 von Antiochos III. militärisch schwer bedroht wurde, stellte er eine schlagkräftige Truppe mit dreiundsiebzig afrikanischen Elefanten und zwanzigtausend, nach makedonischen Grundsätzen eingeteilten und ausgerüsteten Ägyptern auf; vielleicht durften sich diese Soldaten auch offiziell als Makedonen bezeichnen und entsprechende Rechte in Anspruch nehmen. Das war für Ägypten etwas völlig Neues: afrikanische Elefanten waren vorher nie für den Krieg dressiert worden, und auch eine ägyptische Phalanx hatte es nie gegeben. Das mögen Verzweiflungsmaßnahmen gewesen sein, und beides wird in der Philopator durchweg unfreundlichen geschichtlichen Überlieferung auch so dargestellt;

aber diese Reorganisation des Heeres bezeugte zum mindesten auch des Königs Denk- und Planungsvermögen und sein zielsicheres Handeln und erwies sich als überaus erfolgreich: Philopators Streitkräfte, zu denen außerdem noch ein griechisch-makedonisches Korps und libysche, galatische und thrakische Söldner gehörten, erfochten einen entscheidenden Sieg; Palästina und Syrien wurden zurückerobert.

Viel ist sonst über Philopators Regierungszeit nicht überliefert. Von martialischen Taten, die für den Staat nicht unbedingt die nützlichsten waren, am meisten eingenommen, dürften die Historiker die Herrschaft Philopators zuwenig aufregend und zu ereignislos gefunden haben. Aber Philopator war nicht ganz so langweilig. Er war ein großer Bauherr: er baute das große Serapeion und das Sema mit den Königsgräbern; und er ließ auch in ganz Ägypten, namentlich aber in Edfu, Tempel bauen oder umbauen. Er reorganisierte den Königskult und nahm Ptolemaios I. und Berenike, die Erlösergötter, die vorher nicht verehrt worden waren, unter die Anbetungswürdigen auf.

Gleichwohl war sein Regiment durch zwei unglückselige Ereignisse gekennzeichnet, für die er durchaus nicht die Hauptverantwortung trug. In den Quellen ist von Aufständen in Oberägypten die Rede, die darauf zurückgeführt werden, daß Einheimische in Philopators Armee zum erstenmal Waffen tragen durften; aber natürlich hatte es auch schon unter den früheren Ptolemäern Aufstände gegeben, nur daß wir über sie nicht näher unterrichtet worden sind. Bei den Unruhen in Philopators Zeit mag es sich um bloße Protestaktionen gegen allzu rigorose Steuereintreibung oder um vereinzelte Ausbrüche des Räuberunwesens mit vorübergehender Unterbrechung des Verkehrs zwischen einzelnen Teilen des Reiches *(ameixía)* gehandelt haben. Die zweite Plage der Philopator-Zeit war eine akute Preisinflation, die in den Papyri mit der schlagartigen Verknappung der Silberwährung in Zusammenhang gebracht wird. Da fast nur noch Kupferscheidemünzen von geringem Metallwert im Umlauf waren, verlangten die Erzeuger höhere Preise für ihre Produkte, und wahrscheinlich wurden die Dinge noch dadurch verschärft, daß der Staat seinerseits nicht geneigt war, Kupfermünzen in Zahlung zu nehmen. Das muß beträchtliche Wirtschaftsstörungen ausgelöst und das Anwerben von Söldnern, namentlich Griechen, die normalerweise einen erheblichen Teil der Truppen stellten, erschwert haben. Verantwortlich dafür war aber nicht Philopator, sondern die Tatsache, daß in Spanien, Italien und Sizilien Krieg geführt wurde (der Zweite Punische Krieg, 218–201).

So sahen die Dinge um 205 v. Chr. aus. Antiochos III., der nach seinem Ostfeldzug Triumphe feierte, war dabei, den Anspruch seiner Dynastie auf das südliche Kleinasien und die Levante anzumelden, und Philipp V., der nach einem nicht ganz erfolglosen Krieg gegen die Aitoler Ruhe hatte, schaute nach gewinnbringenden Abenteuern in Richtungen aus, die nicht unter die Verbotsklauseln des Vertrags mit Rom fielen. Seleukiden und Antigoniden waren traditionsgemäß verbündet und traditionsgemäß ptolemäerfeindlich, und man kann Polybios glauben, daß die Vorstöße, die sie im Anschluß an Philopators Tod gegen das Ptolemäerreich unternahmen, nicht ohne eine ausdrückliche Verständigung in Gang gekommen waren.

Nur wenig wissen wir über den Krieg, der dann geführt wurde. Für Antiochos war er höchst einträglich, für Philipp nur teilweise. Anfang 201 hielt Antiochos bereits die

Grenzfestung Gaza in seiner Hand, und im Laufe des Jahres erfocht er einen entscheidenden Sieg bei Paneion (Banias) in Nordpalästina. Die Vormunde des kleinen Ptolemaios V. baten um Frieden. Nachdem Sidon 199 kapituliert hatte, erhielt Antiochos Syrien und Palästina; vereinbart wurde ferner, daß Ptolemaios nach Erreichung des ehefähigen Alters Antiochos' Tochter Kleopatra heiraten sollte. Als die Hochzeit 196 gefeiert wurde, wurde Ägypten eine Art seleukidisches Protektorat.

Weniger eindeutig waren die Ergebnisse für Philipp. Im Norden hatte ihm der Feldzug die Freundschaft der Odrysen eingebracht; er zog dann östlich die thrakische Küste entlang und hatte 202 die meisten Städte im Norden des Ägäischen und des Marmarameers in seinem Besitz; da aber einige dieser Städte mit den Aitolern verbündet waren, hatte Philipp seine alten Widersacher wieder gegen sich, die vergeblich in Rom Klage führten. Im Jahr darauf wandte er sich nach dem Süden und nahm den Ptolemäern ihren Flottenstützpunkt auf Samos weg, geriet aber mit den Rhodiern, die gegen seine Bundesgenossen unter den Seeräubern von Kreta kämpften, und mit Attalos aneinander. Er siegte über ihre vereinte Flotte bei Chios, ohne sie zu vernichten, und fand freundliche Aufnahme in Milet, aber nicht den erforderlichen Beistand bei Zeuxis, dem Seleukidenstatthalter von Sardes, dem offenbar seine Kleinasien-Streifzüge – bis nach Pergamon und Thyateira – schwere Sorgen machten. Er durchzog nichtsdestoweniger ganz Karien von Knidos bis Iasos, entdeckte aber zum Schluß, daß ihm inzwischen die Seeherrschaft entglitten war und daß er zum Winter nicht nach Makedonien gelangen konnte. Als er im Frühjahr endlich wagte, über das Ägäische Meer nach Hause zu segeln, war seine Position im Vergleich zum Vorjahr nicht wesentlich verbessert. Er behielt zwar einige der anatolischen und hellespontischen Besitzungen, brauchte jedoch zu ihrem Schutz Truppen an Ort und Stelle, so daß dieser Gewinn unmittelbar keinen großen Wert hatte. Und mittlerweile hatte Rom den Krieg gegen Karthago hinter sich gebracht und konnte sich von neuem um seine Verpflichtungen im Osten kümmern.

Die Folge war einer der entscheidenden Kriege der Weltgeschichte, der ein ganzes Jahrzehnt dauern sollte. Die Römer kämpften erfolgreich nacheinander gegen Philipp, Nabis von Sparta und die Koalition der Aitoler und Seleukiden; sie nahmen es mit jedem Gegner einzeln auf und fanden Unterstützung gegen Philipp bei den Aitolern und gegen all ihre Widersacher bei ihren übrigen Verbündeten, erst Attalos, dann Eumenes II. (197–160) von Pergamon, Amynander von Athamanien, den Achaiern und Rhodos. Zu einem erheblichen Teil verdankten sie ihre Siege griechischen Streitkräften, namentlich in der Schlacht von Magnesia (190), in die ihre Legionen kaum einzugreifen brauchten. Umgekehrt waren Roms Gegner unfähig, gemeinsam zu handeln. Im Anfang verhielten sich beide Städtebünde den Römern gegenüber freundlich, und die Achaier, Philipps frühere Bundesgenossen, blieben auch später auf ihrer Seite: als Gegengewicht gegen Sparta war ihnen Rom jetzt lieber als Makedonien; die Aitoler jedoch wechselten ins gegnerische Lager über, sobald ihr direktester Feind, der Makedonenkönig Philipp, besiegt war.

Das alles ließ die Römer ihren Sieg leichter erkämpfen, als bei der objektiven Kräfteverteilung zu erwarten gewesen wäre. Sicher war ihnen der Sieg, nachdem sich die Gegenseite auf den Krieg eingelassen hatte, auf jeden Fall kraft der Überlegenheit ihres Menschenpotentials, der unbeugsamen Zielsicherheit ihrer Politik, der Disziplin und Kampftüchtigkeit ihrer Streitkräfte und der größeren Wirksamkeit ihrer Waffen. Dank den vielen Kriegen, die sie geführt hatten, waren die Römer, wie Polybios sagt, zu vollendeten Meistern *(athletets)* des Krieges geworden; ihre Konsuln machten vom Notstandsrecht des Krieges, dem *ius gladii*, Gebrauch und bestraften jede Pflichtverletzung unverzüglich und schonungslos, so daß »die Soldaten oft sicherem Tod ins Gesicht schauten, weil sie sich aus Angst vor der Strafe, die sie befallen würde, auch dann weigerten, aus der Front auszubrechen, wenn ihnen Gegner in gewaltiger Überzahl gegenüberstanden«; und die Hauptwaffe ihrer Infanterie vom Typus des spanischen Schwerts war aus dem feinsten Stahl und als Stichwaffe ebenso wirksam wie als Hiebwaffe. Livius hat den Eindruck festgehalten, den die ersten Toten dieses Krieges auf Philipps Armee machten: »Nachdem sie die in Stücke gehackten Leiber, die Arme mit Schultern und allem abgerissen, den Kopf vom Leibe getrennt, den Hals völlig durchschnitten oder die Eingeweide bloßgelegt, und all die anderen furchtbaren Wunden gesehen hatten, erkannten sie voller Entsetzen, gegen welche Waffen und welche Menschen sie anzukämpfen hatten. Auch der Könige bemächtigte sich die Angst.« Aus dieser Gefühlshaltung läßt sich der Respekt erklären, mit dem Philipp nach Polybios' Bericht römischen Offizieren und Gesandten gegenübertrat.

Da der Krieg für die in Rom herrschende Aristokratie sowohl materiell als auch im Hinblick auf Prestigegewinn ein überaus vorteilhaftes Geschäft war, muß man sich fragen, ob nicht dem Zweiten Makedonischen Krieg abgründige machiavellistische Absichten zugrunde lagen. Brachten es die römischen Vornehmen mit List und Tücke zuwege, äußerlich gerechte Kriege, *bella iusta*, zu führen, um den Osten zum eigenen Vorteil zu erobern? Wenn es sich so verhielt, muß das diabolische Komplott vorzüglich geheimgehalten und vertuscht worden sein. Philipps Kriegshandlungen gegen die aitolischen Verbündeten am Hellespont und dann gegen Attalos verstießen eindeutig gegen die Bestimmungen des Vertrages von Phoinike, und Philipp ließ es an weiteren Vertragsbrüchen nicht fehlen. In Athen waren wegen Entweihung der Eleusinischen Mysterien zwei Akarnanen hingerichtet worden; als die Akarnanen im Jahre 200 einen Vergeltungsfeldzug gegen Athen unternahmen, wurden sie von Philipp, der gerade nach Makedonien zurückgekommen war, mit Truppen unterstützt. Im selben Jahr zog er erneut nach Kleinasien, besetzte noch eine Anzahl Ptolemäerstädte und belagerte Abydos, das vermutlich mit den Ptolemäern oder mit Pergamon verbündet war.

Da erst stellte ihn Roms Beauftragter Marcus Aemilius Lepidus, »der schönste Mann seiner Zeit«, und verlangte ultimativ zur Wiederherstellung des Vertragszustandes *(rerum repetitio)*, daß Philipp sich verpflichte, keine Kriege gegen Griechen zu führen, keine ptolemäischen Besitzungen an sich zu reißen und wegen des Attalos und den Rhodiern zugefügten Schadens vor Gericht zu erscheinen (vermutlich vor einer Senatskommission, vielleicht aber auch vor einem Ausschuß neutraler griechischer Staaten). War Philipp bereit, diese Forderungen zu erfüllen, so konnte er Frieden haben. Das hätte die Wiederherstellung des Zustands von 205 und Philipps Verzicht auf die seit 205 schwer erkämpfte und nicht unbeträchtliche Beute bedeutet. Natürlich berief sich Philipp darauf, daß nicht er der Angreifer gewesen sei. Da er es ganz offensichtlich war, wäre es reizvoll gewesen, seine

Begründung zu erfahren. Dazu kam es nicht, da ihm Lepidus ins Wort fiel und einiges mehr vorhielt: »Und wie war es mit den Athenern? Und wie war es mit den Leuten von Chios, und wie ist es heute mit denen von Abydos? Hat einer von ihnen dich auch zuerst angegriffen?« An Philipps Erwiderung ließ sich ermessen, wie sehr die griechischen Vorstellungen vom Vertrag von Phoinike von den römischen abwichen: als hätte es sich um einen bilateralen Nichtangriffspakt gehandelt, forderte er von den Römern den Verzicht auf jedes Vorgehen gegen ihn, weil ein solches Vorgehen Vertragsbruch sei. Für die Römer aber war der Vertrag eine Dauerregelung der Verhältnisse in einer genau bezeichneten Zone. Da Philipp das nicht zu akzeptieren gedachte, mußte es den Krieg geben, den Rom nicht verlieren konnte.

Von Kynoskephalai bis Apameia

Zwei Jahre lang wogte der Krieg unentschieden hin und her: Philipp war vorsichtig und im Verteidigungskampf geschickt. Eine Wendung trat ein, als die Römer an die Spitze ihrer Truppen den Konsul Titus Quinctius Flamininus stellten, einen hellenisierten Römer, der die Griechen verstand und außerdem ein tüchtiger Heerführer war. Zunächst wurde noch einmal verhandelt. Jetzt bemühte sich Philipp um einen Kompromißfrieden: er wollte nur noch die Hälfte seiner Eroberungen behalten und die andere Hälfte herausgeben. Indes hatten die Römer keinen Grund, sich auf einen Kompromiß einzulassen; das persönliche Verhältnis zwischen Philipp und Flamininus wird allerdings als herzlich dargestellt, und in der Tat mochte sich ein römischer Konsul im Umgang mit einem makedonischen König eher zu Hause fühlen als inmitten eines lauthalsigen Haufens griechischer Politiker. Sachlich aber verschärften die Römer ihre Forderungen: Philipp sollte sich künftighin nicht nur jeder Kampfhandlung enthalten, sondern auch ganz und gar aus Griechenland abziehen und die drei »Fesseln«, Korinth, Chalkis und Demetrias, ausliefern. Das bedeutete eine Rückkehr zu dem Zustand, der vor Philipp II. bestanden hatte, und das konnte Philipp V. nicht akzeptieren. Immerhin versuchte er nach wie vor, einem Kampf auszuweichen, an dessen siegreichem Ausgang er zweifeln mußte.

Gegen Ende des Frühjahrs 197 rückte Flamininus vom Süden her in Thessalien ein. Er hatte eine Armee von achtundzwanzigtausend Mann bei sich, von denen ein Drittel die Aitoler und Amynander gestellt hatten. Philipp marschierte ihm mit einer etwas kleineren, fast rein makedonischen Truppe entgegen, die zum größten Teil aus neuausgehobenen Rekruten bestand. Die beiden Armeen rückten zunächst auf beiden Seiten des Berggrats Kynoskephalai (»Hundeköpfe«) gegeneinander vor, und an einem nebligen Morgen stießen ihre Patrouillen zusammen. Eine Teilschlacht entspann sich auf einem Gelände, das sich keiner der beiden Armeeführer ausgesucht hatte, das aber für die makedonische Phalanx besonders ungünstig war. Philipp hatte, wie wir aus Inschriften wissen, die römischen Institutionen und vor allem das römische Heerwesen studiert und die makedonische Schlachtordnung entsprechend geändert. Was jedoch die Schulung und Bewaffnung der

Truppe betraf, war er den Römern nicht gewachsen; deswegen hatte er die von Philipp II. und Alexander bevorzugte offene, bewegliche Abteilungsformation zugunsten einer tiefen, geschlossenen Phalanx nach dem Vorbild des Epameinondas aufgegeben. Der Sinn der neuen Kampftaktik war, den Gegner nicht mehr bis zum entscheidenden Angriff der Reiterei an einer Stelle festzuhalten, sondern sofort anzugreifen, um die feindlichen Linien zu durchstoßen: das Fußvolk war als Igelformation gedacht, die sich mit unzähligen Stacheln in den Feind hineinbohrte und in der auch ungeschulte Krieger zur Geltung kommen konnten. Ein Teil dieser neuen Phalanx hatte gerade noch Zeit, Stellung zu beziehen, und brach tatsächlich die ihm gegenüberstehende Legion auseinander. Dagegen wurden die übrigen makedonischen Verbände, bevor sie kampfbereit waren, von der Flanke her angegriffen, und da die aitolische Reiterei die makedonische aus dem Felde geschlagen hatte, war es für die beweglichen und gutausgebildeten römischen Manipel ein leichtes, um die makedonischen Fußsoldaten einen Bogen zu schlagen, ihnen in den Rücken zu fallen und sie buchstäblich zu zersäbeln. Philipp konnte nur noch um Frieden bitten. Dieser Krieg war vorbei.

Die Römer diktierten ungefähr dieselben Friedensbedingungen, die Philipp im Vorjahr verworfen hatte. Er mußte seine griechischen Besitzungen und seine Eroberungen in der Fremde aufgeben, seine Flotte auflösen und tausend Talente Entschädigung zahlen, durfte aber sein Heer und sein Königreich behalten und hatte nunmehr als Freund und Bundesgenosse Anspruch auf die Hilfe Roms, falls er ihrer bedurfte. Und Rom war, nachdem die Makedonen geschlagen waren, fest entschlossen, den Wünschen der Aitoler keineswegs in vollem Umfang zu entsprechen. Von ihren früheren thessalischen Besitzungen erhielten sie nur Theben in der Phthiotis zurück. Die Achaier bekamen Korinth, Athen durfte Delos und einige weitere Inseln einstecken, und Rhodos erhielt die Peraia wieder.

Vor einer griechischen Volksmenge, die ihm stürmisch zujubelte, gab Flamininus bei den Isthmischen Festspielen von 196 bekannt, daß die Römer nichts von dem, was in ihre Hände gefallen war, behalten wollten. Als er zwei Jahre später nach Italien heimkehrte, wurden tatsächlich die letzten römischen Garnisonen zurückgezogen. Was Flamininus vorschwebte, war die Wiedererrichtung kleinerer Stammesbünde nach der Art der Bünde der Boioter und Thessaler, wahrscheinlich mit dem Ziel, keinen dieser Bünde so mächtig werden zu lassen, daß er zur Gefahr werden könnte. Gewiß sollte Griechenland geteilt und schwach bleiben. Da aber der allgemeine Frieden von Rom garantiert wurde und von Rom aufrechterhalten werden sollte, war die Lösung nicht unbedingt verwerflich. Man kann Flamininus nicht absprechen, daß er ein Hellenenfreund war; ganz unverdient waren die Ehrungen nicht, mit denen die Griechen ihn überhäuften.

Makedonien war geschlagen, die Aitoler schmollten enttäuscht in ihrer Ecke, und die Achaier warteten ab. Eine potentiell gefährliche Macht war in Griechenland nur noch Sparta. Die revolutionäre und nationalistische Bewegung, die Kleomenes angeführt hatte, war auch nach seiner Niederlage und Verbannung im Jahre 222 nicht zum Stillstand gekommen, und vielen erschien auch König Nabis (207-192) mit seiner sozialistischen Politik als Tyrann. Er hatte von Argos Besitz ergriffen und dort ein ähnliches Linksregime errichtet; mit den konservativen Schichten der Besitzenden, die den Achaiischen Bund beherrschten, mußte es unvermeidlich in Widerstreit geraten. Rom zog es vor, die konservativeren

Gruppen zu unterstützen. Im Krieg gegen Philipp hatte zwar Nabis die Römer loyal unterstützt und nur die Achaier abgewehrt, als sie aus nicht ganz klaren Gründen Argos einzunehmen versuchten, aber nun fand Flamininus – vielleicht noch nicht einmal aus purem Zynismus –, daß es um Griechenlands Sicherheit besser bestellt wäre, wenn dem Treiben des Nabis ein Riegel vorgeschoben würde.

Der Bund von Korinth war wieder ins Leben gerufen worden, und Flamininus als Oberhaupt des Bundes warf 195 die Frage auf, was mit Argos geschehen solle. Außer den Aitolern, die auch für die Zukunft auf die Unterstützung hofften, die ihnen Sparta in der Vergangenheit geliehen hatte, stimmten alle Mitglieder des Bundes für die Befreiung der Stadt. Ein Heer wurde aufgestellt, das sich in Richtung Argos und Sparta in Bewegung setzte. Besetzt wurde weder Argos noch Sparta, aber eine Flottenkampagne gegen Nabis' kretische Verbündete und seine Küstenstädte war erfolgreich, so daß Nabis sich zu Friedensverhandlungen genötigt sah. Er verzichtete auf Argos, das an die Achaier fiel, gab seine Flotte auf und zahlte die übliche Kriegsentschädigung. So sah das Arrangement aus, als Flamininus Griechenland verließ. Aber schon zwei Jahre später benutzte der achaiische Feldherr Philopoimen die durch den Antiochos-Krieg ausgelöste Verwirrung dazu, Nabis ermorden zu lassen und Spartas Anschluß an den Achaiischen Bund zu erzwingen.

Als Flamininus nach Rom zurückkehrte, führte er in seinem Triumphzug die makedonische Kriegsbeute mit und zwölfhundert Römer, die von Hannibal gefangengenommen und als Sklaven nach Griechenland verkauft worden waren. Er teilte durchaus die Haltung des Senats gegenüber römischen Soldaten, die sich gefangennehmen ließen: es kam ihm gar nicht in den Sinn, sie aus der Sklaverei zu befreien, aber da die Achaier für sie Lösegeld gezahlt hatten, brachte er sie als Kriegsbeute nach Rom. Daneben bestand die Beute aus nahezu zwei Tonnen Gold, zweiundzwanzig Tonnen Silber und fast fünfzehntausend Goldstatuetten und Goldgefäßen. Wie immer war Rom der Meinung, daß sich Kriege bezahlt machen müßten. Nun war zwar Griechenland geschwächt und gelähmt, aber manche Griechen sahen in den fortgesetzten Erfolgen Antiochos' III. die Aussicht winken, daß sich die Gewichte eines Tages auch wieder anders würden verteilen lassen. Auch die Römer waren sich der verborgenen Gefahr bewußt – oder vielleicht witterten sie auch nur eine neue Gelegenheit: wenn Krieg schon im kleinen und armen Griechenland so sehr lukrativ war, was würde sich erst aus einem Krieg in Asien herausholen lassen?

Zum erstenmal hatte eine römische Gesandtschaft Antiochos gegen Ende seines Ägypten-Krieges unter dem legitimen Vorwand einer Intervention zum Schutze der Besitzungen Ptolemaios', eines Freundes Roms, aufgesucht. (Vielleicht ist das der Grund, warum einer der Gesandten, Aemilius Lepidus, in den Annalen seiner Familie *tutor regis* genannt wird.) Übermäßig ernst kann Antiochos diese Intervention nicht genommen haben. Jedenfalls zog er, als die Römer mit Philipp beschäftigt waren, nach Kleinasien und »befreite« oder unterwarf die Küstengebiete bis zum Hellespont, ohne sich darum zu kümmern, ob sie Ptolemaios, Philipp oder Eumenes gehörten oder vorher gehört hatten. Er versöhnte sich mit Rhodos, indem er ihm die Peraia in Karien zurückgab, und behandelte die Städte überhaupt recht großzügig: Iasos zum Beispiel wurde seine Autonomie und seine demokratische Verfassung garantiert. Nur Smyrna und Lampsakos wahrten Pergamon die Treue. Sonst wurde Antiochos überall mit offenen Armen aufgenommen. Ohne Widerstand konnte er den Hellespont überqueren und den Wiederaufbau von Lysimacheia in Angriff nehmen.

Zu seinem Pech war aber inzwischen der Zweite Makedonische Krieg zu Ende gegangen; Eumenes war nun Bundesgenosse Roms, dem Beistand zugesichert war, und Lampsakos, Phokaierkolonie und Mitglied des Staatenbundes von Ilion, schickte Gesandte nach Massilia und dann nach Rom, um unter Berufung auf alte Blutsbande Hilfe zu erbitten. Darauf versteifte sich die Haltung Roms Antiochos gegenüber. Polybios' Meinung, daß die Römer vor Antiochos Angst gehabt hätten oder daß er in Griechenland habe intervenieren wollen, läßt sich schwerlich halten. Was Antiochos wollte, war die Wiedereroberung der Besitzungen seiner Vorfahren in Kleinasien und auf der Thrakischen Chersones; in der Nähe von Lysimacheia war Seleukos I. ermordet worden.

Aus irgendeinem Grund schickte Antiochos Gesandte zu Flamininus, die unmittelbar nach den Isthmischen Spielen von 196, also gleich nach der öffentlichen Zusicherung, daß Griechenland geräumt werden würde, empfangen wurden. Da waren, sagt Polybios, »mit einer einzigen Erklärung alle Asien und Europa bewohnenden Griechen frei, unbesetzt, tributentlastet und nur ihren eigenen Gesetzen untertan« geworden. Das stimmte natürlich nicht. Auf Asien ging Flamininus' Erklärung überhaupt nicht ein. Aber dem Antiochos, der den Römern vielleicht nur Siegesglückwünsche darbringen wollte, ließ Flamininus sagen, er müsse, »was die asiatischen Städte betrifft, diejenigen, die autonom sind, in Frieden lassen und gegen keine von ihnen Krieg führen und sich aus denen zurückziehen, die vorher im Besitz von Ptolemaios und Philipp gewesen waren«, und er dürfe auch »nicht mit einem Heer nach Europa übersetzen«. Vom römischen Standpunkt aus war das logisch: Ptolemaios war ein Freund, Philipp ein besiegter Gegner, dessen Besitzungen verfallen waren, Europa ein römisches Protektorat und Rom die Macht, die die Griechen beschützte. Es war zwar, wie Antiochos' Gesandte später betonen sollten, ebenso richtig, daß sich diese Gesichtspunkte nicht miteinander vertrugen, aber durch logische Argumente war der Streit nicht aus der Welt zu schaffen.

Ausgelöst wurde der Krieg von den Aitolern. Sofern Rom einen Krieg wollte, konnte es auf eine passende Gelegenheit warten; Antiochos aber hatte nicht den geringsten Grund, Krieg zu führen. Der Zustand des »kalten Krieges« hätte unbestimmte Zeit anhalten können, wären nicht die Aitoler eifrig damit beschäftigt gewesen, ein Bündnissystem aufzubauen, mit dem sich die Regelung des Flamininus zunichte machen ließe. Bei Philipp und Nabis wurde sondiert, und zum mindesten Nabis verhielt sich nicht ablehnend. Im Winter 193/192 wurde Antiochos überredet, sich dem Bündnis anzuschließen und Truppen nach Griechenland zu senden: vielleicht war er der endlosen Verhandlungen mit Rom überdrüssig, vielleicht versuchte er, Rom mit einer Kraftprobe dazu zu bringen, ihn in Ruhe zu lassen.

Im Jahre 192 wurde der Krieg erklärt, und nachdem die Aitoler Demetrias genommen hatten, kam Antiochos mit wenigen Truppen nach Griechenland. Während der Herbst- und Wintermonate gelang es ihm mit Diplomatie und Gewalt, sich einige Unterstützung in Zentralgriechenland zu sichern; Philipp jedoch blieb reserviert, und Nabis wurde, wie schon erwähnt, von den Achaiern liquidiert. Im Frühjahr schloß sich Philipp den Römern an. Antiochos, der immer noch kein größeres Heer hatte und von den Aitolern kaum Hilfe bekam, konnte den Engpaß von Thermopylai nicht halten und mußte sich in Schmach und Schande nach Kleinasien zurückziehen. Ohne daß sich die Römer hätten besonders anstrengen müssen, fiel die Entscheidung im Winter 190/189. Die Aitoler waren mit einem Waffenstillstand zufrieden, Philipp griff aktiv auf seiten der Römer ein, und auch die Rhodier, die Antiochos' früheres Entgegenkommen vergessen zu haben schienen, schlossen sich mit ihrer Flotte den Römern an. Damit war es mit Antiochos' Seeherrschaft vorbei, und bei Magnesia im Hermostal wurde er auch zu Lande entscheidend geschlagen.

An Truppenstärke war Antiochos den Gegnern überlegen, und auch die Waffen Asiens hatte er für sich: Elefanten, mit Sensen ausgerüstete Streitwagen und gepanzerte Reiter. Richtig eingesetzt, hätte ihm die Reiterei einen mühelosen Sieg verschaffen müssen, aber wie so oft, erwies sie sich als kaum lenkbar. Sie überwältigte den linken Flügel der Römer und Pergamenen, konnte dann aber weder zum Halten noch zum Wenden gebracht werden. Am anderen Ende der Schlachtlinie zerschlug die pergamenische Reiterei jede Deckung, hinter der sich Antiochos' Phalanx hätte in Sicherheit bringen können, und Wurfgeschosse zerschmetterten sie. Antiochos hätte noch nach dem Osten abziehen und den Krieg auf unabsehbare Zeit weiterführen können, aber er zog es vor, die Friedensbedingungen der Römer zu schlucken. Das Ganze mag die Römer ebenso haben staunen lassen, wie es die Historiker staunen ließ. Unbegreiflich bleibt, warum Antiochos, ein erfahrener Diplomat und Krieger, der auf eine dreißigjährige erfolgreiche Herrschaft zurückblicken konnte, so leichtsinnig in einen Krieg hineingeschlittert war, den er nicht wollte, und diesen Krieg so stümperhaft geführt hat. Besiegt wurde er zu guter Letzt von Eumenes; zum römischen Sieg hatte Publius Scipio Africanus, der im Lager der Römer seinem Bruder, dem Konsul Lucius Cornelius Scipio, als Legat zur Seite stand, ebensowenig beigetragen, wie auf der anderen Seite sein alter Widersacher Hannibal, Antiochos' Freund und Berater, dazu beigetragen hatte, diesen Sieg zu verhindern.

Ihre bezeichnenderweise drückenden Friedensbedingungen hielten die Römer parat. Antiochos sollte auf Kleinasien bis zum Tauros verzichten, seine Flotte und seine Elefanten an die Sieger ausliefern und in zwölf Jahresraten die enorme Kriegsentschädigung von zwölftausend Talenten Silber und fast hundertfünfzigtausend Scheffel Weizen zahlen. Zwölftausend Talente Silber mögen sich im Vergleich zu den Schätzen, die Alexander in Persien vorgefunden hatte, bescheiden ausgenommen haben, aber sie waren immerhin das Vierzigfache dessen, was Philipp hatte zahlen müssen, und das Doppelte der Silbermenge, die Rom (Livius zufolge) aus den spanischen Bergwerken in vier Jahrzehnten (206-168) herauszuholen wußte. Darüber hinaus sollte Antiochos an fünfhundert Talente an Eumenes zahlen. Er durfte im Westen gegen keinen Staat mehr Krieg führen und mußte als Garantie für sein Wohlverhalten Geiseln stellen. Daß Antiochos dies Friedensdiktat von Apameia ohne Widerrede annahm (188), zeugt von der panischen Angst, die Roms Waffen allenthalben verbreiteten. Antiochos hat sich an die einmal akzeptierten Bedingungen ebenso getreulich gehalten wie später sein Nachfolger auf dem Seleukidenthron.

Im Lichte der römischen Deklamationen über die Unantastbarkeit ptolemäischen Besitztums, über die Unverletzlichkeit Europas und die Freiheit der griechischen Städte verdient auch die allgemeine Neuordnung Beachtung, die mit dem Friedensschluß von Apameia einherging. Einige Städte wurden für autonom erklärt und brauchten fortan weder an Rom noch an irgendeinen anderen Oberherrn Tribut zu zahlen. Auf der anderen Seite erhielt Rhodos fast alle Städte Lykiens und Kariens ohne Rücksicht auf deren frühere Bindungen (einige hatten Ptolemaios und einige Philipp gehört); Eumenes bekam alle übrigen seleukidischen Gebiete und Städte einschließlich der Thrakischen Chersones mit Lysimacheia, dessen Besetzung durch Antiochos den ersten Anstoß zum Konflikt gegeben hatte. Selten hatte Rom so deutlich demonstriert, wie hohl und brüchig seine offiziell proklamierten politischen und rechtlichen Grundsätze waren.

Besonders klar trat die Habgier der römischen Befehlshaber zutage. Die abschließenden Feldzüge von 189 – Konsul Marcus Fulvius Nobilior gegen die Aitoler und Konsul Gnaeus Manlius Volso gegen die Galater – waren blutig und endeten damit, daß die beiden Völker in die Knie gezwungen wurden; ihren besonderen Anstrich aber verlieh diesen Expeditionen die Unmenge der erbeuteten oder erpreßten Schätze. Die Stadt Ambrakia mag die erste gewesen sein, die Roms Vorliebe für griechische Kunst planmäßig und systematisch um all ihre Schätze brachte; die letzte war sie bestimmt nicht.

Das römische Makedonien

Der letzte römische Soldat verließ Griechenland um 187 v. Chr. Rechtlich und praktisch waren die Staaten der Halbinsel autonom und frei geworden. Das galt allerdings nicht für die Aitoler, die die Verpflichtung übernommen hatten, die Macht und Souveränität des römischen Volkes zu verteidigen, also auf Verlangen jede Art Hilfe und Unterstützung stellen mußten. Aber für alle Völker der Halbinsel galt vom römischen Standpunkt aus das unverrückbare Gebot, sich an die Bedingungen der vereinbarten Regelung zu halten. Das bezog sich nicht nur auf die Griechen, Makedonen und Illyrer, sondern auch auf die Stämme des Nordens, die Dardaner, die Bastarner, die Thraker, die Kelten. Dem Makedonenkönig Perseus, der 178 die Nachfolge seines Vaters Philipp V. angetreten hatte, warfen die Römer zum Beispiel als Vertragsbruch vor, daß er zur Strafe für einen früheren Angriff einen thrakischen Fürsten namens Abrupolis aus dessen Gebiet vertrieben hatte. Stolz und mißtrauisch, betrachtete der Senat von Rom jede Veränderung der politischen oder wirtschaftlichen Lage im Osten als etwas, was ihn unmittelbar anging.

Veränderungen aber waren unvermeidlich. Niemand wollte Rom herausfordern. Alle fürchteten Rom. Alle hofften jedoch zugleich, ihre Lage im Rahmen der geltenden Verträge verbessern zu können, ohne den Zorn Roms heraufzubeschwören. Alle wollten loyale Bundesgenossen sein, aber niemand konnte genau wissen, was erlaubt und was verboten war. Gesandte kamen und gingen. Oft sandte Rom Kommissionen aus, die Vernehmungen durchzuführen hatten; indes erbrachten auch Vernehmungen nicht immer die richtige Auskunft, und die Angelegenheiten mußten wieder dem Senat vorgelegt werden. Das war eine mühselige und langwierige Prozedur. Seinerseits verstand der Senat die Probleme nicht in ihrer Tragweite und wurde durch die Beredsamkeit der gegeneinander polemisierenden griechischen Oratoren verwirrt; er zog es daher vor, sich auf Einzelpersonen zu verlassen, die – wie Eumenes von Pergamon oder Philipps jüngerer Sohn Demetrios – sein Vertrauen besaßen. Es zeigte sich im übrigen oft genug, daß, wenn der Senat etwas stillschweigend duldete, er damit noch keineswegs seine Zustimmung erteilt hatte. Als Rom 171 den Krieg gegen Perseus beschloß, zählte es die gegen Makedonien erhobenen Beschuldigungen in einem Dokument auf, wovon sich Teile in einer Inschrift in Delphi erhalten haben; darin sind aus einem Zeitraum von fünfzehn Jahren Verstöße Philipps und Perseus' angeführt, die der Senat – sei es aus Bequemlichkeit, sei es aus Arglist – toleriert hatte.

Die Kriegserklärung erschreckte die Griechen um so mehr, als sie sie nicht verstanden. Der Beschluß darüber war wahrscheinlich im Jahr zuvor, als sich Eumenes von Pergamon in Rom aufhielt, gefaßt worden, und das war wohl auch der Grund, weshalb er auf seiner Rückreise nach Pergamon bei einem Bergrutsch in Delphi fast ums Leben gekommen wäre. Der Bergrutsch hätte natürlich auch ein Zufall gewesen sein können. Aber Polybios, der als Apologet Roms schreibt, zweifelt nicht daran, daß es sich um einen von Perseus organisierten Anschlag handelte; das war auch, wie sich aus der Delphi-Abschrift des römischen »Weißbuchs« ergibt, die offizielle römische Version. Indes fühlte sich Polybios – vielleicht in bewußter Nachahmung des Thukydides – verpflichtet, wenigstens zwischen den unmittelbaren Kriegsanlässen und den tieferen Ursachen des Krieges zu unterscheiden, und die tiefere Ursache sah er im stetigen Anwachsen der Macht Makedoniens oder, wie er es ausdrückte, in der wachsenden Entschlossenheit Philipps und später Perseus', Rom anzugreifen.

Eumenes, der als Veranlasser erscheint, konnte in der dynastischen Ehepolitik des jungen makedonischen Königs eine Gefahr sehen: Perseus hatte seine Tochter Prusias II. von Bithynien zur Frau gegeben und selbst Laodike, eine Tochter Seleukos' IV., geheiratet. Da Makedonien und das Seleukidenreich keine Flotte mehr haben durften, war die Braut von der rhodischen Flotte nach Makedonien geleitet worden, woraus man schließen kann, daß auch Rhodos mit Pergamon nicht mehr befreundet war. Makedonien war offensichtlich stärker und in seiner Politik unabhängiger geworden und beschäftigte sich auch wieder mehr mit griechischen Angelegenheiten. Das alles kann die römischen Staatsväter bewogen haben, die Antigonidendynastie zu schwächen oder zu vernichten, obgleich Perseus auch nach der Darstellung Polybios', der den Makedonen bestimmt nicht freundlich gesinnt war, Reibungen mit Rom nach Möglichkeit aus dem Wege ging. Als sich einige kleinere boiotische Gemeinwesen mit der Bitte um Hilfe an ihn wandten, »antwortete er«, sagt Polybios, »daß es ihm angesichts seiner Vertragsbindung mit Rom völlig unmöglich sei, irgend jemandem bewaffnete Hilfe zu leisten, und er gab ihnen allgemein den Rat, sich so gut, wie es ginge, gegen die Thebaner zu verteidigen, aber lieber Ruhe zu halten, als gegen die Römer zu kämpfen«.

Der wirkliche Sachverhalt ist ziemlich eindeutig. Gegen Perseus konnten die Römer nur geringfügige Zwischenfälle und vage Verdachtsmomente vorbringen, aber sie waren zum Krieg schon während der Verhandlungen entschlossen, die dem Schlußultimatum vorausgingen; die Schlußaufrechnung, die im Fetialengesetz vorgesehene *rerum repetitio*, brauchte nur noch klarzustellen, daß der in Aussicht genommene Konflikt ein *bellum iustum* sei und

Hispanisches Kurzschwert und Griff der Waffe
Vorbild für den römischen Schwerttyp aus der Zeit der Kämpfe gegen Philipp V. von Makedonien
Fund aus Alt-Kastilien (?), um 400 v. Chr. Madrid, Museo Cerralbo

Die Via Egnatia bei Philippoi in Makedonien

daher die Billigung der Götter finde. Quintus Marcius Philippus, ein häufiger Gast im Hause der Antigoniden, brüstete sich sogar damit, durch inhaltslose Verhandlungen mit Perseus zu einer Zeit, da Rom bereits die Mobilmachung durchführte, sechs Monate Zeit gewonnen zu haben. Sowohl der Verlauf des Krieges als auch die Regelung, die ihm folgte, zeigen, daß die Römer oder wenigstens die römischen Generale in erster Linie an Beute interessiert waren: jedes Jahr zog nur ein Konsul mit einem kleinen Heer nach Griechenland, als habe es die herrschende Aristokratie mit Vorbedacht darauf angelegt, den Krieg möglichst lange dauern zu lassen; in vier Jahren waren vier verschiedene Befehlshaber an der Front.

Perseus führte seinen Krieg sehr umsichtig und hatte manchen kleineren Sieg zu verzeichnen, bat aber durch Emissäre immer wieder um Mitteilung von Friedensbedingungen; die Antwort lautete jedesmal, er habe bedingungslos zu kapitulieren. Im Jahre 169 setzte sich Marcius Philippus mit einem Heer in Südmakedonien fest, und am 22. Juni 168 stieß Perseus voller Verzweiflung in die Legionen des Lucius Aemilius Paullus in der Ebene von Pydna hinein, wobei seine Phalanx in Stücke geschlagen und sein Heer vernichtet wurde. Er mußte damit gerechnet und auch gewußt haben, was ihm bevorstand. Eine Generation früher hatte König Philipp nach der Schlacht von Kynoskephalai noch als Gleichberechtigter Friedensverhandlungen führen dürfen; sein Sohn, der den Krieg nicht gewollt und im Gegenteil sein möglichstes dazu getan hatte, ihn zu vermeiden, wurde als Staatsfeind behandelt. Er machte noch einen halben Fluchtversuch, ergab sich dann aber und wurde nach Italien gebracht, wo Aemilius ihn und seine Söhne im Triumphzug führte. Kurz darauf starb er als Gefangener. Sein Königreich wurde in vier schwache Republiken zerlegt. Makedonien existierte nicht mehr. Die Beute gehörte nur noch Rom und den Römern, die noch nicht einmal ihren treuen pergamenischen Verbündeten einen Anteil einräumten.

Die Friedensregelung war allgemein sehr hart. Nur Athen, das 171 gewaltige Getreidemengen für die Kriegführung hatte liefern müssen, wurde belohnt: es erhielt seine alten Besitzungen, die Inseln Lemnos, Imbros und Skyros, wieder, ebenso auch das Haliartos-Gebiet in Boiotien; die Verwaltung des bis dahin freien Delos wurde Athen unter der Bedingung überlassen, daß es, so heißt es bei Strabo, für Importeure und für religiöse Riten Sorge trage. Diese »Importeure« waren italische Kaufleute. Wenn Polybios einen rhodischen Gesandten vor dem Senat darüber klagen läßt, daß die neu eingeführte Abgabenfreiheit *(atéleia)* in Delos die Erträge des Hafens von Rhodos um sieben Achtel vermindert habe, meint er offenbar, daß der Senat entweder Athen oder Delos daran gehindert habe, die üblichen Hafengebühren zu erheben; Athen spielte also in Delos viel eher die Rolle eines Treuhandverwalters als die eines rechtmäßigen Besitzers.

Mit dem Vorschlag, einen Friedensschluß mit Perseus zu vermitteln, hatte Rhodos 168 den Zorn des Senats auf sich gezogen und wurde bestraft: das ihm 188 gewährte Gebiet in Karien und Lykien wurde ihm wieder abgenommen, und sein Recht, die Seefahrt zu kontrollieren, wesentlich eingeschränkt. Die Folge war eine ungeheure Zunahme der kretischen und kilikischen Seeräuberei, die hauptsächlich die Funktion hatte, die unersättliche Nachfrage reicher Römer und Italer nach griechischen und anderen östlichen Sklaven über den Markt von Delos zu befriedigen. Sklaven waren auch die Hauptbeute, die Aemilius heimbrachte: er hatte zwar neunzig Tonnen Silber und fast eine Tonne Gold (mehr als ein

Sechstel des Edelmetallwerts, zu dessen Zahlung Antiochos sich 188 verpflichtet hatte) aus dem kleinen und armen Makedonien herausgeholt, aber die Überfälle auf neunzig epirotische Städte im Jahre 167 erbrachten hundertfünfzigtausend als Sklaven verwertbare Gefangene, wozu bestimmt auch noch zahlreiche Gefangene kamen, die im Laufe des Krieges an anderen Stellen erbeutet worden waren. Verelendung und Furcht durchzogen ganz Griechenland. Roms Favorit Eumenes war mittlerweile in den Verdacht geraten, mit Perseus verhandelt zu haben, und sein Einfluß ging auf seinen jüngeren Bruder Attalos über. Die pflichteifrigen Achaier wurden romfeindlichen Verhaltens beschuldigt und mußten tausend führende Männer als Geiseln nach Rom schicken; erst 151 durften die wenigen Überlebenden heimkehren. Der Achaiische Bund wurde von einem gewissen Kallikrates geleitet, in dem die Römer ein gefügiges Werkzeug fanden.

Seine Truppen zog Rom wieder zurück. Das ließ Griechenland praktisch schutzlos, denn nicht nur Makedonien, sondern auch Illyrien war in mehrere Republiken zerlegt worden. Polybios nennt die folgenden Jahre eine Zeit des Friedens und Wohlstandes, in mancher Hinsicht nicht ganz zu Unrecht, aber es waren zugleich auch Jahre der Unsicherheit, Unruhe und Zersetzung. Die Armen, die früheren Demokraten, fühlten sich von den Reichen, die Rom begünstigte, unterdrückt und ausgebeutet, was wohl auch zutraf. Grenzstreitigkeiten zwischen Nachbarstaaten hörten nicht auf, und griechische Abgesandte waren ständig nach Rom unterwegs oder warteten in Rom auf einen Empfang beim Senat, während römische Kommissare ebensohäufig Griechenland bereisten. Ein Streit zwischen Athen und seinem Protektorat Oropos wurde durch einen Schiedsspruch, den Sikyon fällte, zuungunsten Athens geschlichtet; dieser ziemlich unbedeutende Anlaß führte dazu, daß Athen 155 seine bedeutendsten Bürger und die Häupter seiner großen Schulen, den Akademiker Karneades, den Peripatetiker Kritolaos und den Stoiker Diogenes, nach Rom entsandte; während der geistige Eindruck, den diese Philosophen machten, teils günstig, teils ungünstig, aber jedenfalls gewichtig war, waren die politischen Ergebnisse der Mission minimal.

Die Griechen konnten ihre Angelegenheiten weder selbst erledigen noch sich darauf verlassen, daß Rom sie erledigen werde. Das hatte Desorientierung und Verwirrung zur Folge, und daraus erwuchsen, ehe sich Rom endlich dazu entschließen konnte, den logischen Schluß aus seiner Politik zu ziehen und Griechenland in eine Provinz unter einem römischen Statthalter zu verwandeln, die letzten beiden Akte eines verzweifelten und hoffnungslosen Existenzkampfes. Zuerst wurde das Banner des Aufstands von einem gewissen Andriskos, der ein Sohn des Perseus zu sein vorgab, in Makedonien entrollt. Er trat für die Sache der Nation und für die Rechte der Armen ein und erweckte große Begeisterung. Da er einige militärische Fähigkeiten hatte, besiegte er eine römische Heeresabteilung, wurde aber 148 von dem Prätor Quintus Caecilius Metellus geschlagen und gefangengenommen. Danach schickten die Römer regelmäßig einen Statthalter ins Land, der sowohl die vier makedonischen Distrikte als auch Illyrien und Epirus zu regieren hatte, und bauten eine Straße, die Via Egnatia, die zur Erleichterung der militärischen und zivilen Kontrolle die beiden Gebiete verbinden sollte.

Im folgenden Jahr führten die Achaier, wenn auch unter ganz anderen Umständen, einen überraschenden Krieg gegen Rom. Diesmal hatte es Rom nicht mit Revolutionären, sondern mit allzu erfolgreichen Konservativen zu tun. Der Achaiische Bund war zu mächtig geworden, auch wenn seine Politik und seine Interessen mit denen Roms weitgehend übereinstimmten; der Senat hatte deshalb Mitglieder des Bundes aufgefordert, aus dem Bund auszuscheiden. Die Achaier nahmen das zum Anlaß, einen Kampf auszufechten, und fanden Widerhall bei einer ähnlichen Bewegung in Boiotien, wo sich Theben gleichfalls darum bemühte, einen zerfallenden Städtebund zusammenzuhalten. In beiden Bezirken wurde in einem raschen Unterdrückungsfeldzug unter Lucius Mummius jeglicher Widerstand gebrochen.

Daß die Römer Theben wegen seiner feindseligen Haltung brandschatzten, war nicht ganz unlogisch; als böses Ärgernis dagegen erschien später sogar weniger feinfühligen Römern die barbarische Behandlung Korinths. Nach der Niederlage der Truppen des Thebanischen Bundes hatte sich Korinth ergeben, wurde aber nichtsdestoweniger gebrandschatzt und zerstört; ein Exempel, so hieß es, sollte statuiert werden; in Wirklichkeit ging es nur um die Befriedigung römischer Habgier. Von diesem Zeitpunkt an war kein Staat in Griechenland mehr frei – außer vielleicht in dem besonderen Sinne, in dem Rom von Freiheit sprach, wenn es seine abhängigen Schutzgebiete meinte.

Antiochos IV., der Erscheinende Gott

Nach dem Frieden von Apameia hatte Antiochos III. den Status eines »Freundes des römischen Volkes«. Das hieß: er mußte sich im allgemeinen Rom gegenüber freundlich verhalten und im besonderen die Klauseln des Friedensvertrages erfüllen. Das weitete die Einflußsphäre Roms bis zu den abgelegensten Besitzungen der Seleukiden aus, gab aber theoretisch Antiochos das Recht, Rom um Beistand gegen seine parthischen und baktrischen Vasallen anzurufen. Die Römer beschränkten sich auf das, was ihnen praktisch zweckmäßig erschien, und befaßten sich mit den Angelegenheiten des Königs nur wenig, solange er jenseits des Tauros blieb, seine Flotte nicht wieder aufbaute und jährlich seine tausend Talente Reparationszahlungen entrichtete.

Antiochos' Reich war immer noch sehr groß. Trotz aller Besorgnis um ihren Freund Ptolemaios hatten die Römer die Herausgabe Palästinas und Südsyriens von Antiochos nicht verlangt, und Babylonien blieb seine reichste Domäne. Armenien war unabhängig geworden; es hatte aber auch vorher den Seleukiden keinen großen Nutzen eingetragen. Medien, die Susiane und die Persis, die wichtigsten iranischen Ländereien, waren nach wie vor in Antiochos' Hand, auch wenn die Persis nicht ganz verläßlich war. Sie war im 3. Jahrhundert unter einer einheimischen Dynastie unabhängig geworden und sollte im 2. Jahrhundert vor dem Beginn der Partherexpansion wieder unabhängig werden, aber zwischendurch hatte Antiochos sie bei seinem Ostfeldzug (212–205) in eine Satrapie verwandelt. Weiter östlich unterstand kein Gebiet nördlich des Elburs und des Hindukusch der direkten Seleukidenverwaltung; immerhin hatte Antiochos in der Schlacht von Magnesia turkestanische Panzerreiter bei sich, woraus sich schließen läßt, daß ihm Euthydemos von Baktrien wenigstens militärische Hilfe stellte; die südlichen Distrikte Karmanien, Drangiane, Gedrosien und Arachosien waren vermutlich reine Satrapien (darüber liegen nur spärliche Nachrichten vor).

Obgleich Kleinasien verlorengegangen war, dienten die vielen griechischen oder hellenistischen Städte, die Antiochos I., Antiochos II. und Antiochos III. in diesem riesigen Bereich gegründet hatten, dem Seleukidenreich als Rekrutierungszentren, in denen Soldaten und Beamte aus dem griechisch-makedonischen Kulturkreis angeworben werden konnten; so konnte Antiochos IV. bei seinem Triumph in Daphne zwanzig Jahre später ein griechisch-makedonisches Heer von fünfundzwanzigtausend Mann, mehr als irgendeiner seiner Vorgänger, aufmarschieren lassen, auch wenn zweifellos viele dieser Soldaten gemischter Abstammung waren. Das Seleukidenreich war immer noch mächtig, obschon die großen Entfernungen, die Gebirge und Wüsten und eine heterogene und zum Teil fanatisch unabhängige Bevölkerung eine zentralisierte Herrschaftsausübung erschwerten. Auch fehlte es dem Reich an Metallen, vor allem an Silber und Eisen. Karmanien gewann zwar Silber und Kupfer, ja sogar Gold, und einiges davon mag in die Tempel Südirans gelangt sein, aber zum größten Teil wurde die Seleukidenwährung in Kleinasien geprägt und von dort ausgeführt. Aus der Metallknappheit erklärt sich teilweise die Freundschaft zwischen den Seleukiden und den Attaliden nach 188, nachdem also die Römer die Grenze zwischen ihnen gezogen und garantiert hatten; anderseits erschwerte die Metallknappheit die Entrichtung der Reparationszahlungen an die Römer. Antiochos III. wurde im Juli 187, als er in einem Tempel in der Susiane Abgaben einzutreiben suchte, ermordet.

In den nächsten siebenunddreißig Jahren hatte die Dynastie insofern Glück, als tüchtige und solide Könige einander folgten, die allerdings alle einen frühzeitigen Tod erlitten. Nach Antiochos III. regierte (187–175) sein Sohn Seleukos IV., über den wenig bekannt ist, außer daß er das Reich zusammenhielt und die Entschädigungen an die Römer abzahlte. Sein Schwager Ptolemaios V. war schon 180 gestorben, aber bis 176 amtierte seine Witwe Kleopatra, Seleukos' Schwester, als Regentin für ihre Kinder; so entstanden keine außenpolitischen Komplikationen. In einer Inschrift wird gezeigt, wie sich Seleukos um die Pensionierung eines der Veteranen seines Vaters als Bürger von Seleukeia in Pieria persönlich kümmert; der Mann mochte ein Makedone gewesen sein, dem sein Bürgerrecht einen sicheren und angenehmen Wohnort für den Lebensabend garantierte: auch in dieser Beziehung waren die neuen Städte für die Könige von erheblichem Wert. Als Seleukos starb, trat an seine Stelle sein minderjähriger Sohn Antiochos; aber Seleukos' Bruder, der zehn Jahre als Geisel in Rom verbracht hatte und um diese Zeit in Athen lebte, kehrte mit Genehmigung Roms und mit Unterstützung Attalos' II. zurück und übernahm die Regentschaft für den Neffen. Aus unbekannten Gründen wurde der Thronfolger im Sommer 170, als die Gefahr eines Krieges mit Ägypten drohte, ermordet; vielleicht war er in eine Verschwörung gegen den Onkel verwickelt. Der Onkel und Regent wurde nun König als Antiochos IV.

Die Aktion gegen Ägypten hatte ihre Gründe. Nach dem Tode Kleopatras war der junge König Ptolemaios VI. Philometor unter seleukidenfeindlichen Einfluß geraten. Die beiden Regenten Eulaios und Lenaios, die wie fast alle Ptolemäerminister von den Historikern schlechtgemacht worden sind, waren bezeichnenderweise orientalischer Abstammung, wenigstens Lenaios war Syrer. Die Ptolemäerverwaltung hatte sich in der Levante ziemlicher Popularität erfreut, während die Seleukidenherrschaft noch verhältnismäßig neu war. Wahrscheinlich waren die beiden Regenten Flüchtlinge aus dem Seleukidenbereich, und vielleicht haben sie Pläne geschmiedet, um den Sturz der Seleukiden als Schirmherren Ägyptens herbeizuführen. In Ägyptens wesentlich geschwächter Lage reichten für eine solche Erhebung weder die Mittel noch die Qualität der Führung, obgleich der letzte innerägyptische Aufstand, von dem wir Kunde haben, schon 184/183 niedergeschlagen und die Einheit des Landes danach zementiert worden war. Der Verlust der kleinasiatischen Städte hatte Ägypten von seinen Rekrutierungsquellen abgeschnitten, und die Anwerbung von Söldnern in anderen Regionen – etwa in Aitolien – muß durch die ägyptische Silberknappheit und den allmählichen Aufstieg einheimischer Elemente zu Macht und Einfluß behindert gewesen sein.

Wenige Monate nach Kleopatras Tod vollzogen die Regenten die feierliche Vermählung Ptolemaios' VI. mit seiner Schwester Kleopatra, obgleich beide noch fast Kinder waren, und fünf Jahre später erklärten sie den König für volljährig und erhoben ihn mit seiner Gemahlin-Schwester und einem jüngeren Bruder auf den Thron; sodann setzten sie eine militärische Expedition nach Palästina in Bewegung. Sowohl sie als auch Antiochos entsandten Botschafter nach Rom, um die beiderseitigen Ansprüche anzumelden, aber Rom hatte für sie keine Zeit, weil es mit Perseus beschäftigt war. Antiochos schlug die ägyptische Armee und verfolgte sie bis nach Pelusion und sogar bis nach Memphis. Seit dem Einfall Dareios' III. vor hundertdreiundsiebzig Jahren war das die erste Invasion in Ägypten, die Erfolg hatte; Alexander war in Ägypten nicht eingefallen, sondern hatte es einfach besetzt.

Daß Antiochos etwas anderes wollte als Eroberung, kann man schwerlich annehmen. Um diese Zeit oder vielleicht etwas später entsandte er eine Expedition nach Kypros, die das ptolemäische Auslandsheer besiegte und die befestigten Städte systematisch abzutragen begann. Wäre Rom endlos in Griechenland gebunden geblieben oder hätte es jegliches Interesse am Orient verloren, so hätte Antiochos eine Chance gehabt, das Königreich seiner Geschwisterkinder zu annektieren oder wenigstens unter seine feste Kontrolle zu bringen. Er hatte sich nicht als Pharao krönen lassen; ja, als griechische Gesandtschaften zur Feier der Volljährigkeit *(anakleteria)* des Ptolemaios nach Alexandreia kamen und ihre Vermittlung anboten, erklärte er recht eindeutig, daß er sich nur für die Levante interessiere. Das hinderte ihn nicht, in seinem eigenen Namen Verfügungen zu erlassen, die sich mit der ägyptischen Lokalverwaltung befaßten; und seine Soldaten hielten das Land besetzt und stifteten einigen Schaden. Auf irgendeine Weise hatte er sich des jungen Ptolemaios VI. bemächtigt, den er bei sich behielt; aber bei einsetzendem Hochwasser kehrte er 169 nach Syrien zurück und ließ den Neffen unter Bewachung in Memphis.

Der junge König entkam und schloß sich wieder Bruder und Schwester an. Antiochos sah sich veranlaßt, von neuem mit dem Heer in Ägypten zu erscheinen. Zu Beginn des Sommers 168 hatte er sein Lager vor Alexandreia aufgeschlagen; nun entsandte der Senat Gaius Popillius Laenas als Sonderbotschafter nach Ägypten, und sobald die Nachricht von der Schlacht von Pydna eingetroffen war, eilte Laenas zu Antiochos, zog um ihn dramatisch einen Kreis im Sande und verlangte eine sofortige Antwort: Unterwerfung oder Krieg. Antiochos wußte genau, daß die Römer keinen Spaß vertrugen, und zog seine Kräfte prompt sowohl aus Ägypten wie aus Kypros zurück. Er behielt aber Syrien und Palästina, und es sieht nicht so aus, als habe er durch diesen Zwischenfall viel verloren. Als er kurz darauf nach römischer Art einen Triumph in Daphne bei Antiocheia feierte, können unter der vorgeführten Beute sehr wohl auch Schätze aus Ägypten gewesen sein.

Antiochos' Charakterbild war im Altertum ein Rätsel und bleibt es auch in der Neuzeit. Unverkennbar war er durch seinen langen Aufenthalt in Rom gezeichnet, es wird berichtet, er habe in Antiocheia und auch andernorts versucht, römische Verfassungseinrichtungen einzuführen. Bald benahm er sich wie ein römischer Adliger, bald wie ein athenischer Demokrat; nicht wenige Geschichten wurden über seine Streiche und Eskapaden erzählt. Man meinte, er sei nicht, wie sein offizieller Beiname lautete, *Epiphánes*, »der Erscheinende Gott«, sondern *Epimánes*, »der Wahnsinnige«. Was von alledem stimmt, ist kaum festzustellen.

Um Ägypten erobern zu können, muß Antiochos IV. ein tüchtiger Feldherr gewesen sein, und wahrscheinlich hatte er einiges Genialische an sich, was seinen Zeitgenossen nicht immer verständlich oder sympathisch war. Jedenfalls geriet er jetzt in Schwierigkeiten, auf denen sein eigentlicher historischer Ruhm beruht. Ohne es im geringsten zu beabsichtigen oder sich dessen auch nur bewußt zu sein, wurde er zum Urheber des ersten unabhängigen jüdischen Staates in mehr als vierhundert Jahren, und zweifellos war die Schaffung dieses Staates ein für die Weltgeschichte folgenreiches Ereignis. Das einzigartige geistige Klima, das in Juda nach der Staatsgründung entstand, wurde zum Nährboden des christlichen Glaubens; anderseits hat die Inspiration, von der damals die Makkabäer lebten, dem modernen Zionismus und der Neugründung des Staates Israel im 20. Jahrhundert entscheidende Impulse gegeben.

Die Juden hatten unter dem Perserreich und dann auch noch im 3. Jahrhundert unter der Ptolemäerherrschaft prosperiert. Sie bildeten einen friedlichen Tempelstaat, der unter der Hohenpriesterfamilie der Oniaden eine autonome Verwaltung, aber kein geschichtliches Dasein hatte: nichts Bewegendes, nichts Ereignisreiches geschah in Juda. Anderswo jedoch, vor allem in Ägypten, gewannen die Juden zunehmend an Bedeutung. Im Dienste der Könige, in der Hauptsache im Söldnerdienst, wanderte ihre anschwellende Bevölkerung aus Palästina aus. Die in der Diaspora lebenden Juden waren in enger Berührung mit fremden Einflüssen, blieben aber auch in Verbindung mit dem Gemeinwesen, das sich um den Tempel von Jerusalem scharte. Angehörige des Geschlechts der Tobiaden, das im Ammoniterland beheimatet war, stiegen zu hohem Rang im Dienste der Ptolemäer auf und bildeten den Kern einer reichen hellenisierten Gruppe in der Heimat; wie die Auswanderer, hatte sich auch diese Gruppe den konservativen einheimischen Bauern und Handwerkern entfremdet, deren tägliches Dasein den Weisungen der Thora und der mündlichen Auslegung der Schriftgelehrten (Chassidim, später als Pharisäer bekannt) folgte.

Zu dieser wachsenden Spannung gesellten sich die Konflikte aus Bindungen an verschiedene fremde Mächte. Wahrscheinlich war Jerusalem von Antiochos III. besetzt und von Ptolemaios IV. zurückerobert worden, ehe die Schlacht von Paneion Juda endgültig unter die Herrschaft der Seleukiden brachte, und es gab einander befehdende Gruppen von Anhängern der Seleukiden und der Ptolemäer. Danach genossen die Juden unter den Hohenpriestern Simon dem Gerechten und Onias III. eine Autonomie, die ihnen erlaubte, nach ihren eigenen Gesetzen zu leben. Aber die inneren Kämpfe gingen weiter; zunächst handelte es sich dabei im wesentlichen nur um die Verwendung der erheblichen Mittel, die sich im Tempel ansammelten. Seleukos IV. war in bitterer Geldnot, da er die Reparationszahlungen an Rom aufbringen mußte, und es war leicht, seine Gunst durch Geldgaben zu gewinnen; nach seinem Tode wurde Antiochos IV. im Jahre 175 überredet, Onias durch dessen Bruder Iason zu ersetzen und die Verwandlung Jerusalems in ein neues Antiocheia zu genehmigen; auf die alte Religion sollten die Institutionen einer hellenistischen Stadt mit Stadtrat und städtischen Vollzugsbeamten, mit Gymnasium und Ephebenbildung und beschränktem Bürgerrecht für die Wohlhabenden aufgepfropft werden. Ungestört blieb Iason im Amt des Hohenpriesters nur bis 172; dann gab es schwere Parteienkämpfe, und er wurde durch einen gewissen Menelaos ersetzt, der keiner Priesterfamilie entstammte.

Das war die Lage zu Beginn des Ägypten-Feldzugs des Antiochos Epiphanes. Als Antiochos im Sommer oder Herbst 169 zurückkehrte, besuchte er Jerusalem und kassierte Steuern ein. Kaum hatte er aber die Stadt verlassen, als auch schon wieder heftige Kämpfe ausbrachen; diesmal gingen sie von einer orthodoxen religiösen Gruppe aus. Bei seiner endgültigen Wiederkehr aus Ägypten im Jahre 168 sah sich Antiochos genötigt, Jerusalem im Sturmangriff zu nehmen; der Stadt widerfuhren manche Grausamkeiten, viele ihrer Einwohner wurden gefangengenommen und in die Sklaverei verkauft. Die Partei der Aktivisten entfloh in die Berge. In Jerusalem wurde eine Militärsiedlung der Syrer errichtet, die im Tempel den Kult ihres Baal Shamin (»Greuel der Verwüstung«) einführten. Zum erstenmal nahm der Kampf den religiösen Charakter an, der ihn in der geschichtlichen Überlieferung kennzeichnet. Antiochos, der die ganze Angelegenheit zweifellos als zweitrangig ansah und um viel wichtigerer Dinge willen mit seinem Heer entweder schon nach dem Osten abgezogen war oder abzuziehen sich anschickte, hinterließ den Befehl, die Rebellen in ihren Verstecken aufzustöbern und die Ausübung ihrer Religion zu verbieten; in ihrem religiösen Fanatismus sah er die eigentliche Antriebskraft ihres Widerstandes.

Als sich die Dinge auf diese Weise zuzuspitzen begannen, fanden die Chassidim einen tüchtigen Vorkämpfer in einem Mann namens Judas aus dem Geschlecht der Hasmonäer, der ein eigenes Heer aufstellte und sogar so weit ging, seine Anhänger von der Befolgung religiöser Vorschriften – zum Beispiel der Heiligung des Sabbats – zu entbinden, sofern sie mit militärischen Notwendigkeiten kollidierte. Er erfocht einige Siege über die Seleukidengenerale und ließ sich von weiterem Kampf auch durch eine im Frühjahr 164 erlassene Teilamnestie nicht abbringen, die von einer römischen Abordnung bekräftigt worden sein soll. Bis zum Dezember 164 – etwa um diese Zeit starb Antiochos – hatte er sich Jerusalems bemächtigt und den Tempel von allen Greueln der Entweihung gereinigt; zur Erinnerung an dies Ereignis wird auch heute noch das Chanukka-Fest gefeiert. Zwei Jahre später kam es zu einem Friedensschluß zwischen Judas und Antiochos V., und von diesem Zeitpunkt an spielten die Hasmonäer Judas Makkabaeus (»Mann des Hammers«) und seine Brüder, erst Jonathan, dann Simon, später Makkabäer genannt, eine aktive Rolle in der Politik des Seleukidenstaates. Im Jahre 142 zog der Bezirkskommandeur Tryphon seine Garnison aus der Jerusalemer Burg zurück: die Makkabäer waren auf ihrem Gebiet unumstrittene Herrscher.

Zerbröckelnde Dynastien

Welche Krise Antiochos Epiphanes nach dem Osten getrieben hatte, ist nicht ganz klar. Unsere Quellen sprechen nur von Kampfhandlungen in Armenien, Babylonien und der Susiane, die nicht mehr als eine Kampfsaison beansprucht zu haben brauchen. Nach einer babylonischen Königsliste muß Antiochos im November oder Dezember 164 gestorben sein. Offenbar starb er an einer Krankheit; Fromme sahen allerdings in seinem Tod die Strafe dafür, daß er ein Heiligtum der Nanaia erfolglos auszuplündern oder zu besteuern gesucht hatte. Konkrete Hinweise darauf, daß ihn Entwicklungen jenseits des Zagrosgebirges beschäftigt oder angezogen hätten, gibt es nicht. Gerade dort spielten sich Ereignisse von großer Tragweite ab, von denen wir noch immer nicht genug wissen und die wir nicht mit Jahreszahlen versehen können.

In Mittelasien drängten die großen Stammeshorden der Hunnen und der Tocharer (Yüe-chih) nach dem Westen. Im iranischen Nordwesten hatte das Partherreich an Kraft gewonnen; unter König Mithridates I. (171–137) begann seine Expansion nach dem Osten und nach dem Süden, die bis ins Innere Areias und Mediens führte. Um dieselbe Zeit überschritten die Baktrer unter Euthydemos' Nachfolger Demetrios den Hindukush und brachen, von dem Erlöschen der großen Maurya-Dynastie profitierend, in Indien ein. Demetrios fiel bald im Kampf gegen einen Rivalen namens Eukratides, in dem man einen Schützling oder Verwandten der Seleukidendynastie vermuten könnte und der Baktrien in Demetrios' Abwesenheit in seinen Besitz gebracht hatte. Das alles ist allerdings mehr oder weniger hypothetisch. Sicher ist nur, daß ein Nachfolger des Demetrios, der Menander oder Milinda hieß, seinen Herrschaftsbereich bis ins Tal des mittleren Ganges ausgedehnt und sich zum Buddhismus bekehrt hatte (weswegen es im indischen *Milindapañha* einen Bericht über sein wirkliches oder legendäres Leben gibt) und daß in der Folgezeit zahlreiche Könige und Fürsten mit griechischen Namen in Indien florierten und viele Münzen prägen ließen, die sich oft durch bemerkenswerte Porträts auszeichnen. Mit den Ereignissen im Westen lassen sich all diese Vorgänge, da es eine zuverlässige Chronologie nicht gibt, schwerlich in Verbindung bringen.

In die zwei Jahrzehnte, die auf den Tod Antiochos' IV. folgten, fiel eine wesentliche Schwächung des Seleukidenreiches: ohne einen starken und überlegenen König konnte sich die hellenistische Monarchie mit ihrem zentralisierten Aufbau schlecht behaupten. Antiochos IV. starb etwa fünfundvierzigjährig. Er hinterließ einen Sohn, der als König Antiochos V. Eupator hieß. Da Eupator noch sehr jung war, ist anzunehmen, daß er der nach 175 geschlossenen Ehe des Antiochos Epiphanes mit seiner Schwester Laodike entstammte; er war der erste Seleukidenkönig aus einer Geschwisterehe. Zwei Jahre lang lag die Staatsgewalt in den Händen des Hauptministers Lysias und des Statthalters der Oberen Satrapien, Timarchos aus Milet. Aber im Jahre 163 entkam Demetrios, bis dahin Geisel in Rom, nach Syrien; er war ein Sohn der Laodike aus ihrer vorherigen Ehe mit dem älteren Bruder Seleukos IV. Dieser Halbbruder des bereits als König eingesetzten Thronerben fand genug Anhang und zögerte nicht, den Hauptminister Lysias und auch Antiochos Eupator selbst umbringen zu lassen, und machte sich selbst zum König. Als Timarchos, um Eupator unter seinen Schutz zu stellen, aus den Oberen Satrapien nach dem Westen marschierte, lief sein Heer zu Demetrios über. Das einzige Resultat dieses mißglückten Unternehmens war, daß Iran, von Truppen entblößt, die Parther geradezu zum Einfall einlud.

Demetrios I. blieb auf dem Thron bis zum Jahr 150. Seine Außenpolitik führte aber zu ernsten Konflikten mit seinen Nachbarn, den Königen von Pergamon, Kappadokien und Ägypten. Sie taten sich zusammen, um einem anderen Thronanwärter, einem gewissen Alexander, den Weg zu ebnen. Dieser Alexander galt als jüngerer Sohn Antiochos' IV., trug aber auch den syrischen Namen *Balas*, »Von Baal Begünstigter«. Zunächst setzte er sich in Ptolemais an der Küste Palästinas fest; es folgte ein etwas irrlichternder Bürgerkrieg, in dessen Verlauf beide Parteien ihre Schwäche offenbarten, indem sie an die Hilfe des Makkabäers Jonathan appellierten. Schließlich fiel Demetrios auf dem Schlachtfeld, und Alexander wurde zum unumstrittenen König; zur Sicherheit heiratete er eine Tochter Ptolemaios' VI., Kleopatra mit dem Beinamen *Thea*, »Göttin«, die später unseren Quellen zufolge eine sensationelle und nicht ausgesprochen positive Rolle in der dynastischen Politik spielen sollte.

Gegen Alexander Balas erhob sich jedoch bald der ältere Sohn des Demetrios. Er fiel vom Norden her mit kretischen Söldnern in Syrien ein und setzte sich als Demetrios II. das Königsdiadem aufs Haupt. Diesmal intervenierte mit starker Truppenmacht Ptolemaios: mit seiner Armee marschierte er die Küste entlang nach Norden und hinterließ Besatzungstruppen in allen Städten, die er passierte. Er vermied es geflissentlich, sich auf einen Kampf mit dem Makkabäerfürsten Jonathan einzulassen, der gegen dieselben Städte – offiziell im Namen Alexanders, in Wirklichkeit im eigenen Interesse – mit Gewalt und Blutvergießen operiert hatte. Im Laufe des Feldzugs warf Ptolemaios plötzlich das Steuer herum: er brach mit Alexander und schlug sich auf Demetrios' Seite, dem er auch kurzerhand dieselbe Kleopatra Thea als Unterpfand des Bündnisses übereignete, die eben erst die Frau Alexander Balas' gewesen. Ptolemaios hatte die besten Aussichten, Syrien zu beherrschen, wenn nicht gar selbst König von Syrien zu werden, aber er wurde in einer der Schlachten tödlich verwundet, und kurz danach starb auch Alexander Balas. Die wirkliche Macht war auf die kretischen Söldnerführer übergegangen, die das junge Königspaar, Demetrios II. und Kleopatra Thea, faktisch in der Hand hatten. Gerade in dem Augenblick, da die Ereignisse im Osten eine starke Hand auf dem Seleukidenthron unerläßlich machten, hatte die Dynastie einen schweren Schlag erlitten. Nicht anders erging es dem ägyptischen Königshaus: im Alter von kaum mehr als fünfundvierzig Jahren starb Ptolemaios VI. Philometor, ein tüchtiger und großzügiger, wenn auch nicht immer sehr populärer König.

Die Regierungszeit des Philomator (170—145) hatten fast ständige Konflikte mit seinem jüngeren Bruder Ptolemaios VIII. getrübt und problemreich gemacht. (Ptolemaios VII. war ein Sohn Philometors und seiner Schwester Kleopatra und kam 145 nur für ganz kurze Zeit auf den Thron.) Der Disput mit Ptolemaios VIII., offiziell als Euergetes II. und weniger offiziell und weniger schmeichelhaft als *Phýskon*, »Schmerbauch«, bekannt, hatte die Dynastie nur deswegen nicht schwer erschüttert, weil sie sich des Schutzes der Römer erfreute und vielleicht auch weil Philometor geschickt und taktvoll war. Die beiden Brüder waren mit ihrer Schwester Kleopatra zum ägyptischen Neujahrsfest im Herbst 170 auf den Thron gekommen, gerade als die Regenten den Krieg gegen Antiochos IV. planten, und dies Arrangement, das auch in der Zeit galt, da Philometor der Gefangene Antiochos' IV. war, hielt bis zum Herbst 164 vor. Um diese Zeit gab es eine Verschwörung in Alexandreia, die Philometor zur Flucht zwang. Er entkam nach Italien, wanderte in Begleitung von nur vier Höflingen zu Fuß nach Rom und appellierte demütigst an den Senat. Da er aber schon im Frühjahr 163 wieder in Alexandreia war, kann der Zwischenfall nicht so lange gedauert haben, wie die Geschichtenerzähler am Hofe uns haben glauben machen.

Gerade Polybios, der für die wichtigsten Vorkommnisse aus der Geschichte dieser Zeit unsere Hauptquelle ist, zeichnete sich durch besondere Vorliebe für dramatische oder romantische Geschichtchen mit moralischem Beigeschmack aus und ist nicht immer wörtlich zu nehmen. Wie dem auch sei: Philometor kam mit einer Lösung des Problems nach Hause, die den Römern ausgezeichnet gefallen haben muß. Das Königreich wurde geteilt, und Euergetes verlegte seinen Sitz nach der Kyrenaika, wo er bis zum Tode des älteren Bruders im Jahre 145 regieren sollte. Die Konflikte zwischen den Brüdern hatten mit seinem Abzug nicht aufgehört. Euergetes hatte sich Kypros aneignen wollen und mit seinen Truppen eine Invasion auf der Insel versucht und war dabei von seinem Bruder gefangengenommen worden. Er wurde jedoch freigelassen. Das mag zu der Zeit gewesen sein, als Demetrios von Syrien seinerseits Komplotte auf Kypros schmiedete; er mag mit Euergetes gegen Philometor zusammengearbeitet haben.

Im folgenden Jahr (154) begab sich Euergetes nach Rom, um gegen den Bruder Beschwerde zu führen. Vor seiner Abreise gab er ein Testament bekannt, das sich in einer in Kyrene gefundenen Inschrift erhalten hat. Das Dokument wurde mit dem Ersuchen an die Götter eingeleitet, sie möchten den Schreiber länger leben lassen, damit er seine Feinde bezwinge. Für den Fall, daß er kinderlos sterben sollte, setzte Euergetes die Römer als Erben des Königreichs ein und sprach zugleich den Wunsch aus, sie möchten ihm inzwischen, falls er angegriffen werden sollte, militärisch beistehen. Eine Abschrift des Testaments wurde nach Rom mitgenommen, gleichzeitig wurde Philometor mit dem Kommentar benachrichtigt, daß es ihm nichts nutzen werde, den Bruder umbringen zu lassen. Das Testament ist zwar, da Euergetes danach noch Kinder in die Welt setzte, nie in Kraft getreten, aber es hat späteren Vermächtnissen östlicher Herrscher, die ihre Habe Rom hinterließen, als Modell gedient. Es illustriert die von Kränkungen, Neid, Verärgerung und Haß erfüllte Atmosphäre, in der solche Ideen entstanden.

Nachrichten über die innere Entwicklung Ägyptens in dieser Zeit liegen nur unvollständig und in ungleicher Dosierung vor. Wir erfahren von einer Revolte der Einheimischen unter der Führung eines hellenisierten Ägypters namens Dionysios-Petosiris, der wohl ein verärgerter General und Höfling gewesen ist, und von Zeit zu Zeit enthalten die Papyri Berichte über Unruhen und Kämpfe zwischen den einzelnen nationalen Gruppen. In einem solchen Zusammenhang war Philometor im Sommer 163 gezwungen, die erste überhaupt bekannte allgemeine Amnestie zu erlassen, ein Gesetzesdokument *(philanthrópa)*, das in der späteren ptolemäischen Geschichte mehr oder minder regelmäßig wiederkehrt: entweder nach dem Regierungsantritt eines neuen Königs oder als Zeichen besserer Zeiten nach einer Periode von Nöten und Schwierigkeiten. Auf der anderen Seite wurde die Politik der Verschmelzung der Nationalitäten, die ein stärkeres und einheitlicheres Ägypten hervorbringen sollte, konsequent fortgeführt.

In dieser Zeit trugen das Aufhören der Einwanderung und die Vermehrung der Zahl gemischtnationaler Familien zur Vereinfachung und Standardisierung der Bezeichnungen nationaler Zugehörigkeit bei. Für beide Sprachgruppen wurde ein einheitliches Gerichts- und Archivsystem geschaffen. Viele traditionelle Scheidewände zwischen den einzelnen Bevölkerungsgruppen zerbröckelten, wenn auch die Schranken zwischen der Landbevölkerung und den Bürgern von Ptolemais und Alexandreia nicht minder starr aufgerichtet blieben als zuvor. Man kann sich fragen, ob diese Entwicklungen auf die Schwäche der Königsgewalt oder umgekehrt auf ihre Stärke und ihr weises Verhalten zurückgingen. Im großen und ganzen war das Resultat gut; es erbrachte beachtliche Neuerungen – wie den Einsatz der ägyptischen Phalanx bei Raphia oder die »Ägyptisierung« Ptolemaios' V. durch einen Erlaß der Priestersynode (196), der sich auf dem Rosetta-Stein erhalten hat. Dieser Prozeß der nationalen Verschmelzung, der gleichzeitigen Hellenisierung und Ägyptisierung gab die Basis dafür ab, daß sich das Ptolemäerkönigreich in Ägypten länger halten konnte als alle hellenistischen Staatsgebilde in anderen Ländern.

Abschied der Attaliden

Bezeichnenderweise war der Attalidenstaat Pergamon der erste asiatische Staat, der seine selbständige Existenz aufgab. Beim Tode Attalos' III. im Jahre 133 ging er durch testamentarische Verfügung auf Rom über. Dabei hatte gerade Pergamon fünfundfünfzig Jahre früher, zur Zeit des Friedens von Apameia, den Eindruck kraftvoller Stärke erweckt, und es war auch später den landläufigen Gefahren der dynastischen Konflikte und der Regentschaften für unmündige Kinder entgangen. Attalos II. war 159 im Alter von einundsechzig Jahren König geworden und hatte schon vorher mit seinem Vorgänger und Bruder Eumenes II. auf allen Gebieten des staatlichen Lebens viele Jahre eng zusammengearbeitet. Was das Ende der Dynastie heraufbeschworen hatte, war also weder Mangel an Erfahrung noch Mangel an Umsicht. In einem Brief über geplante militärische Unternehmungen, der sich in einer Inschrift in Pessinos erhalten hat, schrieb Attalos II. zu Beginn seiner Regierungszeit an den Priester Attis, ohne Zustimmung Roms könne und dürfe er nichts unternehmen, denn hätte er Erfolg, so würde er nur auf Neid und Eifersucht stoßen, und wenn er scheiterte, würde ihm nicht nur keiner helfen, sondern es würde allenthalben ob seines Ungemachs Freude herrschen.

In einer solchen Atmosphäre erzogen, konnte der junge Attalos III. keinen Zweifel über die Mittel haben, mit denen der Bestand des Staates zu behaupten sei. Unangefochten blieb er denn auch bis zu seinem Tod auf dem Thron; allerdings starb er schon nach fünfjähriger Regierungszeit. Er war als Vierundzwanzigjähriger König geworden, aber weithin bekannt war er schon vorher als Gelehrter, als Kenner der Gifte und des Kräuteranbaus, als Experimentator auf physiologisch-pharmakologischem Gebiet und als Autor einer Abhandlung über die Landwirtschaft; daneben hatte er sich intensiv für Bildhauerei und Bronzeguß interessiert. Man kann sich kaum vorstellen, daß er nicht älter an Jahren war, als in der Überlieferung berichtet wird. Er starb nach einer kurzen Krankheit, und er hatte keinen Sohn. Vielleicht hatte ihn gerade das – als unmittelbarer Anlaß – dazu bewogen, die Römer als Erben einzusetzen. Zweifellos gab es aber noch ganz andere Umstände, die die Fortführung der Dynastie unmöglich machten, auch wenn Attalos auf Nebenzweige des königlichen Hauses zurückgegriffen hätte, um einen Thronerben zu finden.

Die Dynastie hatte bei den Griechen – ob in Griechenland oder in Kleinasien – selten Sympathien oder Zuneigung gefunden. Die iranischen Staaten Bithynien, Pontos und Kappadokien ebenso wie das Seleukidenreich ermöglichten die gleichen nutzbringenden Kontakte mit dem Innern Asiens, die schon die Perser vermittelt hatten, und die Beherrschung der Küste durch die Ptolemäer wurde viel häufiger als wohltätig denn als bedrückend empfunden. Nur der Attalidenstaat schien – vom griechischen Standpunkt aus – keinem nützlichen Zweck zu dienen. Er garantierte einen gewissen Schutz gegen die Galater, und dies Verdienst, das Attalos I. um 230 den Königstitel eingetragen hatte, konnten auch Eumenes und der spätere König Attalos II. um 168 bis 166 für sich in Anspruch nehmen. Die Attaliden waren großzügig, ihre Hauptstadt war reich und prachtvoll, und sie wurden nicht müde, ihre philhellenische Sendung zu betonen. Die Einführung der nationalen Festspiele zu Ehren der Athena *Nikephoros*, der Siegesbringerin, und die Erbauung des großen Zeus-Altars, der als eins der Weltwunder galt, waren der Ausklang der siegreichen Kriege gegen Prusias I. von Bithynien (186–184), in dessen Diensten Hannibal starb, und Pharnakes von

---

Beutestücke aus den Kämpfen der Attaliden gegen galatische, persische, griechische und makedonische Streitkräfte
Reliefs vom Nordflügel des Athene-Heiligtums aus Pergamon, um 183 v. Chr.
Berlin, Staatliche Museen, Antiken-Sammlung
Oben: Makedonische Fürstenmütze aus Leder; Speere; makedonische Beinschienen aus Leder; griechischer und (darüber) galatischer Schild; schwere Pfeilschleuder mit Pfeilen; Trompete; persisches Schwert mit Adlergriff und Binde; Brustpanzer aus Bronze
Mitte: Rangzeichen eines Flottenbefehlshabers; makedonischer Helm; Rammsporn, Bug- und Heckzier von Schiffen; galatischer Kettenpanzer; Schwert; makedonischer Zierhelm; Speere mit doppelten Widerhaken; makedonische Schilde; Schwert
Unten: Makedonischer Helm; makedonischer Lederpanzer; Wagenrad; Roßstirn und Brustschutz von einer Streitwagenausrüstung; Langschwert; Gesichtshelm; Armschienen von der Rüstung eines Wagenlenkers; galatische Schilde; Wagenrad

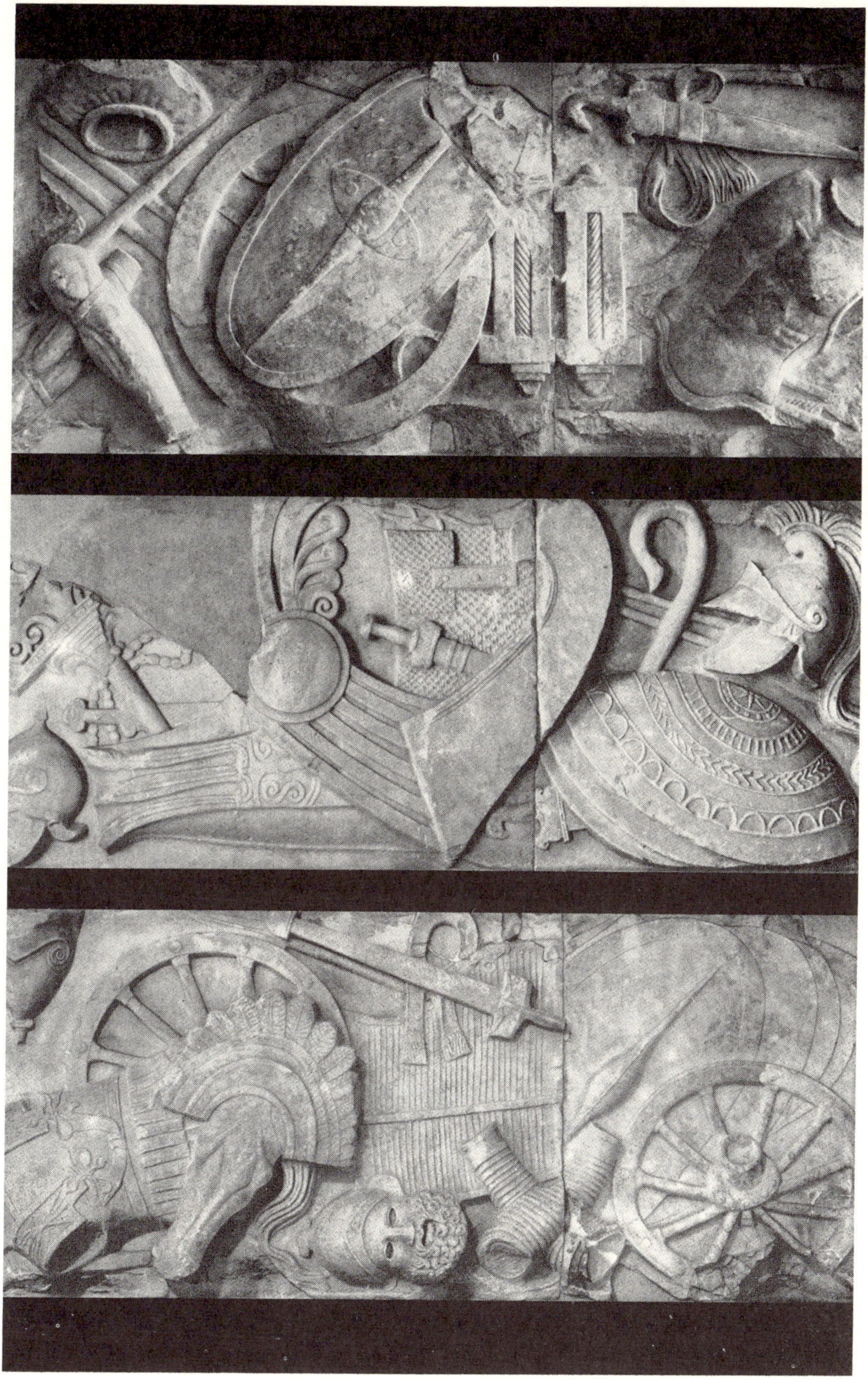

Mithridates VI. Eupator von Pontos
Marmorbildnis des Herrschers als Herakles, 88–85 v. Chr. Paris, Louvre

Pontos (183–179). Aber die ganze Welt wußte, daß die Größe Pergamons auf der Unterstützung Roms beruhte, ihre Besitzungen hatten die Attaliden von Rom gewährt bekommen und nicht durch eigene Waffentaten erworben.

Griechenland hatte Eumenes mit Ehren überhäuft, aber als sich 172 eine günstige Gelegenheit ergab, wurden alle seine Denkmäler und Standbilder zerstört; das war, als Eumenes von seiner Reise nach Rom zurück war und jedermann wußte, daß er Rom bestürmt hatte, den Krieg gegen Perseus aufzunehmen. Daß sich Eumenes in dem darauffolgenden Krieg galatischer Söldner bediente, wird kaum dazu beigetragen haben, einen Stimmungsumschwung herbeizuführen. Charakteristisch war, daß Eumenes für kurze Zeit Popularität und Zustimmung erntete, als er vor dem Ende seines Krieges gegen die Galater stand. Im Winter 167/166 wollte er sich persönlich an den Senat wenden, doch bei seiner Landung in Brundisium wurde ihm der Befehl überbracht, nicht nach Rom zu reisen, sondern Italien sofort zu verlassen. Gedemütigt kehrte er nach dem Osten zurück. Aber in Delos überraschte ihn eine Abordnung des Ionischen Bundes, die ihn feierlich begrüßte und mit Ehrenbezeigungen nicht sparte, und gleichzeitig wurden viele seiner Denkmäler in Griechenland von neuem aufgebaut. Das half der Dynastie freilich nur wenig, denn die allgemeine Mißgunst übertrug sich lediglich auf Eumenes' Bruder Attalos II., den besonderen Protégé Roms, der 159 sein Erbe antrat.

In Wirklichkeit wollte Rom gar kein starkes Pergamon, und alle Vergünstigungen, die Attalos erwiesen wurden, einschließlich des Vorschlags, ihn zum König einer abgetrennten Hälfte des Königreichs zu machen, waren nur darauf berechnet, die Dynastie zu schwächen. Den Galatern wurde, nachdem Eumenes sie 166 besiegt hatte, von Rom Autonomie gewährt; zwei Jahre später entsandte der Senat auf Beschwerden Prusias' II. hin den früheren Konsul Gaius Sulpicius Galus mit dem Auftrag nach Kleinasien, die Verhältnisse zu untersuchen, und er verbrachte auch einige Tage in Sardes, wobei er jedem den Rücken stärkte, der bereit war, über Eumenes Klage zu führen.

Rom war voller Mißtrauen gegenüber der Ostpolitik Pergamons. So nahm es beispielsweise Anstoß daran, daß sich Pergamon 160 für Ariarathes gegen Orophernes in Kappadokien einsetzte. Orophernes war der älteste Sohn Ariarathes' IV. und wurde von Demetrios I. von Syrien unterstützt; aber sein Bruder (später Ariarathes V.) hatte mit dem pergamenischen Thronfolger (später Attalos II.) in Athen studiert, und sie waren Freunde geworden. Als Attalos den Thron bestiegen und Ariarathes V. in Kappadokien mit Gewalt eingesetzt hatte, brach Prusias mit dem Segen Roms in das Königreich Pergamon ein, besetzte Teile des pergamenischen Gebietes und verbrannte den Tempel der Athena Nikephoros vor den Toren der Hauptstadt; erst 154 wurde er von Rom dazu angehalten, sich auf sein eigenes Gebiet zurückzuziehen und mit Pergamon Frieden zu schließen.

Später erzielte Attalos insofern beträchtliche Erfolge, als es ihm gelang, Alexander Balas in Syrien und Nikomedes (149-128) in Bithynien zu Königen zu machen; doch mögen beide Rom willkommen gewesen sein, da sie die Position ihrer eigenen Staaten schwächten. Auch Attalos bekundete seine Rom-Hörigkeit, als er die Römer in Griechenland gegen Andriskos und bei der Einnahme von Korinth unterstützte. Unter solchen Umständen vermochte das Reich Pergamon keine wirkliche Kraft und Stärke aufzubringen. Im Jahre

145 überrannte der Thrakerkönig Diegylis die Chersones und setzte Lysimacheia in Brand; und Attalos konnte kaum etwas tun, um ihn daran zu hindern.

Das war die Vorgeschichte des Entschlusses Attalos' III., die eigene Dynastie auszulöschen und seine Besitzungen Rom zu übereignen. Irgendwelche besonderen innen- oder außenpolitischen Leistungen billigt ihm die Überlieferung nicht zu. Es ist möglich, daß seine intensive Beschäftigung mit wissenschaftlichen Studien lediglich seine Ohnmacht auf anderen Gebieten widerspiegelte. Vielleicht hat er sogar im Verlauf irgendeines Experiments seinen Tod - mit oder ohne Absicht - eigenhändig herbeigeführt. Der Druck Roms auf die griechische Welt wuchs ständig. Die Spannungen, denen ein Pufferstaat ausgesetzt war, müssen schier unerträglich gewesen sein.

Wie dem auch sei: das Vermächtnis Attalos' III. und dessen Annahme durch Rom erwiesen sich für Kleinasien als verhängnisvoll. Es tauchte ein Thronanwärter auf, ein gewisser Aristonikos, der behauptete, ein Angehöriger des Attalidenstammes zu sein, und wurde in Pergamon, nicht aber im gesamten Attalidenbereich, anerkannt. Er führte soziale Reformen ein, die an die Reformen Kleomenes' III. von Sparta erinnerten; vor allem befreite er die Sklaven und gab ihnen das Bürgerrecht. Das kann mehr aus Verzweiflung als aus politischer Überzeugung geschehen sein, auch wenn er seine Anhänger *Heliopolitai*, »Sonnenbürger«, nannte. Er beherrschte einen Teil des Flachlandes bis nach Karien hinein, erhielt die Hilfe thrakischer Truppen, die Bundesgenossen oder Söldner gewesen sein mögen, und konnte die römischen Heere drei Jahre lang (132-129) abwehren. Unendlich viel Schaden wurde angerichtet, das reiche Land litt gleichermaßen unter Aristonikos wie unter römischen Beschlagnahmeaktionen.

Rom hatte die volle Unterstützung seines Verbündeten Mithridates V. Euergetes (etwa 150-125), der merkwürdigerweise auch als Hauptgewinner aus diesem Wettstreit hervorging. Er war der Sohn Pharnakes' I. und der Seleukidenprinzessin Nysa. Pharnakes hatte das Pontos-Reich erheblich ausgedehnt und die bedeutende Stadt Sinope besetzt und zu seiner Hauptstadt erhoben. Nun machte Mithridates von den pergamenischen Wirren Gebrauch, ergriff von Mittelanatolien Besitz und setzte sich dort - in westlicher Richtung bis nach Phrygien - fest.

Mithridates VI. Eupator kämpft gegen Rom

Noch einmal sollte Rom Anschauungsmaterial zu der These liefern, daß keine expansionistische Macht den Problemen der Sicherung ihrer Grenzen durch weitere Expansion entgehen kann. Mit der Beseitigung des Königreichs Pergamon und der Schaffung der Provinz Asia (der eine Generation später die Provinz Cilicia folgte, in erster Linie für die Überwachung der kilikischen Seeräuber zuständig) sah sich Rom einer neuen Gruppe von Staaten unmittelbar gegenüber, und aus der neuen Konstellation erwuchsen ihm neue Belastungen und Verpflichtungen. Zwar mußte Mithridates V. Euergetes von seinen Maximalansprüchen mancherlei abstreichen, aber Pontos blieb der stärkste der anatolischen

Staaten, und als zweitstärkster kam unter Nikomedes II. Bithynien hinzu. An der Nordküste lag außerdem – zwischen Pontos und Bithynien – Paphlagonien, in der Krim jenseits des Schwarzen Meeres das Bosporus-Königreich unter seinem letzten König Pairisades, dahinter ein Staat der Skythen unter einem gewissen Palakos. Alle diese Staaten wie auch die griechischen Küstenstädte lagen unter dem Druck der Sarmatenstämme aus der Steppe.

Im mittleren Kleinasien war das Land der Galater schwach, Kappadokien unter Ariarathes VI. dagegen ein recht bedeutendes Staatsgebilde. Im Südosten gab es eine weitere Absplitterung vom Seleukidenreich, das seit 160 unabhängige Kommagene. Weiter östlich lagen Kolchis und die anderen Kaukasus-Staaten, Klein-Armenien und Groß-Armenien, schließlich in Medien und Mesopotamien das Reich der Parther. Einige dieser Staaten gehörten noch nicht zur Einflußsphäre Roms; der größte östliche Widersacher Roms, der einzige, der Rom aus freien Stücken bekämpfte, der Pontos-König Mithridates VI. Eupator (121–63), sollte es mit seinem lang währenden vergeblichen Kampf dazu bringen, daß sie alle unwiderruflich in den römischen Machtbereich gerieten.

Mithridates' Mutter Laodike war – wahrscheinlich – eine Halbschwester seiner Großmutter Nysa; beide waren den politisch folgenreichen Geschwisterehen unter den Kindern Antiochos' des Großen entsprossen, die auch schon mithridatischer Abstammung waren: seit Antiochos II. waren eheliche Verbindungen zwischen Mithridatiden und Seleukiden gang und gäbe, und in beiden Dynastien verflochten sich fast unentwirrbar iranische und makedonische Stränge. Man kann, wenn man will, ausrechnen, daß Antiochos IV. zu etwa einem Drittel Iranier und Mithridates VI. Eupator mehr als zur Hälfte (genau: zu 73/128) Makedone war; er war also »mehr makedonisch« als sein seleukidischer Vorfahr Antiochos I., Sohn eines Makedonen und einer Iranierin. Vielleicht verdankte Mithridates gerade diesem günstigen Mischerbe seine großen kulturellen und militärischen Gaben, die an Alexander den Großen erinnerten; vielleicht hatte ihn gerade diese Verschmelzung kultureller Einflüsse zu dem einzigen hellenistischen Herrscher gemacht, der es bewußt auf einen Krieg mit Rom anlegte. In einem Konflikt, der nahezu dreißig Jahre dauerte, erlebte er gewiß viele Rückschläge, aber er erfocht auch viele Siege, geriet niemals in Gefangenschaft und kam nie in eine Zwangslage, in der er sich hätte unterwerfen müssen. Hätte er einen anderen Gegner vor sich gehabt, so wäre er als großer Eroberer in die Geschichte eingegangen; aber auch gegenüber dem Gegner Rom vollbrachte er Leistungen, die sein Leben zur letzten ruhmvollen Episode in der Geschichte des politischen Hellenismus machen.

Wie Alexander war er in sehr jungen Jahren auf den Thron gekommen; schon als Elfjähriger war er König. Eine Zeitlang stand er unter der Kuratel der Mutter, er war aber noch nicht sechzehn, als es ihm gelang, sich von ihr und seinem jüngeren Bruder zu lösen. Wiederum wie Alexander bemühte er sich zuallererst, sein Königreich im Norden und im Osten zu stärken und Menschen und Kriegsmaterial für den kommenden Kampf zu sammeln. In den ersten zehn Jahren (etwa 115–105), in denen er ohne mütterliche Aufsicht regieren konnte, gliederte er seinem Staatsgebiet im Osten Klein-Armenien und Kolchis an, vielleicht auch noch andere kaukasische Ländereien; in derselben Zeit besiegte sein tüchtiger General Diophantos, den wir nur aus einer langen Inschrift auf der Chersones kennen, Palakos und die Skythen und annektierte vom alten Bosporus-Königreich ein Gebiet, das bis Olbia reichte. Das brachte einen gewaltigen Zuwachs an Versorgungsquellen und Einkünften und öffnete den Zugang zu den Rekrutierungsgebieten des Skythenlandes, Sarmatiens und Thrakiens; das war das Geheimnis der größten und besten Heere der hellenistischen Spätzeit, mit denen Mithridates später seinen Feinden entgegentreten konnte.

Nach diesen ersten Erfolgen wandte sich Mithridates seinem Hauptziel zu. Im Bunde mit Nikomedes bemächtigte er sich Paphlagoniens und Galatiens, und sie einigten sich friedlich über die Aufteilung der Beute; dann aber versuchte jeder für sich, Kappadokien zu erobern, was zunächst dazu führte, daß auch jeder für kurze Zeit einen Strohmann als König einsetzte. Nikomedes, der den kürzeren gezogen hatte, appellierte an Rom. Der Senat befahl die Räumung alles besetzten Gebietes, und unterdes wählte der Adel Kappadokiens einen eigenen Herrscher. Mithridates unternahm jedoch einen zweiten Versuch, jetzt im Bunde mit Tigranes von Armenien, der seine Tochter Kleopatra geheiratet hatte. Diesmal (92) griff Sulla, Roms Proprätor in Kilikien, mit militärischen Mitteln ein. Mithridates zog daraus die Lehre, daß gegen Rom in viel größerem Maßstab vorgegangen werden müsse. Er traf seine Vorbereitungen; vier Jahre später, als Roms Hände durch den Bürgerkrieg gebunden waren, schlug er los. Alles, was vor ihm lag, fiel ihm in den Schoß.

Der Augenblick war günstig. Um den Thron Kappadokiens stritten sich noch immer schwache Bewerber; der junge Nikomedes III., der kurz zuvor mit Hilfe Roms die Nachfolge seines Vaters in Bithynien angetreten hatte, war kaum von Belang. Mithridates hatte zudem einen gerechten Anlaß, Krieg zu führen: der römische Befehlshaber in Bithynien hatte pontisches Gebiet überfallen und geplündert. Die Römer hatten Mithridates einen *casus belli* geliefert, waren aber, als der Schlag fiel, völlig unvorbereitet. In schnell aufeinanderfolgenden Siegen vernichtete Mithridates die römische Militärmacht auf der Halbinsel; in einer gut geplanten Aktion wurden pontische Truppen in allen Richtungen ausgesandt, die einzelnen Städte zu überreden oder zu zwingen, sich Mithridates anzuschließen. Die meisten ließen sich ohne weiteres gewinnen, nur wenige mußten belagert werden. Sechs Monate später war ganz Kleinasien mit Ausnahme der Südküste und einiger unabhängiger Städte, wie Kyzikos, in Mithridates' Händen.

Nach einem gut koordinierten Aktionsplan wurden sämtliche römischen oder italischen Geldleiher und Steuereinnehmer in der früheren Provinz Asia an einem einzigen Tag abgeschlachtet; es sollen ihrer achtzigtausend gewesen sein. An einigen Stellen erlagen sie sadistischen Folterungen, die als symbolische Strafe für ihre Habsucht gedacht waren: man schüttete ihnen geschmolzenes Gold oder Silber in den Rachen. Darin spiegelte sich der Haß, den die Gracchische *lex provinciae* mit der Auslieferung des Attalidenreichs an römische Plünderer geschürt hatte; bei alledem war das Blutvergießen kein spontaner Ausbruch, sondern eine organisierte Aktion, mit der Mithridates sein politisches Programm bekanntmachte. Er hatte sich vorher Rom gegenüber unterwürfig gezeigt; jetzt war er Roms erklärter Feind. Er griff, wie er in einem Briefe schrieb, den »gemeinsamen Feind des Menschengeschlechts« an, und es konnte kein Zurück mehr geben.

Dieser Haltung entsprang der Einfall in Griechenland. Er begann Anfang 87, nachdem ein Teil des Herbstes und Winters mit einer fruchtlosen Belagerung von Rhodos verstrichen war. Sosehr Griechenland unter der römischen Verwaltung gelitten hatte, es brachte keine organisierte Widerstandsbewegung hervor, die Mithridates hätte ins Land holen können, so wie die Aitoler Antiochos III. geholt hatten. Nur wenig Material liegt über die Zustände in Griechenland in den vorangegangenen sechs Jahrzehnten vor, und was vorliegt, ergibt kein einheitliches Bild. In weitem Umkreis verfielen die kleineren Städte; ihre Stelle wurde von den Gutshäusern und Gutshöfen der großen Grundeigentümer eingenommen, die sich in der Friedensatmosphäre sicher fühlten. Wahrscheinlich verringerte sich die ländliche Bevölkerung insgesamt, aber im allgemeinen war die Wirtschaftslage nicht schlecht, und die Städte erlebten einen gewissen Aufschwung. Offenbar wurden die Armen fest an der Kandare gehalten, die Reichen von Rom protegiert. Bestimmt aber hatte Griechenland nicht an einer *lex provinciae* zu tragen, wie sie die Provinz Asia zu Boden drückte. In Athen war allerdings eine Revolution im Gange: die Macht war an einen gewissen Aristion gefallen, der an der Spitze einer Kampfbewegung gegen die Besitzenden stand. Da nicht zu erwarten war, daß Rom ein solches Regime auf die Dauer tolerieren würde, konnte Aristion schwerlich umhin, Mithridates zu unterstützen; der Piräus wurde zur Operationsbasis für den Feldzug.

Mithridates selbst blieb in Kleinasien. In seiner langen Regierungszeit bewies er stets ein ungewöhnliches Talent in der Auswahl begabter Mitarbeiter, denen er sein Vertrauen schenkte und freie Hand ließ; sein Oberbefehlshaber, der Kappadoker Archelaos, war einer der größten Feldherren seiner Generation. Mithridates' strategischer Plan hatte Hand und Fuß. Während verbündete thrakische Stämme den römischen Statthalter von Makedonien angriffen und es ihm unmöglich machten, sich von der Stelle zu rühren, sollte eine kombinierte See- und Landstreitmacht unter Archelaos in Zentralgriechenland Fuß fassen und die Hauptmasse des Landheeres ihren Weg an der Küste entlang über Thrakien nehmen und bedächtig Schritt für Schritt vorgehen. Die Pontos-Flotte hatte keine Rivalen zur See, und das Heer bestand aus starken Reiterverbänden, vielen mit Sensen ausgerüsteten Streitwagen und hervorragend ausgebildeter leichter und schwerer Infanterie; dazu gehörten mehrere Kompanien von freigelassenen Sklaven und Bürgerkriegsflüchtlingen aus Italien, die mit dem Fanatismus der Verzweiflung kämpften, da sie wußten, daß ihnen als Gefangenen Roms nur ein Schicksal beschieden war: ans Kreuz geschlagen zu werden. Über die Risiken des Feldzugs in Griechenland war sich Mithridates im klaren. Er konnte sich an die Schicksale nicht nur Antiochos' des Großen, sondern auch Dareios' und Xerxes' erinnern. Nur mit der Vertreibung der Römer aus Griechenland war wenigstens ein Mindestmaß an Sicherheit zu erreichen. Nur Mut und Offensivgeist konnten den Erfolg bringen. Und fast hätte er ihn sich geholt.

Daß er dennoch unterlag, beruhte teils auf mangelhafter Koordination, teils auf dem militärischen Genie und der Härte und Skrupellosigkeit des römischen Befehlshabers Sulla. Das pontische Landheer erreichte Griechenland erst, als Sulla nach einer Belagerung, die den ganzen Winter 87/86 dauerte, Athen bereits genommen und Archelaos gezwungen hatte, den Hafen von Piräus zu räumen; nachdem das Heer schließlich gelandet war, gelang es Sulla nach bitterem Kampf, zwei Schlachten in Boiotien zu gewinnen, obgleich Archelaos beide Male großes Geschick an den Tag gelegt und die Entscheidung an einem

Haar gehangen hatte. Schweres mußte Griechenland erleiden. Die Römer plünderten die heiligen Stätten der Griechen, namentlich in Delphi und Olympia, requirierten Getreide, fällten Obst- und Laubbäume, nahmen Menschen und Tiere rücksichtslos für Kriegsdienst und Zwangsarbeit in Anspruch. Da Sullas Zukunft in Rom von einem durchschlagenden Sieg abhing, ließ er sich weder durch Erbarmen noch durch Skrupel von seinem Weg abbringen. Es war Griechenlands Unglück, daß es einem Konflikt von Giganten als Schauplatz dienen mußte.

Die Hauptentscheidung im Krieg war gefallen. Das begriff Sulla, das begriff Archelaos, und das begriff auch Mithridates. Obgleich Sulla ohne Flotte nicht nach Asien gelangen konnte und außerdem die Ankunft des Heeres abwartete, das die Anhänger des Marius nach Griechenland entsandt hatten, um ihn zu verdrängen, trat Mithridates sofort mit Friedensangeboten an ihn heran. Archelaos war als Diplomat ebenso tüchtig wie als General, und die Verhandlungen verliefen in freundschaftlicher Form, aber er konnte nicht mehr herausholen als die Wiederherstellung des Status quo: Mithridates sollte alle seine Eroberungen einschließlich Paphlagoniens herausgeben und seine Flotte den Römern übergeben. Seinerseits offerierte Mithridates seine tatkräftige Unterstützung im Kampf gegen Sullas politische Gegner in Rom, und wahrscheinlich war diese Offerte weder als Beleidigung gemeint noch als eine solche aufgefaßt worden. Umgekehrt weigerte sich Archelaos, in den Dienst Roms zu treten, ließ sich aber von den Siegern einige Güter in Griechenland schenken. Ihre Rachegelüste ließen die Römer bezeichnenderweise an den Griechen aus, die in der ganzen Affäre die wenigste Schuld auf sich geladen hatten.

Das neu nach Griechenland entsandte römische Heer führte ein Schauspiel vor, das eine Farce hätte sein können, wäre es nicht für die Opfer so tragisch gewesen. Der römische Befehlshaber, der Konsul Lucius Valerius Flaccus, hatte nur eine kleine Truppe und vermied vorsichtigerweise ein Zusammentreffen mit Sulla: er zog durch Thrakien, um eine Invasion in Kleinasien zu versuchen. Auf dem Marsch geriet er in Streit mit seinem Legaten Gaius Flavius Fimbria, der sich nicht um Disziplin kümmerte und die Truppen die Zivilbevölkerung nach Herzenslust ausplündern ließ. In Byzantion, das Fimbrias Soldaten fast wie eine besiegte Stadt mißhandelten, wurde der Konflikt auf die Spitze getrieben. Flaccus versuchte Fimbria abzusetzen, wurde aber selbst zur Flucht über die Meerenge gezwungen und bei Nikomedeia eingeholt und erschlagen. Fimbria brachte anschließend das ganze Heer nach Kleinasien, überrumpelte und besiegte ein pontisches Heer und machte sich daran, sich über das ganze Land auszubreiten; es gab viele Plünderungen und Requisitionen.

Für die griechischen Städte Kleinasiens, die Mithridates bereits schwer besteuert und schikaniert hatte, wurde der Zustand allmählich unerträglich. Erst die Ankunft Sullas brachte eine gewisse Entspannung. Fimbria wurde umgebracht und sein Heer von Sulla übernommen. Dann wandte sich Sulla der Provinz Asia zu: sie mußte rückständige Tribute für fünf Jahre nachzahlen und für die Kriegskosten aufkommen. Vor allem litten die wohlhabenden Klassen, die im Winter 85/84 ständig Einquartierungen ertragen mußten. Jeder, bei dem Römer einquartiert waren, mußte seinen »Gästen« außer Verpflegung täglich Geldbeträge auszahlen: einfachen Legionären je sechzehn Drachmen, Offizieren je fünfzig Drachmen pro Tag. Geplündert wurde trotzdem. So wurden Kleinasiens Griechen bestraft, während sich Mithridates – nachdem er im Vertrag von Dardanos Sullas Bedingungen doch noch unterschrieben hatte – relativ ungeschoren in sein Königreich zurückbegeben konnte. Auch Nikomedes und Ariarathes, die vertriebenen Könige von Bithynien und Kappadokien, kehrten in die Heimat zurück, aber nachdem Sullas Heer 84 abgezogen war, gab es nirgends eine Kraft, die die Ordnung hätte aufrechterhalten können. Rhodos' kleine Flotte vermochte nicht, die Seeräuber niederzuhalten, und ihre Raubzüge verschärften die ökonomischen Wirren, die es den Städten unmöglich machten, die ihnen auferlegten Abgaben zu entrichten. Delos war von Mithridates gebrandschatzt und zerstört worden. Der Handel Italiens verlagerte sich in die anatolischen Städte, die aber nicht viel davon hatten, weil sie die italischen Bankiers und Handelsleute nicht besteuern durften. Um ihren Verpflichtungen nachzukommen, mußten sich die Städte von diesen neuen Einwohnern Anleihen gewähren lassen und Wucherzinsen dafür zahlen. Der reichste Teil der griechischen Welt war auf dem Weg zum Bankrott.

Liquidation des Seleukidenreichs

Auch mit dem einst so stolzen Staat der Seleukiden ging es ständig bergab. Demetrios II. – seit 145 König – war jung und unerfahren, und seine kretischen Minister waren weithin unbeliebt. Es dauerte nicht lange, bis ein gewisser Tryphon, ein königlicher Beamter unbekannter Herkunft, einen Aufstand entfachte, um einen wirklichen oder vermeintlichen Sohn des Alexander Balas auf den Thron zu bringen. Tryphon hatte so viel Erfolg, daß er den jungen Mann umbrachte und sich selbst den Königstitel verlieh. Um dieselbe Zeit besetzte der Partherkönig Mithridates ganz Babylonien. Demetrios zog aus, um ihm Einhalt zu gebieten, wurde aber gefangengenommen (139), worauf er die Tochter des Partherkönigs heiratete und sich einen Bart stehen ließ; so erscheint er noch zehn Jahre später auf seinen Münzen: der erste bärtige Seleukide.

An die Stelle des Gefangenen trat sein Bruder, Antiochos VII. Sidetes, der letzte tüchtige König aus dem Seleukidengeschlecht, der auch die Frau des Demetrios, Kleopatra Thea, die einstige Frau Alexander Balas', heiratete. Während seiner zehnjährigen Herrschaft schränkte er die Unabhängigkeit der Juden ein, baute die militärische Macht des Staates wieder auf und begann einen großen Feldzug gegen die Parther. Im Jahre 129 wurde jedoch das Heer in seinem Winterquartier überrascht und Antiochos getötet. Inzwischen war Demetrios freigekommen und nach Syrien zurückgekehrt, wo er bis zu seinem Tode (126) regierte. Seine Nachfolge fiel an Kleopatra Thea, die Münzen in ihrem eigenen Namen prägen ließ. Nachdem sie einen ihrer Söhne vergiftet hatte, wurde sie selbst von einem anderen Sohn vergiftet, der als Antiochos VIII. Grypos König wurde.

Während der nächsten Generation waren die Geschicke der Seleukidendynastie mit denen der Ptolemäer in Ägypten unzertrennlich verflochten. Dort war, nachdem Philometor 145 in Syrien gestorben war, sein jüngerer Bruder Ptolemaios VIII. Euergetes II.

auf den Thron gekommen, der seine Regierungszeit von der schon 170 vorgenommenen Krönung an rechnen ließ. Er ermordete den kleinen Sohn seines Bruders und heiratete dessen Witwe, die Schwester Kleopatra II. Später trennte er sich von ihr und heiratete ihre und Philometors Tochter Kleopatra III., so daß die offizielle Bezeichnung der Throninhaber Ägyptens nunmehr lautete: »König Ptolemaios und Königin Kleopatra, die Schwester, sowie Königin Kleopatra, die Gemahlin.«

Ptolemaios war in Ägypten vorher schon nicht populär gewesen, und dazu hatte er noch das Pech, reichlich beleibt zu sein. Das bezeugt nicht nur sein Spottname Physkon, sondern auch der Bericht des Philosophen und Historikers Poseidonios von Rhodos, der es wiederum von seinem Lehrer Panaitios wußte. (Panaitios hatte Alexandreia im Gefolge des Scipio Aemilianus besucht.) Was die Überlieferung über den achten Ptolemaios sagt, ist übereinstimmend schlecht. Neben anderem wurde ihm vorgeworfen, die Intelligenz von Alexandreia schikaniert und vertrieben zu haben. Dabei war er selbst Schriftsteller und hat Memoiren hinterlassen, denen wir eine interessante Schilderung seines Onkels Antiochos IV. Epiphanes verdanken. Was von den vielen Anklagen stimmt, läßt sich nicht entscheiden. Wir wissen immerhin, daß er viel dazu getan hat, den Handel mit dem Fernen Osten (über das Rote Meer und den Indischen Ozean) und mit dem Westen (über Delos) zu fördern, und daß es ihm nicht an Energie und Fähigkeiten mangelte.

Um 131 zerstritt er sich mit Kleopatra II. und mußte nach Kypros verschwinden, wo er zwei Jahre blieb. Danach war Ägypten etwa zehn Jahre lang zwischen Bruder und Schwester geteilt: ob ständig oder nur zeitweise, läßt sich wiederum nicht sagen. Die Papyri sprechen von *ameixía*, worunter man eine Unterbindung des Verkehrs zwischen den getrennten Teilen des Reiches verstehen muß. Im Jahre 118 waren Bruder und Schwester wieder ausgesöhnt: davon zeugt ein umfassendes gemeinsames Amnestiedekret, von dem eine Abschrift auf einem Papyrus im Dorfe Tebtynis gefunden worden ist. Aus der Ehe mit seiner Nichte hatte Ptolemaios VIII. mehrere Kinder; eine der Töchter, Tryphaina, heiratete ihren Vetter Antiochos VIII. kurz nach dessen Regierungsantritt. Als Ptolemaios 116 starb, hatte er an Lebensjahren und Regierungsdauer die meisten hellenistischen Monarchen weit übertroffen. Er hinterließ ein wenigstens von neuem geeintes Land seinem ältesten Sohn Ptolemaios IX. Soter, aber ein anderer Sohn (Ptolemaios X. Alexander) und zwei weitere Töchter sollten noch verschiedentlich Unfrieden stiften.

In Syrien gab es unterdes miteinander rivalisierende Thronanwärter, Antiochos VIII. Grypos, den Sohn Demetrios' II., und Antiochos IX. Kyzikenos, den Sohn Antiochos' VII. Beide hatten Töchter des Ptolemaios VIII. geheiratet, und beide wiederum heirateten später nacheinander dessen dritte Tochter Kleopatra Selene, die vorher die Frau ihres älteren Bruders Ptolemaios IX. Soter gewesen und die Mutter oder Tante Berenikes, der Gemahlin ihres zweiten Bruders Ptolemaios Alexander, war. All diese syrischen und ägyptischen Throninhaber fanden Anhänger und Getreue nur in beschränktem lokalem Rahmen, und ihre wechselvollen Schicksale machten aus den Staatsgeschäften der beiden Dynastien ein unberechenbares Schaukelspiel. Die Seleukidenherrschaft erstreckte sich nur noch auf Syrien. Die Parther hatten ihre Macht bis zum Euphrat vorgetragen. Der jüdische Staat der Makkabäernachkommen Iohannes Hyrkanos und Alexander Iannaios umfaßte fast ganz Palästina. Im eigentlichen Syrien machte sich eine Stadt nach der anderen selbständig. Die östliche Steppe stand unter der Herrschaft des arabischen Nabatäerreichs unter Aretas II.

In etwas besserer Verfassung befand sich Ägypten. Doch war Kyrene für den dritten (illegitimen) Sohn des Ptolemaios Euergetes, Ptolemaios Apion, als eigenes Fürstentum abgetrennt worden, und als er 96 starb, vermachte er es den Römern; freilich wartete Rom zwanzig Jahre, bis es Kyrene als Provinz zu organisieren begann. Kypros war zur Exilresidenz vertriebener Könige geworden und damit faktisch von Ägypten losgelöst. In Ägypten selbst verdichteten sich schwelende Unruhen zu einem großen Aufstand im Bezirk von Theben (88-85), der von Ptolemaios IX. Soter mit Brutalität und Zerstörungswut unterdrückt wurde. Nachdem Soter zum zweitenmal an die Regierung gekommen war, gelang ihm die Überwindung der Unruhen und Wirren; fast zehn Jahre (89-80) herrschte Ruhe. In dieser Zeit war Soter auch geschickt genug, einer Beteiligung am Mithridatischen Krieg aus dem Wege zu gehen. Im Winter 87/86 kam Sullas Quästor Lucius Licinius Lucullus nach Ägypten, um Hilfe bei der Aufstellung einer Flotte zu erbitten; er wurde freundlich empfangen und nach Kypros weitergeleitet, aber es wurde alles vermieden, was dem Ansehen des Königs bei der Regierung der Marius-Anhänger in Italien hätte schaden können. Nach Soters Tod wurde Kypros unter seinem jüngeren Sohn faktisch unabhängig und behauptete diese Position, bis die Römer die Insel 58 annektierten. Soters älterer Sohn, der in der Geschichte als Ptolemaios XII. *Aulétes* (»Flötenspieler«) bekannt ist, behielt die Herrschaft in Ägypten mit wechselndem Glück fast ein Menschenalter lang (80-51).

In Syrien waren dagegen die noch übrigbleibenden Seleukiden zu zahlreich, zu schwach und zu streitsüchtig, als daß sie den zunehmenden Zerfall der Dynastie hätten aufhalten können. Zwischen 83 und 69 war der Thron in den Händen des Tigranes von Armenien, während die Seleukidenprinzen nur noch einzelne Städte beherrschten oder in der Verbannung vegetierten. Als Pompeius 64 in Syrien einmarschierte, lehnte er es vernünftigerweise ab, Antiochos XIII. als König anzuerkennen; er meinte, das Land würde, falls er das täte, zur Beute der Parther, Araber und Juden werden. Obgleich er bei seinen sonstigen Bemühungen um die Neuordnung der östlichen Grenzgebiete mit vielen Vasallenkönigen arbeitete, schien ihm Syrien nur noch unter der Verwaltung eines römischen Statthalters einen nützlichen Zweck erfüllen zu können.

Es mußte ein Pompeius kommen, um im Osten Ordnung zu schaffen. Sullas Sieg in Griechenland und seine kurzlebige Besetzung Kleinasiens hatten nichts geregelt. Als Sulla 83 nach Italien zurückkehrte, hatte er andere Sorgen, als sich um die Ostgrenzen zu kümmern; der Vertrag von Dardanos, der immerhin einen *modus operandi* ermöglichte, war noch 78, als Sulla starb, nicht ratifiziert worden. Die Folge war, daß Lucius Licinius Murena, der Statthalter der Provinz Asia, ohne jeden Grund in Pontos einfiel und schmachvoll besiegt wurde (83/82); inzwischen hatte Mithridates seine Herrschaft in Kolchis und am Bosporus wiederhergestellt und von neuem gezeigt, daß er, solange Rom keine Generaloffensive gegen ihn eröffnete, mit allem fertig werden konnte. Mit der Niederlage sank das römische Prestige, und 78 besetzte Tigranes von Armenien, der bereits Kilikien und Syrien unterworfen hatte, auch noch Kappadokien, um Einwohner und Schätze für seine neue Hauptstadt Tigranokerta zusammenzuscharren. Rom sah, ohne einzugreifen, zu.

Danach entfalteten die Römer allerdings, da ihre Händler und Bundesgenossen unter den Raubzügen der kilikischen Seeräuber schwer zu leiden hatten, eine ziemlich hektische Aktivität. Publius Servilius Vatia führte einen erfolgreichen Feldzug (78–75) in den Bergen Lykiens und Isauriens. Die positiven Wirkungen, die sich daraus hätten ergeben können, wurden jedoch durch den katastrophalen Krieg des Lucius Antonius gegen Kreta (74–71) weitgehend zunichte gemacht. Unterdes hatten der Tod Nikomedes' III. von Bithynien (74) und der Entschluß Roms, sein Königreich in eine Provinz zu verwandeln, wieder dazu geführt, daß Mithridates in die Kämpfe hineingezogen wurde. Es ist nicht ganz erwiesen, daß er das wollte, wenn er auch bestimmt keinen Gefallen daran finden konnte, daß sich die Römer auf beiden Seiten des Hellesponts auf die Dauer festsetzten. Offiziell griff er zugunsten der wirklichen oder vermeintlichen Erben des Nikomedes ein, die aber angesichts der raschen Abfolge der Ereignisse sehr bald in Vergessenheit geraten sollten.

Mithridates marschierte durch Paphlagonien, sicherte seine Flanken mit Truppen, die in Kappadokien und in Phrygien – hier gegen die Galater – stationiert wurden, und besetzte Bithynien, ohne auf Widerstand zu treffen. Er besiegte den römischen Provinzstatthalter Marcus Aurelius Cotta, schloß ihn in Chalkedon ein, erbeutete seine Flotte und versuchte dann, die mächtige freie Stadt Kyzikos zu nehmen, deren Lage sie fast uneinnehmbar machte und die für ihn ein höchst wertvoller Flottenstützpunkt hätte sein können. Das erwies sich als strategischer Fehler: der Konsul Lucullus, der den Oberbefehl übertragen bekommen hatte, rückte aus der Provinz Asia nach Norden vor und legte einen Belagerungsring um Mithridates' Feldlager. Da Mithridates Kyzikos nicht im Sturm nehmen konnte und seine Versorgung erheblich nachließ, mußte er die Belagerung der Stadt Anfang 73 unter schweren Verlusten aufgeben. Als er dann noch eine Seeschlacht verlor, blieb ihm nichts anderes übrig, als Bithynien zu räumen und den Rückzug nach dem Osten anzutreten.

Cotta und Lucullus verfolgten ihn, wurden aber durch den Widerstand der Küstenstädte aufgehalten. Bis zum Jahre 70 hielten sich Herakleia und Sinope, obgleich der Ausgang des Krieges im Grunde schon 72 durch die römischen Siege bei Kabeira entschieden worden war. Dort hatte sich Mithridates zunächst mit der Reiterei taktische Vorteile verschafft und Lucullus in schwere Gefahr gebracht, aber ein Teilsieg der Römer hatte im pontischen Lager Panik ausgelöst und seine Niederlage besiegelt. Mithridates mußte bei Tigranes in Armenien Zuflucht suchen. Während Lucullus mit seinen Truppen Klein-Armenien überflutete, besiegte und vernichtete sein Bruder Marcus, der Statthalter von Makedonien, Mithridates' thrakische und sarmatische Verbündete; er trieb sie bis ans Schwarze Meer und nahm unterwegs Kallatis, Istros und die anderen nahe gelegenen griechischen Städte, die nun zum erstenmal die Stoßkraft der römischen Waffen und die Raffgier der römischen Heerführer erlebten (72/71).

Im folgenden Jahr mußte sich Lucullus, ob er wollte oder nicht, mit der schweren Notlage der griechischen Städte Asiens befassen. Zwar fand er immer wieder neue Methoden, sie zur Erfüllung ihrer Verpflichtungen zu bringen, zugleich übte er aber heftigen Druck auf die Bankiers aus, setzte ihre Zinsforderungen auf zwölf Prozent herunter und verfügte, daß die Gesamtverzinsung unter keinen Umständen das geliehene Kapital überschreiten dürfe. Auf eine bessere Lösung konnten weder Schuldner noch Gläubiger hoffen: die Regelung war nicht ungerecht, und sie ließ sich auch durchführen, aber weder Schuldner noch Gläubiger waren mit ihr zufrieden; das gleiche berichtete Cicero über eine Schuldenregelung, die er 51 in Kilikien herbeigeführt hatte. Den Städten gaben solche Lösungen wenigstens eine Lebenschance, aber sie waren den Finanzleuten in Rom, dem Ritterstand, ein Dorn im Auge. Die Rache dieser vermögenden und einflußreichen Gegner sollte Lucullus drei Jahre später zu spüren bekommen.

Im Gegensatz zu Sulla hatte Lucullus versucht, die Plünderungen und Räubereien seiner Truppen einzudämmen, hatte von ihnen aber auch strengste Disziplin und untadelige Dienstleistung verlangt. Das machte ihm die Aufgabe nicht leichter, zumal ein Teil seines Heeres aus früheren Soldaten des Fimbria bestand, die für einen General aus dem Sulla-Lager ohnehin nichts übrig hatten. Für Lucullus stand fest, daß der Krieg unentschieden bleiben mußte, solange Mithridates in Freiheit blieb; er rückte daher 69 in Armenien ein, um Tigranes zur Herausgabe Mithridates' zu zwingen. Tigranes war übermütig und unerfahren; da seine neue Hauptstadt Tigranokerta bedroht war, eilte er mit seinem Heer vor die Tore der Hauptstadt; Lucullus fiel es nicht schwer, ihn zu schlagen und Tigranokerta einzunehmen.

Dann begannen aber auch für Lucullus die Schwierigkeiten. Er hatte nach der alten armenischen Hauptstadt Artaxata marschieren wollen, doch der frühe Einbruch des Winters und die schlechte Stimmung unter seinen Soldaten nötigten ihn, den Marsch abzubrechen. Er zog nach dem Süden und verbrachte den Winter 68/67 in Nisibis in Mesopotamien, wo er Pläne für eine Strafexpedition gegen die Parther entwarf: sie waren mit Tigranes verbündet gewesen und für den Augenblick so geschwächt, daß sie als verlockendes Angriffsziel erschienen. Nur hatte sich Lucullus zu früh darauf verlassen, daß Mithridates den Kampf bereits aufgegeben habe. Mit einiger Hilfe von Tigranes kehrte Mithridates, da er Lucullus anderweitig beschäftigt wußte, durch das Lykostal in sein eigenes Königreich zurück und wurde freudig empfangen. Er besiegte den lokalen römischen Befehlshaber und hinderte den ihm nachziehenden Lucullus an weiterem Vorrücken; die römischen Truppen waren aufsässig, viele Römer desertierten. Diese Zersetzungserscheinungen hielten an, bis Anfang 66 der neue Befehlshaber eintraf.

Sozusagen hinter Lucullus' Rücken war mittlerweile die Mittelmeerwelt aus den Fugen geraten. Aus Gründen, die nicht ganz eindeutig sind, war die Seeräuberei zu einem umfassenden und koordinierten Unternehmen von der Levante bis zu den Säulen des Herkules geworden. Die Aushungerung Roms, die Mithridates mit Hilfe eines Bündnisses mit dem mächtigen römischen Rebellen Sertorius in Spanien hatte erreichen wollen, war ohne die Mitwirkung beider weitgehend eingetreten: sofern das vom Tribun Gabinius 67 entworfene Bild nicht wüst übertrieben war, waren Wirtschaftsleben und Lebensmittelversorgung in Rom durch die Seeräuberei schwer getroffen. Die Situation führte dazu, daß Pompeius, der Vorkämpfer der wohlhabenden Geschäftsleute, mit unbeschränkten Befehlsvollmachten wie kein anderer römischer Befehlshaber vor ihm ausgestattet wurde. Er stellte

Heer und Flotte von beachtlichem Umfang auf, teilte das Mittelmeer in einzelne Kampfzonen ein, die er seinen Legaten überantwortete, und säuberte das Meer von Seeräubern vom Westen bis zum Osten in einer verdächtig leichten und schnellen Kampagne. Der Abschluß der Operationen war die Einnahme Korakesions in Kilikien, und damit war der Krieg faktisch zu Ende. Zugleich focht einer der Führer der Optimatenpartei, Quintus Caecilius Metellus (später als Creticus bekannt), einen viel schwierigeren Kampf aus, um die Schmach der Niederlage des Antonius auf Kreta auszulöschen, wobei ihm Pompeius' Legat Octavius ständig ins Handwerk pfuschte; die Friedensregelung wurde später von Pompeius selbst diktiert. Die Seeräuber, die sich ergeben hatten, wurden fürs erste verständig und mild behandelt: sie wurden in den vielen Städten angesiedelt, deren Bevölkerung – auch das war ein Zeichen der Zeit – heftig zusammengeschrumpft war. Im Jahr danach breitete sich das Imperium des Pompeius über den ganzen Osten aus.

Lucullus widersetzte sich seiner Ablösung – man weiß nicht recht, mit welchen Rechtsgründen. Dann reiste er doch nach Italien ab. Pompeius hatte frische Truppen, gewaltiges Prestige und die Unterstützung der Volkspartei; außerdem war er im Gegensatz zu Lucullus ein großer Diplomat. Mit Versprechungen, die er, auch wenn sie im Anfang ernst gemeint gewesen sein sollten, nie eingehalten hat, hatte er den Partherkönig Phraates überredet, mit Tigranes zu brechen und Bundesgenosse Roms zu werden. Während Phraates auf Artaxata marschierte und Tigranes lahmlegte, nahm es Pompeius mit Mithridates auf. Mithridates machte guten Gebrauch von seiner Reiterei und nutzte auch die Gunst des Geländes dazu, östlich ins Lykostal auszuweichen. Aber Pompeius war zu stark. Mithridates' Heer wurde eingeholt und geschlagen. Armenien war Mithridates verschlossen, da Tigranes bereit war, Frieden zu schließen, und ihn nicht mehr aufnehmen wollte; er mußte nach Kolchis fliehen. Nach der Kapitulation Armeniens rückte Pompeius zum Kaukasus vor und verbrachte den Winter mit kleinen Gefechten gegen die benachbarten Albaner im Kuratal. Er bereitete sich darauf vor, Völker zu besiegen, von denen Rom noch nie etwas gehört hatte.

Im Jahre 65 zog er es vor, von Mithridates keine Notiz zu nehmen; so konnte sich Mithridates wieder am Bosporus festsetzen, wo sein Sohn Machares seit 70 als römischer Vasall regiert hatte. Pompeius beschäftigte sich inzwischen mit etwas planlosen Operationen im Kaukasus, die allerdings zu seiner und der Legionäre Bereicherung beitrugen, und paßte auf, daß Phraates nicht nach Westmesopotamien, ins Gebiet von Nisibis und Edessa, gelangte. Im Jahre 64 kam Pompeius nach Syrien, entthronte endgültig die Seleukidendynastie und nahm nach dreimonatiger Belagerung Jerusalem. Ein Feldzug gegen die nabatäischen Araber war ins Auge gefaßt, dann klugerweise aufgegeben worden. Im Jahre 63 kam die für Pompeius erfreuliche Nachricht vom Tode Mithridates'. Er war, als er sich gerade mit dem Plan eines Feldzugs über den Balkan nach Italien beschäftigte, einem Aufstand zum Opfer gefallen, den einer seiner Söhne angezettelt hatte. Bis zum Schluß war er eine überragende Gestalt geblieben, aber seine Angehörigen und Anhänger waren des Kämpfens müde geworden.

Ausklang des politischen Hellenismus

Nach Mithridates' Tod stand der von Pompeius angestrebten allgemeinen Regelung der Machtverteilung im Osten nichts mehr im Wege; die Vollmacht dazu hatte ihm die *Lex Manilia* erteilt. Er erwies sich jetzt als großer Staatsmann: das allgemeine Gefüge seines Planes sollte bis zum Ende des Römischen Reiches bestehenbleiben. Was hier vorgesehen war, war eine Kombination von römischen Provinzen und botmäßigen Pufferstaaten bis zum Hochland Mediens und bis zu den Steppengebieten Mesopotamiens und Südrußlands, die eine Art natürliche Grenze bildeten. Kreta und Syrien wurden zu Provinzen, und die Grenzen Bithyniens und Kilikiens wurden vorgeschoben, so daß der größte Teil Kleinasiens westlich des Halys unter direkte römische Verwaltung kam. Jenseits dieses Bereichs lag eine Kette abhängiger Königreiche oder Fürstentümer, die sich von der von Mithridates' rebellischem Sohn Pharnakes beherrschten Krim über Kolchis, Iberia, Albania, das östliche Pontos (unter dem galatischen Häuptling Deiotaros), Armenien, Galatien, Kappadokien, Kommagene und Osrhoëne hinzog. Syrien war im Osten von kleinen Fürstentümern umsäumt; zur Belohnung für seine Unterwerfung erhielt der Nabatäerfürst Aretas III. Damaskos. Hyrkanos, der ältere Sohn des Alexander Iannaios, bekam Juda – nicht als König, sondern als Hoherpriester, obgleich er nach jüdischem Gesetz die Befähigung zum königlichen, aber nicht zum priesterlichen Amte hatte; er mußte die Küstenstädte freigeben, die sein Vater unter seine Kontrolle gebracht hatte.

Im allgemeinen nahm Pompeius bereits die Politik des Römischen Reiches vorweg, indem er die griechischen oder hellenisierten Städte begünstigte und viele von ihnen als freie Städte *(liberae)*, aber nur wenige als nicht steuerpflichtig *(immunes)* anerkannte. Die Steuerlast blieb weiterhin drückend, vor allem wenn die Steuern von »Zöllnern« *(publicani)* eingetrieben wurden. Immerhin hätten die Griechen unter diesem System existieren können, wenn man sie in Ruhe gelassen hätte. In vieler Beziehung war die von Pompeius herbeigeführte Regelung eine Fortführung oder Wiederherstellung wesentlicher Züge des Seleukidensystems, das seinerseits vieles von den Persern der Achaimenidenzeit übernommen hatte.

Das Unglück des Ostens war, daß er noch lange nicht in Ruhe gelassen werden sollte. Bestenfalls gab es kurze Atempausen – wie etwa in der Zeit von 63 bis 58, einer Friedensära, die der von Lucius Calpurnius Piso unternommene verhängnisvolle Thrakische Krieg unterbrach. Voraufgegangen waren, namentlich in Griechenland, Aushebungen von Rekruten und Beschlagnahmeaktionen, Soldateneinquartierungen und Plünderungen – und dann der Einbruch der Barbaren. Besonderen Schaden erlitt das freie verbündete Byzantion. Ein bleibendes Ergebnis des Krieges war die Schaffung eines geeinten thrakischen Königreichs unter König Byrebista; die Römer kamen, wenn auch widerwillig, zu dem Schluß, daß es möglich war, mit dem neuen Königreich in Frieden zu leben. Später gab es parthische Einfälle in Westmesopotamien und Syrien: mit ihnen mußte sich Cicero als Prokonsul in Kilikien 51 beschäftigen; sie wiederholten sich noch schlimmer unter Pakoros und dem römischen Überläufer Quintus Labienus in den Jahren 41 bis 38; diesmal drangen die Parther bis weit nach Kleinasien hinein.

Viel größeren Schaden brachten aber die Bürgerkriege. Als Caesar gegen die Pompeianer (49–47), Caesars Erben gegen seine Mörder (43/42) und Octavianus gegen Antonius (33–31) kämpften, spielten sich die bewaffneten Auseinandersetzungen hauptsächlich in Griechenland ab, aber alle anderen Teile der hellenistischen Welt, vor allem Kleinasien und Syrien, wurden um all ihre Reichtümer und Lebensmöglichkeiten gebracht: sei es in Zwangsabgaben zur Behebung des jeweiligen Notstandes, sei es zur Strafe dafür, daß sie sich hatten zwingen lassen, die Gegenseite zu unterstützen. Nicht minder als die griechischen und hellenistischen Städte wurden die Vasallenfürsten in Mitleidenschaft gezogen; meistens versuchten sie, den Sturm zu überstehen, ohne sich mehr als nötig zu exponieren oder festzulegen. Daß Pharnakes, der Sohn des Mithridates, die pontischen Besitzungen seines Vaters 47 zurückzuerobern unternahm, war ein Ausnahmefall; er wurde besiegt und in dem »Blitzkrieg« aus dem Lande getrieben, über den Caesar seine berühmte Meldung *veni, vidi, vici* erstattete.

Im übrigen erlebte der Osten die gewöhnliche oder außergewöhnliche Habgier der Provinzstatthalter, die Lasten des römischen Besteuerungssystems und die Erpressungen der Bankiers. In Briefen aus seiner Provinz schildert Cicero, wie ein Beauftragter des Brutus die römische Reiterei eingesetzt hatte, um Schulden der Einwohner der Stadt Salamis auf Kypros einzutreiben, wobei die Mitglieder des Stadtrats in der Ratskammer eingesperrt wurden, bis einige von ihnen Hungers starben. Von seinem Vorgänger Appius Claudius sagt Cicero, er habe »die Provinz ausgehungert, ihr Blut abgezapft, an ihr Abmagerungskuren versucht« und sie ihm »des Lebens beraubt« hinterlassen. Seinem Bruder Quintus, dem Statthalter der Provinz Asia, schrieb er: »Es scheint eine Art göttliche Vollkommenheit vorauszusetzen, wenn man sich so verhalten will, daß man die *publicani* zufriedenstellt, vor allem, wenn sie die Steuereintreibung mit Verlust übernommen haben, zugleich aber den Ruin der Verbündeten nicht zuläßt.«

Wenn Cicero, wie er behauptet, auf Statuen- und Geldgeschenke verzichtete, die Einquartierungskosten seiner Truppen aus den Eingängen bezahlte und Maßnahmen traf, um Zinssätze und sogar Kapitalschuldbeträge zu reduzieren, war er eine seltene und ungewöhnliche Erscheinung. Aber sogar Cicero gab zu, daß er die finanziellen Lasten wenigstens zum Teil auf wohlhabende Griechen abwälzte, die »überredet« wurden, Amtsmißbrauch einzugestehen. Der Frieden war keine leichte Zeit, und es wurde nur schlimmer, der Sache nach aber nicht anders, als Brutus und Cassius verlangten, daß die Provinz Asia Abgaben für zehn Jahre auf einmal entrichte, oder als sich Antonius für maßvoll hielt, weil er in zwei Jahren die Ablieferung von Steuern für »nur« neun Jahre forderte.

Während eines erheblichen Teils dieser Zeit lag Ägypten außerhalb des Zuständigkeitsbereichs der römischen Verwaltung und schien von allen hellenistischen Monarchien die glücklichste und langlebigste zu sein. Das lag aber weniger an Skrupeln oder Interesselosigkeit als daran, daß sich die Römer nicht entschließen konnten, Glorie und Profit aus radikalem Durchgreifen gegen Ägypten einer Einzelperson zuzugestehen. Als Sullas Schützling Ptolemaios XI. Alexander II. (Sohn Ptolemaios' X. Alexander I.) im Jahre 80 nach einer Regierungszeit von nur neunzehn Tagen starb, betrachtete Rom den ägyptischen Thron als verfallen, erlaubte aber den Bürgern von Alexandreia, dessen »illegitimen« Vetter

Ptolemaios XII. Auletes zum König auf Abruf zu machen, während Auletes' jüngerer Bruder als König auf Kypros regierte. Im Jahre 59 überredete Auletes den als Konsul amtierenden Caesar, ihm die Anerkennung des Königstitels durch Rom zu besorgen; das hinderte die Römer aber nicht, Kypros im folgenden Jahr zu annektieren. Die Beschaffung der Titelbestätigung hatte Auletes so viel gekostet, daß er außer Landes gehen mußte: er verbrachte die Jahre 58 und 57 in Rom und lebte davon, daß er beim Bankier Raberius Postumus Darlehen aufnahm; in Ägypten regierte unterdes als Gemahl der Auletes-Tochter Berenike der pontische Fürstenabkömmling Archelaos. Im Jahre 55 wurde Auletes von Pompeius' Freund Aulus Gabinius, dem Statthalter von Syrien, wieder auf den Thron erhoben, wofür Gabinius im Jahr darauf in Rom vor Gericht gestellt und verurteilt wurde. Dafür kam Raberius nach Ägypten und wurde Finanzminister *(dioikétes)*; wahrscheinlich hat er in dieser Eigenschaft weniger die Krone als sich selbst bereichert.

Über die inneren Angelegenheiten Ägyptens in dieser Zeit ist nicht viel bekannt. Üppig dürfte das Leben nicht gewesen sein. Indes wurden viele Tempel gebaut, und es gibt keine Hinweise auf Unzufriedenheit oder Unruhen. Es scheint, daß der Bezirk Theben zu einer besonderen, mehr oder minder autonomen Gebietseinheit im Rahmen des Königreichs gemacht worden war; offenbar handelte der dort eingesetzte Statthalter Kallimachos in weitgehender Unabhängigkeit. Ob das ein Zeichen der Stärke oder der Schwäche der Staatsgewalt war, ist schwer zu sagen.

Ihrer romanhaften Aspekte wegen hat die letzte unabhängige königliche Regierung der Ptolemäerdynastie die größte Berühmtheit erlangt; in vieler Beziehung entzieht sie sich aber auch am meisten unserem Verständnis. Kleopatra VII. war Königin aus vollem eigenem Rechtsanspruch, auch wenn sie den Thron mit jüngeren Brüdern – zuerst mit dem einen, dann mit dem andern – teilte. Von ihrem Vater Auletes glaubte man, daß er ein »Bastard« war: seine Mutter wäre nicht die Schwester-Gemahlin Soters II., sondern – möglicherweise – eine griechische Kurtisane. Falls Kleopatras Mutter, was wahrscheinlich ist, eine Schwester des Auletes war, kann man hypothetisch berechnen, daß Kleopatra zur Hälfte Griechin, zu drei Achteln Makedonin und zu einem Achtel Iranierin war; von der einen Linie mag sie maßlosen Ehrgeiz und politische Begabung, von der anderen Charme und Verwandlungsfähigkeit geerbt haben. Sie soll sich mit unersättlicher Wißbegierde für alle wissenschaftlichen und technischen Dinge interessiert haben und ungewöhnlich sprachbegabt gewesen sein; von allen Ptolemäern war sie die erste, die Ägyptisch sprach. Sie hatte das Talent, zwei der bedeutendsten Römer ihrer Zeit zu unterhalten, zu beraten, ja auch zu beeinflussen und zu lenken. Zweimal wäre sie beinahe zur Königin der gesamten den Römern bekannten Welt geworden; einmal mißlang ihr das, weil Caesar ermordet wurde, das andere Mal, weil sich Antonius im Entscheidenden als unfähig erwies. Von beiden hatte sie Söhne. Caesars Sohn Caesarion machte sie zu ihrem Mitkönig in Ägypten: sie – Königin der Könige, er – König der Könige. Die Söhne des Antonius wurden auch Könige: von Armenien und von Syrien. Aus alledem ist natürlich nichts geworden; nur die Tochter, die sie Antonius gebar, wieder eine Kleopatra, hat den Königstitel noch zwei Menschenalter hindurch in der Familie erhalten – als Frau des Königs Juba von Mauretanien.

In der Regierungszeit Kleopatras (57–30) war es Ägypten zunächst noch möglich, sich durch den ersten Bürgerkrieg in einer mehr oder minder neutralen Haltung hindurchzulavieren. Es half Pompeius aber nicht allzusehr, und nach der Schlacht von Pharsalos sorgte Kleopatras Bruder Ptolemaios Dionysos für Pompeius' Ermordung. Kleopatra selbst war im Sommer 48 nicht in der Nähe: sie war geflohen, hatte arabische Söldnertruppen angeworben und versuchte, mit ihren Soldaten nach Alexandreia zu gelangen. Als Caesar in Ägypten eintraf, ließ sie sich insgeheim zu ihm bringen und gewann seine Unterstützung. Sie teilte mit ihm die Gefahren der Kämpfe um Alexandreia: die wenigen Truppen, über die die beiden verfügten, waren im Königspalast faktisch eingeschlossen und wurden belagert. Die Lage änderte sich erst, als Mithridates von Pergamon mit Verstärkungen eintraf. Dann folgte Kleopatra Caesar nach Rom; bis zu seinem Tod war sie eine wohlbekannte, wenn auch nicht beliebte Persönlichkeit der römischen Gesellschaft.

Nach den Iden des März 44 eilte sie mit Kaisarion nach Ägypten zurück. Den Erben Caesars kam sie bis nach Philippi in keiner Weise zu Hilfe; erst 41 traf sie in Tarsos mit Antonius zusammen und brachte ihn mit nach Ägypten. Zwischen 40 und 36 war Antonius weg, kam dann aber wieder und blieb. Während seiner Ostfeldzüge und bis zur Schlacht von Aktion war sie seine Beraterin, Helferin und Gefährtin.

Ob sie ihm wirklich half oder nicht viel eher im Wege stand, welche ehrgeizigen Pläne sie für ihn oder für sich selbst schmiedete, in welchem Maße sie und er sich von Gefühl oder Leidenschaft leiten ließen und in welchem Maße von Zweckerlegungen und durchdachten Plänen: all diese Fragen waren schon im Altertum nicht zu beantworten und sind es heute noch weniger; das überlieferte Material ist zwar umfassend, aber auch von romantischer Verklärung und haßerfüllter Feindseligkeit durchtränkt. Zweifellos muß die gekoppelte Dionysos- und Isis-Rolle, die Antonius und Kleopatra und manchen ihrer Mitstreiter und Gefolgsleute lebenswahr oder wünschenswert vorkommen mochte, viele Römer und auch viele Griechen abgestoßen haben. Völlig ungeklärt bleibt Kleopatras Rolle in der Schlacht von Aktion. Sie befehligte persönlich das ägyptische Geschwader, und es heißt, sie habe das Zeichen zur Flucht gegeben. Freilich hatte sich auch Antonius' Flotte nicht allzu eifrig geschlagen, und seine Landtruppen waren kaum eingesetzt worden. Steckte hinter alledem Unfähigkeit oder Verrat?

Nur dies eine steht fest: die Schlacht wurde verloren, und Antonius und Kleopatra kehrten nach Alexandreia zurück. Im Sommer 30 folgte ihnen Octavianus; ohne Schwierigkeiten gelang es ihm, in Ägypten einzudringen und seine Feinde im Palast zu umzingeln. Antonius beging Selbstmord, kurz danach auch Kleopatra: sie ließ sich, so wird berichtet, durch den Biß einer Königsnatter töten, deren Gift dem Opfer die Unsterblichkeit verlieh. Octavianus wartete geduldig bis zum ägyptischen Neujahrstag (1. Thoth oder 29. August), und zur Feier des neuen Jahres erklärte er die Monarchie der Ptolemäer für erloschen.

Erst dann bekam die hellenistische Welt endlich den Frieden, den sie brauchte, um wieder zu Kräften zu kommen. Unter Augustus wurde die von Caesar zwischen 46 und 44 in Angriff genommene Politik verwirklicht. Das Imperium entwickelte eine nach objektiven Gesichtspunkten betriebene und für die eroberten Völker erträgliche Verwaltungspraxis; Handel, Gewerbe und Landwirtschaft konnten sich entfalten; die entvölkerten und zerstörten Städte wurden neu aufgebaut. Mit der ausgiebigen Verleihung des Bürgerrechts und dem Schrumpfen der Privilegien verschwand die Kluft zwischen Griechen und Römern. Während Rom jetzt zur unumstrittenen Hauptstadt wurde, begann für die großen Städte des Ostens eine neue Ära kultureller Blüte und materiellen Wohlstands. Es ist müßig, darüber zu spekulieren, was aus der hellenistischen Welt ohne Rom geworden wäre. Daß sie zwei Jahrhunderte lang gegen Rom hatte kämpfen müssen, wurde nicht nur für das Gepräge ihrer Politik und Wirtschaft bestimmend, sondern auch für ihre geistige, religiöse und künstlerische Entwicklung. Und am Ende war es ihr möglich, auch als Teil des Römischen Reiches ihre Schicksalssendung zu erfüllen. Das unerbittliche Ferment des Hellenismus wirkte weiter. Mit dem Ende des politischen Hellenismus begann eine neue Phase des Hellenismus in der Kultur.

Ethnischer und kultureller Schmelztiegel

Die hellenistische Welt, wie sie die Eroberungen Alexanders des Großen geschaffen hatten, war der Schauplatz des Zusammen- und Aufeinanderwirkens verschiedener Völker und Kulturen. Wenn sich das Endprodukt auch nicht vor dem Römischen Reich herausbildete, ja auch dann noch unvollkommen blieb, so war doch die Richtung, die der Prozeß nahm, schon unverkennbar: er brachte nach und nach eine homogene Bevölkerung hervor, die Griechisch sprach oder wenigstens verstand und an einer gemeinsamen Kultur teilhatte. Diese Kultur sollte nicht nur von Griechenland oder vom Orient ererbte Züge und Institutionen, sondern auch neue Elemente umfassen, die sich in ihrem eigenen Rahmen entwickelten und den Bedürfnissen ihres Wirkungsbereichs und des in ihm lebenden Volkes entsprachen. Tendenzen, die der Uniformität zuwiderliefen, partikularistische oder nationalistische Tendenzen kamen in den drei Jahrhunderten des Hellenismus nur in Juda zur Zeit der Makkabäer und – weniger ausgeprägt – in der iranischen Welt zum Vorschein, wo es Elamiter, Perser und am erfolgreichsten wohl Parther bis zur politischen Unabhängigkeit brachten, die in gewissem Umfang aus einem nationalen Kulturbewußtsein erwachsen war. Dem Einfluß des Hellenismus entgingen indes auch die Juden und die Iranier nicht; ebensowenig entging der Hellenismus dem ihrigen.

Der Prozeß der sozialen und kulturellen Begegnung und Berührung vollzog sich auf verschiedene Weise. Am offensichtlichsten und am weitesten bekannt war der kontinuierliche Auswandererstrom, der hellenisierte Makedonen und Griechen aus dem griechischen Mutterland und aus den Küstenstädten Thrakiens und Kleinasiens in die neuen Königreiche Asiens und Ägyptens und zu einer späteren Zeit auf nicht unähnliche Weise nach Italien brachte. Sie emigrierten in den verschiedensten beruflichen Funktionen: als Soldaten, Beamte, Techniker, Schriftsteller, Künstler, Geschäftsleute. Manche von ihnen gelangten an die Höfe der Könige oder Satrapen, als Protegés der Großen oder selbst schon als Große. Manche wurden zu ständigen Angehörigen der neuen stehenden Heere – sei es im Frontdienst, sei es in besonderen Militärsiedlungen – oder verdingten sich als Söldner auf Zeit. Viele siedelten sich in den neugegründeten Städten der Seleukiden oder in den Dörfern

Ägyptens an. Viele wurden reich, und manche blieben in den bescheidenen Lebensverhältnissen von Tagelöhnern oder Hausbediensteten. Sie alle aber waren in diesem oder jenem Maße Träger der griechischen Sprache und der griechischen Kultur, und sie alle lernten mancherlei von ihrer neuen Umgebung.

Am interessantesten und wichtigsten von diesen Vorgängen war die Gründung neuer Städte oder ländlicher hellenischer Kolonien. Allzu groß dürfte die Gesamtauswanderung der Makedonen nicht gewesen sein. Als Alexander starb, gab es in Asien wahrscheinlich nicht mehr als fünfundzwanzigtausend makedonische Soldaten; einige von ihnen kehrten mit Krateros und Antipater nach Makedonien zurück, und nach 321 kann es nicht mehr viele Neuauswanderer gegeben haben. Höchstens eine Handvoll makedonische Frauen können die Truppen begleitet haben; in der Regel heirateten die Soldaten asiatische Frauen. Die »Makedonen«, von denen im Laufe der drei folgenden Jahrhunderte in den hellenistischen Heeren die Rede ist, waren entweder Abkömmlinge dieser Mischehen oder lediglich nach makedonischem Vorbild ausgebildete, eingeteilte und bewaffnete Einheimische. Bedeutende Persönlichkeiten im Dienste der Könige – wie Aristodikides aus Assos bei Antiochos I., Apollonios und Zenon aus Kaunos bei Ptolemaios II. oder Aristolochos bei Seleukos IV. – waren gering an Zahl, mehr als wohlhabend und für die Bevölkerungsstruktur nicht charakteristisch. Die Söldner, die *milites gloriosi* der zeitgenössischen Bühnenstücke (Plautus!), kehrten gewöhnlich nach Ablauf ihrer Dienstzeit in ihre ursprüngliche Heimat zurück, mit Geld in der Tasche (aus Sold oder Beute) und mit einem Vorrat an Erzählungen und Anekdoten, von dem sie jahrelang zehren konnten. Blieben sie aber in Asien oder Ägypten, so nur aus einem Grund: weil sie in einer bereits gefestigten griechischen Gemeinde Aufnahme gefunden hatten.

Von den verschiedenen Typen dieser Gemeinden war bereits die Rede. Über das Werden von Neugründungen, wie Alexandreia in Ägypten, Antiocheia, Seleukeia, Apameia und Laodikeia in Nordsyrien oder Seleukeia in Babylonien, erfahren wir mancherlei aus Arrians Schilderung der Siedlungen Alexanders im Osten. Es fing an mit dem Bau der Stadtmauern und einiger wichtiger Gebäude und der Zusammenstellung einer griechisch-makedonischen Bürgerschaft aus allen verfügbaren Quellen, zum Teil wenigstens aus Veteranen oder Invaliden der Armee. Dann wurde eine freie einheimische Bevölkerung, die für das Wirtschaftsleben der Stadt zu sorgen hatte, herangezogen und durch Sklaven und landwirtschaftlich beschäftigte Leibeigene ergänzt. Die Einwohnerschaft setzte sich also – wie in früheren Zeiten in Athen und durchaus im Sinne des theoretischen Schemas in Platons Spätwerk »Die Gesetze« – aus drei verschiedenen Grundelementen zusammen. Nur in Ausnahmefällen jedoch hatten die ursprünglichen Bürger der neuen Städte griechische Frauen. Obgleich später zweifellos auch Griechinnen hereingeholt wurden, darf man annehmen, daß die im Hinblick auf die Bevölkerung von Antiocheia geprägte Bezeichnung »Halbbarbaren« *(mixobárbaros)* in diesem oder jenem Maße auf alle Städte dieser Art zutraf. Gelegentlich wurde die hellenische Anfangsbevölkerung mit Siedlern aus älteren Städten aufgefüllt. Zu einem späteren Zeitpunkt bedankte sich, wie schon erwähnt, Antiocheia in der Persis (wahrscheinlich in der Nähe von Buschir am Persischen Golf) bei der Stadt Magnesia am Mäander für die Überlassung »zahlreicher und ausgezeichneter Männer«; sicherlich waren diese Umsiedler mit Familien gekommen und hatten auf diese Weise das hellenische Element in der ethnischen Zusammensetzung der künftigen Bürgerschaft wesentlich gestärkt.

Anders lagen die Dinge, wenn eine kleinere Anzahl von Griechen in einer schon existierenden einheimischen Stadt angesiedelt wurde. Das galt von Orten wie Pergamon, Sardes, Magnesia am Sipylosgebirge und Tarsos. Von diesen Städten waren drei reine Verwaltungszentren von größerer Bedeutung, mit Garnison und Beamtenschaft; Tarsos dagegen muß bereits als dynastische Namensstadt (es wurde in Antiocheia umgetauft) Selbstverwaltungs- und Bürgerschaftseinrichtungen gehabt haben. In Magnesia wiederum waren nur einige Einheiten des regulären Feldheeres der Seleukiden stationiert: in einer Inschrift aus der Zeit Seleukos' II. heißt es, die Stadt Smyrna betrachte die Militärsiedler *(kátoikoi)* in Magnesia, »Reiterei und Fußvolk«, »diejenigen, die außerhalb der Stadt im Lager sind, und andere Bewohner«, als besonders verdienstvoll und zeichne sie durch Verleihung des Bürgerrechts aus. Diese Kátoikoi waren Angehörige der regulären Truppe, nicht etwa – wie die Kleruchen in Athen oder in Ägypten – ausgebildete Reservisten, die auf dem Lande saßen, Ackerparzellen bebauten und davon lebten. Daraus, daß die Kátoikoi in diesem Fall für die Unterstützung des Seleukos belohnt wurden, kann man schließen, daß sie bestimmte politische Funktionen verrichteten und auf die Dauer oder bis auf weiteres in der Stadt verbleiben sollten; mit Sicherheit hatten sie Frauen und Kinder – ob griechischer oder nichtgriechischer Abstammung – bei sich. In all solchen Fällen entwickelten sich die ursprünglich einheimischen Gemeinden im Laufe der hellenistischen Zeit zu griechischen Städten von normalem Aussehen und üblicher Struktur: mit gewählter Stadtexekutive und gewähltem Rat, einer regulären Bürgerversammlung, Gerichten und sonstigen typischen Institutionen der Polis.

Äußerlich unterschiedlich war die Situation in Ägypten: da Ägypten kein Land der Städte war, lebten die Griechen, Soldaten und Zivilisten auf dem flachen Lande in Dorfgemeinden. Der demographische Vorgang war aber der gleiche. Einige dieser Griechen hatten griechische Frauen, die meisten jedoch heirateten Ägypterinnen und bildeten soziale und religiöse Gemeinschaften, deren konstituierendes Merkmal nicht die Dorfgemarkung, sondern die ethnische Zusammensetzung war. Politisch betätigten sie sich nicht, in jeder anderen Beziehung aber lebten sie weitgehend so wie die Griechen in den neuen Städten: mit eigenen Schulen, Festlichkeiten, Klubs und gesellschaftlichen Veranstaltungen. Ebenso wie die Städter, verbreiteten sie die griechische Sprache und Kultur, doch nahmen sie auch Verhaltensweisen der Einheimischen an, vor allem in der Sphäre der Religion. Sie mochten zwar den Kult der griechischen Gottheiten, die sie mitgebracht hatten, aufrechterhalten, aber als Heiden beteten sie auch die lokalen Götter des Landes, in dem sie lebten, an; daneben waren sie – wie auch sonst in der hellenistischen Welt – die Träger des Kults der jeweiligen Dynastie, ob in organisierter und vorgeschriebener Form oder auf freiwilliger, nicht genau festgelegter Grundlage. Mit jeder neuen Mischehengeneration verwässerte sich immer mehr die hellenische Abstammung.

Es gab freilich noch andere Konstellationen. Nicht alle neuen Städte waren hellenisch. Dura-Europos am mittleren Lauf des Euphrats, eine Festungsstadt, die wir fast ausschließlich aus Ausgrabungen der Französischen Akademie und der Yale-Universität (1922–1937) kennen, wurde nicht von Griechen, sondern von Makedonen besiedelt, und wenn der Kern der Bürgerschaft trotz vielen Mischehen mit Aramäerinnen fünfhundert Jahre lang seine charakteristischen Merkmale behielt, so waren die städtischen Institutionen doch nicht die einer griechischen Stadt. An der Spitze der Gemeinde stand ein erblicher oder gewählter General, und es gab keines der normalen griechischen Stadtämter, keinen Rat, kein Gymnasium, kein Theater. Dennoch blieb das Erziehungswesen griechisch, und das griechische oder hellenistische Rechtssystem wurde mit Archivbeamten und Richtern beibehalten.

Hand in Hand mit der Ansiedlung von Griechen in der neuen Welt der Eroberungen Alexanders und mit all ihren Ausstrahlungen nach innen und nach außen ging die Hellenisierung der iranischen, semitischen und ägyptischen Eingeborenen der neuen Länder vor sich. Nach dem Vorbild Alexanders beschäftigten sowohl die Seleukiden als auch die Ptolemäer von Anfang an zahlreiche Einheimische in verantwortlichen Positionen, nicht nur in der unteren Verwaltungsebene, in der die meisten, wenn nicht gar alle früheren Amtsträger wegen ihrer Vertrautheit mit der Sprache und den Landessitten in ihren Ämtern belassen wurden. Im allgemeinen waren die höchsten Positionen der Militär- und Finanzverwaltung Makedonen oder Griechen vorbehalten, und da sie keine Neigung verspürten, neue Sprachen zu erlernen, mußten ihre Untergebenen hellenisiert werden; das bedeutete mehr, als daß sie bloß Griechisch sprechen lernten. Der Autor eines in gutem Griechisch geschriebenen Briefes im Archiv des Zenon von Kaunos beklagt sich über ungerechte Behandlung und Benachteiligung, »weil ich mich nicht zu hellenisieren verstehe«. Dabei war der Briefschreiber offenbar einer der bewährten Vertrauensleute Zenons in Syrien, anscheinend ein Aramäer (ganz genau läßt sich der Name nicht entziffern). Er hatte keine griechische Erziehung genossen und wohl auch nicht die Manieren der Griechen angenommen, und sie akzeptierten ihn nicht als ihresgleichen.

Im großen und ganzen vollzog sich der Hellenisierungsprozeß auch in den kleineren Staaten, in Pergamon und vor allem in Bithynien, Pontos und Kappadokien, wo die herrschenden Familien und ihre adlige Umgebung (die »Freunde und Verwandten«) zunächst zweisprachig wurden und in den späteren Generationen zweifellos nur noch Griechisch sprachen; Attalos II. und Ariarathes V. studierten zusammen in Athen beim Akademiephilosophen Karneades. In der späten Ptolemäerzeit waren viele hohe Posten in den Händen von Trägern ägyptischer Namen, die wohl keineswegs griechischer Abstammung waren; man kann sich schwer vorstellen, daß ein Mann wie Paos, der unter Euergetes II. dem Bezirk von Theben vorstand und viele griechische Militärs und Zivilbeamte unter sich hatte, von Griechen und Makedonen nicht als voll hellenisiert angesehen wurde. In hundert Jahren mußte sich vieles geändert haben.

Der Angleichungsprozeß ging mit der Zeit noch tiefer. Es ist nicht zu bezweifeln, daß ein erheblicher Teil der einheimischen Bevölkerung solcher Städte wie Tarsos nach und nach mit dem Kern der ursprünglichen Bürgerschaft verschmolz und am Ende von ihr nicht mehr zu unterscheiden war. Viele Intellektuelle und viele reiche Leute wurden griechisch erzogen: Schriftsteller wie Manetho in Ägypten und Berossos in Babylonien waren keine Ausnahmen. Liberalismus, Rationalismus, griechischer Frohsinn und griechische Begeisterungsfähigkeit strahlten deswegen eine so große Anziehungskraft aus, weil sie die Kultur der herrschenden Klasse waren. Nicht nur bemächtigten sich neue Ideen des Geisteslebens der Einheimischen; jede fremde Stadt wollte zur Polis werden, wenigstens in den äußeren Erscheinungsformen, vielleicht aber auch in der inneren Haltung. Als unter Antiochos IV. aus Babylon und Jerusalem je ein Antiocheia wurde, kam darin nur die allgemeine Grundtendenz zum Ausdruck. Gewiß schwemmte in Juda eine religiös-nationalistische Bewegung vieles von den Oberflächenzügen der griechischen Kultur hinweg, aber die jüdische Monarchie, die um diese Zeit entstand, war in Form und Inhalt typisch hellenistisch; namentlich Alexander Iannaios führte gegen die Pharisäer den gleichen Kampf, den die Seleukiden gegen deren Vorläufer, die Chassidim, geführt hatten.

Auch waren die Griechen und Makedonen nicht die einzigen, die aus ihrer Heimat auswanderten. Viele Menschen, die von der Peripherie der ägäischen Welt stammten, rückten nun in dieser oder jener Eigenschaft in ihr Zentrum. Die hellenistischen Heere waren mit Fremden durchsetzt. Aus Europa kamen Thraker, Traller, Paioner, Agrianer, Epiroten, Illyrer, Skythen, Sarmaten. Aus Kleinasien rückten näher Bithynier, Mysier, Lyder, Karer, Lyker, Pamphyler, Pisider, Kiliker, Phryger und Menschen aus Paphlagonien, Pontos und Kappadokien. Ihr Militärdienst, ihre Wanderungen im Kriegsdienst und in vielen Fällen auch ihre spätere Heimkehr waren wesentliche Faktoren der Hellenisierung ihrer anatolischen Heimatländer. Kelten kamen sowohl aus Thrakien (aus dem Königreich Tylis) als auch aus dem kleinasiatischen Galatien. Ganz selbstverständlich dienten Phöniker in den Flotten und Syrer in den Heeren; sie gehörten zur hellenistischen Welt. Zu ihr gehörten auch, nicht ganz so eng, die Juden; außerhalb blieben weitgehend Idumäer und Araber. Neben Medern, Persern und Babyloniern, die einen integrierenden Bestandteil des Seleukidenreichs bildeten, standen im Dienst der Seleukiden viele Inder, vor allem als Dresseure und Treiber indischer und afrikanischer Kriegselefanten. Aus dem Süden strömten Libyer, Äthiopier, Blemmyer, Nubier und andere herbei, aus dem Westen neben Griechen aus dem eigentlichen Griechenland Iapygier, Kampaner, Lukaner, Etrusker und in der Spätzeit hin und wieder auch Römer.

Von geringerem Umfang, aber größerem Gewicht war der Zustrom fremder Handelsleute. Das lebendigste Bild vermitteln hier die Inschriften in Delos aus der Zeit, in der es athenische Kolonie und römischer Freihafen war (168–88). Zu der großen Zahl römischer und italischer Kaufleute, die in Delos lebten und Handel trieben, gesellten sich Griechen aus der gesamten hellenistischen Welt, vor allem viele Griechen aus Alexandreia, aber auch Syrer und Phöniker, Nabatäer, Minäer und Gerrhäer, die ihre fernöstlichen Handelsinteressen mitbrachten, in erster Linie den Handel mit Gewürzen und Weihrauch zur Deckung des Haushaltsbedarfs und des besonders großen Bedarfs der Kultstätten. Manche dieser Waren (Pfeffer!) stammten aus Indien und erreichten die hellenistische Welt entweder auf dem Landweg oder auf dem Seeweg bis zum Persischen Golf oder bis Südarabien, von wo sie mit arabischem Weihrauch und arabischer Myrrhe die Karawanenwanderung nach den Absatz- oder Transitpunkten in Palästina oder im Ammoniterland antraten.

In dem Maße, wie sich Italien und namentlich die Stadt Rom im Laufe des 2. Jahrhunderts v. Chr. an der Beute aus dem Osten und dem Westen bereicherten, wurden sie zu den wichtigsten Absatzmärkten für die Waren des hellenistischen und des noch ferneren Ostens, und Handelsleute und Bankiers aus dem Osten begannen sich in Italien und in Rom niederzulassen. Das war bereits eine Gegenbewegung, der ein Zug römischer und italischer Bankiers nach dem Osten vorausgegangen war; sie war weniger umfangreich, trug aber nicht wenig zur Ausbreitung des Hellenismus bei. Schon in früheren Zeiten hatte der Osten, hatte besonders Griechenland einen beträchtlichen Einfluß auf Rom und Italien ausgeübt: teils direkt, teils über die griechischen Städte Siziliens und Süditaliens, teils über die Etrusker. Nun kam das neue Phänomen, der sozusagen hellenistische Hellenismus mit seinen vielfältigen Einwirkungen. Nachweisbar beeinflußten griechische Ideen und Vorbilder die Literatur, die Religion, das Recht Roms. Ununterbrochen kamen Abgesandte der Städte und Könige der hellenistischen Welt und hinterließen einen bleibenden Eindruck; ein charakteristisches Beispiel war der bereits gestreifte sensationelle Besuch der Häupter der attischen philosophischen Schulen Karneades, Kritolaos und Diogenes im Jahre 155. Als Besucher, Lehrer oder Spezialisten strömten nach Rom griechische Gelehrte, Künstler, Gewerbetreibende, Kaufleute, Finanziers.

Freilich war Rom gegenüber Menschen, die nicht römische Bürger waren, nicht immer sehr gastfreundlich. Der freiwillige Zustrom aus dem Osten kann also, so bedeutsam er sein mochte, zahlenmäßig nicht sehr groß gewesen sein - bis zum Anfang des 1. vorchristlichen Jahrhunderts. Ganz anders wurde es mit der Auflösung der Handelskolonie in Delos im Jahre 88. Zu Hauptknotenpunkten des Ost-West-Handels wurden die Häfen Italiens, vor allem Puteoli in der Campania. In diesen Hafenstädten konzentrierten sich zahlreiche phönikische und arabische Händler, die in enger Verbindung mit ihren Heimatländern blieben. Gegen Ende der hellenistischen Periode hatte sich in Italien eine bedeutende jüdische Kolonie gebildet, die auch in Rom selbst stark vertreten war. Nicht zuletzt daraus erklärt sich die rapide Ausbreitung des Christentums in der Stadt der Cäsaren.

Sklaverei als Hellenisierungsmittel

Der Massenandrang der Fremden kam indes nicht nur aus freiwilliger Zuwanderung. Die meisten Griechen, Orientalen und anderen Hellenisierten, die in Rom und Italien blieben, wurden als Sklaven hereingebracht, wie auch ursprünglich große Scharen von Skythen, Thrakern, Kelten, Anatoliern und Semiten in die Zone des Ägäischen Meeres und dann in die hellenistische Welt im weiteren Sinne als Sklaven gekommen waren. Sowohl im Osten als auch im Westen blieben diese Menschen und gegebenenfalls ihre Nachkommen auf die Dauer: sei es als Sklaven, sei es als Freigelassene. Der einzige Unterschied zwischen den beiden Regionen bestand darin, daß freigelassene Sklaven im griechischen Bereich die Rechtsstellung von Metoiken erhielten, während freigelassene Sklaven in Rom römische Bürger wurden und Schritt für Schritt von *liberti* zu *liberi* aufsteigen konnten; nach einigen Generationen konnte ihre Abkunft von Sklaven völlig vergessen sein.

Für keine Periode des Altertums liegen zuverlässige Statistiken über die Sklaverei vor — außer für kleine Einzelbereiche. Zweifellos aber war die Sklaverei in der griechischen und hellenistischen Welt als normale und unumstrittene Daseinssphäre akzeptiert, und die Zahl der Sklaven war sehr hoch. Aufschlußreich in dieser Beziehung ist Plautus' Bühnenstück »Gefangene«, dessen Held, der Sohn des Aitolers Hegio, von einem entlaufenen Sklaven entführt, über den Golf von Korinth nach Elis gebracht und in die Sklaverei verkauft wird; der junge Mann, der von seiner Abstammung nichts weiß, begleitet seinen jungen Herrn auf einem Feldzug gegen die Aitoler. Vielleicht hatte Plautus das Jahr 241 im Auge, in dem Elis Phigaleia an die Aitoler verlor; in jedem Fall muß es sich um die Zeit vor dem Anschluß Elis' an den Aitolischen Bund gehandelt haben. Die jungen Leute, Herr und Sklave, werden gefangengenommen und auf den Sklavenmarkt gebracht. Hegio, der nach seinem verlorenen Sohn fahndet, kauft sie, ohne zu wissen, wer von den beiden vorher frei und wer Sklave war. Um ihn irrezuführen, vertauschen sie die Rollen. Alles geht gut aus: die Gefangenen geben sich zu erkennen und bekommen ihre Freiheit wieder. Interessant und lehrreich ist die Moral, die Hegios Verwalter, selbst Sklave oder Freigelassener, den jungen Leuten serviert: »Wenn es die unsterblichen Götter gewollt haben, daß ihr dies Mißgeschick erleidet, so gehört es sich, daß ihr es mit Gleichmut tragt; tut ihr das, so wird euch eure Arbeit leichter fallen. Daheim seid ihr, dünkt mich, frei gewesen; widerfährt euch jetzt das Sklavendasein, so erfordert es die guten Sitten, daß ihr euch diesem Dasein und der Befehlsgewalt des Herrn anpaßt und so dank eurer eigenen Einsicht die Sklaverei mildert.«

Natürlich entsprach diese Moral dem Interesse des Sklavenbesitzers. Der Sklave, das »lebende Werkzeug« des Aristoteles, war nur von Nutzen, solange er willig blieb. Nach der Lehre der Stoiker war aber die Sklaverei gleichwohl nur etwas Äußerliches, eine für das wirkliche Wesen des Menschen, die Seele, gleichgültige Daseinsbedingung. Wirklich war Sklave, wem es an Weisheit fehlte; nur der Weise, was immer seine Rechtsstellung sein mochte, konnte frei sein. Sieht man von der philosophischen Begründung dieser Haltung ab, so erklärt sich ihre gesellschaftliche Geltung daraus, daß die Sklaverei einerseits etwas Alltägliches, anderseits etwas Unvorhersehbares war, ein Zustand, in den ein jeder jederzeit geraten konnte. Platon und Aristoteles glaubten, mit der Forderung, daß kein Grieche Sklave sein sollte, den Nutzen der Sklaverei erhalten und ihre Anstößigkeit beseitigen zu können; nur »Barbaren« sollten Sklaven sein.

Wer aber war Grieche und wer Barbar? Isokrates wollte nicht mehr die Herkunft, sondern nur noch die Kultur als Unterscheidungsmerkmal gelten lassen. In der hellenistischen Periode, in der die griechische Kultur in gewissem Sinne universal wurde und außerhalb der wenigen alten hellenischen Zentren kaum jemand sich auf Reinheit der Abstammung berufen konnte, kam diese Vorstellung zu voller Entfaltung.

Unter den hellenistischen Reichen nahm Ägypten eine Sonderstellung ein. Gewiß gab es in Alexandreia zahlreiche Sklaven aus allen Himmelsrichtungen. Aber das eigentliche Ägypten kannte sie kaum; die wenigen, die es gab, waren persönliche Bedienstete oder Konkubinen von Angehörigen des griechischen und makedonischen Militär- oder Zivilpersonals. Ägypter durften nicht zu Sklaven gemacht werden; denkbar war allerdings ein Verkauf in die Sklaverei zur Abgeltung von Schulden, aber positiv belegt ist kein einziger Fall dieser Art. Ähnlich hat Ptolemaios II. in einem Edikt, das sich auf einem Wiener Papyrus erhalten hat, verfügt, daß kein Palästinenser versklavt werden durfte; alle palästinensischen Sklaven mußten sofort gemeldet und freigelassen werden; ausgenommen waren nur Frauen, die als Konkubinen von Soldaten galten. Vermutlich trachteten auch die anderen hellenistischen Königreiche danach, ihre Bauern und Arbeiter nicht in die Hände von Sklavenhändlern fallen zu lassen, und wahrscheinlich hatten sie damit vor dem Einbruch der Römer und ihrer Sklavenlieferanten, der Seeräuber, gute Erfolge; als dieser Einbruch begann, führte König Nikomedes von Bithynien in Rom Klage darüber, daß die Hälfte seiner Untertanen entführt und in die Sklaverei verkauft worden sei.

Außerhalb der eigentlichen hellenistischen Königreiche blühte das Geschäft des Menschenentführers oder Sklavenverkäufers wie eh und je: viele Kinder wurden von den eigenen Eltern als Sklaven verkauft, und ebenso verkauften wohl lokale Häuptlinge und Herrscher unbequeme Untertanen oder unwillkommene Besucher. Besonders aktiv war der Sklavenhandel in der Schwarzmeerregion und – etwas weniger – im Süden und im Osten (Babylonier und Neger erbrachten als Sklaven recht hohe Preise). Immer war der Krieg eine ergiebige Quelle von Sklavenlieferungen: gemeinhin war Sklaverei das Schicksal der Kriegsgefangenen; diese Begleiterscheinung des Krieges, die sich im 3. Jahrhundert noch unter der Oberfläche hielt, nahm von dem Augenblick an, da die Heere Roms im Orient erschienen, grausame Ausmaße an.

Seit dem Ersten Makedonischen Krieg legten die Römer schonungslose Erwerbsgier an den Tag, die nicht nur gefangene Soldaten, sondern auch die Bevölkerung der von ihnen besetzten Städte traf. Daß Lucius Aemilius Paullus im Jahre 167 hundertfünfzigtausend Epiroten als Sklaven davonführte, entsprach durchaus normalen römischen Vorstellungen. Auch solche Zahlen reichten aber nicht zur Deckung des wachsenden römischen Luxusbedarfs und der Nachfrage der marktorientierten römischen Landwirtschaft. In der Zeit der Seeräuberüberfälle, da kein Schiff und keine Küstenstadt vor Piraten sicher war, brüstete sich Delos, daß über seine Auktionsstände an einem einzigen Tag zehntausend Sklaven abgesetzt werden konnten.

Wichtiger als die humanitäre und wirtschaftliche ist in unserem Zusammenhang die soziologische und bevölkerungspolitische Seite der Sklaverei. Daß der Massenzustrom fremder Sklaven den Fortgang der Hellenisierung beschleunigen mußte, versteht sich fast von selbst. Mit Ausnahme der Bergwerke, in denen widerspenstige Sklaven Seite an Seite mit Verbrechern unter so harten Bedingungen arbeiten mußten, daß sie kaum wenige Jahre überstanden, gaben alle Betriebe, die Sklaven beschäftigten, den fremden Arbeitskräften nicht nur die beste Gelegenheit zur Hellenisierung, sondern sie verlangten sie auch von ihnen; das galt für die Landwirtschaft ebenso wie für die städtischen Gewerbe und den Privathaushalt. Am meisten wurden unter den Sklaven wohl die Griechen begünstigt, aber auch viele junge, intelligente und anziehende »Barbaren« wurden von ihren Herren so gut ausgebildet und in so nützlichen Funktionen beschäftigt, daß sie am Ende die Möglichkeit erlangten, zu heiraten, bezahlte Stellungen anzunehmen, sich loszukaufen und im Gefolge ihrer früheren Besitzer in die Kategorie eingereiht zu werden, die die Römer »Klienten« nannten; in »Die Gesetze« beschreibt Platon eine ähnliche Institution, und man darf annehmen, daß er sein Bild dem griechischen Alltag entlehnt hatte.

Weinkelter mit Maischstein und Mostgruben
im hellenistischen Teil der griechischen Kolonie Mirmekion auf der Krim, 2. Jahrhundert v. Chr.

Wurfmunition aus den Arsenalen der Burg von Pergamon in Mysien, 3. Jahrhundert v. Chr.

Nicht zu bezweifeln ist die Hellenisierung der einheimischen Frauen, die bei den Soldaten der hellenistischen Armeen die Doppelfunktion von Sklavinnen und Konkubinen verrichteten. Die berühmteste von ihnen, eine Syrerin namens Elaphion, von der zwei oberägyptische Papyri aus dem Jahre 285/284 berichten, scheint ein eigenes Vermittlungsbüro unterhalten zu haben, das die Soldaten zu hohen Preisen mit geeigneten Mädchen versorgte. Von einer streng moralischen Warte aus kann man über ein solches Geschäft gewiß die Nase rümpfen, aber so mancher Griechisch-Ägypter der späteren Zeit führte seinen Ursprung auf eine eheähnliche Verbindung dieser Art zurück.

Erfüllte die Sklaverei in der hellenistischen Welt eine zivilisierende Funktion, so galt das erst recht für Rom und Italien. Die Sklaven, die in hellen Scharen nach dem Westen gebracht wurden, waren entweder Griechen oder Hellenisierte. Wenn auch ihre genaue Zahl nicht feststellbar ist, muß sich die Einwanderung jährlich auf einige Hunderttausend belaufen und in den zweihundert Jahren von 229 bis 30 v. Chr. insgesamt mehrere Millionen, vielleicht sogar einige Dutzend Millionen ausgemacht haben. Die meisten von ihnen landeten nicht in den Latifundien Siziliens und Italiens, sondern wurden in die Städte und vor allem nach Rom gebracht; mit der Zeit bildeten sie – sei es als Sklaven, sei es als Freigelassene – einen beträchtlichen Teil der Stadtbevölkerung. Ohne Zweifel stellten sie einen großen Teil des Auditoriums, das sich an Plautus' und Terenz' hellenisierten Stücken erfreute, und – später – auch der Bürgerversammlung, die die Reformmaßnahmen der Gracchen unterstützte; den Gracchen selbst stand ein griechischer Philosoph aus der italienischen Stadt Cumae als Ratgeber zur Seite.

Das gewaltige Sklavenkontingent setzte sich durchaus nicht nur aus Frauen, Kindern und Männern ohne geistige Kultur zusammen. Viele Sklaven waren überdurchschnittlich gebildet, Ärzte, Wissenschaftler, Literaten, Philosophen; als solche unterhielten sie enge Beziehungen zu wohlhabenden Römern, pflegten mit manchen sogar vertrauten Umgang. Nicht wenige dürften Mitglieder des Kreises der Hellenophilen um den jüngeren Scipio und um Laelius gewesen sein, zu dem auch Polybios gehörte. Es war nur ein glücklicher Zufall, daß Polybios selbst als Geisel, nicht als Sklave nach Rom gebracht worden war; später blieb er als Freund der Römer in der Hauptstadt.

Solcherart waren die Mittel, mit denen sich der Hellenismus verbreitete: im Osten, im Süden und im Westen. Seine Träger waren Masseneinwanderung und ethnische Verschmelzung, Schule und erzieherische Einwirkung des Milieus. Das Resultat zeigte sich in erheblichen Fortschritten in der Richtung der Vereinheitlichung der Bevölkerung und Kultur im Nahen Osten und in der Herausbildung einer weithin verstandenen Sprache, des Umgangsgriechisch *(koiné)*, das sich neben dem Ägyptischen, dem Aramäischen, dem Iranischen und einer Anzahl lokal begrenzter Sprachen durchsetzte. Im Westen behielt Latein, die Sprache des erobernden Stammes, die Vorherrschaft, aber auch hier behauptete sich Griechisch in weitem Umkreis; die Kultur der Römer wurde von griechischen und hellenistischen Elementen so stark durchtränkt, daß man auf vielen Gebieten kaum noch feststellen kann, was an traditionell römischen Charakteristiken übriggeblieben war. Vergil konnte sich gerade noch auf Roms Begabung zum Erobern und Herrschen berufen, kaum aber auf etwas anderes, was sich hätte als charakteristisch römisch ansehen lassen.

Wirtschaft und Technik

Weniger Neuschöpfung und Erschließung neuer Bereiche des Wirtschaftens als Fortführung, Ausweitung und Beschleunigung der bereits funktionierenden überlieferten Verfahren kennzeichnen die Wirtschaft der hellenistischen Welt. Mit Schiffs- und Frachtverpfändung und Handelswechseln finanziert, hatte sich der griechische Handel schon vorher des gesamten Mittelmeergebietes bemächtigt. Die Handelsschiffe waren recht groß, die von ihnen beförderte Last erreichte bis zu tausend Tonnen, sie benutzten Rahsegel und orientierten sich bei der Seefahrt nach den Gestirnen. Der Schiffsverkehr beschränkte sich auf die Sommerzeit, in der die See friedlich und die Winde günstig waren; dafür konnten die Schiffe auch nachts segeln, sich auf festem Kurs halten und ziemliche Geschwindigkeiten erreichen. In den größeren Häfen fanden sie Anschluß an den Binnenverkehr, der sich – wie in Gallien, Südrußland und Ägypten – der Flüsse oder – wie im Osten – der Karawanenstraßen bediente. Große Handels- oder Reedereigesellschaften bildeten sich kaum, aber die Reeder und Kaufleute verfügten über ausgedehnte Handelsbeziehungen, und trotz der geringen Vielfalt der gehandelten Ware war das Geschäft lebhaft und umfangreich. Die Fracht bestand größtenteils aus Nahrungsmitteln und Rohstoffen, Metall, Holz, Steinen einerseits, aus nichtsperrigen Wertgegenständen anderseits: Metallgerät, Feinkeramik, Gold- und Silberwaren, Weihrauch, Elfenbein, Edelsteinen und Halbedelsteinen und vielleicht chinesischer Seide. Diese Zusammensetzung der Handelsumsätze blieb im 3. Jahrhundert bei steigendem Volumen im wesentlichen unverändert.

Die Großreiche Alexanders und der hellenistischen Monarchien hatten die den griechischen Kaufleuten bekannte und zugängliche Welt erheblich erweitert, aber sie nicht mit grundlegend neuen Produktionssphären in Berührung gebracht. Das britische Zinn, der baltische Bernstein, das mittelasiatische Gold, die chinesische Seide, die indischen und südarabischen Gewürze, das äthiopische Elfenbein und Ebenholz blieben weiterhin außer Reichweite, mußten in griechische Hände nach wie vor durch Vermittlung von Fremden gelangen. Der Zugang zu diesen wertvollen Dingen war leichter geworden, und man kam häufiger an sie heran; auch zu anderen Zwecken konnten die Griechen und ihre hellenisierten Partner nun weiter, schneller, bequemer und billiger reisen. In größeren Mengen erschien Weizen auf den ägäischen Märkten, seit Kleinasien, Syrien und vor allem Ägypten zu Getreidelieferanten geworden waren; Getreideknappheit stellte sich nur noch in Perioden politischer Spannung ein. Für Notzeiten speicherte Philipp V. Getreide in Lagerhäusern, und sicher war er nicht der einzige, der das tat.

Die umfangreiche Ausfuhr ägyptischen Papyrus führte unmittelbar zur Errichtung von Staats- und Amtsarchiven und von privaten und öffentlichen Büchereien im weitesten Umkreis. Feine Woll- oder Leinenstoffe und Kleidung, bestickt oder mit Purpur oder auch weniger kostbaren Farben gefärbt, wurden in beachtlichen Mengen aus den Küstenstädten Ägyptens, Anatoliens und Phönikiens auf den Markt gebracht, und bald kamen auch Erzeugnisse einer einheimischen Seidenindustrie in Kos und der Levante hinzu. Gefäße aus Gold und Silber traten den Tongefäßen zur Seite und gaben den Anstoß zu neuen Keramikstilen, dem megarischen und dem samischen, mit Reliefverzierungen und in braunen oder grauen Farben, mit denen die Farbtöne von Bronze, Silber und Gold nachgeahmt wurden. Glaserzeugnisse – Perlen, Krüge, Schüsseln, Vasen – wurden, oft in leuchtenden Farben, in Ägypten und Syrien und zuletzt auch in Italien in großen Mengen hergestellt, vor allem seit sich im 1. vorchristlichen Jahrhundert die Technik der Glasbläserei herausgebildet hatte.

Das Angebot an Sklaven war in der ersten Hälfte der hellenistischen Zeit nicht allzu groß, weil alle Staaten ihre Untertanen vor den Sklavenhändlern zu schützen suchten; erst nach Pydna füllten sich die Sklavenmärkte; Hauptbestimmungsland war Italien. Arbeitslosigkeit wird in den Quellen ebensowenig erwähnt wie Überproduktion, und bisweilen waren – wie im Fayûm in Ägypten um 257 – die Arbeitskräfte knapp. Kinder wurden regelmäßig als Lehrlinge beschäftigt. Arbeitsparende Vorkehrungen waren selten, wenn auch zum Wasserschöpfen die Archimedische Schraube als erstes Schöpfrad eingeführt wurde. Im Gebrauch waren die handbetriebene Drehbank, die Töpferscheibe, der Webstuhl, die Axt. Es gab viel eintönige Mühsal, und die Arbeitszeit war lang, aber wahrscheinlich arbeitete niemand – außer in den Bergwerken, wo die Arbeit unmenschlich war – besonders schwer. Und es wurden viele religiöse Feiertage – ob dynastischen oder sonstigen Ursprungs – streng eingehalten.

Der hellenistische Handel wurde durch Politik mehr beeinflußt als durch Technik in der Produktion. Fortschritte der Physik, der Mathematik und bis zu einem gewissen Grade auch der Chemie führten zu Verbesserungen auf dem Gebiet der Kriegsmaschinen und des Schiffbaus und zur Konstruktion von Phantasiegeräten, mit denen man Könige oder sonstige reiche Kunden unterhalten oder faszinieren konnte; sie fanden aber keine direkte Anwendung auf die gewerbliche Arbeit. Belagerungsmaschinen und mit der Torsionselastizität gewundenen Frauenhaars ihre Geschosse schleudernde Wurfgeräte erreichten einen hohen Grad der Vervollkommnung in den Heeren Alexanders und der hellenistischen Könige. Eine fünfzig Pfund schwere Steinkugel konnte mit solchen Wurfmaschinen hundertfünfzig Meter weit geschleudert werden. Am bemerkenswertesten war die große Helepolis (»Stadtnehmerin«), die für Demetrios Poliorketes bei der Belagerung von Rhodos gebaut wurde: ein dreiunddreißig Meter hoher gepanzerter Holzturm auf acht hölzernen Rädern und einem Drehgestell, das von einer dreitausendvierhundertköpfigen Bedienungsmannschaft in jede gewünschte Richtung gedreht werden konnte. Der Turm hatte neun durch breite Treppen verbundene Stockwerke, von denen jedes mit überdachten Schießständen für Wurfgeschosse oder Widder versehen war. Das Dach des Turmes, hoch über den Mauern der belagerten Stadt, bildete eine quadratische Plattform von hundert Quadratmetern. Für die damalige Zeit war die Helepolis ein Wunderwerk, das Demetrios fast den Sieg sicherte, aber sie war primitiv konstruiert und ein Schulbeispiel dafür, warum ein Maschinenzeitalter noch nicht möglich war.

Die Metallverhüttung war in embryonalem Zustand: nur unregelmäßig und in unzureichender Qualität konnten Gußeisenplatten und nur für bestimmte Zwecke brauchbare Legierungen hergestellt werden. Gezogener Draht war ebenso unbekannt wie Metallbolzen und Metallschrauben; Eisennägel waren primitiv. Die Holzbearbeitungstechnik gestattete Hartholzverwendung nur in geringem Maße, und die Herstellung feiner

Fourniere war unbekannt. Es gab keine Kugellager, keine Sprungfedern, keine guten Klebstoffe, Seile oder Bindfäden, keine echten Schmiermittel. Soda und Öl wurden zwar zur Reinigung von Stoffen benutzt, aber Seife blieb dennoch unentdeckt. Mit dem Zahnradgetriebe, ja sogar mit dem Flaschenzug wußte man nicht viel anzufangen. Unter solchen Umständen blieben die Maschinen, sogar die von Heron aus Alexandreia (der wohl eher in römischer als in hellenistischer Zeit lebte) erfundene Dampfmaschine nur Spielzeug.

Dafür konnten aber größere Schiffe als je zuvor gebaut werden. Bei der Belagerung von Syrakus (213-211) erfand Archimedes viele nützliche Geräte, die sich gegen die Römer verwenden ließen; ob er wirklich Maschinen der Römer mit Hilfe von Brennspiegeln in Brand gesteckt hat, mag dahingestellt bleiben. Längst überholt waren die athenischen Trieren der klassischen Zeit: ihre drei übereinandergeordneten Ruderreihen waren plump und langsam und verlangten von der Mannschaft viel Können und Muskelkraft; sie konnten nur wenig kämpfendes Personal befördern und dienten hauptsächlich zum Rammen gegnerischer Schiffe. Eine wichtige Neuerung stammte von Dionysios I. von Syrakus (405-367): größere Schiffe mit von je vier oder fünf Ruderern bedienten langen Rudern; sie konnten mehr Soldaten transportieren. Davon ließen sich Antigonos I., Demetrios Poliorketes und ihre Nachfolger im 3. Jahrhundert inspirieren: sie bauten immer größere Kampfschiffe mit immer mehr Ruderern und Kampfpersonal, bis schließlich Ptolemaios IV. mit einem kolossalen »Vierzigerschiff« übers Ziel schoß. Sein Schiff war hundertzwanzig Meter lang und fünfzehn Meter breit, Bug und Heck ragten dreiundzwanzig Meter über dem Wasserspiegel auf, und seine Ruderermannschaft bestand aus viertausend Mann. Die Größe dieses Ungetüms machte es nutzlos. Für seine privaten Fahrten auf dem Nil hatte derselbe Ptolemaios ein riesiges Hausboot bauen lassen, das eine luxuriöse königliche Villa faßte.

Es ist möglich, daß auch die hellenistische Palastbaukunst gegenüber früheren Zeiten technische Fortschritte aufzuweisen hatte, zum Beispiel von Winkelbalken getragene Balkone, wie man sie in späteren Fresken und Mosaiken sehen kann; Material darüber gibt es kaum. Wesentlich Neues zeigen weder die Attalidenpaläste in Pergamon noch so grandiose, wenn auch vergängliche Bauten wie der Scheiterhaufen des Hephaistion oder der Bestattungswagen des Alexander.

Sogar in der Entwicklung neuer Handelswege hat sich die hellenistische Zeit nicht besonders hervorgetan. Von systematischem Straßenbau wissen wir nichts. Die Verkehrswege und Häfen des Mittelmeers blieben, was sie vorher gewesen; was neu war, stammte von Alexander: die lange Mole, die Alexandreia mit der Insel Pharos verbindet, oder der von Sostratos aus Knidos erbaute, fast hundert Meter hohe Leuchtturm auf Pharos. Vielleicht diente als Leuchtturm auch der Koloß von Rhodos, die große, über der Einfahrt zum Hafen thronende Standsäule des Helios, aber jedenfalls stürzte die Säule beim großen Erdbeben um 228 ein und wurde nie wieder aufgebaut. Auch unter den Königen gab es nur wenige, die für solche Bauten genug Reichtum und Phantasie aufgebracht hätten; den in der Perserzeit gebauten großen Kanal zwischen dem Nil und dem Roten Meer ließen die baufreudigen Ptolemäer versanden.

DIE HELLENISTISCHE WELT

Neues wurde nur gefunden oder erfunden, wenn die Wirtschaft schwer gefährdet war. Solange die Ptolemäer Palästina in der Hand hatten, also bis zum Ausgang des 3.Jahrhunderts, beherrschten sie die Südstraßen nach dem Osten und die von Nabatäern und Gerrhäern gepflegten Wege nach dem Süden, die einzigen Transportlinien also, über die Gewürze und Weihrauch, Gold, Elfenbein und Sklaven nach dem Mittelmeer gebracht wurden. Nach der Schlacht von Paneion (199) gerieten diese Verkehrswege in den Herrschaftsbereich der Seleukiden. Es war eine sehr beachtliche Leistung des von den griechischen Historikern verachteten und verspotteten »Schmerbauchs« Ptolemaios VIII. Euergetes II., daß er den Schaden reparierte, indem er den Seeweg nach dem Osten über Koptos und den Hafen Berenike am Roten Meer dem Handelsverkehr erschloß. Er ernannte einen Admiral, der über »das Rote und das Indische Meer« zu regieren und die Benutzung des neuen Weges zu fördern hatte. Zwei überaus nutzbringende Reisen des Eudoxos aus Kyzikos schufen die Voraussetzungen, von denen aus Hippalos die Südwestmonsune entdecken und systematisch studieren konnte; erst damit wurde der Handel mit Indien auf einem bequemen und sicheren Weg möglich. Sehr groß ist er offenbar trotzdem nicht gewesen, denn es haben sich in Südarabien und Indien nur wenige ptolemäische Münzen gefunden. Auf ähnliche Weise gab die Besetzung der nordsyrischen Steppe durch die Parther in der hellenistischen Spätzeit den Anstoß zum Ausbau einer südlichen Verkehrsstraße über Palmyra.

Vom Ende des 4.Jahrhunderts an zerfiel die Mittelmeerwelt etwa hundert Jahre lang in zwei durch konkurrierende Währungssysteme getrennte Wirtschaftssphären. Die Seleukiden prägten ihre Münzen mit demselben Feingehalt wie Philipp II., Alexander und Lysimachos, was der alten Norm Attikas entsprach. Dagegen entschloß sich Ptolemaios I. zu dem in Phönikien und im phönikischen Westen üblichen niedrigeren Metallgehalt. Griechenland, das Ägäische und das Schwarze Meer gehörten wirtschaftlich zur Freihandelszone der griechischen Städte, von denen zwar einige zeitweilig von den Seleukiden, den Attaliden, den Ptolemäern oder anderen hellenistischen Dynastien politisch beherrscht wurden, die aber alle frei von jeglicher Wirtschaftskontrolle blieben. Aber das südliche und das westliche Mittelmeer waren im Besitz der Ptolemäer, die ihre Kaufleute mit Hilfe eines engmaschigen Systems von Export- und Importgenehmigungen und Währungsbeschränkungen unter ständiger Aufsicht hielten, wenn sie nicht gar selbst Warenaustausch und Warenbeförderung übernahmen und von ihren Bediensteten besorgen ließen.

Wie das staatliche Außenhandelsmonopol der Ptolemäer funktionierte, wissen wir nur aus wenigen Papyrusbriefen; daß aber der Handel mit dem Westen für die Ptolemäerwirtschaft von entscheidender Bedeutung war, zeigte sich, als der Zweite Punische Krieg ihn unterband und Ägypten in geradezu ruinösem Ausmaß von Inflation und Aufständen heimgesucht wurde. Die günstigen Bedingungen der Anfangsperiode kamen auch niemals wieder, denn vom 2.Jahrhundert an wurde das Wirtschaftsleben der Mittelmeerwelt – mit Ausnahme der kurzen Zeit der Beherrschung des Handels durch Rhodos (bis 168) – zunehmend von den Handelsleuten aus Italien monopolisiert, die sich zuerst in Delos, dann überall in den Städten Griechenlands, der Inseln und Anatoliens niederließen, wo sie oft – wie die Cloatii im lakonischen Gytheion – das Bürgerrecht erwarben, ständigen Aufenthalt nahmen, im Verkehr mit dem römischen Staat als Mittelsleute fungierten und von ihren neuen Mitbürgern als Wohltäter gefeiert wurden. Diese Verlagerung der Handelssuprematie hatte zur Folge, daß die Ptolemäerwährung ihre Funktion als internationale Währung einbüßte und außerhalb Ägyptens nur noch selten als Zahlungsmittel gebraucht wurde.

Ein eigenartiger, nicht auf den ersten Blick einleuchtender Wesenszug der hellenistischen Wirtschaft war die allgemeine Ausbreitung des Warenaustauschs, sogar bei kleineren und billigen vertretbaren Gütern, bei zunehmender Einschränkung der häuslichen Bedarfsdeckungswirtschaft. Lebensmittel, Kleidung, einfache Töpferware wurden nicht mehr im Haushalt hergestellt, sondern gekauft, und dieser Warenverkehr im kleinen setzte einen reichlichen Umlauf an Kupferscheidemünzen voraus und führte seinerseits zu weitgehender Arbeitsteilung. Schon im 4. Jahrhundert höhnte Diogenes, die Athener Gasthäuser seien das Gegenstück zu Spartas Kantinenklubs: die Athener wollten ihr Essen nicht mehr zu Hause zubereiten und verzehren, sondern lieber fertig kaufen und außerhalb des Haushalts einnehmen. Wahrscheinlich waren die guten Köche, die in der Neuen Komödie so ausgiebig vertreten sind, im Alltag sehr viel seltener als auf der Bühne. Die hochgradige Differenzierung der Wirtschaftsfunktionen, die die Papyri für Ägypten belegen, war offenbar die Regel, nicht eine Ausnahme.

Das spricht für eine viel größere Verbreitung der Geldwirtschaft als in den Jahrhunderten zuvor; zum Teil ging das wahrscheinlich auf die stetig wachsende Münzmetallgewinnung zurück. Statistiken kann man darüber nicht aufstellen, weil die Nachrichten zu spärlich sind, aber ohne Zweifel hatten Alexanders Eroberungen gewaltige, von den Perserkönigen gehortete Silbermengen zunächst einmal dadurch in Umlauf gebracht, daß sie für den großen Bedarf von Hof und Heer ausgegeben oder an Günstlinge verteilt wurden. (Das gilt auch für Gold, nur war Gold im Altertum als Münzmetall unwichtig.) Der gesteigerte Silberumlauf mußte zu einer beträchtlichen Vermehrung der Kaufkraft führen und dem Wirtschaftsleben einen gewaltigen Auftrieb geben, auch wenn das meiste Silber zunächst für Luxus, vornehme Kleidung, seltene Genußmittel und elegante attische Kurtisanen ausgegeben wurde; über den exotischen Geschmack der Würdenträger Alexanders, die phantastisch reich waren, aber für ihre Verschwendungssucht nicht genügend Objekte vorfanden, sind viele Anekdoten überliefert.

Solange das Silber zu einem großen Teil in Umlauf blieb, gingen die Geschäfte gut; direkt oder indirekt mußten sich die wohlhabenden Bürger der hellenistischen Städte – der Samier Bulagoras ist ein typisches Beispiel – an diesem Überfluß bereichern. Da Geld immer wieder Geld heckt und die hellenistische Zeit die alten Silberquellen behielt und neue erschloß, waren mindestens bis ins 3. Jahrhundert hinein die Voraussetzungen für eine Hochkonjunktur gegeben; so läßt sich denn auch aus den Büchern der Kaufleute von Delos eine steigende Preistendenz erkennen. Umgekehrt waren in Ägypten, wo Silber knapp war, die Preise recht niedrig. Es ist möglich, daß es Phasen der Geldknappheit und Deflation – und vielleicht nicht nur lokal und nicht nur für kurze Zeit – gegeben hat; sicher nachgewiesen sind sie nicht. Nach dem Einbruch Roms in die orientalische Welt begann das Silber nach dem Westen abzufließen; nach und nach verengte sich der Strahlungsbereich der Überfülle, die im 3. Jahrhundert geherrscht hatte. Nach dem

Mithridatischen Krieg und den Bürgerkriegen des 1.Jahrhunderts war der Osten am Rande des Bankrotts angelangt. Um Roms Steuer- und Sachleistungsforderungen nachzukommen, mußte er Tempelschätze ebenso wie Silbergeräte und Geschmeide aus Privatbesitz in Bargeld verwandeln und auch noch hochverzinsliche Anleihen bei den Bankiers aus Italien aufnehmen.

Besonders schwierig ist die Aufhellung der Rolle, die in der hellenistischen Zeit der freien Unternehmenswirtschaft zufiel. In der kleinen Abhandlung über die Wirtschaft, die sich unter den Werken Aristoteles' erhalten hat, die aber in Wirklichkeit aus dem Anfang des 3.Jahrhunderts stammt, sind dem privaten Individuum drei wirtschaftliche Betätigungssphären zugewiesen: Landwirtschaft, Geldverleih gegen Zinsen und Herstellung, Beförderung und Absatz von Gütern (also wohl Handel und Gewerbe); der öffentlichen Hand – den Satrapen und Städten – sind dagegen das Steuerwesen (Gebühren und Abgaben) und die Ausbeutung der Naturschätze, Bergwerke, Steinbrüche, Forsten, vorbehalten. Aus dem Beispiel Athens im 4.Jahrhundert könnte man schließen, daß die Städte diese beiden Wirtschaftssektoren an private Steuerpächter und Unternehmer als Konzessionen vergaben.

Und die Monarchien? In der engverflochtenen Wirtschaft Ägyptens gehörten die Steuerpächter zum Normalzubehör, allerdings unter Bedingungen, die es ihnen kaum ermöglichten, viel Geld auf ehrliche Weise zu verdienen; sie scheinen sogar ein festes Gehalt bezogen zu haben. Im 3.Jahrhundert hatten wendige und mit guten Beziehungen versehene ägyptische Griechen – vom Typ etwa des Zenon aus Kaunos – die Möglichkeit, sich in staatlichem Auftrag oder unter Umgehung des Staates auf vielerlei Wirtschafts- und Verwaltungsgebieten zu betätigen und reich zu werden, aber nicht in einem Maße, das es ihnen gestattet hätte, eigene Gewerbe- oder Handelsimperien aufzubauen.

Zugelassen waren neben den Staatsbanken auch private Banken, die Depositen entgegennahmen und Kredit gewährten. Allzu große unternehmerische Initiative wurde aber nicht einmal in der Landwirtschaft entfaltet: als Zenon die großen Güter des *dioiketés* Apollonios verwaltete, machte er anscheinend keinerlei Anstrengungen, Verbesserungen einzuführen, Experimente in Angriff zu nehmen oder die Domäne zu einem Musterbetrieb auszubauen. In einigen Briefen werden seltene, aus Züchtungsversuchen stammende Tiere erwähnt, die der jüdische Fürst Tobias in Ammon dem König gesandt habe. Ist das mehr als private Liebhaberei gewesen? Bezeichnenderweise gab es im ptolemäischen Ägypten trotz dem großen Ölbedarf der griechischen Bevölkerung keine Ölbaumkultur; zur Römerzeit dagegen wurden Ölbäume in großer Zahl angepflanzt, so daß auf die Einfuhr von Öl verzichtet werden konnte.

Dasselbe konservative Beharrungsvermögen, derselbe Mangel an Unternehmungsgeist scheint auch im Seleukidenreich geherrscht zu haben, von dem allerdings nur wenig Material vorliegt. Iran war das Land der Früchte, vor allem das Land des Pfirsichs. Von einer Übernahme der Obstkulturen durch andere Länder ist aus dieser Zeit nichts überliefert.

Kyniker, Stoiker, Epikureer

In Griechenland hatte im 4. Jahrhundert die Philosophie das geistige Leben beherrscht. Wie sich die Tragödiendichter und Historiker des 5. Jahrhunderts mit der Religion, also mit der Schicksalsbestimmung des Menschen, beschäftigt hatten, so beschäftigten sich Platon und seine Zeitgenossen mit der Lebensführung, dem Verhalten der Menschen im Zusammenleben mit anderen Menschen. Im Grunde stand in beiden Fällen dasselbe Problem im Mittelpunkt: wie kann eine Gesellschaft, wie kann ein Individuum inmitten einer feindlichen Welt in Sicherheit leben?

Die Religion bot Trost und Hilfe, sofern man annehmen konnte, daß die Götter freundlich oder wenigstens gerecht seien oder doch dazu bewogen werden könnten, es zu sein, so daß der Gute nicht in Angst zu leben brauchte. Das genügte jedoch (wenn wir uns auf Platons Mitteilungen in der *Apologia* verlassen dürfen) weder Sokrates noch Platon selbst. Sie meinten, daß es den Guten möglich sein müsse, das Bollwerk ihrer Sicherheit aus eigenem zu errichten. Danach war es, bei Lichte besehen, nicht wichtig, was die Götter oder andere Menschen einem zufügten. Wichtig für die wahre Glückseligkeit war nur das, was im Innern des Menschen, in seiner Seele, vorging, und hier konnte nur der Mensch selbst sich Böses antun, sonst niemand; hier war er der Herr seines Schicksals. So konnte denn Sokrates sagen, einem guten Menschen könne weder im Leben noch im Tod Böses zustoßen.

Diese Grundanschauung und ihre praktische Anwendung behaupteten sich ununterbrochen und ohne wesentliche Veränderung bis in die hellenistische Zeit. Daß die Eroberungen Alexanders das Denken der Menschen wesentlich beeinflußt hätten, läßt sich wohl schwerlich behaupten. Auch von jener zentralen Fragestellung abgesehen, blieben die hellenistischen Philosophen bei den Interessenrichtungen ihrer Vorläufer aus dem 5. und 4. Jahrhundert. Das gilt gleichermaßen für Theologie, Physik, Medizin, Mathematik, Logik, Politik und Rhetorik. Zu beobachten war indes eine gewisse lokale oder regionale Spezialisierung. Nach Isokrates ging die Rhetorik ihren eigenen Weg, meistens in Verbindung mit Grammatik, Prosodie und anderen pädagogischen Disziplinen, bis der enzyklopädische Cicero sie wieder zur Philosophie zurückbrachte. Exakte und experimentierende Wissenschaften zogen ins Museion von Alexandreia ein, das – neben der großen Bibliothek – auch zur Heimstätte der Literatur und Philologie wurde. Weitverbreitet war das Studium der reinen und angewandten Mathematik. Ihre bedeutendste Persönlichkeit war der Syrakusaner Archimedes (der keine eigene Schule hatte). In verschiedenen Abwandlungen wurde die theoretische Physik zur Grundlegung des epikureischen und des stoischen Denkens.

Logik oder Dialektik war das Kampf- und Streitrüstzeug aller Schulen. Die Argumente, Einwände und Geistesblitze, die die verschiedenen Schulen gegeneinander schleuderten, mußten das Leben in Athen besonders anregend und zugleich amüsant machen. Denkendes Bemühen um seiner selbst willen war die Domäne einzelner Denker, wie Pyrrhons von Elis (360-270) und der sogenannten Mittleren und Neuen Akademie unter Arkesilaos (318-242) und Karneades (213-129). Aus Widersprüchen des Gewußten leiteten sie die

DIE HELLENISTISCHE WELT 537

Unmöglichkeit der Erkenntnis ab. Sie sprachen vom Scheinenden, nicht vom Seienden, zögerten, positive Aussagen zu machen, und waren bereit, in jeder Frage die Berechtigung gegensätzlicher Standpunkte zu vertreten. Diese »Eristik« brachte ihre Hörer oft gegen sie auf. So erging es namentlich Karneades bei seiner Mission in Rom im Jahre 155: die öffentliche Meinung war über seine virtuosen Argumente und Gegenargumente so entrüstet, daß er mit sofortiger Wirkung ausgewiesen wurde.

Zu den Gebieten, für die sich das 4.Jahrhundert besonders interessierte, gehörten Charakterdarstellung und Charakterstudium; dieses Interesse fand seinen Ausdruck in mehreren Lebensbeschreibungen von Philosophen. Die erste und beachtlichste verfaßte der Schriftsteller und Bildhauer Antigonos aus Karystos (etwa 290–235), der eine Zeitlang in Athen und später in Pergamon lebte. Er war ein Schüler des hervorragenden Philosophen und Staatsmanns Menedemos aus Eretreia, eines Freundes des Antigonos Gonatas, und schrieb auch ein Buch über Porträtbildhauerei. Nach ihm kamen andere: Hermippos aus Smyrna, Sotion aus Alexandreia, Herakleides Lembos, deren Philosophenbiographien dem »Leben der Philosophen« von Diogenes Laërtios (2.Jahrhundert n. Chr.) als Grundlage dienten. Sie befaßten sich vor allem mit dem Problem der Fortführung der Ideen des Lehrers durch den Schüler und haben ein umfassendes Bild der in diesem Sinne von Sokrates stammenden philosophischen Schulen hinterlassen.

Nun gab es zwar unter den prominenten Denkern auch Einzelgänger, wie Stilpon aus Megara, den Lehrer Zenons und Krates', und später Ariston aus Chios, einen abtrünnigen Stoiker, der die stoische Logik und Physik verwarf; aber die meisten führenden Philosophen scharten sich tatsächlich um organisierte Schulen, in denen der leitende Mann jeweils das Erbe seines Vorgängers sowohl als Träger der besonderen Lehrmeinung der Schule wie auch als Eigentümer und Benutzer des Schulgrundstücks in Athen antrat. In diesem Lichte wurden sogar die Kyniker geschildert, obgleich sie gar kein Grundstück besaßen und, da ihnen eine geschlossene Lehrmeinung abging, auch keine organisierte Schule bildeten. In dieser ideengeschichtlichen Konzeption erschienen unter den Schülern Sokrates' Platon als der Begründer der Akademie, von der sich später unter seinem Schüler Aristoteles die Peripatetiker abspalteten, der Athener Antisthenes als Lehrer des ersten eigentlichen Kynikers Diogenes (was allerdings chronologische Schwierigkeiten bereitet) und der Hedoniker Aristippos aus Kyrene als der Inspirator oder mindestens Vorläufer Epikurs; von Diogenes wiederum kam der Thebaner Krates her, dessen abtrünniger Schüler Zenon aus Kition den Stoizismus begründete. Als Platon 348 oder 347 starb, war es für einen Fremden immer noch nicht einfach, Grundeigentum in Athen zu besitzen; später indes wurden die Schulen in jeder Beziehung international, und die Stadt nahm für sich auch offiziell die Rolle der Lehrmeisterin der Griechen in Anspruch, die sie faktisch schon seit den Zeiten Perikles' gespielt hatte.

Der Würde und dem Alter nach gebührte der Vorrang der Schule Platons; nach dem Gelände, auf dem sich ihre Gebäude befanden und das dem attischen Heros Akademos geweiht war, war sie als Akademie bekannt. Nach Platons Tod leitete sie (bis 339) sein Neffe Speusippos, dann (bis 314) Xenokrates aus Chalkedon, der nach dem Lamischen Krieg (322) als hochgeachteter älterer Bürger zu Antipater abgeordnet wurde. Ihm folgte (bis etwa 276) der Athener Polemon, in dessen Amtszeit Krates aus Theben und Krantor aus Soloi unter den Denkern der Akademie hervorragten. Wie lebensoffen und dynamisch das Lehrgebilde der Akademie um diese Zeit war, kann man daraus schließen, daß Krates als Lehrer sowohl Zenons als auch des Arkesilaos und des Kynikers Bion galt. Mit dem Landedelmann Arkesilaos aus Pitane in der Aiolis, der mit den Königen Eumenes, Attalos und Antigonos Gonatas befreundet war, nahm die Akademie, an deren Spitze er bis 242 stand, eine Wendung zu stark mit Witz gewürzter Eristik. Auf die Frage, warum sich viele Denker den Epikureern anschlössen, aber keiner je von ihnen weggehe, soll Arkesilaos das Bonmot geprägt haben:»Weil Männer zu Eunuchen, aber Eunuchen nicht zu Männern werden können.« Nach Arkesilaos hatte die Akademie nur wenige prominente Mitglieder, wenigstens bis zur Zeit des Karneades, der an der wiederholt erwähnten Rom-Delegation von 155 teilnahm und die Könige Attalos II. und Ariarathes V. zu Schülern hatte.

Als Aristoteles 335, kurz vor Beginn des Asienfeldzugs Alexanders, nach Athen zurückkehrte, stellte ihm die Stadt als Wohnung das Lykeion, ein Haus im heiligen Hain des Apollon Lykeios, zur Verfügung; die Wandelgänge *(peripatoi)* des Gebäudes gaben der Schule den Namen Peripatetiker. Nach zwanzigjährigem Studium unter Platon hatte Aristoteles in Atarneus am Hofe des Tyrannen Hermeias, in Mytilene und schließlich als Alexanders Erzieher in Pella gewirkt. Seine umfassende Bildung und seine vielseitige Forschungsarbeit, die sich unter anderem auch auf die Material- und Berichtsendungen Alexanders stützte, machten die peripatetische Schule zu einem großen Forschungsinstitut. Nach Aristoteles' Tod führte sein Schüler Theophrastos aus Eresos die Arbeit auf einer fast ebenso enzyklopädischen Stufe (bis 286) weiter; von seinen eigenen Schriften haben sich allerdings nur wenige erhalten: die große »Geschichte der Pflanzen«, eine Sammlung von Charakterdarstellungen und Bruchstücke einer Abhandlung über Verträge. Sein Schüler Demetrios aus Phaleron, der in Athen von 317 bis 307 regiert hatte, wanderte nach Kassanders Tod (297) nach Ägypten aus und steckte Ptolemaios I. mit seiner Forschungsbegeisterung und seinem Forschungseifer an; er wirkte bei der Gründung des Museions und der Bibliothek aktiv mit und half dem König bei der Ausarbeitung eines Gesetzeskodex. Später büßte die peripatetische Schule einiges von ihrem Glanz ein; immerhin brachte Straton aus Lampsakos (bis 268) Ptolemaios II. Physik bei, Lykon aus Troas war mit Eumenes und Attalos befreundet und schlug einen Ruf an den Seleukidenhof aus, und Kritolaos aus Phaselis gehörte zur Rom-Abordnung von 155.

Farbiger und im allgemeinen wohl auch einflußreicher als diese traditionellen Stätten der Gelehrsamkeit waren die Schulen, die sich in erster Linie mit der menschlichen Lebensführung beschäftigten. Am bedeutendsten unter ihnen war die stoische Schule, ein geistiger Ausläufer der Kynikertradition, die auf Antisthenes als angeblichen Lehrmeister Diogenes' zurückgeführt wurde, obgleich er wahrscheinlich schon tot war, als Diogenes Mitte des 4. Jahrhunderts von Sinope nach Athen kam. Diogenes wollte »die Münze umprägen«, einen entscheidenden Wandel in den menschlichen Gewohnheiten herbeiführen, den Menschen lehren, »im Einklang mit der Natur« zu leben; das hieß: möglichst einfach leben, möglichst wenig Bedürfnisse und Eigentum haben, sich mit ebenso wenigen und ebenso schlichten Genüssen wie ein Hund *(kýon)* begnügen. (Es dauerte nicht lange, bis man die

Anhänger dieser Lehre mit Hunden zu vergleichen anfing; der Name blieb haften.) Zu Erkennungszeichen der Kyniker wurden Wanderstab, Rucksack, verschlissenes Gewand, unverblümte Sprache, beißender Spott. Was die Seele berührte, war wie bei Sokrates gut oder böse, alles andere gleichgültig. Indes waren die Kyniker nicht ungeistig: auch Diogenes verfaßte einen »Staat«, in dem er Platons Ideen weiterführte und vereinfachte. Aber sein Motto war Selbstgenügsamkeit.

Diogenes' Schüler war der Thebaner Krates, Lehrer des Zenon. Mit ihnen wurde die Lehre der Kyniker großzügiger, elastischer, weniger streng. Im 3.Jahrhundert, in dem viele Kyniker verschiedener Abart wirkten, hielt diese Tendenz an. Bion der Borysthener, Wanderprediger aus Olbia am Schwarzen Meer, der erste bewußte Weltbürger *(kosmopolites)*, wollte mit seinen *Diatriben*, die zum Vorbild für die christliche Predigt werden sollten, den Menschen zeigen, wie Verbannung, Armut und Leid zu ertragen seien. Entscheidende Elemente seiner Lehre haben sich in den Schriften Teles', eines Kynikerpredigers einer späteren Generation, erhalten. Zu den bedeutenderen Kynikern des 3.Jahrhunderts gehörten Menippos aus Gadara, der Erfinder der Menippischen Satire, einer ernst-komischen Mischung von Prosa und Poesie, die später Varro, Horaz und Lukian beeinflussen sollte, Menippos' Landsmann Meleager, der die erste Sammlung von Epigrammen unter dem Titel *Stephanos* (Kranz) zusammenstellte, und der Staatsmann, Gesetzgeber und Aratos-Freund Kerkidas aus Megalopolis, von dessen eigenartigen *Meliamben* umfangreiche Fragmente in Papyri zum Vorschein gekommen sind. Eine Neigung zu ungewöhnlichen Versformen zeigt sich auch bei Timon aus Phlios, dessen *Silloi* (Spottgedichte) ebenfalls der kynischen Lehre des 3.Jahrhunderts entstammen. Diese Aktivitätsphase der kynischen Dichtung war nicht von langer Dauer; bedeutende Kyniker sind dann bis zu den Zeiten des Römischen Reiches nicht mehr aufgetreten.

Die stoische Schule, die zwar ihr eigenes Gelände hatte, aber ihren Namen von ihres Stifters Vorliebe für die bemalte Veranda *(stoá poikíle)* herleitete, war ihrerseits ein intellektualisierter Sproß des Kynismus; sie zog eine Reihe begabter Denker an, die sie zur bedeutendsten philosophischen Lehre der hellenistischen Zeit machten. Oft wurde Zenon aus Kition auf Kypros ein Phöniker genannt, was nicht notwendigerweise auf eine bestimmte ethnische Herkunft hindeutet; so wurde der Olbier Bion zum »Borysthener«, und den Stoiker Diogenes aus Seleukeia am Tigris hieß man »Babylonier«. Darüber, ob Zenons System wesentliche semitische, phönikische oder jüdische Elemente enthält, gehen die Meinungen scharf auseinander. Genau wissen wir nur, daß er, als er in der Regierungszeit Demetrios' aus Phaleron nach Athen kam, nicht nur bei dem Kyniker Krates, sondern auch bei den Akademikern Xenokrates und Polemon und dem Megarer Stilpon in die Schule ging; er hat sogar Stilpos Logik übernommen. Zenon war sehr gelehrt, ein bißchen scheu, ein Idol für viele Athener und ein Freund des Antigonos Gonatas. Er hatte mit einem noch sehr kynisch klingenden Buch über den Staat angefangen und dann ausgiebig über eine Vielzahl von Gegenständen geschrieben.

Von den Kynikern übernahm Zenon die Lehre vom naturgerechten Leben, aber für ihn bedeutete »Natur« etwas anderes: in der stoischen Physik war die Natur ein Ausdruck der göttlichen Vernunft oder Vorsehung und die Pflicht des Menschen, in Übereinstimmung mit der Natur zu leben, gleichbedeutend mit der Verpflichtung zu tugendhaftem Leben. Im Vordergrund stand die Vernunft, die neben anderem das kynische Ideal der Empfindungslosigkeit *(apátheia)* in sich barg; aber während das äußere Dasein im Prinzip auch weiterhin »gleichgültig« blieb, hatten doch manche seiner Elemente in verschiedenem Maße auch Wünschenswertes an sich, so daß die Stoiker nicht wie die Kyniker weltabgewandt waren, sondern sich für alle Daseinsbereiche interessierten. Weder waren sie wie die Kyniker intellektfeindlich, noch waren sie antireligiös; im Gegenteil: sie verteidigten mit Nachdruck die überlieferte Religion und glaubten fest an die Unsterblichkeit. Der Freitod erschien daher als normal und vernünftig, sofern man gute Gründe hatte, den Wert des weiteren Verbleibens im Leben zu bezweifeln. Die Stoiker waren keine Naturwissenschaftler, aber sie akzeptierten und verwerteten das Erbe der griechischen Naturwissenschaft, auch wenn sie das zu abstrusen Vorstellungen, wie etwa zu der Heraklit entlehnten Idee vom periodischen Weltbrand *(ekpýrosis)*, verleitete. Vernünftigkeit, Weite des Horizonts und umfassende Humanität führten der stoischen Lehre viele der denkeifrigsten und edelsten Köpfe der griechischen und römischen Welt zu. Sogar Cicero, der sich unmißverständlich zur Akademie bekannte, zeigte sich der Lehre der Stoa, namentlich auf den Gebieten der Religion, der Politik und der Ethik, sehr zugetan.

Zenon starb 264 und wurde mit Staatsbegräbnis im Kerameikos beigesetzt. Als Oberhaupt der Stoa löste ihn sein Schüler Kleanthes aus Assos ab, der über viele Themen, vor allem aber über Physik schrieb und einen bemerkenswerten, in seiner Diktion stark monotheistischen Hymnus an Zeus verfaßte, den der Apostel Paulus vor dem Areopag zitieren sollte. Kleanthes' Schüler Chrysippos aus Soloi, wie Zenon ein Kypriote, war der bedeutendste Gelehrte und Schriftsteller der frühen Stoa; er entwickelte die stoische Ethik über Zenon hinaus und gab der Logik ihre endgültige stoische Gestalt. Auf ihm fußte der orthodoxe Stoizismus, und späteren Autoren fiel es nicht leicht, seine Weiterbildung der Lehre von den ursprünglichen Beiträgen seiner beiden Vorgänger zu scheiden, denn er verarbeitete, entwickelte und vertiefte alles, was in der anfänglichen Lehre enthalten war.

Mit Chrysippos endete die stoische Frühperiode. Die Bedeutung der namhaftesten Vertreter der mittleren Stoa, Diogenes' aus Seleukcia und Panaitios' aus Rhodos, lag weniger in einer Weiterbildung des Lehrgebäudes als in ihrer Lehrtätigkeit. Beide waren hervorragende Persönlichkeiten. Diogenes gehörte der athenischen Mission in Rom im Jahre 155 an und machte auf die Senatoren einen weit besseren Eindruck als seine relativistischen Kollegen Karneades und Kritolaos. Auch Panaitios ging nach Rom und wurde zu einem prominenten Mitglied des Kreises um den jüngeren Scipio. Der Stoiker Blossios aus Cumae, der Freund des Tiberius Gracchus und des Aristonikos, hatte mit Panaitios als Studierender zu Füßen Antipaters aus Tarsos, des Schülers des Diogenes, gesessen.

Daß so viele Stoiker aus dem Osten kamen, ist zum mindesten beachtlich. Die bedeutendste Persönlichkeit der Stoa im 1. Jahrhundert war Poseidonios aus Apameia, der als Schüler des Panaitios galt. Wegen der politischen und wirtschaftlichen Zustände nach dem Mithridatischen Krieg lebte er nicht in Athen, sondern auf Rhodos. Er war ein Mann von gewaltigem Wissen und Fleiß, Philosoph, Geograph, Naturwissenschaftler, Historiker. Er verfaßte einen Nachtrag zum Geschichtswerk des Polybios, in dem die Ereignisse wenigstens bis zur Machtergreifung Sullas in Rom geschildert wurden; leider ist diese Darstellung, die von großem Wert gewesen sein muß, restlos untergegangen. Panaitios war ein Freund des Pompeius, der ihn zweimal besuchte, und stand auch Cicero nahe.

Die traditionelle Rivalin der Stoiker war die Schule Epikurs. Sie konnte, weil sie sich viel zu sklavisch an die Worte des Meisters klammerte, nicht mit allzu vielen großen Namen aufwarten, hatte aber zahlreiche Anhänger und manche Nachahmer. Epikur war Athener, der als Kleruche auf Samos gelebt hatte, aber nach Athen zurückgekehrt war, nachdem die Samier 323 ihre Freiheit wiedererlangt hatten. In seinem ummauerten Garten in Athen gründete er seine Schule, die den fernen Einfluß der hedonistischen Lehren Aristippos' verriet, sich jedoch in der Hauptsache auf Demokrits Lehre von den Atomen stützte. In diesem Weltbild, das Epikur anscheinend unverändert übernommen hatte, setzt sich das Weltall aus *átoma sómata* (unteilbaren Körpern) und aus Leere zusammen, und der Zufall (aber keineswegs eine Schicksals- oder Glücksgottheit) bestimmt die verschiedenen Varianten ihres Nebeneinanders. Die Lehre Epikurs schaltete die Götter nicht grundsätzlich aus, hielt es aber für vernunftwidrig, zu unterstellen, daß sich die Götter um die Menschen kümmerten oder in ihr Dasein eingriffen. Damit entfiel für die Menschen der Zwang, ihr Handeln auf Ehre, Gerechtigkeit oder innere Verpflichtungen, wie sie den Stoikern vorschwebten, zu gründen; nur das eigene Interesse blieb als Beweggrund menschlichen Tuns.

Der Konsequenz chaotischer Verwirrung und verzweifelter Hoffnungslosigkeit entzog sich diese existentialistische Lehre nur dadurch, daß sie zum einzigen wirklichen Genuß die Freiheit von gefühlsmäßiger Unruhe und Spannung *(ataraxía)* erklärte und dementsprechend den größtmöglichen Genuß in der von Emotionen freien Freundschaft sah. Frugal und mäßig lebten Epikurs Anhänger als Freunde hinter ihren Gartenmauern, nicht nur weil sie der Meinung waren, daß Luxus und Unmäßigkeit zu körperlichen Beschwerden führten, sondern vor allem auch weil sie glaubten, daß das Angewiesensein auf Luxus Begierden hervorbringen müsse, die das innere Gleichgewicht störten. Epikur selbst hatte es zu einer fast unirdischen Gemütsruhe und Gefaßtheit gebracht. In einem Brief, den er unmittelbar vor seinem Tode schrieb, heißt es: »An diesem gesegneten Tag, der auch mein letzter ist, schreibe ich dies an Dich. Ich leide ständig so sehr an Harndrang und Ruhr, daß mein Leiden durch nichts vermehrt werden könnte, aber alledem steht die Freude entgegen, die ich erlebe, wenn ich mich an die Gespräche erinnere, die wir miteinander geführt haben.« In der furchtbaren Notlage, die Athen durchmachte, als es von Demetrios belagert wurde, teilten die Anhänger Epikurs miteinander in heiterer Ausgeglichenheit, was an Eßbarem als schäbiger Rest übriggeblieben war.

Kritiker fanden an den epikureischen Lehren viel Angreifbares. Vor allem ließ sich die Lehre vom Primat des Genusses, da sie von einer Gruppe praktiziert wurde, die sich dem Einblick der Öffentlichkeit entzog, leicht entstellen und verzerren. Einen triftigeren Einwand brachte ein Zeitgenosse Epikurs, der wie die Epikureer zum Atheisten gestempelte Theodoros von Kyrene, vor: der Genuß, meinte er, sei als Ziel zu prekär und unberechenbar; als erstrebenswert stellte er dem die sich gegen Leid abhebende Freude gegenüber, die durch die rechte geistige Haltung *(phrónesis)* zu erzielen sei.

Indes behauptete sich die Schule Epikurs in Athen; sie fand Anhänger auch andernorts; sie konnte aktiver geistiger Anteilnahme auf mancherlei Gebieten, die Epikur fernlagen, gar nicht entgehen. In Herculaneum haben sich in halbverbrannten Papyri die Reste der Bibliothek eines Epikureers Philodemos gefunden, der selbst eine große Anzahl von Bänden über die in allen Schulen beliebten Themen verfaßt hatte: Zorn, Tod, Redefreiheit, Frömmigkeit, Musik, poetische Ästhetik; ja auch über das Königtum und über die Irrtümer und Schwächen des Stoizismus hatte er geschrieben. Sehr tiefgründig ist Philodemos' Denken nicht, aber es vermittelt einen Einblick in die Fragestellungen und die Art der Themenbehandlung, über die man sonst, da so vieles verlorengegangen ist, nur wenig erfährt. Es ist möglich, daß die Campania ein Zentrum des Epikureertums war. Jedenfalls steht fest, daß die Lucretii Cari in Pompeii lebten, und da das Epikureertum in Rom kaum als respektabel galt, läßt sich sinnvollerweise vermuten, daß das wichtigste epikureische Dokument, das Lehrgedicht *De rerum natura* von Lukrez (Titus Lucretius Carus), seine Entstehung der Verwandtschaft des Autors mit der pompeianischen Familie verdankt.

Die Wissenschaften im Aufschwung

Wie in der Philosophie waren auch in der Naturwissenschaft die spezifisch hellenistischen Entwicklungstendenzen eine Fortführung der Forschungsarbeit und der Spekulation des 4. Jahrhunderts. Sie fanden ihren wichtigsten Niederschlag, bevor das 3. Jahrhundert zu Ende gegangen war, und stellten auf diesem Gebiet die größten Leistungen dar, zu denen es bei den Griechen je gekommen ist. Männer wie Eukleides und Archimedes, Apollonios und Philon, Aristarchos und Hipparchos, Eratosthenes und Seleukos, Herophilos und Erasistratos erklommen Höhen intellektuellen Schaffens, wie sie vordem nur Platon und Aristoteles erreicht hatten, jeder allerdings in einem engeren, spezialisierten Fachgebiet.

Von einigen Sonderfällen abgesehen, war der Mittelpunkt dieser wissenschaftlichen Tätigkeit Alexandreia, wo das Museion und die Bibliothek, vom ersten Ptolemäerkönig unter dem Einfluß Demetrios' von Phaleron gegründet und von seinen beiden Nachfolgern ausgebaut und erweitert, den Gelehrten eine Existenzgrundlage, eine Stätte geistigen Austauschs und Materialsammlungen mannigfacher Art boten. Widmeten sich die Philosophenschulen in Athen vornehmlich der philosophischen Bildung und theoretischen Grundlegung, so galt das Bemühen der Gelehrten in Alexandreia der Ausweitung der Grenzen der Erkenntnis. Da sich neuzeitliche Fachbegriffe, wie Mathematik, Physik und dergleichen, noch nicht in ihrer Sonderung herausgebildet hatten, läßt sich das Werk dieser Gelehrten summarisch nur unter zwei Gesichtspunkten beschreiben: einmal geht es um auf Mathematik und Mechanik basierende Studien, zum andern um solche, die sich um Botanik und Biologie gruppieren.

Wahrscheinlich war die Förderung, die Herrscher wie Dionysios von Syrakus und Philipp II. von Makedonien der Erfindung und Verbesserung von Maschinen zu militärischen Zwecken im 4. Jahrhundert angedeihen ließen, der eigentliche Ausgangspunkt der gewaltigen Ausweitung der Kenntnisse der Mechanik, wie sie in Alexandreia dank den als Alexandriner geltenden Gelehrten Ktesibios und Heron und dem Byzantiner Philon erreicht wurde. Schon Aristoteles war mit Hebel, Gleichgewicht und Flaschenzug vertraut, und zweifellos beruhten die Belagerungsmaschinen aus der Zeit der Diadochen auf der Kenntnis des Zahnrads und der Schraube ohne Ende; kurz darauf wurde die auf Torsion (wie im Katapult) beruhende Antriebskraft durch Wasserkraft (Hydrostatik) und komprimierte Gase, Dampf und Luft, ergänzt. Die Geschichte solcher Fortschritte läßt sich kaum in ihren einzelnen Phasen verfolgen. Aus dem Material, das sich erhalten hat, wissen wir, daß Ktesibios, Philon und Heron die Erfindung nicht nur verschiedenartiger Kriegsmaschinen, sondern auch anderer mechanischer Geräte, Experimentierartikel und Spielsachen zugeschrieben wurde; erwähnt werden eine mit Preßluft betriebene Wasserpumpe zum Feuerlöschen, eine Wasseruhr, eine Wasserorgel (der Luftdruck in den Röhren wurde wahrscheinlich dadurch erzielt, daß sie in einen mit Wasser gefüllten Behälter gestoßen wurden und das Wasser die Luft verdrängte), ein automatisches Theater, belebte Puppen, Warenautomaten und manches andere, was Subventionsgelder aus den Schatzämtern der reichen Ptolemäer beansprucht haben mag.

Von praktisch größerer Bedeutung waren geodätische Instrumente mit mikrometrischer Einstellung, die zu beachtlichen Fortschritten in der Geographie und der Astronomie beigetragen haben; erst mit solchen Instrumenten wurden wissenschaftliche Apparaturen, wie das Planetarium des Archimedes in Syrakus, möglich, der sich zwar vorwiegend für theoretische Probleme interessierte, aber die gewonnenen Erkenntnisse auch dazu benutzte, praktisch verwendbare Geräte zu entwickeln. Dem König Hieron leistete er gute Dienste, indem er die Technik für den Stapellauf eines großen Schiffes erarbeitete und Kriegsmaschinen zur Abwehr der Belagerung von Syrakus, die ihn selbst das Leben kosten sollte, konstruierte; in Ägypten ist mit seinem Namen das Schöpfrad (»Archimedische Schraube«) verbunden, das auch heute noch zum Wasserheben dient.

Hand in Hand mit der praktischen Nutzbarmachung der neuen Techniken ging ihre wissenschaftliche Durchleuchtung. Aristoteles' Schüler Straton aus Lampsakos erklärte die Komprimierbarkeit der Gase mit dem wiederbelebten Begriff des Vakuums; Archimedes fand das Prinzip des spezifischen Gewichts, als er das praktische Problem der Bestimmung der Anteile des Goldes und anderer Metalle in Hierons Krone zu lösen hatte; Heron soll das physikalische Prinzip der Gleichheit von Druck und Gegendruck entdeckt und sich für die Übertragung von Wärme interessiert haben, weil beides für seine Dampfdrehmaschine wichtig war. Aristoxenos aus Tarent, auch ein Schüler Aristoteles', studierte sowohl die ästhetischen als auch die physikalischen Aspekte der Harmonielehre. Das Studium der geometrischen Optik und der Lichtbrechung, namentlich bei Archimedes, führte zur Erfindung der Zerstreuungs- und Sammellinsen, wenn auch die mindere Qualität der verfügbaren Glassorten den Fortgang zum Fernrohr und zum Mikroskop unmöglich machte. Größere Genauigkeit der Messungen ergab sich im Gefolge der dem alten babylonischen System entsprechenden Einteilung des Tages in vierundzwanzig Stunden und des Kreises in dreihundertsechzig Grad, mit der weiteren Unterteilung beider Einheiten in sechzig Minuten zu sechzig Sekunden. Die Astronomie ging nicht über die pythagoreische

Vorstellung von der kreisförmigen Bewegung der Planeten hinaus, die der Platon-Schüler Eudoxos aus Knidos mit einem umständlichen System homozentrischer Sphären erklärt hatte.

Aber derselbe Eudoxos hatte bereits den ersten Fixsternkatalog aufgestellt und den Erdumfang berechnet, auch wenn die von ihm errechnete Zahl noch viel zu hoch war. Sie wurde später von Dikaiarchos aus Alexandreia verbessert, und Eratosthenes aus Kyrene kam der richtigen Zahl schon recht nahe. Eratosthenes entwarf auch eine in Parallelen und Meridiane eingeteilte Karte der bewohnten Erdoberfläche. Die von den Pythagoreern entwickelte Vorstellung von der Drehung der Erde, der sich Aristoteles widersetzt hatte, wurde von neuem aufgenommen und allgemein akzeptiert. Sie führte Aristarchos von Samos zur Hypothese eines heliozentrischen Universums; Seleukos aus Babylonien übernahm die Hypothese und entwickelte eine Theorie der Gezeiten. Der exakteste Beobachter, den die damalige Wissenschaft hervorgebracht hatte, Hipparchos aus Nikaia, verwarf jedoch mit Entschiedenheit die Vorstellungen von Aristarchos und Seleukos. Er selbst nahm bereits mit einem Vorsprung von fast dreihundert Jahren die Ergebnisse des Claudius Ptolemaeus vorweg, indem er den Standort von Städten und anderen Geländemerkmalen durch Länge und Breite bestimmte; darüber hinaus verdankt ihm die Astronomie die richtunggebende Erkenntnis der Präzession der Tagundnachtgleiche. Da Hipparchos' achtunggebietende Lehre von dem großen Popularisator Poseidonios verbreitet wurde und weithin Anerkennung fand, kam Aristarchos' Vorstellung von einem Weltsystem, das die Sonne zum Mittelpunkt hat, sehr schnell aus der Mode und entschwand damit auf sehr lange Zeit aus dem Blickfeld der Menschen.

Die Mathematik erlebte in der hellenistischen Zeit eine schwungvolle Entfaltung in vielen Richtungen. Die Aufmerksamkeit konzentrierte sich vor allem auf die Anwendungsmöglichkeiten der Exhaustionsmethode, der Methode des unendlich Kleinen, die Eudoxos entweder erfunden oder zuerst popularisiert hatte. Sie diente sowohl zu Beweiszwecken in der Geometrie der festen Körper (Kugel, Zylinder, Kegel) als auch zu Berechnungszwecken und verhalf Archimedes zu einem System, das in vielem der modernen Differentialrechnung nahekam. Unter Benutzung der Methoden Euklids, dessen epochemachendes Lehrbuch in Alexandreia veröffentlicht wurde und sofort große Popularität erlangte, wurden Probleme der gewöhnlichen und der analytischen Geometrie in weitem Umkreis studiert und immer wieder verbesserte Beweise und Projektionen erarbeitet. Die Prinzipien des Unendlichen und des Irrationalen wurden akzeptiert und ausgewertet. Eine umfassende Theorie des Kegelschnitts wurde von Apollonios aus Perge aufgestellt. Heron entwickelte eine Trigonometrie und verbesserte die Methoden des Ziehens kubischer Wurzeln. Nur oberflächlich läßt sich in dieser Kürze andeuten, daß die Mathematik auf all diesen Gebieten in den zwei ersten Jahrhunderten der hellenistischen Zeit in der Tat Fortschritte erzielte, die bedeutender waren als alles, was danach bis zum Beginn der Neuzeit hervorgebracht worden ist.

Auf dem Gebiet der Biologie und der Medizin war die Lage nicht unähnlich, doch ging der Fortschritt hier nicht so weit und war auch nicht so allgemein, und in der Botanik und Zoologie war nach den gewaltigen Leistungen des Aristoteles und seines Schülers

Hellenistische Weihegaben
Funde aus dem Heraion bei Poseidonia. Paestum, Archäologisches Museum

Isis mit der Geierhaube
Bemaltes Kalksteinrelief aus Herakleopolis, 3./2. Jahrhundert v. Chr.
Hannover, Kestner-Museum

Theophrastos überhaupt keine oder nur eine geringfügige Weiterentwicklung zu verzeichnen. Die vielen Schriften des Aristoteles über diverse Aspekte des Tierreichs (Körperbau, Bewegung, Fortpflanzung) und die verschiedenen Gattungen der Tiere offenbarten ein außergewöhnliches analytisches und Klassifizierungsvermögen, das später kaum übertroffen wurde. Aristoteles und seine Schüler sammelten Wissenselemente von überallher, sezierten tote und lebende Lebewesen und entdeckten sehr vieles aus der Anatomie und Physiologie der Wirbeltiere; sie interessierten sich aber auch für Wirbellose, untersuchten einige Kategorien niederer Tiere und spekulierten über die gegenseitige Abgrenzung des Tierreichs und des Pflanzenreichs; in manchen niederen Ordnungen – wie marinen Nesseltieren – glaubten sie etwas zu sehen, was zu beiden Reichen gehörte. Daß Aristoteles Aufzeichnungen und Tier- und Pflanzensendungen von Alexander bekommen habe, wird seit eh und je berichtet, obwohl Aristoteles selbst davon nicht spricht; nicht zu bezweifeln ist aber der Einfluß der neuentdeckten Regionen auf Theophrastos' große »Geschichte der Pflanzen«, die beste Darstellung der Botanik vor der neueren Zeit.

Doch weder in der Zoologie noch in der Botanik wurden die Fragestellungen der Schule Aristoteles' von den Gelehrten der folgenden zwei Jahrhunderte weiterverfolgt. Sie suchten in der Zoologie nur nach Hinweisen auf die Beschaffenheit des menschlichen Körpers, in der Botanik nach medizinisch und pharmakologisch Verwertbarem; vor allem richtete sich ihr Interesse auf brauchbare Daten für die Toxikologie, die (neben anderen) Attalos III. und Krateuas, der Arzt des Mithridates Eupator, zu einer hervorragenden Gebrauchstechnik entwickelten. Indes erfahren wir so gut wie gar nichts über Errungenschaften auf diesem Gebiet, in denen man etwa eine Vorwegnahme der organischen Chemie sehen könnte.

In der Medizin hielten sich weiterhin die hippokratischen Vorstellungen von der Erhaltung der Gesundheit durch strenge Befolgung von Ernährungs- und Leibesübungsvorschriften, obgleich die größten Ärzte und zweifellos auch die Tausende der kleinen Heilpraktiker daneben auch Arzneimittel verschrieben und die beliebten Hausmittel, Saugnäpfe und Aderlaß, zur Herstellung des Gleichgewichts der traditionellen »vier Grundsäfte« des Körpers anwandten. Wenngleich grundlegende Fortschritte in der Pathologie ohne Mikroskop und Chemie nicht gut möglich waren, gab es doch unbestreitbare Verbesserungen in der Behandlung von Krankheiten und Verletzungen.

Wirklich bemerkenswerte Erfolge erzielte die Anatomie – vor allem dank der Sektion, teilweise aber wohl auch auf Grund von Lebendversuchen an Verbrechern und Gefangenen, die der Ptolemäerstaat ohne viel Skrupel zur Verfügung stellte. Auch frühere Generationen waren nicht ganz ohne anatomisches Wissen, da sie aus der Untersuchung und Behandlung verwundeter Krieger lernten. Schon im 5. Jahrhundert hatte Alkmaion aus Kroton das Gehirn als den Sitz der Empfindungen identifiziert. (Erst später wurde das Herz als Träger der Gefühlsqualitäten angesehen, die ihm Literatur und Sprachgebrauch zuschreiben.) Die alexandrinischen Gelehrten Herophilos aus Chalkedon und Erasistratos aus Kos, möglicherweise ein Schüler des Herophilos, beschrieben nun aber Anatomie und Funktionsweise des Nervensystems und unterschieden auch schon zwischen sensorischen und motorischen Nerven. Ähnlich entdeckten sie Rolle und diagnostische Bedeutung des Pulsschlags und die Herz-, Venen- und Arterienfunktionen, obschon die Unkenntnis der Kapillargefäße und irrige Ansichten über die Lungen zu mancher seltsamen Vorstellung Anlaß gaben. So wurde angenommen, daß die Arterien den Körper mit Luft versorgten; das kann freilich auch ein unbeholfener erster Versuch gewesen sein, die Funktion des Blutkreislaufs in der Sauerstoffversorgung der Körpergewebe zu begreifen.

Die Lehrsysteme dieser Forscher sind uns nur aus späteren Angriffen auf sie bekannt. Es ist also denkbar, daß sie uns entstellt übermittelt worden sind. Spätere Kopien und Nachahmungen vermitteln uns auch eine gewisse Vorstellung von einem wichtigen Kuriosum aus der späthellenistischen Zeit: einer Kräuterkunde von Krateuas, die mit Zeichnungen illustriert war.

Göttliche Könige – universalere Götter

Auch in Religion und Kult brachte die hellenistische Zeit nur eine Fortführung und Ausweitung der Prozesse, die schon in den allerfrühesten griechischen Annalen erkennbar sind. Seit langem hatte sich die griechische Religion als komplexes Phänomen entwickelt, und schon immer hatten sich in ihr fremde Einflüsse geltend gemacht. Unter Homers Olympiern erscheint bereits die orientalische Fruchtbarkeitsgöttin Aphrodite mit feststehenden Attributen, und vielleicht ist sie noch früher die von Tauben umschwirrte nackte weibliche Gestalt, die auf einer Grabtafel aus einem mykenischen Schachtgrab dargestellt ist. Fast universale Kräfte, die im Himmel, auf Erden und zur See gleichermaßen wirksam sind, werden in Hesiods *Theogonia* der karischen Hekate zugeschrieben. Sie belohnt und beschützt den, der sie anbetet, sie spendet ihm Sieg, Reichtum, Ehre. Sie ist aber auch um Gerechtigkeit bemüht und lenkt, auf daß Recht geschehe, die Urteilssprüche der Könige. Von der anatolischen »Mutter« *(Meter)* stammt der Name des Metroons zu Athen, das im 4. Jahrhundert das Stadtarchiv beherbergte. Offiziell wurde gegen Ende des 5. Jahrhunderts die thrakische Bendis verehrt: Platons *Politeia*-Dialog mußte in Piräus geführt werden, denn dorthin war Sokrates aus Athen gekommen, um der ersten Feier ihres nächtlichen Festes beizuwohnen. Der Athener Alkibiades suchte Rat bei dem Orakel des Amun in der Oase Siwa in der Libyschen Wüste, und Aristophanes kannte den phrygischen Gott Sabazios. Daß sich die hellenistische Religion mit nichtgriechischen Göttern abgab, war weder eine Neuerung noch eine Abkehr von der Tradition.

Vielleicht erschöpfte sich die früheste Schicht der griechischen Religion in dem wesenhaft heidnischen Vorstellungskomplex des *do ut des*. Der Gott, der in einem bestimmten Gegenstand, Ort oder Naturphänomen seinen Sitz hatte und mit ihm identifiziert wurde, verfügte über eine konkrete Kraft *(dýnamis* oder *enérgeia)*, die der Anbetende durch bestimmte Verfahrensweisen zu seinem Vorteil aktivieren oder wenigstens davon abbringen konnte, ihm Schaden zuzufügen. Es gibt kaum eine Religion – ob aus dem Altertum, ob aus der Neuzeit –, die von solchen Vorstellungen frei ist, jedenfalls nicht auf der Ebene des Volksglaubens; in ihrer gröbsten Form sind sie fast schon Magie: der Anbetende beherrscht den

Gott, zwingt den Gott, ihm seinen Willen zu tun. Sarkastisch fragte Platon im *Euthyphron*, ob Religion eine Sache des Schacherns mit den Göttern sei, eine Sache des Gebens (Opfer) und, Forderns (Gebet); und in den »Gesetzen« betonte er nachdrücklich, daß es zwar Götter gebe und daß sie sich um die Menschen kümmerten, daß sie aber von ihrem rechten Weg nicht durch Geschenke abgebracht werden könnten.

Von den einzelnen Göttern, über deren Identität, Namen und Kultanforderungen bei Apollo in Delphi Auskunft eingeholt werden konnte, befaßte sich jeder mit einer anderen Seite menschlicher Angelegenheiten; kollektiv galt ihr Interesse der Rechtschaffenheit, derselben oder fast derselben Rechtschaffenheit, die der Mensch mit seiner eigenen Vernunft zu erfassen imstande war. Auf diese Weise erhielt die menschliche Ethik eine Stütze in der Religion. Wenn dem sichtlich guten Menschen nicht immer ein gutes Geschick widerfuhr, so lag das entweder daran, daß ihm Fehler anhafteten, die für Menschen unsichtbar, aber für den Gott sichtbar waren, oder daran, daß der Gott vom menschlich Guten eine andere, höhere Vorstellung hatte als die Menschen, oder schließlich daran, daß Unbilden auf Erden den Charakter oder die Einsicht des Menschen vervollkommneten, was in einer kommenden Welt anerkannt und belohnt werden würde, wenn die Anerkennung im irdischen Dasein ausblieb. Daß Einsicht aus Erfahrung komme, war, wie Aischylos im *Agamemnon* bemerkte, ein altes griechisches Sprichwort.

So hatten die Griechen in einer zwingenden logischen Entwicklung schon vor der hellenistischen Zeit aus einem Chaos blinder und unpersönlicher, wenn auch vermutlich bis zu einem gewissen Grade beeinflußbarer Kräfte ein geordnetes Universum verantwortlicher und bewunderungswürdiger Götter gestaltet, die sich um das materielle und moralische Wohlergehen der Menschen kümmerten, so daß der Gute zwar nicht unbedingt Wohlstand und Überfluß in dieser Welt, jedenfalls aber Glückseligkeit in der kommenden Welt erwarten konnte. Mit der Annahme aber, daß der Mensch unsterblich sei und daß sich die Götter, mit denen er zu tun hatte, auf organisierte Weise an bestimmte Anstandsregeln hielten, kam die Idee, daß sich hinter dem Ganzen ein höherer, einheitlicher Zweck verbergen müsse. Nun waren jedoch die lebendig wirkenden Götter laut Mythos und geltendem Glauben zu irgendeinem Zeitpunkt in der Vergangenheit ins Dasein getreten und bildeten, obschon unsterblich und viel mächtiger als der Mensch, genau wie er einen Teil des Weltalls. Der verborgene einheitliche Zweck mußte also von einer Gottheit außerhalb des Weltalls herrühren, von der großen bewegenden Ursache, dem Vorbild und dem Erschaffer alles Seienden. Das ging über Henotheismus und Pantheismus hinaus und kam wohl dem Monotheismus, wie er sich im Islam manifestiert, am nächsten. Den Griechen der hellenistischen Zeit fiel diese Errungenschaft als geistiges Erbe zu, und auf verschiedene Art wandten sie die mannigfaltigen Elemente dieser Konzeption auf die größere Welt mit den größeren Perspektiven an, die Alexander ihnen erschlossen hatte.

Die religiöse Spekulation der Philosophenschulen, von der bereits die Rede war, erscheint am faßlichsten in Ciceros *De natura deorum*, wo er einen Epikureer, einen Stoiker und einen Akademiker die gegensätzlichen Standpunkte vortragen läßt. In seiner praktischen Auswirkung läßt sich das religiöse Erlebnis der hellenistischen Griechen an Alexander dem Großen beobachten, dem ersten, größten und typischen Einzelrepräsentanten des

Hellenismus. Seine Sorge galt nicht den Problemen des Weltalls, des göttlichen Zweckes und der menschlichen Willensfreiheit; sie galt auch nicht den Göttern als Hütern des Sittengesetzes. Die Götter beschäftigten ihn nur, soweit sie ihn betrafen, soweit sie ihm halfen oder seinen Absichten entgegenstanden, und das waren in erster Linie die Götter Makedoniens und des königlichen Hauses. Bevor er Pella verließ, feierte Alexander mit großem Pomp das Fest des Zeus und der Musen, und die Krankheit, an der er starb, fing damit an, daß er zur Feier des Herakles-Festes in Thessalien den weingefüllten riesigen Herakles-Pokal leerte. In Ilion brachte er Athena, der Schutzpatronin Achilleus', ein Opfer dar, und Dionysos wurde nicht nur mit häufigen Trinkgelagen, sondern auch mit Bühnenveranstaltungen geehrt.

Aber auch den fremden Gottheiten, denen er in ihrer heimischen Umgebung begegnete, widmete Alexander nicht geringe Aufmerksamkeit. Melkart in Tyros galt als Erscheinungsform von Herakles, und die sechsmonatige Belagerung der Inselstadt unternahm Alexander wenigstens zum Teil in der Absicht, dem Melkart auf seiner Insel zu opfern. Indem er sich in Ägypten als Pharao krönen ließ, wurde er zum Sohn Res und zur Verkörperung Horus', und sein Bildnis als Anbetender und als Mit-Gott wurde in allen ägyptischen Tempeln aufgestellt. In Babylon respektierte und verehrte er Bel und Marduk, wenn er auch nie Gelegenheit hatte, zur Zeit des Frühlingsäquinoktiums in der Stadt zu sein und beim traditionellen Neujahrsfest Marduk die Hand zu reichen. In den iranischen Ländern ließ er zumindest die Feuertempel stehen; mehr ist über seine Haltung gegenüber iranischen Glaubensvorstellungen – ob zarathustraischer, ob vorzarathustraischer Prägung – nicht überliefert; doch hätte er die Unterstützung, die ihm der iranische Adel lieh, nicht finden können, hätte er nicht die herrschenden religiösen Ideen und Bräuche mit der größten Hochachtung behandelt. Anderes war allerdings von einem griechisch erzogenen Menschen auch nicht zu erwarten: nur die wenigsten Griechen wären bestehenden religiösen Institutionen, mochten sie ihnen noch so fremdartig oder bizarr vorkommen, herausfordernd oder aggressiv entgegengetreten.

Der Amun von Siwa war fast ebenso griechisch wie ägyptisch. Die Griechen nannten ihn Zeus, und sein Orakel wurde, so fern und unzugänglich es war, außerordentlich hoch geachtet. Daß Alexander bei ihm Rat suchte, war ebenso natürlich, wie daß er vor dem Marsch nach Asien das Orakel von Delphi konsultierte. Beide erklärten ihn für unbesiegbar, und das Orakel von Siwa nannte ihn auch noch Amuns Sohn. Es waren zwar keine Zeugen dabei, aber Alexander hätte in diesem Fall schwerlich lügen können. Die Kunde von Siwa verbreitete sich rasch in der gesamten Armee Alexanders, die eigenen Makedonen nahmen sie feindselig auf, die Griechen dagegen gelassen und eher zustimmend. Da für sie das Göttliche seine Verkörperung in jedem materiellen Gegenstand, in einer beliebigen Statue oder in einem Talisman finden konnte, störte es sie auch nicht, daß es in einem Einzelmenschen Gestalt annahm. Eben darum waren die Griechen später auch so schnell bereit, Jesus als Gott und Gottessohn zu akzeptieren.

Allerdings mußte sich das Göttliche in Taten erweisen. Als aber Alexanders Eroberungen über die Heldentaten eines Herakles oder Dionysos hinauszuwachsen begannen, wurde Amuns Wort von vielen – und auch von Alexander selbst – ernst genommen. So läßt sich auch verstehen, warum Alexander in seinem letzten Lebensjahr die griechischen Städte ersuchen oder sogar gebieterisch auffordern konnte, einen Alexander-Kult einzuführen. Viel ist in dieser Beziehung nicht geschehen, die Zeit war zu kurz. Dafür wurde Alexander nach seinem Tode allgemein als Gott verehrt, auch von den Makedonen; Eumenes konnte die Heiligkeit des Zeltes, Thrones und Zepters Alexanders anrufen, um seine widerspenstigen und mißtrauischen Generale bei der Stange zu halten. An der Spitze aller dynastischen Kulte, die später in den hellenistischen Königreichen als symbolischer Ausdruck dynastischer Treue im Schwange waren, stand der Kult Alexanders, des göttlichen Ahnherrn der Könige.

Mit entsprechenden Abwandlungen wurde Alexanders Beispiel von seinen Freunden und Soldaten, ja auch von den Tausenden von Griechen befolgt, die in den nächsten hundert Jahren in die neuen Gebiete auswanderten. Sie brachten ihre eigenen Götter mit. Sie akzeptierten aber auch die Götter der neuen Heimat, die sie manchmal, aber nicht notwendigerweise mit griechischen Namen belegten. Und sie akzeptierten die dynastischen Kulte der Königreiche, in denen sie lebten, Kulte, die auch als Anbetung einzelner Könige nicht auf das jeweilige Staatsgebiet beschränkt blieben. Es gab zahlreiche königliche Kulte in Delos, und auf Rhodos wurde der Antigonos- und Demetrios-Kult auch zu der Zeit, da Demetrios die Stadt Rhodos belagerte, ebenso streng befolgt wie der Kult des Ptolemaios, der Rhodos' Verbündeter war.

Dieselbe Vermengung der Kulte herrschte in den hellenistischen Städten. In der großen Hauptstadt Alexandreia wurden nicht nur alle Götter des griechischen Olymps angebetet, sondern auch Alexander, Hephaistion und die Ptolemäerkönige und dazu die ägyptischen Gottheiten Isis, Anubis, Bastet, Horus, Apis, Amun und viele andere, schließlich auch noch Adonis und die Große Mutter, Astarte von Babylonien und Atargatis von Syrien. Die kleine makedonische Stadt Dura-Europos am mittleren Euphrat verehrte ihren Gründer Seleukos Nikator und bestimmt auch die übrigen Könige der Seleukidendynastie, Apollon und Artemis, eine Anzahl von Göttern, die Zeus genannt wurden, aber meistens lokale syrische Baalim waren, Hadad und Atargatis aus Syrien, Bel und andere Götter aus Palmyra, Adonis und viele andere. Die in Delos im 2. Jahrhundert gefeierten Kulte müssen sämtliche Gottheiten umfaßt haben, die dem Hellenismus bekannt waren.

Im allgemeinen waren all diese Kulte typisch heidnisch und dienten im lokalen Rahmen der materiellen Wohlfahrt der Anbetenden, ob es ihrer viele oder wenige gab. Aber die Neigung zum Universalismus war nicht erstorben, und die beachtlichste Entwicklung vollzog sich im Hellenismus gerade in dieser Richtung. Ihrem Ursprung nach war diese Tendenz griechisch, nicht orientalisch, auch wenn sich der Universalismus vorzugsweise an orientalische Gottheiten heftete, deren Kult und Charakter, mit griechischen Augen gesehen, fremdartig und wandelbar war. Früher hatte der Universalismus Zeus zum Mittelpunkt gehabt, aber die anerkannten offiziellen Zeus-Kulte und Zeus-Mythen behinderten jede wirkliche Neuerung. Das traf nicht auf den jüdischen Jehova (Jahve oder Jao) zu; indes sind wir noch lange nicht so weit, daß wir die hellenistischen Einflüsse in der Gesamtheit der jüdischen Literatur und des jüdischen Denkens in den letzten drei Jahrhunderten vor Christus aufweisen könnten. Die Gelehrten sind sich weitgehend darüber einig, daß der hellenistische Einfluß beträchtlich war; darüber hinaus herrscht Uneinigkeit.

Besser sind wir über die zwei ägyptischen Gottheiten unterrichtet, die in der hellenistischen Zeit Universalgeltung erlangten und sie vor allem in der Zeit des Römischen Reiches behalten sollten: Isis und Serapis. Isis war eine alte ägyptische Gottheit, Serapis gewissermaßen eine hellenistische Schöpfung.

Die Hellenisierung der Isis war schon früher vor sich gegangen. Es bedurfte nur des Prestiges der Ptolemäerdynastie, damit sie, die Trägerin aller uralten Weisheiten und aller ewigen Mysterien des Pharaonenlandes, der Wiege der Zivilisation, weithin volkstümlich wurde. Zahlreiche Isis-Hymnen haben sich bis auf den heutigen Tag erhalten, einige von ihnen gehen auf die frühe hellenistische Zeit zurück. Besonders charakteristisch sind vier Hymnen aus der Eingangshalle zum Isis-Tempel in Medinet Madi am südlichen Rand der Fayûm-Oase, um etwa 100 v. Chr. von einem gewissen Isidoros, der Thraker gewesen sein kann, verfaßt. Unter verschiedenen Aspekten wird da die Göttin besungen. Am deutlichsten tritt ihre Weltgeltung im ersten Hymnus des Zyklus hervor. Ihr Name ist nicht nur groß, sondern auch vielgestaltig: »Die Syrer heißen sie Astarte, Artemis und Anaia; die lykischen Völker rufen sie die Herrin Leto; die Thraker die Mutter der Götter; die Griechen Hera vom allmächtigen Thron, Aphrodite, die gute Hestia, Rhea und Demeter; und die Ägypter Thiouis. Du allein bist all die anderen Göttinnen, die die Völker nennen.«

Der Zuständigkeitsbereich der Isis war ebenso umfassend wie der, den Hesiod der Hekate zuschrieb. Sie brachte Reichtum, sie war Quelle und Stütze der Gerechtigkeit, die Beschützerin der Gefährdeten, sie gab die Früchte der Erde, sie brachte Tieren und Menschen Fruchtbarkeit, und sie war die Hüterin des Königs Ptolemaios. Sie selbst läßt sich in einer älteren Inschrift vernehmen, die in Kyme in der Aiolis gefunden worden ist: »Ich bin Isis, Herrscherin über die ganze Erde. Hermes hat mich erzogen, und mit Hermes entdeckte ich die Schrift ... Ich gab den Menschen Gesetze ... Ich schied die Erde vom Himmel. Ich wies den Sternen ihre Bahnen und befahl die Wanderung der Sonne und des Mondes. Ich fand die Zweckbestimmung des Meeres ... Ich brachte Mann und Weib zusammen. Ich hieß die Frauen ein Zehnmonatskind ans Licht bringen ... Ich ließ das Wahre als gut gelten ... Ich ließ nichts so sehr fürchten wie den Eid.«

Der Isis diente ein großes Aufgebot an Berufspriestern. Sie hatte ihre heiligen Schriften. Ihr zu Ehren wurden wohl auch besondere Zeremonien veranstaltet, die mit den Mysterien der Griechen manches gemeinsam hatten. Aus den zur Zeit des Römischen Reiches geschriebenen »Metamorphosen« des Apuleius wissen wir, daß diese geheimen Riten — wie die griechischen Mysterien von Eleusis und Samothrake — den Eingeweihten die Geheimnisse des Weltalls offenbarten und gesegnete Unsterblichkeit verhießen. Indem Isis dem ihr Ergebenen das Heil zusicherte und im Weltenwandel einen Weg wies, ließ sie die hellenistische Welt an vielem teilhaben, was später das Christentum bieten sollte.

Serapis war in mancher Hinsicht das männliche Gegenstück zu Isis, galt aber niemals als ihr Gemahl. Die beiden Kulte waren voneinander getrennt, müssen wohl auch in dem oder jenem Maße miteinander konkurriert haben. Der Ursprung des Serapis ist nicht ganz klar; offenbar ist er aus dem Osiris-Apis von Memphis hervorgegangen, dessen Heiligtum der Aufenthaltsort des lebenden Stiers Apis und das Grabmal jedes toten und mumifizierten Stiers Osiris war; in der hellenistischen Zeit führte dies Heiligtum den Namen Serapeion.

Es war eine umfangreiche Kultstätte von hohem Rang und nahm auch – unter Bedingungen, die nicht mehr zu rekonstruieren sind – Eremiten für längere Zeit oder gar auf Lebenszeit auf. Erhalten hat sich das Privatarchiv eines dieser halben Mönche, eines Makedonen namens Ptolemaios; daraus ist allerdings mehr über Ptolemaios' persönliche Angelegenheiten zu ersehen als über den Lebensablauf im Serapeion. Wir wissen nicht einmal genau, ob im Serapeion kultische Veranstaltungen im eigentlichen Sinne stattfanden. Das Zentrum des Serapis-Kults befand sich jedenfalls in Alexandreia: in einem damals weltberühmten Tempel mit eigenem Tempelbezirk; dort war auch das kultische Standbild des Serapis aufgestellt, das der Bildhauer Bryaxis zu Beginn des 3. Jahrhunderts geschaffen haben soll und das den Gott mit den traditionellen Attributen der Fruchtbarkeit und der Unterwelt – in vielem dem griechischen Pluton ähnlich – darstellte. Als Orakeltempel wurde das Serapis-Heiligtum in Alexandreia von denen aufgesucht, die von Reisen heimgekehrt waren, Reisen vorhatten oder für reisende Freunde beten wollten.

Über Inhalt und Form des Serapis-Kults ist nicht viel bekannt. Unzweifelhaft war Serapis neben anderem auch eine universale Gottheit. In einem seiner Orakelsprüche heißt es, die Himmel seien sein Kopf, die Erde seine Füße, die Gewässer sein Leib und die Sonne sein allsehendes Auge. Sein Kult verbreitete sich sehr schnell innerhalb und außerhalb der Ptolemäergebiete. Es wurde angenommen, er sei vom ersten Ptolemaios unter Mitwirkung des Ägypters Manetho und des Atheners Timotheos entdeckt oder erfunden worden. Indes erwähnte das Tagebuch Alexanders des Großen schon 323 ein Serapeion in Babylon, und die frühe Einführung der Serapis-Anbetung in Alexandreia (um 320 oder kurz danach) scheint dafür zu sprechen, daß der Gott bereits einige Zeit vor der Ägypten-Satrapie des Ptolemaios existiert hatte. Eine kürzlich veröffentlichte Inschrift aus Hyrkania im Südosten des Kaspischen Meeres bezeugt den Serapis-Kult für die Zeit des Antiochos III. Ausgeschlossen ist nicht, daß Alexander der Verbreiter des Kults war. Vielleicht war Serapis einer der Götter, die ihm das Amun-Orakel in Siwa genannt hatte. Kann man sich überhaupt vorstellen, daß Ptolemaios, der sich als Satrap von Ägypten zunächst überaus vorsichtig bewegte und am liebsten an ausgetretene Pfade hielt, gleich in den ersten wirren Jahren der Diadochenkriege eine neue Gottheit eingeführt hätte? Wie dem auch sei: der Kult griff rasch um sich und fand in der Zeit der Römerherrschaft mit dem Schlachtruf »Es gibt nur einen Zeus – Serapis« immer größeren Widerhall. In diesem Schlachtruf lag der Anspruch auf Oberhoheit und Universalität, ja vielleicht schon ein monotheistischer Anspruch.

Vom Orientalischen blieb in den dem Namen nach orientalischen Kulten der Isis und des Serapis nur wenig übrig, obschon die Priesterschaft und die Grundlegung der Lehre, die in den auf göttlicher Offenbarung beruhenden heiligen Schriften geboten wurde, zweifellos nicht griechisch waren. Ein viel stärkerer orientalischer Einfluß machte sich im Aufstieg der Astrologie geltend. Gewiß hatten auch schon die Pythagoreer und Platon an eine mystische Beziehung zwischen den Himmelskörpern und den Menschen geglaubt. Es war aber mehr und anderes, was in Ägypten um die Mitte des 2. Jahrhunderts die ersten astrologischen Handbücher hervorbrachte, die hernach mit Hermes Trismegistos (dem »dreimal Größten«), dem griechischen Gegenstück des Thot, zusammengekoppelt wurden. Hier verband sich das durch die Schriften des Berossos zur Zeit Antiochos' I. vermittelte astronomische Wissen Babylons einerseits mit der im Gott Thot verkörperten ägyptischen Vorstellung von der göttlichen Weisheit, anderseits mit dem griechischen Rationalismus, wie ihn etwa exakte Astronomen von der Statur und Bedeutung eines Hipparchos vertraten. Natürlich stieß die Idee, daß das Schicksal des Individuums durch den Stand der Planeten und Sternbilder bei seiner Geburt bestimmt sei und daß zukünftige Ereignisse auf Grund des Studiums des Sternenhimmels vorausgesagt werden könnten, häufig auf Widerspruch, aber sie bürgerte sich in der griechisch-römischen Welt, namentlich bei den Stoikern, dennoch immer mehr ein und wurde schnell sehr populär. Ihre weite Verbreitung bezeugen nicht nur die erwähnten Handbücher für den Hausgebrauch, sondern auch zahlreiche Einzelhoroskope, die sich in Papyrusrollen oder eingeritzt auf Mauern erhalten haben.

Ob wissenschaftlich oder halbwissenschaftlich, diente die Astrologie zum Teil eher als Religionsersatz denn als Religion. Nichtsdestoweniger galten wenigstens die sieben Planeten als Götter, und von diesen Göttern stammt unsere Siebentagewoche, die von der Mittelmeerwelt in der hellenistischen Spätzeit eingeführt wurde. Mehr noch: das ganze kosmische System wurde als Produkt der göttlichen Weisheit und als von ihr gelenkt gedeutet; in dieser Konzeption kam die Weisheit der Götter der Astrologie der göttlichen Vorsehung der Stoiker sehr nahe. Überhaupt wirkten sich die großen wissenschaftlichen Errungenschaften des Hellenismus in der Richtung einer Zurückdrängung der für Griechen und Orientalen gleichermaßen charakteristischen tiefen Religiosität gar nicht oder nur sehr wenig aus. Auch dem Kult des lebenden Herrschers, der gewiß auch Treue und Dank gegenüber einem leibhaftigen Wohltäter zum Ausdruck brachte, läßt sich ein starkes religiöses Element nicht absprechen. In den Bruchstücken einer Inschrift, die vor kurzem in Paphos auf Cypern gefunden worden sind, findet sich der Teil eines Bittgesuchs von Soldaten an einen König – wahrscheinlich Ptolemaios VI. –, in dem die Bittsteller die zuversichtliche Hoffnung aussprechen, der König werde ihnen helfen, »da du ein Gott bist«.

Prosa und Dichtung: zufriedene Vielfalt

Große Literatur entsteht immer nur dann, wenn besondere Umstände auf besondere Art zusammentreffen. Form und Ausdruck lassen sich nur beherrschen, wenn viele Schriftsteller in gegenseitigem Kontakt und in ständigem Wettstreit leben. Dies formale Können muß aber mit einer Intensität des Empfindens und einer Innigkeit des Verständnisses einhergehen, die nur aus banger, sorgenvoller Vertiefung in wesentliche Probleme des menschlichen Daseins erwachsen können. Nur wenn diese Qualitäten in Autoren zusammentreffen, die aus weiser Einsicht und vielleicht auch gelassener Heiterkeit schöpfen, können wir uns so unvergängliche Meisterwerke erhoffen wie die Epen, die sich an den Namen Homer knüpfen, die attischen Tragödien des 5. Jahrhunderts oder die Schriften Platons und Demosthenes'. Nichts, was sich mit solchen Leistungen vergleichen ließe, ist in der hellenistischen Periode hervorgebracht worden, obgleich immer mehr und mehr Menschen lesen lernten, ein gemeinsamer Dialekt (die *Koiné*, der ein vereinfachtes attisches Griechisch zugrunde lag) sich entwickelte, jede gewünschte Menge Papyrus für die Herstellung von Büchern zu haben war, das lesende und auch das zuhörende Publikum mithin gewaltig zunahm und die finanzielle Unterstützung, die Könige und Städte den Schriftstellern gewährten, alle zum Schreiben ermutigte, die schreiben konnten oder schreiben wollten.

Der Menge nach war die literarische Produktion dieser drei Jahrhunderte zweifellos enorm. Das meiste davon ist unwiederbringlich verloren: die hellenistischen Schriften gingen in spätere Werke ein oder wurden von ihnen verdrängt, wie das mit einem großen Teil der technischen, philosophischen, philologischen und naturwissenschaftlichen Abhandlungen geschehen ist; oder sie fanden im Zeitalter des Römischen Reiches keine Bewunderer mehr und gerieten so oder anders in Vergessenheit. So viel ist aber immerhin übriggeblieben, daß sich das Wesen dieses literarischen Schaffens noch erkennen läßt. Sichtbar wird sofort, daß da Form und Empfinden – aus welchen Gründen auch immer – auseinandergefallen waren.

Ernste schriftstellerische Leistung gab es fast nur in Prosawerken. Viel schrieben die Philosophen, aber sie kümmerten sich wenig um Stil, und aus dem Umfang ihrer gegenseitigen Entlehnungen wie auch aus der Endlosigkeit ihrer polemischen Auseinandersetzungen kann man schließen, daß es ihnen an echten eigenen Ideen gemangelt hat; das dürfte auch für so überragende Persönlichkeiten wie die Stoiker Zenon und Chrysippos gegolten haben. Was die Naturwissenschaftler schrieben, handelte zwar vom Menschen und seinem Schicksal oder seiner Bestimmung auf Erden, aber es fehlte hier an Intensität des Empfindens ebensosehr wie an Ausdrucksfähigkeit.

Reichlich war die Redekunst vertreten, nicht nur die epideiktische – Reden um des Redens willen wie in Isokrates' minderwertigsten Produktionen –, sondern auch die politische und wohl auch die forensische. Jedenfalls bewies Cicero, daß sich große Beredsamkeit vor einem Einzelrichter oder vor einem kleinen Juristenkollegium ebenso kundtun konnte wie vor dem großen Volksgericht, dem die Plädoyers Lysias' oder Demosthenes' gegolten hatten. Und politische Rhetorik muß an Königshöfen nicht minder vernehmbar gewesen sein als in den Bürgerversammlungen der Städte; so mancher Stadt waren politische Freiheiten in weitem Umfang eingeräumt, so daß fast ebenso ausgiebig debattiert wurde wie im Athen der klassischen Zeit.

Zu einer anerkannten Ausdrucksform war im 4.Jahrhundert der literarische Brief geworden. Aus der hellenistischen Zeit hat sich eine Anzahl solcher Briefe, hauptsächlich von Philosophen geschrieben, erhalten; sie bezeugen allerdings kein feineres Stilgefühl und keine tieferen Einsichten als die Proben des diplomatischen Briefwechsels, die wir aus Inschriften kennen.

Auch die Geschichtsschreibung erreichte in der hellenistischen Zeit weder den Höhenschwung eines Herodot oder Thukydides noch auch die Kraft, Spannung und Eleganz eines Xenophon. Sofern unsere flüchtigen Eindrücke von Hieronymos aus Kardia und Phylarchos aus Athen ein zutreffendes Bild vermitteln, müssen sich die Historiker zwischen der faden Eintönigkeit der Faktenaufzählung und der Sinnleere einer pomphaften Rhetorik bewegt haben. Daß uns ihre Berichte nicht mehr vorliegen, hinterläßt gewiß eine schmerzliche Lücke; als literarischen Dokumenten brauchen wir ihnen kaum nachzutrauern. Zur

Zeit der Cäsaren kannte und benutzte man sie noch, aber zum Vergnügen wird sie schwerlich jemand zu Ende gelesen haben. Nur das Werk des Arkadiers Polybios, den das dramatische Schauspiel der Expansion Roms und der römischen Eroberung griechischer und hellenistischer Staaten beflügelte, ist zu einem wesentlichen Teil vor dem Untergang bewahrt worden. Eine jenseits aller Literatur bedeutende Persönlichkeit war Polybios mit all seinen Vorurteilen, seiner parteiischen, vor Entstellungen nicht zurückschreckenden Voreingenommenheit, seiner spitzfindig kleinlichen, ungerechten und langatmigen Kritik an anderen Historikern auch als Autor interessant; aber seine Geschichtsauffassung erhob sich nicht über das Niveau einer naiven Vorstellung vom Schicksal, das das menschliche Geschehen in unerwartete oder verblüffende Konsequenzen einmünden läßt, und sein Stil war schlechteste Koine, weitschweifig, nörglerisch, salopp. Soweit Livius dieselben Dinge mit eigenen Worten nacherzählt hat, ist der Kontrast schlagend. In der Darstellung des tatsächlichen Ablaufs des Geschehens reicht Livius an Polybios nicht heran, aber sein Stil und seine Geschichtsphilosophie machen sein Werk zur Literatur. Polybios' Geschichte ist nicht mehr als ein wertvolles Dokument.

Daß die Inhalte des hellenistischen Schrifttums auf diesen Gebieten keinen formvollendeten Ausdruck gefunden haben, besagt nicht, daß der hellenistischen Zeit Formgefühl überhaupt abging. Im Gegenteil: in den zwei Zentren, aus denen damals bedeutende, eigenständige und einflußreiche literarische Werke hervorgingen, Athen und Alexandreia, wurde der Form überragende Bedeutung beigemessen.

Athen war die Heimat des Schauspiels: zuerst der Tragödie, dann der Komödie. Im 5. Jahrhundert unterschieden sich beide in Form und Aufbau so sehr, daß jede für sich einen eigenen literarischen Typ bildete. Aber das Schrumpfen des Chorelements in beiden hatte die Formunterschiede gegen Ende des Jahrhunderts weitgehend beseitigt. Bei Euripides wurden die tragischen Themen des griechischen Mythos bereits so naturalistisch behandelt, daß seine Stücke eine höchst irdische Wesensart erhielten, Aristophanes beschwerte sich darüber, daß Euripides' Götter und Heroen wie gewöhnliche Durchschnittsathener sprächen und sich benähmen. Aber auch in Aristophanes' letzten Stücken hatte sich das Phantasiereiche seiner früheren Werke größtenteils verflüchtigt; auch seine Charaktere wurden zu Alltagsmenschen. Der Unterschied zwischen Tragödie und Komödie bestand nur noch im Thema: in dem einen Fall war es traurig, in dem andern fröhlich; schon Platon machte sich Gedanken darüber, ob nicht derselbe Autor Trauerspiel und Lustspiel schreiben könne. Im Laufe des 4. Jahrhunderts wurden viele Tragödien und Komödien geschrieben und aufgeführt; das tragische Theater griff allerdings immer mehr auf die alten Stücke der großen Meister zurück, und von den neuen Tragödien, die in dieser Zeit entstanden, wissen wir sehr wenig.

Das Lustspiel, das sich ab 403 nicht mehr der politischen Satire zuwenden durfte, entwickelte sich unterdes zur Sittenkomödie, die die Sorgen und Freuden der athenischen Bourgeoisie verulkte. Üblicherweise wird zwischen der Mittleren Komödie, von der sich zahlreiche Zitate, aber keine vollständigen Stücke erhalten haben, und der hauptsächlich von Philemon, Menander und Diphilos vertretenen Neuen Komödie unterschieden. Indes greifen die Phasen ineinander über: Autoren, die als Vertreter der Alten Komödie gelten, schrieben noch im Jahre 362 und Autoren, die der Mittleren Komödie zugeordnet werden, noch in den ersten Jahrzehnten des 3. Jahrhunderts; für die Abgrenzung der Mittleren Komödie von der Neuen, deren Beginn mit der Aufführung des ersten Stücks von Philemon im Jahre 326 angesetzt wird, läßt sich schwerlich ein sinnvolles Kriterium finden.

In beiden Phasen behandelte jedes einzelne Stück die Lebensumstände athenischer Bürger aus dem oberen Mittelstand; es ging um Menschen, die im Wohlstand lebten, sich aber weder politisch noch in sonstiger Beziehung hervortaten, und die im Grunde außer Familie und Besitz nichts anging. Die humoristischen Einlagen mit schlagfertiger Widerrede, oft zu Sinnsprüchen verdichtet, blieben den Sklaven, Schmeichlern (Parasiten), Prostituierten (Hetären) und vor allem den Köchen vorbehalten. Aus Stücken der Mittleren und der Neuen Komödie stammten viele geflügelte Worte, die sich gut einprägten, und wir kennen sie auch in der Hauptsache aus Zitaten, die sich bei späteren Autoren finden. Die Helden sind junge Leute aus guter Familie, die Handlung dreht sich um ihre Liebesabenteuer. Ein typischer Vorwurf: der Held verliebt sich in eine noch (oder sonst) tugendhafte Hetäre, die sich am Ende als die vermißte Tochter eines reichen Nachbarn entpuppt, worauf geheiratet wird und ewiges Glück gesichert ist. Manchmal treten Soldaten auf, rohe Gesellen, laute und prahlerische Söldner, wie sie die Zeit hervorbringt. Die Charaktere sind stark klischeehaft, denen ähnlich, die der Zeitgenosse Theophrastos in seinen Charakterdarstellungen skizziert. Setzt sich der Schauspieler die Maske des alten Mannes oder des Sklaven, des Jünglings, des Parasiten oder der Hetäre auf, so kann man den Charakter im voraus beschreiben, den er darstellen wird.

Bei alledem zeigten sich die Komödienschreiber einfallsreich und erfinderisch. Am ausgiebigsten kennen wir ihr Werk aus den lateinischen Bearbeitungen von Plautus und Terenz, aus einigen Fragmenten von Menander, die ein 1905 entdeckter Papyrus bewahrt hat, und neuerdings aus einem vollständig erhaltenen Stück desselben Menander, *Dýskolos* (»Der Menschenfeind«), nach einem Genfer Papyrus 1958 veröffentlicht. Mit *Dýskolos* hatte Menander 317/316 seinen ersten Bühnenerfolg; interessanterweise fehlt hier die für Menander später charakteristische Erkennungsszene. Die Handlung ist konstruiert: ein reicher junger Mann aus guter Familie bemüht sich um die Tochter des ebenfalls begüterten Dyskolos, der allerdings ein arbeitsames und einsames Leben auf dem Lande führt und keine Besucher duldet; dem Dialog fehlt der Humor, jedenfalls nach heutigen Begriffen, und die Entwirrung des Konflikts ist wiederum reine Konstruktion: Dyskolos fällt ohne jeden ersichtlichen Grund in einen Brunnen, wird vom jungen Helden gerettet und beginnt aufzutauen. Danach erobert der Held die Tochter des Geretteten, dessen Stiefsohn verlobt sich mit des Helden Schwester, und schließlich bekommt man auch den trotz Errettung aus äußerster Gefahr immer noch nörgelnden Griesgram dazu, an den Hochzeitsfeierlichkeiten teilzunehmen. Vielleicht hatte das Stück politische Beiklänge, die uns entgehen: in Athen hatte Demetrios von Phaleron gerade erst seine Diktatur errichtet, und es ist denkbar, daß in der Gestalt des Dyskolos das Volk von Athen abkonterfeit war, das sich griesgrämig nörgelnd in eine Zwangslage fügte.

Schaltet man eine solche Deutung aus, so ist dem Stück gar zuviel Kurzweil nicht abzugewinnen; spannungsreich sind auch die banalen Liebeshändel nicht. Mit Bestimmtheit darf man vermuten, daß die Neue Komödie manch besseres, gescheiteres und amüsanteres Stück hervorgebracht hatte. Beachtlich ist aber dieser Lustspieltyp als Produkt einer Gesellschaft, der es gut geht und die in ihrer indolenten Selbstzufriedenheit keine echten Probleme kennt — oder zum mindesten keine, an die sie erinnert werden will. Nachdem er sich einmal durchgesetzt hatte, fand dieser Typ der Komödie lebhaften Anklang und wurde fast richtungweisend für unser Theater — im Altertum wie in neuerer Zeit. Er hat seine historische Bedeutung.

Als geschichtlich ebenso bedeutsam – und modernem Verständnis eher zugänglich – erscheint ein Kreis von Dichtern, der in Alexandreia seinen Mittelpunkt hatte, obgleich die meisten dieser Dichter weder aus Alexandreia stammten noch ständig in Alexandreia lebten. Ihr Kristallisationspunkt war die Bibliothek von Alexandreia (wie der Brennpunkt der wissenschaftlichen Arbeit das Museion war), und manche dieser Dichter waren zugleich Philologen und Literaturhistoriker. Diesen Kreis hatte der alexandrinische Historiker Andron im Auge, als er für seine Landsleute den Ehrentitel »Lehrmeister aller Griechen und Barbaren« in der frühen Ptolemäerzeit in Anspruch nahm. In diesen Dichtern, die Gelehrsamkeit und verfeinerten Geschmack an den Tag legten, flossen zwei nichtattische Traditionen der griechischen Literatur zusammen: die dorische Bühnenkunst Siziliens und die erotische Dichtung der Aiolis und Ioniens. Witz und Feinfühligkeit verschmolzen im Epigramm, das sich schnell Sympathien erwarb. Angst vor der Langeweile erzeugte eine heftige Abneigung gegen lange Dichtungen und gegen Offensichtliches und Einfaches: statt direkter Aussagen wurden ungewöhnliche Ausdrücke und tiefsinnige Anspielungen, indirekte Hinweise und Andeutungen bevorzugt. Das Interesse der Autoren galt dem Morbiden und Ungewöhnlichen, dem Verzerrten und Verdorbenen. Außer im Epigramm wurde Eleganz höher geschätzt als fühlendes Mitempfinden. Was dabei entstand, waren Formen und Manieren einer höfischen Poesie, wie sie dann wieder am Hofe des Augustus in Rom gedeihen sollte – oder an Höfen späterer Zeiten, an denen Witz und Gelehrsamkeit mit einem Anflug amüsierter Arroganz hoch im Kurs standen. Der literarisch trefflichste und vielseitigste der alexandrinischen Autoren war Kallimachos aus Kyrene, aber größerer, nachhaltiger Einfluß ging von seinem etwas älteren Zeitgenossen Theokrit von Syrakus aus.

Als Syrakusaner erbte Theokrit den Mantel Epicharmos' und Sophrons, von denen der eine um 500, der andere um 400 gewirkt hatte, so daß sie kaum als »Schule« zu zählen sind, deren »Mimen« aber, Possen im dorischen Dialekt, die den kleinen Mann oder die groteske Figur umrankten, gleich volkstümlich waren. Theokrit hatte Syrakus zur Zeit des Agathokles verlassen und schrieb in Kos Hymnen, Epigramme und »Mimen« eigener Art. Als *eidýllia*, »kleine Bildchen«, sind diese theokritischen Mimen zum Ursprung des Begriffs »Idyll« geworden. Gewöhnlich waren ihre Motive erotische Sujets aus dem Mythos oder der Malerei, Volkslieder, Liebesklagen, Hochzeitsgesänge, Lobpreisung anmutiger Mädchen oder Knaben. Manchmal sang der Dichter in der Ich-Form, manchmal ließ er als Sänger Helden des Mythos oder erdachte menschliche Gestalten auftreten, meistens Schaf- oder Rinderhirten, die ihren Wechsel- oder Streitgesang in der sizilianischen Landschaft erklingen ließen; ihre Namen, ihre Haltung und die Probleme, um die es ihnen ging, lassen indes vermuten, daß sie nur Masken waren, hinter denen der Dichter die Gesichter und Charaktere seiner eigenen Freunde und Bekannten verbarg.

Bald zog Theokrit die Aufmerksamkeit Ptolemaios' II. auf sich, den er bereits besungen hatte oder sich zu besingen anschickte. Er ging nach Alexandreia und blieb dort längere Zeit; wahrscheinlich ist er erst nach Ptolemaios' Tod nach Syrakus, an den Hof Hierons II., zurückgekehrt. Die Anmut und Grazie seiner Idyllen fanden im Altertum und in der Neuzeit viele Bewunderer. Die Vorliebe für eine imaginäre »idyllische« Landschaft als Schauplatz der besungenen Geschehnisse ließ bei seinen Nachfolgern Bion und Moschos eine eigene »bukolische« Dichtung (»Rinderhirtenpoesie«) entstehen, die später von Vergil entwickelt und dank ihm weithin bekannt werden sollte (nur daß an die Stelle Siziliens das griechische Arkadien trat). Der eigentliche Mimus fand seinen Fortsetzer in einem gewissen Herodas oder Herondas, von dem wenig bekannt ist; aus seiner Feder stammen ganz oder teilweise neun kleine Werke dieser Art, die sich in einem 1891 veröffentlichten Papyrusmanuskript erhalten haben. Hier tummeln sich Kupplerinnen und Bordellwirte, Sklaven, Schulmeister und elegante Frauen; die Tonart ist durchgängig ordinär, das Ganze offenbar dazu bestimmt, die bessere Gesellschaft mit Einblicken in das Dasein der niederen Klassen und in ihre eigenen Gebrechen zu unterhalten. Am ionischen Dialekt und am choliambischen Versmaß erkennt man in Herodas einen Nachahmer des ionischen Dichters Hipponax aus dem 6. Jahrhundert; man darf dennoch annehmen, daß Herodas in Alexandreia lebte.

Neuentdeckte Papyri sind auch unserer Kenntnis des Werkes von Kallimachos zugute gekommen, von dem vorher nur Hymnen an Zeus, Apollon, Artemis, Athena und Demeter, eine Epigrammsammlung und vereinzelte Zitate bekannt waren. Sie zeigten seine dichterischen Qualitäten, aber nicht seine Vielseitigkeit und Produktivität; das meiste, was man bis dahin von Kallimachos wußte, bezog sich auf den Streit mit seinem Freund, Schüler und Bibliothekskollegen Apollonios aus Alexandreia (auch »Rhodier« genannt, weil er sich in hohem Alter nach Rhodos zurückzog). Apollonios hatte in vier Büchern und sechstausend Zeilen (halb so lang wie die Odyssee) die Abenteuer Iasons und der Argonauten episch besungen und damit Kallimachos' Mißfallen erregt (Kallimachos selbst hat das angedeutet, und einige Grammatiker erörtern gelegentlich den Streitgegenstand); daher stammt das Studenten und Bibliothekaren vertraute bissige Wort, daß dicke Bücher dicke Ungehörigkeiten seien. Zu allem Überfluß höhnt Kallimachos in seinem Hymnus an Apollon über den »großen Strom des assyrischen Flusses, der viel Schmutz und Abfall mit sich führt«, und proklamiert in einem Epigramm: »Ich hasse die Dichtung, die zum Zyklus wird.« Kallimachos selbst wird daher die Erfindung des kurzen Epos zugeschrieben, das in der neueren Zeit *Epyllion* heißt und wahrscheinlich auch im Altertum so hieß. Ein Beispiel dafür wäre sein Gedicht über Hekale, eine Greisin aus Attika und die Gastgeberin des Theseus, oder auch das über die Haarlocke, die Königin Berenike der Aphrodite zum Dank für die Heimkehr Ptolemaios' III., ihres Gemahls, weihte und die dann zum Sternbild wurde. Aus Papyrusfragmenten kennen wir andere Kostproben kurzer Epen, namentlich aus der Feder des Euphorion aus Chalkis; diese Gedichtform übernahmen am Ende der Republikzeit auch römische Autoren, nicht zuletzt Catull und seine Freunde.

Dank den Papyrusfunden wissen wir heute über Kallimachos sehr viel mehr. Angefunden hat sich ein Verzeichnis von Inhaltsangaben *(diegéseis)* seiner Gedichte, aus dem man den Umfang seiner vielgestaltigen Produktion ersehen kann. Umfangreiche Überreste seiner Iamben (oder genauer Choliamben) zeigen, daß auch er in der Tradition des Hipponax blieb, wie auch noch die ebenfalls aus Papyrusfunden bekannten späteren und moralischeren Dichter Phoenix aus Kolophon und Kerkidas aus Megalopolis. Aus Kallimachos' wissenschaftlicher Arbeit stammen nicht nur viele Bücher zur Philologie und Literaturgeschichte und ein Katalog der Bibliothek *(pinakes)*, sondern auch vier Bücher *Aitia* (Ursprünge), worin er die Mythen, Kulte und geographischen Bezeichnungen der griechischen Welt auf seine Art »historisch« zu erklären suchte, eine so umfangreiche Arbeit, daß sie gerechterweise sein eigenes Verdammungsurteil verdient hätte. Das Werk des Kallimachos läßt sich nun nicht mehr auf eine einfache Formel bringen. Wenn er schon der Erfinder des Epyllion war, so hat er auch fast ausnahmslos sämtliche Zweige der Literatur und Philologie mit Beiträgen versehen. Fast als einziger seiner Zeitgenossen scheint er keinen Hang zur erotischen Dichtung verspürt zu haben. Auch Apollonios war nicht frei davon: viel Erotisches enthalten die *Argonautika* zwar nicht, aber ihre Hauptfigur ist die liebesbesessene Medeia, die für Vergils Dido Modell gestanden hat. Das warme menschliche Mitgefühl, das schon für den Epigrammatiker Leonidas aus Tarent charakteristisch war und das in Meleagers Epigrammsammlung im 3. Jahrhundert so deutlich mitschwang, erfüllt Kallimachos' Epigramme in unübertroffener Aufrichtigkeit und schlichter Zurückhaltung. Ein Beispiel: »Mit dem zwölfjährigen Sohn Nikoteles hat hier der Vater, Philipp, seine Hoffnung auf Größe bestattet.«

Spätere Autoren des Altertums wie auch die stets ergiebigen Papyri aus Ägypten haben uns die Namen vieler anderer Autoren der hellenistischen Zeit genannt und manche Auszüge aus ihren Werken mitgeteilt. Ein Schüler Menedemos' und Zenons, Aratos aus Soloi in Kilikien, der am Hof des Antigonos Gonatas lebte, schrieb eine astronomische Dichtung *Phainómena*, die sich auf ein Werk des Eudoxos stützte und so bedeutend war, daß der große Astronom Hipparchos einen dreibändigen Kommentar dazu verfaßte. Etwa um dieselbe Zeit schrieb in Alexandreia Lykophron aus Chalkis auf Euboia seine *Alexandra*, ein ungewöhnlich obskures und gelehrtes Werk, als Weissagung der Priamos-Tochter Kassandra präsentiert, wonach der Fall Troias durch den Aufstieg Roms, des neuen Troias im Westen, aufgewogen werden sollte; das war eins der frühesten Dokumente, in denen ein Grieche für die werdende Größe Roms Verständnis bekundete, und wohl auch das bedeutendste Dokument dieser Art. Daß die Zukunft Rom gehörte, entging freilich auch Lykophrons Zeitgenossen Kallimachos nicht.

Ebenfalls in Alexandreia dichtete der betont obszöne thrakische Dichter Sotades, den schlüpfrige Witze über die Geschwisterehe Philadelphos-Arsinoë das Leben kosteten. Am entgegengesetzten Pol steht das edelste Werk der religiösen Dichtung der hellenistischen Zeit, der bei all seiner pantheistischen Tendenz von tiefem religiösem Gefühl getragene Zeus-Hymnus des Stoikers Kleanthes.

In ihrer Breite, Vielfalt und Wirkung zeigt sich die literarische Produktion der hellenistischen Zeit, wenn man das Fazit zieht, als recht bedeutend. Wie die meisten anderen Emanationen des griechischen Geistes in dieser Epoche fällt sie hauptsächlich in die erste Hälfte des 3. Jahrhunderts. In dieselbe Zeit fallen auch die größten philologischen Leistungen der Schule von Alexandreia; ihre Grammatikforschungen wurden allerdings, wie man im 2. Jahrhundert an Dionysios dem Thraker sehen kann, auch später noch fortgeführt. Der Schule von Alexandreia verdanken wir zu einem sehr großen Teil unsere Kenntnis der griechischen Literatur, aber auch die Form, in der diese Literatur auf uns gekommen ist. Den äußeren Anlaß zu literaturwissenschaftlich-philologischen Arbeiten boten die neuen Möglichkeiten und Erfordernisse der großen Bibliothek und das weise Mäzenatentum Ptolemaios' II. Zehntausende, Hunderttausende von Manuskriptrollen mußten katalogisiert und geordnet, miteinander verglichen, analysiert, in ein System gebracht und mit Erklärungen versehen werden.

Diese Aufgabe wurde von einer Gruppe von Bibliothekaren erfüllt, unter denen Zenodotos aus Ephesos, Kallimachos, Apollonios, Eratosthenes, Aristophanes aus Byzantion und Aristarchos aus Samothrake, die alle ungefähr zur selben Zeit lebten, besondere Bedeutung erlangten. Ob es da einen oder mehrere Bibliotheksleiter gegeben hat und ob die genannten Gelehrten einen solchen Posten innegehabt haben, ist nicht klar, aber angesichts ihrer Gesamtleistung auch nicht wesentlich. Von diesen sechs Gelehrten war nur Eratosthenes mehr Naturwissenschaftler als Philologe; den anderen fünf verdanken wir unseren Homer-Text, die Verzeichnisse der attischen Bühnenschriftsteller und Oratoren, die für die Lektüre dieser Autoren unentbehrliche lexikographische Information und manche Vorworte und Kommentare, die nicht nur schwierige Abschnitte erklären, sondern auch historisches Material vermitteln, die für die kritische Analyse unerläßlichen Daten angeben und Vorgänge darstellen, über die man ohne sie nichts wüßte. Besonders erwähnenswert, weil auch nur dank einem Alexandreia-Papyrus für uns zugänglich, ist der Demosthenes-Kommentar des Didymos aus Alexandreia, des produktivsten Philologen aller Zeiten, ob seines Fleißes »Kupferherz« *(Chalkénteros)* genannt. Wer die Klassiker studiert, weiß den Gelehrten von Alexandreia aufrichtigen Dank.

Vom Mythos zum Alltag in der Skulptur

Kunst ist bis zu einem gewissen Grade ein subjektiver Begriff. Er bezieht sich auf das Schaffen nützlicher oder nicht nützlicher Dinge, eine Tätigkeit, die die Griechen *téchne* nannten, und zielt auf die menschlichen Fertigkeiten, die diesem Schaffen gelten oder darin ihren Niederschlag finden. Jeder geformte Gegenstand, jedes Artefakt aus alten Zeiten ist ein Kunsterzeugnis, aber nicht jedes Artefakt ist von Interesse für den Kunsthistoriker; Notwendigkeit und Konvention lassen ihn sein Augenmerk nur auf Gegenstände richten, die ihm, dem erfahrenen Kunstliebhaber oder dem gemeinsamen Kunstempfinden der Menschheit überhaupt oder der Menschen eines bestimmten Zeitalters, einen ästhetischen Sinn oder ein ästhetisches Vergnügen vermitteln. Nur in diesem begrenzten Sinn wird hier von Kunst geredet. Nicht von jedem Erzeugnis der *téchne* nehmen wir an, daß es Kunst verkörpere:

auch wenn wir das Planetarium des Archimedes rekonstruieren könnten, brauchten wir es nicht als Kunst zu sehen.

Da uns Abhandlungen über Kunst in diesem Sinne aus keinem Zeitabschnitt des Altertums vorliegen, ist es keineswegs sicher, daß wir nicht Maßstäbe anlegen, die ein Grieche nicht akzeptieren könnte. Schön nennt man Personen und Dinge, ob natürliche, ob künstlich gemachte, aber Schönheit und Kunst sind nicht gleichbedeutend, und wiederum ist auch Schönheit subjektiv. Wir wissen, daß Praxiteles eine Eros-Statue als sein schönstes Werk betrachtete. Hätte sie sich erhalten, so wäre sie auch für uns ein Kunstwerk, aber angesichts der Gepflogenheit des Altertums, Marmorstatuen in Naturfarben zu kolorieren, müßten wir erheblich umlernen und umdenken, um die Eros-Statue in ihrem ursprünglichen Zustand schön finden zu können. Anderseits liegen uns aus dem Altertum zahlreiche Beschreibungen von Werken der Skulptur und Malerei vor, die eine anerkannte Form literarischen Schaffens, als *ékphrasis* bekannt, darstellten und die zweifellos selbst Kunstwerke waren; diese Beschreibungen loben aber nicht die Schönheit oder die künstlerischen Qualitäten der behandelten Werke – Form, Linienführung, Raumgestaltung, Farben und was sonst dazu gehört –, sondern nur ihr gegenständliches Sujet und ihre naturalistische Wahrheit.

Solche Beschreibungen beginnen schon mit dem Schild des Achilleus in der *Ilias*; wie sehr sie in der hellenistischen Zeit beliebt waren, bezeugt neben anderem die Hingabe, mit der Theokrit in seinem ersten *Idyll* die auf einem ländlichen Trinkbecher dargestellte Szene schildert: die Liebeständelei, den alten Fischer, den Jungen, der, statt auf die Weinstöcke aufzupassen, ein Fangnetz für Heuschrecken flicht, und die zwei Füchse mit ihren Attentaten auf die Weinreben und des Jungen Mittagsmahl. Was Theokrit da ausmalt, beruht auf lauter subjektiven Deutungen der dargestellten Gestalten und ihrer Gedanken und Gefühle; wahrscheinlich erwiese sich der Trinkbecher, wenn wir ihn sähen, als mäßiges Exemplar pergamenischer Töpferware mit Reliefschmuck und keineswegs als Kunstwerk: all seine Vorzüge hätte der Dichter in ihn hineinphantasiert. Angesichts dieses fundamentalen Unterschiedes in der Einstellung zum Kunstwerk haftet jedem Versuch, die Kunst der hellenistischen Zeit zu beschreiben, etwas Zeitwidriges an: was wir für Kunst halten, sehen wir mit unseren Augen, nicht mit den Augen des Altertums.

Aus den Jahrhunderten, die nach Alexander kamen, haben sich viele verschiedene Arten von Artefakten erhalten, aber nicht alle sind für unsere Fragestellung relevant: für den Kunsthistoriker ist die bemalte attische Töpferware aus dem 6. und – in geringerem Maße – auch aus dem 5. und 4. Jahrhundert von erheblichem Interesse, und manches davon ist von hoher Qualität; von der hellenistischen Töpferware läßt sich dasselbe nicht sagen. Da gab es immer noch attische Töpferei oder Nachahmungen dieser Töpferei, aber die Gefäße waren nicht mehr mit gegenständlichen Darstellungen bemalt, sondern zeigten – in Nachahmung von Metall – eine einheitliche schwarze Glasur. Von etwas größerem Interesse ist die Relieftöpferei in roter Farbe, die in drei Typen, megarische, samische und pergamenische, eingeteilt wird, obgleich die Schmuckreliefs in besonderen Gußformen hergestellt wurden und die Gefäße selbst weder aus Megara noch aus Samos noch aus Pergamon zu stammen brauchten. Von geringem Wert sind für den Kunsthistoriker die vielfältigen be-

DIE HELLENISTISCHE WELT

malten und unbemalten Hausgeräte; die zahlreichen Tonlampen aus hellenistischen Zeiten, ebenfalls mit Reliefschmuck, sind nicht von hoher künstlerischer Qualität. Lampen und Tongefäße waren gleichermaßen für arme Leute bestimmt, die sich Silber- und Goldgefäße nicht leisten konnten; vielleicht ließen sich bei Silber- und Golderzeugnissen höhere künstlerische Qualitäten entdecken, aber da sich auch in Bruchstücken nur ganz wenige erhalten haben, müssen sie außer Betracht bleiben. Nicht anders ist es mit Geschmeide aus Gold und Silber, Glas und Edelsteinen, auch wenn wir wissen, daß alle drei Kategorien zum Glanz des eleganten und verfeinerten Lebens der Wohlhabenden gehörten und es unzählige Gegenstände dieser Art gegeben haben muß, die in den damaligen Zeiten als besonders schön galten.

Ein eigenes Problem sind die Figurinen. In beschädigtem oder unbeschädigtem Zustand haben sich Zehntausende aus verschiedenen Epochen des Altertums erhalten, viele davon unsicheren Ursprungs, die meisten primitiv oder häßlich, aber manche müssen, gewissermaßen unter Miniaturaspekten gesehen, in den ursprünglichen Farben anmutig, ja sogar schön gewesen sein. Hergestellt wurden sie an vielen Orten, unter anderem in Tanagra in Boiotien, in Myrina in der Aiolis, in Alexandreia; sie sind angesichts dieser geographischen Streuung insofern von großem historischem Wert, als sie die Verschiedenheit der Kleidung, des Zubehörs und der Menschentypen zeigen. Aber sie wurden nicht individuell geschnitzt oder gemeißelt, sondern als Produkte einer Massenbedarfsindustrie in Formen gepreßt; in den Rahmen einer Kunstübersicht gehören sie kaum. Ähnlich brauchen die Silbermünzen der Periode nur gestreift zu werden: die hohe Kunst, mit der Prägestempel schon in der klassischen Zeit geschnitten wurden, fiel als Erbe auch an die hellenistische Zeit, und einige der Königsporträts auf hellenistischen Münzen sind von außergewöhnlicher Schönheit und Lebendigkeit, namentlich die Köpfe auf den Münzen des baktrischen Königs Euthydemos und seiner Nachfolger. Darin kommt bereits zum Ausdruck, daß die Kunst des Porträts eine der höchstentwickelten Kunstsparten der Epoche war.

In der Hauptsache gilt unser Interesse der Malerei, der Bildhauerei und der Architektur. Da von der hellenistischen Malerei nur sehr wenig übriggeblieben ist, kann sie nur beiläufig in anderen Zusammenhängen behandelt werden. Die meisten Funde haben mit Bestattungsriten zu tun: Proben der hellenistischen Malerei gibt es auf Grabstelen aus Alexandreia, Pagasai und Sidon, und zur hellenistischen Periode gehören wohl auch die frühesten der wunderbaren Fayûm-Porträts auf Mumienbehältnissen. Mit Ausnahme dieser Porträts zeichnen sich die Werke nicht durch hohe Qualität aus. Für die Stilgeschichte sind allerdings die Auswahl der Sujets und die Art ihrer Behandlung von erheblichem Interesse.

Wie die Bildhauerei profitierte die Baukunst vom großen Reichtum, der die erste Hälfte der hellenistischen Epoche, die Zeit vor den schlimmsten Exzessen der römischen Plünderungen, kennzeichnete. Während aber bei Werken der Baukunst die Zeitbestimmung relativ einfach ist, läßt sich bei Skulpturen oft nur schwer sagen, was aus der hellenistischen Zeit und was aus späteren Zeiten stammt; das Problem ist besonders schwierig, weil viele der Statuen, die sich erhalten haben, römische Kopien sind, die das hellenistische Original möglicherweise unzulänglich wiedergeben. Von Nutzen sind manche Hinweise bei

Schriftstellern wie Plinius und Pausanias; zum mindesten erleichtern sie die Identifizierung bestimmter charakteristischer Typen. Mit Sicherheit lassen sich sonst nur Reliefskulpturen an Gebäuden datieren, deren Entstehungszeit feststeht; das berühmteste Beispiel ist der große Altar von Pergamon.

An besonders prominenter Stelle steht unter den bildenden Künsten in der hellenistischen Zeit die Porträtkunst. Die Kunst des Bildnisses oder wenigstens die realistische Darstellung lebender Personen beginnt im 4. Jahrhundert; wahrscheinlich war ihre erste Heimat Kleinasien, und sie ließ auch von Anfang an die Nähe orientalischer Einflüsse erkennen. Die Münzbildnisse des Pharnabazos und des Tissaphernes aus der Zeit um 400 mögen zwar Karikaturen sein, aber jedenfalls sind sie unzweifelhaft Darstellungen bestimmter Personen; dasselbe gilt von den etwas späteren Standbildtypen, die als Sokrates- und Mausolosbildnisse bekannt sind. In zeitgenössischen Skulpturen wurden Philosophen und Staatsmänner des 4. Jahrhunderts abgebildet, und in der Folgezeit wurde die Bildniskunst zu einer verbreiteten Praxis. Man sollte indes nicht verkennen, daß das eine revolutionäre Wendung war, die ihre komplexen Hintergründe hatte.

Bildnisse von Göttern wurden in Griechenland zu kultischen Zwecken geschaffen; dann erschienen sie auf den Münzen der Städte, die von diesen Göttern beschützt wurden, und diese Praxis setzte sich im Altertum ziemlich allgemein durch. Wiederum wurden Bildnisse von Einzelpersonen, besonders von Siegern in Wettspielen, in Heiligtümern als Weihegeschenke aufgestellt, die bleibende Verehrung und Hingabe symbolisieren sollten; möglicherweise gilt das auch von Myrons Diskuswerfer *(Diskobólos)* und Polyklets Speerträger *(Doryphóros)*. Aber von solchen Siegern wurde eben angenommen, daß sie bestimmter göttlicher Qualitäten teilhaftig geworden seien. Auch für Grabsteine wurden Bildnisse, meistens Reliefplastiken, angefertigt: die Toten nahmen ja ebenfalls am Wesen des Göttlichen teil und hatten ihrerseits Anspruch auf kultische Verehrung, auf einen eigenen, wenn auch noch so bescheidenen Kult. In diesem Sinne sind die herrlich lebensnahen Fayûm-Porträts und auch andere, weniger individualisierte, stärker idealisierende hellenistische Grabstelen die logische Fortführung der attischen Grabmalreliefs aus dem 5. und 4. Jahrhundert, die ihrerseits schon auf ältere Vorläufer – zum Beispiel die Aristion-Stele aus den Zeiten des Peisistratos – zurückblicken konnten.

Etwas anderes aber war die Darstellung Sterblicher auf Münzen. Den persischen Satrapenmünzen mit den Abbildungen von Pharnabazos und Tissaphernes waren Königsmünzen vorausgegangen, auf denen der Großkönig in höchst schematisierter Form, keineswegs im Porträt dargestellt war: eher als Symbol des Königtums denn als königliche Person. Sogar die Satrapendynastie des Mausolos brachte auf ihren Münzen keine Porträts, wie es auch kein anderer Herrscher der griechischen Welt vor Alexander, genauer: vor der letzten Periode der Herrschaft Alexanders, getan hat. Die Münzdarstellung Alexanders – wie auch aller Könige nach ihm – hing offenbar mit dem Königskult zusammen: das Porträt bildete den König als Gott, nicht als Herrscher ab; das gilt sogar von den seltenen Porträts des Antigonos Gonatas. Realismus oder Schönheit war der Tribut, der der Gottheit dargebracht wurde, nicht eine vermenschlichende oder individualisierende Schmälerung der göttlichen Qualität.

Komplizierter stellt sich das Problem der freistehenden Bildnisstatue dar. Logischerweise muß man annehmen, daß sie denselben Ursprung und dieselbe Geschichte hatte, daß also die Porträtskulptur – Statue, Herme, Büste, Relief –, aber auch die Gemälde- oder Mosaikdarstellung sinngemäß für Bestattungs- oder Kultzwecke bestimmt war und im Altertum niemals – oder erst sehr spät – der bloßen Ehrung einer Person diente und noch weniger »Kunst um der Kunst willen« war. Die Auszeichnung eines Menschen durch ein Standbild oder ein anderes Bildnis behielt noch lange Zeit religiöse Untertöne. Philipp II. erscheint im Standbild zwischen den Zwölf Göttern sitzend. Die fünfundzwanzig Bronzestatuen der Gefährten Alexanders, die bei Granikos gefallen waren, waren Grabmalstatuen. Die aus dem 4. Jahrhundert stammenden Porträtskulpturen von Sokrates, Platon und anderen bedeutenden Gestalten hatten denselben Grabmal- oder Kultcharakter wie die Bildnisse von Alexander, Jesus und Apollonios von Tyana im Larenschrein des römischen Kaisers Severus Alexander. Die zahlreichen zeitgenössischen Porträts Alexanders des Großen von Lysippos, Polygnotos und anderen Künstlern waren Votivskulpturen, die für öffentliche oder private Heiligtümer vorgesehen waren.

Gewiß gab es auch andere Quellen der Bildniskunst, die in die künstlerische Koine der hellenistischen Zeit einmündeten: eine aus Ägypten stammende Strömung, die schon zur Zeit der Saïten-Dynastie erstaunlich lebensechte Bildnisse hervorbrachte, und eine in Etrurien beheimatete, die die römische Porträtkunst der späthellenistischen Periode beeinflußte. Es ist möglich, daß diese Strömungen anderen Sphären entsprungen waren. Das ist ein Problem für sich. Aber auch hier ist eine religiöse Entstehung des Porträts wahrscheinlicher als eine weltliche. Jedenfalls liegt kein Grund vor, die Bildniskunst der griechischen Welt wenigstens in der frühen hellenistischen Zeit als nicht religiös zweckbestimmt anzusehen. Diese Grundhaltung kann sich später gewandelt haben und hat sich wahrscheinlich gewandelt. Obgleich sich weder ein positiver noch ein negativer Beweis führen läßt, ist es möglich, daß die dem Ende des 2. Jahrhunderts angehörenden Statuen des Dioskorides und seiner Frau Kleopatra, die in einem Privathaus in Delos gefunden worden sind, keinen tieferen Sinn hatten, als ihn Statuen heute haben.

Der vermutete Haltungswandel kann sich auf Grund zunehmender Gewöhnung vollzogen haben: vielleicht wurden Statuen und andere Bildnisse so alltäglich, daß sie keine besondere Aufmerksamkeit mehr auf sich lenkten. Für eine Abkehr vom religiösen Bestimmungszweck des Bildnisses spräche aber auch noch ein anderes Wesensmerkmal der hellenistischen Kunst. Wie Wissenschaft und Literatur interessierte sich auch die bildende Kunst charakteristischer- und sichtbarermaßen für »Wahrheit«. Quintilian spricht in diesem Sinne von Lysippos und Praxiteles, den Bildhauern des 4. Jahrhunderts, und fügt hinzu, sie seien in dieser Beziehung die »besten« gewesen. Umgekehrt kritisierte er den etwas früheren Demetrios aus Alopeke, den vermutlich ersten griechischen Künstler, der bewußt porträtieren wollte, und die Kritik besagt, Demetrios habe auf Ähnlichkeit größeren Wert gelegt als auf Schönheit. Nun kennen wir zwar keine Werke, von denen man bestimmt sagen könnte, sie stammten von Demetrios, aber was Lysippos und Praxiteles betrifft, ist es nicht schwer, Quintilian recht zu geben: ihr Werk ist unbestreitbar schön, und es erzielt seine naturwahre Wirkung einmal durch das Weiche, Hingegossene, anmutig Gerundete, zum andern dadurch, daß es tätige Bewegung, krankhafte Zustände, wie Trunkenheit, oder so subtile Gefühlshaltungen wie Alexanders sehnendes Verlangen *(póthos)* wiederzugeben sucht. Lysippos und Praxiteles stellten beide die Gestalten von Göttern und Menschen in verhaltener oder tätiger Bewegung dar; beide gestalteten mythische, aber groteske Figuren wie Satyrn. Wenigstens Lysippos zeigte Gruppen im handgreiflichen Konflikt. Natürlich war das auch schon früher geschehen, zum mindesten in der Malerei und in der Reliefskulptur, aber die Art der Darstellung war jetzt anders: jetzt war der Weg frei für die Fülle realistischer und wissenschaftlich interessanter, aber oft häßlicher und sogar abstoßender Gestalten, die in der späteren Kunst erscheinen. Viele dieser Gestalten kennen wir nur in Kopien aus der Zeit des Römischen Reiches, und es steht nicht fest, daß ihre Entstehungszeit in die hellenistische Periode fällt; es gibt aber genug sichere Zeugnisse, die das wenigstens in der Hauptsache als wahrscheinlich erscheinen lassen. Die stets beliebte Gruppe mit dem rundlichen Knaben, der mit einer Gans kämpft, stammt nach Plinius' Aussagen von Boethos aus Chalkedon, der in der Ära Antiochos' IV. arbeitete; eine andere populäre Figur, eine abstoßend betrunkene alte Frau, wird Myron aus Theben zugeschrieben, also ungefähr in dieselbe Zeit verlegt.

Dazu passen die Zwerge, Pygmäen, Neger, Schauspieler, Akrobaten, Sklaven, Fischer, Handwerker, modischen jungen Männer und Frauen, Soldaten, Knabenerzieher und jede andere vorstellbare Art männlicher oder weiblicher, junger oder alter Personen, die in großer Menge und Vielfalt in den hellenistischen Figurinen und auch in Marmor und Bronze, in Miniatur- oder Lebensgröße erscheinen. Man kann sich schwer vorstellen, daß diese Darstellungen, die sich von der eigentlichen Porträtkunst nur dem Grad nach unterscheiden, ausschließlich für religiöse Zwecke bestimmt waren. Freilich dürfen wir nicht vergessen, daß sich die Religionen des Altertums auch mit Aspekten des menschlichen Daseins, die uns weniger attraktiv anmuten, befaßten und daß zum Beispiel der Vorgang der Zeugung bei ihnen eine große Rolle spielte; es ist nicht ausgeschlossen, daß die recht häufigen obszönen Figuren oder Gruppen eine kultische Bedeutung hatten. Vielleicht aber dienten diese Alltagsgestalten – wie Herodas' Mimen oder die wissenschaftlichen Studien der Peripatetiker und des Museions – gar keinem anderen Zweck als der Befriedigung wissenschaftlicher oder auch einfach müßiger Neugier. Insofern ließe sich ihnen entnehmen, wie lebhaft sich der hellenistische Mensch für seine Umwelt interessierte.

Auch im 4. Jahrhundert und danach wurden weiterhin viele Abbildungen der Götter geschaffen, auf daß man sie verehre oder bewundere; alle Bildhauer und Maler, deren Namen nicht untergegangen sind, haben Göttergestalten hervorgebracht. Während sonst die Kunstwerke dieser Zeit in der Regel durch einen barocken Stil gekennzeichnet sind, überwog in der Darstellung der Götter – vielleicht nur aus einer konservativen religiösen Haltung heraus – das klassische Vorbild. Zeus, Apollon, Artemis und andere Hauptgötter wurden nach wie vor in der Stilart eines Praxiteles oder Skopas gestaltet. Nur in der Wiedergabe der etwas bizarreren Gestalten Herakles' und Dionysos' waren in größerem Maße Neuerungen gestattet; darin spiegelt sich die größere Volkstümlichkeit dieser wohltätigen Götter wider, denen eine größere Schwäche für die Menschen zugeschrieben wurde. Vielleicht war Aphrodite mit dem Söhnchen Eros aus demselben Grunde besonders populär; die Aphrodite des Praxiteles, die lange Zeit das Ruhmesblatt der Stadt Knidos gewesen und gemeinhin als die schönste Statue der griechischen Welt galt, eröffnete nur die lange hellenistische Prozession der meist als Aphrodite gedachten unbekleideten oder halbbekleideten weiblichen Gestalten – bis zur Aphrodite von Kyrene, der zartesten, und Aphrodite von Melos, der berühmtesten von allen, beide von unbekannter Hand geschaffen. Eine Neuerung war hier die Nacktheit, keine Neuerung die Behandlung im Geiste der Klassik.

Dasselbe trifft auf die wenigen (oder wenigen uns bekannten) Fälle zu, in denen neue Typen von Göttern geschaffen wurden. Es ist möglich, daß in Grenzgebieten wie der syrischen Steppe neue, einigermaßen ungriechische Typen hervortraten, wie wir sie dort in der Römerzeit finden; für die hellenistische Zeit liegen dafür keine zureichenden Belege vor. In der bildnerischen Gestaltung der Kultstatue des Serapis, die Ptolemaios II. dem zweiten Bryaxis (einem Enkel des Bryaxis aus dem 4. Jahrhundert) übertragen hatte, kamen indes nur klassische, Zeus und Pluton entlehnte Konzeptionen zur Geltung; in noch höherem Maße gilt das vom Apollon von Daphne, den derselbe Bryaxis für Antiochos I. schuf. Ebenso ist die Tyche von Antiocheia, das Werk des Lysippos-Sohnes Eutychides, eine typische Göttin in der althergebrachten Konvention nur mit zusätzlichen Attributen: der Türmchenkrone und dem Fluß Orontes; nicht anders ist es mit der Tyche von Alexandreia, die wir aus einem von dem sonst unbekannten Sophilos signierten Mosaik aus dem 2. Jahrhundert kennen.

Besondere Bedeutung kam in der hellenistischen Zeit – in der Malerei ebenso wie in Reliefs und Rundskulpturen – der Darstellung von Gruppen zu. Auch das ist natürlich ein Erbe früherer Epochen der griechischen Kunst, aber immerhin zeigten sich hier die verschiedenen hellenistischen Stilströmungen, die in einigen der bedeutendsten und bekanntesten Denkmäler hellenistischer Kunst ihren Niederschlag gefunden haben. Die von Lysippos und Apelles geschaffenen Gruppenskulpturen Alexanders und seiner Generale sind spurlos dahingegangen; aber das Gemälde der Schlacht von Issos, das Philoxenos aus Eretreia geschaffen hat, kann dem großen Mosaik im Hause des Fauns in Pompeii als Inspiration gedient haben, auch wenn die auffallende Verwendung des Perspektivischen dies Mosaik als Produkt einer späteren Zeit erkennen läßt; und der sogenannte Alexander-Sarkophag aus dem Königsfriedhof von Sidon, das Werk eines unbekannten attischen Bildhauers aus der Diadochenzeit und eine der wenigen Marmorskulpturen des Altertums, die ihre ursprünglichen Farbtöne behalten haben, gilt mit Recht als das Schmuckstück des Museums von Istanbul. Beides vermittelt uns eine Vorstellung vom leuchtenden Glanz der Kunst dieser Frühperiode, in der große Künstler lebten und Geld keine Rolle spielte.

Was an Originalen der Meisterwerke dieser Zeit verloren ist, hinterläßt eine gewaltige Lücke. Indes hat sich aus den Tagen Eumenes' II. und Attalos' II. das größte und wahrscheinlich bedeutendste Werk der hellenistischen Skulptur erhalten: der Fries des großen Altars von Pergamon mit der Darstellung der Gigantomachie. Hier haben wir die typischen Züge der hellenistischen Bildhauerei vor uns: bewegte Handlung, geballte Affekte in Gesichtsausdruck und Haltung, schwere Leiber mit schwellender Muskulatur, verkrampfte

Posen, lebhafter Faltenwurf der Gewänder, alles in einem präzis ineinandergefügten Bewegungsvorgang in einer Ebene zusammengeknotet. Im Gegensatz dazu zerfällt der kleinere und schlecht erhaltene Telephos-Fries desselben Denkmals in einzelne Szenen; wahrscheinlich ist er das früheste uns verbliebene Beispiel erzählender Kunst in der griechischen Bildhauerei. Er enthält schon Elemente eines Landschaftshintergrundes, verwendet aber noch nicht die Linearperspektive. Die Friese sind heute die großen Attraktionen des Pergamon-Museums in Berlin.

Große technische Fortschritte zeigte die Periode in der Gruppenbehandlung bei freistehenden Skulpturen. Hier war nicht nur eine künstlerische, sondern vor allem auch eine konstruktionstechnische Aufgabe zu lösen; allein schon das künstlerische Problem einer Darstellung, die von allen Seiten, nicht nur von vorn gesehen wird, wäre schwierig genug gewesen. Was sich – vermutlich im Hinblick auf beide Probleme – weitgehend behauptete, war die Tendenz zum Pyramideneffekt; die Verwendung von Stützen – Baumstümpfen, Schilden, Drapierungen und dergleichen – war seit den frühesten Zeiten bekannt und wurde – man denke an Praxiteles' Hermes in Olympia – mit großem Können gehandhabt. Als die ersten hellenistischen Beispiele, die wir allerdings nur aus späteren Kopien kennen, drängen sich auf: die Niobiden, von Apollons Pfeilen getroffen; Attalos' I. Galaterdenkmäler in Athen und Pergamon; Menelaos mit dem Leichnam des Patroklos, dem Antigonos aus Karystos zugeschrieben; Artemis mit Iphigenie und dem Hirsch. Architektonisch einfacher und mehr ins Allegorische verlegt ist die Darstellung des steigenden Nils mit seinen Tieren und den Putten, von denen jeder den Anstieg des Wasserstands um eine Elle symbolisiert; erwähnenswert scheint auch die Nike, die zum Bug eines Schiffes hinuntergleitet, ein Fund von Samothrake, heute im Louvre. Technisch aber wird dies alles übertroffen von den Gruppen der Fesselung der Dirke an den »Farnesischen Stier«, ursprünglich in Rom, heute in Neapel, und von Laokoon, dem Priester von Troia, mit seinen Söhnen, in Rom aufgestellt und heute noch dort; es mag sein, daß beide eher die Virtuosität der späthellenistischen Periode bezeugen als ihren guten Geschmack.

Plinius hat beide Kolossalgruppen als Werke rhodischer Bildhauer identifiziert. Es wäre indes wenig angebracht, sich innerhalb der hellenistischen Skulptur besondere ortsgebundene Schulen vorzustellen: die großen Bildhauer, deren Werke uns dank glücklichen Funden oder späteren Kopien zugänglich sind, wurden gut entlohnt, reisten umher und ließen sich dort nieder, wo sie Kunden hatten oder leicht finden konnten. Sicher war die hellenistische Kunst weder einheitlich noch einförmig; ein solcher Eindruck hätte auch nicht entstehen können, wenn sich mehr Werke erhalten hätten und wenn wir mehr über sie wüßten. Dennoch gab es zweifellos auch in der Bildhauerei – wie in allen anderen Kulturbereichen – einen gemeinsamen Geschmack und einen gemeinsamen Stil: komplex vielleicht, aber deutlich erkennbar. Mehr als andere Ausdrucksformen der Kultur profitierte die bildende Kunst von dem Reichtum und der gesellschaftlichen Freiheit, die auf die Eroberungen Alexanders zurückgingen. Von den orientalischen Einflüssen, denen sie ausgesetzt war, wurde sie jedoch – wenigstens in dem Bereich, über den sich unser Material erstreckt – überhaupt nicht oder nur in geringem Maße geformt.

Besseres Wohnen für Götter und Menschen

Mit denselben Vorbehalten, mit denen die hellenistische Bildhauerei gewertet werden will, muß auch an die Baukunst der Periode herangegangen werden. Mit großer Sorgfalt wurden Grabungen in mehreren hellenistischen Städten, vor allem in Milet, Delos und Priene, vorgenommen, und es wurde nicht wenig Material zutage gefördert. Indes wurzelten diese Städte so tief in der hellenischen Ausgangskultur, daß hier unvermeidlich Bauformen ans Tageslicht kommen, die dieser Kultur entstammen; nur die bedeutende italienische Bevölkerungsgruppe, die auf Delos zwischen 168 und 88 v. Chr. lebte, hatte in ihre Häuser westliche Elemente hineingebracht, vor allem gemalte Laren auf ihren Altären. Nicht anders ist es mit so gründlich durchforschten Städten wie Athen und Kyrene: auch dort gehören die meisten Gebäude, die zum Vorschein kamen, einer früheren oder einer späteren – der römischen – Phase an. In Pergamon gab es umfangreiche römische Bau- und Umbautätigkeit, und in Dura-Europos am Euphrat, der von Seleukos I. gegründeten kleinen makedonischen Grenzstadt, hat sich aus hellenistischen Zeiten nur sehr wenig, und auch nur das Allereinfachste, gefunden.

In den Seleukidenhauptstädten Antiocheia am Orontes und Seleukeia am Tigris hat sich feststellen lassen, daß sie nach den Grundsätzen des Städtebauers Hippodamos aus Milet (5. Jahrhundert) erbaut worden waren. Dieselben Grundsätze hatten der Stadtplanung von Alexandreia zugrunde gelegen: durch die ganze Stadt zogen sich ostwestlich zwei Hauptalleen mit vielen engeren Parallelstraßen, und mit ihnen schnitten sich rechtwinklig die Transversalen, so daß das Ganze ein viereckiges Netz aus zahllosen kleineren Vierecken bildete. Nach Strabo entfiel ein Drittel der Stadtfläche auf das Königsviertel mit seinen weitgestreckten Palästen, denen alle Könige nacheinander einiges hinzufügten, mit dem Museion und dem Sema. Zum Museion gehörten Säulengänge, ein Auditorium *(éxedra)* und ein großer Speisesaal. Das Sema war ein abgeschlossener Bezirk, der die Königsgräber beherbergte, eine Art *Heróon* für die Ptolemäerdynastie. Außerhalb des Königsviertels gab es Heiligtümer und Parks, ein Theater, ein Gymnasium und eine Gerichtshalle, einen Markt *(empórion)*, Lagerhäuser, Schiffsschuppen am Küstensaum und natürlich den leuchtendweißen marmornen Pharos-Turm auf der gleichnamigen Insel. Draußen lagen im Westen die Nekropolis und im östlichen Vorort Nikopolis das Amphitheater und die Rennbahn.

Strabos Aufzählung läßt sich aus anderen Quellen vervollständigen. Während er nur einen Poseidon-Tempel in der Nähe des Marktes erwähnt, hatte Alexandreia eine ganze Anzahl Tempel, darunter vor allem das große Serapeion im südwestlichen Teil der Stadt. Im Zentrum lag ein großer offener Platz für Volksversammlungen und sonstige öffentliche Veranstaltungen. Es gab nicht wenige öffentliche Gebäude, darunter ein Stadthaus *(prytaneíon)* und ein Ratsgebäude *(bouleutérion)*. Es gab von Säulengängen umsäumte Straßen, Geschäfte, Werkstätten und unzählige Privathäuser, die sich je nach Vermögenslage und Nationalität der Bewohner in Größe und Stil unterschieden. Viele nationale Gruppen, namentlich Ägypter und Juden, nahmen aktiv am Leben der Stadt teil, auch wenn das volle Bürgerrecht nur Griechen vorbehalten war. Makedonen konnten vermutlich Bürger werden, wurden es aber nicht automatisch.

Die meisten öffentlichen Gebäude waren ohne Zweifel im üblichen griechischen Stil gehalten: behauenes Gestein mit Säulen und Kapitellen in einer der drei Säulenordnungen — dorisch, ionisch, korinthisch — oder in kombinierten Formen, mit ziegelgedeckten Giebeldächern. Im ganzen muß die Stadt sehr hellenisch ausgesehen haben, denn Kallixeinos hob als ungewöhnlich hervor, Ptolemaios IV. habe sein großes Nil-Wohnschiff mit ägyptischen Säulen ausgestattet. Privathäuser und die weniger ansehnlichen Teile der öffentlichen Gebäude wurden wahrscheinlich aus an der Sonne getrockneten Lehmziegeln auf Schuttfundamenten gebaut, und hier überwog sicher das Flachdach des Orients. Balken, Streben, Verschalung und Türen waren aus Holz. Ziegel und Mörtel waren knapp, aber Stuckverputz war die Regel, und Stuck konnte natürlich bemalt sein. Für Gewölbe wird es außer bei der Unterkellerung nicht viel Verwendung gegeben haben, auch nicht für den Bogen (außer bei Monumentalportalen der Befestigungsanlagen und ummauerten Bezirken), denn die griechische Architektur mochte Gewölbe und Bogen ebensowenig wie die Verwendung von Ziegelsteinen und Zementmörtel als Baumaterial, und die Kuppel war noch nicht erfunden.

Es ist wahrscheinlich, daß eine ähnlich hellenische Bauweise in der gesamten hellenistischen Welt vorherrschte: sie erscheint in einer selbstverständlich kümmerlichen und vereinfachten Form in den frühen Gebäuden von Dura-Europos – den Marktbauten der Agora und dem Tempel des Zeus Megistos – und überwiegt auch in den Bauwerken der Stadt in späteren Zeiten. Die Dächer sind flach nach orientalischer Manier, aber die Baulinien sind horizontal, und private wie öffentliche Gebäude bestehen aus einem Gewirr von Höfen mit oder ohne Säulenhallen, die den Zugang zu Zimmern und Wohnungen eröffnen. Diese um Höfe gruppierten Bauten waren ein gemeinsames Merkmal der griechischen und der orientalischen Architektur. In späteren Zeiten setzten sich spezifischer orientalische Züge durch: vom Hof aus zu betretende »Liwan«-Bogeneingänge und mit Bänken ausgestattete Räume mit Eingängen in der Mitte der Längsseite (»Diwane«); man darf solche Charakteristiken in den hellenistischen Städten des Ostens, namentlich in den kleineren, und in Privathäusern vermuten; in öffentlichen Bauten der königlichen Hauptstädte würde man sie nicht antreffen.

In der Innenausstattung der großen Gebäude der hellenistischen Monarchien, der Paläste und Tempel, wurde allgemein der größte Aufwand mit dem kostspieligsten Material getrieben. Folgendermaßen beschreibt Kallixeinos das Luxuswohnschiff Ptolemaios' IV.: »Wenn man vom Heck aus an Bord kam, war da zuerst eine Vorhalle, vorn offen, aber mit Reihen von Säulen an den Seiten. In dem Teil, der zum Bug führte, war eine Vorderpforte, die aus Elfenbein und dem kostbarsten Holz gezimmert war... Mit diesen Eingängen war die größte Kabine verbunden. Sie hatte eine einzelne Reihe von Säulen ringsherum und faßte bis zu zwanzig Ruhebetten. Zum größten Teil war sie aus Zedernplatten und milesischem Zypressenholz. Die Türen ringsum, deren es zwanzig gab, hatten Füllungen aus hübsch zusammengefügtem aromatischem Zedernholz mit Elfenbeinverzierungen. Die Ornamentknöpfe, die die Oberfläche bedeckten, und ebenso auch die Klinken waren aus rotem, über der Flamme vergoldetem Kupfer. Was die Säulen betrifft, waren ihre Schäfte aus Zypressenholz, ihre korinthischen Kapitelle ganz mit Elfenbein und Gold überzogen.

Ruinen römischer Wohnhäuser auf Delos, 2./1. Jahrhundert v. Chr.

Reste des unvollendeten Apollon-Tempels im Didymaion bei Milet, 2. Jahrhundert v. Chr.

Das ganze Säulengebälk war von Gold, worauf ein Fries mit prachtvollen Elfenbeinfiguren angebracht war ... Den Speiseraum überspannte eine herrliche Kassettendecke aus Zypressenholz. Die erhabenen Verzierungen darauf waren mit Gold überzogen.« Zu den weiteren Attraktionen der Königsbarke gehörten Säulen aus indischem Marmor und ein mit Gold- und Edelsteinmosaik ausgelegter Schrein mit Porträtstatuen der königlichen Familie aus parischem Marmor. Der Raum war – wie auch der ebenfalls von Kallixeinos beschriebene Speisepavillon Ptolemaios' II. – mit einer Unmenge von Vorhängen und Wandbehängen in Purpur- und Scharlachrot und anderen leuchtenden Farben ausgestattet. Der Gesamteffekt mag für unseren Geschmack etwas barbarisch gewesen sein, aber es gibt keine Hinweise darauf, daß Griechen ihn als unangenehm empfunden hätten.

Gemäß den strengeren Traditionen der griechischen Architektur, vor allem was den Tempelbau anging, wurden die klassischen Normen mit nur leichten Abwandlungen und Verbesserungen beibehalten; noch zwei Jahrhunderte später berief sich Vitruvius zustimmend auf Hermogenes aus Alabanda, den Erbauer des Artemis-Tempels in Magnesia. Wie viele ungenannte Baumeister von Tempeln, die aus dem 3. und 2. Jahrhundert bekannt sind, verwischte Hermogenes die Unterschiede zwischen den Säulenordnungen. Sogar dorische Säulen wurden hoch und schlank mit kleinen Kapitellen gebaut und die Deckplatten über den Kapitellen verkleinert, damit das ganze Gebilde leicht und in die Höhe strebend wirken sollte. In gewissem Umfang wurden eher ionische als dorische Säulen bevorzugt, aber beide Säulenordnungen wurden im selben Gebäude benutzt, ionische außen und dorische innen; mit der Zeit wurden auch korinthische Säulen an der Außenfront der Gebäude verwendet. Viele dieser hellenistischen Tempel waren von erlesener Schönheit, nicht zuletzt der von Alexander gestiftete Athena-Tempel in Priene oder – anderthalb Jahrhunderte später – der Tempel der Athena Nikephoros in Pergamon, von dem ein Teil im Berliner Pergamon-Museum wiederaufgebaut worden ist.

Mit wachsendem Wohlstand wurden mehr Prunkbauten errichtet. In Athen unternahm Antiochos IV. den Bau des großen Zeus-Tempels. In der Nähe von Milet wurde das imposante Didymaion gebaut, als dessen Orakelschrein ein kleiner Tempel in einem offenen versenkten Hof innerhalb des eigentlichen Tempels diente. Ein sehr anspruchsvoller Bau muß das Serapeion in Alexandreia gewesen sein; es haben sich aber nur Teile der Hofmauern erhalten, die ihn einst umschlossen hatten. Die Tempel von Pergamon, die an sich schon groß und prächtig waren, hatten den großen Vorteil einer unvergleichlichen Szenerie: sie waren auf den Abhängen der Attalidenburg errichtet, und ihr Begleitstück war eins der sieben Weltwunder der hellenistischen Zeit, der große Zeus-Altar, ein hoher Unterbau mit einer Grundfläche von rund zwölfhundertfünfzig Quadratmetern, in den auf der Westseite eine vierundzwanzigstufige Freitreppe eingeschnitten war; auf den drei anderen Seiten war der Unterbau gekrönt von Mauern mit vorgelegter Kolonnade, so daß sich ein geschlossener Innenbezirk ergab, in den oberhalb der Freitreppe eine Vorhalle hineinführte und worin der eigentliche Altar aufgebaut war. Der Fries mit dem Kampf der Giganten gegen die Götter, dem der Altar seine Berühmtheit verdankt, lief um den oberen Teil des Unterbaus, nur dort unterbrochen, wo die

Freitreppe in die Vorhalle mündete. Der Bau stand weithin sichtbar am Westabhang des Berges. Er war so berühmt, daß er den Christen später seiner Form wegen als der »Thron Satans« bekannt wurde.

Verschiedene andere Typen öffentlicher Gebäude der Periode lassen sich an einzelnen Bauten erkennen, die sich erhalten haben oder rekonstruiert werden können. Weitverbreitet waren die Säulengänge, die entweder Hauptstraßen und Marktplätze umsäumten oder frei standen – wie die zweistöckige Stoa, die Attalos II. Athen gestiftet hatte und die vor kurzem in der Agora von Athen wiedererrichtet worden ist. Andere Stätten öffentlicher Versammlungen hatten neue Formen wie die »Hypostylenhalle« von Delos. Die früheste erhaltene Bibliothek ist in Pergamon entdeckt worden; ihr Bücherbestand wurde nur von dem der Bibliothek von Alexandreia übertroffen. Überdachte Ratssäle mit Sitzreihen wie im Theater haben sich in Milet und Priene erhalten. Die hellenistische Zeit kannte auch schon architektonisch gestaltete Brunnenanlagen *(nymphaia)*, wenn auch noch nicht in so prunkvoller Form wie im Römischen Reich. Sowohl in Priene als auch in Pergamon gibt es guterhaltene Gymnasien, offene Höfe für Leibesübungen, um die sich Kolonnaden und Ankleide- und Baderäume ziehen. Sogar die typisch römische Einrichtung des öffentlichen Bades mit Heizgewölben *(Hypokausten)* für Dampfbäder ist auf Kreta zum Vorschein gekommen; sie stammt offenbar aus dem 2. Jahrhundert. Das Ende der hellenistischen Periode bezeichnet der von Julius Caesar in Athen errichtete Uhrenturm, der immer noch dort steht; dies *Horológion* ist ein achteckiger Turm mit Sonnenuhren und Wetterfahnen, die die Richtung der Winde anzeigen.

Theater der hellenistischen Zeit sind keine Seltenheit. Wir kennen Beispiele aus Pergamon, Priene und vielen anderen Orten. Sie alle zeigen aber keinen Wandel im Laufe der hellenistischen Zeit. Sie sind nach dem Vorbild des Theaters von Epidauros aus der Mitte des 4. Jahrhunderts oder des Lykurgos-Theaters in Athen gebaut: eine kreisrunde *Orchestra*, über der die Sitzreihen etwa hufeisenförmig ansteigen; aber wie schon in der Neuen Komödie traten hier die Schauspieler nicht mehr in der Orchestra, sondern auf dem *Proskenion* vor der Wand des Bühnengebäudes auf; das bedeutete freilich eine Raumverteilung, die es nicht allen Zuschauern gleichzeitig erlaubte, die Vorgänge auf der Bühne zu sehen. Das war ein Mangel, den erst die Römer beseitigen sollten.

Für die Heeresbaumeister boten Stadtmauern mit Wachttürmen, Laufgängen und Brustwehren ein reiches Betätigungsfeld. Einige Musterbeispiele hellenistischer Befestigungsanlagen – beispielsweise in Priene oder in Lagina bei Milet – sind noch vorhanden oder lassen sich rekonstruieren. Mit glattbehauenen und ineinandergefügten Steinen in geraden Linien, mit wohlproportionierten runden oder viereckigen Türen und schöngeformten Toren müssen diese Festungsbauten auch ästhetisch anziehend gewesen sein; aber natürlich hatten sie ihren praktischen Bestimmungszweck: ihre Konstruktion zielte darauf ab, die neueste Geschoß-, Minier- und Sturmbocktechnik der Belagerer abzuwehren, nicht Mauern und Bollwerke schön aussehen zu lassen. Die Mauern der Spätperiode sind keineswegs mehr schlank und grazil, sondern dick, klobig, untersetzt. Eine aufschlußreiche Beschreibung aller Typen von Befestigungsmauern hat sich in den Schriften eines hellenistischen Militärfachmanns namens Philon erhalten.

Bequemlichkeit ist eher Sache der Architekten als der Architektur. Die hellenistische Bauweise – sowohl bei Wohnhäusern als auch bei öffentlichen Gebäuden – zeigt, daß sich die Baumeister in lobenswerter Weise um den Komfort und die sanitären Bedürfnisse ihrer Kunden kümmerten. Straßen wurden teilweise bereits gepflastert, umrahmende Säulengänge schützten vor Sonne und Regen. Verbesserte und vermehrte Wasserversorgung ermöglichte nicht nur Brunnenanlagen an öffentlichen Plätzen, sondern auch Bau und Unterhaltung von öffentlichen Latrinen und Badeanstalten, Abflußvorrichtungen in den Straßen erlaubten das Hinwegspülen von festem und flüssigem Unrat. Wasser wurde sogar in private Häuser geleitet, zum mindesten in die Häuser der Reichen; die Wasserleitungen dienten sowohl der Trinkwasserversorgung als auch der Familienhygiene. Mit ihren verputzten und künstlerisch bemalten Wänden – der aus Pompeii bekannte Inkrustationsstil (der »erste Stil«) war eine hellenistische Erfindung –, mit ihren Fenstern und Höfen, mit ihrem glatten oder mosaikbelegten Fußboden, mit ihren Möbeln, Wandbehängen, Kunstgegenständen und Lampen und mit ihrer ansehnlichen Garten- und Landschaftsplanung müssen die besseren Häuser der hellenistischen Zeit Wohnstätten gewesen sein, in denen es sich angenehm leben ließ.

Olof Gigon

DAS HELLENISCHE ERBE

Das Erbe der Griechen

Das Wirken des griechischen Geistes in der Weltgeschichte zu verfolgen ist nicht möglich, ohne zuvor vom Wesen dieses Geistes zu sprechen. Denn geschichtliches Wirken und Wesen sind aneinander gebunden, wenn auch nicht mit der Unbedingtheit eines Naturgesetzes, wie es Platon gelegentlich gemeint hat. Von geschichtlichen Wesenheiten zu reden ist freilich eine heikle Sache. Jeder Historiker macht die Erfahrung, daß Wesenheiten, wie »die Griechen«, »die Römer«, »die Renaissance«, nur dann sichtbar hervortreten, wenn der Betrachter sich in einer ganz bestimmten Distanz hält. Wird eine zu große oder zu geringe Distanz gewählt, verflüchtigen sich alle Konturen. Es ergeht dann dem Historiker wie demjenigen, der die Eigenart einer Landschaft nicht wahrzunehmen vermag, weil er entweder allzu hoch über sie hinwegfliegt oder sie von der Straße aus betrachtet. Daß es so etwas wie den griechischen Geist als eine unverwechselbare, einmalige und in ihrer Einmaligkeit weiterwirkende Wesenheit gegeben habe, kann immer bestritten werden: hier von denjenigen, die nur in Jahrzehntausenden zu rechnen lieben, dort von anderen, denen es nicht schwerfällt, an jeder Einzelheit nachzuweisen, daß dergleichen Erscheinungen auch anderswo zu finden seien. Wer aber als Betrachter den richtigen Standort wählt, für den wird das Eigentümliche einer geschichtlichen Wesenheit zur wahrnehmbaren Realität — wie immer man im übrigen diese Realität ontologisch deuten mag.

Das Wesen und damit zugleich das Wirken des griechischen Geistes soll im Nachfolgenden in drei verschiedenen Richtungen dargestellt werden.

Fürs erste werden wir fragen, wie die Griechen sich selbst und ihre Stellung im Kosmos verstanden haben. Wie sahen sie sich selbst im Angesicht der höheren Mächte, wie im Verhältnis zu den anderen Menschen und wie endlich der Natur, den Tieren, Pflanzen und leblosen Dingen gegenüber?

Dann wird zu fragen sein, welches die Werte waren, die die Griechen in ihrem geschichtlichen Dasein zu erwerben oder zu verwirklichen trachteten. Auf welche Dinge kam es ihnen an? Welches waren, um ein ursprünglich griechisches, heute bis zur äußersten Banalität abgenutztes Wort zu gebrauchen, ihre Ideale?

Schließlich werden wir auf ihre Leistungen zu blicken haben. Was haben sie für die Nachwelt zustande gebracht? Wir werden uns, schon der Kürze wegen, an die Leistungen halten, die im Bereich des geschriebenen Wortes zu Hause sind; wir werden also ihre politischen Leistungen im engsten Sinne des Begriffs ebenso beiseite lassen wie die stummen Werke der bildenden Kunst. Von der Dichtung, der Geschichtsschreibung und der politischen Literatur, von Philosophie und Wissenschaft wird die Rede sein.

Das Problem, wie der griechische Geist in diesen verschiedenen Aspekten bis auf den heutigen Tag weiterwirkt, ist nahezu unübersehbar. Selbst die Situation der gegenwärtigen Jahre, das erstaunliche und bestürzende Zusammentreffen einer ungebrochenen Attraktionskraft des okzidentalen Denkens und Lebens auf die fremden Völker mit der tiefsten innern Unsicherheit, ja Selbstpreisgabe des Okzidents selbst, beruht zum größten Teil auf Voraussetzungen, die uns von den Griechen überkommen sind.

In unserm Zusammenhang kann indessen nur weniges herausgegriffen werden. Vereinfachend werden wir vier wesentliche Stufen in der Rezeption des griechischen Geistes unterscheiden. Eine erste Umsetzung erfährt er bei seinem Eintritt in die Welt des römischen Imperiums und der lateinischen Sprache. Eine zweite ergibt sich aus seiner Begegnung mit dem Christentum, in der es zu dem einzigartigen Vorgang kommt, daß zwei von Grund auf verschiedene, um nicht zu sagen, entgegengesetzte Mächte des Geistes zusammentreffen, ohne einander gegenseitig zu zerstören. Eine dritte Stufe werden wir in dem Rückgriff auf die Antike erkennen, den die Renaissance proklamiert und dem wir auch noch den Klassizismus der Goethezeit zurechnen dürfen. Die vierte und bis heute letzte Stufe der Aneignung des griechischen Geistes beginnt mit den Schlagworten der Französischen Revolution und ist (wenn auch wir uns vorübergehend eines Schlagwortes bedienen dürfen) sichtbar im missionarisch egalitären Materialismus, der die Mitte des 20. Jahrhunderts beherrscht. Weitere Stufen lassen sich denken. Ob und wie sie jedoch in irgendeiner Zukunft in Erscheinung treten werden, wer kann das heute wissen?

Schon die erste Frage nach dem Selbstverständnis der Griechen führt geradewegs zu einem Grundzug ihres Wesens. Es gehört eminent zur Eigenart der Griechen, daß sie über ihre Stellung in der Welt gründlich nachgedacht haben. Und zwar haben sie dies getan gerade nicht als Griechen, nicht als Erben bestimmter geschichtlicher Traditionen und nicht im Rahmen einer bestimmten Religion oder eines von vornherein feststehenden sozialen Gefüges, sondern in der erklärten Absicht, nicht den Griechen, sondern den Menschen überhaupt ins Auge zu fassen, wer immer er nach Stand und Herkunft sei. Sie suchen im Besonderen das Allgemeine, im Griechen den Menschen und im Geschichtlichen die Natur. Damit haben wir schon auf den Begriff aufmerksam gemacht, der vielleicht wie kein anderer für den griechischen Geist charakteristisch ist, den Begriff der »Natur«.

Die Griechen suchen die Natur als denjenigen Zustand des Menschen, der jenseits aller geschichtlichen Differenzierung, Ausgestaltung oder Verkümmerung angesetzt werden muß. Was der Mensch als die unverrückbare Basis all seines Tuns in sich selbst vorfindet und bei allen übrigen Menschen voraussetzen darf, die gleich ihm zwischen Tier und Gott eingeordnet sind, das ist seine Natur. Wo also der Grieche sich über seinen Standort in der Welt klarzuwerden sucht (und dies tut er schon in der Zeit Homers), sieht er sich nicht als Griechen, sondern als Menschen schlechthin und bemüht sich, Einsichten zu gewinnen, die für alle Menschen gültig zu sein beanspruchen dürfen. Dabei ignoriert er keineswegs seine

Zeus Olympios
Kalksteinfigur an einem Giebel der Akropolis von Athen, 560–550 v. Chr.
Athen, Akropolis-Museum

Olympia, eine der ältesten Kultstätten des Zeus und

im Tal des Alpheios auf der westlichen Peloponnes

Hera
Kalksteinkopf vom Kultbild aus dem olympischen Heraion, um 600 v. Chr.
Olympia, Archäologisches Museum

griechische Eigenart; sie ist ihm aber nicht mehr als eine partikulare Ausformung der Natur neben zahllosen anderen.

Die Griechen waren fähig, sich auf solche Weise von all den geschichtlichen Bedingtheiten geistig zu distanzieren, unter denen sie doch wie alle andern Völker faktisch lebten, sie waren fähig zu unterscheiden zwischen dem, was sie als Griechen, und dem, was sie als Menschen darstellten. Diese Eigentümlichkeit ihres Wesens hat eine fortwirkende Bedeutung erlangt, die nicht hoch genug eingeschätzt werden kann.

Auf dem Zug des griechischen Geistes zum Allgemeinen, das jenseits der geschichtlichen Differenzierungen immer und überall als Natur vorgefunden werden kann, beruht unmittelbar die einzigartige Übertragbarkeit und Attraktionskraft der griechischen Kultur. Sie hat sich zuerst in Rom bewährt, dann durch Rom an den keltischen und germanischen Völkern und wiederum heute durch diese an allen Völkern der Erde. Denn daß heute alle Kontinente die okzidentale Kultur zu rezipieren sich bemühen, liegt geschichtlich an nichts anderem als an dem griechischen Kern eben dieser Kultur.

Religion, Kult, Mythos, Theologie

Wie sahen sich die Griechen selbst im Angesicht der höheren Mächte, wie war das Verhältnis zur Gottheit? Wir dürfen vermuten, daß die Griechen in ihren ältesten Überlieferungen ähnliche Elemente der Religiosität und des Kultbrauches vorgefunden haben, wie sie uns bei den meisten anderen Völkern begegnen. Am Ursprung steht das Ereignis, daß dem Menschen die Gottheit begegnet, sei es, daß sie ihn aus einer Gefahr errettet, in der er sich selbst nicht mehr zu helfen vermag, oder sei es, daß sie seinen Unternehmungen Segen spendet über das hinaus, was er als Mensch erwarten darf; oder endlich, daß sie ihn für Missetaten bestraft, die im menschlichen Bereich ungesühnt oder gar unsühnbar bleiben. Der Mensch braucht von der Gottheit zunächst nicht mehr zu wissen, als daß sie gegenwärtig ist und dies alles vermag, wenn sie will. Er muß allerdings auch wissen, durch welches Verhalten er sich des Beistands, des Segens oder der Strafe der höheren Mächte wert macht. Gebete, Opfer und Begehungen in der richtigen Form erwerben dem Menschen die Gunst der Gottheit, während bestimmte Vergehen solcher Art sind, daß sie nur durch die Gottheit zureichend bestraft werden können.

Die Begegnungen mit der Gottheit bleiben in der Erinnerung als Erzählungen, die von ihrem erstaunlichen und übermächtigen Eingreifen, von Wundern und Krafterweisen handeln. Die richtige Form der Begehungen gestaltet sich zum Kultus, für den zwei Eigenheiten konstitutiv sind. Fürs erste ist es diejenige Art Begehung, die sich an einem bestimmten Ort und für eine bestimmte Gemeinde schon in früherer Zeit in bestimmten Ereignissen als gottgefällig bewährt hat. Zum anderen liegt im Wesen des Kultes die regelmäßige und genaue Wiederholung. Es ist, als wenn die unwandelbare Dauerhaftigkeit der höheren Mächte durch die unaufhörliche Wiederholung nachgebildet werden sollte. Darum hat der Kult bei allen Völkern den Charakter einer Rechtsordnung. Der Form nach ist sie der politischen Ordnung nahe verwandt, freilich auch wieder dadurch von ihr geschieden, daß sie durchweg die politische Ordnung an Beständigkeit weit übertrifft und daß sie auf kultische Korrektheit und nicht auf bürgerliche Sittlichkeit abzielt; gewiß darf man diese Distinktion nicht übertreiben: es gibt bestimmte Vergehen, die von Göttern und Menschen bestraft werden, und die Frömmigkeit, mit der der Kult verrichtet werden soll, ist von bürgerlicher Wohlanständigkeit nicht reinlich zu scheiden. Dennoch ist der Unterschied vorhanden und wichtig. Es ist nicht Sache des Kultes, zu bürgerlicher Sittlichkeit zu erziehen, sondern durch gewissenhafte Begehung sich desjenigen Beistands der Gottheit zu versichern, von dem die Erzählungen aus früherer Zeit Beispiele liefern.

Ohne allzu große Gewaltsamkeit läßt sich nun die Entwicklung der Religion als eine doppelte dialektische Bewegung beschreiben. Zunächst muß auffallen, wie konsequent die Griechen schon von Homer an aus ihren Erzählungen vom Wirken und Erscheinen der Götter alles Unheimliche, Mirakulöse und Phantastische eliminiert haben. Wo die Götter eingreifen, tun sie es auf die nächstliegende, sinnvollste und gewissermaßen diskreteste Weise. Ein Gott entrückt unversehens einen Menschen, den er liebt, aus der Gefahr der Schlacht hinter die schützenden Mauern; er tritt neben einen unruhevoll Überlegenden und gibt ihm einen guten Rat; er läßt den Frevler, der den Frieden des Kultbereichs geschändet hat, in dem Augenblick untergehen, da dieser es am wenigsten erwartet. Wo die Gottheit erscheint, tut sie es fast immer in der Gestalt eines Menschen. Von dem wirbelnden Zauber, in dem die Götter anderer Völker sich offenbaren, und von den absonderlichen Gestalten, die sie annehmen können, Riesen, Zwergen, Tieren und Kombinationen von Tieren, findet sich bei den Griechen kaum eine Spur. Die Gottheit ist bei ihnen nicht viel mehr als ein höherer Mensch, dauerhafter, klüger, glücklicher und mächtiger als der Mensch und darum aufs beste in der Lage, angemessen nachzuhelfen und zu vollenden, wo der Mensch in seiner Schwäche nicht weiterkommt.

Dieses Bild der Gottheit wirkt sich vorzugsweise auf zwei Ebenen aus. Auf der »höheren« Ebene, wie wir sie nennen mögen, treten Gott und Mensch in wesentlichem Sinne einander ganz nahe. Die Gottheit wird zum Vorbild des Menschen, und der Mensch darf sich der Gottheit im innersten verwandt fühlen. Die Lebensform, nach der der Mensch strebt, ohne sie je ganz erreichen zu können, ist an der Gottheit verwirklicht. Kommt einmal ein Mensch ihr ungewöhnlich nahe, so ist es verstattet, ihn göttlich zu nennen. Gemessen am streng unterscheidenden Sprachgebrauch anderer Völker hat das Griechentum schon seit früher Zeit die Beiworte göttlich und gottähnlich mit erstaunlicher Großzügigkeit verwendet. Einen Menschen schön, weise, schrecklich oder gütig wie einen Gott zu nennen ist den Griechen zu allen Zeiten leichtgefallen. Allerdings steckt hinter solchen Lobpreisungen zuweilen auch der tiefere Gedanke, daß der Mensch in seinem innersten Wesen ein Stück Substanz der Gottheit tatsächlich besitze. Die Philosophie platonischer, aristotelischer und stoischer Observanz hat diesem Gedanken gern nachgehangen und hat ihn in verschiedenen Richtungen weitergebildet. Aber er ist älter als die Philosophie.

Auf der »niederen« Ebene wird eine derart vermenschlichte Gottheit widerstandslos dem Spiel der Dichtung ausgeliefert. Seltsam zeigt sich schon bei Homer die Überwucherung der Religion durch den Mythos. Mythos und Religion unterscheiden sich zunächst nicht in den Aussagen über die Gottheit, sondern im Verhalten des Menschen. In den mannigfachen Erzählungen von Machterweisen der Götter verehrt die Haltung der Religion das Übermächtige und schöpft daraus Zuversicht oder Warnung für die eigenen Pläne. Wo aber ein quasihistorisches Interesse am Leben der Götter, ihren Taten und ihren Beziehungen untereinander und zu den Menschen früherer Zeit sich vorschiebt, wo also die Erzählungen von den Machterweisen von der Fundamentaltatsache der Begegnung von Gott und Mensch abgelöst und zu einer Art von biographischem Porträt der Götter zusammengestellt werden, da beginnt der Mythos. Die Welt der Götter wird verfügbar für das Spiel der Dichter, das zwar selbst in seinen buntesten oder hausbackensten Erfindungen selten ganz unverbindlich wird, aber doch das genuin religiöse Verhalten zur Gottheit unaufhaltsam zersetzt.

Der Mythos der Griechen hat immer wieder einen ungeheuren Einfluß ausgeübt. In der hellenistischen Zeit hat er zuerst die orientalischen Götter, dann die Götter Roms in seine Welt hineingezogen. Den Religionen Ägyptens und Vorderasiens konnte er damit nicht viel anhaben, aber die römische Religion hat er auf weite Strecken bis zur Unkenntlichkeit denaturiert. Für das frühe Christentum wurde er ein Todfeind, der Inbegriff dämonisch verführerischen Irrglaubens. Die Renaissance jedoch begrüßte in ihm gerade die heitere Buntheit und urbane Unverbindlichkeit, die sie am Christentum vermißte. Es ist keine Frage, daß der griechische Mythos noch heute überaus stark wirkt, obschon er in seinem Kern ein uns nicht mehr recht begreifbares Phänomen darstellt.

Was sich nämlich die Griechen selbst dachten, als sie bei ihren großen Dichtern lächerliche oder peinliche Geschichten von eben den Göttern lasen, denen sie Tempel bauten, Opfer darbrachten und Feste feierten, wissen wir nicht. Die Philosophen protestieren schon im 6. Jahrhundert v. Chr. gegen die Unsittlichkeit der Dichtererfindungen. Man gibt ihnen recht, aber der Beliebtheit und dem Weiterwuchern des Mythos tut dies keinen Abbruch. Die alte griechische Religion ist durch den Mythos mehr oder weniger zugrunde gerichtet worden. Umgekehrt sei nicht übersehen, daß der Mythos, der die Götter zu Menschen machte und nicht zu Kobolden, Hexen und Gespenstern, eine überaus starke Stütze dessen gewesen ist, was wir griechische Humanität nennen können, die Herausarbeitung des Menschlichen am Menschen.

Das Übermächtige bleibt jedoch bestehen. An der Hilfsbedürftigkeit des Menschen und an der Tatsache, daß er nie weiß, ob auch gelingt, was er plant, ändert der Mythos nichts. Daß man sich auf den Bestand der menschlichen Dinge niemals verlassen könne, ist geradezu eine Grundüberzeugung des Griechen. Aber das Übermächtige, das sich da anzeigt, hat mit den allzumenschlichen Göttern des Mythos immer weniger gemein. In den klassischen Jahrhunderten ist es nur noch selten Zeus, dem man sich in gläubigem Vertrauen naht. Man spricht von den Göttern, dem Göttlichen, dem *daimónion*. Was an der Gottheit übermenschlich ist, zieht sich gewissermaßen in die Anonymität zurück. Wer am Übermenschlichen vor allem die blinde Willkür empfindet, die mit dem Leben der Menschen spielt, nennt es Zufall *(týche, fortuna)*. Wer in ihm die unerbittliche Notwendigkeit sieht, der sich nichts entziehen kann, spricht von *anánke, necessitas*; wer in solcher Notwendigkeit immerhin ein Gesetz vermuten möchte, das hart, aber nicht völlig sinnlos ist, zieht das Wort Schicksal *(heimarméne, fatum)* vor; wer noch weiter geht und glaubt, daß das Leben und die Dinge den Lauf nehmen, den sie ihrem Wesen nach nehmen müssen, hält sich an den Begriff der Natur; und wer schließlich, wie unbestimmt auch immer, die Möglichkeit berücksichtigt, daß das Übermenschliche eine sinnvoll planende Macht darstelle, wählt den Begriff des *daimónion* oder gar, wenn er philosophisch gebildet ist, den der Vorsehung *(prónoia, providentia)*.

Um all diese Begriffe hat sich die Philosophie schon früh bemüht. Vor allem die Peripatetiker und Stoiker haben es sich angelegen sein lassen, sie mit aller Sorgfalt auszudifferenzieren. Doch im Bereich der durchschnittlichen Weltanschauung kommt es auf diese Unterscheidungen wenig an. Ziemlich wahllos kann von Zufall, Schicksal, Natur und Göttern gesprochen werden, wenn man andeuten will, daß es Faktoren im Dasein gibt, auf die der Mensch keinen Einfluß hat.

In jenen Begriffen sammelt sich das, was man die Religiosität der Gebildeten vom 4. Jahrhundert v. Chr. an nennen mag. Am deutlichsten ist dieser Tatbestand abzulesen an den Texten der Redner, der nacharistophanischen Komödie und der Historiker. Natürlich gibt es immer wieder Einzelne, deren Frömmigkeit an den alten Göttern hängt, und andere, denen die Religion auch in ihrer verdünntesten Form gleichgültig ist. Der erklärte Atheismus ist zwar in der Antike ausgesprochen selten, und umgekehrt haben etwa im 3. und 2. Jahrhundert v. Chr. die Stoa, im 3. bis 5. Jahrhundert n. Chr. der Neuplatonismus redlich danach gestrebt, den alten Göttern Zeus, Apollon, Athene und den übrigen zu neuem Ansehen zu verhelfen. Der Erfolg hielt sich aber in engen Grenzen. Der Gebildete ließ es bei einem vagen Glauben an das Schicksal und das göttliche Walten bewenden. Den Griechen machten es die Römer nach, und von den Römern ist diese Haltung auf den Gebildeten von der Renaissance an bis zum 20. Jahrhundert übergesprungen und hat da noch einmal die kräftigste Wirkung entfaltet. Jene im 4. Jahrhundert v. Chr. ans Licht tretende Weltanschauung, die Höheres anerkennt, den überlieferten Formen des Kultes aber ebenso gleichgültig gegenübersteht wie den Aussagen einer philosophischen Theologie, ist seit der Renaissance eine der schärfsten Waffen gegen das Christentum geworden. Doch wenden wir uns der zweiten Polarität von Erscheinungen zu.

Jeder nachdenkliche Leser Homers wird bemerken, welche bescheidene Rolle letzten Endes den Begehungen der Kultreligion zugewiesen ist. Gewiß wird fleißig gebetet und geopfert, und in Ilion stehen prächtige Tempel, zu denen die Prozessionen der Hilfesuchenden ziehen. Dies alles bleibt indessen irgendwie an der Oberfläche. Es ist bezeichnend, daß die verschiedenen Kultvorgänge meist recht summarisch geschildert werden, ohne daß wir uns ein wirkliches Bild davon machen können, was im einzelnen geschieht. Es ist erst recht bezeichnend, daß Priester und Seher kein sonderliches Ansehen genießen; gleich am Anfang der Ilias etwa muß sich Kalchas heftige Vorwürfe Agamemnons gefallen lassen. Allgemein werden wir feststellen, daß die griechischen Kultinstitutionen im weitesten Sinne, verglichen mit denjenigen des alten Orients oder Roms, erstaunlich arm an Rang und geistiger Bedeutung gewesen sind.

Es ist tief charakteristisch, daß wir, von den Daten der Archäologie abgesehen, die meisten Mitteilungen über die Kultformen der klassischen Zeit in den Überbleibseln der gelehrten Literatur des 3. Jahrhunderts v. Chr. finden, bei den Kulturhistorikern, die in ihren Sammlungen sakraler und profaner Bräuche das Leben früherer Zeiten sozusagen folkloristisch festzuhalten suchten. Es versteht sich, daß in jeder Gemeinde jedem der Götter, die einen öffentlich anerkannten Kult besaßen, Priester zugeordnet waren, die über die vorgeschriebenen Arten und Zeiten der Opfer Bescheid wußten, die Feste organisierten und überhaupt die Tempel und den Tempelbesitz verwalteten. Doch ist nicht zu übersehen, wie gering gegenüber Rom und dem alten Orient die Bedeutung und der Einfluß des Priestertums im realen Leben waren. Priester (und Seher) stellten eine Berufsgruppe dar, neben allen anderen. Wirkliche Macht hatten die Priester nirgends, als Warner vor Götterzorn und als Mahner zu gottgefälligem Lebenswandel betätigten sie sich nur selten; nirgendwo ist das Priestertum ein Amt, auf das sich der Ehrgeiz junger Menschen richten würde.

Feste werden natürlich gern und reichlich gefeiert. An ihnen kann man sich's beim Opferschmaus wohl sein lassen, und reiche Staaten finden Gelegenheit, sich durch großzügigen Aufwand in Szene zu setzen. An den großen Panathenäen wird, um das großartigste und uns bekannteste Beispiel zu nennen, die Herrlichkeit des Attischen Reiches zur Schau gestellt. Aber dies ist auch alles. Nirgends vernehmen wir, daß (wie in Rom) die vorschriftsmäßige Abwicklung des Festzeremoniells unerläßlich sei, um der Gemeinde die Gunst der Götter zu bewahren. Von den in Rom so zahlreichen eigens beschlossenen Dank- und Sühnefesten ist (jedenfalls für Athen) kaum etwas überliefert.

Vergegenwärtigen wir uns die Gesamtheit der Mitteilungen über die griechischen Kulte, so ist es, als wenn sich schon vom 6. Jahrhundert v. Chr. an das Gesellschaftliche, Künstlerische und folkloristisch Gelehrte wie ein Nebel vor den Bereich des genuin Religiösen legte.

Allerdings hat die Philosophie versucht, als Gegengewicht zu wirken; aber nicht in dem Sinne, daß sie etwa den Kult von innen her neu belebt hätte. Weitaus die meisten Philosophen haben die alten Kultbräuche nur so weit mitgemacht, als es nötig war, um nicht als Eigenbrötler unangenehm aufzufallen; über den Kult philosophisch nachgedacht hat niemand, wenn wir darunter verstehen, dem Sinn der einzelnen Kultvorgänge nachzufragen. Die Philosophie hat vielmehr eine philosophische Theologie von Grund auf neu entworfen.

Ziel dieser Theologie ist zunächst, die herkömmlichen Gottesvorstellungen dadurch zu korrigieren, daß bestimmte ihrer Aussagen zu Ende gedacht werden. Den homerischen Göttern ist es eigen, daß sie den Tod nicht kennen. Daraus wird für die Philosophie die Ewigkeit. Aus dem Vorauswissen, das die Götter der Dichtung recht unvollkommen besitzen, wird ein Allwissen. Allmacht und Allgegenwart kommen dazu, woraus sich schließlich ergibt, daß der Gottheit auch nicht die Gestalt des Menschen zugeschrieben werden kann. Mit dem Begriff der Allmacht wird die Vielheit der Götter in Frage gestellt. Es können nicht viele Götter gleichzeitig allmächtig sein. Die Philosophie, sichtbar bestrebt, den Gegebenheiten des Kultes wie der Dichtung nach Kräften Rechnung zu tragen, sucht die Lösung in der Regel darin, daß zwischen einem einzigen höchsten und in vollem Sinne allmächtigen Gott und einer grundsätzlich beliebigen Vielzahl nachgeordneter Götter unterschieden wird. Allmacht bedeutet Verwaltung der Welt, wie schon Zeus bei Homer und Hesiod König der Götter und Menschen heißt. Verwaltung ist hier im strengen Sinne zu verstehen als Herstellen und Überwachen der Ordnung im Kosmos und unter den Menschen, Schutz von Recht und Gesetz. Darin muß weiterhin liegen, daß Gott seinem eigenen

Wesen nach das Urbild von Ordnung und Gerechtigkeit ist, das Urbild vor allem auch der herrscherlichen Tugend der Wohltaten spendenden Güte. Negativ gesagt ist Gott frei von allen Anfechtungen von Vorliebe und Mißgunst, von Zorn und Kleinlichkeit. Neben seine Ewigkeit tritt seine unverwirrbare Glückseligkeit als dasjenige Merkmal, das ihn am tiefsten von den leidgeprüften Sterblichen trennt.

Daß eine solche philosophische Theologie der hergebrachten Kultreligion gewissermaßen den Boden unter den Füßen wegzieht, ergibt sich dem Nachdenken leicht, ließe sich auch im einzelnen nachweisen, wozu freilich hier der Raum fehlt. Die Kultreligion wird zur leeren Geste, die sich nur noch damit rechtfertigt, daß sie von alters her durch Sitte und Anstand geboten ist.

Anders ist die Wirkung dieser Theologie auf das Christentum gewesen. Hier kann man in einem gewissen Sinne von einem organischen Zusammenwachsen sprechen. Entscheidende Züge im Gottesbegriff der philosophischen Theologie der Griechen sind vom Christentum rezipiert worden und haben geholfen zu erläutern, was im Neuen Testament nur implizite zu finden war. Dies gilt vor allem für die Lehren von der Ewigkeit, von der Glückseligkeit, Allmacht, Allgegenwart, Allwissenheit und von der gütigen Verwaltung des Kosmos.

Scharf heben sich freilich die Dinge heraus, die das Christentum nicht assimiliert hat. Das eine ist das Problem der Einheit oder Vielheit des Göttlichen. Dem Leser, der von den antiken zu den frühchristlichen Texten übergeht, fällt sofort auf, daß das Christentum die Lehre von dem Einen Gott ausgiebig diskutiert, während die Theologie der griechischen Philosophen ihr augenscheinlich kein besonderes Interesse entgegenbringt. Die Philosophen lassen es bei der Distinktion zwischen dem einen obersten Gott und den unbegrenzt vielen Göttern zweiten Ranges bewenden, ohne näher zu untersuchen, ob der Gottesbegriff hier und dort derselbe sei.

Dann die Frage der Weltschöpfung: für die griechische Theologie tritt die Gottheit fast ausnahmslos als Ordner der Welt gegenüber. Wie schon in der frühen Dichtung die Wunder, die die Götter vollbringen, sich in einer bestimmten Zone der Vernünftigkeit halten, zögert die philosophische Theologie, aus dem Begriff der Allmacht die letzten Konsequenzen zu ziehen. Daß Gott durch einen bloßen Machtspruch die Materie des Alls aus dem Nichtsein ins Sein rufen könnte, ist ein Gedanke, der dem Griechen unvollziehbar bleibt. Gott bewirkt und schützt die Ordnung, dies genügt ihm. Das Christentum dagegen schreitet weiter zur Schöpfung aus dem Nichts.

Und schließlich die Relation des Menschen zur Gottheit. Natürlich kennt auch der Grieche fromme und unfromme Gesinnungen und Handlungen. Dennoch besteht ein spezifischer Unterschied zur Haltung des Christentums. Literarisch gesprochen ist es die vertrauende Gläubigkeit der Psalmen und Propheten des Alten Testaments, die sich nicht auf den griechischen Begriff der Frömmigkeit reduzieren läßt. Das Verhältnis des Menschen zu Gott, zu dem er ruft in seiner Not und vor dessen Angesicht er Buße tut, hat einen Charakter der Intimität, der bei den Griechen vollständig fehlt. Die Griechen bleiben der Gottheit gegenüber Partner in einer Rechtsordnung, Sterbliche, die hinnehmen, was das Schicksal und das übermächtig Göttliche zu tun belieben.

Im ganzen hat diese im Bilde der Götter und in den Begehungen des Kultes sich spiegelnde Religion einen erstaunlich brüchigen und vieldeutigen Charakter. Ihr gegenüber steht eine reichentwickelte philosophische Theologie; und nicht nur dies. Die Problematik des Gottesbegriffs und des Kultes, die Dürftigkeit der Religion überhaupt, haben auch den Raum freigegeben für jene Blüte der Dichtung und jene Intensität des philosophischen Bemühens im weitesten Sinne, die beide in der Geschichte einzig dastehen. Natürlich geht es nicht an, nun etwa in der Richtung des bekannten Vierzeilers Goethes (wie immer ihn sein Verfasser selbst verstanden haben mag) ein Wechselverhältnis zwischen Kunst und Wissenschaft auf der einen, Religion auf der anderen Seite zu statuieren. So einfach sind die Dinge nicht. Aber richtig ist, daß die tiefe Schwäche des religiösen Moments dem griechischen Dichter und Philosophen eine Freiheit ließ, die von diesen denn auch (was keineswegs selbstverständlich war) auf das großartigste genutzt worden ist: eine vielleicht sehr teuer erkaufte Freiheit, aber immerhin eine Freiheit.

Der Grieche und der Andere

Wir beginnen mit dem Ursprünglichsten, dem Familienverband, der sich für den Griechen in drei Relationen aufgliedert: Ehemann-Ehefrau, Eltern-Kinder, Herrschaft-Dienerschaft. Alle drei Relationen sind durch das Herkommen in mannigfacher Weise belastet. In der sakralen wie in der profanen Rechtsordnung gilt weitgehend eine schroffe Unterordnung der Frau, des Kindes und des Sklaven. Wer aber die für die realen Zustände aufschlußreichsten Dokumente (Redner, Historiker, Komödie) unbefangen auf sich wirken läßt, wird konstatieren, daß mindestens im klassischen Athen zwischen Theorie und Praxis ein erheblicher Spielraum besteht. Faktisch sind Mann und Frau ebenbürtig, nur werden ihre Aufgaben auseinandergehalten. Die Frau verwaltet das Haus, der Mann den Staat, und wir werden nicht vergessen, daß im Wissenschaftsaufbau vom 4. Jahrhundert v. Chr. an die Individualethik, Ökonomik und Politik grundsätzlich gleichgeordnet nebeneinanderstehen. Die Philosophie hat mehrfach den Gedanken durchexperimentiert, die Aufgabenkreise von Mann und Frau auf Grund gleicher Erziehung vollständig zusammenfallen zu lassen. Platon ist zu nennen und vor ihm schon Aischines, sein Mitschüler bei Sokrates. Die Historiker haben nicht ohne Hintergedanken die Porträts einer Reihe großer Herrscherinnen des Orients gezeichnet: Semiramis ist die berühmteste unter ihnen. Auf den griechischen Alltag des 5. und 4. Jahrhunderts hat dies nicht unmittelbar eingewirkt. Aber die Tatsache jener Spekulationen und Porträts zeigt doch, daß der Gedanke der vollständigen Gleichstellung von Mann und Frau den Griechen nicht fremd war.

Wenn wir die beiden bemerkenswertesten Beschreibungen der vollkommenen Ehe aus der klassischen Zeit lesen, den *Oikonomikós* Xenophons und die Reste der Schrift des Aristoteles über die Ehe, so ergibt sich als wesentlicher Gegensatz zur bürgerlichen Ehe des uns noch vertrauten Typus nicht viel mehr als dies, daß ein relativ großer Altersunterschied zwischen Mann und Frau angesetzt wird, rund zwanzig Jahre, was natürlich auf das gegenseitige Verhältnis einen gewissen Einfluß ausübt. Im übrigen sind die Pflichten der liebevollen Fürsorge füreinander, der Treue, der gemeinsamen Verantwortung für das Gedeihen der Kinder und des Haushaltes dieselben. Die sakrale Komponente der Eheschließung ist bis auf verschwindende Reste untergegangen. Ehebruch wird streng bestraft, sonstige außereheliche Verhältnisse des Mannes lassen sich nicht verhindern, werden aber entschieden mißbilligt.

Ähnliches ist von der Relation Eltern-Kinder zu sagen. Die Pädagogik ist, zum mindesten in der Theorie, reich entwickelt; berühmt vor allem ist die Trias: Natur, Einübung, Belehrung. Seine Natur bringt das Kind mit: sie kann durch Gewöhnung und Belehrung entwickelt und korrigiert, aber nicht umgeschaffen werden. Einübung und Gewöhnung beherrschen die Erziehung des jungen Menschen. Da er noch nicht einsehen kann, muß er durch Gewöhnung dazu gebracht werden, zur rechten Zeit an den rechten Dingen Lust zu empfinden. Die Belehrung, die über Wesen, Grund und Ziel Auskunft gibt, ist das letzte. Wiewohl von Natur und gegebenen Naturanlagen viel die Rede ist, ist die Pädagogik nicht etwa biologisch orientiert, sondern ethisch. Sie zielt nicht darauf ab, den Menschen zu entschuldigen, sondern ihn zu verantwortlichem Handeln heranzubilden.

Die Relation Herrschaft-Dienerschaft, also das Problem der Sklaverei bei den Griechen, näher zu untersuchen, verbietet der knapp zur Verfügung stehende Raum. Hervorzuheben ist nur die Humanität des klassischen Griechentums. Der Sklave ist zwar völlig fremder Verfügung unterworfen, doch wird nie vergessen, daß er ein Mensch ist und bleibt. Eine Verhärtung tritt erst seit dem 2.Jahrhundert v. Chr. ein; das hängt mit politischen Entwicklungen zusammen, die hier nicht zu verfolgen sind.

Die wichtigste Relation, die den Griechen mit dem andern Menschen verknüpft, noch diesseits der Differenzierungen nach Berufsständen, in Mitbürger und Ausländer, ist die Freundschaft. Freundschaft als die aus freiem Entschluß geschaffene Beziehung zwischen Mensch und Mensch spielt schon seit frühester Zeit eine außerordentlich große Rolle. Das alte Epos liefert die großen Vorbilder mythischer Freundschaften: Achilleus und Patroklos, Orestes und Pylades, Herakles und Iolaos, Theseus und Peirithoos. Die Dichtung des 7. und 6.Jahrhunderts v. Chr. ist voll des Lobes getreuer, voll der Klage über treulose Freunde und diskutiert darüber, wie man Freunde wählen und sich erhalten solle und woran der wahre vom scheinbaren Freund zu unterscheiden sei. Nehmen wir dazu die Reihe der philosophischen Zeugnisse von Platons Dialog *Lysis* an über die *Nikomachische Ethik* des Aristoteles, die Fragmente der Kyrenaiker und Epikureer zu Cicero und Seneca, so wird evident, wie intensiv sich die Griechen mit allen Problemen befaßt haben, die das Phänomen der Freundschaft betreffen.

Grundlegend ist die Frage nach dem Motiv der Freundschaft. Ist es der Nutzen, das Vergnügen oder schließlich die Gleichgesinntheit? Für griechisches Wesen bezeichnend ist der Konflikt, in den das Denken hier immer wieder gerät. Ein typisch griechisches Ideal ist die vollkommene Unabhängigkeit des Einzelnen: es ist das beste, sich selbst genug (autark) und auf niemanden angewiesen zu sein. Eine Freundschaft, die auf gegenseitiger Hilfeleistung beruht, entspringt der Mangelhaftigkeit des Menschen, eine solche, die nur dem Vergnügen dient, ist kindlich oder ordinär. Wie aber läßt sich dann überhaupt die

Freundschaft begründen? Gleichgesinntheit in allem Guten und Edlen mag man nennen, aber man darf sich nicht darüber täuschen, daß dann die Freundschaft zu einer bloßen, wenn auch noch so erfreulichen Zugabe zum vollkommenen Leben zu werden droht; es fehlt jene feste Bindung, die doch mit dem Begriff gemeint ist.

Eine weitere Frage ist: Was ist besser, Freundschaft zu einem einzigen oder Freundschaft mit möglichst vielen? Dann: Wie weit geht die Freundespflicht, etwa wenn sie mit der Loyalität der politischen Gemeinschaft gegenüber oder mit dem Willen zur Erhaltung des eigenen Lebens zusammenstößt? Wie kann man der Gefahr der Entfremdung begegnen? Diese Reihe von Fragen, die leicht verlängert werden könnte, zeigt besonders schön, welche Fähigkeiten die Griechen besaßen, ein seiner Natur nach mit den verschiedensten sozialen und politischen Voraussetzungen belastetes Phänomen auf seine allgemeinmenschliche Struktur zu reduzieren. Die Darlegungen eines Aristoteles und Cicero wirken zeitlos gültig, und es hat seinen guten Grund, wenn vor allem Ciceros Büchlein über die Freundschaft von der Renaissance an bis ins 19. Jahrhundert immer wieder gelesen und zu Rate gezogen worden ist. Die Tradition ist erst seit dem späten 19. Jahrhundert im Zuge des fast allgemeinen Absterbens der philosophischen Ethik langsam erloschen.

Von Unterschieden in der gesellschaftlichen und politischen Position, überhaupt von hierarchischen Relationen, ist in der griechischen Freundschaftsdiskussion sehr wenig die Rede. Hervorgehoben wird, daß die Freundschaft unter Angehörigen verschiedener Generationen einen andern Charakter hat als die unter Altersgenossen. Vorausgesetzt wird, daß Freundschaften, ebenso wie Ehen, am besten unter Partnern geschlossen werden, die an gesellschaftlichem Ansehen und Vermögen ungefähr gleich stehen. Impliziert ist, daß auch die Angehörigen derselben Berufsgruppen miteinander am nächsten befreundet sein werden. Immerhin muß einkalkuliert werden, daß schon die klassische und erst recht die nachklassische Zeit das Prinzip durchbrochen hat, wonach der Sohn nahezu verpflichtet ist, dem Vater im Beruf nachzufolgen. Das Bemühen, in angesehenere Berufe überzuwechseln, findet sich häufig. Die Komödie liebt es, über die geringe Herkunft bekannter Persönlichkeiten zu spotten, und aus dem Hellenismus haben wir merkwürdige Betrachtungen darüber, wie klug im Gegensatz zu den Griechen die alten Ägypter gewesen seien, die den Berufswechsel strikt verboten hätten, so daß jeder Handwerker über eine unvergleichliche Summe von Erfahrungen seiner Väter und Vorväter hätte verfügen können.

Eine Stufenleiter der Berufe nach ihrem sozialen Rang hat es wie überall natürlich auch bei den Griechen gegeben. Die Theoretiker haben sie schematisiert, doch wird man nicht vergessen, daß gerade die bedeutendsten unter ihnen, Platon und Aristoteles, auch mit der Sokratik verbunden waren: und der Kreis des Sokrates empfand sich als das lebendige Beispiel dafür, wie Menschen der verschiedensten Herkunft in einer geistigen Gemeinschaft ebenbürtig miteinander verkehren können. Schon darum darf man die mit dem Tagelöhner und Hirten anhebenden und in dem Staatsmann und dem Philosophen gipfelnden Schemata nicht gar zu wörtlich nehmen.

Schon früh wird dem Fremden zum mindesten derjenige Schutz gewährt, der im Interesse des eigenen Staates liegt. Dem Ausländer gilt als Gast besondere Aufmerksamkeit, die eine gegenseitige Gastfreundschaft begründet. Derartige Bindungen dauern oft durch

Generationen an. Da nun die Griechen ein ausgesprochen reisefreudiges Volk gewesen sind, darf man vermuten, daß viele von ihnen im weiten Umkreis über ein ganzes Netz von Gastfreunden verfügten, bei denen sie nach Bedarf einkehren konnten.

Seit der Renaissance neigen die Betrachter immer wieder dazu, dem Gegensatz zwischen Griechen und Barbaren eine außerordentliche Bedeutung beizumessen. Ein solcher Gegensatz besteht. Er leistet aber von Haus aus nichts anderes, als daß er die Griechen, die sich (trotz zuweilen extremen Dialektunterschieden) untereinander verständigen können und in Homer den Dichter ihrer gemeinsamen Vorzeit bewundern, den »Anderen« gegenüberstellt, mit denen eine derartige Verständigung eben nicht möglich ist. Darüber hinaus lassen sich diese »Anderen« in keiner Weise auf einen gemeinsamen Nenner bringen. Gegen die Perser haben die Griechen viele Generationen hindurch gekämpft, doch hat sie dies keineswegs gehindert, in dem alten Kyros einen vorbildlichen König zu sehen und die altpersische Zucht und Frömmigkeit zu rühmen. Den ägyptischen Tierkult fanden sie lächerlich, anerkannten aber neidlos, daß die Überlieferungen der Ägypter unvergleichlich viel älter waren als ihre eigenen. Die Völker des Balkans waren in ihrer Sicht ohne höhere Bildung, aber von reinem Gemüt.

Im frühen 4. Jahrhundert v. Chr. muß es eine dialogartige, farbenprächtige und kräftig moralisierende Erzählung gegeben haben, die die Reise des Skythen Anacharsis nach Griechenland und insbesondere nach Athen schilderte; dort habe er Solon aufgesucht und sich im Gespräch über die absonderlichen Lebensgewohnheiten der Griechen, ihre Symposien, ihre Gymnasien und ihre geschäftliche Betriebsamkeit verwundert. Das Buch ist uns nicht erhalten, wohl aber in so vielen Brechungen faßbar, daß die Gestalt des braven Barbaren Anacharsis in der späteren Antike und von der Renaissance an immer wieder als Beispiel dafür hat angeführt werden können, daß es nicht die äußere Kultur sei, die den Menschen gut und zufrieden mache.

Gewiß sind wir berechtigt, griechische Texte, etwa Verse der attischen Tragiker, die Programmschriften des Isokrates und gelegentliche Ausfälle der Historiker heranzuziehen, wenn es sich darum handelt, die Vorstufen des Nationalismus des 19. und 20. Jahrhunderts aufzuspüren. Es handelt sich aber wirklich nur um Vorstufen und Ansätze. Der Nationalismus der Völker der Gegenwart ist nicht zu verstehen ohne ein spezifisches Sendungsbewußtsein, dessen Ursprünge nicht bei den Griechen, sondern bei den Römern gesucht werden müssen. Er ist auch kaum zu verstehen ohne Berücksichtigung der Tatsache, daß seit der Französischen Revolution die Politik prinzipiell eine Angelegenheit der Masse des Volkes ist und sich im Umkreis jener Maximen zu bewegen hat, die der Einsicht der Masse des Volkes zugänglich sind. Faktisch gibt es dies schon in der athenischen Demokratie des späten 5. und des 4. Jahrhunderts v. Chr. Aber in diesem Fall macht es einen wesentlichen Unterschied aus, ob wir es mit einem bloßen Faktum zu tun haben, dem die Theorie nur mit allen Vorbehalten Rechnung trägt, oder ob es sich um einen allgemein anerkannten und unantastbaren Grundsatz handelt.

Politik und Staat

Der Humanismus des 19. Jahrhunderts hat sich gern vorgestellt, daß der antike Mensch, Grieche wie Römer, ein durch und durch politischer Mensch gewesen sei; sein Leben sei aufgegangen im Leben der Gemeinschaft, in die er hineingeboren war, und sein höchster Ehrgeiz sei es gewesen, Lob und Anerkennung durch die Gemeinschaft zu erringen; ein Leben außerhalb der *pólis*, der *res publica*, habe er sich im Grunde gar nicht vorstellen können. Wie es mit Rom steht, lassen wir hier auf sich beruhen; daß das imperiale Sendungsbewußtsein, das sich im Laufe der Punischen Kriege entwickelte, den Einzelnen außerordentlich stark an den Staat band, wird anzunehmen sein. Aber die Griechen besitzen kein vergleichbares Sendungsbewußtsein, und der vielzitierte Satz, der Mensch sei ein *zóon politikón*, spricht eine persönliche These des Aristoteles aus und ist keineswegs die Meinung der Griechen schlechthin. Für die Griechen ist vielmehr charakteristisch, wie früh sie schon verstanden haben, sich die Ansprüche von Staat und Gemeinschaft vom Leibe zu halten.

Schon die Lyrik des 7. Jahrhunderts v. Chr. breitet Bereiche des Lebens vor uns aus, die mit dem politischen Wesen nicht das geringste zu schaffen haben. Von Leidenschaften der Liebe und des Hasses ist die Rede, in denen ausschließlich der Einzelne mit dem Einzelnen konfrontiert wird. Das 6. Jahrhundert schafft die Philosophie und die philosophische Lebensform; Genaueres darüber wird später zu sagen sein. Diese Lebensform gibt den Menschen ein Ziel, das seinem Wesen nach außer und über allem steht, was die politische Gemeinschaft zu verfolgen vermag. Endlich darf die Wirkung nicht unterschätzt werden, die im 5. Jahrhundert v. Chr. von der Labilität der politischen und sozialen Ordnung in den meisten griechischen Staaten ausging. Die Politik wird mehr und mehr zu einem ebenso gefahrvollen wie schmutzigen und undankbaren Geschäft, mit dem der anständige Mensch nichts zu tun zu haben wünscht. Natürlich haben einschneidende Ereignisse, wie die Peripetien der Perserkriege oder des Peloponnesischen Krieges, die Bürger geeinigt und sie zu den höchsten Opfern für die Polis angespornt. Doch von solchen dramatischen Momenten abgesehen, wird im 5. und 4. Jahrhundert v. Chr. die Zahl derer, die dem Staatsleben gleichgültig gegenüberstanden oder sich sogar ausdrücklich distanzierten, vermutlich ständig angewachsen sein.

Lehrreich sind die Verhältnisse in der Sokratik. Überblicken wir die Texte und Textfragmente, die uns von den verschiedenen Schülern des Sokrates erhalten geblieben sind, so darf man sagen, daß sie sich alle in einem einzigen zentralen Gedanken begegnen. Es ist der Appell an jeden Einzelnen, die Fürsorge für seine Seele für wichtiger zu halten als alle die äußeren Güter von Ansehen, Reichtum und Macht. Das impliziert aber den Rückzug aus dem politischen Leben. Die Politik ist nach einer griechischen Formel das Zusammenwirken von Regierenden und Regierten, wobei der Regierende zu Ruhm, der Regierte zu Nutzen zu gelangen trachtet. Wenn nun in einem Dialog Xenophons der Sokratiker Aristippos erklärt, er wünsche weder zu regieren noch regiert zu werden, sondern bloß, daß man ihn in Ruhe lasse, so spricht er einfach kraß aus, welche Haltung der Sokratik überhaupt nahelag.

Zusätzlich wird man Folgendes bedenken. Sokrates ist im Jahre 399 v. Chr. durch den Staat von Athen hingerichtet worden. Es war von seinen Schülern nicht zu erwarten, daß sie dieses Ereignis als einen bedauerlichen Unglücksfall kurzerhand beiseite legten. Der Tod des Sokrates hatte vielmehr seinen Sinn und seine Notwendigkeit. Sie konnten darin gesehen werden, daß der Weise den Tod zu fürchten keinen Anlaß hat. Sie konnten aber auch darin bestehen, daß Philosophie und politische Wirklichkeit zwei Mächte sind, die einander von Natur aus fremd und feindlich gegenüberstehen. Der Tod des Sokrates mußte also in den Sokratikern die Überzeugung festigen, daß der Philosoph, der um die geistigen Dinge sich bekümmernde Mensch die Politik zu meiden habe, wenn er nicht an ihr untergehen wolle.

Bei Platon schließlich vertieft sich diese Entwertung des politischen Lebens durch Gedanken, die er von den Vorsokratikern ererbt hat. Er sucht das, was man später *vita contemplativa* genannt hat. Ihre Aufgabe ist, das geschichtlich Wandelbare entschlossen fahrenzulassen und mit ganzer Seele bei der Erforschung des Kosmos und des unwandelbaren Seins zu verweilen. Daß diese Lebensform zu jeder politischen Tätigkeit untauglich macht, davon wissen manche Anekdoten schon des 5. Jahrhunderts zu erzählen. Eine andere Angelegenheit ist es freilich, daß Platon trotzdem darauf gehofft hat, daß es einmal – paradoxerweise – einen Menschen geben würde, der Philosoph und Staatsmann in einem wäre.

Neben der Sokratik steht eine zweite Strömung, die mehr oder weniger deutlich ihre Distanz von den politischen Händeln unterstreicht. Es ist die Tradition mondäner ionischer Dichtung und ionischer Lebensweisheit des 6. und 5. Jahrhunderts v. Chr. Im Hellenismus ist die Schule Epikurs die eigentliche und anerkannte Vertreterin einer grundsätzlich unpolitischen Lebensform. Die übrigen Schulen verkünden zwar prinzipiell die politische Verpflichtung des Weisen, unterscheiden sich aber in der Praxis nur unwesentlich von den Epikureern. Und was die politische Gleichgültigkeit der ionischen Dichtung angeht, so lebt sie über die Jahrhunderte hinweg wieder auf in der römischen Elegie eines Properz, Tibull und Ovid, deren Indifferenz dem politischen Bereich gegenüber um so erstaunlicher ist, als es Römer sind, die da sprechen. Vorbereitet ist diese Indifferenz durch eine lange griechische Tradition.

In dieser Weise ist ein Griechenbild zu korrigieren, das allzu einfach den Griechen auf den verantwortungsstolzen Bürger inmitten seiner Gemeinde festlegen wollte. Nicht nur politische Schlagworte der Gegenwart haben ihre Wurzeln bei den Griechen, sondern auch der Widerwille des Gebildeten, sich mit der Politik zu beschmutzen.

Aus dem umfangreichen Material der Staatstheorien sind hier nur zwei Momente herauszugreifen, die in sich selbst und in ihrer Wirkung auf die Nachwelt besonders gewichtig sind.

Gefragt wird nach dem Zweck des Staates. Berichte aus Barbarenländern, aber auch Homers berühmte Schilderung der Kyklopen zeigen, daß es staatliche Gemeinschaft keineswegs immer und überall gegeben hat. Man kann sich eine Urzeit vorstellen, in der Menschen einzeln oder in kleinen Gruppen durch die Wildnis streiften. Zur Gemeinschaft drängt zunächst die Not. Organisiert vermag man den wilden Tieren besser zu widerstehen, und eine zweckmäßige Arbeitsteilung schafft ein behaglicheres Leben. Überdies liegt es im Interesse der Menschen, daß nicht alle gegen alle kämpfen und der Stärkere nicht einfach den Schwächeren überwältigt.

Wo dann begonnen wird, theoretisch nach dem Zweck der politischen Ordnung zu fragen, ergeben sich zwei Dinge: Eintracht im Innern der Gemeinschaft und Kriegstüchtigkeit nach außen. Eintracht *(homónoia, concordia)* durch Ausgleich der Rechte und Interessen hat der athenische Gesetzgeber Solon in seinen Gedichten als das Ziel seines Strebens bezeichnet. Man darf ihn den Archegeten griechischer Staatstheorie überhaupt nennen. Die Konzentration des Staates auf ein Maximum an Kriegstüchtigkeit hat als Leistung des spartanischen Gesetzgebers Lykurgos gegolten. Wenn Sparta in den klassischen Jahrhunderten die übrigen Griechen zuweilen geradezu faszinierte, so lag dies nicht nur an dem archaisch männlichen Kriegertum, das es zu repräsentieren beanspruchte, sondern auch an der (wie es schien) überwältigenden Konsequenz, mit der alle Einrichtungen bis in die letzten Kleinigkeiten hinein auf das Heranzüchten eben jenes Kriegertums hin orientiert waren. Die Faszination sprang über auf das republikanische Rom, ist in der Renaissance erneut lebendig geworden und bis auf den heutigen Tag nicht völlig abgestorben, wenngleich die Forschung sich redliche Mühe gegeben hat nachzuweisen, daß die Realität Spartas von dem Idealbild recht weit entfernt gewesen ist.

Gegen Sparta setzte Athen vom späten 5. Jahrhundert v. Chr. an seine eigene Auffassung vom Staatszweck. Sie konzentriert sich zunächst in dem Schlagwort, es müsse dem Bürger die Freiheit gegeben werden, »zu leben, wie er wolle«. Wichtiger wird indessen das Bemühen, die spartanische Ordnung nicht so sehr abzubauen als vielmehr durch eine umfassendere, auf ein höheres Ziel hin angelegte Ordnung zu überwinden. Bei Platon und Aristoteles hat die staatliche Gemeinschaft nicht mehr nur für Friede und Sicherheit zu sorgen, sondern wird verantwortlich für die Erziehung des Bürgers zum vollkommenen und durch die Tugend glückseligen Menschen.

Die Konsequenzen dieser Zielsetzung liegen auf der Hand. Wird dem Staate die Glückseligkeit des Menschen anvertraut, so kann es nicht ausbleiben, daß die Gesetzgebung keinen einzigen Bereich des Lebens dem willkürlichen Belieben des Einzelnen oder dem Zufall überläßt, sondern alles auf den höchsten Zweck hin durchorganisiert. Daraus resultieren – bei Platon wie bei andern Theoretikern – alle jene Vorschriften, die man von außen betrachtet heute unzweifelhaft wird totalitär nennen müssen. Gesetzlich wird etwa festgelegt, welche Männer mit welchen Frauen sich zur Ehe verbinden dürfen, in welchem Alter sie dies tun sollen und bis zu welchem Alter sie Kinder zeugen dürfen. Vorgeschrieben wird, wie der Säugling, das Kind, der junge Mensch zu behandeln und zu erziehen sei. Auch den Erwachsenen begleitet das überwachende Gesetz auf Schritt und Tritt. Denn wenn der Staat den Einzelnen zu seiner Vollkommenheit führen soll, läßt sich vernünftigerweise keine Grenze angeben, an der dieses Bemühen aufzuhören hätte. Vorausgesetzt wird dabei, daß der politischen Gemeinschaft die höchste mögliche Aufgabe zukommt, sodann, daß der Mensch ein Ganzes ist, an welchem jede Einzelheit dem Zweck des Ganzen zu dienen hat, und schließlich, daß die Mehrzahl der Menschen gar nicht über die genügende Einsicht verfügt, um selbständig ihre Vollkommenheit und Glückseligkeit zu verwirklichen: in ihrem eigenen Interesse muß ihnen vorgeschrieben werden, was sie zu tun und zu lassen haben.

Im Rahmen dieser großartigen, aber auch unerbittlichen und in dieser Unerbittlichkeit beunruhigenden Gesamtkonzeption wirkt dasjenige Stück platonischer Staatstheorie vergleichsweise harmlos, das schon in der Antike, dann bei den Christen und später wieder in der Renaissance die Gemüter am meisten erhitzt hat, obwohl es in der Tat nicht mehr ist als ein paradoxes Experiment. Es ist die berühmte »Gemeinschaft der Frauen, Kinder und des Eigentums«. In ihr soll nach Platons Hoffnung am reinsten jene Eintracht verwirklicht werden, die schon Solons Ziel gewesen war. Das Postulat selbst ist älter als Platon. Daß es in der Realität das Gegenteil von dem erreichen würde, was es anstrebt, hat schon Aristoteles hervorgehoben. Es ist aber immer wieder diskutiert worden. Es gab sogar vereinzelte frühchristliche Sekten, denen die hochfliegende Phantastik der platonischen Konstruktion willkommen war. Mit dem Kommunismus des 19. und 20. Jahrhunderts haben diese Dinge jedoch nicht mehr als den Namen gemein.

Weiterhin gehen die Staatstheorien durchweg vom Kleinstaat und seiner Übersichtlichkeit aus. Sie tun das nicht mit Rücksicht auf die faktischen Gegebenheiten des griechischen Staatensystems der klassischen Zeit, sondern in der Meinung, daß der Staat wie ein lebendiger Organismus nicht die maximale, sondern die optimale Größe im Auge haben müsse. Diese Größe ist dort erreicht, wo die verschiedenen Teile der Gemeinschaft ihren angemessenen Umfang haben und zugleich in einem unmittelbaren Kontakt zueinander zu stehen vermögen. Die Existenz von Weltreichen wird von den Griechen mit staunender Bewunderung zur Kenntnis genommen; aber ein Gebilde wie das Reich der Achaimeniden und die griechische Polis sind einfach inkommensurabel, und über diese Konstatierung sind die Griechen nie ernstlich hinausgeschritten.

Das einflußreichste Stück Staatstheorie ist die Lehre von den Staatsformen. Sie läßt sich bis in den Anfang des 5. Jahrhunderts v. Chr. zurückverfolgen. Berühmt ist ein Abschnitt Herodots, in dem er zu berichten behauptet, wie im Jahre 521 v. Chr. drei persische Fürsten über die beste Staatsform diskutiert hätten. Drei Typen werden genannt und mit ihren Vorzügen und Nachteilen beschrieben. An der Demokratie werden gerühmt die Rechtsgleichheit, die Wahl der Magistrate durch das Los, die Verantwortlichkeit der Magistrate und daß letztlich alle Entscheidung bei der Volksgemeinde liege. Für die Herrschaft der Besten (Aristokratie) spricht, daß immer nur wenige Menschen Verstand, Charakter und Wissen besitzen, um richtig regieren zu können; es gehe nicht an, den Staat den unberechenbaren Launen einer Volksmasse auszuliefern. Die Monarchie endlich empfiehlt sich dadurch, daß es nichts Wünschbareres geben kann, als wenn einer, der von allen als der Beste anerkannt wird, frei regiert. Denn wo viele regieren, sind Rivalität, Bürgerkrieg und Mord das unvermeidliche Ende. Herodot muß diese Überlegungen schon bei einem älteren Autor des 5. Jahrhunderts v. Chr. vorgefunden haben. Ihre Grundzüge sind in allen späteren Staatstheorien erhalten geblieben.

Platons vollkommener Staat zeichnet sich durch die strikte Aufteilung der Gemeinde in drei Stände aus: die Regenten, die die philosophische Vernunft walten lassen, die Wächter, denen der kriegerische Mut eigen ist, und die übrigen, die nicht über das Streben nach den materiellen Gütern hinausgelangen und deshalb auch den Gesamtstaat mit eben diesen Gütern zu versorgen haben. Wo Gleichgewicht zwischen diesen Ständen besteht und die beiden oberen Stände der allumfassenden Erziehung durch das Gesetz teilhaftig werden, haben wir den besten Staat.

Doch in der Geschichte existiert er nicht oder nicht mehr. Irgendeinmal wurde die Ordnung gestört, und der Verfall setzte ein. Die erste Stufe nach dem vollkommenen Staat besteht darin, daß die Wächter sich an die Stelle der Regenten drängen. Es regiert nicht mehr die Vernunft, sondern der ehrgeizige Mut. Es entsteht der ruhmsüchtige Staat, die Timokratie. Auf der nächsten Stufe wird der Ehrgeiz überspielt durch die Gier nach Besitz. In der Oligarchie wird der Reichtum zum einzigen Wert. Doch der unvermeidliche Konflikt zwischen den Reichen, die im Genuß verfaulen, und den Armen, die arbeiten, führt zur dritten Stufe, der Demokratie, deren Ziel die Rechtsgleichheit und allgemeine Freiheit ist. Diese schlägt jedoch bald in völlige Anarchie um. Jeder tut, was ihm beliebt, und das Ende ist der Kampf aller gegen alle. So entwickelt sich mit Notwendigkeit aus der äußersten Freiheit die äußerste Knechtschaft. Die Demokratie schlägt um in die vierte und unterste Stufe, die Tyrannis. Der Tyrann ist in Platons Sicht das radikale Gegenteil des philosophischen Regenten. Sein Staat ist der Staat der hoffnungslosen Unseligkeit.

Diese platonische Reihe hat ungeheuer stark gewirkt. Sie hat bis auf den heutigen Tag den Begriff des Tyrannen fixiert, obschon das Wort ursprünglich nichts anderes war als einer der vielen Namen für Fürst, die die Griechen bei ihren Nachbarvölkern vorfanden und übernahmen.

Bei Aristoteles ist die reine Schematik mindestens dort viel auffallender, wo er prinzipiell von den Staatstypen handelt; seine politischen Einzeluntersuchungen bemühen sich umgekehrt, der Kompliziertheit der realen Verhältnisse soweit wie möglich Rechnung zu tragen. Im Schema gibt es drei Hauptformen und drei Verfallsformen. Neben dem Königtum steht die Tyrannis, mit dem Unterschied, daß der König für das Wohl der Untertanen, der Tyrann nur für sein eigenes sorgt. Wie das Königtum die beste, so ist die Tyrannis die absolut schlechteste Staatsform. Neben der Aristokratie steht die Oligarchie. In jener regieren die Würdigsten, in dieser die Reichsten. Schließlich steht neben der Timokratie die Demokratie. Unter Timokratie versteht Aristoteles anders als Platon die Waffengemeinde aller derjenigen Bürger, die materiell in der Lage sind, Kriegsdienst zu leisten. Die Demokratie ist die Herrschaft aller Bürger ohne Einschränkung. Betrachtet man die Hauptformen für sich allein, so ist das Königtum am besten, die Timokratie am schlechtesten. Auf der andern Seite ist nach Aristoteles der Abstand zwischen der Hauptform und der Verfallsform bei Königtum und Tyrannis am größten, bei Timokratie und Demokratie am geringsten. Unter den Verfallsformen ist demnach die Demokratie die verhältnismäßig erträglichste.

Schließlich mag die Theorie des Historikers Polybios erwähnt werden. In ihr sind zwei Thesen kombiniert. Einmal wird der an sich naheliegende Gedanke herausgearbeitet, daß der vollkommene Staat überhaupt nicht einer der drei Grundtypen sei, sondern eine Mischung aus allen dreien, also aus monarchischen, aristokratischen und demokratischen Elementen. Daneben steht die Lehre vom Kreislauf der Verfassungen. Die wißbare Geschichte beginnt mit einer Urmonarchie. Wie die Tierherden, so folgen auch die Menschen zunächst einfach dem Stärksten und Kühnsten. Tritt aber an die Stelle des Stärksten der

Klügste und Gerechteste, so wandelt sich die tierhafte Urmonarchie in das Königtum. Dieses verdirbt in dem Augenblick, da der König meint, sich in seiner Lebensführung von den Untertanen isolieren zu müssen. Da wird er zum ausschweifenden und verhaßten Tyrannen. Gegen einen solchen erheben sich gerade die edelsten Bürger, die sich nicht demütigen lassen wollen. Der Tyrann fällt, und es beginnt die Herrschaft der Besten, die Aristokratie. Doch auch sie zerfällt, wenn die Söhne und Enkel der Gründer emporkommen und ihre Stellung zu Übermut und Zuchtlosigkeit mißbrauchen. Sie konstituieren die Oligarchie, die indessen dem Haß des Volkes nicht lange zu widerstehen vermag. In der Demokratie nimmt das Volk die Regierung selbst in die Hand. Aber in der Generation der Enkel wird auch sie korrumpiert. Jeder sucht bloß seinen Gewinn, schikaniert den Nachbarn, besticht die Menge und läßt sich von ihr bestechen. Es entsteht die Herrschaft der Schlechtesten (Cheirokratie), das Abgleiten in einen tierähnlichen Zustand, der zum Ausgangspunkt des ganzen Zyklus zurückführt. Denn in der Not des Kampfes aller gegen alle bleibt als einzige Rettung die Herrschaft des Stärksten und Tapfersten, der das Volk unter seine Gewalt zu bringen vermag. Es erhebt sich die Urmonarchie, und mit ihr fängt alles wieder von vorn an.

Daß an dergleichen Theorien nicht nur das Bedürfnis nach doktrinärer Übersichtlichkeit, sondern auch ein stattliches Stück realer politischer Erfahrung mitgearbeitet hat, läßt sich nachweisen und darf betont werden. Die jeder Staatsform inhärenten Gefahren sind gut beobachtet. Die Abfolge der Typen, der Zyklus als solcher hat sich zwar, wie die Antike selbst wohl wußte, in der Geschichte nirgends rein verifizieren lassen. Aber die Einzelzüge sind fast ausnahmslos realen Situationen der griechischen Geschichte der Zeit von etwa 600 bis 330 v. Chr. entlehnt.

Diese Tatsache macht auch besser verständlich, weshalb diese Schemata auf die späteren Zeiten einen so großen Einfluß ausgeübt haben. Rom hat sich ihnen sogleich bereitwillig gefügt und wenn die Zeugnisse nicht trügen, so hat bereits der alte Cato in seinem um 150 v. Chr. abgeschlossenen Geschichtswerk die alte römische Geschichte an den drei klassischen Staatsformen der griechischen Theorie orientiert. Cicero hat dies weitergeführt, obschon die Gleichung in keiner Weise aufgeht. Aber das Tyrannenbild der griechischen Theorie war in Rom eine wirkliche Macht, und Brutus hat zweifellos geglaubt, im Sinne Platons zu handeln, als er den Tyrannen Caesar erschlug.

Ob das von Cicero mit Wärme gezeichnete Porträt des guten Königs auf das Selbstverständnis des römischen Kaisertums eingewirkt hat, wissen wir nicht, werden aber die Möglichkeit nicht ausschließen. Etwas ganz anderes ist freilich die Kaiseridee des abendländischen Mittelalters. Weder der germanische Heer- und Stammesfrüst noch der vom Papst gekrönte und damit des göttlichen Gnadenschutzes teilhaftig gewordene Herrscher über die Christenheit kann auf das griechische Schema reduziert werden. Es geht auch kaum an, den Ritteradel des Hochmittelalters mit jenen »Besten« zusammenzurücken, die die griechische Aristokratie bilden.

Die Renaissance hat sich auf dem Felde der Staatstheorie zunächst eher zögernd ausgewirkt. Um so stärker wurde der Einbruch der griechischen Begriffe und Schlagworte seit der Aufklärung, und man darf behaupten, daß mindestens in den Schlagworten der griechi-

Die Freunde Pylades und Orestes mit Elektra am Grab des Agamemnon
Terrakottarelief, nach 440 v. Chr. Berlin, Staatliche Museen, Antiken-Sammlung

Blendung des Kyklopen Polyphemos durch Odysseus und seine Gefährten
Hydria aus Caere/Etrurien, um 520 (?) v. Chr.
Rom, Villa Giulia

sche Einfluß noch heute ungebrochen weiterwirkt. Die alte Trias Monarchie-Aristokratie-Demokratie ist nicht nur zu neuem Leben erwacht, sondern in einer Weise radikalisiert worden, wie es bisher noch nie geschehen war. Aristokratie und Monarchie werden nun ebenso zu den schlechthin verwerflichen Formen, wie umgekehrt die Demokratie zur schlechthin vollkommenen emporsteigt. Es erscheint heute undenkbar, daß irgendein Staat sich nicht als Demokratie bezeichnet. Die Folge ist freilich eine völlige Aushöhlung der drei Begriffe. Nehmen wir weitere Begriffe hinzu, wie Freiheit und Gleichheit, aber auch Autarkie, Autonomie und verwandtes, so wird deutlich, wie noch das moderne politische Vokabular fast vollständig von den griechischen Theorien hergeleitet ist, seine definitorische Gestaltetheit jedoch gänzlich eingebüßt hat. Heute stehen wir vor einer recht beträchtlichen Vielfalt von Staatstypen, die aber gerade darum nicht geordnet werden können, weil das einzig verfügbare Schema nach wie vor das griechische ist, das aber durch den Gebrauch als politische Waffe wertlos geworden ist.

Die lebende Natur

Die Griechen haben den Gegensatz von zahmen und wilden Tieren, von Nutzpflanzen und nutzlosen oder gar schädlichen als einen elementaren aufgefaßt. Nutzpflanzen, wie Rebe, Korn, Olive, gelten schon in frühester Zeit als Geschenke wohltätiger Gottheiten; später wird die zwar aufgeklärtere, in unserm Zusammenhang aber äquivalente Theorie aufgestellt, die Urzeit habe aus dem Vorhandensein jener lebensnotwendigen Gewächse auf die Existenz von Göttern geschlossen, die sie gebracht hätten. An den Haustieren wird hervorgehoben, daß sie mit ihrem ganzen Dasein dem Menschen zur Verfügung stünden, damit allerdings auch auf eine angemessene Fürsorge Anspruch hätten. In der Teleologie stoischen Typs, nach der die Totalität der untergeordneten Welt von der göttlichen Vorsehung für den Menschen hergerichtet ist, bilden Haustiere und Nutzpflanzen immer wieder ein hervorragendes Beweisstück. Allerdings ergeben sich auch Schwierigkeiten. Welchen Nutzen bringen die Raubtiere, Giftschlangen und Unkräuter, zu welchem Zweck sind sie überhaupt vorhanden? Dieser Einwand gegen das teleologische Prinzip, der schon den alten Stoikern schwer zu schaffen machte und auch in späteren Jahrhunderten immer wieder auftauchte, verstummte erst in dem Augenblick, da das teleologische Denken überhaupt zerfiel.

Ein uralter Gedanke ist es weiterhin, daß dem Tier gegenüber der Mensch in seiner physischen Ausstattung benachteiligt sei. Das Tier besitzt Federn, Felle, Krallen und Reißzähne und vermag sich schon kurz nach seiner Geburt selbständig zu behaupten, während das Menschenkind jahrelang auf den Beistand der Erwachsenen angewiesen ist; auch als Erwachsener ist der Mensch nur lebensfähig, wenn er sich mit einem Arsenal künstlicher Waffen, Bekleidungsstücke und Werkzeuge umgibt. Schon Hesiod trägt den Gedanken vor, daß der Mensch ohne den Besitz des Feuers als der Grundlage allen Handwerks nicht zu bestehen vermöchte: und dieses Feuer erhält er nur durch einen Diebstahl. Da wirkt denn unterirdisch der Begriff der Natur und Naturgemäßheit, den wir eingangs als den

Leitbegriff des griechischen Denkens bezeichnet haben. Beschränkt auf seine bloße Natur, scheint der Mensch nicht existieren zu können; die Technik muß als etwas Naturfremdes, ja Naturwidriges hinzukommen. Folgerungen gegensätzlicher Art werden aus diesen Erwägungen gezogen. Es gibt eine beachtliche und bezeichnend griechische Gedankenrichtung, die das Tier als die reine Natur dem Menschen zum Vorbild gibt. In der extravaganten kynischen Fassung eines Diogenes von Sinope wird der Mensch geradezu aufgefordert, der Natur gemäß wie das Tier zu leben, Kleidung, Behausung und den Gebrauch des Feuers zu verschmähen und ohne falsche Scham sich in allem wie das Tier zu benehmen. Daß dies nicht durchführbar war, zeigte sich bald, aber die Idee hat weitergewirkt, erst in einzelnen frühchristlichen Gemeinschaften, dann sporadisch von der Renaissance bis ins 20. Jahrhundert. Epikurs Lehre ist wesentlich zurückhaltender, aber in seiner Ethik nimmt auch er ausdrücklich das Verhalten des Tieres und des menschlichen Säuglings als das einzig naturgemäße und von der Kultur noch nicht depravierte zum Vorbild. Wenn er die Lust als den allem übergeordneten Wert bezeichnet, so geht er davon aus, daß die ursprünglichsten Regungen von Tier und Kind auf Lust und Schmerz bezogen sind.

In entgegengesetzter Richtung wird gefolgert, daß es gerade der Natur des Menschen entspricht, die Ausstattung der Tiere zu übertreffen durch höheren Besitz, durch den Geist, der in der technischen Handfertigkeit, in der Sprache, in der Einsicht in sittliche Normen und in der Gotteserkenntnis zum Ausdruck kommt. Die Technik ist mehr als ein bloßer Ersatz für naturgegebene Bekleidung und Bewaffnung, und in Sprache, Sittlichkeit und Gotteserkenntnis erweist sich der Mensch als ein dem Tier grundsätzlich übergeordnetes Wesen. Nun hebt sich das Tier vom Menschen ab als das Wesen, das nur der Lust und dem physischen Behagen des Augenblicks lebt, das keine Vergangenheit und keine Zukunft kennt und darum auch kein anderes Ziel seines Daseins hat, als bestenfalls dem Menschen nützlich zu sein. Daß die Glückseligkeit des Menschen geradezu darin besteht, anders zu sein als Tier und Pflanze, ist ein Gedanke, den schon Heraklit zu Anfang des 5. Jahrhunderts v. Chr. andeutet, den Platon und vor allem Aristoteles mit Energie aufnehmen und der seit dem späten Hellenismus (mit zweifelhaftem Recht) vielfach gegen Epikur ins Feld geführt worden ist.

Im ganzen wird der Eindruck zutreffen, daß die Griechen tierliebend gewesen sind. Berühmt geblieben ist der treue Hund des Odysseus, der seinen Herrn nach zwanzigjähriger Abwesenheit wiedererkennt, freudig begrüßt und dann stirbt. Platon rühmt die Wachsamkeit des Hundes in einer Weise, die persönliche Sympathien zu verraten scheint. Aus sehr alter Zeit haben wir zwei eigentümliche Gedichte, die die verschiedenen Typen der Frauen mit verschiedenen Arten von Tieren vergleichen; wichtig ist uns hier nicht der Vergleich, sondern die Lebendigkeit des Charakterbildes der Tiere. Auf Grabmälern der klassischen Zeit sehen wir neben dem Toten zuweilen auch sein Lieblingstier abgebildet. Mit dem 3. Jahrhundert beginnt die stattliche Reihe der Gedichte auf Tiere: Klage- und Grabepigramme auf die toten Lieblinge oder einfache Liebeserklärungen. Die Jagd haben die Griechen natürlich geliebt, auch von Hahnenkämpfen hören wir, doch die römische Tierhetze war ihnen fremd und abstoßend.

An einzelnen Orten der griechischen Welt sind auch seltene Tiere in Gärten und Käfigen gehalten worden. Wir besitzen einen Bericht, der höchst unterhaltend schildert, wie für den König Ptolemaios II. im Grenzland Ägyptens und des Sudans unter unendlichen Mühen eine Riesenschlange lebendig gefangen und dann nach Alexandreia transportiert wurde; der König sei überaus erfreut gewesen und habe die Schlange während langer Zeit gehalten und seinen Gästen gezeigt.

Eine andere Frage ist, ob etwa die Schule des Aristoteles in Athen so etwas wie einen zoologischen Garten zu wissenschaftlichen Zwecken eingerichtet habe. Aristoteles und seine Schüler sind die Schöpfer und zugleich Vollender der antiken wissenschaftlichen Zoologie. So sehr sich die Beobachtungen dieser Gelehrten auf bestimmte Phänomenbereiche beschränken und andere ganz vernachlässigen, so bewundernswert ist die Intensität der Beobachtung; in manchen Fällen erscheint sie kaum denkbar ohne langen gründlichen Umgang mit den Tieren. Beschreibungen und Klassifikationen entstehen, die bis auf den heutigen Tag ihren Wert nicht verloren haben.

Von den Pflanzen gilt ähnliches. Bestimmte Schmuckpflanzen sind uralt und werden seit homerischer Zeit zur Verschönerung der Feste verwendet worden sein. Charakteristisch griechisch ist die reichliche Verwendung von Kränzen aller Art. Die wissenschaftliche Botanik, die der Zoologie zur Seite steht, ist nur eben mit einem Worte zu erwähnen.

Beiseite zu lassen ist auch die vielberufene Lehre der Pythagoreer von der Verkörperung des Menschen in verschiedenen Tieren und Pflanzen, woraus sich dann die entsprechenden Speiseverbote ergaben. Diese seltsamen Spekulationen wurden teilweise unterstützt durch eine vom pythagoreischen Wesen an sich unabhängige und in vielen Jahrhunderten zu belegende Auffassung, daß nicht bloß blutige Opfer, sondern überhaupt die Fleischnahrung verwerflich sei, Symptom einer inneren Verrohung des Menschen, die die frömmere Urzeit nicht gekannt habe. So gibt es denn immer wieder Tendenzen, die wir vegetarisch nennen mögen.

Was freilich die pythagoreische Doktrin angeht, so kann man sich fragen, ob sie jemals einen nennenswerten Einfluß auf das konkrete Leben ausgeübt hat. Wo wir sie fassen, wirkt sie als eine tiefsinnige Absonderlichkeit, die streng gefaßt eine völlige Umwälzung des Lebens bedeutet hätte. Mehr als eine zuweilen verlachte und oftmals bewunderte Theorie ist sie vielleicht nie gewesen.

Naturbeherrschung und Seinserkenntnis

Probleme von grundsätzlicher Bedeutung erheben sich, wenn wir nun nach dem Verhältnis der Griechen zur Totalität der unbelebten Natur der Dinge fragen.

Das Verhältnis zur Natur in dem hier gemeinten Sinn, zur Umwelt der Länder und Meere, der Gesteine und Gewässer und der Dinge »über und unter der Erde«, wie eine beliebte griechische Formel lautet, ist auf drei Stufen sichtbar.

Zu beginnen ist mit dem betrachtenden, wissenschaftlichen Verhältnis. Es spielt eine hervorragende Rolle, weit über die Kreise der »Spezialisten« hinaus. Denn wenn die Griechen die Naturphilosophie und Naturwissenschaft gewissermaßen aus dem Nichts geschaffen haben (die Anregungen, die der alte Orient bieten konnte, sind minimal gewesen), so war dies nur möglich, weil der griechische Geist von vornherein in der entsprechenden Richtung interessiert war. Es liegt ihm daran, die Struktur des Kosmos im Ganzen zu begreifen, wie auch die zahllosen Merkwürdigkeiten kennenzulernen, von denen die Welt voll ist. In großzügigen Schemata werden die Teile der Welt aufgegliedert, werden Modelle des Himmelsglobus konstruiert und wird eine Karte der bekannten Erde mit den drei vom Weltmeer umflossenen Kontinenten entworfen.

Noch bezeichnender ist die während der ganzen Antike unermüdlich wache Freude der Griechen an naturwissenschaftlichen Kuriositäten, gewiß zunächst vielfach im Bereiche der Zoologie und Botanik, aber nicht minder in der Meteorologie, der Hydrologie, bei Metallen und Erdarten und in vulkanischen Erscheinungen. In der klassischen Zeit erwachsen daraus die umfassenden Werke der Peripatetiker und daneben als besonders charakteristisches Dokument griechischen wissenschaftlichen Stiles die Sammlungen der *Problemata*. Partikulare Erscheinungen der verschiedensten Art – wie etwa: warum ist Salzwasser durchsichtiger als Süßwasser, warum herrscht um Mitternacht und Mittag meist Windstille, warum entsteht aus Weißwein kein Essig? – werden herausgegriffen und auf ihre Gründe hin analysiert. Schon in der spätklassischen Zeit beginnen sodann Bücher zu erscheinen, die einfach naturwissenschaftliche Seltsamkeiten zusammenstellen *(Mirabilia)* und die dem Leser einen Vorgeschmack der Wissenschaft, einen Eindruck von der Buntheit der Welt und zu guter Letzt einfach gebildete Unterhaltung vermitteln sollen. Die populärwissenschaftliche Literatur der Spätantike besteht zu einem guten Teil aus solchen Mirabilia-Sammlungen, die für uns sehr wertvoll sind, weil sie meist Auszüge aus wissenschaftlichen Werken älterer Zeit darstellen.

Die historische Wirkung dieser Dinge ist nicht unbeträchtlich gewesen. Über das Mittelalter hinaus hat man sie immer wieder gern gelesen. Sie haben eine der entscheidenden Anregungen geliefert für die Kuriositätenkabinette, die sich die Gelehrten und Fürsten seit dem späten Mittelalter anlegten und die die direkten Vorläufer unserer Museen sind. Sammlungen seltsamer Naturgegenstände hat es übrigens da und dort schon in der Antike gegeben.

Das empfindsame Verhältnis der Griechen zur »Natur« war zwiespältig. Spaziergänge haben sie zwar gern unternommen, gewiß auch, um die Natur zu genießen, aber häufiger aus hygienischen Gründen. Die Berge hingegen haben sie nie geliebt, das Meer ebensowenig. Das waren Bereiche, die ihnen unheimlich waren. Auf den Bergeshöhen waren Götter zu Hause; auf einzelnen Gipfeln Griechenlands sind noch heute Spuren von Altären sichtbar. Später bestieg man Berge bestenfalls, um meteorologische und andere Beobachtungen zu machen. So soll Platon seine erste Reise nach Sizilien unternommen haben eigens, um den Ätna zu besteigen und sich Klarheit über das einzigartige Naturphänomen dieses Vulkans zu verschaffen. Das Meer befuhr man nur, um als Exporteur und Importeur Geschäfte zu treiben oder um als Forscher zu fremden Völkern und in unbekannte Länder zu gelangen, aber an der Seereise als solcher hat niemand Freude gehabt. Das Meer war das Urbild aller Unberechenbarkeit; der Tod durch Ertrinken galt als besonders traurig.

In alledem zeigt sich eine überaus große Distanz zum modernen Naturgefühl. Nur der ausgemachte Menschenfeind kann an einer menschenleeren Einsamkeit Gefallen finden; und daß jenseits des besiedelten und bebauten Landes das Reich der unbekannten, stets lauernden Gefahren beginnt, haben die Griechen nie vergessen. Satyrn, Silene, Nymphen, Pan und Artemis sind göttliche Wesen, die in jenem Reich zu Hause sind. Sie können freundlich sein, sind aber ebensooft unheimlich und erschreckend.

Das technische Verhältnis der Griechen zur Natur schließlich ist weitgehend durch zwei Vorentscheidungen determiniert. Fürs erste haben wir soeben bemerkt, wie ein Naturgefühl im modernen Sinne darum nicht entstehen konnte, weil für den Griechen jenseits des besiedelten Landes sogleich die Welt der unbekannten, unvorhersehbaren Gefahren begann. Diese Feststellung dürfen wir hier gewissermaßen transponieren. Die irdische Welt, genauer: die Welt unter dem wechselnden Mond, die »sublunare« Welt ist ihrem innersten Wesen nach unberechenbar, stetem Wandel und endlosen Zufälligkeiten unterworfen. Jede Aussage gilt nur ungefähr, und zu jeder Regel gibt es Ausnahmen. Gewiß können Praxis und Wissenschaft die Erscheinungen im Groben klassifizieren und bestimmte Gruppen meteorologischer Phänomene, Pflanzengattungen oder Tierfamilien unterscheiden. Aber im mathematischen Sinne stringent wird die Ordnung niemals.

Für Aristoteles ist die sublunare Welt dadurch gekennzeichnet, daß in ihr alles immer wieder »anders werden kann, als es gerade ist«. Platon spricht mit unverhohlener Verachtung von dem Bezirk der Sinnesobjekte, in dem nichts feststeht, alles unaufhörlich fließt, wie es schon der alte Heraklit gesagt haben soll. Wenn der Grieche die Oikumene bereist, um deren vielfältige Buntheit kennenzulernen, so vergißt er doch nie, daß diese faszinierende Fülle und Buntheit zugleich ein Mangel an Ordnung ist, der eben den irdischen Dingen als solchen anhaftet. Die Ordnung beginnt oben bei den Planeten und steigt auf zu den Fixsternen, an denen alles ein für allemal ist, wie es ist. Die Gestirnwelt ist ebenso grundsätzlich berechenbar, wie die irdische Welt grundsätzlich unberechenbar ist.

Die Folgen dieser Haltung sind evident. Der Grieche fühlte sich nicht veranlaßt, energisch nach einer festen und meßbaren Ordnung und Gesetzlichkeit in der sublunaren Welt zu forschen, weil er von vornherein überzeugt war, daß es sie an diesem Orte nicht gibt.

Und selbst wenn er diese Überzeugung nicht besessen hätte und einer solchen Ordnung tatsächlich nachgegangen wäre, hätte er höchstwahrscheinlich – und dies ist das zweite Moment – nicht daran gedacht, die Ergebnisse des Forschens nun auch technisch auszuwerten.

Schon in einem sehr frühen Entwicklungsstadium ihrer Philosophie und Wissenschaft haben die Griechen Theorie und Praxis scharf voneinander getrennt. Die Praxis des Lebens haben sie trotz all ihrer unleugbaren Betriebsamkeit nie besonders hoch eingeschätzt. Der Mensch muß zwar tätig sein, um in der Tätigkeit seine Tugend zu bewähren; Tapferkeit, Zucht und Gerechtigkeit werden erst in der konkreten Situation sichtbar. Dies hindert indessen nicht die Feststellung, daß jede Tätigkeit auf das flüchtige Hier und Jetzt gerichtet ist und sich nur mit vergänglichem Stoff befaßt. Darum ist das Erkennen von höherem Rang. Es wendet sich seinem Wesen nach dem Allgemeinen und Dauerhaften und schließlich dem Ewigen zu. Wissenschaftlich erkennbar ist eben nicht das Einzelne, an dem man handelt, sondern das Allgemeine, das als solches nicht der Geschichtlichkeit angehört.

Während der Mensch von der Renaissance an mehr und mehr dazu neigt, den Gegensatz seiner Natur zu der des Tieres darin zu sehen, daß er aus freier Entscheidung verantwortlich zu handeln vermag, das Tier jedoch dem Trieb gehorcht, sieht der Grieche den Gegensatz ganz woanders. Die moderne Formel ist ihm zwar nicht völlig fremd, spielt aber keine nennenswerte Rolle. Grundlegend ist für ihn, daß das Tier, den Kopf dem Boden zugekehrt, nur an die Bedürfnisse des Augenblicks denkt, während der Mensch zur Ordnung der Gestirne aufblickt und der Erkenntnis Gottes und der ewigen Dinge fähig ist. Im erkennenden Geist und nicht im faustischen Willen zur Tat liegt für den Griechen die Würde des Menschen.

Daraus ergibt sich unmittelbar, daß das philosophische und wissenschaftliche Erkennen als Wert in sich selbst betrachtet wird. Der Rang des Erkennens wird daran manifest, daß es keinen anderweitigen Zwecken dient. Die einzige Instanz, die Forderungen an das philosophische Erkennen anmelden darf, ist die Ethik. Aristoteles repräsentiert das gesamte geistige Griechentum, wenn er sich spöttisch über die Banausen ausläßt, die bei jeder Sache nach ihrem Nutzen fragen.

Die Naturphilosophie in ihren drei Zweigen, der Theologie, der Mathematik und der Naturwissenschaft, ist das eigentliche und vornehmste Objekt des menschlichen Erkennens. Alle drei Zweige führen, recht verstanden, zu dauerhaften und ewigen Wesenheiten. Daß der Umgang mit solchen Wesenheiten auf technischen Nutzen hinauslaufen müsse, ist ein Gedanke, der dem Griechen verächtlich und fremd ist. Die scheinbaren Ausnahmen bestätigen dies, denn natürlich sind Astronomie und Meteorologie für den Seemann ebenso wertvoll wie die Botanik für den Gärtner. Doch dieser Nutzen ist ein orientierender: der Seemann lernt, am Himmel das Wetter für den nächsten Tag abzulesen, der Gärtner und Bauer erfahren, welche Pflanzen an welchen Orten besonders gut oder schlecht gedeihen. Der technische Nutzen, der systematisch die Kräfte der Natur ausbeutet und systematisch in die Naturgegebenheiten organisierend eingreift, ist davon spezifisch verschieden. Und selbst der orientierende Nutzen ist immer nur ein Nebenprodukt des Forschens, gewiß nicht unwillkommen, aber durchaus unwichtig.

Eine interessante Einzelheit mag am Rande angemerkt werden. Die Technik des 19. und 20. Jahrhunderts steht und fällt mit der Annahme von Naturgesetzen. Die technische Verwertung der Natur beruht darauf, daß bestimmte natürliche Vorgänge sich regelmäßig wiederholen und daß diese Wiederholung künstlich hervorgerufen werden kann. Das Wesen des Naturgesetzes ist gerade die Wiederholung. Der Begriff des Naturgesetzes nun wirkt als solcher durchaus antik. Das Naturgesetz kann als das Allgemeine an einem Vorgang bestimmt werden wie die Wesenheit *(eidos* und *morphé)* als das Allgemeine an einer Gestalt. Letzten Endes stammt denn auch in der Tat der eine wie der andere Begriff aus der Antike. Während aber die Geschichte des Begriffs der Wesenheit vom platonischen Eidos angefangen mit hinlänglicher Klarheit verfolgt werden kann, ist der Begriff des Naturgesetzes so schlecht bezeugt, daß es bis heute eine offene Frage ist, ob er eher auf die aristotelische Naturforschung oder auf die Atomistik Epikurs zurückgeht. Daran läßt sich ablesen, wieviel bedeutsamer die Gestalten als die Vorgänge für die Antike waren — weil eben von der sichtbaren Gestalt aus der Weg zum Allgemeinen und Ewigen kürzer schien als vom geschichtlichen Vorgang.

Wieder anders gesagt, haben die Griechen der Verbesserung ihrer materiellen Lebensbedingungen durch die systematische Unterwerfung der Natur keinen sonderlichen Wert beigemessen. Es ist ihnen klar, daß es Reiche und Arme immer gegeben hat und immer geben wird. Die Armen leben dürftig, verfügen aber über die Macht der Mehrzahl. Der Reichtum verschafft Einfluß und Annehmlichkeiten, obschon man sich den Luxus selbst der reichsten Griechen in klassischer Zeit recht bescheiden vorzustellen hat. Nur in äußerst seltenen Fällen begegnet eine herrenmäßig verschwenderische Lebenshaltung. Aber auch da ist kaum ein Vergleich möglich mit der Maßlosigkeit, von der wir aus dem alten Orient, dem spätrepublikanischen und frühkaiserzeitlichen Rom und aus unserem *Ancien régime* hören.

Der Reiche hat etwas mehr Land, Vieh und Dienerschaft, kann sich feiner kleiden und verfügt über ein Haus, das geräumig genug ist, um jederzeit Gäste zu empfangen; man erwartet von ihm, daß er die Kosten eines öffentlichen Kultfestes oder der Ausstattung eines Kriegsschiffes übernimmt. Dies ist alles. Daß der Lebensstil des Armen wie des Reichen verbesserungsfähig wäre und verbessert werden müßte, daran wird nicht gedacht. Die Gesamtheit der Probleme der Lebenshaltung und des wirtschaftlichen Fortschrittes, all das, was wir heute »Entwicklung« nennen, spielt bei den Griechen eine sehr geringe Rolle.

Natürlich gibt es Spannungen und zuweilen tödliche Kämpfe zwischen arm und reich. Gelangen die Armen zur Macht, so enteignen, vertreiben oder töten sie die Reichen. Sie setzen sich einfach an die Stelle der Reichen, mehr nicht. Sozialreformen im strengen Sinne gibt es natürlich, aber keine Bestrebungen, das Lebensniveau der breiten Massen generell durch technische Maßnahmen zu heben. Der Gedanke, daß es möglich und wünschbar wäre, das Leben im ganzen reicher und bequemer zu gestalten, existiert nicht.

Wie immer die Griechen als Philosophen oder Nichtphilosophen gedacht haben: daß die geistige Kultur autonom und vom Stand der materiellen Kultur – von Grenzsituationen abgesehen – grundsätzlich unabhängig sei, haben sie niemals bezweifelt. Der Gedanke, daß es genüge, die Verbesserung der materiellen Lebensbedingungen maximal voranzutreiben, damit dann von selbst auch der Geist sich entfalte, wäre ihnen als abenteuerliche Verkehrung der naturgemäßen Ordnung der Werte erschienen. So fand ein spontanes und aktionsbereites Interesse am Ausbau der technischen Naturbeherrschung einfach keinen Raum.

Die Ideale

Für die Anschaulichkeit des griechischen Denkens ist es bezeichnend, daß sich frühzeitig bestimmte Lebenstypen herauskristallisiert haben, unter denen der Einzelne zu wählen hatte. Es gab nicht bloß isolierte Vorschriften und Gebräuche, sondern Lebensformen, die ein geschlossenes Ganzes bildeten und von einem zentralen Wert beherrscht waren. Ansätze zu dieser Vorstellung lassen sich schon im homerischen Mythos finden. Da ist Herakles zu nennen, den eine berühmte Stelle Xenophons, von älterer Tradition angeregt, schildert, wie er zwischen zwei Lebensweisen zu wählen hat: der mühevollen Arbeit, die in ewigem

Ruhm ihren Lohn findet, und dem ruhmlosen, flüchtigen Behagen. Herakles wählt jenes, wie er schon im Epos der Held ist, der unermüdlich gegen wilde Tiere und Bösewichte angeht. Eine andere Gestalt ist Odysseus, der Unansehnliche, aber Kluge, der Erfahrene und Vielgewandte, der die Lumpen des Bettlers mit gleichem Anstand zu tragen weiß wie den Mantel des Fürsten. Die Geschichte des Parisurteils konnte gedeutet werden als die Wahl zwischen drei Werten, die in den Göttinnen gegenwärtig sind: Heras Herrschermacht, Athenas Klugheit und Aphrodites verführerische Schönheit.

Markanter freilich sind Stellen der Lyrik des 6. Jahrhunderts v. Chr., in denen sich ein Schema der Lebensformen andeutet, das dann im 4. Jahrhundert v. Chr. von der philosophischen Ethik übernommen wird. Vier Grundformen gibt es. Das eine Leben sucht den Ruhm, das zweite den Reichtum, das dritte die Lust und das vierte die Weisheit: *Philotimia, Philoplutia, Philhedonia* und *Philosophia* sind die griechischen Begriffe, die an dieser Stelle anzuführen sich lohnt. Unter Philosophia subsummiert die frühe Zeit das Leben des Dichters, dessen Leistung das Kunstwerk ist. Im 5. und 4. Jahrhundert v. Chr. tritt mehr und mehr an seine Stelle der Kosmologe und Naturforscher, der den Namen Philosoph für sich allein beansprucht. Vielfach werden die vier Formen reduziert, etwa auf drei, indem der Reichtum als selbständiger Wert eliminiert wird, da er immer nur Mittel zum Zweck sein kann, oder gar auf zwei, sofern Ruhm und Weisheit, Praxis und Theoria als die einzig legitimen Ziele menschlichen Lebens bezeichnet werden.

In einflußreichen Kapiteln Platons und Aristoteles' ist dieses Schema entwickelt. Daß es in seiner knappsten Form vom Christentum übernommen wird, ist nur anzudeuten. Von alttestamentlichen Gestalten werden Rachel und Lea, von neutestamentlichen Martha und Maria zu Vertreterinnen der *vita activa* und *vita contemplativa* stilisiert. Die Bedeutung verschiebt sich dann freilich zum Gegensatz von weltlich-ritterlichem und geistlich-mönchischem Leben. Doch ist das Begriffspaar als solches teilweise bis in die Gegenwart hinein in Erinnerung geblieben. Daß das von der Renaissance an sich bildende Gelehrtenideal zwar nicht ausschließlich, aber doch weitgehend von einer der antiken Lebensformen abgeleitet ist, dürfte sich nachweisen lassen, auch wenn allerdings das Gelehrtentum des 19. und 20. Jahrhunderts die philosophische Basis, die das 4. Jahrhundert v. Chr. geschaffen hatte, fast vollständig preisgegeben hat.

Ruhm und Unsterblichkeit

Es liegt auf der Hand, daß der Ruhm derjenige Wert ist, den die Literatur zu allererst zu preisen unternimmt. Die älteste Literatur, die epische Dichtung, hat in gewissem Sinne gar keine andere Absicht, als den Ruhm der Männer zu verkünden, die Großes geleistet haben. Die Leistungen werden zunächst in Kampf und Krieg vollbracht. Als Kämpfer sich durch Taten auszuzeichnen, die von allen bewundert werden und von denen noch spätere Geschlechter erzählen, ist ein hohes Ziel – und ein um so höheres, als der Nachruhm angesichts der eigentümlichen Dürftigkeit, in der alle Dinge der Religion bei den Griechen auftreten, sehr wohl einen gültigen Ersatz für die Unsterblichkeit darzustellen vermag. Von Generation zu Generation und über den ganzen Erdkreis hin gerühmt zu werden, ist der einzige Weg zur Unsterblichkeit, der dem Griechen der Frühzeit gangbar zu sein scheint.

Zunächst sind es Krieger und Sänger, die gemeinsam den Ruhm schaffen. Mit der Zeit wechseln die Partner. An die Stelle des Sängers tritt in den klassischen Jahrhunderten der Historiker. Noch in der hausbackenen Programmatik später Historiker, die sich zur Aufgabe setzen, den Tugendhaften das verdiente Lob und den Schlechten den verdienten Tadel zu spenden, schimmert der alte Gedanke durch, daß die große Tat ihren Sänger verdient, freilich auch des Sängers bedarf, um des Nachruhmes teilhaftig zu werden. Der Krieger wiederum wandelt sich zum Gesetzgeber, Staatsmann, Politiker. Schon bei Homer schlägt zuweilen der Gedanke durch, daß es mit dem reinen Kämpfertum nicht getan sei. Der blutgierige Landsknecht Ares ist ein schlimmer und verächtlicher Gott. Oft ist es besser, sich an die Klugheit eines Odysseus, an die Weisheit eines Nestor zu halten.

Seit dem 5. Jahrhundert v. Chr. ist es Athen, das seinen Ruhm ganz bewußt in kulturellen Leistungen der Kunst und Wissenschaft und in der Humanität seiner Gesinnung sucht und nicht in arrogant lärmender Trutzigkeit, die man gern den Spartanern überläßt. Mit Vorliebe verweisen die Athener auf die milde Großzügigkeit ihres alten Königs Theseus und auf die größte, die ureigene Leistung ihrer klassischen Zeit, die Tragödie. So erhalten denn Politiker, dann Dichter, wie Sophokles, Bildhauer, wie Pheidias, Essayisten, wie Gorgias, Historiker und Philosophen ihren eigenen Ruhm. Durch einige Generationen heftete sich hoher Ruhm an die Namen der Sieger in den panhellenischen Spielen. Pindar und andere waren ihre Sänger. Doch dieser Glanz war verdorben von dem Augenblick an, da die Leistung nicht mehr die Frucht einer heroenmäßigen Lebensart war, sondern nur noch das Resultat systematischen physischen Trainings.

Seit der Mitte des 4. Jahrhunderts v. Chr. nimmt das Rühmen, mindestens im politischen Bereich, immer massivere Formen an. Wer immer, Bürger oder Ausländer, sich um eine politische Gemeinde verdient gemacht hat, darf damit rechnen, daß für ihn ein Ehrendekret beschlossen und in einer Inschrift verewigt wird. Es kann allerdings vorkommen, daß beim Wechsel der politischen Konstellation dergleichen Dekrete auch wieder annulliert werden; wechselt die Konstellation ein zweites Mal, werden sie eben erneuert.

In einer fremden Gemeinde kann man das Bürgerrecht ehrenhalber erhalten. Dem Gründer der Stoa, Zenon, wurde es als Beweis echten Philosophenstolzes hoch angerechnet, daß er, wiewohl durch die große Stadt Athen mit einem Ehrendekret, einem goldenen Kranze und einer ehernen Statue ausgezeichnet, sich niemals gescheut habe, sich als Bürger der kleinen Provinzstadt Kition auf Cypern zu bekennen.

Zu den Ehrendekreten kommen Ehrenstatuen. Die literarischen wie die archäologischen Zeugnisse zwingen zur Schlußfolgerung, daß vom späten 4. Jahrhundert v. Chr. an die großen Städte Griechenlands von Statuen verdienter Männer geradezu überfüllt gewesen sein müssen. Demetrios von Phaleron, Regent Athens von 318 bis 308 v. Chr. im Auftrage Makedoniens, soll ebenso viele Statuen erhalten haben, wie das Jahr Tage zählt. Wir haben keinen hinreichenden Grund, diese Nachricht anzuzweifeln. Nach seinem Sturz sollen sämtliche Statuen bis auf eine wieder eingeschmolzen worden sein.

Seit der Zeit Philipps und Alexanders wird es Sitte, daß Fürsten dadurch für ihren Ruhm sorgen, daß sie neu gegründeten Städten ihren Namen geben. Einige Städte haben einen solchen Namen in mehr oder weniger verstümmelter Form bis auf den heutigen Tag bewahrt: Alexandreia, Antiocheia, Laodikeia, Nikomedeia und andere. Diese Sitte konnte sich allerdings auf den sehr viel älteren Brauch stützen, daß ein Stadt- und Koloniegründer durch seine schaffende Tat das Recht erwarb, nach seinem Tode heroische Ehren zu empfangen.

Diese zuweilen ausschweifende Sorge für den Nachruhm (daß philosophische Schulen sich vielfach nach dem Namen ihres Gründers nannten, gehört in gewissem Umfang auch dazu) stellt aber nur die eine Seite der griechischen Haltung dar. Die Frage fehlte keineswegs, ob der Ruhm wirklich sei, was er zu sein vorgebe, nämlich die fortdauernde gerechte Ehrung des großen Verdienstes. Der Zweifel setzte an zwei Stellen an. Einmal konnte es bei der ständigen politischen Unruhe und der Leidenschaft, mit der Parteienkämpfe geführt wurden, nicht ausbleiben, daß die Bindung des Ruhms an das Verdienst immer problematischer wurde: geehrt wird, wer der Menge schmeichelt oder sie besticht; das wahre Verdienst bleibt verborgen. Der Gedanke kann auch grundsätzlicher gefaßt werden. Ruhm ist Anerkennung durch die vielen oder die Mächtigen. Wer Ruhm sucht, begibt sich in Abhängigkeit. Ihm genügt es nicht, selbst zu wissen, was er wert ist, er verlangt danach, sich dies auch von den andern bescheinigen zu lassen. Auf Anerkennung durch denjenigen, dessen Urteil kompetent ist, darf man stolz sein. Doch unter den vielen und Mächtigen sind immer nur wenige Einzelne kompetent. Sich durch die unwissende, beliebig beeinflußbare Menge loben zu lassen kann, recht verstanden, schwerlich als besonders begehrenswert gelten. Der Weise wird sich also damit begnügen, selbst zu wissen, was er taugt, und wird das preisende Gerede der Leute verachten.

Dazu kommt aber noch das zweite. Die Frühzeit hofft frohgemut darauf, daß großer Ruhm wirklich eine Art von Unsterblichkeit bringe, die Zeiten überdaure und zu allen Völkern der Erde dringe. Daß dies eine Illusion ist, hat das Griechentum jedenfalls schon vom 5. Jahrhundert v. Chr. an begriffen. Den homerischen Helden mochte vielleicht zugebilligt werden, daß der größte aller Dichter ihnen tatsächlich zu unzerstörbarem Ruhm verholfen habe. Doch dies war ein einmaliger Fall. Schon vor dem Troianischen Krieg muß es Helden gegeben haben, von denen kein Mensch mehr weiß. Und was die späteren Ereignisse angeht, so waren sich die Griechen der klassischen Zeit klar darüber, daß außer in seltenen Ausnahmen die Erinnerung nicht über vier oder fünf Generationen zurückreichte. Am radikalsten sind Formulierungen, die wir an einer berühmten Stelle Ciceros lesen und die letzten Endes auf Aristoteles und Platon beruhen dürften. Gemessen an den riesigen Zeiträumen, in denen das Leben des Kosmos sich bewegt, sind die paar hundert Jahre, über die sich menschlicher Ruhm erstreckt, eine lächerliche Kleinigkeit; und selbst von den gewaltigsten Ereignissen, die unsere Länder erschüttern, dringt zu den Barbaren am Rande des Okeanos nicht die leiseste Kunde.

Freilich, so skeptisch die Griechen durch dergleichen Überlegungen geworden sind, so ist doch nicht zu leugnen, daß ihre Haltung im ganzen von derjenigen des christlichen Mittelalters wie auch von der des 19. und 20. Jahrhunderts entschieden abweicht. Der

Grieche hat ein spezifisches Selbstbewußtsein. Wenn der Großgesinnte — in dem prächtigen Porträt, das Aristoteles gezeichnet hat – seinen Wert durchaus kennt und weiß, was er auf Grund seines Wertes von den andern an Respekt fordern darf, so ist dies eminent griechisch. Prahlerei mit Leistungen und Fähigkeiten, die man nicht besitzt, wird verachtet. Aber als peinlich unfein gilt es auch, sich geringer zu machen, als man ist. Für Platon ist die sokratische Selbstironie nur als Waffe im Kampf gegen die Anmaßung der Sophisten erträglich. Nicht bloß Aristoteles dürfte offen ausgesprochen haben, daß, für sich betrachtet, diese Selbstironie ordinär und des rechten Mannes unwürdig sei.

Zum unerschrockenen Bewußtsein des eigenen Wertes gehört es auch, daß – vor allem in Kunst und Literatur – die eigene Leistung immer auf die Vorgänger und Rivalen blickt und sie zu übertrumpfen sucht. Man hat dies früher den »agonalen« Charakter der griechischen Kultur genannt. Der Ausdruck ist insofern nicht glücklich, als er das Phänomen zu einseitig an die Wettkämpfe der pindarischen Welt oder an die Rededuelle in den Gerichtshöfen Athens anschließt. Die Dinge müssen weiter gefaßt werden. Der Grieche will niemals sein Werk in den leeren Raum stellen. Immer gehört es einer bestimmten Tradition und Gattung an und findet sich umgeben von gattungsverwandten Werken, über die es hinausgelangen will. Der tragische Dichter denkt gleichermaßen an die Sache, das Publikum und die Konkurrenten, wie man es vielleicht, leicht überspitzt, formulieren könnte. Aristoteles will mit seinen Dialogen sowohl dem Leser seine Philosophie nahebringen wie auch die Dialoge Platons aus dem Felde schlagen. Jeder Historiker will besser, wahrheitsgetreuer und lebendiger berichten als seine Vorgänger und hofft dadurch, zu Ruhm zu gelangen. So ist jedes Werk griechischer Literatur erst dann verstanden, wenn man nicht bloß erkannt hat, was und für wen der Verfasser geschrieben hat, sondern auch, wen er hat übertrumpfen wollen.

Die Dinge gehören zusammen. Der Grieche weiß ohne Ängstlichkeit, was er wert ist; und wenn er etwas unternimmt, so will er sich gegen seinesgleichen durchsetzen.

Mit dem Christentum werden die Verhältnisse anders. Ein neues Moment tritt auf, das Bewußtsein des Menschen, vor Gott schuldig zu sein und vor seiner Gerechtigkeit nicht bestehen zu können. Es entsteht die dem Griechen fremde Tugend der Demut, die sich klein macht und nicht selbstironisch ist, weil der Mensch in seiner Sündhaftigkeit immer noch kleiner ist, als er sich selbst zu sehen vermag. Obwohl die Demut schon in der christlichen Antike, dann im Mittelalter vielfach in bloße Rhetorik absinkt, bleibt die Tatsache bestehen, daß die dem klassischen Griechentum eigene Form des Selbstbewußtseins untergegangen ist. In der Renaissance kehrt sie wohl teilweise wieder, doch ein zweites Mal wird sie im 19. und 20. Jahrhundert vernichtet. Da setzt sich das Zurücktreten in die Menge, das betonte Ableugnen jeden persönlichen Ehrgeizes als allgemeine Regel der Wohlanständigkeit durch. Die Griechen haben sich als ein Volk unter vielen Völkern empfunden, dagegen den Anspruch des Einzelnen auf Ruhm vollauf respektiert. Im 19. und 20. Jahrhundert ist es gewissermaßen umgekehrt. In der Form des Nationalismus kennt der Anspruch des zum Staat organisierten Volkes keine Grenzen, wogegen vom Einzelnen erwartet wird, daß er sich als Bürger bekenne, der auch nicht mehr sei oder zu erwarten habe als alle übrigen. Wer Ruhm sucht, mag es in der Stille tun; es öffentlich einzugestehen wäre anstößig.

Macht und Recht

Ruhm scheint sich in einem gewissen Grade mit der Macht zu berühren, obschon der Ruhm ohne jede Macht zu bestehen vermag und der Wille zur Macht nicht selten ausdrücklich auf jede Anerkennung durch die Gemeinde verzichtet. Fast könnte man sagen, daß der Wille zur Macht dort am reinsten hervortritt, wo er nichts als die Macht erstrebt und dem Lob wie dem Haß der Beherrschten gegenüber gleich unempfindlich bleibt. Am prägnantesten ist dies ausgedrückt in dem Vers einer römischen Tragödie, den ein Zitat in Suetons Biographie des Caligula bis auf den heutigen Tag berühmt gemacht hat: »Oderint dum metuant«. Es ist ein Tyrann, der so spricht, und das vom griechischen 5. und 4. Jahrhundert v. Chr. ausgearbeitete Porträt des vollkommenen Tyrannen soll denn auch diejenige Lebensform repräsentieren, für die die mit allen Mitteln erkämpfte und behauptete Macht den höchsten und einzigen Wert bildet.

Die Theorie dazu liefert ein Text, der kaum weniger berühmt ist als der lateinische Vers. Es ist das Gespräch des Sokrates mit Kallikles in Platons Dialog Gorgias. Hier verfolgen wir das Bemühen, eine Ethik zu entwickeln, die von allen geschichtlichen Zufälligkeiten absieht und ganz auf der Natur des Menschen aufgebaut ist. Zu fassen ist diese Natur nach der Meinung des Kallikles beim Kind, beim Tier und in der Totalität des geschichtlichen Lebens. Es entstehen zwei Typen von Ethik, die beiden ältesten Formen philosophischer Ethik im strengen Sinne, die wir besitzen. Die eine ist die Ethik der Lust, von der später einiges zu sagen sein wird, die andere die Ethik des Willens zur Macht. Denn die Herdentiere werden von den stärksten männlichen Tieren regiert, und in der Geschichte war es unzweifelhaft immer der stärkere Staat, der den schwächeren unterwarf und ihm sein Gesetz aufzwang. Recht ist, was der Stärkere setzt, und der Stärkere zu sein ist der einzige Weg, sich sein Recht zu verschaffen und leben zu können, wie man will.

.Platon hat bewußt kraß formuliert und den zynisch desillusionierenden Charakter der Doktrin scharf herausgearbeitet. Aber sie ist mehr als der kurzlebige Einfall eines aufklärungssüchtigen Sophisten. Die Darlegungen des Kallikles lassen sich vielmehr in zwei größere Bereiche eingliedern.

Fürs erste wird man sich nicht verhehlen, wie sehr die Macht als solche die Griechen fasziniert hat. Das Phänomen ist so paradox wie unbestreitbar. Gerade der Grieche, der über die Grenzen des menschlichen Wirkens und über die Ungewißheit alles Zukünftigen so gut Bescheid wußte, hat die Macht geliebt. Großkönig zu sein war ein Gipfel menschlicher Glückseligkeit. Solon läßt in einem seiner Gedichte einen beliebigen Athener auftreten und bekennen: »Könnte ich nur einen einzigen Tag lang Tyrannos von Athen sein, dann wäre es mir gleich, nachher geschunden und mit meiner ganzen Familie ruiniert zu werden.«

Schon zu Anfang des 6. Jahrhunderts v. Chr. haben also Griechen so gedacht. Natürlich versteht man unter dem Tyrannos nicht einen zähnefletschenden Wüterich, sondern einfach einen Mann, der die Macht ergreift, weil das Volk sie ihm bietet und weil er sie selber liebt, und der dann das Nötige zu tun weiß, um die selbsterkämpfte Macht auch zu behaupten. Denn, wie Aristoteles, vermutlich zitierend, einmal bemerkt: man wird nicht Tyrannos, um nicht mehr frieren zu müssen. Wir kennen eine Reihe griechischer Tyrannen. Doch die Überlieferungsreste erlauben uns anzunehmen, daß die Zahl der Tyrannen, die es vom 6. bis zum 3. Jahrhundert v. Chr. gegeben hat, weit über die der bekannten Namen hinausgeht und letzten Endes erstaunlich hoch gewesen sein wird. Kleine und kleinste Gemeinden sind im Laufe der Jahrhunderte zwei- oder dreimal von Tyrannen beherrscht worden. Die Breite der Erscheinung zwingt förmlich zur Folgerung, daß es sich bei den Tyrannen keineswegs um vereinzelte Abenteurer oder Sozialreformer gehandelt hat, sondern um die Verkörperung eines Ideals, das dem griechischen Geiste überhaupt nahestand.

Beinahe wäre man versucht, noch einen Schritt weiter zu gehen. Man könnte gerade unter dem Stichwort Macht von einer Polarität sprechen. Der mißtrauischen Vorsicht und klugen Selbstbescheidung tritt gegenüber der tollkühne Wille, um eines einzigen Augenblicks göttergleicher Herrlichkeit willen alles zu wagen, eben das, was die Vorsichtigen Hybris genannt haben. Auch dies steckt in den Griechen, selten sichtbar zwar, aber darum nicht weniger eindrucksvoll. Manche der eigenartigsten Gestalten der griechischen Geschichte sind ohne diese Komponente nicht erklärbar: Alkibiades im 5. Jahrhundert v. Chr., Alexander im 4., aber auch der sizilische Tyrann Agathokles im 3. Jahrhundert v. Chr. Wenn Epikureer und Stoiker ihrem idealen Weisen eine Glückseligkeit zuschreiben, die der des Götterkönigs Zeus ebenbürtig sei, so haben wir eine – vielleicht etwas bläßliche – Variante desselben durchbrechenden Willens zum Höchsten, das es überhaupt geben kann, eines Willens, der die Schranken der Besonnenheit bewußt verachtet.

Blicken wir indessen noch in eine andere Richtung. Das Problem, welchen Ranges die Macht sei, wird immer wieder wachgerufen durch die Frage nach den Quellen des positiven Rechts. Daß in jedem Staat andere Gesetze gelten, haben die Griechen schon früh beachtet. Dem wandelbaren Recht stellten sie das unwandelbare Recht gegenüber, das auf der Natur der Menschen und Götter beruht. Damit ist jedoch das positive Recht, dem jeder Bürger zu gehorchen hat, nicht beiseite geschafft. Woher kommt es aber? Die geschichtliche Erfahrung gab die Antwort. Recht und Gesetz ist das, was die jeweiligen Regenten des Staates zum Recht erklären, weil es ihren Interessen oder den Interessen der von ihnen vertretenen Staatsform dienlich ist. Wenn bei Platon der Gegner des Sokrates feststellt, Recht sei, was dem Mächtigeren nütze, so wird damit nur grob formuliert, was sich etwa an der Geschichte der athenischen Staatsverfassung ohne sonderliche Mühe demonstrieren ließe. Dann aber ist der Schritt nicht mehr weit zu einer völligen Absorption des Rechts in die Macht. Der Mächtige setzt das Recht und hat immer recht, und wer Recht bekommen will, muß zusehen, daß er mächtig werde.

Die Konsequenzen dieser Auffassung sind in einer Diskussion durchexerziert, die wohl auf griechische Anregungen hin Cicero in seinem Werk »Über den Staat« führen ließ. Da wird auf der einen Seite das Recht der Macht auf allen Ebenen durchgefochten. Auf der anderen Seite allerdings behauptet der Platoniker die Eigenständigkeit der Gerechtigkeit, die ihren Rang in sich selbst besitzt, unabhängig von Macht und Ohnmacht. Was dieser Diskussion ihr besonderes Gewicht verleiht, ist, daß sie mit äußerster Schärfe das Problem der Machtpolitik im weitesten Sinne aufwirft. Worin unterscheidet sich König Alexander von irgendeinem kleinen Seeräuber? Nur darin, daß der Seeräuber zuweilen ein Handelsschiff plündert, der König aber Länder und Reiche zusammenstiehlt. Recht hat der eine wie der andere nur insofern, als er die Macht hat zu tun, was ihn gelüstet.

Da zeigt sich denn die geistige Problematik der reinen Macht, die sich auf nichts verläßt als auf sich selbst. Es ist nicht zu bezweifeln, daß manche Griechen und auch einige Römer sich von einem solchen Begriff der Macht bezaubern ließen. Es wird allerdings auch deutlich, daß er weder in der Theorie noch in der Praxis auf die Dauer durchzuhalten war. Ohne die Annahme einer autonomen Gerechtigkeit ließ sich nicht leben, auch wenn es weder Platon noch Aristoteles gelang, die Relation der Gerechtigkeit zum positiven Recht des jeweiligen Staates in eine stichhaltige Formel zu bringen.

Es bedarf keines Wortes, daß hier Probleme vorliegen, die, von Platon und Aristoteles zum ersten Male herausgearbeitet, bis auf den heutigen Tag ihre Aktualität unverändert bewahrt haben.

Mehr am Rande mag noch das Folgende angemerkt werden. Das griechische Mißtrauen den Dingen gegenüber zeigt sich charakteristisch darin, daß sie schon längst vor Platon zwischen Werten unterscheiden, die immer und überall erstrebenswert sind, und solchen, die es nicht sind. Zur zweiten Gruppe gehören vorzugsweise Macht und Reichtum. Denn es sind Güter, die Gefahren anziehen, den Neid der Menschen und die Mißbilligung der höheren Mächte; der Mächtige ist dem Sturz nahe, und auf den Reichen wartet der Räuber. Darum ist es das beste, mit dem einen wie mit dem andern Gut nur äußerst behutsam umzugehen und sich nicht allzusehr an ihm zu freuen.

Es ist eine Frage für sich, welchen Einfluß die Bildung großer politischer Machtzentren auf die geistige Entwicklung der Griechen gehabt hat. Durch die Machtstellung Athens in der Mitte des 5. Jahrhunderts v. Chr. werden Dichter und Schriftsteller aus den verschiedensten Gegenden Griechenlands angezogen. Gegen Ende des Jahrhunderts sammelt sich eine Gruppe am Königshof von Makedonien. Im 5. und 4. Jahrhundert v. Chr. haben in mehreren Perioden Philosophen und Dichter die Tyrannen von Syrakus aufgesucht; Platon ist nur einer unter vielen. Hundert Jahre später bildet Alexandreia, die Hauptstadt der einzigen politisch gefestigten hellenistischen Monarchie, einen übermächtigen Anziehungspunkt für Künstler und Gelehrte. Schließlich beginnt seit der Mitte des 2. Jahrhunderts v. Chr. das siegreiche Rom die gleiche Rolle zu spielen; keineswegs suchte nur Rom den Anschluß an die griechische Kultur; auch die griechischen Philosophen und Künstler begannen ihre Blicke auf Rom zu richten. Das Phänomen ist bemerkenswert. Die nicht ganz einfache Frage aber, wie es konkret geschichtlich zu deuten ist, lassen wir hier auf sich beruhen.

Reichtum und Natur

Reiche und Arme hat es immer gegeben. Mit der ihnen eigenen Sachlichkeit haben die Griechen das konstatiert und empfanden es zugleich als ganz natürlich, daß der Arme danach trachtet, sich des Reichtums des Reichen zu bemächtigen, der Reiche dagegen bemüht ist, seinen Reichtum zu verteidigen. Noch einmal: die Spanne zwischen Reichtum und Armut darf man sich bei den Griechen nicht allzugroß vorstellen. Wir haben keine Indizien, daß es außer in Kriegszeiten nacktes, hoffnungsloses Elend gegeben hätte, und der Reichtum der Reichen war vom zügellosen Luxus altorientalischer oder späterer Epochen weit entfernt.

Das Handeln des Griechen zielt auf die Herstellung optimaler und nicht maximaler Verhältnisse. Daß Bequemlichkeit und Reichtum einer Gesellschaft wie des Einzelnen unbegrenzt gesteigert werden können und darum auch unbegrenzt gesteigert werden müssen, klingt dem Griechen letzten Endes genauso absurd wie die Meinung, es sei wünschenswert, den Umfang eines Staates oder die Größe eines organischen Körpers oder schließlich die Proportionen eines Kunstwerks unbegrenzt auszudehnen. Wie der Körper des Menschen auf eine bestimmte angemessene Größe hin angelegt ist, so auch der Staat, so endlich auch der Besitz. Hat man zuwenig, gefährdet man die Gesundheit des Leibes und die freie Entfaltung des Geistes; hat man zuviel, zieht man nicht nur die Mißgunst der andern auf sich, sondern wird auch selbst verführt, sein Streben nur auf die Mehrung des Reichtums zu richten und dabei geistig zugrunde zu gehen. Es gibt also für den Griechen eine bestimmte optimale Bequemlichkeit des Lebens, und sie zu ermöglichen ist der Zweck des Besitzes. Er hat Werkzeugcharakter und muß wie jedes Werkzeug zu seiner Aufgabe tauglich sein.

Dieselben Gedanken lassen sich auch anders fassen. Im allgemeinen liebt der Grieche Extreme und Paradoxe nicht; mit dem Ideal vollkommener Besitzlosigkeit wird zwar gelegentlich im Blick auf die Tiere gespielt, die auch kein Eigentum hätten; zuweilen wird die Theorie vertreten, daß es im gerechten Staat kein Privateigentum geben dürfe, und die Ethnologie behauptet zuweilen, Beispiele von Völkern beibringen zu können, die tatsächlich nur Gemeinbesitz kennten. Doch im ganzen spielen dergleichen Spekulationen keine Rolle. Es bleibt bei der Polarität der Armen und Reichen. Die Ethik zeigt, daß Zucht, Abhärtung und Selbstgenügsamkeit Tugenden sind, die vorzugsweise den Armen zukommen. Die Tugend der Reichen dagegen ist die Liberalität. Dazu ist bemerkenswert, daß von den Lastern, denen der übermäßig Reiche zu verfallen pflegt, Geiz und Verschwendung, das Laster des Geizes durchweg als das schlimmere empfunden wird. Gewiß ist der Geiz die Verfallsform der Sparsamkeit, wie die Verschwendung die Verfallsform der Liberalität ist. Aber die weltoffene Liberalität steht höher als die Sparsamkeit. Nach einem vielzitierten Spruch ist das Erweisen von Wohltaten Göttern und Menschen gemeinsam. Dementsprechend ist die großzügige und leichtsinnige Verschwendung weit weniger verwerflich als der Geiz, in dem der Mensch sich verhärtet. Außerdem hat Aristoteles ganz kühl errechnet, daß Verschwendungssucht immer heilbar sei: irgendwann einmal ist auch der größte Reichtum aufgebraucht, wen aber der Geiz gepackt hat, der ist unheilbar.

Ein angemessener Reichtum ist immer wünschenswert. Er gestattet es, Gutes zu tun, sich dem Staat zur Verfügung zu stellen und auch die Götter in würdiger Weise zu ehren. Mag auch die Vernunft sagen, daß das Opfer des Armen den Göttern ebenso gefällig sei wie das des Reichen, da es nur auf die Gesinnung ankomme: so bleibt doch bestehen, daß ein besonders schönes und festliches Opfer den Opfernden erhebt und den Göttern gewiß nicht unlieb ist. Endlich verschafft der angemessene Reichtum einen letzten Gewinn. Er befreit von der Sorge um den täglichen Gelderwerbst und gibt die Muße, die zwar nicht für das Philosophieren schlechthin, wohl aber für die philosophische Forschung unentbehrlich ist.

Lust, die Ethik der Genügsamen

Dem politischen Leben gegenüber nicht bloß indifferent, sondern geradezu feindlich ist die Lebensform des Genießens. Ihr oberster Wert ist die Lust. Freilich ist sofort anzumerken, daß sowohl »Genießen« als auch »Lust« den im Griechischen gemeinten Begriff höchst unzulänglich und vor allem um einige Nuancen zu grob wiedergeben.

Die gleichen theoretischen Erwägungen, die gegen Ende des 5. Jahrhunderts v. Chr. zum Entwurf einer Ethik des Machtstrebens geführt haben, mündeten in einer anderen Richtung in eine Ethik der Lust. Die Wurzeln der Lustethik reichen allerdings sehr viel tiefer. Diese Ethik hätte ja auch nicht eine solche Verbreitung gefunden, wenn sie sich lediglich auf eine philosophische Theorie und nicht vielmehr auf einen Grundzug des griechischen Geistes hätte stützen können.

Dieser Grundzug ist das unüberwindbare Mißtrauen allem Planen gegenüber, das weiträumig und zuversichtlich in die Zukunft greift. Sicher ist nur der gegenwärtige Augenblick. Die Entschlossenheit, ihn zu nutzen, aber auch mit ihm sich zufriedenzugeben, ist der eigentliche Quell der Lustethik.

Die Jugend vergeht im Fluge, das Leben ist ein Schatten, und keiner weiß, was der nächste Tag bringt; was bleibt uns anderes, als uns des heutigen Tages zu freuen? Auf diesen Ton sind die ältesten, sozusagen impliziten Zeugnisse der Lustethik gestimmt, Werke der ionischen Lyrik des 7. und 6. Jahrhunderts v. Chr. Ihnen schon ist der gegenwärtige Augenblick alles, das Planen nichts. Sie genießen ihn mit den Mitteln, die er gerade bietet. Denn verworfen wird nicht nur das politische Handeln auf weite Sicht, das nur Unruhe schafft und fast niemals das Erhoffte erfüllt, verworfen wird auch aller mühsam herantransportierte und organisierte Luxus. Das Leben ist zu kurz, als daß man sich leisten könnte, es unnötig zu erschweren.

Diese Gestimmtheit der alten Ioner ist in das Philosophieren dessen eingegangen, der wahrscheinlich neben Platon die überlegenste und eindrucksvollste Gestalt unter den Schülern des Sokrates gewesen ist, Aristippos aus Kyrene. Was bei Sokrates Fürsorge für die eigene Seele war, konkretisiert sich bei ihm zur gelassenen Anpassung an alle äußeren Umstände (Platon soll anerkennend über ihn gesagt haben: »Er allein versteht es, mit gleicher Würde einen Fürstenmantel und ein Bettlerhemd zu tragen«) und zu heiter souveränem Genuß aller Freuden, die der Tag bringt.

Von Aristippos hat Epikur vieles übernommen. Er gilt weltgeschichtlich als der Schöpfer des Hedonismus schlechthin, was insofern zutrifft, als er den Gedanken Aristipps systematisch ausbaute, ihn teilweise auch unter dem Einfluß aristotelischer Theorien modifizierte. Doch gilt von Epikur im Prinzip das gleiche, was von den ionischen Dichtern und von Aristippos zu sagen war. Mit einer philosophisch sanktionierten Freigabe aller Triebregungen hat seine Lustlehre nicht das mindeste zu tun. Auch sie geht davon aus, daß die zufriedene Beschränkung auf das Erreichbare und Nächste die einzige verläßliche Seligkeit darstellt. Darin entspricht der Mensch den Absichten der Natur und hält sich frei von Mühen und Ängsten. Daß Epikur selbst ein Leben bescheidenster Zurückgezogenheit geführt hat, mußten auch seine bösartigsten Gegner anerkennen.

Das Parisurteil
Aphrodite, Hera und Athene mit dem Götterboten Hermes vor dem Kithara spielenden Paris
Vasenbild auf der Außenseite der Makron-Schale aus Vulci/Etrurien, 490–480 v. Chr.
Berlin, Ehem. Staatliche Museen, Antikenabteilung

Demeter und Persephone, die Hauptgöttinnen der Mysterien von Eleusis,
beim Entsenden des Triptolemos auf die Erde
Marmorrelief aus dem Mysterienheiligtum, um 430 v. Chr. Athen, Nationalmuseum

Ihre geistig vollkommenste Gestaltung haben die Intentionen der Ioner und Aristipps allerdings anderswo erreicht, seltsamerweise im Werk eines Römers. Es ist Horaz, in dessen Gedichten sich Kunst und ionisch-aristippische Lebensweisheit so durchdringen, daß man ihn den einzigen unter den uns bekannten Dichtern der Antike nennen darf, bei dem Dichten und Philosophieren zu harmonischem Gleichgewicht gelangt sind. Und in seinen *Carmina* muß man nachlesen, was antike Lustethik im reinsten Sinne bedeutet hat.

Selbstverständlich gab es dazu auch Karikaturen. Die Griechen haben sich gern vorgestellt, daß an den altorientalischen Fürstenhöfen ein Leben ununterbrochener üppigster Schwelgerei herrsche. Es kann uns hier gleichgültig sein, ob diese Vorstellung, zusammengefaßt etwa im Porträt des Königs Sardanapal, der geschichtlichen Realität entsprach. Wichtig ist, daß sie die Griechen stark beschäftigte. Ein auf seine kernige Sittlichkeit stolzes Griechentum wies die asiatische Verderbtheit weit von sich (die Meinung, daß Asien überhaupt die Heimat aller Ausschweifung sei, hat die gesamte griechisch-römische Antike beherrscht), andere Griechen dagegen vertraten recht bezeichnenderweise die Ansicht, daß zum wahren Herrschertum auch eine selbstbewußte Entfaltung von Prunk und Luxus gehöre. Unverkennbar ist der Lebensstil der hellenistischen Fürsten von dieser Ansicht beeinflußt. Freilich waren die Fürsten damit keineswegs notwendigerweise Wüstlinge; man erwartete nur von ihnen eine großzügige, ihrem Rang entsprechende Hofhaltung. Schon an den alten Großkönigen Mediens und Persiens haben die Griechen konstatiert, daß eine heilsame psychologische Wirkung auf die Ordnung im Staat ausgehen kann, wenn der Herrscher sich in die Unnahbarkeit zurückzieht und sich in seiner Lebensweise deutlich vom gemeinen Volk unterscheidet. Alexander dem Großen ist es zwar sehr verübelt worden, daß er in seinen späten Jahren jenen Großkönigen nacheiferte; doch aus dem 2. und 1. Jahrhundert v. Chr. vernehmen wir Stimmen von Historikern, die es umgekehrt im höchsten Grade mißbilligen, wenn ein König sich würdelos unter die Menge mischt.

Die Lebensform der Theoria

Eine Reihe von Faktoren ist an der Ausgestaltung dieses Wertes, der Lebensform der *theoría*, beteiligt. Fürs erste ist der in die Erforschung des Ewigen versunkene Weise zu einem guten Teil der Erbe des Dichters. Schon dieser steht in gewissem Sinne außerhalb der politischen Gemeinschaft, da er nicht handelt, sondern das Handeln besingt. Waffenlos findet er sich in der Mitte der Krieger und breitet das Wissen aus, das ihm die Muse geschenkt hat. Den Göttern steht er nahe und darf um so eher auf ihren besondern Schutz rechnen, als er der menschlichen Wehrhaftigkeit ermangelt.

Eine zweite Komponente ist ein Ideal edler Muße, das wir mit allem Vorbehalt aristokratisch nennen dürfen. Der Grieche hat die schwere körperliche Arbeit nie geliebt. Er hat sie verrichtet, weil es eben sein mußte; wenn jedoch der Sokratiker Antisthenes in eben solcher Arbeit den Sinn des Lebens sah, so war dies als provozierendes Paradoxon gemeint und wurde auch so aufgefaßt. Menschenwürdig war allein die freie Muße, in der man sich

Zeit zu den Dingen lassen konnte, die gerade nicht der bloßen Lebenserhaltung dienten. Der Reiche hatte es da gewiß leichter; daß aber auch der Arme sich Muße verschaffen konnte, wenn er wollte, lehrte das Beispiel des Sokrates. Damit befinden wir uns freilich schon in der Philosophie. Doch weit darüber hinaus ist der Rang jener Lebensform anerkannt, die sich für Bildung, Kunst, Spiel und Unterhaltung Zeit läßt.

Drittens endlich darf eine ins Religiöse hinüberreichende Komponente nicht übersehen werden. Aus der Terminologie der hier gemeinten Lebensform ist uns der Begriff der Theorie bis auf den heutigen Tag geläufig und unentbehrlich. Dabei liebt es gerade der Sprachgebrauch der jüngsten Zeit, zuweilen die vornehmere Wortform »Theoria« zu verwenden und damit auf den vorphilosophischen Sinn des Wortes anzuspielen. Er ist in der Tat nicht unwichtig. Er bezeichnet einmal die Assistenz bei den großen panhellenischen Festspielen. Die Festgesandtschaften etwa, die die griechischen Staaten alle vier Jahre an die Olympischen Spiele abordneten, heißen *theoriai*, und ihr Zweck ist das betrachtende und bewundernde Dabeisein bei diesen Spielen. Zu demselben Wortstamm wie Theoria gehören aber auch einige Begriffe, die auf den zentralen Vorgang bei den Mysterien, vor allem denen von Eleusis, zielen. Was immer im einzelnen geschah – der in der Einweihung Zugelassene »schaute« etwas, er wurde zum Betrachter von etwas Heiligem und erwarb in der Schau frohe Zuversicht für das Leben nach dem Tode.

Wir kommen mit dieser dritten Komponente in die unmittelbare Nähe des eigentlichen Gehalts des *bíos theoretikós*, wie diese Lebensform auf griechisch heißt. Denn sie steht und fällt mit der fundamentalen Voraussetzung, daß es die Bestimmung des menschlichen Geistes sei, die Wahrheit als die Erkenntnis der ewigen Dinge zu erwerben. Ewige Dinge sind für die Frühzeit des Denkens der gestirnte Himmel, dann das unkörperliche Sein, schließlich die ewige Ordnung des Kosmos, in der das reine Sein faßbar wird; der menschliche Geist wiederum vermag sich diesem Ewigen zuzuwenden, weil er seinem eigenen Wesen nach Anteil an diesem Ewigen hat. In der Welt der Gestirne oder des unbewegten Seins ist er im wahrsten Sinne zu Hause. Voraussetzung ist also, um es anders zu sagen, daß ein ewiges Sein existiert, an dem alle sichtbaren Dinge bis herab zu den geringsten und unscheinbarsten teilhaben, daß es der Mühe wert ist, dieses Ganze so gründlich wie möglich kennenzulernen, und schließlich, daß die Möglichkeit einer solchen Erkenntnis auf einer wesenhaften Verwandtschaft zwischen dem erkennenden Geist und dem zu erkennenden Sein beruht. Im Vollzug der Erkenntnis sichert sich also der menschliche Geist zugleich die Rückkehr in jene Sphäre, der er seiner Natur nach angehört.

Diese Anschauungen sind es, die für das Abendland die Dignität der wissenschaftlichen Forschung begründet haben. Aus der griechischen *vita contemplativa* erwächst der Typus des Gelehrten, der sein Leben der Erforschung der Wahrheit weiht.

Es gibt also Grund genug, sich die Eigenart der forschenden Lebensform, wie sie im 5. und 4. Jahrhundert v. Chr. verstanden wurde, an einigen besonders bedeutsamen Texten klarzumachen. Philosophische und wissenschaftliche Forschung als Sinn des menschlichen Daseins begegnet zuerst bei einigen Vorsokratikern des 5. Jahrhunderts v. Chr. Die erhaltenen Reste ihrer Werke bieten freilich so gut wie ausschließlich sachliche Mitteilungen und verraten kaum, wie die Verfasser ihre Tätigkeit aufgefaßt haben. Immerhin zeigen zeitgenössische Anekdoten, wie man ihr Forschen verstand, und wir haben keinen Anlaß, an der Verläßlichkeit dieser Hinweise zu zweifeln. Anaxagoras vernachlässigt eine knappe Generation vor Sokrates um der Wissenschaft willen gänzlich seine Bürgerpflichten; auf den Vorwurf, sein Vaterland scheine ihm gleichgültig zu sein, erwidert er: »Im Gegenteil, ich kümmere mich gar sehr um mein Vaterland«, und weist zum gestirnten Himmel empor, dessen Phänomene er zu ergründen sucht. In einer Schrift des Aristoteles findet sich folgender Abschnitt mit zwei weiteren Anekdoten: »Welches ist nun der Zweck, um dessentwillen die Natur und die Gottheit uns hervorgebracht haben? Dies ist es, wonach Pythagoras gefragt wurde und zur Antwort gab: Um den Himmel zu betrachten; und er nannte sich selbst Betrachter der Natur und erklärte, er sei um dessentwillen ins Leben eingetreten. Von Anaxagoras wiederum wird erzählt, er habe, als er gefragt wurde, um welchen Zweckes willen der Mensch wünschen könnte, geboren zu werden und zu leben, erwidert: Um den Himmel zu betrachten und die Sterne an ihm und den Mond und die Sonne, da nämlich alles übrige nicht der Mühe wert sei.«

Beachtung verdient die Tatsache, daß Cicero eben diese Stelle des Aristoteles in einen seiner berühmtesten philosophischen Dialoge übernommen hat. Es ist der *Hortensius*, den wir zwar nur in Resten besitzen, der aber auf den Kirchenlehrer Augustin einen entscheidenden Einfluß ausgeübt hat.

Selbst im Gefängnis soll Anaxagoras sich mit wissenschaftlichen Studien beschäftigt haben. Von Demokrit, dem Begründer der antiken Atomistik, hören wir, die Wissenschaft habe ihn derart in Anspruch genommen, daß darüber sein Besitztum in Abdera vollständig habe verkommen lassen. Nach andern Erzählungen verkaufte er es, um Geldmittel für seine Forschungsreisen flüssig zu machen, die ihn nach Süden und Osten bis an die Grenzen der bekannten Welt geführt haben sollen. In einer seiner Schriften scheint er geradewegs erklärt zu haben, er würde lieber die Ursache eines Naturphänomens entdecken, als das Königreich der Perser geschenkt erhalten.

Einen unvergleichlichen Eindruck auf Jahrhunderte hat das Porträt gemacht, das Platon in seinem Dialog *Theaitetos* vom wahren Philosophen entworfen hat. Er wird als Forscher dem politischen Praktiker gegenübergestellt, und manche Züge finden sich noch an dem Gelehrten des 19. und 20. Jahrhunderts. Der wichtigste Abschnitt sei im Wortlaut mitgeteilt; Sokrates spricht, nachdem er eben die Philosophen erwähnt hat:

> Diese also kennen erstens von Jugend an nicht einmal den Weg zum Marktplatz, wissen auch nicht, wo das Gericht ist oder das Rathaus oder sonst ein städtisches Versammlungslokal. Von den Gesetzen und den mündlichen oder schriftlichen Beschlüssen sehen sie nichts und hören sie nichts. Und die Umtriebe der Klubs um die Regierungsämter und die Sitzungen und gemeinsamen Bankette und die Feste mit Flötenspielerinnen – das alles fällt ihnen nicht einmal im Traume ein. Ob jemand in der Stadt von guter oder gemeiner Herkunft ist und ob er von seinen Vorfahren, von Vater- oder Mutterseite, bei seiner Erzeugung etwas Übles mitbekommen hat, das ist ihm noch weniger bekannt als die sprichwörtliche Zahl der Tropfen im Meere. Und bei alledem weiß er nicht einmal, daß er es nicht weiß. Denn nicht deshalb hält er sich davon fern, um sich in ein gutes Licht zu setzen, sondern es ist wirklich so, daß allein sein Leib in der Stadt wohnt und dort zu Hause ist; der Geist aber, der dies alles für gering und nichtig hält, verachtet es und fliegt dahin und durchmißt, wie Pindar sagt, die Tiefen der Erde und ihre Flächen und untersucht die Sterne oben am Himmel und erforscht nach jeder Seite die ganze

Natur des Seienden, eines jeden in seiner Ganzheit. Zum Naheliegenden aber läßt er sich nicht herab. So beobachtete auch Thales die Sterne, und als er nach oben blickte, fiel er in einen Brunnen. Da soll ihn eine Thrakerin, eine witzige und liebenswürdige Dienstmagd, verspottet haben, weil er sich anstrenge, die Dinge am Himmel zu erfahren, und nicht bemerke, was gerade vor seinen Füßen liege. Dieser Spott gilt aber für alle, die in der Philosophie leben. Denn in der Tat: wer philosophiert, der sieht nicht seinen Nächsten und seinen Nachbarn. Er weiß nicht, was dieser tut, ja kaum, ob er ein Mensch ist oder sonst ein Lebewesen. Was jedoch der Mensch überhaupt, seinem Wesen nach, ist und was seiner besonderen Natur — im Gegensatz zu den anderen Wesen — zu tun und zu leiden zukommt, das zu erforschen bemüht er sich mit großer Anstrengung.

Darum wirkt so ein Philosoph auf jeden, mit dem er privat oder in der Öffentlichkeit zusammenkommt, wie ich zu Beginn gesagt habe: Wenn er vor Gericht oder sonstwo über etwas reden soll, was ihm vor den Füßen oder vor den Augen liegt, erregt er nur Gelächter, nicht bloß bei den Thrakerinnen, sondern auch bei der übrigen Menge, wenn er aus Unbeholfenheit in die Brunnen und in alle möglichen Verlegenheiten fällt. Seine Ungeschicklichkeit ist so arg, daß sie den Anschein der Einfältigkeit erweckt. Wenn man am Schmähen ist, kann er nichts Eigenes beitragen, womit er über irgend jemanden schmähen könnte; er weiß über niemanden etwas Schlechtes, weil er sich nie darum gekümmert hat, und in seiner Verlegenheit macht er einen lächerlichen Eindruck. Wenn man aber am Loben ist und wenn die andern den Mund voll nehmen, dann tut nun er nicht nur so, als ob er lachte, sondern er lacht wirklich, und zwar so offen, daß er kindisch wirkt. Wird ein Tyrann oder König gepriesen, so kommt es ihm vor, als höre er einen Hirten preisen, etwa einen Schweinehirten oder einen Schaf- oder Kuhhirten, der viel melken kann... Hört er von zehntausend Morgen Land reden oder von noch mehr, daß ihr Besitzer wunder wie viel sein eigen nenne, so glaubt er von etwas Winzigem zu hören, weil er gewohnt ist, die ganze Erde zu überblicken. Und wenn sie gar von Abstammungen schwärmen, wie hochvornehm einer sei, der sieben reiche Vorfahren aufzählen könne, so hält er dies für ein blödes und kurzsichtiges Lob, das von Leuten stamme, die nur auf Kleinigkeiten schauen und aus Mangel an Bildung nicht imstande sind, allezeit auf das Ganze zu blicken und zu berechnen, daß ja ein jeder unzählige Scharen von Ahnen und Vorfahren besitzt, unter denen es Reiche und Bettler, Könige und Sklaven, Barbaren und Hellenen gegeben hat, für jeden viele Tausend... Und da lacht er, weil sie sich das nicht selbst ausrechnen und damit die Aufgeblasenheit aus ihrer unvernünftigen Seele vertreiben können. Deswegen aber wird so ein Mensch von der Menge verlacht, weil er hier einen überheblichen Eindruck macht, dort jedoch nicht einmal das Nächstliegende kennt und in allen Dingen ratlos ist... Dies ist also die Verhaltensweise dessen, der wahrhaft in Freiheit und in Muße erzogen ist, eben des Philosophen, und der es nicht übelnimmt, wenn man ihn für einen Einfaltspinsel ansieht, und der zu nichts nutze ist, wenn er Sklavenarbeit verrichten soll, da er nicht einmal fähig ist, etwa seine Decken in einen Sack zu packen oder das Essen schmackhaft zu machen oder Schmeichelworte zu sagen.

Soweit Platon. Trotz der lockeren Gesprächsform, in der sich Sokrates äußert, treten die Hauptgedanken klar hervor. Der Geist des forschenden Philosophen schweift durch den Kosmos. Er mißt die Dimensionen der Erde und die Bahnen der Gestirne, womit zwei Fundamentaldisziplinen im griechischen Wissenschaftssystem bezeichnet sind: Geometrie und Astronomie. Der Wirklichkeit des Alltags und der Politik bleibt er doppelt fremd; einmal interessiert sie ihn einfach nicht, und dann entdeckt er ihre lächerliche Nichtigkeit, wenn er ihr die ungeheuren Räume und Zeiten des Kosmos entgegenhält. Nur eines vermag ihn am Menschen zu fesseln: nicht die Zufälligkeit dieses oder jenes Nachbarn, sondern die Frage nach dem Wesen des Menschen und seiner Einordnung in den Bau des Kosmos. Und wieder gilt das gleiche. Der Forscher ist nicht hier und jetzt zur Stelle, sondern in der weiten Ferne des Kosmos und der wahren Wesenheiten. So entwickelt sich das Paradoxon, daß er gleichzeitig ausgelacht wird und auslacht. Für die Leute ist er ein Dummkopf, während er die Dummheit der Leute durchschaut.

Weniger farbenreich, aber von gleicher geschichtlicher Wirkung sind schließlich die Texte des Aristoteles. Er scheut sich nicht, zur Begründung der These, daß das Leben der Erkenntnis die oberste Bestimmung des Menschen sei, ganz banale Tatsachen anzuführen: etwa die, daß das Sehen uns als das kostbarste aller Sinneswerkzeuge gilt, eben weil es dem Erkennen seiner Art nach am nächsten steht; oder die, daß kein Mensch ein Leben wählen möchte, das zwar über allen Reichtum und alle Macht verfügte, während er selbst der Denkfähigkeit beraubt und wahnsinnig wäre; oder schließlich, daß der natürliche Entwicklungsprozeß des Menschen so verläuft, daß das Bessere sich später vollendet als das Geringere: daß sich die Seele nach dem Körper und in der Seele die erkennende Vernunft später als alles übrige entwickelt. »Also ist die erkennende Vernunft unser Ziel, um dessentwillen wir entstanden sind.« Und zwar hat die Erkenntnis ihren Zweck in sich selbst. »Wer sich nämlich angelegen sein läßt, von jeder Wissenschaft einen Nutzen zu fordern, dem ist es völlig unbekannt, wie groß von Anfang an der Unterschied zwischen dem Guten und dem Notwendigen ist. Jene Dinge, die wir um eines anderweitigen Zwecks willen schätzen und ohne die zu leben nicht möglich ist, nennen wir notwendig. Was wir aber um seiner selbst willen lieben, auch wenn sich nichts Weiteres daraus ergibt, das nennen wir Gutes im eigentlichen Sinne.« Und weiterhin, platonischer Stilisierung sich annähernd: »Daß wir vollkommen richtig sprechen, mag man erkennen, wenn wir uns etwa im Geiste auf die Inseln der Seligen versetzen. Dort nämlich hätten wir keine Bedürfnisse, und keines der andern Dinge würde uns irgendeinen Nutzen gewähren, sondern als einziges bliebe das Denken und das Betrachten, also das, was wir schon jetzt das edle Leben nennen.« Klassisch geworden aber sind die Ausführungen am Ende der Nikomachischen Ethik.

> Die Glückseligkeit ist eine Tätigkeit, und zwar die Tätigkeit des Besten in uns. Dieses Beste mag man die Vernunft nennen – jedenfalls ist es dasjenige, was das Gute und das Göttliche zu erkennen vermag und selbst göttlich oder doch das Göttlichste in uns ist. Seine Tätigkeit kann nur die erkennende sein. Denn zunächst ist diese Tätigkeit die vornehmste. Die Vernunft nämlich ist das Edelste in uns, und die Objekte der Vernunft sind wiederum das edelsten im ganzen Bereich der Erkenntnis. Sodann ist sie die anhaltendste. Anhaltend denken können wir leichter als irgend etwas anderes anhaltend tun. Ferner muß doch die Glückseligkeit mit Lust verbunden sein. Nun aber ist unter allen Tätigkeiten die der Weisheit zugewandte anerkanntermaßen die genußreichste. Was die Philosophie zu bieten hat, sind Genüsse von wunderbarer Reinheit und Beständigkeit... Auch was man Autarkie nennt, findet sich am meisten beim Erkennen. Was zum Leben erforderlich ist, dessen bedürfen alle Menschen gleichmäßig. Sind sie aber mit dergleichen ausreichend versehen, so bedarf der Gerechte noch solcher, gegen die und mit denen er gerecht handeln kann, und das gleiche gilt vom Mäßigen, vom Tapfern und so fort. Der Weise dagegen vermag auch, wenn er für sich allein ist, zu erkennen, und je weiser er ist, desto mehr. Mag sein, daß es besser ist, wenn er Mitarbeiter hat; immerhin ist er sich selbst am meisten genug. Weiterhin läßt sich von der Betrachtung allein behaupten, daß sie um ihrer selbst willen geliebt werde. Sie bietet uns außer dem Betrachten nichts. Vom praktischen Handeln dagegen haben wir noch einen kleineren oder größeren Gewinn außer der Handlung.

Damit mögen die Umrisse dessen deutlich geworden sein, was die klassische griechische Philosophie als die betrachtende, wissenschaftliche Lebensform verstanden hat. Es ist nun allerdings nicht so, daß diese Anschauungen die spätere Antike vollständig beherrscht hätten. Schon die alte Sokratik kennt Strömungen, die man entschieden wissenschaftsfeindlich nennen muß. Da wird geltend gemacht, daß die Erforschung der allzu fernen, allzu großen oder auch allzu kleinen Dinge in der Natur erstens zwecklos sei, da der Mensch doch zu keinem verläßlichen Wissen gelangen könne, und zweitens verwerflich, da Geometrie und Astronomie, Zoologie und Botanik den Menschen keinesfalls sittlich zu bessern vermöchten. Diese Einwände haben im Hellenismus einen beträchtlichen Einfluß ausgeübt. Doch die späteste Antike kehrt zu Platon und Aristoteles zurück, und dem Hochmittelalter werden in lateinischer Übersetzung vor allem die aristotelischen Texte wieder zugänglich. Die Renaissance bekämpft zwar vielfach den Logiker Aristoteles, läßt aber sein Bild des wissenschaftlichen Menschen im ganzen unangetastet.

Welches sind die Elemente dieses Bildes? Einzelnes ist uns sofort vertraut, etwa, daß die Erforschung der Natur ihren Zweck in sich selbst habe und daß man es sich nicht verdrießen lassen solle, den umfassendsten Problemen näherzutreten, auch wenn es klar ist, daß die menschliche Erkenntnis da immer nur mühsam voranschreitet und fragmentarisch bleibt, oder sich mit den bescheidensten Phänomenen und Lebewesen zu befassen (Aristoteles denkt an Insekten und Würmer), auch wenn der Laie dergleichen Forschungen für lächerlich und unappetitlich hält. Vertraut ist uns weiterhin die Feststellung, daß die wissenschaftliche Arbeit wie keine andere autark ist. Worauf es bei ihr ankommt, leistet der Forscher in der Stille seiner vier Wände und erlebt dabei geistige Freuden, von denen der Außenstehende keine Ahnung hat. Vertraut ist uns schließlich das Porträt des Gelehrten, den die Praxis des Lebens nicht nur nicht interessiert, sondern der sich im Leben so ungeschickt benimmt wie ein Kind. Vom Philosophen des platonischen Theaitetos führt eine Linie bis hin zum vielbesungenen zerstreuten Professor des 19. und 20. Jahrhunderts.

Es finden sich indessen auch Elemente, die uns völlig fremd geworden sind. Der Biologe und Physiker des 20. Jahrhunderts unterscheidet sich gründlich vom Biologen und Physiker der Zeit Alexanders des Großen. Als Grund für diesen Unterschied mag man in knapper Formel sagen, daß die antike Naturwissenschaft, denn um sie handelt es sich in erster Linie, von einer Naturphilosophie getragen ist, die ihr Sinn und Richtung gibt. Dagegen ist die Naturwissenschaft des 20. Jahrhunderts autonom. Das bedeutet, daß alle Richtungen offenstehen und daß der Sinn sich auf die Überzeugung reduziert, es gebe nichts, was nicht wissenswert wäre. Dabei will es eine gewisse Paradoxie, daß die Naturwissenschaft des 19. und 20. Jahrhunderts die Abhängigkeit von der Naturphilosophie, wie sie in der Antike bestand, vertauscht hat mit einer spezifischen Abhängigkeit von der Praxis des Lebens, die der Antike fast völlig fremd war.

Es ist freilich nicht leicht, diesen Unterschied im einzelnen auszuführen. Allzu rasch können sich falsche Nuancen einstellen. Vielleicht dürfen wir formulieren, daß die antike Wissenschaft das Einzelne immer als einen Teil im Blick auf ein Ganzes und schließlich im Blick auf das Ganze der sichtbaren Welt untersucht, ebenso, daß sie das Bewegte im Blick auf das Unbewegte, das Unumgrenzte im Blick auf das Umgrenzte interpretiert. Worauf es der Antike ankommt, ist, im Felde des Veränderlichen die umgrenzten Ordnungen der Gattungen und Arten, der Bewegungsabläufe und Entwicklungsprozesse zu erkennen, die ihrerseits auf das reine Sein hinweisen, von dem sie ausgegangen sind. Denn das Erkennen des menschlichen Geistes richtet sich auf das, was »so und nicht anders« ist. Da es aber unmöglich ist, anzunehmen, daß dieses Erkennen sinnlos ins Nichtige greift, müssen dem Erkennen in der Welt der Gegenstände erkennbare Wesenheiten entsprechen, die ihrerseits »so und nicht anders« sind, oder doch Ordnungen sind, deren Regelmäßigkeit eine Teilhabe am »So und nicht anders« des Seins selbst anzeigt.

Doch hier trennen sich die Wege. Das Denken der modernen Wissenschaft stimmt mit der Antike zwar darin überein, daß der Gegenstand der Erkenntnis unweigerlich ein Allgemeines, Dauerndes oder sich Wiederholendes sein müsse – jedenfalls der Gegenstand derjenigen Erkenntnis, die in der sprachlichen Kommunikation ihren adäquaten Ausdruck findet. Während nun aber für die Antike dieser Gegenstand zugleich das wahre Wesen der Dinge selbst ausmacht, derart, daß im Vollzug der Erkenntnis das Dauerhafte am Menschen und das Dauerhafte in den Dingen einander begegnen, eröffnet diese Art der Erkenntnis für die Moderne den Weg nicht zum wahren Wesen, sondern zur praktischen Beherrschung der Dinge. Auf der Tatsache, daß die Erkenntnis aus dem Fluß des Geschehens sich wiederholende Vorgänge herauszupräparieren vermag, beruht die Möglichkeit der Technik, die dergleichen Wiederholungen beliebig oft künstlich hervorruft. Die wahre Wirklichkeit jedoch steht jenseits der Zone des Allgemeinen, Dauerhaften und sich Wiederholenden, im Unerkennbaren. Es ist hier nicht auszuführen, was die Wissenschaft auf diese Weise gegenüber der griechischen Antike an Dignität einbüßt und an Brauchbarkeit gewinnt.

Hinzu kommt, daß die Relation von Teil und Ganzheit für die Wissenschaft des 19. und 20. Jahrhunderts auf weite Strecken sinnlos geworden ist. Der Tatbestand, daß Teile auf ein Ganzes bezogen sind und von ihm her ihren Zweck haben, wird nur noch in den biologischen Wissenschaften im engsten Sinne mehr oder weniger anerkannt. Der Gedanke jedoch, daß sich diese Relation geschichtet wiederholen könnte derart, daß jedes Ganze als solches wiederum Teil eines umfassenderen Ganzen wäre bis hinauf zum letzten Ganzen der Welt, ist vollständig preisgegeben. Die Konsequenz ist eine Wissenschaft, die nicht allein faktisch unfertig ist, sondern darüber hinaus ein Fertigsein sich gar nicht mehr vorzustellen vermag.

Die Selbstzweckhaftigkeit der Wissenschaft verschiebt sich. Für die Griechen bedeutete sie, daß die Einsicht in die Ordnung der Wesenheiten die unmittelbarste Berührung mit dem Vollkommenen darstellt, deren der Mensch fähig ist. Für die Moderne bedeutet sie, daß das Feststellen, Nachweisen und Überprüfen von Tatsachen als solches wertvoll ist, ohne daß dieses einer näheren Begründung bedürfte. Das Pathos der modernen Wissenschaft ist das des ernüchternden Umgangs mit den einzelnen zu beobachtenden und zu analysierenden Tatsachen, nicht das eines Eindringens in Zusammenhänge, die über die Geschichtlichkeit des Geschehens in ein dauerhaftes Sein hinausweisen. Solche Zusammenhänge gibt es für die Wissenschaft des 19. und 20. Jahrhunderts nicht.

Die Lebensform, die wir damit überblickten, hat von der Spätantike an den Namen *vita contemplativa* getragen. Diesen Begriff hat auch das Christentum übernommen, und im Hochmittelalter haben ihn bestimmte geistliche Orden für sich mit Beschlag belegt. Soweit heute noch der Begriff der Kontemplation verwendet wird, ist er meist im Sprachgebrauch der katholischen Kirche zu Hause. Ganz zufällig ist dies nun freilich nicht. Allein schon aus den zitierten griechischen Texten kann gefolgert werden, daß der Lebensform der Betrachtung eine religiöse Komponente eigen ist, oder, vorsichtiger ausgedrückt: daß ihr Sinn und ihre Aufgabe nicht ohne Grund vielfach mit Wendungen aus der Sprache der Religion umschrieben werden. Die Erforschung des Dauerhaften und Seienden kann sich wandeln zur Vertiefung in das Göttliche, das als das eigentlich Seiende der sichtbaren Welt ihre Schönheit und Ordnung verleiht; oder es stellt sich der Vergleich mit den Mysterien ein, wo der Erkenntnisvorgang Zug um Zug dem Vorgang der Einweihung parallel verläuft.

Homer und der griechische Roman

Am Anfang der griechischen Literatur steht weder ein Gesetzbuch noch eine Sammlung von Hymnen und Gebeten, sondern eine Dichtung, das Werk Homers. Und dieses Werk ist nicht etwa ein Dokument unbeholfener rührender Urwüchsigkeit, die eben erst die Sprache gefunden hätte und mühselig große Gedanken zu formen suchte. Homer ist der Anfang und zugleich schon vollkommen.

Fragen wir, worauf die unvergleichliche Wirkung von Ilias und Odyssee auf die Nachwelt beruht, so werden wir zunächst auf die Tatsache verwiesen, daß diese beiden Epen auf eine sehr eigentümliche Weise sowohl Dichtung als auch Historie zu bieten scheinen.

Fürs erste kann kein Zweifel bestehen, daß der Verfasser von Ilias und Odyssee ein schaffender Dichter *(poietés)* und kein Gelehrter *(sophistés)* gewesen ist. Die Werke geben Zeugnis von einer hochentwickelten und mit aller Planmäßigkeit angewandten dichterischen Technik, die sich von der Wortwahl und Metrik über die Gestaltung und Motivierung der einzelnen Szenen bis zur Komposition großer Stoffmassen erstreckt. Einzelne Elemente sind als »typisch homerisch« empfunden und eben deshalb immer wieder nachgeahmt worden: der Gebrauch hochtönender schmückender Beiworte, die Markierung bestimmter Ruhepunkte der Handlung durch gleichbleibende Formelverse, endlich und vor allem die homerischen Gleichnisse, in denen der Hörer plötzlich aus der Größe und Ferne des erzählten Geschehens in eine ganz andere, nähere und intimere Sphäre versetzt wird.

Doch dies ist nur die eine Seite. Jeder Leser Homers weiß, daß in den ersten Versen der beiden Dichtungen die Muse angerufen wird. Der Dichter als der Sprechende fordert sie auf zu erzählen, und es ist, wenn wir es genau nehmen, in der Tat sie, die erzählt. Dies hat seinen guten Grund.

Es wird von Menschen und Ereignissen längst vergangener Vorzeit berichtet. Was damals geschah, wie könnte sich der Erzähler späterer Zeit daran erinnern? Seine Erinnerung, nur eine menschliche Erinnerung, reicht weder hinauf zu den Göttern noch zurück in die ferne Vergangenheit. Doch die Muse ist selbst eine Göttin. Sie weiß alles und erinnert sich an alles. Wenn sie erzählt, wird es wohl glaubwürdig sein. Der Anruf an die Muse geht also bei Homer (wie dann bei Hesiod) von der Voraussetzung aus, daß der Dichter nicht einfach spielerisch erzählt, was ihm in den Sinn kommt – dazu bedürfte er keiner helfenden Muse –, sondern daß er über Ereignisse berichtet, die irgendwann in der Vergangenheit wirklich

Delos, nach ältestem griechischem Glauben die Geburtsstätte Apollons
Blick vom Kynthos über die Reste einer frühkykladischen Siedlung auf einen Teil des Kultbezirks (links)

Die Apotheose Homers am Musenberg
Marmorrelief aus Latium, 2. Jahrhundert v. Chr. London, British Museum

stattgefunden haben; weil dies seine Absicht ist, bedarf er einer Legitimation, die ihn vor dem Vorwurf schützt, er behaupte Tatsachen, von denen er als Mensch vernünftigerweise nichts wissen könne. Seine Legitimation ist die wissende Göttin, die er zu Wort kommen läßt.

Wir dürfen indessen noch allgemeiner formulieren. Die homerische Dichtung als Ganzes ist unzweifelhaft so gestaltet, daß die erzählten Ereignisse, wenn sie sich nicht tatsächlich so abgespielt haben, sich doch so, wie sie erzählt werden, hätten abspielen können. Der Umkreis dessen, was dem Hörer als menschliches Streben, als Leistung und Leiden in der bekannten Welt vertraut ist, wird aufs Ganze gesehen nur selten wirklich überschritten. Die Helden bleiben inmitten ihrer Taten durchaus Menschen, die in Ilias und Odyssee genannten Länder und Lokalitäten hat es zum größten Teil wirklich gegeben, und selbst die Götter greifen im allgemeinen kaum kräftiger und wunderbarer ein, als es für ein frommes Gemüt auch in späteren, geschichtlich hellen Zeiten zuweilen vorkommen mag.

Kein Wunder also, daß die ganze Antike, von seltenen und wirkungslosen Ausnahmen abgesehen, die Auffassung vertreten hat, Homer habe zwar nach den Regeln der Kunst gedichtet, doch was er erzähle, sei keineswegs Erfindung, sondern in den Grundzügen echte Geschichte. Man suchte auf der Landkarte alle von Homer genannten Orte festzustellen, nicht bloß Mykene und Troia, sondern auch die Inseln der Kyklopen, der Phaiaken und der Kalypso. Von der Mitte des 2. Jahrhunderts v. Chr. an wird das Datum der Eroberung Troias, nach unserer Zählung das Jahr 1184 v. Chr., als ein Angelpunkt der Chronologie errechnet und festgehalten. Mit diesem Jahr beginnt nach der Überzeugung der hellenistischen Gelehrten die datierbare griechische Geschichte.

Diese Überzeugung ist natürlich nicht völlig verkehrt. Wir wissen heute, daß es tatsächlich ein Troia gegeben hat, um das gegen Ende des zweiten Jahrtausends v. Chr. gekämpft worden sein kann. Doch in unserem Zusammenhang ist nicht das das Wesentliche. Worauf es ankommt, ist vielmehr, daß Ilias und Odyssee nicht allein als unerreichbare Kunstwerke ihren Einfluß auf die gesamte griechische und römische Literatur ausgeübt haben, sondern daß sie auch als Dokumente ältester griechischer Geschichte galten. Damit erhielten sie einen repräsentativen Rang, den eine bloße Dichtung nie errungen hätte. Es genügt, daran zu erinnern, daß Alexander der Große zu Beginn seines weltgeschichtlich entscheidenden Feldzuges gegen Persien bewußt an den Zug der Griechen gegen Troia angeknüpft hat.

Wir können es jedoch keineswegs mit der einfachen Formel bewenden lassen, daß die homerischen Gedichte die hellenische Urgeschichte, also gewissermaßen den Keim, schildern, aus dem sich die Geschichte des klassischen Griechentums organisch entwickelt hätte. Dies trifft weder auf der Ebene der modernen noch auf derjenigen der antiken Homerexegese zu. Wir bemerken es am deutlichsten, wenn wir Homer vergleichen mit dem größten unter den vielen Dichtern, die auf seinen Spuren gewandelt sind, dem Römer Vergil.

Vergils Aeneis ist wirklich das Epos vom Ursprung des weltbeherrschenden Rom. Die Fahrten und Kämpfe des Troers Aeneas sind nicht nur in sich selbst die Erfüllung eines göttlichen Auftrages, sie weisen auch dauernd über sich selbst und über das Leben des Aeneas hinaus auf die künftige Größe Roms. Und umgekehrt empfängt die Gegenwart Vergils und des Augustus ihren Glanz von der heroischen Vorgeschichte. Nichts dergleichen bei Homer. Die Ilias ist mit der Zerstörung Troias unzweifelhaft zu Ende, und die Handlung der Odyssee kommt zur Ruhe in der Wiedervereinigung der getrennten Gatten Odysseus und Penelope; darüber hinaus brauchen wir nicht zu fragen und sollen wir, nach der ursprünglichen Intention des Dichters, auch nicht fragen. Die Helden vor Troia sind nicht die Ahnen historischer Geschlechter (und wenn sie in einzelnen Fällen als solche in Anspruch genommen werden, so spielt dies für Homer selbst keine Rolle), und als Ereignis besitzt die Zerstörung Troias für die griechische Geschichte des 6. und 5.Jahrhunderts v. Chr. nicht die mindeste Bedeutung. Noch mehr: zwischen der angenommenen Zeit des troianischen Krieges mit dem Ende 1184 v. Chr. und dem Beginn kontinuierlicher historischer Tradition um 650 v. Chr. liegen, wie die Griechen selbst konstatiert haben, fünfhundert Jahre fast völliger Dunkelheit, aus der nur vereinzelt isolierte Fakten heraustreten, die vieldiskutierte Dorische Wanderung, die Gründung bestimmter Städte, Tempel, panhellenischer Spiele. Die Zeit der Geschichten, von denen das Epos erzählt, ist von der historischen Zeit durch einen Abgrund getrennt, über den keine Brücke führt. Achilleus, Hektor, Odysseus, aber auch Herakles, Perseus, Oidipus und Iason leben wie in einer anderen Welt, einer griechischen zwar, aber wie abgeschnitten von den spätern Jahrhunderten.

Der Eindruck verstärkt sich, wenn wir bedenken, daß — wiederum im Unterschied zu Vergil — der Standort des Dichters völlig unbestimmt bleibt. Der schon zweieinhalbtausend Jahre alte Streit darüber, wer Homer eigentlich war, ob, wann und wo er gelebt hat, wäre gar nicht möglich geworden, wenn die Dichtung selbst ein eindeutiges Koordinatensystem geliefert hätte. So aber ist es über einige allgemeinste, indirekt erschließbare Tatsachen hinaus unmöglich zu erkennen, wo und wann der Dichter geschrieben und wen er als Hörer und Leser seiner Werke vorausgesetzt hat.

So weit sind indessen die homerischen Geschichten Wirklichkeit, daß sie das Griechentum auf einer höheren Ebene paradigmatisch zu repräsentieren imstande sind. In den homerischen Helden haben die Griechen keine Märchengestalten gesehen, sondern Vorbilder für ihr eigenes Leben und Leiden. Der Einfluß Homers auf dieser Ebene menschlicher Vorbildlichkeit kann kaum hoch genug eingeschätzt werden. Vor allem anderen ist ein Moment zu erwähnen, das durch Homer in die Geschichte des menschlichen Geistes überhaupt eingeführt worden ist. Wir nennen es behelfsmäßig die tragische Situation.

Der Begriff des Tragischen ist durch den allgemeinen Verbrauch der Sprache im 20. Jahrhundert besonders stark mitgenommen worden. Was immer in Spiel und Ernst peinlich, bedauerlich oder traurig ist, pflegt tragisch genannt zu werden. Dieser Mißbrauch kann nun allerdings dadurch entschuldigt werden, daß bereits der Hellenismus häufig darin vorangegangen war; und weiterhin dadurch, daß das Wort selbst der Kunstsprache des frühen 5.Jahrhunderts angehört und in seiner eigentlichen und ursprünglichen Bedeutung weder von der antiken noch von der modernen Sprachwissenschaft zuverlässig hat aufgeklärt werden können. Was das Tragische als Situation und als Gestimmtheit ist, ist dennoch klar, auch wenn wir uns hüten müssen, ihm mit einer pedantischen Definition zu nahe zu treten.

Die erste Gestalt der Weltliteratur, die tragisch genannt zu werden verdient, ist der edelste unter den homerischen Helden, der Troer Hektor. Er weiß, daß die Sache, für die er kämpft, letzten Endes keine gerechte ist. Er kämpft für sie, weil es die Sache seines Vaterlandes ist. Er weiß, daß er in diesem Kampfe fallen und daß sein Fall nutzlos sein wird. Troia wird untergehen, Andromache und der Sohn werden der Grausamkeit der Griechen ausgeliefert sein. Dennoch kämpft er, hoffnungslos, aber ohne Zaudern.

Daß ein griechischer Dichter des 8. Jahrhunderts v. Chr. diese Gestalt hat schaffen können, die uns heute noch unmittelbar ergreift, ohne daß wir auf weitläufige kulturgeschichtliche Erläuterungen angewiesen wären, das ist vielleicht die größte Leistung des Griechentums. Kein Volk der Erde hat Vergleichbares aufzuweisen, und die Leistung wird um so erstaunlicher, wenn man bedenkt, wie dürftig die Umwelt dieses Dichters war, wie überaus altertümlich und fremdartig die bildende Kunst seiner Zeit.

Gedämpfter tragisch ist auch Achilleus, Hektors Gegner, da auch er von Anfang an weiß, daß er dereinst selbst fallen wird und mit jedem siegreich bestandenen Kampf seinem eigenen Untergang sich nähert. Noch gedämpfter ist Agamemnon, der im Augenblick der höchsten Erfüllung, bei der Rückkehr in seinen Königspalast aus dem langen, endlich siegreichen Krieg, von der eigenen Gattin und ihrem Liebhaber erschlagen wird. Man mag sagen, daß die unauflösbare Verknüpfung von Glück und Untergang eine erste Stufe des Tragischen darstellt; eine zweite ist erreicht, wenn der Held das Glück im vollen Bewußtsein, damit auch seinen Untergang zu wählen, ergreift. Und eine dritte Stufe, wo das Glück selbst schon umschattet ist von der Ahnung einer Schuld und wo der Untergang keine Hoffnung mehr läßt.

Wir wissen nicht, wieweit die Dichtungen neben Ilias und Odyssee solche Situationen zu gestalten fähig waren. Was wir erkennen, ist, daß die attische Tragödie des 5. Jahrhunderts die echte Erbin Homers gewesen ist. Sie hat das Tragische, wie es Homer präfiguriert hat, in immer wechselnden Formen auf die Bühne gebracht, bis zu jenem Drama, dessen episches Substrat uns nahezu unbekannt ist, das aber für die Folgezeit als die reinste Verkörperung des Tragischen gegolten hat: »König Oidipus« des Sophokles. Doch davon später.

Vorbildlich an Homer sind indes nicht allein die Situationen, sondern auch die Gestalten selbst. In ihren Helden porträtiert die Ilias eine ganze Reihe von Menschentypen, die die späteren Jahrhunderte als repräsentativ empfunden haben. Da ist der jugendlich tapfere, aber übermäßig empfindliche und in seinem Zorn rücksichtslose und brutale Achilleus, daneben Agamemnon, nicht frei von Eitelkeit und Egoismus, dennoch aber ein fürsorglicher und unablässig bemühter Hirte seiner Scharen, dann Nestor, voller Klugheit und Redseligkeit des Alters. Aias hat schon etwas vom Landsknecht an sich, während Odysseus unansehnlich an Gestalt, aber von überragender Beweglichkeit des Geistes ist. In der Ilias ist er derjenige, der nie um Rat verlegen ist, in der Odyssee der, der die schwierigsten und schrecklichsten Lagen zu meistern weiß; ebenbürtig seiner Gewandtheit ist freilich seine unbeirrbare Treue zu seinem Weibe Penelope. Auf der troianischen Seite haben wir vor allem das ungleiche Paar Hektor und Paris, den reinsten Helden und den peinlichsten Weichling, der keineswegs unsympathisch, aber doch viel zu sehr Liebling Aphrodites ist, um ein rechter Mann zu sein. Dazu tritt das alte Königspaar Priamos und Hekabe, beide ehrwürdig, aber schon müde und in geheimer Verzweiflung dem fürchterlichen Untergang entgegenlebend.

Diese Figuren Homers sind allesamt dem Griechen der klassischen Zeit von Jugend auf vertraut gewesen. Schon in der Schule werden sie ihm als warnende oder anfeuernde Beispiele vor Augen gehalten. Im höheren Unterricht wird über die einzelnen Charaktere debattiert. An Agamemnon wird gezeigt, wie der wahre Fürst und Feldherr zu handeln habe, an Odysseus der Typus des überlegenen, unbegrenzt anpassungsfähigen Weltmannes – zuweilen auch des unersättlich wißbegierigen Weltreisenden. Man stellt sich das ethische Problem, ob Achilleus mit seinem Zorn, Aias mit seinem Selbstmord aus verletztem Stolz recht taten und bei wem die Schuld lag, als Helena sich durch den troischen Königssohn Paris entführen ließ und Orestes seine eigene Mutter erschlug, um seinen Vater zu rächen.

Der Einfluß Homers, sowohl in der Pädagogik, wo er Vorbilder schuf, als auch in der Ethik, wo er Probleme zur Diskussion stellte, ist ungeheuer gewesen. Mit Recht hat man sagen können, daß die in zahllose Stämme mit verschiedenen Dialekten und Lebensformen zersplitterten Griechen vor allem dadurch ein Volk geworden sind, daß sie alle Homer lasen. Von ihm nährte sich ihre Phantasie, und an ihm bildeten sie sich künstlerisch und menschlich.

Wir können freilich von Homer nicht Abschied nehmen, ohne eines eigentümlichen Widerspruchs zu gedenken. Homer war in der Gestaltung menschlicher Schicksale und Charaktere zu allen Zeiten das überragende Vorbild. Daneben steht aber die Tatsache, daß seine Beschreibung der Götter bereits vom Beginn des 5. Jahrhunderts an leidenschaftlich umstritten war. Der Philosophie und dem frommen Glauben mochte am homerischen Menschen dieses oder jenes nicht recht gefallen; doch das konnte hingehen. Was aber unter keinen Umständen hingenommen wurde, war die homerische Gottheit, deren launisches, schwächliches, skrupelloses Benehmen eines wirklichen Gottes schlechterdings unwürdig war. Es ist hier nicht der Ort, den Eigentümlichkeiten des homerischen Gottesbegriffs nachzugehen, in dem Lächerlichkeit und Erhabenheit dicht nebeneinanderliegen. Von den Griechen selbst ist die homerische Theologie als eine der beunruhigendsten Komponenten ihrer geistigen Tradition empfunden worden. Das Problem, was sie eigentlich bedeuten will, blieb allen Erklärungsversuchen zum Trotz bestehen und ist im wesentlichen bis zum heutigen Tage nicht wirklich gelöst worden.

Die hellenistischen Umdeutungen Homers führen auf ein Stück Tradition, das nicht Homer selbst angeht, mit ihm aber doch so eng verbunden ist, daß es an dieser Stelle erwähnt werden muß. Es ist die schulmäßige und gelehrte Klassiker-Exegese, die sich an Ilias und Odyssee entwickelte.

Soweit wir die Geschichte des griechischen Schulunterrichts zurückverfolgen können, ist Homer immer Schulbuch gewesen. Längst verschollene Ereignisse erzählt der Dichter und bedient sich dabei einer Sprache, die im geschichtlichen Griechenland niemand gesprochen hat. Es ist eine Kunstsprache mit nicht wenigen Ausdrücken, deren Sinn schon dem 6. und 5. Jahrhundert v. Chr. völlig unbekannt geworden war. Da mußte also die Erklärung einsetzen, und zwar gleich auf verschiedenen Ebenen. Die Basis bildete die Erläuterung schwieriger Wörter und Satzfügungen sowie auffallender metrischer Erscheinungen. Es folgte die Erklärung von Orts- und Personennamen, die je nach Wunsch und Bedürfnis beliebig ausgedehnt werden konnte. Ein gelehrter Kommentar stellte, wohlausgerüstet mit Literaturnachweisen, alles zusammen, was etwa über die Geschichte der Stadt Mykene oder über die Biographie des Königs Menelaos bekannt war. Endlich wurde die Handlung selbst diskutiert, die Eigentümlichkeit der Charaktere und die Absicht der einzelnen Szenen herausgearbeitet. Da setzten auch die Umdeutungen ein. Ethisch, psychologisch oder theologisch bedenklichen Szenen wird ein Sinn unterlegt, der sie rechtfertigt oder doch tragbar erscheinen läßt. Vom 4. Jahrhundert v. Chr. an wird man schließlich auch auf die Tatsache aufmerksam, daß die vorhandenen Exemplare des Textes von Ilias und Odyssee durchaus nicht immer den gleichen Wortlaut haben. Es gibt Exemplare, die einen wesentlich größeren Textbestand aufweisen als andere. Da wird es also notwendig, Beobachtungen an Stil und Wortschatz heranzuziehen, um sich für die eine oder die andere Fassung entscheiden zu können.

Aus alledem entsteht eine Kunst des Interpretierens, die zunächst für die Antike, dann für die späteren Jahrhunderte bis auf unsere Zeit Vorbild geblieben ist. Sie ist die Wurzel der Philologie, die darum mit guten Gründen den Anspruch erheben darf, zu den ältesten Disziplinen der Geisteswissenschaft zu zählen. Die an Homer gewonnenen Methoden wurden schon von den Griechen auf andere Texte übertragen, auf Tragödie und Komödie und auf die Werke der Redner und Philosophen. Die Römer machten es ihnen nach, und dann die Christen an ihren heiligen Schriften. Und soweit es heute noch Klassiker im Sinne der Antike gibt, Klassiker, die ihre Stellung im Aufbau der Bildung zu behaupten vermögen, Dante, Racine oder Goethe, geht ihre Auslegung prinzipiell die gleichen Wege, die das Griechentum bei der Exegese Homers zum ersten Male beschritten hat.

Der Einfluß Homers auf die Römer steht demjenigen auf die Griechen nur wenig nach. Die römische Literatur beginnt buchstäblich mit einer in der Mitte des 3. Jahrhunderts v. Chr. angefertigten Übersetzung der Odyssee, die mehrere Generationen lang ein Schulbuch für die Römer gewesen ist, bis sie durch eine modernere Fassung des lateinischen Textes ersetzt wurde. Die Odyssee wurde wohl gewählt, weil die griechischen Philologen mehrere Stationen der Fahrten des Odysseus auf Sizilien und Süditalien fixiert hatten, so daß also hier eine Art von lokalpatriotischem Interesse der Römer ins Spiel kam. Der erste Übersetzer war von Haus aus ein Grieche. Daß er bei seinem Unternehmen griechische Homerkommentare zu Rate zog, ist von vornherein anzunehmen.

Es folgen die römischen Epiker, die sich zum Ziel setzen, Werke zu schaffen, die in der Literatur ihres Volkes die gleiche Rolle zu spielen vermöchten wie Homer bei den Griechen. Zu nennen sind in diesem Zusammenhang nur Ennius und Vergil. Ennius hat in achtzehn Büchern die römische Geschichte von den Anfängen bis auf seine Zeit, die Mitte des 2. Jahrhunderts v. Chr., in den Formen eines homerischen Epos besungen: die Punischen Kriege etwa müssen zu lesen gewesen sein wie eine Folge von Kampfszenen aus der Ilias. Und nicht nur dies: in einer Einleitung zum Gesamtwerk erzählt er, es habe ihm geträumt, die Seele Homers sei in ihn eingegangen. Dies bedeutet also, daß er mit dem Anspruch auftrat, der römische Homer zu sein.

Für hundert Jahre ist er dies in der Tat auch gewesen. Dann aber verdrängt ihn Vergil, der mit unvergleichlich viel größerer Souveränität das Homerische neu gestaltet. Mit noch kühnerer Entschlossenheit als das streckenweise zur Chronik verdünnte Epos des Ennius tritt die Aeneis mit Homer in Wettbewerb. Die ersten sechs Bücher wollen an die Odyssee, die zweiten an die Ilias erinnern, und wenn nahezu zwei Jahrtausende darüber debattiert haben, wer der größere Künstler sei, Homer oder Vergil, so entspricht diese Diskussion der innersten Absicht Vergils selbst. Was er an homerischem Stoff und homerischen Kunstmitteln sich angeeignet hat, ist nicht schwer zu erkennen. Schwieriger ist es zu verfolgen, wie er die Dinge transformiert und sich eine schon jahrhundertealte Tradition der Homererklärung zunutze gemacht hat.

Wer nach Vergil in Rom sich an epischer Dichtung versuchte, stand vor dem gleichen Dilemma wie der Grieche, den nach Homer die Versuchung überkam, Epen zu dichten. Entweder ließ man sich durch das große Vorbild erdrücken, oder man bemühte sich angestrengt, neue Wege zu gehen, auch auf die Gefahr hin, sich ins Künstliche und Abseitige zu verlieren. Bei den Griechen haben vor allem Antimachos von Kolophon und Apollonios von Rhodos mit diesem Problem zu ringen gehabt, bei den Römern Lucan, dessen in früheren Jahrhunderten nicht zu Unrecht berühmtes Epos *Pharsalia* letztlich ein einziger verzweifelter Versuch ist, sich neben Vergil mit einer eigenen, ursprünglichen Leistung durchzusetzen.

Vergil und Homer gehören zu den nicht sehr zahlreichen Autoren, die in keinem Jahrhundert nach der Antike vollständig vergessen worden sind. Selbst in den dunkelsten Zeiten der byzantinischen Geschichte wird Homer gelesen, und im Westen gilt dasselbe für Vergil in der Epoche der Merowinger und Langobarden. Aber Epen im Stil dieser Klassiker werden nicht mehr gedichtet. Das abendländische Mittelalter hat zwar Epen in außerordentlich großer Zahl hervorgebracht. Aber der Einfluß der Antike auf das altfranzösische oder das mittelhochdeutsche Epos ist gering geblieben. Zur Erklärung mag vor allem angeführt werden, daß diese Epen nicht lateinisch, sondern in der Volkssprache geschrieben sind. Dies schaffte eine Distanz zu der poetischen Technik der Antike, die sich mit Notwendigkeit auch auf die gesamte antike Anschauungswelt ausdehnte. Das mittelalterliche Epos ist gewissermaßen frei, in seinen Begriffen und Anschauungen beliebig nahe an die eigene Gegenwart heranzukommen.

Im 18. und frühen 19. Jahrhundert stirbt das Epos als Gattung überhaupt ab und ist im 20. Jahrhundert tot. Unter den großen Gattungen, die die antike Poetik unterschieden hat, ist es diese eine, die in der Gegenwart keinen Raum mehr findet, während Drama und Lyrik in den verschiedensten Formen weiterblühen.

Für unsere Zeit tritt der Roman an die Stelle des Epos. Es scheint daher erlaubt, der Betrachtung des homerischen Epos einen Überblick über den Roman anzufügen. Denn auch ihn darf man seiner Herkunft nach eine antike Gattung nennen. Ein Werk wie »Manon Lescaut« steht an den Ursprüngen des modernen Romans und ist zugleich seinem Bau und seiner Herkunft nach mit bestimmten Werken der griechischen Antike verwandt, den Erzählungen des Chariton, Xenophon von Ephesos, Longus, Heliodoros und Achilleus Tatios. Überall haben wir es mit der Geschichte eines Liebespaares zu tun, das in einer langen Reihe seltsamer Verwicklungen und Abenteuer sich immer wieder verliert, findet und wieder verliert; die antiken Erzählungen enden allerdings alle mit der endlichen glücklichen Vereinigung der Liebenden, die sich innerlich und äußerlich ungebrochen durch alle Widrigkeiten durchgeschlagen haben.

Für sich betrachtet, ist der antike Roman eine höchst eigentümliche Gattung. An kulturellem Rang steht er dem Epos so fern, daß man ihn beinahe einen Gegenpol nennen könnte. Bildet das Epos mit der aus ihm erwachsenden Tragödie die unbestritten vornehmste Gattung der Poesie, so befindet sich der Roman an der untersten Grenze der Werke, die von einer ernsthaften Literaturgeschichte zur Kenntnis genommen werden. Die moderne Forschung hat sich alle Mühe gegeben, seine Ursprünge aufzuhellen. Man wird jedoch eingestehen müssen, daß ihr bis heute kein rechter Erfolg beschieden war. Zuweilen erinnert der griechische Roman an Reiseberichte, wo denn Räuber zur See und zu Lande die schwersten Komplikationen herbeiführen, die allerdings auch der Anlaß sein können, daß der Leser mit den Liebenden recht exotische Landschaften kennenlernt. Zuweilen erinnert er an orientalisierende Liebesgeschichten, wie sie in die Werke des Atheners Xenophon und des Ioners Ktesias eingebaut sind. Endlich ist nicht zu verkennen, daß er aufs stärkste durch die harmlos bürgerliche Komödie Menanders und seiner Genossen (von der wir später noch reden werden) beeinflußt ist. Hier wie dort finden wir die verdrießlichen Verwicklungen, die ein Liebesglück zu stören geeignet sind, hier wie dort auch den unbestimmten Ausblick bald auf eine blinde Tyche, die mit den Menschen spielt, bald auf eine brave Vorsehung, die schließlich alles zum Guten wendet.

Aufs Ganze gesehen, wird man vermuten dürfen, daß es zu allen Zeiten kunstlos erzählte, beliebig weit zerdehnbare Liebesgeschichten mit allerlei Aufregungen, einer Spur Frivolität und einem rührenden *happy end* gegeben hat. Es ist ein Stück Literatur im Urzustand, nicht anders als bestimmte Typen von Wundergeschichten – die Romane selbst, die wir hier meinen, sind von Wundern fast völlig frei –, von Gebeten, von Zauber-, Segens- oder Fluchformeln. Diese Dinge hat es auch bei den Griechen immer gegeben. Aber die hohe Literatur ignorierte sie bewußt und drängte sie in ein sozusagen unterirdisches Vegetieren ab. Erst im Hellenismus beginnen sie wie etwas Neues an die Oberfläche zu kommen. Auf der einen Seite fangen die Gebildeten an, sich folkloristisch für abgelegene und urtümlich seltsame Dinge zu interessieren, auf der andern Seite werden neue Schichten der Bevölkerung literaturfähig und melden ihre Ansprüche an.

In dieser Zeit taucht aus dem Nebel der Prähistorie der Roman auf. Wir können dieses Auftauchen vom 2. Jahrhundert v. Chr. an verfolgen. Es ist eine neue Gattung, eine Gattung, die im klassischen Schema der Literatur eigentlich nicht vorgesehen war und auch bis zum Ende der Antike niemals ernsthaft berücksichtigt wird. Der Roman bleibt Unterhaltungsliteratur für schlichte Gemüter, für die schon Menander und Euripides zu hoch sind. Aber dergleichen schlichte Gemüter gibt es seit dem 2. Jahrhundert n. Chr. immer mehr; die byzantinische Zeit hat die Romane Heliodors und der übrigen geradezu geliebt.

Daß sie einen gewissen halb mondänen, halb einfältigen Charme haben, ist nicht zu bestreiten. So sind sie denn auch vom 15. bis zum 19. Jahrhundert viel und gern gelesen worden, womit sie, oder doch einige von ihnen, zum Ausgangspunkt des modernen Romans wurden. Die Möglichkeiten, die sie boten, liegen auf der Hand. Eine Prosaerzählung mehr oder weniger biographischen Charakters gestattet der Gestaltung und der Akzentsetzung Freiheiten, die weit über alles hinausgehen, was das Epos erträgt. Nur in dieser Form konnte der Weg vom Äußeren ins Innere, vom Ungewöhnlichen bis zum qualvoll

Alltäglichen zu Ende gegangen werden, wie ihn dann der moderne Roman beschritten hat. Den Endpunkt bildet schließlich das Stillstehen aller äußeren Handlung, während mit unausweichlicher Notwendigkeit die Innerlichkeit des Helden (den nichts mehr vom Leser unterscheidet) sich selbst zerstört. Diese Form des Romans ist allerdings in jeder Hinsicht die Negation dessen, was die hohe Literatur des klassischen Griechentums gewollt hat.

Hesiod und das Lehrgedicht

Wenden wir uns nun einem Dichter zu, der sich selbst als Gegenspieler Homers empfunden hat und dessen Einfluß demjenigen Homers zwar nicht ebenbürtig gewesen, ihm aber immerhin nahegekommen ist: Hesiod von Askra in Boiotien. Seine Werke sind nach Sprache und Verskunst homerisch, der Absicht nach freilich von den homerischen Epen so verschieden wie nur möglich. Einmal ist das Ziel dieses Dichters nicht, zu erfreuen und zu unterhalten, sondern zu belehren. Die zwei Gedichte, die er geschrieben hat, sind so aufeinander abgestimmt, daß das erste über die Geschichte und den inneren Zusammenhang der Götterwelt belehrt, das zweite über die Aufgaben, die der Mensch in seinem Leben zu erfüllen hat. Während weiterhin beim homerischen Epos die Person des Dichters hinter dem Werke vollständig verschwindet und unfaßbar bleibt, ist Hesiod der erste griechische Dichter, der nicht nur selbst seinen Namen nennt und über seine Herkunft und seine Lebensumstände berichtet, sondern auch seine Dichtungen unmittelbar aus persönlichen Erlebnissen herauswachsen läßt.

Er dichtet über die Götter, weil ihm die Musen dies befohlen haben. Sie sind ihm einmal begegnet, als er an den Hängen des Berges Helikon seine Schafe weidete. »Und sie sprachen zu mir und gaben mir als Stab einen Lorbeerzweig und trugen mir auf, das Geschlecht der seligen Unsterblichen zu preisen.« So tut er denn auch, und die Göttinnen geben ihm ein, was er zu sagen hat. Das Gedicht über die Arbeit der Menschen knüpft in grellem, aber sinnvollem Gegensatz dazu an einem üblen Streit an, den er mit seinem Bruder Perses um das väterliche Erbe hat führen müssen. Der Bruder, der auf unredliche Weise sich zu bereichern sucht, wird eindringlich ermahnt, sich an ehrbare Arbeit zu halten, als deren vornehmste die Arbeit des Bauern gerühmt und eingehend beschrieben wird; in zweiter Linie wird für den, der Lust dazu hat, der Überseehandel empfohlen.

Beide Gedichte Hesiods sind bei weitem nicht so umfangreich wie die Epen Homers. Jedes entspricht nur einem Gesang des Epos; allerdings haben beide Überarbeitungen erfahren. Das Gedicht von den Göttern wurde um einen umfangreichen Katalog von Helden der Vorzeit verlängert, die Söhne von Göttinnen oder Göttern waren. Auch das Gedicht von der Arbeit scheint in einer erweiterten Fassung existiert zu haben. Doch in beiden Fällen griff im entscheidenden Augenblick das Stilurteil der klassischen Jahrhunderte ein und eliminierte das Unzulängliche, wie das auch bei Homer geschah. Die große Fassung des Gedichts von der Arbeit ging vollständig unter, die Heldenkataloge wurden zwar noch lange von Dichtern und Gelehrten als Fundgrube für alle möglichen Sagen ausgebeutet.

Aber als echte Gedichte des alten Hesiod aus dem späten 8. Jahrhundert v. Chr. gelten nur die zweimal rund achthundert Verse, die uns erhalten sind.

Die Wirkung des Gedichts von den Göttern, der *Theogonie*, verläuft in zwei einander entgegengesetzten Richtungen. Seiner tiefsten Absicht nach ist das Gedicht das Vorspiel zur ionischen Naturphilosophie und damit zur griechischen Philosophie überhaupt. Diese Absicht läßt sich in drei Begriffen umschreiben. Erstens will es die Wahrheit berichten und nicht erfundene Geschichten erzählen. Die Wahrheit zu sagen gehört zum Auftrag, den die Musen dem Dichter erteilt haben. Sie können, wenn sie wollen, auch erfinden, und dies tun sie bei Homer. Doch Hesiod will ausdrücklich die Wahrheit verkünden. Es wäre nicht schwer zu zeigen, daß derselbe Anspruch die ganze ionische Naturphilosophie beherrscht und immer wieder als offene oder stillschweigende Polemik gegen den homerischen Mythos zu verstehen ist. Erst recht bei Platon und Aristoteles wird das Forschen nach der Wahrheit zur zentralen Aufgabe aller Philosophie.

Zweitens will Hesiod vom Anfang der Götter und aller Dinge reden, vom Ersten, das da war. »Als Erstes war das Chaos da und dann die Erde und dann Eros« und dann alles übrige. So beginnt keine echte Dichtung. Ilias und Odyssee bewegen sich in einer unbestimmbaren Vergangenheit, in der Beliebigkeit des »Es war einmal«, das ohne eine artikulierte Beziehung auf die Gegenwart gilt. Demgegenüber ist die Frage: »Was war zuerst?« wesentlich auf die Gegenwart bezogen, sofern sie den Anfang eines Prozesses meint, der in die Gegenwart des Fragenden einmündet. Es ist die Frage der Geschichte, die – sofern der Anfang von allem gemeint ist – in ihrem Grenzpunkt in Philosophie umschlägt. Es kann auch gefragt werden: »Woher kommt alles?«, und dies führt schließlich zu dem Ursprung jenseits aller Geschichte, der nicht nur am Anfang war und die zählbare Reihe eröffnete, sondern gleichzeitig dauernd das Eigentliche und Wirklichste ist. Er kann freilich auch das Urtümlichste, Formloseste und Roheste sein. In seinem Wesen als Ursprung liegt die Polarität, daß er sowohl über als auch unter allem Späteren steht.

Bei Hesiod ist all das schon angedeutet. Der Anfang, nach dem er fragt, ist die Wurzel, aus der alles Nachfolgende entspringt, und ebenso das Dauerhafte, auf dem als Fundament und Hintergrund alles andere wird. Wenn Hesiod den Ursprung mit dem vieldiskutierten Namen *Chaos* bezeichnet, so begreift er darunter (was wir hier nicht nachzuweisen haben) ganz sinnfällig den Raum, in dem der gesamte Ablauf des Geschehens sich vollzieht. Der Raum begrenzt sich sofort nach unten mit der Erde, etwas später nach oben mit der Schale des Himmels, und dazwischen waltet Eros, ohne den das Werden der Götter (und Menschen) nicht zustande kommen könnte.

Es ist also deutlich, daß Hesiod am Anfang der Theogonie durchaus nicht nur nach dem geschichtlich Vergangenen fragt, sondern zugleich auch nach dem von Anfang an Bestehenden. Er stellt eben die Frage, die Thales und Anaximander aufgenommen haben und die seitdem in der Philosophie nicht mehr verlorengegangen ist. Der Ursprung ist auch das Ungeformteste. Dies liegt wiederum im Begriff des Chaos selber, und zwar so entschieden, daß spätere Zeiten bis auf unsere Gegenwart unter einem Chaos nichts anderes verstanden haben als ein wüstes Durcheinander. So hat es Hesiod zwar nicht ganz gemeint (allem Anschein nach ist das Wort von ihm als Kunstwort geprägt), diese Bedeutung konnte aber von späteren Interpreten ohne größere Mühe in seine Verse hineingelegt werden. Hesiod wollte mit dem Chaos vor allem die gähnende Leere des Luftraumes umschreiben, die Leere, in der noch keine Gestalten sichtbar sind. Daß aber die spätere, uns noch vertraute Auffassung nicht ganz danebengeht, lehrt Hesiods Darstellung des Ganges der Göttergeschlechter. Er hebt an mit wilder, ruchloser Urzeit und steigt auf zum olympischen Reich des Rechts, in dem Zeus regiert.

Und eben dies führt uns zum dritten und letzten Programmpunkt der Theogonie. Sie redet von den Göttern. Von den zahlreichen Göttern aber, die sie anführt, gehören nur wenige zu denjenigen, die im Kultus der Gemeinden und im Gebet des Einzelnen angerufen werden. Offensichtlich kommt es Hesiod nicht darauf an, von den Göttern seines Glaubens zu berichten, sondern in der Form von weitverzweigten Götterfamilien eine Gesamtheit der Welt darzustellen. Hesiod will vom »Ganzen« sprechen und sucht es im System der Götter zu umgreifen. Auch darin ist er Vorläufer der Naturphilosophen, die später ausdrücklich das Ganze der Welt zum Gegenstand ihres Philosophierens machen.

Aber die Theogonie hat auch noch ein ganz anderes Gesicht. Das »Ganze« ist für Hesiod sowohl die Vollständigkeit im Raum als auch der geordnete Zusammenhang in der Zeit. Die Götter sind insgesamt eingespannt in eine riesige Genealogie, in der alle mit allen verwandt sind. Doch die Erbfolge von den Eltern auf die Kinder vollzieht sich nicht immer in geschichtsloser Ruhe. In die entscheidenden Abläufe bricht eine wilde Dramatik ein. Der Urvater Uranos vergeht sich an seinen Kindern, wird von seinem Sohne Kronos, dem jüngsten und klügsten unter zwölfen, gestürzt, doch der Sohn mißgönnt wiederum seinen Kindern das Leben. Zur Strafe für das, was Kronos an Uranos getan hat, erhebt sich Zeus gegen seinen Vater Kronos. Es kommt zum Kampf zwischen Olympiern und Titanen. Die Titanen mit Kronos an der Spitze werden besiegt und in die tiefsten Tiefen des Tartaros verbannt. Damit beginnt das gegenwärtige Reich des Zeus, ein Reich der Ordnung und Gerechtigkeit.

Gewiß wollte Hesiod den Aufstieg aus ruchloser Urzeit zur klaren Gesetzlichkeit der Gegenwart schildern. Zugleich hat er aber das tragische Motiv des fortwirkenden Geschlechterfluchs ebenso präfiguriert wie vor ihm Homer in Hektor den tragischen Helden. Die Kette des Unrechts von Uranos über Kronos zu Zeus ist nicht verschieden von der Kette des Unrechts, die mit Tantalos anhebt und über Pelops, Atreus und Agamemnon zur Gestalt des Orestes verläuft.

Wenden wir uns nun Hesiods zweitem Werk, dem Gedicht von der menschlichen Arbeit, zu. Wiewohl es feststeht, daß es in den klassischen Jahrhunderten Schullektüre gewesen ist, ist doch seine geistige Wirkung mit derjenigen der Theogonie nicht zu vergleichen. Der Grund liegt auf der Hand. Das Bild des menschlichen Lebens, das da entworfen wird: der prozessierende Kleinstädter, der gewissenhaft arbeitende Bauer und der verwegene Seemann, war etwas zu sehr auf die altertümlich beschränkten Verhältnisse des 8. Jahrhunderts zugeschnitten, um als Ganzes für spätere Jahrhunderte noch gültig zu sein.

Seinem Inhalt nach weist es drei unterscheidbare Schwerpunkte auf. Der erste ist der persönliche Anlaß des Gedichts, von dem wir schon gesprochen haben, der Prozeß zwischen Hesiod und seinem Bruder Perses. Der zweite ist die lange Reihe der Lebensregeln und der

Erzählungen, die diese Regeln erläutern und begründen sollen; darunter befinden sich solche, die bis heute berühmt geblieben sind: der Feuerdiebstahl des Prometheus, die Folge der fünf Zeitalter vom goldenen bis herab zum eisernen. Der Form nach besitzen wir damit das älteste Stück ethischer Unterweisung, das uns aus dem Griechentum erhalten ist. Es ist Ethik im vorphilosophischen Zustand.

Regeln der Sittlichkeit und Regeln gesellschaftlicher Korrektheit sind noch nicht voneinander geschieden. Das Ganze ist eine lockere Aufzählung und noch keine systematische Ableitung. Es fehlt noch der Mittelpunkt; noch ist kein zentraler Wert herausgearbeitet, um den sich alles übrige gruppieren ließe. Das bedeutet indessen nicht, daß die Aufzählung beliebige Vorschriften zusammenrafft. Die Umrisse eines bestimmten Menschenbildes sind durchaus sichtbar. Doch es bleibt bei den Umrissen. Von einem geschlossenen und begründeten System des Sollens ist noch keine Rede; dies gibt es erst seit der Sophistik und der Sokratik.

Zwei Gedanken treten besonders hervor: der Mensch hat nach dem Willen der Götter sein Leben in Kummer, Mühsal und schwerer Arbeit zu verbringen, und: der Mensch ist zur Gerechtigkeit verpflichtet. Die Gerechtigkeit des Zeus hat sich in der Theogonie in dem Sieg über die gewalttätigen Titanen manifestiert, und auf die souveräne Gerechtigkeit des Zeus vertraut Hesiod unbedingt. Dem Gerechten wird in Gedeihen und Reichtum sein Lohn, dem Ungerechten früher oder später seine Strafe.

Der dritte Schwerpunkt des Gedichts sind schließlich die Anweisungen, wann und wie der Bauer sein Feld bestellen und der Kaufmann zur See gehen soll. Es sind vor allem diese Abschnitte, die Hesiod zum Archegeten der in der Antike sehr beliebten Gattung des Lehrgedichtes gemacht haben.

Das Lehrgedicht hat eine seltsame Geschichte. Zunächst ist es für archaische Zeiten ein naheliegender Gedanke, wichtigen Vorschriften praktischer Natur Versform zu geben, einfach weil man sie sich auf diese Weise am besten einprägen konnte. Lebensweisheiten, Wetterregeln und dergleichen werden bei vielen, wenn nicht bei allen Völkern in Versen formuliert und überliefert. Solche »Merkverse« wiederum lassen sich natürlich zu ganzen Versreihen und Dichtungen erweitern. Daß Hesiods Ausführungen über die bäuerliche Arbeit für den praktischen Gebrauch des Landwirts bestimmt sind und ihm helfen sollten, sich in seinem Aufgabenkreis zurechtzufinden, werden wir annehmen dürfen.

Indessen hat das Lehrgedicht in diesem ganz konkreten Sinne nur begrenzte Möglichkeiten. Je differenzierter und komplizierter das Leben, die Gesellschaft und das Handwerk werden, desto mühevoller wird es, die einschlägigen Regeln in der Form von Gedichten vorzutragen. Prosasätze kann man sich zwar weniger leicht merken, dafür gestatten sie eine viel größere Exaktheit in der Sache. Es kommt der Augenblick, in dem all das, was der Bauer, der Seemann, aber auch der Arzt und der Feldherr beruflich wissen müssen, nicht mehr im Lehrgedicht, sondern im wissenschaftlichen und technischen Handbuch niedergelegt wird. Bei den Griechen ist dieser Augenblick am Ende des 6. Jahrhunderts v. Chr. erreicht. Zwischen dem 8. und dem 6. Jahrhundert v. Chr. dürfte eine ganze Reihe von Lehrgedichten hesiodischer Art entstanden sein. Dann hört dies auf. Die wissenschaftliche Abhandlung beginnt ihren Siegeszug, und schon im 5. Jahrhundert v. Chr. gab es von

Kochkunst und Gärtnerei bis zu Bühnenbildnerei und Poetik kaum eine Disziplin, die nicht mit spezialisierter Fachliteratur in Prosa hervorgetreten ist.

Doch im 3. Jahrhundert v. Chr. erblüht das Lehrgedicht aufs neue. Allerdings will es nun nicht mehr als Arbeitsinstrument für den Praktiker, sondern als dichterisches Experiment verstanden werden. Diese neuen Lehrdichter haben keineswegs die Absicht, nützliches Wissen in einprägsamer Form unter das Volk zu bringen, obschon ihre Werke zweifellos nebenher auch der Verbreitung wissenschaftlicher Allgemeinbildung gedient haben, sondern sie erproben, wieweit sich ein von Haus aus undichterisch spröder Stoff dichterisch bändigen läßt. Es reizt sie die paradoxe Aufgabe, einen möglichst unpoetischen Gegenstand zu poetisieren. Astronomische und meteorologische Lehrgedichte mögen noch hingehen; da liegt noch im Stoff selbst eine gewisse Großartigkeit. Wo wir aber Lehrgedichten über Arzneimittelkunde, Jagd und Fischfang begegnen, bleibt nur noch das Staunen über die Leistung, derart kompakte Alltäglichkeiten in wohlklingende Hexameter umzusetzen.

Diese Dinge haben einen außerordentlichen Erfolg gehabt. Das astronomische Lehrgedicht des Aratos gehört zu den meistgelesenen und meistkommentierten Werken des 3. Jahrhunderts v. Chr. Cicero hat es in seiner Jugend ins Lateinische übersetzt und bei dieser Arbeit ein Interesse an griechischer Astronomie gefunden, das er sich bis zum Ende seines Lebens bewahrt hat. Drei Generationen später hat Germanicus, der Neffe des Kaisers Tiberius, eine weitere lateinische Bearbeitung desselben Gedichtes geliefert. Und ein Zitat aus dem griechischen Texte des Aratos findet sich sogar in der neutestamentlichen Apostelgeschichte.

Auch andere Lehrgedichte verwandter Art, paradoxen und weniger paradoxen Inhalts, sind uns in respektabler Anzahl erhalten. Zu erinnern ist vor allem an die großen lateinischen Lehrgedichte der Augusteischen Zeit. Angeregt sind sie durch griechische Vorbilder, doch haben wir gute Gründe anzunehmen, daß auf diesem Felde die Schüler sich den Meistern als überlegen erwiesen haben. Ich nenne Horazens mit Recht hochberühmten Lehrbrief über die Dichtkunst, Vergils Lehrgedicht über den Landbau in vier Büchern, das in einzelnen Zügen über siebenhundert Jahre hinweg bis auf Hesiod zurückgreift, dann die Lehrgedichte Ovids: drei Bücher über Liebeskunst, sechs Bücher über den römischen Festkalender, endlich fünfzehn Bücher Metamorphosen, eine riesige Sammlung bekannter und unbekannter Sagen, vom Dichter mit unerschöpflicher Virtuosität in einen Zusammenhang gebracht, der von weitem an Hesiods Theogonie erinnert.

Dies lenkt uns zurück zu einer Entwicklungslinie, die wir noch nicht hinreichend gewürdigt haben. An Hesiods Theogonie haben sich nicht nur eine ganze Reihe phantastischer Theogonien angeschlossen, die mit den Namen von Orpheus und Musaios zu prunken liebten. Von ihr wesentlich angeregt sind auch einige der ehrwürdigsten Dokumente des griechischen Denkens, die naturphilosophischen Lehrgedichte des Xenophanes, Parmenides und Empedokles. In ihnen wirken sich Intentionen des hesiodischen Werkes, die wir als Vorspiel zur Philosophie charakterisierten, mit aller Klarheit aus. Sie wollen alle drei die Wahrheit verkünden und mit der Wahrheit die Erfindungen der Dichter und das »Meinen« der Leute überwinden. Vom Ganzen der Welt wollen sie reden und seinen Ursprung und Zusammenhang aufweisen.

Das Gedicht des Xenophanes war im Philosophischen freilich grob und scheint früh untergegangen zu sein. Die Dichtung des Parmenides war im Gegenteil philosophisch außerordentlich anspruchsvoll und schwer verständlich; daß sich ansehnliche Teile von ihr erhalten haben, ist nur dem Umstand zu verdanken, daß ihn Platon als einen der großen Wegbereiter seiner eigenen Ontologie aufgefaßt und verehrt hat. So wurde denn ein Exemplar des parmenideischen Gedichts in der Bibliothek der platonischen Akademie aufbewahrt, weshalb noch späthellenistische und kaiserzeitliche Gelehrte daraus zitieren konnten.

Das Gedicht des Empedokles schließlich hat in kurzer Zeit einen sehr großen Erfolg errungen und ist bis in die Kaiserzeit hinein das meistgelesene Werk der vorsokratischen Philosophie geblieben. Diese Stellung verdankte es teils der Großzügigkeit seiner philosophischen Konzeption – so der Lehre von den vier Elementen in der Form, wie sie Gemeingut der antiken und mittelalterlichen Bildung geworden ist –, teils einer dichterischen Kraft, die auf ihre Weise einzigartig ist. Noch heute lesen wir Verse des Empedokles von hinreißender Pracht. Der Eindruck hat auch zurückgewirkt auf die Biographie des Verfassers, und beides, Gedichtfragmente und antike Biographie, haben in den ersten Jahren des 19. Jahrhunderts Hölderlin zu seiner Empedoklesdichtung angeregt.

Das philosophische Lehrgedicht stirbt freilich nach Empedokles ebenso ab wie die übrigen Arten des Lehrgedichts. Es ist auch in hellenistischer Zeit nicht wieder aufgelebt. Man mag annehmen, daß der Einspruch der Philosophen, die zwischen wissenschaftlicher Wahrheitserkenntnis und dichterischem Spiel einen unüberbrückbaren Gegensatz statuierten, so entschieden wirkte, daß für ein unbefangenes Experimentieren mit naturphilosophischer Lehrdichtung kein Raum mehr blieb. Erst die Römer haben sich über diesen Einspruch hinweggesetzt. Zwei große Lehrgedichte sind zu nennen, beide vielfach angeregt durch das Werk des Empedokles. Das eine sind die sechs Bücher des Epikureers Lukrez, das andere ein höchst eigentümliches, kosmologisch-astrologisches Lehrgedicht in fünf Büchern, als dessen Verfasser in einer freilich sehr unzuverlässigen Überlieferung ein M. Manilius genannt wird. Das antike Christentum wiederum hat sowohl in lateinischer als auch in griechischer Sprache mehrfach Lehrgedichte hervorgebracht. Die christliche Weltschöpfungslehre regte dazu an, aber auch anderes aus der christlichen Theologie. Die Tradition hat sich bis ins Mittelalter und noch darüber hinaus erhalten: Werke hohen Ranges sind freilich nicht mehr zu verzeichnen.

Die griechische Lyrik: Lied, Epigramm und Elegie

Hesiod hat seine beiden Dichtungen aus Geschehnissen in seinem eigenen Leben herauswachsen lassen. Dies trennt ihn von Homer und bringt ihn in die Nähe einer anderen Art der Dichtung. Wir nennen sie mit einem griechischen, aber in der Antike nur selten verwendeten Sammelbegriff die Lyrik. Ihre ältesten Vertreter sind nur wenig jünger als jene beiden Dichter. Ihrem Wesen nach darf die Lyrik gewissermaßen als die polare Ergänzung zum Epos verstanden werden. So ist es kaum ein Zufall, daß dem 19. und 20. Jahrhundert das Epos wie das Lehrgedicht völlig fremd geworden sind, während ihm die Lyrik als die edelste und aller Aufmerksamkeit würdigste Form der Dichtung gilt.

Wir können von der Tatsache ausgehen, daß das lyrische Gedicht im strengen Sinne bei den Griechen wie im 20. Jahrhundert weder episch erzählen noch in schöner Form belehren will. Seine Bestimmung ist es, den geschichtlichen Augenblick dichterisch festzuhalten. Fast immer spricht ein einzelner Mensch aus besonderem Anlaß zu einem Einzelnen oder zu einem besondern Kreis von Menschen, und er gibt keine sachlichen Mitteilungen, sondern läßt den Leser an einer Empfindung, einer Leidenschaft teilhaben. Die Anlässe sind sehr verschiedener Natur: ein Götterfest, dessen Glanz und Heiterkeit sich im Gedicht äußert, eine Hochzeit, deren Gast von mannigfachen Gefühlen bewegt wird, eine Totenfeier, der Abschied von einem Freunde, die Freude über die glückliche Heimkehr des Freundes, endlich die vielen Stationen der Liebe und des Hasses. Auch wo erzählt wird, geschieht es nicht um der Erzählung willen, sondern um dem gegenwärtigen Augenblick reichere Bedeutsamkeit zu verleihen, und wo belehrt wird, soll nur die Situation des Redenden wie des Angeredeten anschaulicher werden.

Die Lyrik ist um so vollkommener, je entschiedener sie sich an das Einmalige und Besondere hält. Es ist zunächst ihre Rolle, für den Augenblick zu entstehen und mit dem Augenblick wieder zu vergehen. Soweit sie auch von späteren Generationen mit Freude gelesen wird, muß sie Qualitäten enthalten, die wesentlich subtiler sind als die des Epos, des Lehrgedichts oder des Dramas. Die Behauptung ist nicht allzu gewagt, daß gerade für diese Qualitäten das 19. und 20. Jahrhundert hellhöriger waren als die Antike. Der Rang der großen Lyriker der griechischen Frühzeit, Archilochos, Sappho, Alkaios, ist uns heute deutlicher als den Griechen der klassischen Jahrhunderte. Es läßt sich nicht leugnen, daß dem griechischen Denken die Lyrik einige Verlegenheit bereitet hat. Epos und Drama entnehmen ihren Stoff den großen panhellenischen Sagen; Absicht und Struktur der Werke liegen klar zutage. Die Formen der Lyrik sind dagegen von außerordentlicher Vielfältigkeit, und die Situationen, von denen sie sprechen, können keinerlei Allgemeingültigkeit beanspruchen. Die Sprache, vor allem bei Sappho und Alkaios, ist ein lokaler Dialekt, der zwar zur Hochsprache stilisiert, aber dennoch kein Gemeingriechisch ist, der Versbau ist beherrscht von einer Fülle eigentümlicher und komplizierter Regeln, und was den Inhalt angeht, so muß man sich in den politischen, kulturellen und gesellschaftlichen Verhältnissen der griechischen Inseln im 8. und 7. Jahrhundert v. Chr. ziemlich gründlich auskennen, um die Gedichte zu verstehen.

Als Lektüre für die Schule und den durchschnittlich Gebildeten kamen sie also kaum in Frage; auch deshalb nicht, da von den Liebesliedern Sapphos, den polternden Trink- und Revolutionsliedern des Alkaios und gar den Haßgesängen des Archilochos keinerlei erzieherische Wirkung ausgehen konnte. So ist denn das literarische Schicksal dieser Dichter recht bezeichnend gewesen. Im Athen des 6. und 5. Jahrhunderts sind sie wohl nur in Kreisen gelesen worden, die sich an der erlesenen Verskunst und dem ebenso leidenschaftlichen wie weltmännischen Leben erfreuten, das sich da unbekümmert ausbreitete. Seit dem 4. Jahrhundert v. Chr. beginnt sich die Gelehrsamkeit dieser Dichter zu bemächtigen. Einmal bereicherten ihre Verse die Theorie der Metrik, sodann vermögen die lyrischen Gedichte mehr über die Lebensumstände ihrer Verfasser auszusagen als irgendeine andere Gattung, was die im 3.Jahrhundert v.Chr. blühende Literatur- und Kulturgeschichte wohl zu schätzen weiß. Während es unendliche Mühe bereitet, von Hesiod oder gar von Homer eine auch nur einigermaßen verläßliche Biographie zu kombinieren, bedurfte es bei Archilochos, Sappho und Alkaios lediglich einer aufmerksamen Lektüre ihres Oeuvres, um ein erstaunlich vollständiges Lebensbild zu gewinnen. Diese drei Dichter sind die ersten Griechen, von denen sich eine Biographie schreiben läßt. Darüber hinaus vermitteln ihre Werke eine Menge rein kulturgeschichtlicher Data, die die Hellenisten mit Sorgfalt notiert haben.

Überhaupt hat der Hellenismus die Lyrik erst zu Ehren gebracht. Hier fand seine vielfältige Gelehrsamkeit ein treffliches Betätigungsfeld. Außerdem kam sie einem Wandel des dichterischen Geschmacks entgegen, einer Reaktion des ionischen Geistes auf Athen, das während mehr als zweihundert Jahren die griechische Kultur fast vollständig beherrscht hatte. Die Schöpfung Athens ist das Drama, vor allem die Tragödie, in der mit großer Gebärde urbildliche Schicksale gestaltet werden. Das Große ist aber zugleich die Gefahr der Tragödie. Es kann leicht in die Banalität edlen Geschwätzes abgleiten. Die Möglichkeit muß offenbleiben, daß die attischen Tragiker, die außerordentlich viel produziert haben (ein Vielfaches von dem, was wir heute besitzen), dann und wann dieser Gefahr erlegen sind. Jedenfalls ist der Hellenismus in diesen Dingen empfindlich. Er mißtraut den allzu fruchtbaren Dichtern, und »tragisches Gerede« verwendet er öfters als Spottwort. Was er liebt, ist das Diskrete und Intime, das kurze, bis in letzte Feinheiten ausgearbeitete Werk, schließlich auch das Weltmännische und gleichmütig Überlegene. Diese Werte findet er in der alten Lyrik, und so entsteht, vor allem für Sappho und Alkaios, ein neues Publikum.

Die in den letzten hundert Jahren entdeckten ägyptischen Papyri aus dem Hellenismus und der frühen Kaiserzeit haben gerade den Textbestand dieser beiden Dichter ungewöhnlich bereichert. Was man vorher besaß, waren nicht besonders zahlreiche, verstreute Zitate, zur Hauptsache aus gelehrter Literatur. Nun haben wir Reste von Gesamtausgaben, die in den Bibliotheken der gebildeten Griechen jener Zeit standen. Der Hellenismus hat auch eine eigene lyrische Dichtung aufzuweisen. Wir wissen freilich wenig von ihr, und was wir wissen, zeigt, daß sie mit der altionischen Lyrik nur in bestimmten Einzelheiten zusammenhing. Ihr geschichtlicher Einfluß war gering, und so dürfen wir sie hier auf sich beruhen lassen.

Um so wichtiger aber ist derjenige römische Dichter, der durch den Hellenismus den Zugang zu den Ionern fand und ihr ebenbürtiger Nachfahre geworden ist: Horaz. Schon vor ihm hatte Catull sich da und dort von Sappho und den anderen anregen lassen. Doch erst Horaz hat eine Lyrik geschaffen, die, aus römischen, hellenistischen und ionischen Elementen genährt, sich zu weltgeschichtlichem Rang erhob. Im Metrischen und in zahllosen Einzelmotiven schließt er sich bewußt an Archilochos, Sappho und Alkaios an. Dennoch sind seine *Epoden* und *Carmina* etwas völlig Neues und Ursprüngliches. Die Sprache wird einfacher, und die Situationen werden bedeutender. Horaz ist gebunden an den römischen Staat und zugleich durch die griechische Philosophie hindurchgegangen. Für seine Gedanken und Ausblicke gab es bei den alten Ionern keine Vorbilder, eigentlich auch nicht bei den Hellenisten. Diese Dinge sind Horazens Eigentum.

Die Lyrik hat allerdings auch in Rom ein prekäres Dasein geführt. Horaz wird zwar kommentiert und in der Schule gelesen, vermag sich aber neben Vergil und Ovid nur mit einiger Schwierigkeit zu behaupten. Wer Sappho und Archilochos waren, weiß man, ohne je ihre Gedichte in die Hand genommen zu haben. Die Byzantiner halten sich an Anakreon, einen der jüngsten unter den vorklassischen Lyrikern, und arbeiten dessen mondän elegante und verhältnismäßig einfach gebaute Gedichte zu einem volkstümlichen Liederbuch für gesellige Anlässe um.

Die christliche Liederdichtung beider Sprachen entwickelte sich natürlich nicht ohne Beziehung zur antiken Tradition. Doch sind an ihrer Entstehung von vornherein auch ganz andere Komponenten beteiligt gewesen, die altorientalische Hymnendichtung im allgemeinen, die des Judentums im besonderen.

Für die mittelalterliche volkssprachliche Lyrik gilt, was schon vom mittelalterlichen Epos zu sagen war. Die Preisgabe des Lateins bedeutete auch hier einen Bruch. An dem Werk der romanischen Troubadours und des deutschen Minnesangs ist die Antike nur in geringen Spuren wahrzunehmen. Keltisch-germanische Traditionen stehen wohl im Vordergrund, ergänzt durch starken Einfluß der arabischen Lyrik Spaniens.

Die Renaissance kehrte zu Catull und Horaz zurück, das 18.Jahrhundert nahm den byzantinischen Anakreon dazu. Von den Dichtungen der ältesten und größten Lyriker Archilochos, Sappho und Alkaios waren bis gegen Ende des 19.Jahrhunderts nur geringe Reste vorhanden. Über Leben und Persönlichkeit der drei, vor allem Sapphos, besaß man allerdings eine stattliche Anzahl von Berichten späterer Schriftsteller, alle letzten Endes auf dem Oeuvre der Dichter fußend, wenn auch keineswegs frei von argen Entstellungen und Mißverständnissen.

Erst als in den Papyri Ägyptens Originaldichtungen zum Vorschein kamen und seit dem Beginn des 20.Jahrhunderts auch auf geistige Bereitschaft der Leser trafen, begann ein neuer, wesentlicher Abschnitt in der Wirkungsgeschichte der griechischen Lyrik.

Ausdrücklich erwähnt und behandelt zu werden verdienen zwei Sonderformen, die einen starken Einfluß auf spätere Zeiten ausgeübt haben: das Epigramm und die Elegie.

Das Epigramm ist seinem Ursprung nach auf das stärkste an konkrete Anlässe und Aufgaben gebunden. In seinen Formen als Grabepigramm, Weiheepigramm oder auch nur als Besitzerepigramm hat es nahezu dokumentarischen Charakter. Es erwächst aus dem Wunsche der Griechen, auch Inschriften, die zunächst bloß der Mitteilung dienen, eine schöne Form zu geben, und seine Entstehung wird erleichtert durch die nicht zu übersehende Tatsache, daß die Griechen bei der Beschriftung von Grabmälern oder Weihegeschenken an Götter weniger als andere Völker zu bestimmten rituellen Formeln verpflichtet waren.

So hat das 5.Jahrhundert eine Reihe berühmter Epigramme geschaffen, die uns teils noch auf dem Stein, für den sie bestimmt waren, teils in späteren Sammlungen handschriftlich erhalten sind. Allen voran steht das Grabepigramm auf die bei den Thermopylen 480 v. Chr. im Kampf gegen Xerxes gefallenen Spartaner, von Cicero in lateinische, von Schiller in deutsche Verse übersetzt. Im 4.Jahrhundert begann sich das Epigramm von seiner ursprünglichen Bestimmung zu lösen. Inschriftliche und insofern echte Epigramme – das Wort bedeutet ja »Aufschrift« – hat es zwar bis zum Ende des Altertums massenhaft gegeben; es vergeht kaum ein Jahr, ohne daß neue aufgefunden werden. Daneben entstanden aber rein literarische Epigramme. Es lockte die Dichter, in knappster Form möglichst viel auszusagen, in wenigen Versen ein Porträt, eine Szenerie zu zeichnen. So wurde im Hellenismus das Epigramm eine der beliebtesten Gattungen, und was für uns besonders wichtig ist: dank den zahlreichen Inschriften, dank einigen handschriftlichen Sammlungen, die uns erhalten sind, und dank manchen Zitaten bei antiken Autoren die einzige Gattung griechischer Dichtung, die wir vom 5. Jahrhundert v. Chr. an bis in die byzantinische Zeit lückenlos verfolgen können. Wir überblicken nicht nur den Wandel des Geschmacks im Laufe der Jahrhunderte, wir erkennen auch, was nicht weniger wichtig ist, wie sich die Epigramme großer und schöpferischer Dichter von der Dutzendware unterscheiden, die sich ein reicher Bürger beim Poeten seines Quartiers für sein Familiengrab bestellt.

Beliebt ist vor allem die Porträtierung im Epigramm. Epigramme, die der Fiktion nach zu Grabmälern, Statuen und Büsten, schließlich auch unter ein Porträt in eine Gesamtausgabe, überhaupt an den Anfang einer Gesamtausgabe literarischer Werke gehören, bemühen sich, die Biographie, Eigenart, Leistung und Bedeutung eines berühmten Mannes kurz und präzis zu charakterisieren. Epigramme, die zu einem als Weihegeschenk gedachten Fischernetz, Steuerruder, Arbeitskittel oder Schmuckstück gehören, lassen sich umgekehrt zum Porträt eines einfachen Lebens ausbauen. Schließlich gibt es Epigramme, die wir ohne Umschweife der Lyrik im strengen Sinne zuordnen müssen. Es ist die Masse der Liebesepigramme mit ihren zahllosen Varianten: verlangende Huldigung, verstohlene Erfüllung, Enttäuschung, Bitte, Spott, Haß. Meisterwerke der Virtuosität muß man einzelne Stücke nennen, die ein ganzes Gespräch zwischen Liebhaber und Mädchen elegant in wenige Verse zusammenzudrängen vermögen.

Auf geringstem Raum ist möglichst viel mit größter dichterischer Intensität auszusagen. Dieses Ziel ist immer wieder als solches verstanden und bewundert worden, und so hat das Epigramm auch immer wieder Nacheiferer gefunden. Grabepigramme nach hellenistischem Geschmack haben für sich selbst schon die großen Dichter der römischen Republik verfaßt. Von würdigen Senatoren aus dem Freundeskreis Ciceros hören wir, daß sie recht verwegene Liebesepigramme gedichtet hätten. Die Produktion nicht bloß griechischer, sondern auch lateinischer Epigramme setzt sich durch die ganze Kaiserzeit hindurch fort, und die Christen nehmen unbefangen, wenn auch natürlich mit veränderter Thematik, diese Übung auf. Berühmt geblieben und teilweise noch an Ort und Stelle erhalten sind die Epigramme, die der Papst Damasus (366–384 n. Chr.) für die Märtyrergräber in den römischen Katakomben verfaßt hat. Dies sind nun also wieder echte Epigramme.

Auch aus dem Mittelalter fehlen Epigramme nicht. Erst recht wendet sich die Renaissance wieder dieser reizvollen Gattung zu. Unübersehbar ist die Menge der von den Humanisten und ihren Nachfahren gedichteten lateinischen Epigramme. Dazu gesellen sich solche in den Nationalsprachen, und man darf sagen, daß diese Gattung bis ins 20. Jahrhundert hinein lebendig geblieben ist. Die in ihr gestellte poetische Aufgabe hat sich vom 4. Jahrhundert v. Chr. bis auf unsere Gegenwart als verlockend bewährt.

Einflußreich war auch eine weitere Sonderart lyrischer Dichtung, die Elegie. Nach Sprache und Versform hängt sie mit dem Epigramm auf das engste zusammen, unterscheidet sich aber von jenem in zwei Dingen. Der äußere Umfang kann sich über beliebig viele Distichen ausdehnen, und dem Gehalt nach ist die Elegie keineswegs auf das lyrische Herausgreifen einer Empfindung oder Begegnung beschränkt. Sie ist es gerade bei den Griechen so wenig, daß sie in gewisser Weise dem Lehrgedicht näher steht als dem Lied. Die Elegie ist, soweit wir sie kennen, das natürliche Gefäß für die poetische Diskussion. Probleme der Politik, der Ethik, des gesellschaftlichen Benehmens werden in Elegien abgehandelt. Aus beiden Gründen, dem formalen wie dem inhaltlichen, ist die Elegie diejenige Gattung griechischer Dichtung, die noch über das Epigramm hinaus am leichtesten zu handhaben ist und in der sich der Laie ohne Gefahr versuchen kann. Kein Wunder also, daß sich die frühen Dichter dieser Gattung in vorzüglichem Maße als geeignet erwiesen haben, Schulautoren zu werden.

Die einander eigenartig ergänzenden Gedichtsammlungen des Spartaners Tyrtaios und des Atheners Solon haben weiteste Verbreitung gewonnen. Die Elegien des Tyrtaios werden zum Paradigma heroisch kriegsfrohen Spartanertums, diejenigen Solons bilden den Ausgangspunkt der athenischen und damit überhaupt der europäischen Staatsphilosophie. Reminiszenzen an seine Verse sind bei Platon wie bei Aristoteles immer wieder greifbar. Das Elegienbuch des Theognis von Megara wird zu einer Art von Handbuch der Ethik und des Anstands für die feine Gesellschaft an der Wende zum 5. Jahrhundert v. Chr., allerdings auch zu einem Textbuch für muntere Rezitationen bei der symposiastischen Unterhaltung. Solon wie Theognis haben ihre im Lauf der Jahre gedichteten Elegien selbst zu Büchern zusammengestellt. Das Einleitungsgedicht ist uns bei Solon ganz, bei Theognis teilweise erhalten. Während das Gedichtbuch Solons durch den großen Namen und die politische Problematik, die es mit aller Energie herausarbeitete, geschützt blieb, ist das Werk des Theognis sehr bald nach seinem Erscheinen zum bequemen Rahmen für alles mögliche geworden. Die bescheidenen Produkte unbekannter Liebhaberdichter drangen ebenso ein wie die mehr oder weniger verstümmelten Verse anderer großer Elegiker. Das Buch, wie wir es heute besitzen, ist von unschätzbarem Wert, weil es einen Querschnitt durch die elegische Dichtung von anderthalb Jahrhunderten gibt, angefangen von Solon bis über die Mitte des 5. Jahrhunderts v. Chr. hinaus.

Tyrtaios, Solon, Theognis sind Dichter vom griechischen Mutterland. Ihnen gesellen sich einige Ioner zu, zunächst der älteste der ganzen Gruppe, Kallinos, der noch in die Zeit hinaufreicht, in der sich die kleinasiatischen Königreiche wie die ionischen Städte mühselig der Einfälle von Barbarenstämmen aus dem Balkan zu erwehren hatten. Weit einflußreicher ist Mimnermos gewesen, für die spätere Zeit der Inbegriff ionischer Lebensart. Politischer Kampf und Ehrgeiz gehören bei ihm der Vergangenheit an. Sein Dasein geht auf in heiterer Geselligkeit, nicht selten freilich durchkreuzt von Liebeskummer und dem bedrückenden Gedanken an die Kürze des Lebens und der Jugend. Aus verwandter Gestimmtheit hat der Hellenismus gerade seine Elegien wieder zu Ehren gebracht, während diejenigen des Tyrtaios und des Solon der Schule und den Historikern überlassen blieben.

In der poetischen Doktrin hat allerdings die ganze Gattung kein Ansehen erringen können. Ihre Form war zu locker, ihr Anspruch an dichterischer Durchdringung des Stoffes zu gering. Wir werden uns indessen nicht wundern, daß sie, gerade um ihrer Zugänglichkeit willen, sich den Römern empfahl. Allerdings hat sie bei ihrer Aneignung durch die Römer eine Umgestaltung erfahren, deren Hintergründe wir bis heute noch nicht recht durchschauen. Wir sprechen heute noch von Elegie und elegischem Charakter und meinen damit einen auf empfindsame Klage gestimmten Ton. In der Tat herrscht in der römischen Elegie, deren größte Vertreter Catull, Tibull, Properz und Ovid in die Weltliteratur eingegangen sind, eben dieser Ton vor. Und wo in den europäischen Literaturen seit dem 16. Jahrhundert Elegien gedichtet werden, da halten sie sich an das Vorbild der Römer und sprechen in elegischer Form von sehnsüchtiger Klage über verlorene Liebe und entschwindendes Glück.

Von einer solchen Fixierung des Begriffs Elegie ist jedoch in der uns erhaltenen Elegiendichtung der Griechen keine Rede. Mimnermos, der ihr am nächsten kommt, ist nur ein Dichter unter vielen. Die unter dem Namen des Theognis erhaltene Sammlung weist nur ganz wenige Stücke auf, die sich einigermaßen mit Römischem vergleichen lassen. Während bei Epos und Drama der Anschluß der Römer an die großen griechischen Vorbilder klar zutage liegt, ist er bei der Elegie eigenartigerweise nicht befriedigend nachweisbar.

Unter den zahlreichen Versuchen, diesen Tatbestand zu erklären, greifen wir nur zwei heraus. Der eine macht darauf aufmerksam, daß den Römern nicht allein die Texte der griechischen Dichter zur Verfügung standen, sondern auch die griechischen Theorien über die verschiedenen Gattungen der Dichtung und deren Eigentümlichkeiten. Die in Frage stehende Gattung trägt den Namen *Elegeía*, der wie manche verwandte Namen in geschichtlicher Zeit nicht mehr recht verständlich war. Man wußte nicht mehr, was er eigentlich bedeutete, und konstruierte sich eine Bedeutung, die, ohne Rücksicht auf den faktischen Bestand an elegischen Dichtungen des 7. bis 4. Jahrhunderts v. Chr., auf den Begriff des Klagelieds hinauslief. Diese Konstruktion mag es gewesen sein, die die Römer maßgebend beeinflußt hat. Hinzu kommt zweitens, daß die Form der Elegie sich als nächste anbieten mußte, wenn der römische Dichter den Bereich der Lyrik betreten wollte. Die lateinische Sprache, der Abstraktion wie der Wortfülle zugeneigt, war dem frühgriechischen Lied denkbar unangemessen; es bedurfte eines Genies wie Horaz, um in einmaliger Leistung die Werke Sapphos und des Alkaios nachzuschaffen. Die Elegie dagegen bot jenen Spielraum und jene Möglichkeit, Empfindung, Erzählung und Reflexion souverän zu mischen, wie es dem Römer wichtig war.

Davon abgesehen nahm sich der Römer eine viel größere Freiheit als der Grieche, gleichzeitig von den Werken der verschiedensten Gattungen Anregungen aufzugreifen. In der römischen Elegie stecken außer bestimmten Traditionen der griechischen Elegie auch Elemente des frühgriechischen Liedes, des hellenistischen Epigramms und schließlich sogar der bürgerlichen Komödie Menanders und seiner Zeitgenossen.

Genug, die römische Liebeselegie ist bei aller Bindung an griechische Vorbilder eine Leistung eigener Art und hat geistesgeschichtlich eine Wirkung ausgestrahlt, die diejenige der griechischen Elegie zweifellos übertrifft.

Es lohnt sich, noch kurz von einer Literaturgattung zu sprechen, die wie die Liebeselegie bei den Römern zu universaler Bedeutung gelangt ist, ohne daß es uns möglich wäre, griechische Urbilder nachzuweisen. Es ist die meist in hexametrischer Form gestaltete Satire, die ihre ersten großen Dichter schon im philhellenischen Rom des 2. Jahrhunderts v. Chr. besessen hat und für die späteren Jahrhunderte durch Horaz, Persius und Juvenal berühmt geblieben ist. Überspitzt könnte man behaupten, daß die römische Satire ebenso von ferne mit der griechischen Elegie verbunden ist wie die römische Liebeselegie, nur in genau entgegengesetzter Richtung. Wo die Liebeselegie zarte Stimmungen beschreibt, diskutiert die Satire handfeste Probleme. Ihre Qualitäten sind kunstvolle Lässigkeit im Gesamtaufbau der Gedichte, die wie das Spiel einer Debatte wirken sollen, kräftige Anschaulichkeit im einzelnen und witziges Herausarbeiten eines zentralen Gedankens. Das »Satirische« in dem Sinne, in dem wir heute das Wort verstehen, ist weder von Anfang an noch notwendig an die Gattung gebunden, auch wenn bei ihren klassischen Vertretern die Debatte meist umschlägt in eleganten oder, wie bei Juvenal, auch weniger eleganten Spott. Die Gegenstände selbst liefert die Gesellschaft, gelegentlich werden in früherer wie in späterer Zeit aber auch Probleme der Sprache, der Poetik, der Literaturgeschichte behandelt.

Die Satire des 2. Jahrhunderts v. Chr. liebt es, die zeitgenössischen Politiker Roms mit ihren Programmen und Lebensgewohnheiten aufs Korn zu nehmen; seit Horaz tritt die ironische, später grimmige Schilderung der verschiedensten Unsitten in den Vordergrund. Juvenal gibt sich als schneidend höhnender Eiferer und hat mit seinen Beschreibungen der abgrundtiefen Korruption in der römischen Gesellschaft des späteren 1. Jahrhunderts n. Chr. einen weitreichenden, nicht unbedingt verdienten Einfluß ausgeübt. Er ist einer der ersten Literaten Europas, bei dem die heilige Entrüstung über den Skandal in ein fatales Vergnügen am Skandalösen übergeht.

Griechische Diskussionsdichtungen, die den römischen Satiren unmittelbar zum Vorbild hätten dienen können, kennen wir nicht. Mehr noch als bei der Liebeselegie haben wir bei der Satire den Eindruck, daß die Römer aus einer ganzen Reihe griechischer Elemente verschiedener Herkunft etwas Neues und Eigenes geschaffen haben. Die Griechen besitzen eine iambische Dichtung, in früher Zeit in Spott- und Haßgedichten sich ergehend, während bei Kallimachos, dem größten der hellenistischen Dichter, die Polemik zurücktritt und die Iamben vorzugsweise weltmännisch und läßlich vorgetragene Erzählungen bringen. Der rücksichtslose Angriff auf Torheiten und Sittenlosigkeit der Zeitgenossen ist im Hellenismus die Domäne der – nicht ganz zutreffend so genannten – Popularphilosophie; und den Witz und die Fähigkeit, in wenigen Zeilen eine komisch-groteske Situation zu zeichnen, hat die Satire bei der attischen Komödie des 5. Jahrhunderts v. Chr. entlehnt, wie Horaz ausdrücklich hervorhob. Nehmen wir dazu das starke Interesse des Hellenismus an der Diskussion literaturgeschichtlicher und poetischer Probleme, so erkennen wir, daß jeder Einzelzug der römischen Satire irgendwo im griechischen Bereich seine Wurzeln hat. Das Ganze ist aber doch etwas Neues und hat sich als römische Leistung erstaunlich lebenskräftig gezeigt.

Die Tragödie

Unter allen Formen der griechischen Dichtung steht in seiner weltgeschichtlichen Wirkung das attische Drama des 5. und 4. Jahrhunderts v. Chr. bis auf den heutigen Tag unbestritten an der Spitze. Es kann natürlich nicht unsere Aufgabe sein, dem geschichtlichen Ursprung von Komödie und Tragödie nachzugehen. Dies kommt um so weniger in Betracht, als die griechischen Berichte darüber weit mehr zur Verdunkelung als zur Aufhellung der Tatbestände beitragen. Die Berichte sind entweder von kulturphilosophischen Theoremen oder von kulturpolitischen Ansprüchen gewisser griechischer Staaten beherrscht. Im ersten Falle liebte man es, sich vorzustellen, daß die Tragödie aus urwüchsig derben Gesangs-, Tanz- und Maskendarbietungen zu Ehren des Bauerngottes Dionysos erwachsen sei, im zweiten stritt man darüber, ob eigentlich den zum ionischen Stamm gehörenden Athenern oder den dorischen Peloponnesiern der Ruhm gebühre, Schöpfer des Dramas zu sein. Der Streit begann damit, daß im späten 5. Jahrhundert v. Chr. die Athener den anmaßenden Kriegern Spartas gegenüber immer energischer auf ihre kulturellen Leistungen pochten, unter denen das Drama, die Tragödie, die erste Stelle einnahm. Die Peloponnesier replizierten damit, daß sie in verschiedenen dorischen Landschaften dramenartige Aufführungen nachwiesen, die sehr viel älter wären als die Tragödie und Komödie Athens. Diese Nachweise sind entweder glatte Fälschungen oder völlig unkontrollierbar; nur in einigen Fällen sind sie ernsthafter Beachtung wert. Den Anspruch Athens konnten sie freilich nicht erschüttern.

Ärgerlich ist, daß der ursprüngliche Sinn der beiden Wörter Tragödie und Komödie untergegangen ist. Die erhaltenen Zeugnisse zeigen, daß schon das späte 5. Jahrhundert v. Chr. nicht mehr sicher wußte, was sie eigentlich bedeuteten, und daß gerade diese Unsicherheit den Spielraum für alle möglichen, oft die absurdesten Hypothesen freigab. Wir lassen hier diese Dinge auf sich beruhen und halten nur fest, daß die Tragödie ihrem innersten Wesen nach ein Kind des homerischen Epos ist, während die Komödie zweifellos auf volkstümliche Lustbarkeiten zurückgeht, in der Mitte des 5. Jahrhunderts v. Chr. aber ganz bewußt zu einem Gegenstück der Tragödie stilisiert wurde.

Noch eindrucksvoller als am Epos ist am Drama zu beobachten, wie rücksichtslos streng die Griechen bei der Auswahl des Vollkommenen und Gültigen vorgegangen sind. Der moderne Leser macht sich selten klar, daß die athenischen Dichter des 5. und 4. Jahrhunderts v. Chr. eine außerordentlich reiche Produktivität entfaltet haben. Es hat Jahrzehnte gegeben, in denen Jahr für Jahr Dutzende von Tragödien und Komödien geschrieben und den Leitern der Festspiele, an denen sie aufgeführt werden sollten, eingereicht worden sind. Aber schon in der Mitte des 4. Jahrhunderts v. Chr. steht es fest, daß nur drei Tragiker Klassisches geleistet haben, Aischylos, Sophokles und Euripides. Aus dem Oeuvre dieser drei wurde wiederum eine Auswahl des Geglücktesten und Repräsentativen getroffen, eine Auswahl für den eiligen Leser wie für die Schule. Die umfänglichen Gesamtausgaben traten zurück und fanden sich wohl schon in ciceronischer Zeit nur noch in besonders reichbestückten Gelehrten- und Liebhaberbibliotheken. Lediglich Euripides, der als der tragischste der Tragiker galt und sprachlich keine besonderen Schwierigkeiten bot, wurde bis gegen Ende des Altertums noch in ziemlicher Vollständigkeit gelesen.

Der Wille zur Auswahl des Besten wirkte sich aber auch in anderer Weise aus. Aristoteles spricht in kühl konstatierender Weise aus, was keineswegs bloß sein eigener Gedanke war: »Die ältesten Tragiker haben die beliebigsten Stoffe abgehandelt, jetzt dagegen sind die vollkommensten Tragödien auf wenige Mythen konzentriert.« Es werden also auch die Stoffe einem Prozeß dauernder Elimination des nicht hinlänglich Tragischen unterworfen. Das unvermeidliche Ende ist eine Erschöpfung der gesamten Gattung. Aus den Geschichten von Oidipus, von Orestes ließen sich nicht immer wieder neue tragische Situationen entwickeln, wenn man nicht ins Abseitige, Künstliche und Unwahrscheinliche abgleiten wollte.

Schon Euripides ist zuweilen der begreiflichen Versuchung erlegen, einem traditionellen Stoff durch Benutzung entlegener Sagenvarianten oder durch kühne psychologische Akzentuierung neue Effekte abzugewinnen, die dann aber doch nicht zu überzeugen vermochten. So also wird es zu erklären sein, daß die Tragödie im Laufe des 4. Jahrhunderts v. Chr. erstaunlich rasch innerlich abgestorben ist. Von den Tragikern, die Aristoteles als seine Zeitgenossen anführt, hat sich kein einziger mehr durchsetzen können; einige sind fast völlig verschollen. Der Hellenismus hat noch da und dort Tragödien geschaffen. Doch das wenige, was wir wissen, geht bezeichnenderweise fast ausschließlich auf die römische Tragödie zurück. Als die Römer in der zweiten Hälfte des 3. Jahrhunderts v. Chr. begannen, sich eine eigene Tragödiendichtung und eigene Tragödienaufführungen in griechischem Stil zuzulegen, da griffen sie ganz natürlich zum nächsten Vorbild: den Aufführungen, die sie als Gäste in den Griechenstädten Süditaliens und Siziliens miterlebten. In diesen Theatern wurden neben vielem von Euripides und Sophokles auch allerlei Novitäten dargeboten. Die römischen Dichter, deren Wunsch, auf der Höhe der Zeit zu stehen und das Neueste auf die Bühne zu bringen, gelegentlich größer gewesen sein dürfte als ihr guter Geschmack, haben sich gern an diese Novitäten gehalten. So sind uns Tragödientitel und Tragödienfragmente erhalten, die auf die Produktion des griechischen Hellenismus zurückgehen. Noch die Tragödien Senecas – die einzigen römischen Tragödien, die wir ganz besitzen – verraten da und dort den Einfluß dieser Epoche. Die großen, auf dem Mythos homerischer Zeit beruhenden Stoffe sind da auf eine Weise umgebogen und weitergesponnen worden, die zuweilen das Abstruse streift. Man versteht, daß solchen Werken nur ein vorübergehender Erfolg beschieden war und daß für das allgemeine Bewußtsein der Gebildeten die Epoche der großen klassischen Tragödie mit dem Tode des Euripides und des Sophokles ihr Ende gefunden hatte. Was nachfolgte, waren nur noch Epigonen.

Bei der Komödie liegen, um diesen Punkt vorwegzunehmen, die Verhältnisse anders. Zwar endet auch bei ihr eine erste Blütezeit ungefähr in demselben Augenblick, in dem die klassische Tragödie abstirbt. Und sie steht nicht bloß darin im Schatten der Tragödie, daß sie diese – trotz völliger Verschiedenheit nach Ursprung und Stoff – in Umfang und Bau der Stücke nachzubilden sich bemüht. Als Gegenbild zu den drei Tragikern sind auch aus der Masse der Komödiendichter des 5. Jahrhunderts drei Klassiker ausgewählt worden: Aristophanes, Eupolis und Kratinos; endgültig durchgesetzt hat sich freilich nur der erste. Die Komödie nach Aristophanes ist jedoch nicht ebenso schnell untergegangen wie die Tragödie nach Sophokles und Euripides. Ihr Gegenstand, das Leben und Meinen des athenischen Bürgers, war nicht so leicht zu erschöpfen wie der hohe Mythos.

Es folgt also eine zweite Epoche kräftigen Gedeihens, die vom Beginn des 4.Jahrhunderts v.Chr. an über hundert Jahre dauerte. Sie ist allerdings nicht einfach die Fortsetzung der Komödie des 5.Jahrhunderts v.Chr. Hatte diese munter, grotesk und hintergründig mit den politischen und kulturellen Größen Athens ihr Spiel getrieben, so wandte sich das 4.Jahrhundert v.Chr. der reinen Gesellschaftskomödie zu. Die Figuren des verschwenderischen jungen Herrn, des schlauen Sklaven, des geizigen und verliebten Alten, die im 5.Jahrhundert nur ein Ingrediens in einer genialisch bunten Fülle gewesen waren, treten nun in den Mittelpunkt und schaffen jenen Typus der Komödie, der über Plautus und Terenz auf Molière und die moderne Komödie eingewirkt hat. Doch darüber sei später noch einiges bemerkt. In der ersten Hälfte des 3.Jahrhunderts v.Chr. fand auch die Entwicklung der Komödie ihr Ende.

Diese zweite Blütezeit der Komödie wurde von der antiken Literaturgeschichte weiter aufgeteilt in die Periode der Mittleren und die der Neuen Komödie. Was diese Teilung bedeuten sollte, ist uns nicht mehr ganz klar. Aus der Neuen Komödie wurde abermals eine Trias von Klassikern nach dem Vorbild der Tragödie herausgehoben. An der Spitze steht Menander, dessen liebenswürdige, geistig anspruchslose Werke bis über das Ende der Antike hinaus eine ähnliche Rolle gespielt haben wie die Tragödien des Euripides. Sie wurden eine Lieblingslektüre der Schule und des durchschnittlich Gebildeten.

Nun zurück zur Tragödie; unsere Aufgabe kann hier nur sein, das Gebilde als solches ins Auge zu fassen und entschlossen von den wahrhaft zahllosen Problemen abzusehen, die sich auf den Ursprung der Gattung, auf das Verhältnis der drei großen Tragiker zueinander und auf die künstlerische Entwicklung jedes Einzelnen beziehen.

Das grundlegende Moment wurde schon hervorgehoben. Es ist die Bindung an das homerische Epos, dem die Tragödie nicht nur die Mehrzahl ihrer Stoffe, sondern vor allem das Tragische als Idee entnimmt. Tragisch ist die Gestalt des hoffnungslos kämpfenden Hektor, in anderer Weise sind es Achilleus und Agamemnon, sodann, wenn wir über Ilias und Odyssee hinausblicken, der thebanische Oidipus und manche Züge im weit ausholenden Herakles-Mythos.

Wenn das Tragische dort entsteht, wo die Zukunft ohne Hoffnung ist und die Vergangenheit keine Sicherheit schafft, weil ihr immer irgendwo eine unfaßbare Schuld beigemischt ist, so werden wir folgern, daß es geschichtlich nur in dem besonderen Raum des griechischen Denkens hat entstehen können. Wesenhaft gläubige Epochen bringen keine Tragödien hervor. Der vor Gott Gerechte handelt nie ohne Hoffnung, und alle Schuld wandelt sich zur Sünde vor Gott, der die Macht hat, zu strafen und zu vergeben. Für das Tragische bleibt kein Platz. Aber auch völlig profane Epochen kennen keine Tragödien, und der ebenso reichliche wie flüchtige Gebrauch des Begriffs des Tragischen im 19. und 20.Jahrhundert beweist dies gerade. Wo das Ziel des Lebens darin besteht, sich ein Maximum an materiellem Behagen zu erkämpfen, und wo jede Schuld sich wandelt in ein aus den Verhältnissen erklärbares Versagen, verlieren Gestalten wie Hektor oder Oidipus ihren Sinn.

Das Tragische in dem für uns wesentlichen Sinn kommt rein nur in verhältnismäßig wenigen Dramen zum Vorschein, so vor allem im König Oidipus des Sophokles und in der Orestie des Aischylos; bei Euripides werden wir schon unsicher. Allerdings hat schon die

Antike den König Oidipus des Sophokles zu den schlechthin vollkommenen Tragödien gezählt. Und wenn wir uns nun kurz der von Aristoteles in der Poetik unternommenen Analyse der Tragödie zuwenden, weil sie manchem äußern Anschein zum Trotz als repräsentativ für die griechische Auffassung der Tragödie überhaupt gelten darf, so ist unschwer zu erkennen, daß die »Modelltragödie« in weitem Umfang eben dieses Stück gewesen ist. Das Wesen des Tragischen bestimmt Aristoteles folgendermaßen:

> Klar ist zunächst, daß nicht edle Menschen beim Umschlag von Glück in Unglück gezeigt werden sollen (denn dies erzeugt bloß Widerwillen) noch auch der Übergang schlechter Menschen von Unglück in Glück (denn dies läuft dem Geist der Tragödie völlig zuwider); noch darf der gar zu Schlechte aus Glück in Unglück stürzen (eine solche Erfindung ist zwar menschenfreundlich, verfehlt aber auch den Zweck der Tragödie). Es bleibt also nur der Fall, daß ein Mensch, der an Tugend und Gerechtigkeit nicht ganz vollkommen ist, ins Unglück gerät, aber nicht durch Schlechtigkeit und Gemeinheit, sondern durch irgendeinen Fehler. Und zwar muß er zu denjenigen zählen, die großen Ruhm und großes Glück besessen haben, wie Oidipus oder Thyestes.

Der moderne Leser wird sich zunächst von der prosaischen Nüchternheit dieses Schemas (das in der Übersetzung nur wenig vereinfacht wurde) abgestoßen fühlen. Unleugbar hat aber Aristoteles klar herausgearbeitet, was er sagen will. Träger der dramatischen Handlung ist der Mensch, sofern er sittlich gut oder schlecht ist. Die Handlung selbst schwingt zwischen Glück und Unglück. Die Definition steuert unverkennbar auf die Formel hin, tragisch sei der Absturz des sittlich guten Menschen aus dem Glück ins Unglück. In der Tat führt dieses Paradoxon, das Unglück des Gerechten, zum Zentrum der tragischen Handlung hin; umgekehrt erweist sich auch, daß die Haltung des Gläubigen wie des Philosophen, die beide von ihrer Voraussetzung aus das Paradoxon für nichtig erklären, die Entfaltung einer tragischen Handlung ausschließt.

Indessen gilt auch bei Aristoteles das Paradoxon nicht unbedingt. Es erfährt an beiden Gliedern eine Modifikation. Einmal ist nicht vom Gerechten schlechthin die Rede, sondern von einem Täter, der keine Schlechtigkeit, wohl aber einen Fehler begeht. In diesem Begriff des Fehlers verbirgt sich die tragische Schuldhaftigkeit, die zwischen ungewolltem Schicksal und gewollter Verletzung des von Gott oder Menschen gesetzten Rechtes liegt. Sie ist Irrtum, aber nicht im Sinne einer Fehlberechnung; sie ist Schuld, die Vergeltung fordert, aber nicht im Sinne eines Verbrechens, das eine Bestrafung nach sich zieht. Denn auch dies gehört zum Tragischen: der Schuldige weiß nicht, worin seine Schuld besteht oder wer zur Rechenschaft zieht, wer eine Strafe verhängen oder wer von der Schuld reinigen könnte. Die Schuld ist im strengen Sinne unsühnbar: nicht, weil sie so entsetzlich wäre, sondern weil es keine bekannte Instanz gibt, die eine Sühnung zu vollziehen in der Lage wäre.

Allerdings spielt auch die Größe der Schuld eine Rolle. Aristoteles bemerkt ausdrücklich, daß nicht der Sturz aus irgendeinem Glück in irgendein Unglück die Tragödie ausmache, sondern nur der Sturz aus sehr großem Glück in sehr großes Unglück, und wir werden hinzufügen dürfen: durch eine Schuld, die der Größe des einen wie des andern angemessen ist. Damit taucht die nicht leicht faßbare Kategorie der »Dimension« einer Handlung auf. Sie steht der Quantität nahe, ohne doch mit ihr identisch zu sein. Es gibt großes und kleines Planen, Handeln und Scheitern, und das Tragische ist im Großen zu Hause. Der Alltag kennt keine Tragik – falls man unter Tragik etwas anderes verstehen will als die Fehlgriffe und Enttäuschungen, die jedem Einzelnen jeden Tag unterlaufen. Und in der Tat hat Aristoteles im Sinne der drei attischen Tragiker anderes darunter verstanden. Seine Formel klingt naiv, ist es aber, wenn man näher zusieht, keineswegs.

Fragen wir nun weiter, wie Aristoteles die Tragödie den Umschlag von Glück in Unglück vollziehen läßt. Die Kunst besteht darin, die Handlung, unvermerkt für den Handelnden, vorausahnbar für die Zuschauer, an den Punkt heranzuführen, an dem plötzlich alles anders wird, als es geplant und erhofft war: die *Peripetie*, das »Umstürzen« der Handlung »in ihr Gegenteil«, wie es Aristoteles nennt. Und zwar erfolgt der Umschlag durch das »Entdecken« *(anagnórisis)*, als Umschlag »aus Unwissenheit in Erkenntnis«: bisher unbekannte Tatsachen treten unerwartet ans Licht, die wahre Identität von Personen, über die zuvor Irrtum und Mißverständnis herrschten, wird plötzlich enthüllt. Es ist in der Tat eminent griechisch, wie hier die tiefe Überzeugung, daß jederzeit alles anders herauskommen könne, als der Mensch es geplant hatte, wie das grenzenlose Mißtrauen dem Lauf der menschlichen Dinge gegenüber zum Angelpunkt großer Dichtung wird.

Jene Überzeugung und jenes Mißtrauen sind vor allem in der Lyrik längst schon ausgesprochen worden, ehe es Tragödien gab. Als ein Grundzug griechischen Wesens fließen sie dann in die Tragödie ein und werden im Begriff der Peripetie technisch formulierbar. Und abermals werden wir bedenken, daß geschichtliche Epochen, die das griechische Mißtrauen gegenüber allem Kommenden durch das Vertrauen auf die gnädige Lenkung Gottes oder durch die Zuversicht, daß alles organisierbar sei, überwunden haben, ihrer innersten Natur nach keine Tragödien hervorbringen können.

Was ist schließlich das Ziel der Tragödie? Welche Wirkung erstrebt sie auf Zuschauer und Leser? Die Antwort gibt Aristoteles – vor allem im berühmten sechsten Kapitel seiner Poetik – gewissermaßen in zwei Stufen. In der ersten Stufe schöpft er ohne Zweifel aus Praxis und Theorie der großen Tragiker selbst. Es ist die Erregung von »Furcht und Mitleid«, wie wir wohl oder übel die griechischen Worte übersetzen müssen. Das erschreckte Staunen über den Umschlag aus ungeheurem Besitz und Anspruch in ungeheure Vernichtung ist das eine, das andere das Sich-betroffen-Fühlen durch den Jammer der Vernichtung, an dem ein Stück des allgemeinen Menschenloses sichtbar wird. Was der Tragiker will, ist Erschüttern und Rühren; noch aus späten karikierenden Berichten dürfen wir erahnen, daß den Zuschauern des Sophokles und Euripides wohl nicht selten die heißen Tränen gekommen sind.

Der Tragiker würde also seine Absicht verfehlen, wenn er bloß aus gemessener Distanz erzählen, noch mehr, wenn er belehren wollte. Wohl ist es mit der Vorführung von Greueln und Elend keineswegs getan; was der Tragiker will, ist jene eigentümliche Herrschaft über die Seele des Zuschauers *(psychagogía)*, in der für kühles Räsonnement und nachrechnende Kritik kein Platz mehr bleibt. Daß dies ein legitimes Ziel der Dichtung ist, wird man nicht bestreiten können; – ebensowenig aber, daß eine sich selbst getreue Philosophie eine derartige Zielsetzung mit dem größten Mißtrauen betrachten wird. Denn die Philosophie will gerade, daß der Mensch als Vernunft Herr über sich selbst bleibt; sie glaubt, daß sich von der Entscheidung zwischen Gut und Schlecht nichts abmarkten läßt, und ist überzeugt, daß der wahrhaft Gute niemals wirklich unglücklich werden kann. So hat denn im Namen dieser Gedanken Platon die Tragödie vollständig aus seinem Staat verbannt, und andere Sokratiker dürften es ihm gleichgetan haben. Eine Anekdote aus platonischer Zeit behauptet sogar, schon Solon habe die Aufführung von Tragödien (die es in Wirklichkeit zu Solons Zeit noch gar nicht gab) als unerwünscht verboten.

Aristoteles mochte nicht so weit gehen. Für ihn war die große Tragödie des 5. Jahrhunderts v. Chr. eine schon klassisch gewordene Realität, die sich nicht leichthin beiseite schieben ließ. So ergänzte er denn die traditionelle Bestimmung »Furcht und Mitleid« durch ein neues Moment, das die Tragödie philosophisch einzuordnen erlaubte. Es ist der seit der Renaissance in Hunderten von Abhandlungen kommentierte Nachsatz zu seiner Definition der Tragödie, wonach sie »mit Hilfe von Mitleid und Furcht eine Reinigung von eben derartigen Affekten« bewerkstelligt. Die Abhandlungen wären wohl nicht so zahlreich geworden, wenn uns Aristoteles etwas näher erklärt hätte, was er unter dieser »Reinigung« *(kátharsis)* verstanden wissen wollte. Aber das geschieht nicht. Man muß es beinahe ein unglückliches Versehen des erhaltenen Manuskripts der aristotelischen Poetik nennen, daß ausgerechnet dieser Teil der Definition der Tragödie mit keinem Worte erläutert wird. Die Sachlage ist um so seltsamer, als der einzige Abschnitt im Werk des Aristoteles, der noch von der Reinigung durch die Kunst spricht, an der entscheidenden Stelle bemerkt, es werde, was unter Reinigung zu verstehen sei, in den Untersuchungen über die Dichtkunst genauer erklärt werden — aber der erhaltene Text schweigt darüber.

Immerhin ist im großen und ganzen klar, was gemeint ist. Der in seinem eigenen Leben von Angst und Jammer beschwerte Mensch fühlt sich durch das Anschauen tragischer Geschehnisse auf der Bühne irgendwie erleichtert. Im Betrachter entsteht eine Stimmung heiteren Gefaßtseins und überwindender Beruhigung. Wer für solche Dinge überhaupt empfänglich ist, wird dies heute noch angesichts der aischyleischen Orestie oder der Oidipus-Tragödien des Sophokles zu empfinden vermögen, und eben dies muß auch Aristoteles im Auge gehabt haben, wie immer man im übrigen den Vorgang psychologisch interpretieren und den von Aristoteles herangezogenen Begriff der Reinigung historisch-philologisch ableiten mag.

Auf diese Weise suchte Aristoteles Platon zu widerlegen. Die seelische Erregung ist nicht das Letzte, wie jener gemeint hatte, sondern auf sie folgt die Beruhigung und eine Gestimmtheit, die auch der Philosoph nicht mehr ohne weiteres verurteilen kann.

Peripetie und Entdeckung nannten wir als Mittelpunkte der tragischen Handlung, Furcht und Mitleid als die Absicht des tragischen Dichters. Aber eines wird sich gerade der moderne Leser vergegenwärtigen müssen. Die attische Tragödie beruht von ihren ältesten uns bekannten Vertretern an auf einer reich ausdifferenzierten und ganz bewußt angewandten dichterischen Technik. Streckenweise liest sich die aristotelische Poetik wie ein Auszug aus einem Handbuch solcher Technik, und dieser Eindruck ist gewiß nicht falsch. Aufgeführt werden etwa sechs qualitative Teile der Tragödie; von Mythos und Charakter bis zu Bühnenbild und Musik, dann vier quantitative Hauptteile, von denen das Chorlied der auffallendste ist. Vorschriften werden gegeben, wie eine tragische Handlung aufzubauen ist, ausführlich verbreitet sich Aristoteles über die sprachlichen Mittel, deren sich der tragische Dichter bedienen darf. Überlegungen dieser Art hat sicherlich schon Aischylos angestellt, erst recht Sophokles und Euripides. Was Aristoteles bietet, ist nur die Quintessenz einer Tradition, die schon am Ende des 5. Jahrhunderts v. Chr. recht ansehnlich gewesen sein muß.

Dies ist wichtig, wenn wir nun verfolgen, wie schnell und anscheinend mühelos die Römer in der zweiten Hällte des 3. Jahrhunderts v. Chr. die Tragödie übernommen haben. Dabei lagen die Verhältnisse da noch komplizierter als im Falle des homerischen Epos. Tragödien wollen aufgeführt sein, und Aufführungen setzen eine weit verzweigte Organisation voraus. Weiterhin stellen die attischen Tragödien an die geistige Aufnahmebereitschaft des Zuschauers und Lesers ganz andere Anforderungen als das Epos.

Man stelle sich einmal vor, was es bedeutet haben muß, wenn inmitten eines altväterisch frommen, an strengste gesellschaftliche Disziplin, an harte Arbeit und peinlich genaue Erfüllung aller religiösen, politischen und militärischen Pflichten gewöhnten Volkes Tragödien etwa der Art des aischyleischen Agamemnon oder der euripideischen Frauendramen (Medea, Danae, Iphigeneia und andere) zur Schau gestellt wurden, Werke voll düsterer Verhängnisse, verwegener Liebschaften und fürchterlicher Verbrechen. Die Schnelligkeit der Rezeption wird nur verständlich, wenn wir zum einen bedenken, daß für die handwerkliche Organisation die großen Griechenstädte Süditaliens und Siziliens ein Vorbild lieferten, das vermutlich generationenlang sklavisch nachgeahmt wurde; wenn wir zweitens auf die soeben berührte Tatsache zurückgehen, daß die griechische Literatur nicht bloß Texte bot, die zur Bearbeitung lockten, sondern auch poetische Theorien und Handbücher, die darüber belehrten, was zu einer perfekten Tragödie gehört und wie eine solche anzufertigen sei; und wenn wir schließlich in Rechnung stellen, daß es seit dem zweiten Punischen Krieg (219–202 v. Chr.) in Rom eine Gesellschaftsschicht gegeben haben muß, die nicht nur entschlossen war, sich die hellenische Kultur gerade in deren repräsentativen Leistungen anzueignen, sondern die auch von den fremdartigen, ja schockierenden Zügen des tragischen Mythos unmittelbar fasziniert wurde.

Schon in der Jugendzeit Ciceros war der Bestand an Tragödien in lateinischer Sprache so beträchtlich, daß man nach dem Vorbild der Griechen drei Klassiker herausheben konnte. Allerdings verlief von da an die Entwicklung anders als bei den Griechen. Noch Cicero hat zwar an den römischen Tragikern mit Liebe festgehalten. Aber die nachfolgende Generation, die Zeit des Augustus, entdeckte, daß die Aneignung doch sehr viel mühseliger und unvollkommener geschehen war, als man bis dahin hatte wahrhaben wollen. Horaz und seine Gesinnungsgenossen müssen vernichtend über die Tragödie der römischen Republik geurteilt haben. Daran ist sie untergegangen. Wir besitzen nur noch dürftige Zitate, bei Cicero und in der gelehrten Literatur.

Versuche, eine neue, modernere und geschmackvollere Tragödie zu schaffen, sind gelegentlich unternommen worden. Geschichtlichen Erfolg hat jedoch nur ein Dichter errungen. Es ist der als Philosoph bekannte L. Annaeus Seneca, dessen Dramen die einzigen ganz erhaltenen Tragödien in lateinischer Sprache sind.

Lehrreich und eindrucksvoll ist es, an ihnen zu beobachten, was der Römer aus seinen griechischen Vorbildern (Medea, Oidipus, Agamemnon) gemacht hat. Für den griechischen

Dichter ist die Stück um Stück zur Peripetie sich verflechtende Handlung das Entscheidende. Für Seneca tritt die Handlung ganz zurück; der Handlungsfortschritt wird zu Beginn und Ende der einzelnen Szenen in wenigen Versen skizziert, mehr nicht. Worauf es allein ankommt, ist das innere Leben der Szenen, das Anschwellen und Verebben der Leidenschaft, das ruhelose Kreisen um einen einzigen Gedanken. Und während bei den Griechen die handelnden Gestalten zwar große Menschen, aber doch Menschen sind, die aus schmerzlicher Leidenschaft immer wieder zurückfinden zu einfachem Gespräch und ruhiger Reflexion, tobt durch die Helden Senecas ein unbarmherziges Fortissimo des Hasses, der Verzweiflung, des Grauens.

Man hat in neuerer Zeit versucht, dem Tragiker Seneca mit dem Schlagwort Rhetorik beizukommen, einem Schlagwort, das nur selten etwas zu klären vermag und meist bloß Verwirrung stiftet und überdies in dem uns vertrauten Sinne mit Seneca überhaupt nichts zu schaffen hat. Was an Seneca überwältigt, ist die Intensität, mit der jede tragische Situation bis zur äußersten Grenze ausgekostet wird. Tyrannen gibt es auch bei Sophokles und Euripides. Doch erst bei den Römern werden sie zu monumentalen Inkarnationen der Ruchlosigkeit; und gerade von den Tyrannengestalten wissen wir, daß sie schon in der Tragödie der Republik wie dann bei Seneca ins Ungeheure gesteigert waren. Auch bei Euripides und Sophokles gibt es Götterzeichen und Unterweltsschilderungen. Aber erst die Römer — und Seneca im besonderen — mischen da hinein ein Element des grauenvoll Gespenstischen. So eng im allgemeinen der Anschluß der Römer an die Griechen war, in der Freude des römischen Tragikers am maßlos Entsetzlichen, am Wirken und Erleiden unmenschlicher Grausamkeit offenbart sich ohne jeden Zweifel ein den Römern eigentümlicher Charakterzug.

Das antike Christentum ebenso wie das christliche Mittelalter kennen keine Tragödien. Mögen in Schilderungen des Leidens Christi oder des gefahrvollen Weges der Heiligen Reminiszenzen an die antike Tragödie einfließen, tragisch ist weder der Tod Christi noch das Martyrium der Heiligen, weil hier wie dort der Wille Gottes geschieht, der jedem gibt, was ihm zukommt.

Renaissance und Barock kehren zu antikischer Gestimmtheit zurück. Sie halten sich zunächst an Seneca, dessen Einfluß im 16. und 17. Jahrhundert überaus groß gewesen ist. Er hat, wenn auch in ganz verschiedener Richtung, auf die französische Tragödie wie auch auf Shakespeare und dessen Umwelt eingewirkt. Gleichzeitig fand man zu Seneca die Theorie in der aristotelischen Poetik, von der lateinische Übersetzungen mit umfangreichen Kommentaren gedruckt wurden. Daneben wurden Sophokles und Euripides natürlich nicht vernachlässigt, aber einen Zugang zu ihnen, der nicht über Seneca und Aristoteles führte, fand doch erst das spätere 18. Jahrhundert.

Das 19. Jahrhundert brachte radikale Umwertungen. Seneca wurde als Geschwätz, Aristoteles als Schulmeisterei beiseite geschoben, unter den Attikern sank Euripides in der Schätzung immer tiefer, Aischylos stieg höher, während Sophokles mit Oidipus und Antigone sich gegen jeden Angriff zu behaupten vermochte. Für die Aneignung des Tragischen durch den Geist des 19. und 20. Jahrhunderts hat Nietzsche im Guten wie im Schlimmen Entscheidendes geleistet. Ein arger Mißgriff war seine Erstlingsschrift, soweit sie roman-

Oidipus vor der Sphinx
Vasenbild auf einer Pelike, 450–440 v. Chr. Berlin, Ehem. Staatliche Museen, Antikenabteilung

Komödianten
Terrakottastatuetten aus Taras, 4. Jahrhundert v. Chr. Tarent, Nationalmuseum

tischen Spekulationen über Apollinisches und Dionysisches nachhing, die der Grieche des 5. Jahrhunderts v. Chr. einfach nicht begriffen hätte, und soweit sie unter dem Einfluß Wagners die Tragödie in einer Weise aus dem Geiste der Musik erklärte, die den Zugang zum Wesen des Tragischen geradezu versperren mußte. Doch gibt es daneben Äußerungen des späten Nietzsche, die nicht wenig dazu beigetragen haben, den Raum für das Verständnis der antiken Tragödie freizuhalten. In den Stammländern der europäischen Kultur finden die Tragödien des Aischylos, Sophokles und Euripides bis in die Mitte des 20. Jahrhunderts ihr Publikum. Es fehlt auch nicht an Nachdichtungen in verschiedenen Sprachen. Ja, das Drama als Gattung bewegt sich noch heute, von einzelnen Experimenten abgesehen, die eindrucksvoll, aber nicht entwicklungsfähig sind, in dem durch die attische Tragödie des 5. Jahrhunderts v. Chr. abgesteckten Bezirk. Die Griechen haben da etwas geschaffen, was nicht nur in einer bestimmten Linie der Tradition ehrwürdig geblieben ist, sondern was eine bestimmte Situation des Menschen ein für allemal gültig und in gültiger Form, also »klassisch«, gestaltet hat.

Die Klassiker der attischen Komödie

Die attische Komödie ist zwar ihrem Ursprung nach von der Tragödie durchaus verschieden, in ihrer klassischen Form aber aufs stärkste durch sie beeinflußt; von Aristophanes bis Menander verrät sie das Streben, sich als ebenbürtiges Gegenstück zur Tragödie zu behaupten. Wichtiger ist aber, sich von vornherein klarzumachen, daß die Komödie geistig und in ihrem Verhältnis zu Zuschauer und Leser von ganz anderen Voraussetzungen ausgeht als die Tragödie. Ihr steht kein Mythos, keine Galerie bedeutender und allbekannter Schicksale der Vorzeit zur Verfügung, der sie wie aus einem Arsenal den Stoff entnehmen könnte; denn diejenigen Komödien, die die Mythen parodieren, spielen, aufs Ganze gesehen, keine entscheidende Rolle. Was sich der Komödie anbietet, sind typische Situationen des Lebens, die sich in den Charakteren des Prahlhans, des Rüpels, des Weichlings, des Abergläubischen wie des Aufgeklärten, des Geizhalses wie des Verschwenders verdichten. Das eigentlich Komische liegt im einzelnen, in der Nuance, die das Lächerliche vom Vernünftigen scheidet. Die intensivste Komik entwickelt der Dichter an der realen Situation; da darf er allerdings nur bei demjenigen Zuschauer auf volles Verständnis rechnen, der über die Situation ebenso genau Bescheid weiß wie er selbst. Die Komödie kann auch ihre Absicht verfehlen. Entweder ist sie unzulänglich oder falsch informiert und trifft mit ihrem Witz daneben, oder sie läßt sich von dem Wunsch nach breiter Wirkung verführen, beim Typischen und Allgemeinen zu bleiben und auf das einzelne zu verzichten; dann ist die Gefahr groß, daß sie flach und langweilig wird. Und Langeweile ist der Tod der Komödie.

Die Komödie ist also sehr viel voraussetzungsreicher als die Tragödie. Gerade weil sie dem konkreten Leben des Jahrhunderts, der Generation und gar des Jahres, in dem sie geschrieben ist, unmittelbar zugehört und aus ihm erwächst, ist sie späteren Generationen nur in dem Maße verständlich, als die Erinnerung an jenes konkrete Leben wach bleibt. Im höchsten Grade gilt dies von Aristophanes. Während der moderne Leser – und schon der Leser der späteren Antike – die Werke des Sophokles und Euripides auf sich wirken lassen kann, ohne daß er sich um ihre historischen und literaturgeschichtlichen Hintergründe zu kümmern braucht, bedarf der genialische Witz des Aristophanes und seiner Genossen umfangreicher Erläuterungen, um überhaupt begriffen zu werden.

Die tragische Situation ist nur denkbar in einer Welt, die zwischen echtem Glauben und platter Aufgeklärtheit die Mitte hält, und dennoch haben wir zu den attischen Tragödien einen unmittelbaren Zugang. Die Situation der Lächerlichkeit dagegen ist im Menschen überhaupt angelegt, und wir können annehmen, daß bestimmte Typen des Lächerlichen in den Literaturen aller Völker auftreten. Der geschichtlichen Wirkung komödienartiger Dichtungen sind aber außerordentlich enge Grenzen gesetzt. Die vollkommensten Komödien des Aristophanes sind in ihrem Witz nur zu verstehen auf Grund breitester Kenntnis der politischen, sozialen und kulturellen Zustände ihrer Zeit; man muß sich die Gestalten der großen Politiker und Literaten anschaulich vor Augen halten, um zu erkennen, wie sie karikiert werden; man muß sich den Tageslauf des athenischen Spießbürgers klarmachen, um die Vorgänge auf der Bühne richtig genießen zu können; auch den Sprachgebrauch der Zeit muß man beherrschen, um herauszufinden, wo der Dichter mit Absicht ein ordinäres Wort verwendet oder wo er den hohen Stil der Tragödie und die pedantische Diktion der Gelehrsamkeit parodiert. So sind die uns erhaltenen Komödien des Aristophanes nur deshalb gerettet worden, weil sie dem wißbegierigen Hellenismus eine Fülle von Informationen über das größte Jahrhundert der athenischen Geschichte zu liefern vermochten. Man lernte an ihnen die reinste attische Sprache und fand eine Menge von Einzelheiten über das Leben von Männern wie Perikles oder Euripides. In der Tat sind auch für uns noch die Angaben der Komödien sowie all das, was antike Gelehrsamkeit in ihren Kommentaren dazu beigebracht hat, von allergrößtem Interesse.

Aristophanes rechnet mit gebildeten Zuschauern, die in der Lage sind, die Anspielung auf eine Tragödie des Euripides oder auf einen naturphilosophischen Traktat sofort zu erkennen; Zentrum seiner Werke ist jedoch ein souveränes Spiel lebendigen Witzes. Nicht zu Unrecht haben die Interpreten des 19. und 20. Jahrhunderts in ihm die glückliche Verschmelzung anspruchsvoller Begabung mit ursprünglicher Vitalität bewundert. In den Einzelheiten erweist er sich erstaunlich gut informiert über alle Probleme der Politik und Kultur, in den auftretenden Figuren bewährt er seine dichterische Gestaltungskraft, und in den Handlungsabläufen entfaltet sich seine Phantasie, die weder vor grotesken Erfindungen noch vor den gewagtesten Realitäten zurückschreckt. Nach Belieben spielen die Szenen im Himmel oder in der Unterwelt, unter Menschen oder unter mehr oder weniger liebenswürdigen Tieren. Erotische Dinge werden mit einer Unbekümmertheit auf die Bühne gebracht, die in der Weltliteratur ihresgleichen sucht. Die Boshaftigkeiten, die über zeitgenössische Politiker, Dichter, aber auch über Philosophen wie Protagoras und Sokrates ausgestreut werden, greifen rücksichtslos und mit Vorliebe intime Einzelheiten aus dem Privatleben auf.

Allerdings hat gerade dies eine Reaktion hervorgerufen. Die aristophanische Komödie ist nicht wie die Tragödie an der Verbrauchtheit ihrer Stoffe untergegangen, sondern am

Wechsel des Geschmacks der Generation, die in ihrer Jugend die Eroberung Athens durch die Spartaner hat miterleben müssen (404 v. Chr.). Sie fand am grotesken Spiel keinen Gefallen mehr, den offenen Spott über stadtbekannte Persönlichkeiten empfand sie als ungehörig; schließlich wurde das 4. Jahrhundert v. Chr. — wohl unter dem bestimmenden Einfluß der sokratischen Literatur — zu einem entschieden moralischen Jahrhundert. Die Hemmungslosigkeit, mit der die aristophanische Komödie erotische Intimitäten behandelte und zuweilen sogar nackte Hetären inmitten interessierter Athener auf die Bühne gebracht hat, galt nun als schlechthin unanständig und verwerflich. Platon freilich tritt Aristophanes noch mit deutlicher Sympathie gegenüber; doch bei Xenophon, Isokrates und Aristoteles spüren wir nichts anderes mehr als reine Entrüstung über so viel Sittenlosigkeit. So sieht sich die Komödie gewaltsam zu einer tiefgreifenden Reform ihres Stils genötigt. Was ihr bleibt, sind die mannigfachen gesellschaftlichen Verwicklungen, die zwar schon in der Komödie des 5. Jahrhunderts v. Chr. als Unterton vorhanden sind, nun aber in den Mittelpunkt treten.

Die Komödie aristophanischen Typs blieb seitdem Historikern, Philologen und gelegentlichen Liebhabern des scharfen attischen Witzes überlassen. Nachfolger hat sie in ihrer Art nicht mehr gefunden, und zur Lektüre in den weiteren Kreisen der Gebildeten war sie zu schwierig. Nur einmal ist an recht unerwarteter Stelle ihr Einfluß zu greifen; die römische Satire hat sich durch sie anregen lassen. Vor allem ihr erster großer Dichter, Lucilius (Ende des 2. Jahrhunderts v. Chr.), hat an ihr die Kunst des treffsicheren, Härte mit Skurrilität verbindenden Spotts über prominente Zeitgenossen gelernt. Auch Einfälle von grotesker Phantastik fehlen nicht, und mit der Alten Komödie schließlich hat die Satire von Lucilius bis Juvenal gemeinsam, daß sie in erotischen Dingen alles andere als zimperlich ist; gewiß spielen auch andere Komponenten eine Rolle. Doch ist nicht zu verkennen, daß vielfach Aristophanes, Kratinos und Eupolis das Modell abgegeben haben.

Nach Breite und Dauer unvergleichlich viel größer ist die Wirkung der Mittleren und vor allem der Neuen Komödie gewesen. Die Trias der Klassiker der Neuen Komödie, Menander, Diphilos und Philemon, gehörte in der späteren Antike neben Homer und Euripides zu den wichtigsten und beliebtesten Bildungsautoren. So wenig selbstverständlich es ist, daß eine ansehnliche Auswahl aus Aristophanes erhalten geblieben ist, so verwunderlich ist es, daß sich von Menander kein einziges Stück in die Renaissance gerettet hat. Was wir heute von ihm besitzen, ist (natürlich mit Ausnahme der verstreuten Zitate) auf spätantiken Papyri zutage getreten, allerdings in solcher Fülle, daß es in absehbarer Zeit gelingen dürfte, eine Reihe von Komödien in einiger Vollständigkeit zu überblicken.

Die Tatsache nun, daß die Komödien Menanders zu den bedeutendsten Neufunden auf dem Feld der griechischen Literatur gehören, mag mit dazu beigetragen haben, daß sie ihrem geistigen Range nach wohl etwas überschätzt worden sind. Gewiß hat Menander seine Handlungsabläufe, soweit wir sehen, überlegen und gewandt gestaltet; deutlich spürbar stand ihm eine schon über hundert Jahre alte dramatische Technik mit Vorbildern und Theorien hilfreich zur Seite. Unbestreitbar sind seine Charaktere sauber und ansprechend gezeichnet, selten bedeutend, aber meist liebenswert. Krasse Effekte werden gemieden, eine heitere Humanität scheint vorzuherrschen. Man darf es für sehr wahrscheinlich halten, daß Menander sich von den ethischen Reflexionen der zeitgenössischen Philosophie mannigfach hat anregen lassen. Dies alles ist sehr sympathisch. Nicht ohne Grund fühlt man sich zuweilen an die Atmosphäre der französischen Gesellschaftskomödie des ersten Drittels des 20. Jahrhunderts erinnert, die auch in der Tat über Molière, Terenz und Plautus hinweg ihre Wurzeln in der Neuen Komödie Athens besitzt.

Aber Größe wird man dieser Kunst schwerlich zubilligen können. Allzusehr ist sie nur Selbstdarstellung eines Bürgertums, das kleine Tugenden mit kleinen Lastern vereint, das natürlich an Götter und an ein Schicksal glaubt, ohne es damit aber besonders genau zu nehmen, dessen Helden leicht verführbar und dessen Bösewichter im Grunde recht gutmütig sind. Von Politik und höheren Ambitionen ist keine Rede mehr. Alles dreht sich um Liebe und Geld. Entweder sie kriegen einander oder nicht; die vermeintliche Hetäre und Sklavin entpuppt sich als ehrbares Mädchen aus bestem Hause, der Reiche wird geprellt, der Arme kommt unverhofft zu Vermögen, und was dergleichen Situationen mehr sind, die von der Komödie elegant und heiter vorgeführt werden.

Der eigentliche Wert der menandrischen Komödie mag darin liegen, daß sie uns ein Bild der athenischen Gesellschaft am Ausgang der klassischen Jahrhunderte vermittelt hat. Es ist die Gesellschaft einer Spätzeit, die es aufgegeben hat, Geschichte zu machen. Über große Taten und große Verbrechen ist sie hinaus. Der Einzelne strebt lediglich danach, ohne allzuviel Lärm sich einen Platz an der Sonne zu sichern. So ist es denn im strengsten Sinn diejenige Gesellschaft, mit der die athenische Geschichte, dreihundert Jahre zuvor so glanzvoll mit Solon begonnen, fast unvermerkt ein Ende nimmt. Wenn Athen seit dem Beginn des 3. Jahrhunderts v. Chr. weltgeschichtlich keine Rolle mehr spielt, so liegt dies, wie in allen solchen Fällen, nur teilweise an den äußeren machtpolitischen Umständen, zum übrigen aber daran, daß es keine Gesellschaft mehr gibt, die eine geschichtliche Rolle zu spielen bereit und entschlossen ist. An Menanders Komödien ist dieser Tatbestand mit paradigmatischer Deutlichkeit abzulesen. Das macht ihre Bedeutung, aber auch ihre Begrenztheit aus. Es ist die Kunst einer urban gebildeten, aber durchschnittlichen Welt.

Ehe die Papyri entdeckt wurden, waren die Römer Plautus und Terenz die Dichter, an die man sich wandte, um eine Vorstellung von der attischen Komödie des späten 4. Jahrhunderts v. Chr. zu erhalten. Für die römische Komödie gilt zunächst das gleiche wie für die römische Tragödie. Auch hier setzen die Aufführungen eine umfangreiche handwerkliche Organisation voraus. Die Römer werden zunächst die Stücke ausgewählt haben, die sie in den Griechenstädten Süditaliens mit Erfolg aufgeführt sahen. Daneben standen ihnen ohne Zweifel auch Handbücher zur Verfügung, die darüber belehrten, wie eine Komödie zu konstruieren sei. Die Tatsache schließlich, daß uns aus der zweiten Hälfte des 3. Jahrhunderts v. Chr. eine beachtliche Anzahl von lateinischen Komödien bezeugt ist, zwingt ebenso wie bei der Tragödie zu der Folgerung, daß es schon damals in Rom ein Publikum gegeben haben muß, das bereit war, sich in die von Menander und seinen Genossen zur Schau gestellte Welt einzuleben. Der Kontrast zwischen dieser Welt und der römischen Realität muß, so möchten wir meinen, noch größer gewesen sein als bei der Tragödie. Denn die Tragödie zeigte in jedem Fall Zustände und Gesinnungen ferner heroischer Vergangenheit. Die Komödie dagegen behandelte die Gegenwart. Es ist eine nachdenkenswerte Frage, was wohl die Römer, die gegen Karthago einen Kampf auf Leben und Tod ausfochten und ihn nur mit eiserner Disziplin und leidenschaftlichem Siegeswillen zu gewinnen vermochten, sich gedacht haben, während sie auf der Bühne den harmlosen Konflikten geiziger Väter mit leichtsinnigen Söhnen, schlauen Sklaven und sentimentalen oder geldgierigen Hetären zuschauten. Man kann sich kaum einen größeren Gegensatz vorstellen als den zwischen der eleganten, aber schon der Dekadenz sich zuneigenden Gesellschaft des menandrischen Athen und dem Römertum der Punischen und Makedonischen Kriege. Doch eben dieser Kontrast wird die Römer fasziniert haben.

Wir müssen allerdings gleich beifügen, daß die Komödien bei der Bearbeitung recht stark romanisiert worden sind, wie es schon bei der Tragödie der Fall war. Paradoxerweise scheint es sich aber dort leichter als bei der Komödie angeben zu lassen, worin vornehmlich die Umgestaltung bestand, obschon wir viel mehr Komödien besitzen. Was bei Plautus, wenn man die nur im Latein möglichen Wortspiele und Stilfiguren abzieht, römisch und was griechisch ist, ist von der Forschung bis heute nicht hinlänglich evident gemacht worden. Denn man darf die römischen Komödien nicht nur an den griechischen Texten messen, wie sie schon damals in Gesamteditionen vorlagen; man muß auch damit rechnen, daß die griechischen Theorien ebenso wie die Praxis der Schauspieler Süditaliens manche Elemente beisteuerten, die äußerst schwer auszusondern sind. Von eindeutig römischer Haltung im Ganzen, wie wir sie an der Tragödie in der Neigung zum Maßlosen, zum Fortissimo des Bösen, Gräßlichen und Bejammernswerten glaubten wahrnehmen zu können, ist an der Komödie eigentlich nichts zu spüren, wenn man nicht eine gewisse Art grob-rustikalen Witzes dazurechnen will.

Plautus stand an Fruchtbarkeit, wohl auch an Publikumserfolg seinen griechischen Meistern kaum nach. Das spätere Schicksal seiner Werke erinnert freilich etwas an das des Aristophanes. Schon auf die ciceronische Zeit machten sie einen unfeinen Eindruck. Sie wären vermutlich untergegangen, wenn nicht der gelehrte Terentius Varro, ein Freund Ciceros, in ihnen eine Fundgrube für den altlateinischen Sprachgebrauch entdeckt hätte; außerdem konnte er an ihnen seine bei den Griechen erworbene philologische Interpretationskunst erproben, und er stellte fest, daß unter der Masse der als plautinisch überlieferten Stücke nur einundzwanzig zuverlässig echt seien. Es sind dieselben einundzwanzig Komödien, die wir heute noch fast vollständig besitzen, gerettet also nicht ihrer dichterischen Qualität wegen, sondern als Dokument der glorreichsten Epoche der römischen Geschichte.

Ganz anders ist es dem rund eine Generation jüngern Terenz ergangen. Dieser ist nächst dem Philosophen Platon der erste antike Schriftsteller, dessen publiziertes Oeuvre uns vollständig erhalten ist. Er ist schon bald nach seinem Tode (159 v. Chr.) Klassiker geworden und ist es dauernd geblieben. Die Kenntnis seiner sechs Dramen gehörte in Rom ebenso zur allgemeinen Bildung wie bei den Griechen die Kenntnis Homers und der wichtigsten Tragödien des Euripides. Umfangreiche gelehrte Kommentare sind bis auf uns gekommen, und es ist im Grunde auch kein Zufall, daß ein Terenz-Codex zu den ältesten erhaltenen lateinischen Handschriften gehört. Der Ruhm ist nicht unbegründet. Terenz ist an Eleganz der Diktion, an Gewandtheit des Handlungsaufbaus und an Dezenz der Gesinnung wirklich der römische Menander.

Sein Ansehen hat sich durch das ganze Mittelalter hindurch behauptet und ist auch in der Renaissance nicht geschmälert worden; die italienische, französische, englische, spanische und deutsche Komödie der Neuzeit ist, wenn nicht ausschließlich, so doch zu einem guten Teil durch Terenz bestimmt.

Historiographie und Biographie

Die griechische Geschichtsschreibung ist ein verhältnismäßig junges Gebilde. Die hellenistische Gelehrsamkeit pflegt als Archegeten einige Historiker des 6. Jahrhunderts v. Chr. zu nennen; sie sind aber so schattenhaft, daß man sich die Frage vorgelegt hat, ob sie überhaupt existiert haben. Den wirklichen Beginn bezeichnet Hekataios von Milet mit zwei um 500 v. Chr. geschriebenen Werken, aus denen uns zahlreiche Zitate erhalten sind. Auf ihn folgte im Abstand von zwei Generationen Herodot und dann eine rasch anwachsende Zahl bedeutender Geschichtsschreiber. Vom 4. Jahrhundert v. Chr. an bis in die Jahrhunderte der Kaiserzeit hinein wird die Zahl der Geschichtswerke fast unübersehbar. Bemerkenswert bleibt aber, daß die Gattung als solche wesentlich jünger ist als Lyrik und Epos.

Vor allem drei Momente werden als Grund dafür geltend zu machen sein. Das erste ist ein ganz äußerliches, die Tatsache nämlich, daß es der wimmelnden Masse der griechischen Staaten bis zum 4. Jahrhundert v. Chr. vollständig an einer einheitlichen Zeitrechnung fehlt. Jeder Staat beginnt das Jahr an einem andern Tag, jeder hat seine eigene Reihe von Monatsnamen, und jeder benennt das Jahr nach einem seiner eigenen höchsten Magistrate. Eine verläßliche Synchronisierung von politischen Ereignissen in einem größeren Rahmen war praktisch ausgeschlossen. Andererseits enthielt die innere Geschichte der meisten, selten mehr als einige zehntausend Seelen umfassenden Einzelstaaten zuwenig Bedeutsames, um einen Historiker zur Darstellung zu verlocken.

Sodann fehlt den meisten Staaten jene innere Kontinuität, ohne die die Geschichtsschreibung nicht recht zu gedeihen vermag. Eine Expansionspolitik großen Stils ist nur da und dort und immer nur während weniger Generationen verfolgt worden. Der Tatbestand wird im Vergleich mit Rom evident; Rom beginnt zunächst auch als ein Einzelstaat von bescheidenen Dimensionen. Aber durch die römische Geschichte zieht sich vom ersten Augenblick an, da wir sie wirklich fassen können, also seit der Mitte des 4. Jahrhunderts v. Chr., ein entschiedenes Bewußtsein von Kontinuität. Die gegenwärtige Leistung wird als Fortsetzung und Steigerung früherer Taten aufgefaßt, und von den künftigen Generationen erwartet man weitere Mehrung von Macht und Ruhm. Den Nachbarvölkern gegenüber erhebt Rom mit erstaunlicher Selbstverständlichkeit einen Führungsanspruch, nicht auf Grund einer höheren Kultur, sondern auf Grund seines imperialen Willens. Bei den Griechen ist alles anders. Sparta hat im 6., Athen im 5. Jahrhundert v. Chr. für kurze Zeit die Errichtung eines Reiches angestrebt. Doch der Plan mißlang bald.

Ein drittes hemmendes Moment werden wir in dem lastenden Einfluß des homerischen Epos sehen müssen. Wir sprachen schon von der Zweigesichtigkeit des Epos, das Erfindung der Dichter ist und zugleich die Geschichte der Vorzeit zu erzählen und den Ruhm der alten Helden zu preisen beansprucht. Soweit Ilias und Odyssee als Geschichtserzählung galten, haben sich ihnen zwischen dem 8. und 6. Jahrhundert v. Chr. eine Unmenge verschiedenster Erzählungen ergänzend angeschlossen. Ein riesiges System von »Sagen« entstand. Und nun verfaßte Hekataios von Milet als erstes Prosawerk der Historiographie vier Bücher »Genealogien«. Er verdichtete die Erzählungen des Epos und was dazu gehörte zu einer Darstellung in Prosa, die den Anspruch erhob, wahrheitsgetreu über die Urgeschichte Griechenlands zu berichten. Aber die Darstellung bleibt vom Geist des Epos durchtränkt. Von Politik, Staatsverfassungen und Staatsaktionen ist keine Rede. Was ausschließlich interessiert, ist der einzelne Held mit seinen erinnernswerten Leistungen und Leiden, mit seinem Schicksal, das so oft vom Glück zur Hybris und von der Hybris in den Untergang führt. Die griechische Historiographie hat von da her eine Anschaulichkeit mitbekommen, die ihre Vorzüge wie ihre Nachteile besitzt. Großartig sind die Porträts der Handelnden und die Art und Weise, mit der der Weg eines Ereignisses nachgezeichnet wird, von der Laune und dem Einfall des Augenblicks zum Planen und zur Tat, die die Völker in Bewegung setzt. Die materiellen Voraussetzungen eines Ereignisses werden dagegen mit äußerster Lässigkeit behandelt.

Dies alles zusammengenommen macht verständlich, weshalb die ältesten griechischen Geschichtswerke nicht die Struktur besitzen, die wir erwarten, sondern auf einem recht eigenartigen Weg, gewissermaßen durch eine Seitentür, sich ihrem Gegenstand nähern.

Die »Genealogien« des Hekataios bieten die Geschichte des Heroenzeitalters. Nur selten blicken sie auf die Gegenwart des Verfassers, wenn sie etwa Gründungen nennen, die Heroen zugeschrieben werden, oder wenn sie anzeigen, daß das Geschlecht des einen oder anderen Heros bis zur Zeit der Niederschrift weiterlebte. Notizen über Völker und ihre Sitten und über historische Stätten sind dagegen verhältnismäßig häufig. Berühmt ist der Eingangssatz des Werkes: »Dies schreibe ich, wie es mir wahr zu sein scheint. Denn die Erzählungen der Griechen sind, wie es mir vorkommt, ebenso zahlreich wie lächerlich.« Weit energischer also als Hesiods Theogonie beansprucht Hekataios, die Wahrheit zu berichten und die Erzählungen über die Urzeit von all den Elementen zu reinigen, die sich dem vernünftigen Nachrechnen als unglaubhaft oder gar als lächerlich erweisen. Selbst was in der fernsten Vergangenheit geschah, muß der hier und jetzt erfahrbaren Wirklichkeit konform sein.

Den »Genealogien« tritt eine *Periegese*, eine Bestandsaufnahme der bekannten Welt, zur Seite. Sie folgt den Reisewegen, ist wohl auch teilweise von Reisehandbüchern abhängig und verzeichnet mit Akribie die Volks-, Orts-, Berg- und Flußnamen, dazu naturkundliche und ethnologische Besonderheiten, schließlich Bauwerke und deren Schöpfer, womit denn der Übergang zu den eigentlich geschichtlichen Notizen vollzogen ist. Die Absicht, die vernünftige Wahrscheinlichkeit zum Maßstab zu nehmen, wird auch da spürbar gewesen sein, ist indes teilweise von dem Bestreben gezügelt, vorzugsweise das Fremdartige und Paradoxe bei fremden Völkern und Ländern zu beachten und die für den Griechen erstaunlichen Einzelheiten zu sammeln.

Eine ausgeprägte Vorliebe hat Hekataios für Etymologien. Die Namen der Menschen wie der Orte sollen, wenn möglich, erklärt werden, und die Erklärungen wiederum sollen geschichtliche Data liefern. Die zugrunde liegende Überlegung ist nicht falsch, doch hat die Methode bei dem Fehlen jeder systematischen Sprachwissenschaft nur in seltensten Fällen zu stichhaltigen Resultaten führen können. Diese Methode ist aber bis ans Ende der Antike immer wieder verwendet worden, vor allem, um Urgeschichte und Barbarengeschichte aufzuhellen. Was etwa die antiken Historiker als die älteste Geschichte Roms bieten, ist zum größten Teil ein Gewebe von Hypothesen, die aus den etymologischen Auslegungen altertümlicher Orts- und Personennamen entwickelt worden sind.

Das erste Geschichtswerk in dem uns vertrauten Sinn stammt von Herodot, der auch schon für die Antike der erste Klassiker der Historiographie war. Geschrieben hat er im dritten Viertel des 5. Jahrhunderts v. Chr. Die Königslisten der Lyder, Meder, Perser und Ägypter geben seiner Darstellung das chronologische Rückgrat. Im Sachlichen weist sie eine innere Spannung auf, die man von weitem mit Hesiods Theogonie vergleichen könnte. Wie in dieser das System der göttlichen Kräfte verknüpft wird mit einem durch drei Generationen sich hinziehenden Drama, das im Kampf der Olympier und Titanen seinen Höhepunkt findet, so haben wir bei Herodot das Bemühen, von den Völkern der Ägäis – ihrer Lebensart und Geschichte – alles zu berichten, was der Erwähnung wert scheint (da sind denn auch starke Einflüsse des Hekataios wahrzunehmen); auf der andern Seite steht jedoch die Absicht, die Auseinandersetzung der Griechen mit den Barbaren zu verfolgen, und zwar von Anbeginn bis hin zu ihrem Höhepunkt, dem von Xerxes entfesselten großen Perserkrieg.

Herodots Völkerbeschreibungen sind mehr oder weniger geordnet nach den großen Bereichen des menschlichen Lebens; sie heben hervor, was an einzelnem befremdlich, was interessant oder anerkennenswert ist. Seine Geschichte der Perserkriege ist die Geschichte der großen Persönlichkeiten, deren Stimmungen und Wünsche, Launen und Pläne letzten Endes alles entscheiden. Mit einzigartiger Sicherheit geht er den Weg vom Kleinsten, das er nie verschmäht, zum Größten, das er nie aus den Augen verliert. Als Ioner teilt er mit Hekataios die Absicht, das schlechthin Unglaubwürdige in den Berichten über frühere Zeiten zu eliminieren. Dazu tritt eine bestimmte Lebensweisheit, deren Verwandtschaft mit der Haltung der attischen Tragödie so deutlich ist, daß man sich fragt, ob er sie sich während seines langen Aufenthaltes in Athen, im Umgang etwa mit dem Tragiker Sophokles, angeeignet hat. Klarheit werden wir darüber nie erlangen. Doch ist sicher, daß ihm die berühmte Geschichte von Solon und Kroisos in Athen bekannt wurde, und zwar zusammen mit den Gedichten Solons, aus denen sie gefolgert wurde. Herodot weiß, daß im Lauf der Geschichte das Kleine groß und das Große klein zu werden pflegt; das Daimonion sorgt dafür, daß das Große nicht übergroß werde. Wunder vollbringt es sehr selten; doch jede Freveltat findet ihren Ausgleich, wenn auch zuweilen erst nach vielen Generationen.

Herodot repräsentiert gerade darin die alte und reife Kultur Ioniens, daß er sich weder als tief gläubig noch als aufgeklärter Zyniker charakterisieren läßt. Weder zu Heldentaten noch zu Verbrechen pflegt er in eigener Person Stellung zu nehmen; die Ereignisse selbst sollen für oder gegen sich sprechen. Obschon er von der ionischen Philosophie manches gewußt haben muß und obschon er in Athen viele Diskussionen über die Organisation des Staates und die beste Staatsform miterlebt haben wird, kann man ihn weder auf eine bestimmte Naturphilosophie noch auf eine bestimmte Staatslehre festlegen. Aber eben diese

Auszeichnung Euphrons, des Gesandten der Athen verbündeten Stadt Sikyon, durch Athene und Zeus
Marmorrelief aus Athen, 323 v. Chr. Athen, Nationalmuseum

Der opfernde König Kroisos auf dem Scheiterhaufen
Vasenbild auf einer Amphora aus Vulci / Etrurien, 500–490 v. Chr.
Paris, Louvre

überlegene Verschwiegenheit macht ihn zur faszinierendsten Gestalt unter den griechischen Historikern.

Schon bald nach seinem Tode ist er zum Klassiker geworden, mit dem sich die Nachfahren auseinanderzusetzen hatten. Wir nennen zunächst zwei Historiker, die in diametral entgegengesetzten Richtungen ihn zu übertreffen suchten. Der eine ist Thukydides von Athen, der Geschichtsschreiber des Peloponnesischen Krieges. Er gehört der Welt der Sophistik an, jener geistigen Bewegung also, die die Probleme des Lebens auf eine wissenschaftliche Basis zu stellen beanspruchte. Es entstehen die Systeme der Ethik mit den vier Kardinaltugenden und der Psychologie mit den vier Affekten. Das Leben wird gedeutet als ein Kampf unter Abstraktionen: Vernunft gegen Leidenschaft, Edelsinn gegen Vorteil, Recht gegen Macht. Von solchen Kräften werden die Völker ebenso regiert wie die Einzelnen, und es ist nicht zu verkennen, daß bei Thukydides die großen Persönlichkeiten, die bei Herodot im Zentrum des Geschehens standen, von zwei Seiten bedroht sind. Sie werden zu Exponenten ihrer Völker, der Athener, der Spartaner, der Korinther; und was sie bewegt, sind die bereits zum System verfestigten ethischen und psychischen Wesenheiten.

Mit Thukydides hebt eine Geschichtsschreibung an, in der nicht mehr Persönlichkeiten mit ihren gefährlichen Launen und schönen Träumen die Dinge gestalten, sondern anonyme Kräfte. Wo Kriege entstehen, spielt die Beleidigung eines Einzelnen bestenfalls die Rolle eines Anlasses; nach tieferen, eigentlichen, wissenschaftlich zu eruierenden Ursachen wird gefragt. Die Historiographie findet sie im Gegensatz der Staatsformen, im Konflikt der politischen und wirtschaftlichen Interessen ganzer Nationen.

Unzweifelhaft hat das Werk des Thukydides seine eigene Größe. Was ihm an Lebensweisheit im Sinne Herodots abgeht, ersetzt es durch beispiellose Beweglichkeit und Intensität der Reflexion. Die Antike hat an ihm vor allem die kühle, zu düsterem Ernst neigende Sachlichkeit bewundert, und unter den Römern scheint sich Sallust geradezu als Erbe thukydideischen Wesens empfunden zu haben – was freilich auf ein arges Mißverständnis hinausläuft. Wer von den beiden, Herodot oder Thukydides, in seinem Geschichtsverständnis letzten Endes der sachlichere war, werden wir hier und heute am besten unbeantwortet lassen. Daß aber Thukydides der großartigste Vertreter der so viel verkannten Sophistik des späten 5. Jahrhunderts v. Chr. genannt werden darf, das immerhin sei festgehalten.

In jedem nur denkbaren Sinne dessen vollkommener Gegensatz ist Ktesias von Knidos. Er war Arzt, und zwar etwa ab 405 v. Chr. während einer Reihe von Jahren Leibarzt des Perserkönigs Artaxerxes II. Mnemon. Da hatte er Gelegenheit, altorientalische Traditionen kennenzulernen, und konnte dieses Wissen in einem umfangreichen Geschichtswerk gegen Herodot zur Geltung bringen. Verschiedene Auszüge sind erhalten, seit kurzem sogar ein Rest seines Originalwerkes auf einem Papyrusfetzen. Stil und Haltung waren rein ionisch. In farbenprächtigen Bildern entrollte sich die Geschichte des alten Orients mit seinen welterobernden oder in wüster Üppigkeit versinkenden Großkönigen, seinen ebenso schönen wie gefährlichen Königinnen, seinen Intrigen und Grausamkeiten, seinen riesigen Bauten und unzählbaren Völkerscharen, überhaupt mit seiner Massenhaftigkeit in allen Dingen, von der sich das kleine Hellas so seltsam abhob. Seine Porträts von Semiramis und Sardanapal vor allem sind durch die Jahrhunderte berühmt geblieben. Was ihn interessiert, sind die Schicksale, die groß und merkwürdig sind, aber immer durchaus menschlich und frei von eigentlicher Phantastik. Von politischer und philosophischer Reflexion ist nichts zu spüren. Die spätere Zeit sah in ihm vorzugsweise den muntern Erzähler, tadelte seine mangelnde Wissenschaftlichkeit, las ihn aber immer wieder gern.

Im 4. Jahrhundert v. Chr. schwillt die Zahl der Historiker mächtig an, und es kann nicht im entferntesten die Rede davon sein, auch nur die wichtigsten unter ihnen charakterisierend aufzuführen. Wir beschränken uns auf einige grundsätzliche Erwägungen. Welches sind die Ziele und Absichten der griechischen Geschichtsschreibung? Jeder Historiker hat sich irgendwann und irgendwo über den Zweck seines Tuns geäußert. Gruppieren wir diese Äußerungen, so werden wir billigerweise diejenigen an die Spitze stellen, die das Geschichtswerk in die Nähe des Epos rücken. Der epische Sänger will »den Ruhm der Männer der Vorzeit« besingen. Große Taten haben das Anrecht, in der Erinnerung weiterzuleben. So spricht denn auch der Historiker von den großen Taten und vermerkt gern, daß das Heldentum nur eine halbe Sache sei, wenn es nicht seinen Künder findet. Nun läßt sich allerdings dieses urtümliche Programm vielfach ausdifferenzieren. Man kann den Begriff der großen Taten ganz weit fassen und jede Art ungewöhnlicher Leistung darunter verstehen, Erfindungen und Entdeckungen, Leistungen der Kunst, Technik und Wissenschaft. Man kann aber auch umgekehrt den Begriff ethisieren und dem Historiker die Rolle des Richters zuschreiben, der die edle Tat mit Ruhm belohnt und die schlechte Tat der dauernden Schande preisgibt. Ein hellenistischer Historiker hat sich nicht gescheut, seine Leistung gegen die alten Sagen von der Unterwelt auszuspielen: »Wenn schon die Erzählungen vom Totengericht, die doch nur erfunden sind, eine so heilsame Wirkung auf die Frömmigkeit und Gerechtigkeit der Menschen ausüben, um wieviel stärker wird die Geschichtsschreibung wirken, die es in der Hand hat, wahrheitsgemäß für alle Zeiten Ehre und Schande zuzuteilen!«

Freilich hatte es seine guten Gründe, wenn die Historiker ihr Richteramt meist mit der größten Zurückhaltung ausgeübt haben. Allzu selbstsicheres Urteil über Gut und Böse erweckt rasch den Verdacht oberflächlicher oder hinterhältiger Voreingenommenheit. Frei von solchem Verdacht ist aber eine andere Zielsetzung. Sie richtet den Blick auf die vielen verschiedenen Situationen, in die sich der handelnde Mensch gestellt sieht und in denen er sich richtig oder falsch entscheidet. Die Situationen wiederholen sich zwar nie, können aber einander doch ähnlich sein. Darum kann die Art, wie ein Mensch oder ein Staat in früherer Zeit eine Situation zu seinem Nutzen oder Schaden bewältigt hat, einen Hinweis auf die Zukunft geben. Die Geschichtsschreibung stellt also Beispiele bereit, wie man es machen oder auch nicht machen soll. Maßstab hierfür ist nicht ein von außen an die Geschichte herangebrachtes Bild des vollkommenen Menschen oder ein Katalog von Tugenden und Lastern, sondern der in der Geschichte selbst aufzeigbare Erfolg der jeweiligen Entscheidung, wobei es das Privileg des Historikers ist, den Erfolg in einem weiteren und tieferen Sinn fassen zu können, als es dem Handelnden selbst und seiner Umwelt möglich ist.

Eine solche Art der Historie kann geradezu reduziert werden auf Sammlungen charakteristischer und instruktiver Situationen. Diese können dann den Unterbau abgeben für eine Phänomenologie des politischen Handelns und haben dies bei Aristoteles und Theophrast auch tatsächlich getan. In der späteren Antike begegnen uns Kollektaneen denkwürdiger politischer und militärischer Entscheidungen, sozusagen als popularisierte Endform dieser Art Historiographie.

Es bleibt schließlich die Zielsetzung, die man die unbestimmteste, aber die dem griechischen Geiste vielleicht gemäßeste nennen mag. Die Geschichte wird zum Schauspiel der Wandelbarkeit aller menschlichen Dinge. In der Welt Herodots zeigt sie, wie durch die Art der Menschen und das verschwiegene Wirken des Daimonion alles Große klein und alles Kleine groß werden kann. Später redet man von der Tyche, die bald einen höheren Sinn, bald die vollendete Sinnlosigkeit im Lauf der Geschichte verkörpert. So betrachtet, ist die Geschichte eine Warnung an den Einzelnen, sich nicht zu überschätzen. Nehmen wir die Philosophie dazu, so wird die Historie zum eindrucksvollsten Beleg für die Tatsache, daß der Kosmos in zwei Bereiche zerfällt. Platonisch wie aristotelisch steht der höheren Welt, die in ewiger Gleichmäßigkeit mit sich selbst identisch ist, die untere Welt gegenüber, in der alles immer wieder anders ist. Von jener allein gibt es eine Wissenschaft, von dieser dagegen, von der geschichtlichen Welt, nur flüchtiges Meinen. Beständig ist hier nichts, nur einzelnes kann konstatiert werden.

Und eben diese Anschauung erklärt es auch, warum die Griechen keine eigentliche Geschichtsphilosophie geschaffen haben, wenn man unter Geschichtsphilosophie das Bestreben versteht, Ursprung und Ziel der Geschichte zu erkennen. Die Griechen haben Kulturentstehungslehren in beträchtlicher Zahl hervorgebracht, spekulative Konstruktionen der verschiedenen Lebensformen, die die Menschheit in der Urzeit durchschritten habe. Sie haben auch die Vorstellung gepflegt, daß die geschichtlichen Staaten nicht nur ihrem innern Aufbau, sondern auch ihrer Geschichte nach mit lebendigen Organismen verglichen werden könnten: man dürfe also an ihnen Jugend, Mannesalter und Greisenalter unterscheiden. Aber von einer Gerichtetheit der gesamten Weltgeschichte ist nirgends die Rede. Dieser Gedanke taucht bezeichnenderweise erst bei den Römern auf. Sie empfinden ihr Reich, das als erstes mindestens dem Anspruch nach die ganze bewohnte Erde umgreift, als ein endgültiges und betrachten die Reiche der Assyrer, Perser und Makedonen als Vorstufen. Römische Elemente übernimmt dann die christliche Geschichtstheologie, die zwar nicht von Augustin geschaffen worden ist, aber in dessen Werk vom Gottesstaat ihre konsequenteste und eindrucksvollste Form erhalten hat. Den Griechen lagen diese Dinge fern.

Ferne ist ihnen auch jenes Pathos, das sich im 19. und 20. Jahrhundert in den Vordergrund gedrängt hat, die Meinung, daß die Geschichte ein unentrinnbarer Entwicklungsprozeß sei, die Drehung eines Rades, in dessen Speichen zu greifen nicht den geringsten Sinn habe, das Dahineilen eines Stromes, in dem der Handelnde mitschwimmen müsse, wenn er nicht rettungslos ertrinken wolle. Gewiß sprechen die Griechen öfters von der Schicksalsnotwendigkeit, der alles gehorcht; vor allem in der stoischen Philosophie ist dieser Gedanke beheimatet und in berühmten Formeln ausgesprochen worden. Doch wo er auftritt, dient er entweder der Erläuterung des kosmischen Geschehens oder der Mahnung an den Einzelnen, sich durch Leid und Mißgeschick nicht anfechten zu lassen; mit dem Ablauf der Geschichte hat er nichts zu schaffen. Die Griechen haben weder dem Glauben an einen gleichmäßigen, unbegrenzt weiterlaufenden Fortschritt angehangen noch vor dem Gespenst unausweichlicher Entwicklung kapituliert. Vor dem einen bewahrte sie ihr Wissen, daß im Bereich des Menschen immer alles anders kommen kann, als man plant; gegen das andere waren sie gewappnet durch die Überzeugung, daß am Ursprung jeden geschichtlichen Ereignisses ein Einzelner stehe, der frei war, richtig oder falsch zu handeln.

Selbstverständlich gibt es keine Historiographie, die nicht den Anspruch erhöbe, die Wahrheit zu berichten. Von diesem Anspruch lebt sie. Die daraus abgeleiteten Konsequenzen sind freilich nicht immer die gleichen. Eigentümlich und bedenkenswert ist die Auffassung des Thukydides. Ihm liegt entschieden daran, zuverlässig zu berichten, was sich zugetragen hat. Um aber die tieferen Gründe des Handelns sichtbar zu machen, trägt er keine Bedenken, Reden einzuflechten, von denen er eingesteht, daß sie so nicht gehalten worden sind, der Sachlage nach aber hätten gehalten werden können. Zum Begriff der Tatsächlichkeit tritt also der verführerische Begriff der »inneren« Wahrheit. Die so erfundenen Reden bringen geschichtliche Kräfte an den Tag, über die das dokumentarische Material schweigt. Es ist kaum notwendig zu bemerken, daß Thukydides mit seinen Reden zum Vorbild zahlloser späterer Historiker geworden ist; der Einsicht in das wirkliche Geschehen ist dies allerdings nicht immer zuträglich gewesen.

Die Forderung nach Wahrheit kann verschieden interpretiert werden. Der Historiker kann sich um Exaktheit im Tatsächlichen bemühen und wird dann Forschungen in Archiven und Reisen an die Stätten großer Ereignisse unternehmen; er wird seine Darstellung mit Belegen aller Art untermauern und auf seine Autopsie von Städten, Häfen und Schlachtfeldern pochen. Er kann aber auch den Leser am Geschehen teilnehmen lassen; die Geschichte besteht dann nicht nur aus Tatsachen, sondern zugleich aus der Atmosphäre von Zuversicht und Unruhe, von Furcht und Hoffnung, Triumph und Verzweiflung, in der die Ereignisse lebten. Die Atmosphäre etwa des langsam wachsenden Hasses zwischen zwei Gegnern oder der unbekümmerten Siegesgewißheit oder der Panik angesichts einer hereinbrechenden Katastrophe soll der Leser miterleben, wenn ihm das Ganze der Geschichte anschaulich werden soll. Es liegt auf der Hand, daß eine solche Zielsetzung Gefahr läuft, sich darstellerischer Mittel zu bedienen, die in der Dichtung legitim, in der Historie aber fragwürdig sind. Wir sehen denn auch, daß in den Polemiken der Historiker gegeneinander immer wieder der Vorwurf auftaucht, die geschichtliche Realität werde zu Tragödien aufgeputzt; wo der Leser einen sachlichen Bericht erwarte, fände er pathetische Greuel- und Jammerszenen. Manchen Historikern vor allem des Hellenismus mag dies mit Recht entgegengehalten werden, obschon das Problem nicht ganz so einfach ist. Den Anspruch auf Wahrheit tragischen Effekten aufzuopfern hat auch der leidenschaftlichste Historiker nicht beabsichtigt, und unter den Möglichkeiten, bestürzende und verzweiflungsvolle Ereignisse (an denen die hellenistische Geschichte nicht arm war) angemessen zu schildern, ist der nüchterne Rapport vielleicht die vornehmste, keineswegs aber die einzige.

Wenden wir uns nun dem Problem der Thematik zu. Immer wieder erweisen sich zwei Epochen als privilegiert. Die eine ist die Gründungs- und Heldenzeit, an der sich erkennen läßt, wie alles angefangen hat, die andere die eigene Gegenwart des Historikers, die den

Vorzug hat, daß der Historiker als Augenzeuge berichten oder doch Berichte von Augenzeugen verwenden kann; Augenzeugenschaft, Autopsie, ist von den griechischen Historikern immer wieder hoch bewertet worden. Sie hat indessen eine Kehrseite. Je näher der Geschichtsschreiber den Ereignissen steht, desto schwerer muß es ihm fallen, gerecht zu bleiben und jener Forderung zu gehorchen, die in der Prägung des Römers Tacitus klassisch geworden ist: *sine ira et studio* zu schreiben. Da ist die Darstellung der Gründungszeiten, der *Archaiologia*, im Vorteil. Dieser wiederum wird aufgewogen durch die ungeheure Schwierigkeit, über weit zurückliegende Ereignisse genaue Informationen zu erhalten. Die Griechen haben seit Herodot dieses Problem sehr ernst genommen. Viele Historiker unterschieden mit Nachdruck zwischen den fernen Zeiten, aus denen nur unbestimmte und unkontrollierbare Nachrichten vorlagen, und der eigentlich historischen Zeit. Andere machten sich anheischig, mit Hilfe der verschiedensten Kombinationen auch die Urgeschichte mit der größten Genauigkeit zu rekonstruieren, sind aber nicht selten dem Spott ihrer vorsichtigeren Rivalen zum Opfer gefallen.

Anders gesehen hat der Historiker die Wahl zwischen drei wesentlichen Umgrenzungen seines Themas. Er kann Weltgeschichte, Zeitgeschichte oder Biographie schreiben. Merkwürdigerweise spielen die erste und die dritte Möglichkeit in der griechischen Historiographie nur eine sehr geringe Rolle. Die meisten der großen Historiker, Herodot, Thukydides und dessen Fortsetzer Xenophon, dann der von der Sokratik stark beeinflußte Theopompos, die Reihe der Alexanderhistoriker, die Historiker des Hellenismus bis hin zu Polybios und dessen Fortsetzer Poseidonios griffen ein besonders bedeutsames Stück des Geschichtsablaufs heraus, fast immer ein solches, das sie selbst miterlebt hatten. Zeitlich umfassender, räumlich begrenzter sind die zahllosen Werke über die Geschichte einzelner Staaten, Landschaften und Völker; erhalten hat sich davon nur ein Trümmerfeld von Fragmenten.

Das erste Werk, das wenigstens dem Anspruch nach eine Weltgeschichte war, ist erst hundert Jahre nach Herodot von einem Zeitgenossen des Aristoteles, Ephoros von Kyme, verfaßt worden. Bezeichnenderweise wurde es mehr benutzt als geschätzt. Es galt als langweilig, als Werk eines Stubengelehrten, der emsig, aber ohne innere Anteilnahme eine Menge Material gesammelt und in einer gefälligen Darbietung verarbeitet hatte. Spätere Generationen stellten ihm gern seinen Zeitgenossen Theopompos gegenüber, dessen Hauptwerk den Aufstieg Makedoniens schildert; als Moralist kynischer Observanz zeichnete er mit grimmigem Vergnügen die Verkommenheit und Brutalität der Politiker und Fürsten seines Jahrhunderts. Bei Ephoros war von einer tragenden Idee nichts zu bemerken; sein Werk hat auch nicht sonderlich zur Nachfolge verlockt.

Heute besitzen wir noch zwei antike Weltgeschichten, die eine griechisch und zum größeren Teil, die andere lateinisch und ganz erhalten. Die auf griechisch verfaßten vierzig Bücher des Diodoros von Sizilien wollen ausdrücklich das alte Werk des Ephoros ersetzen. Bei ihrem Erscheinen in der Zeit Caesars sind sie, soweit wir sehen, unbeachtet geblieben. Diodoros war nicht mehr als ein gewandter Kompilator ohne eigene Persönlichkeit. Erst das 2. Jahrhundert n. Chr. hat das Werk als eine stoffreiche und angenehm lesbare Gesamtdarstellung zu würdigen begonnen. Die Christen benutzten es fleißig und schrieben es ab, in der byzantinischen Zeit wurde Diodoros zum maßgebenden Welthistoriker überhaupt. Beim Lateiner steht es ähnlich. Hier handelt es sich um den Auszug, den ein Literat des 2. Jahrhunderts n. Chr., Iustinus, aus der umfangreichen Weltgeschichte des Trogus Pompeius (Augusteische Zeit) hergestellt hat. Trogus ist uns wenig, Iustinus überhaupt nicht näher bekannt. Aber Iustinus' Werk spielte seit dem 4. Jahrhundert n. Chr. für den lateinischen Westen die gleiche Rolle eines grundlegenden Handbuchs wie Diodoros' Werk für den Osten.

Es bleibt tief charakteristisch, daß die griechische Antike keinen Gedanken hervorgebracht hat, der als Fundament für eine Weltgeschichte großen Stils hätte dienen können. Ebenso eigentümlich sind die Verhältnisse in der Biographie. Angesichts der Tatsache, daß der Grieche der klassischen Zeit in einem ungewöhnlichen Maß als Politiker und Künstler auf sich selbst gestellt war, möchte man erwarten, daß Biographien großer Persönlichkeiten schon in früher Zeit geschrieben worden wären. Dies ist aber keineswegs der Fall. Gewiß vermochte schon Herodot manche Porträts großartig zu gestalten; aber sie sind doch eingebettet in einen größeren Zusammenhang und auf ihn bezogen. Gewiß gibt es im 5. Jahrhundert Nachrufe auf bedeutende Tote, zuweilen auch Schmähschriften auf Tote und Lebende, doch wirkliche Biographien sind dies nicht.

Die Biographie als Form der Geschichtsschreibung ergibt sich dort von selbst, wo die Geschichte des Staates mit der eines Einzelnen zusammenfällt, also in einer Monarchie. In der Demokratie dagegen sind der Einzelne und sein Leben nur so weit für die politische Geschichte interessant, als sie ins Schicksal des Staates eingegliedert sind. Was der Mensch jenseits seiner Funktion als Politiker, Magistrat und Feldherr sein mag, ist zunächst gleichgültig oder doch nicht relevant genug, um zum Thema eines Geschichtswerks zu werden. Die griechische Biographie entsteht denn auch gerade abseits von der Politik. Ihr erster Gegenstand sind Menschen, die aus allen Traditionen heraustreten und bewußt die Gesamtheit ihres Lebens nach persönlicher Entscheidung gestalten: die ältesten Biographien von Griechen, die uns bezeugt sind, sind diejenigen einzelner großer Philosophen: Sokrates, Pythagoras, Platon. Demselben 4. Jahrhundert v. Chr., dem diese Biographien entstammen, gehört allerdings auch eine Figur an, die in ihrer Einmaligkeit wie keine andere zum Gegenstand von Biographien wie geschaffen war: Alexander der Große. Daß dann in ihrem Schatten auch die späteren hellenistischen Könige, Staatslenker und Condottieri ihre Biographen fanden, werden wir vermuten dürfen, auch wenn nur wenig faßbar ist.

Viel wichtiger nächst den Biographien der Philosophen werden seit dem 3. Jahrhundert v. Chr. die Biographien der Dichter; man versuchte, im Kunstwerk Spiegelungen des Lebens zu finden und vom Lebensschicksal her das Kunstwerk zu deuten. Die Blütezeit dieser Gattung dürfte das späte 3. und das 2. Jahrhundert v. Chr. gewesen sein. Da werden alle möglichen Dokumente herangezogen, um das Leben berühmter Männer früherer Jahrhunderte nachzuzeichnen. Porträts entstehen, die oftmals mit vollendeter Kunst auch den belanglosesten Einzelheiten ihren Sinn zu geben wissen: Statur, Gesichtsfarbe und Kleidung, tägliche Gewohnheiten, Lieblingslektüre und Lieblingsspeisen, Familienverhältnisse, Vermögensverhältnisse und Freundeskreis.

Erstaunlich ist der Aufschwung, den diese Gattung in Rom genommen hat. Das hängt durchaus mit der besonderen Rolle des Einzelnen zusammen. In Athen ist der Einzelne radikal auf sich gestellt, so daß er zwar ungeheuer Großes leisten kann, aber dauernd gefährdet bleibt und nicht selten erschreckend rasch der Vergessenheit verfällt. In Rom ist der Einzelne getragen von einem weitverzweigten und ruhmesstolzen Familienverband und Herr über einen Kreis von Klienten; so wirkt er auf griechisches Empfinden wie ein König. Das letzte Jahrhundert der römischen Republik bringt die Übermenschen hervor, die unmittelbar zu Prinzipat und Kaisertum weiterführen. Für diese Gestalten ist die Biographie die angemessene Form. Von den vielen Biographien (und Autobiographien) in lateinischer Sprache ist hier nicht zu reden. Aber es verdient Beachtung, daß der einzige Grieche, dessen Biographien bis auf den heutigen Tag klassisch geblieben sind, Plutarch aus Chaironeia, in einer römisch gewordenen Welt geschrieben hat.

Die Kunst des klugen Arguments

Ein höchst eigenartiges Stück Literatur ist all das, was wir in moderner Terminologie wohl politische Publizistik nennen sollten, was aber in der Antike unter dem Stichwort Rhetorik läuft. Die Ursprünge dieser Literatur, die vom Standpunkt des 19. und 20. Jahrhunderts aus zum Fremdartigsten gehört, was die Griechen hervorgebracht haben, liegen zur Hauptsache noch im dunkeln. Die Gelehrsamkeit des 4. Jahrhunderts v. Chr. wollte wissen, daß hundert Jahre zuvor zuerst in den großen Städten Siziliens das advokatische Argumentieren in ein festes System gebracht worden sei; hier seien zuerst die Regeln aufgestellt worden, nach denen man in einer juristischen Auseinandersetzung privaten oder politischen Charakters vorzugehen habe, um die Sympathie der anhörenden Instanz und schließlich einen günstigen Entscheid zu erlangen. Das Gewicht lag dabei keineswegs auf der geschickten Exegese und Kombination der einschlägigen Rechtssätze oder Rechtsgewohnheiten, sondern auf der psychologischen Beeinflussung des Adressaten, die mehrere Wege gehen konnte; sie konnte entweder die zur Diskussion stehenden Tatsachen in geeigneter Beleuchtung und Abfolge vortragen oder sich darauf beschränken, Stimmung zu machen, dem Adressaten zu schmeicheln und seine Gefühle des Mitleids, der Entrüstung und des Zorns zu mobilisieren.

Faßbar wird uns diese »Redenliteratur« zuerst in Athen gegen Ende des Peloponnesischen Krieges. Geblüht hat sie überhaupt nur in Athen und nur während rund fünf Generationen. In dem Augenblick, da Athen politisch zu einer musealen Provinzstadt wurde, starb sie in ihrer bisherigen Form ab.

Was uns das Verständnis der gesamten, uns in zahlreichen Vertretern erhaltenen Gattung schwierig macht, ist nicht so sehr die Tatsache, daß Plädoyers in privaten oder politischen Kontroversen aufbewahrt und einzeln oder in Sammlungen publiziert wurden, sondern daß angesichts solcher Sammlungen das Interesse des antiken Lesers auf ganz andere Dinge gerichtet war, als wir erwarten würden. Die Kontroversen als solche bleiben ihm meist völlig gleichgültig. Ob und wieweit in einen bestimmten Fall bedeutende Persönlichkeiten verwickelt sind und wie sich in einer Kontroverse die politischen und sozialen Verhältnisse, das Rechtswesen und die Ethik einer Epoche spiegeln, wird im ganzen erstaunlich wenig beachtet. Für die Antike sind solche Reden in erster Linie Kunstwerke. Wenn es einer Rede gelingt, ein beliebiges Ereignis oder Problem anschaulich herauszuarbeiten, für eine agierende Person Sympathie zu erwecken und die Rede als solche geschickt aufzubauen, so daß Prolog und Epilog, Erzählung und Beweisführung zweckmäßig aufeinander abgestimmt sind, dann ist so ziemlich alles erreicht, was der antike Leser verlangt.

In den nachklassischen Jahrhunderten werden kaum mehr Reden gehalten, die geschichtliches Gewicht besessen hätten. Um so energischer wird die Theorie ausgebaut, und in dem Augenblick, in dem die Römer Reden in griechischem Stil zu halten beginnen – der erste große Redner ist Cato der Censor in der ersten Hälfte des 2. Jahrhunderts v. Chr. –, liegt ihnen bereits ein außerordentlich reichverzweigtes und anspruchsvolles System der Rhetorik vor. Dieses System ist zunächst abstrahiert von den großen athenischen Reden des 5. und 4. Jahrhunderts v. Chr. Es wird weiter erprobt im Schulbetrieb; alle möglichen realen und imaginären Kontroversen liefern den Ansatzpunkt für Reden und Gegenreden, in denen es gilt, den jeweiligen Standpunkt so überzeugend wie möglich zu vertreten. Die Kontroversen werden in bestimmte Klassen eingeteilt, ebenso werden die Prozeduren systematisiert, die dem Angreifer oder Verteidiger zur Verfügung stehen, um auf die urteilende Instanz, ein Richterkollegium oder eine Volksversammlung, den gewünschten Eindruck zu machen.

Der Triumph der Rhetorik ist es, eine schwache Sache zur starken zu machen und einen offenkundigen Übeltäter erfolgreich zum Unschuldsengel zu drapieren. Juristische Erwägungen bleiben dabei völlig im Hintergrund. Mit einer uns zuweilen zynisch anmutenden Offenheit wird ausschließlich auf die psychologische und artistische Wirkung hingesteuert. Noch das humanistisch gesinnte 19. Jahrhundert erlebte einen Schock, als sich herausstellte, in welchem Umfang Platon mit seiner Behauptung recht hatte, die Redner kümmerten sich überhaupt nicht um die Wahrheit, sondern nur um die Wirkung auf ihr Publikum. Das gilt selbst für die größten unter ihnen, etwa Demosthenes, der keine Skrupel kannte, Tatsachen frei nach seinen Bedürfnissen zu manipulieren.

Trotzdem werden wir uns hüten, die antike Redenliteratur verächtlich beiseite zu schieben. Wir müssen uns nur darüber im klaren sein, was sie leistete und was nicht. Für uns sind die attischen Reden zunächst wegen der Fülle geschichtlicher Tatsachen wichtig, die sie uns gewissermaßen nebenher liefern. Dabei ist nicht nur an bestimmte Fakten der politischen Geschichte gedacht; will man die Weltanschauung des athenischen Bürgers im späten 5. und im 4. Jahrhundert v. Chr. kennenlernen, so sind die Reden zusammen mit den Texten der Komödie das weitaus verläßlichste Dokument.

Weiterhin verdient die in den Reden wirkende Psychologie Beachtung. Es stecken in ihnen viel Lebensklugheit und Beobachtungen, die sich die philosophische Psychologie und Ethik zunutze machen konnte. Dazu gesellt sich eine ausgebildete Kunst des Argumentierens. Der Grieche hat Diskussionen leidenschaftlich geliebt. Zu jeder beliebigen Behauptung das Für und Wider zu finden war eine Aufgabe, die an sich schon seinen Scharfsinn reizte; und war sie elegant gelöst, so konnten sich auch tiefere Schichten seines Wesens angesprochen finden. Es ist kein Zufall, daß die advokatische Technik des Herausarbeitens von Gründen und Gegengründen sich eng mit dem Diskussionsstil der hellenistischen Akademie berührte, die damit den Satz des Sokrates zu erhärten suchte, daß der Mensch kein Wissen besitze: jede These sei widerlegbar; was übrigbleibt, seien bloße Wahrscheinlichkeiten.

Schließlich werden wir auch die Hochschätzung der Sprache bedenken, die in dieser Literatur zum Ausdruck kommt. In der späten Antike gehörten die klassischen Redner neben einigen großen Dichtern zu den Hauptstücken der allgemeinen Bildung. Die griechische wie die römische Schule hat bestimmte Meisterreden immer wieder gelesen und analysiert und den jungen Leuten an ihnen die Kunst des korrekten Argumentierens und Disponierens und vor allem des gepflegten und sachgemäßen Stils beigebracht. Im 3. Jahrhundert v. Chr. ist eine Gruppe von zehn Rednern als Klassiker dieser Gattung zusammengestellt worden. Eine Auswahl aus ihren Werken ist bis heute erhalten geblieben.

Unter den Römern war es, wie gesagt, Cato der Censor, der als erster die griechische Redekunst in großem Umfang in die lateinische Welt verpflanzte. Scharen von Rednern folgten auf ihn. Diese Gattung lag den Römern. Rühmend hervorgehoben wird von der Antike selbst etwa C. Sempronius Gracchus, der genialisch revolutionäre Volkstribun des Jahres 123 v. Chr.; unbestritten der größte aber war und blieb M. Tullius Cicero.

Der Ruhm seiner Reden etwa gegen Verres, gegen Catilina, gegen Marcus Antonius hielt sich ungebrochen bis in den Beginn des 19. Jahrhunderts. Dann aber folgte der Niedergang um so rascher. Die empfindsame Moralität des Bürgertums stieß sich an der Sorglosigkeit, mit der Lysias, Demosthenes und Cicero die Wahrheit der psychologischen Wirkung unterordneten. Die Romantik verachtete das Streben nach disziplinierter Form als Schulmeisterei, und vor allem begann der Geist der Zeit die Bedeutung des sprachlichen Gestaltens auf das sonderbarste zu unterschätzen.

Man hielt dafür, daß von der Sprache nichts anderes zu fordern sei, als daß sie sachlich und präzise informiere, und verschloß sich damit jeden Zugang zur antiken Redekunst. Und nicht nur dies: man übersah völlig, daß auch die bedeutendste Einsicht und die gerechteste Sache zugrunde gehen, wenn sie nicht überzeugend formuliert sind, und daß selbst im 20. Jahrhundert das Falscheste sich durchsetzt, wenn es die Mittel der Sprache auf die erwünschte Wirkung hin einzusetzen weiß. Angesichts der Leistungen der antiken Redekunst wird man die Feststellung nicht umgehen können, daß eine ganze Zone der Lebenserfahrung und Lebensbewältigung im 19. und 20. Jahrhundert um eines problematischen Ideals der schlichten Sachlichkeit willen verschüttet worden ist. Eine unvoreingenommene Bestandsaufnahme der auch im 20. Jahrhundert wirkenden Kräfte wird unweigerlich auch der griechischen Redekunst ihren Rang zurückgeben.

Die praktischen Wissenschaften

Selbstverständlich hatte bei den Griechen wie überall jeder praktische Beruf seine Regeln, die von den Spezialisten durch Generationen weitergegeben und immer wieder ergänzt und verbessert wurden. Diese Regeln können schriftlich niedergelegt sein, zunächst nur zum praktischen Gebrauch, also ohne die geringsten literarischen Ansprüche. Solche Regelbücher sehen immer wieder anders aus, weil jeder Benutzer auf Grund seiner Erfahrung Dinge gestrichen oder beigefügt hat. Hatte das Buch seinen Dienst getan, warf man es weg. Kein Wunder also, daß nur wenig davon erhalten ist.

Manche Disziplinen beginnen aber seit dem späten 6. Jahrhundert v. Chr. nach Höherem zu streben. Aus den Regelbüchern werden wissenschaftliche Traktate, oft zur Orientierung der Laien, nicht selten aber auch für Spezialisten. Es entstehen Querverbindungen unter den verschiedenen Disziplinen und schließlich ganze Systeme, in denen jede Disziplin mit den Ergebnissen anderer Disziplinen arbeitet und ihre eigenen Ergebnisse anderen zur Verfügung stellt.

Das Ganze erhebt nun den Anspruch, Wissenschaft und Philosophie zu sein. Wir müssen sofort bemerken, daß die Grenze zwischen diesen Begriffen in der Antike fließend war und, wo sie gezogen wurde, anders verlief als im 20. Jahrhundert. Von zwei Kriterien müssen wir ausgehen. Philosophie ist in jedem Falle die Frage nach dem Sein, nach den letzten Gründen des Sollens und nach der Möglichkeit des Erkennens; sie ist außerdem eine Frage, die um ihrer selbst willen gestellt wird, einfach weil die Wahrheit als solche eminent wissenswert ist. Eindeutig aus der Philosophie heraus fallen also die Disziplinen, deren Bestimmung überwiegend oder ausschließlich die praktische Brauchbarkeit ist.

Im ganzen gesehen haben die Griechen die Neigung gehabt, den Bereich der Philosophie möglichst weit auszudehnen. Wir sprachen schon davon, daß sie den Tätigkeiten, die um ihrer selbst willen geübt werden, unter allen Umständen einen höheren Rang zubilligten als den andern, die lediglich der Verbesserung der materiellen Lebensbedingungen dienten. Selbst handfest praktische Künste, wie Elementargrammatik, Gartenbau oder Kochkunst, haben deshalb gern ihre Beziehung zu den umfassenden Problemen der Philosophie betont. Erst recht ist der Gesamtkomplex der biologischen Wissenschaften immer zur Philosophie gezählt worden, da die Frage nach den Manifestationen des Lebens bei Mensch, Tier und Pflanze entschieden eine theoretische war.

Es kann natürlich nicht unsere Aufgabe sein, die lange Liste der Disziplinen aufzuführen, aus denen Publikationen bezeugt oder erhalten sind. Wir greifen lediglich zwei Gruppen von Wissenschaften heraus, die repräsentative Werke hervorgebracht haben und zugleich eine Brücke zwischen Praxis und Theorie darstellen.

Zu nennen sind die mathematischen Wissenschaften, genauer, jene Gruppe von vier Disziplinen, die schon im späten 5. Jahrhundert v. Chr. zu einem System zusammengeschlossen worden sind: Arithmetik, Geometrie, Astronomie und Musiktheorie. Was sie verbindet, ist, daß es bei ihnen um zähl- und meßbare Größen geht, Größen also, denen Eindeutigkeit und Objektivität in besonderer Weise zukommt. Dementsprechend sind diese vier Disziplinen von dem Augenblick an, da sie ihrer Eigenart bewußt wurden, mit dem

Anspruch aufgetreten, die vornehmsten aller Wissenschaften, sozusagen Modellwissenschaften zu sein, an denen sich alle übrigen zu orientieren hätten. Dieser Anspruch hat sich weitgehend durchgesetzt; die Mathematik erfreute sich bis zum Ausgang der Antike eines einzigartigen Ansehens. Davon gibt auch die Tatsache Zeugnis, daß ihre Fachliteratur trotz ihrer Kompliziertheit sich in beachtlichem Umfang erhalten hat; es genüge hier, an die Schriften des Euklid und des Archimedes zu erinnern.

Für die Stellung dieser Disziplinen ist es bezeichnend, daß sie alle der Philosophie methodisch wie sachlich wertvollste Dienste leisten. Geometrie und vor allem Astronomie wollen auf die Erkenntnis hinaus, daß der körperliche Kosmos im ganzen von einer mathematischen Ordnung beherrscht werde; wo aber dies feststeht, ist die Folgerung unausweichlich, daß ein mathematischer Weltgeist diese Ordnung verwaltet. So haben Platon und Aristoteles argumentiert. Epikur, der die Gottheit von der Weltregierung entlasten wollte, hat sich verzweifelt gegen diesen Gedanken gewehrt und die mathematischen Wissenschaften mit unverhüllter Verachtung beiseite geschoben, freilich nur mit dem Erfolg, daß man über seine Unbildung spottete. Das mathematische Quadrivium war und blieb eine der stärksten Stützen des philosophischen Vorsehungsglaubens. Auch die anerkannte Tatsache, daß weder die praktische Geometrie des Handwerkers und Feldmessers noch die praktische, phänomengetreue Astronomie mit reinen Zahlenverhältnissen auskommt, sondern einen Rest an Unexaktheit mitschleppen muß, hat daran nichts zu ändern vermocht.

Andererseits stehen die vier Disziplinen zweifellos auch zur Praxis des Lebens in einem spezifischen Verhältnis. Das praktische Musizieren ist zwar nicht unbedingt auf das Studium der Musiktheorie angewiesen; der Handwerker kommt auch ohne wissenschaftliche Arithmetik und Geometrie aus. Dennoch bleibt eine Zusammengehörigkeit bestehen, die bald stärker, bald schwächer betont wird. Einen Grenzfall stellt die Mechanik dar, die als Wissenschaft das Funktionieren bestimmter Maschinen mathematisch erläutert. Sie kann aber auch zur Erfindung neuer Maschinen führen und hat dies vor allem in einem vieldiskutierten Bereich getan. Die mathematische Wissenschaft hat Archimedes zur Konstruktion von Kriegsmaschinen befähigt, jener Maschinen, gegen die die Römer bei der Belagerung von Syrakus in den Jahren 213/212 v. Chr. monatelang vergebens ankämpften. Und Archimedes ist nicht der einzige Erbauer solcher Maschinen gewesen. Man könnte beinahe sagen, daß die Konstruktion von Kriegsmaschinen der einzige Zweig der wissenschaftlich fundierten Technik ist, der es in der Antike zu einer gewissen Blüte gebracht hat. Bei Plutarch freilich vernehmen wir die bewegende Klage des Platonikers, daß da eine der höchsten Wissenschaften, bestimmt zur Erforschung ewiger Wahrheiten, zu brutal praktischen Zwecken mißbraucht worden sei.

Der Werdegang der Medizin stellt eine besonders bemerkenswerte Leistung der griechischen Kultur dar. Hier hat sich die Tatsache ausgewirkt, daß die Religion schon früh jenen Zustand der Uneigentlichkeit erreicht hat, von dem wir bereits sprachen. So gewann die Medizin die Freiheit, sich unbeschwert von religiösen und abergläubischen Vorstellungen zu entfalten; Heilungen durch Wunder und Zaubermittel spielen bereits bei Homer nur noch eine geringe Rolle. Im 5. Jahrhundert v. Chr. blüht die Medizin als eine hochangesehene, auf dem soliden Fundament empirischer Beobachtung aufgebaute Wissenschaft. Beziehungen zur Naturphilosophie fehlen nicht; doch führen gerade sie bezeichnenderweise zu heftigen Kontroversen. Medizinern, die die naturphilosophische Elementenlehre in die Physiologie des Menschen einzuführen suchen, stehen andere gegenüber, die es strikt ablehnen, sich über die Erfahrungstatsachen hinaus auf allgemeine Spekulationen einzulassen.

Zentrale Zweige der Medizin sind Chirurgie und Diätetik, dazu natürlich Geburtshilfe und die damit unmittelbar zusammenhängende Gebiete der Gynäkologie und Pädiatrie. Die medizinische Diagnostik hält sich freilich in recht engen Grenzen. Obschon verhältnismäßig früh anatomische Untersuchungen am toten Körper vorgenommen werden, bleibt die Kenntnis der Funktionen der inneren Organe mangelhaft. Bemerkenswert exakt haben dagegen die antiken Ärzte die äußeren Symptome verschiedener Krankheiten beobachtet und Regeln ausgearbeitet, an die sich eine gesunde Lebensweise zu halten hätte. Es wird festgestellt, welche Speisen und Getränke bekömmlich und welche schädlich seien, ferner, welche Klima- und Witterungsverhältnisse die Anfälligkeit für Krankheiten erhöhen, auf welche Weise eine geregelte Verdauung zu erzielen sei und ähnliches mehr.

Für die Überlieferung der medizinischen Literatur ist es entscheidend, daß sie gewissermaßen unter den Schutz eines anerkannten Klassikers geriet. Es ist Hippokrates von Kos, von dessen Person wir zwar nur wenig wissen, der aber schon zur Zeit Platons als der berühmteste griechische Arzt galt und dem schließlich der größte Teil der medizinischen Literatur der vorhellenistischen Zeit zugeschrieben wurde. Dieses *Corpus Hippocraticum* besitzen wir noch heute. Es umfaßt vor allem Schriften des 4. Jahrhunderts v. Chr. und ist geschichtlich gesehen schon darum wichtig, weil es uns eine Wissenschaft kennen lehrt, die selbst zur Zeit der größten Blüte Athens im ionischen und teilweise im westgriechischen Kolonialland zu Hause war. Nur bei den spätesten Schriften dieser Gruppe macht sich der Einfluß der attischen Philosophie Platons und des Aristoteles bemerkbar.

Auch aus den späteren Jahrhunderten kennen wir eine stattliche Reihe bedeutender Ärzte und Ärzteschulen. Es gibt kaum eine wissenschaftliche Disziplin, deren Entwicklung sich bis zum Ende des Altertums so genau verfolgen läßt wie eben die der Medizin. Besondere Erwähnung verdient der große Arzt des 2. Jahrhunderts n. Chr., Galenos, der eine ungeheure, bis heute noch kaum gesichtete Fülle von Schriften hinterlassen hat.

Neben Hippokrates ist er sowohl für das griechisch-lateinische Abendland, als auch für den islamischen Osten der zweite Klassiker der Medizin geworden. Seine Werke sind in einem Umfang ins Arabische übersetzt worden wie sonst nur noch diejenigen von Aristoteles, mit dem er im übrigen im östlichen wie im westlichen Mittelalter häufig zusammengestellt worden ist. So darf man ihn zu den einflußreichsten griechischen Schriftstellern rechnen. Dabei ist er nicht nur erstaunlich gut informiert über die klassische griechische Medizin. Er ist auch selbst eine interessante Persönlichkeit, die sich nicht allein mit Fachproblemen befaßte, sondern ebenso mit der Belehrung der Laien über Grundfragen der Medizin und mit der immer wieder aktuellen Frage nach dem Verhältnis der Medizin zur Philosophie. Hübsch ist schließlich die Unbefangenheit, mit der er sich selbst mit seiner vielseitigen, sprachlich durchaus gepflegten Schriftstellerei in Szene setzt.

Reste des Asklepieion im Bezirk der Ärzteschule auf Kos

Ruinen eines Gymnasion im Außenbezirk des einst waldreichen Delphi

Das Christentum hat die griechische Medizin ohne die geringste Schwierigkeit rezipiert. Hier wiederum war es ein Gewinn, daß es sich um eine entschiedene Tatsachenwissenschaft handelte, die zur antiken Religion überhaupt keine, zur Philosophie nur recht lockere Beziehungen besaß.

Immerhin muß die Beziehung zur Philosophie noch mit einem Wort charakterisiert werden. Sie ist doppelter Natur; zunächst eine solche der Analogie. Schon dem 5. Jahrhundert v. Chr. ist der Vergleich der Gesundheit des Leibes mit der der Seele vollkommen geläufig. Wie die Medizin ein System von Vorschriften aufstellt, demgemäß die Gesundheit des Leibes zu bewahren oder herzustellen sei, so muß es im Bereich der Seele ein entsprechendes System geben. Die philosophische Ethik hat sich streckenweise geradezu am Modell der Medizin entwickelt. Die zweite Beziehung knüpft an die Kontroverse zwischen Empirie und Spekulation an. In der Medizin weist der naturphilosophisch orientierte Arzt darauf hin, daß der menschliche Körper nur Teil eines Ganzen sei und nur als Teil (Mikrokosmos) im Verband des Ganzen (Makrokosmos) richtig verstanden werden könne; der Empiriker dagegen verweist auf seinen praktischen Erfolg am Krankenbett. Dieser Gegensatz spielt in der Philosophie selbst eine eminente Rolle. In berühmten Sätzen hat etwa Aristoteles das Wissen vom Allgemeinen der Erfahrung des Einzelnen gegenübergestellt und die These vertreten, daß jenes zwar als Wissen höher stünde, diese dagegen, wie die Medizin beweise, in der Praxis brauchbarer sei. Die Tätigkeit des Arztes wird zum Paradebeispiel dafür, daß im Bereich der geschichtlichen, wandelbaren Körperlichkeit jede Wissenschaft schließlich auf das Einzelne und den immer wieder besonderen Fall hinzusteuern habe. Die Philosophie allerdings hält sich an das, was über die Geschichtlichkeit hinausführt.

Die Philosophie

Philosophie bedeutete ursprünglich nichts anderes als das Streben nach geistiger Bildung im weitesten, Wissenschaft und Dichtung gleichermaßen umfassenden Sinne. Im 5. Jahrhundert v. Chr. wird der Begriff präzisiert. Erzählungen von den Sieben Weisen und angebliche Äußerungen des Pythagoras spielten dabei eine Rolle, doch ist im einzelnen noch vieles unklar. Jedenfalls hat im 4. Jahrhundert der Begriff seine klassische Bedeutung; der Philosoph wird von da an scharf geschieden vom Dichter, vom Redner, vom Politiker.

Der Begriff ist dann in den Sprachgebrauch der nachantiken Jahrhunderte eingegangen. Das Christentum hat ihn sich, wenn auch zögernd, zu eigen gemacht; seit dem 19. Jahrhundert pflegt man auch spekulative Bemühungen von Völkern außerhalb der antiken Tradition als Philosophie zu bezeichnen. Diese Erweiterung des Gebrauchs ist nicht unbedenklich, denn sie ist geeignet, die Tatsache zu verdunkeln, daß die europäische und griechische Tradition der Philosophie auf ganz bestimmten Voraussetzungen beruht, die nur im Griechentum und sonst nirgends vorhanden sind. Es sind vor allem ihrer zwei.

Die eine ist die Uneigentlichkeit der griechischen Religion. Sie spaltet sich früh in einen Kult, der zu keinerlei Nachdenken anregt, und in einen Mythos, der sich im spielerisch

Unverbindlichen verliert. Damit entsteht (vereinfacht ausgedrückt) ein Vakuum, das die Philosophie auszufüllen vermag. Die Frage, wie die Welt entstanden ist und was sie zusammenhält und was es insbesondere mit den fernen Regionen »über und unter der Erde« auf sich habe, kann untersucht werden, ohne Rücksicht auf autoritative Anschauungen des religiösen Glaubens. In der Lehre von der Bestimmung des Menschen und in der Ethik sind die Bindungen an einzelne fromme Überlieferungen stärker, doch niemals so zwingend, daß sie die autonome Entfaltung der philosophischen Reflexion ernstlich beeinträchtigen konnten. Die Philosophie hat nie gezögert, sich ein souveränes Urteil über alle Formen der herkömmlichen Gottesvorstellung und des Gottesdienstes zu bilden, selbst wenn sie es für zweckmäßig hielt, in einzelnen Fällen ihre Meinung nicht allzu laut auszusprechen.

Die andere Voraussetzung ist die Distanz von der staatlichen Gemeinschaft. Es handelt sich dabei nicht um ein vollendetes »Der Welt-Abgestorbensein« wie bei den Asketen Asiens, sondern um ein Spannungsverhältnis, das immer wieder als solches empfunden und damit philosophisch fruchtbar wurde. Die dem Ewigen zugewandte theoretische Lebensform der Griechen erkämpft sich immer wieder ihre Legitimation inmitten einer Welt des politischen Handelns; die philosophische Ethik wiederum besitzt die Freiheit, alle Erscheinungsformen des politischen Daseins — Staatsformen, Rechte und Pflichten des Bürgers — in ihre Diskussion einzubeziehen und in Frage zu stellen.

Ohne diese beiden Voraussetzungen hätte die griechische Philosophie niemals ihre besondere Mächtigkeit erlangt. Wo diese beiden Voraussetzungen nicht bestanden, ist es auch nicht zu einer Philosophie des griechischen Typus gekommen.

Was die geschichtliche Entwicklung der antiken Philosophie angeht, so sind wir schon darum weitgehend auf die antiken Berichte angewiesen, weil die Zahl der Philosophen, die wir aus ihren eigenen Schriften hinlänglich kennen, nicht groß ist. Außerdem hat die griechische Philosophiegeschichtsschreibung hinsichtlich der einzelnen Etappen der Entfaltung des philosophischen Gedankens sehr entschiedene Thesen herausgearbeitet, Thesen, deren sich auch der moderne Historiker nur mit Mühe erwehren kann. Wir müssen annehmen, daß sie in großen Zügen den Tatsachen entsprechen; im einzelnen freilich nehmen sie manche unerlaubte Vereinfachung und manche gewalttätige Interpretation in Kauf.

Als Angelpunkt der Philosophiegeschichte gilt die Person des Sokrates. Er gilt als der Philosoph, der die Philosophie »vom Himmel auf die Erde herabgeholt hat«. Mit ihm endet die Zeit der Naturphilosophie und beginnt die philosophische Ethik. Die älteste uns faßbare Darstellung der Philosophiehistorie läßt die Naturphilosophie mit Thales von Milet (Anfang des 6. Jahrhunderts v. Chr.) anheben und mit Anaxagoras und Demokrit, den Zeitgenossen des Sokrates, enden. Eine jüngere, auch schon bei Aristoteles und Theophrast sich anbahnende These nimmt zwei Ursprünge der Naturphilosophie an, einen ersten mit dem Ioner Thales, der stark aufklärerischen Neigungen nachgibt, und einen zweiten mit Pythagoras, der zwar aus Samos stammte, aber in Süditalien gewirkt hat und so zum Begründer des italischen Zweiges der Naturphilosophie geworden ist. Charakteristisch für diesen sind astronomisch-theologische Spekulationen.

Von Sokrates wird sodann eine Reihe von »sokratischen Schulen« abgeleitet. An innerer und äußerer Bedeutung allen voran steht die Schule Platons, die Akademie. Von ihr trennt sich bald nach Platons Tod (347 v. Chr.) Aristoteles und gründet eine eigene Schule, den Peripatos. Am Ende des 4. Jahrhunderts v. Chr. entstehen zwei weitere Schulen, diejenige Epikurs und diejenige Zenons, die Stoa. Gemeinsam ist beiden, daß sie über Platon und Aristoteles hinweg auf die ionischen Naturphilosophen zurückgreifen, Epikur auf Demokrit, die Stoa auf Heraklit. Davon abgesehen ist Epikur durch eine schroffe Ablehnung der Sokratik gekennzeichnet, besonders in ihrer platonischen Gestalt; damit verträgt sich eigenartigerweise eine reiche Fülle von Beziehungen zur Philosophie des Aristoteles und eine deutliche Affinität zu einem der frühen Sokratiker, Aristippos aus Kyrene. Die Gegner Epikurs liebten es, darüber zu spotten, daß seine Lehre fast vollständig aus Demokrit und Aristippos zusammengestohlen sei. Die stoische Schule hat sich als die Hüterin der reinen sokratischen Tradition gegeben. Ihr Gegner war in früher Zeit vor allem der Peripatos, dem sie Verrat an Sokrates vorwarf, in späterer Zeit die Schule Epikurs.

Im Laufe des 2. Jahrhunderts v. Chr. haben sich diese vier Schulen, diejenige Platons, des Aristoteles, Epikurs und Zenons, durchgesetzt. Was sonst im 4. und frühen 3. Jahrhundert v. Chr. hervorgetreten war, starb ab. Damit ging parallel eine Verschiebung in der Gesamtperspektive. War bis dahin jeder einzelne Philosoph mit dem Anspruch aufgetreten, gegen alle übrigen die allein richtige Theorie zu vertreten, so werden nun die vier großen Schulen mehr und mehr als Ausdruck der vier wesentlichen Möglichkeiten philosophischer Systembildung verstanden. Die philosophiebeflissenen jungen Leute fangen an, der Reihe nach alle vier Schulen zu besuchen. Um die Wende vom 2. zum 1. Jahrhundert v. Chr. dürfte zum ersten Male die These formuliert worden sein, Akademie, Peripatos und Stoa besäßen im Grunde ein und dieselbe Lehre; es gelte nur, auf die ursprünglichen Intentionen Platons, des Aristoteles und Zenons zurückzugehen, um zu erkennen, daß die Unterschiede lediglich in belanglosen Äußerlichkeiten bestünden. Ausgeschlossen von diesem Consensus wird nur die Lehre Epikurs, auf die sich nun die vereinigte Polemik der drei übrigen Schulen stürzt. Das ist die Lage der griechischen Philosophie zur Zeit Ciceros.

Die nachfolgende Entwicklung ist wenig bekannt. Im 2. Jahrhundert n. Chr. treten die Schulen wieder auseinander. Wir hören von heftigen Polemiken zwischen Platonikern und Aristotelikern. Auch die Stoa besinnt sich in der Zeit Epiktets und Mark Aurels wieder auf ihre ursprüngliche Eigenart. Dann aber holt der Platonismus zu einem letzten mächtigen Vorstoß aus. In Plotin, Porphyrios und Iamblichos erstehen ihm drei Philosophen, von denen jeder auf seine Weise und in seiner Zeit einen dominierenden Einfluß ausübt. Platons Dialoge mit einzigartiger Intensität interpretierend, bringt Plotin einige der tiefsten Intentionen der alten Akademie zu ihrer endlichen Erfüllung. Porphyrios, Plotins Schüler, ist Gelehrter und Popularisator zugleich; als Gelehrter hat er die letzte monumentale und auf erstaunlicher Kenntnis der alten Texte beruhende Philosophiegeschichte geschrieben, vielfach benutzt von den Christen, in späterer Zeit noch mehr von den Gelehrten des Islams, die ihre Informationen über griechische Philosophie zu einem beträchtlichen Teil diesem Werke verdanken; als Popularisator hat er eine Reihe von Abhandlungen über Seele und Unsterblichkeit im Sinne Platons verfaßt, die für die Entwicklung der christlichen Theologie von außerordentlicher Bedeutung gewesen sind. Iamblichos endlich erreicht zwar weder die Genialität Plotins noch die gelehrte Sachlichkeit des Porphyrios, aber seine theologischen Spekulationen (die auf uns vielfach abstrus wirken) haben im 4. Jahrhundert n. Chr. einen ansehnlichen Erfolg gehabt.

In neueren Zeiten hat man der durch Plotin inaugurierten Richtung den Namen Neuplatonismus gegeben. Als Neuplatonismus ist seit dem Ende des 4. Jahrhunderts n. Chr. die platonische Akademie die einzige der vier klassischen Schulen gewesen, die noch kräftig weitergelebt hat. Die drei andern Schulen müssen im Laufe des 3. Jahrhunderts n. Chr. allmählich erloschen sein. Unsere Quellen sind da freilich so dürftig, daß wir kaum eine Vorstellung davon gewinnen können, unter welchen Umständen die Gemeinschaften der Epikureer, Stoiker und Peripatetiker untergingen. Der Platonismus hat noch bis ins 6. Jahrhundert einige große Gestalten hervorgebracht. Die Akademie war vor allem in Athen ein Zentrum des Widerstandes der altgriechischen Welt gegen das alles überflutende Christentum. Das hat allerdings nicht verhindert, daß die Schriften der letzten Schulhäupter, des Proklos und des Damaskios vor allem, die christliche Theologie ebenso stark beeinflußt haben wie einige Generationen zuvor diejenigen des Porphyrios.

In Athen ist die philosophische Tradition der Antike im Jahre 529 n. Chr. mit der Schließung der Akademie durch Kaiser Justinian abgebrochen, in Alexandreia lebte sie, dünn genug, weiter bis zur Eroberung Ägyptens durch den Islam. Im Westen endlich wären die christlichen Neuplatoniker zu nennen, die es vom 4. Jahrhundert n. Chr. an bis in die Nähe des Hochmittelalters immer wieder gegeben hat; neben Figuren hohen Ranges wie Boethius stehen andere, bei denen christliche und platonische Dinge sich zu einer absonderlich primitiven Mischung zusammenfinden.

Es kann hier nicht die Rede davon sein, auch nur in knappster Zusammenfassung über die Lehren der griechischen Philosophen von Thales bis hin zu Damaskios zu berichten. Wir beschränken uns auf einige ganz allgemeine Gesichtspunkte.

Vom Beginn des 3. Jahrhunderts v. Chr. an wird das Ganze der Philosophie in drei Hauptgebiete aufgegliedert: Logik, Physik, Ethik. Der Sachbereich der Logik ist im wesentlichen bis auf den heutigen Tag derselbe geblieben. Was die Antike Physik nennt, umfaßt dagegen ein außerordentlich weites Feld. Zu ihr gehört nicht nur die Frage nach dem Sein und dem Ursprung alles Seienden, des körperlichen wie des unkörperlichen; ihr sind zugeordnet auch die Theologie und Astronomie, die Meteorologie, die Erdkunde, die in Anthropologie, Zoologie und Botanik sich verzweigende Biologie, schließlich die Lehre von den Gewässern und Gesteinen. Die Ethik besitzt im Prinzip drei Teile: die Individualethik, die Ökonomik und die Politik.

Diese Einteilung hat sich als zweckmäßig bewährt. Der griechische Sinn für Ordnung spricht aus ihr, und die großen Philosophen haben sich sorgfältig daran gehalten. Dabei waren sie sich durchaus darüber im klaren, daß zahlreiche Probleme mehrere Disziplinen gleichzeitig angingen. Die Frage nach dem Sein begegnete in der Logik ebenso wie in der Naturphilosophie. Die Grundlegung der Ethik konnte auf die Hilfe der Anthropologie und der Theologie nicht verzichten und ähnliches mehr. Gerade bei den größten Philosophen der Antike ist zu beobachten, wie die Forderung nach reinlicher Distinktion der Gegenstände und das Bewußtsein, daß alles mit allem zusammenhängt, einander die Waage halten.

Was den Problemkreis der Kosmologie betrifft, so läßt sich deutlich erkennen, daß von der ionischen Philosophie des 5. Jahrhunderts v. Chr. bis zum Ausgang des Hellenismus in ciceronischer Zeit zwei Konzeptionen einander gegenüberstehen. Wir dürfen die eine zuversichtlich-konstruktiv, die andere skeptisch-resignierend nennen. Die erste Konzeption steht unter dem stärksten Einfluß zweier Spezialdisziplinen, die beide die Überzeugung nahelegen, daß der Gesamtbau des Kosmos einer aufweisbaren Planung folgt.

Die eine Disziplin ist die Astronomie; sie weist nach, daß die Gestirnbahnen einem unabänderlichen mathematisch formulierbaren Gesetz unterworfen sind. Die erhabenste Region des Weltganzen ist also sichtbar gewordene Mathematik. Das kann sie nur sein, weil ein mathematischer Geist sie lenkt und belebt. Die Astronomie gestattete also Platonikern, Aristotelikern und Stoikern den Schluß, daß der Kosmos im Ganzen von einem Lenker verwaltet wird – mochte man im übrigen die Beziehung zwischen Kosmos und Lenker auffassen nach dem Bild von Körper und Seele oder nach dem des Künstlers, der ein vollkommenes Kunstwerk hervorgebracht hat.

Die andere Disziplin ist die Biologie, vor allem die biologische Anthropologie. Sie wird schon im späten 5. Jahrhundert v. Chr. auf die Tatsache aufmerksam, daß die menschlichen Organe augenscheinlich so gestaltet sind, daß sie einen bestimmten Zweck so gut wie möglich zu erfüllen vermögen. Zumal an den Sinnesorganen ließ sich zeigen, daß sie auf das angemessenste gegliedert sind. Außerdem ist alles geschehen, um sie vor Verletzungen zu schützen, ohne daß ihre Funktionen dadurch beeinträchtigt würden. Man wird an das Auge denken, das nicht nur tief in den Knochen eingebettet ist, sondern dem auch Augenbrauen und Augenlider zum Schutz beigegeben sind. Aus solchen Beobachtungen entwickelte sich die Hypothese, daß auch der Kosmos als ganzer im Sinne einer solchen Zweckgerichtetheit zu interpretieren sei.

Drei Folgerungen ergeben sich daraus. Die erste ist, daß der Kosmos selbst in Analogie zum menschlichen Körper als lebendiger Organismus begriffen werden muß. Bei den Griechen haben schon ganz primitive Spekulationen des 5. Jahrhunderts v. Chr. mit diesem Gedanken gespielt: da werden die Gewässer zum Blut und die Erde zum Fleisch des Kosmosleibes. Im 4. Jahrhundert begegnet die gereinigte Fassung dieser Dinge. Der Kosmos wird in allen seinen Teilen teleologisch gedeutet; er ist, wie er ist, weil es so am besten ist. Die zweite Folgerung ist die, daß eine derartige Zweckgerichtetheit einen Geist voraussetzt, der eben diesen Zweck will und verwirklicht. Das teleologische Prinzip führt ebenso wie das mathematische hinüber in den Bereich der Theologie und beweist die Existenz eines Wesens, das nicht nur die Ordnung, sondern auch das Gute im Weltganzen schafft. Damit stehen wir bei der dritten Folgerung. Das Gute, das Gott oder die Weltseele – oder schließlich eine als schöpferisch verstandene Natur – im Ganzen verwirklicht, ist nicht wesentlich verschieden von dem Guten, dem der Mensch in seinem Handeln folgen soll. Von der Kosmologie wird also eine Brücke geschlagen zur Ethik. In die Lehre vom Kosmos gehen ethische Elemente ein, und die Prinzipien der menschlichen Ethik erhalten kosmische Dignität.

Wenden wir uns nun der skeptisch-resignierenden Kosmologie zu. Ihre eigentliche Wurzel ist wohl das charakteristisch griechische Mißtrauen gegenüber den Fähigkeiten des Menschen und der Verläßlichkeit der Dinge. Die alte Atomistik Leukipps und Demokrits ist deutlich beherrscht von dem Gedanken, daß es zwar schön wäre, wenn es eine erkennbare Ordnung der Dinge gäbe; aber es gibt sie nicht. Später tritt der Gedanke hinzu, daß sowohl die mathematische Astronomie als auch die teleologische Biologie auf reiner Selbsttäuschung und auf einer durch die Tatsachen selbst nicht zu begründenden Überschätzung des menschlichen Erkenntnisvermögens beruhen.

Der Kosmos ist nach der Lehre der Atomistik das Produkt einer zufälligen Verflechtung elementarer Seinspartikel, einer Verflechtung, die es im Weltall immer wieder einmal geben kann. Wir haben nicht den geringsten Anlaß anzunehmen, daß unsere Welt eine vollkommene und als vollkommene die einzige wäre. Es kann vielmehr unendlich viele verschiedene Welten geben, jede wieder anders als die andere und jede genauso gut oder so schlecht zusammengefügt wie die andere. Die astronomische Ordnung ist nur Schein, und das Leben des Menschen ist so angefüllt mit Gefahren, Krankheiten und mühevoller Arbeit, daß die Behauptung, der Mensch sei so zweckmäßig wie möglich eingerichtet, einfach lächerlich wirkt. Die Gottheit hat mit einer solchen Welt nichts zu schaffen. Götter gibt es zwar; aber sie leben für sich in stiller, sorgenfreier Abgeschiedenheit, ohne sich um die Welt zu kümmern. Sie mahnen nur durch ihr Dasein den Menschen daran, daß es das klügste ist, »im Verborgenen zu leben« wie sie selbst und sich um nichts zu kümmern.

Der Gegensatz zwischen beiden Grundhaltungen wiederholt sich in der Anthropologie. Für Platon wie für Aristoteles und die Stoiker ist die Seele des Menschen mit der Gottheit und der Weltseele verwandt, darum auch befähigt, ihr erkennend nahezukommen, darum auch beauftragt, in ihrem Sinne zu wirken, und darum schließlich zur Zuversicht berechtigt, daß sie nach dem Tode des Leibes in die Welt der Götter übergehen wird, der sie ihrem innersten Wesen nach angehört. Für Demokrit und Epikur gibt es nichts dergleichen. Die Beziehung zwischen Mensch und Gott bleibt beschränkt auf jene Vorbildlichkeit in der Lebensform, die wir eben erwähnten. Darüber hinaus betonen Demokrit und vor allem Epikur, daß alles Gerede von einem Leben der Seele nach dem Tode nichts als unkontrollierbarer und abergläubischer Unsinn sei. Die Schilderungen von Totengericht und Jenseitsschicksal, in denen sich etwa Platon auf berühmten Seiten seiner Dialoge ergangen hat, gelten für Epikur teils als Spielereien eines Mannes, der den Unterschied zwischen Dichterphantasien und philosophischer Wissenschaft nicht begriffen hat, teils als Vergiftung der Seelen, denen auf diese Weise nichts als Angst und Unruhe eingepflanzt wird; wo es doch die Aufgabe des Philosophen wäre, die in jedem Menschen lauernde Angst vor dem Unheimlichen zu überwinden.

Die philosophische Ethik beginnt in dem Augenblick, da das widerspruchsvolle Gefüge der traditionellen Lebensregeln endgültig zerfällt und die Forderung nach einer innerlich kohärenten und in der Natur des Menschen schlechthin begründeten Ethik erhoben wird. Zwei Typen solcher Ethik melden sich am Ende des 5. Jahrhunderts v. Chr. zu Wort, die Ethik der Lust, ausgehend von der Beobachtung, daß Kind und Tier primär auf Lust und Schmerz reagieren, dann die Ethik des Willens zur Macht, die darauf hinweisen kann, daß in der Tierwelt ebenso wie in der Menschengeschichte stets der Schwächere vom Stärkeren überwältigt und ausgebeutet wird. Die Ethik des Willens zur Macht hat sich als wenig entwicklungsfähig erwiesen; aber die Ethik der Lust (um den nicht ganz glücklichen Ausdruck beizubehalten) hat, wie schon hervorgehoben, eine außerordentlich große Bedeutung erlangt. Die Beobachtungen an Kind und Tier waren schwer zu widerlegen, und andererseits wurde diese Ethik von derselben Komponente der Resignation bestärkt, von der bei der Kosmologie die Rede war. Da alles Planen und Wirken in der Welt unsicher und gefahrvoll ist, ist es das weiseste, sich mit dem zu begnügen und das zu genießen, was der Augenblick bietet.

Platon, Aristoteles und die Stoa bemühten sich, der Lustethik andere Formen philosophischer Ethik entgegenzustellen. Bei Aristoteles tritt die theoretische Lebensform, bei der Stoa das tugendgemäße Handeln in den Vordergrund. Hier haben wir denn auch reich ausdifferenzierte ethische Systeme, die sich zum Ziele setzen, allen Lagen des Lebens gerecht zu werden. Wir gehen darauf nicht näher ein, sondern bemerken nur noch eines. Die philosophische Ethik der Griechen geht durchweg von einer ganz bestimmten Einschätzung des geschichtlichen Menschen aus, die man gut tut, sich klarzumachen. Was sie vor Augen hat, ist der vollkommene Mensch, der sein ganzes Leben souverän in der Hand hat und der jede Entscheidung gemäß dem Prinzip fällt, das er einmal als richtig erkannt hat. Bei Platon ist dieser Mensch Sokrates, Aristoteles nennt ihn den Edlen, den Gebildeten, den Anständigen; Stoiker und Epikureer schließlich reden mehr und mehr vom Weisen. Die Gestalt des Weisen herauszuarbeiten wird im Hellenismus ein Hauptanliegen der philosophischen Ethik.

Aber gibt es diesen Weisen auch in der geschichtlichen Wirklichkeit? Gewiß gab es Sokrates; aber Sokrates ist durch das Volk von Athen getötet worden. Diese Tatsache ist entscheidend. Die Philosophen konstruieren zwar den Weisen, machen sich aber nicht die geringste Illusion darüber, daß die überwältigende Masse der Menschheit völlig unfähig ist, sich die philosophische Weisheit anzueignen.

Die antike Philosophie spricht selten vom Bösen und vom philosophischen Problem des Bösen. Zu dem, was die christliche Theologie mit dem Begriff der Erbsünde umschreibt, findet sich in der Antike nichts unmittelbar Vergleichbares. Dies hat seit dem 18. Jahrhundert zuweilen zu dem absonderlichen Fehlschluß geführt, daß das antike Denken in diesem Punkte durchaus antichristlich sei und der Überzeugung gehuldigt habe, jeder Mensch sei eigentlich gut und besitze alle Anlagen zur Vollkommenheit; es bedürfe nur der geeigneten Erziehung und einer menschenwürdigen Umgebung, um ihn zur Vollkommenheit zu bringen. Fraglos war die Meinung der antiken Philosophie eine ganz andere. Gewiß spricht sie zuweilen vom Weisen, als ob es ihn gäbe und als ob der Hörer sich nur anzustrengen brauchte, um selbst weise zu werden. Dies fällt jedoch gegenüber der überwältigenden Grundüberzeugung nicht ins Gewicht, daß die Mehrzahl der Menschen »schlecht« ist und daß der Philosoph zufrieden sein muß, wenn die von ihm vorgeschlagenen pädagogischen und gesetzlichen Maßnahmen dazu führen, daß sich die Leute wenigstens äußerlich korrekt benehmen. Von der Mehrzahl der Menschen ein Verständnis für ihre Aufgabe zu erwarten, ist hirnverbrannt.

Von der christlichen Position unterscheidet sich die antike letzten Endes nur dadurch, daß jene primär von einer theologischen These ausgeht, diese dagegen von der täglichen geschichtlichen Erfahrung, die unwiderlegbar beweist, daß nur eine verschwindend kleine

Elite zur philosophischen Einsicht zu gelangen vermag. Freilich verpflichtet diese Tatsache den realistisch denkenden Philosophen auch, nicht bloß für die Elite zu sorgen, sondern auch Lebensregeln und Lehrsätze zu formulieren, die der gemeine Mann, sofern er wenigstens gutwillig ist, begreifen kann. In diesem Sinne haben Akademie wie Peripatos, die Stoiker wie die Epikureer neben ihren philosophischen Hauptwerken auch bescheidene Handbüchlein und Katechismen für den anspruchslosen, aber interessierten Mann von der Straße verfaßt. An ihrer gemeinsamen Grundüberzeugung, daß nur die wenigen und Besten wissend zu werden und wahrhaft richtig zu handeln fähig sind, hat diese Einführungsliteratur freilich nichts geändert.

Wir können an diese Bemerkungen unmittelbar das letzte Wort anschließen, das in diesem Zusammenhang verbleibt. Es gilt der Frage nach der Art und nach dem Ausmaß der geschichtlichen Wirkung der griechischen Philosophie in der Antike.

Diese Wirkung vollzog sich zunächst durch Bücher, Lehrvorträge und Schulgründungen. Die philosophischen Bücher weisen ihrer Form nach eine außerordentliche Buntheit auf, je nach der Zeit, in der, und den Adressaten, für die sie geschrieben sind. Die alten Ioner beginnen mit kurzen Prosaabhandlungen. Neben diese treten zuweilen philosophische Lehrgedichte. In unseren Darlegungen über Hesiod sind die Namen des Xenophanes, Parmenides und Empedokles bereits begegnet. Die Sophistik kehrt entschieden zur Prosaabhandlung zurück. Ihr stellt sich polemisch gegenüber der sokratische Dialog als eine Form, die gerade nicht vermeintes Wissen professoral dozieren, sondern die mögliche philosophische Einsicht aus beliebigem Gespräch des Alltags gewissermaßen von selbst herauswachsen lassen will. Innerlich sinnvoll war diese, durch Platon mit einzigartigem Glanz gemeisterte Form freilich nur dort, wo es galt, zur Philosophie überhaupt hinzuführen und das Philosophieren als den Sinn des menschlichen Lebens zu erweisen. Zur Untersuchung subtiler Einzelprobleme, die logische Schulung und ausgedehntes Spezialwissen erforderten, eignete sich der Dialog weit weniger. So hat denn schon Aristoteles zwar noch einzelne Dialoge verfaßt und auch ein Handbuch der Dialogkunst geschrieben, das Schwergewicht seiner philosophischen Arbeit indessen auf die Lehrvorträge gelegt; diese wurden von seinen Schülern publiziert, erlebten dreihundert Jahre später in ciceronischer Zeit eine zweite Publikation und sind in der Gestalt, die sie damals erhielten, im wesentlichen bis heute erhalten, als die Hauptquelle unseres Wissens von der Philosophie des Aristoteles.

Das aristotelische Jahrhundert hat allerdings noch eine andere Art philosophischer Literatur hervorgebracht. An Männern wie Sokrates, Antisthenes, Aristippos und Diogenes war nicht die Lehre das Wichtigste. Sie wirkten vor allem durch ihre Lebensführung und durch ihre Fähigkeit, mit den Problemen jedes einzelnen Tages souverän fertig zu werden. Da empfahl sich die Biographie, nicht im Sinne eines großen Handlungsablaufs, sondern als Aufzeichnung einzelner Augenblicksbilder. Es entstanden Sammlungen von Aussprüchen und Anekdoten: *gnómai* und *apophthégmata*. In knappsten Worten wird berichtet, wie sich der Philosoph in dieser oder jener heiklen, gefährlichen, lächerlichen oder niederschmetternden Situation bewährt hat. Diese Sammlungen, deren es eine Menge gegeben haben muß, bieten kein System und sind geistig nicht übermäßig anspruchsvoll. Aber sie können mahnend, tröstend und erbauend in einem durchaus philosophischen Sinne wirken. Auch Männer wie Cicero, Horaz und Plutarch haben gern in solchen Apophthegmatareihen gelesen.

In den drei Jahrhunderten des Hellenismus tritt die Dialogform völlig zurück. Ersetzt wird sie teilweise durch eine neue Form der Abhandlung, die man in der Moderne »Diatribe« zu nennen sich gewöhnt hat. Da werden philosophische Probleme in lebhaftem Ton erörtert. Gleichnisse, Dichterzitate, historische und mythologische Beispiele tragen dazu bei, den Text unterhaltend oder erbaulich zu machen.

Die großen Meister der Stoa und der epikureischen Schule halten sich freilich streng an den wissenschaftlichen Stil. Was sie bieten wollen, ist die endgültige Wahrheit, die gar nicht exakt genug formuliert werden kann. Konzessionen an die Dichtkunst, wie sie die platonischen Dialoge darstellen, werden bedingungslos verworfen. Philosophische Fachsprache und philosophische Beweismethoden hat es natürlich schon vor dem Hellenismus gegeben. Aber erst jetzt beherrschen sie das Feld und breiten sich in umfangreichen Werken aus, die als Leistung ebenso imponierend waren wie für den Leser mühselig. Der durchschnittliche Liebhaber der Philosophie konnte gar nicht daran denken, sich in die siebenunddreißig Bücher Epikurs »Über die Natur« oder in die Schriftenmassen eines Chrysippos einzuarbeiten. Er mußte dankbar sein, wenn ihm die Grundzüge des Systems in knappen und verhältnismäßig einfach geschriebenen Handbüchern, Katechismen und Lehrbriefen mitgeteilt wurden.

Das Ende des Hellenismus bedeutete allerdings auch das Absterben der großen Werke der hellenistischen Philosophen. Die Welt wurde klassizistisch und römisch zugleich und forderte vom Philosophen, daß er auch lesbar schriebe. Und nicht nur dies: während die Schulen Zenons und Epikurs allmählich erloschen, kehrten Akademie und Peripatos zu ihren Ursprüngen zurück. Waren die Werke Platons und des Aristoteles bisher der Ausgang, von dem aus philosophiert wurde, so wurden sie nun zu den maßgebenden und endgültigen Dokumenten, die es richtig auszulegen galt.

Als letzte große Form philosophischer Schriftstellerei entsteht der Kommentar. Einzelne Erklärungsschriften etwa zu platonischen Dialogen hatte es schon längst gegeben. Nun aber wurde das Kommentieren der Klassiker die vornehmste Aufgabe des Philosophen. In der Mitte des 2. Jahrhunderts n. Chr. setzt die Reihe der uns erhaltenen Aristoteleskommentare ein, hundert Jahre später lehrt Plotin, dessen Schriften der Form nach zu einem bedeutenden Teil Auslegungen bestimmter Stellen Platons sind. Die letzten Werke, die wir von der antik-griechischen Philosophie besitzen, sind Kommentare zu Platon und Aristoteles.

Neben den Büchern stehen die Philosophenschulen. Was wir verläßlich über sie wissen, ist nicht viel. Daß ein Philosoph eine Gruppe von Schülern als ständige Begleiter um sich sammelte, ist uns schon aus dem 5. Jahrhundert v. Chr. bekannt. Die Schüler bekennen sich zu ihrem Meister und nennen sich nach ihm; wir hören von Pythagoreern, Herakliteern, Parmenideern, Demokriteern und anderen mehr. Eine festgefügte Organisation begegnet aber erst in der platonischen Akademie. Ihr gehört ein Gebäude, in dem Meister und Schüler leben können, in dem es Säle und Hallen für Vorträge und freie Diskussionen gibt. Eine Bibliothek wird auch nicht gefehlt haben. Die Finanzierung des Ganzen erfolgt durch freiwillige Beiträge der Mitglieder und Freunde. Der Schulvorsteher *(schólarchos)* repräsentiert die Schule den Behörden gegenüber. Sein Nachfolger wird entweder von ihm selbst bestimmt oder von der Gemeinschaft der Schulmitglieder gewählt. Über den Schulbetrieb selbst wissen wir noch sehr wenig: etwa, ob und wieweit die philosophische Arbeit über Vorträge und Diskussionen hinaus darin bestand, daß der Schulleiter einzelnen Mitgliedern bestimmte Probleme zur Bearbeitung zuwies, ob der Lehrbetrieb gestuft war in Darbietungen für das Laienpublikum, in Vorträgen für die Anfänger und schließlich in Diskussionen im engeren und engsten Kreise. In ciceronischer Zeit mögen die vier großen Schulen tatsächlich einen mehr oder minder universitätsartigen Aufbau besessen haben.

Wie groß war der Einfluß der Philosophie auf die Griechen überhaupt? Die Antwort ist nicht einfach. Daß die philosophische Theologie an der Aushöhlung der religiösen Traditionen unmittelbar und stark beteiligt war, bemerkten wir schon; zu erkennen ist, daß die Naturphilosophie in weiten Kreisen auf Interesse stieß. Das Publikum der attischen Komödie muß über manche Gebiete beachtlich, oft erstaunlich viel gewußt haben. Die Wirkung der philosophischen Ethik ist schwer abzuschätzen. Die Wohlanständigkeit etwa der Komödie Menanders mag auf sie zurückgehen. Daß Alexander der Große und seine Nachfolger, später die römischen Staatsmänner und Kaiser sich dann und wann von der Staatsethik der griechischen Philosophen lenken ließen, ist keineswegs ausgeschlossen, wenn auch im einzelnen überaus schwer nachweisbar.

Von unvergleichlicher Wichtigkeit bleibt aber eines. Auch wo der faktische Einfluß der Philosophie auf die Meinungen und das Handeln der Menschen gering war, wurden doch ihre Leistung und ihr Rang respektiert. Gewiß haben sich manche Philosophen als Streithähne, Pedanten und Falschmünzer unmöglich gemacht. Dies berührt jedoch nicht die Tatsache, daß die Griechen selbst die Philosophie neben dem homerischen Epos und dem attischen Drama als ihre größte geistige Leistung empfunden haben; und der lebendige Grund dieser Leistung war die Überzeugung, daß es kein vornehmeres Handeln gebe als das Handeln, das um des Edlen und der Wahrheit und schließlich um seiner selbst willen geschieht. Gelebt haben die Griechen gewiß nicht immer danach. Aber die Überzeugung haben sie sich nicht anfechten lassen, und dies ist ein Erbe, das noch in der Mitte des 20. Jahrhunderts überaus bedeutsam bleibt. Das Nützliche haben die Griechen immer mit Mißtrauen betrachtet, schon weil ihnen klar war, daß man als Mensch nie genau wissen kann, was wirklich nützlich ist. Aber auch davon abgesehen, ist das wahrhaft Vornehme immer unnützlich. In dieser Einsicht dürften die Griechen dem 20. Jahrhundert weit voraus gewesen sein.

UNIVERSALGESCHICHTE
IN STICHWORTEN

NAMEN- UND SACHREGISTER

QUELLENVERZEICHNIS
DER ABBILDUNGEN

UNIVERSALGESCHICHTE IN STICHWORTEN

Von den Anfängen bis 1000 v. Chr.

Im Paläolithikum finden sich Fischer- und Jägerkulturen in Thessalien und Boiotien. Im Mesolithikum und im beginnenden Neolithikum bringen Völkerbewegungen aus dem vorderasiatischen Raum neue Kenntnisse (Töpferkunst) nach Griechenland (»Vorderasiatische Kulturtrift«); ägyptische Einflüsse werden vor allem in Kreta sichtbar (»Nordafrikanische Kulturtrift«); etwa 5000-3000. Aus dem Norden und Nordwesten kommen die Bandkeramiker; die thessalische Herrscherburg Dimini geht auf sie zurück (daher »Dimini-Wanderungen«, etwa 2700-2500); erste Vorstöße indoeuropäischer Stämme, die sich bis etwa 1000 wiederholen.
In Anatolien entstehen wie auf Kreta und den Kykladen, in Makedonien und Mittelgriechenland eigene Kulturkreise (Frühbronzezeit, etwa 2500 bis 2000). In der mittleren Bronzezeit (2000-1600) bleibt Kreta zunächst von der indoeuropäischen Eroberung verschont und entwickelt die großartige Minoische Kultur; die Paläste in den Städten sind Zentren des Handels; hier erhält sich eine eher »mutterrechtliche« Gesellschaftsordnung aus der Zeit der Vorderasiatischen Kulturtrift (Verehrung der »Großen Erdmutter«). Das Zeitalter der »Älteren Paläste« endet mit schweren Zerstörungen (Erdbeben oder Eroberungen?) um 1700; auch die Zeit der »Jüngeren Paläste« geht nach schweren Zerstörungen zu Ende (um 1600 v. Chr.).
Auf dem griechischen Festland führt der Einbruch der indoeuropäischen »Protogriechen« um 1950 zu Veränderungen in der Gesellschaft (»vaterrechtliche« Ordnung); ihre Sprache setzt sich allmählich durch. Während jedoch diese Einwanderer im nördlichen Griechenland Viehzüchter bleiben, passen sie in Hellas andere Gruppen den vorgefundenen Verhältnissen an (Ackerbauer, Städtebewohner).
In der späten Bronzezeit (1600-1200) entfaltet sich auf Kreta die letzte und schönste Blüte der »Minoischen Kultur« (bis etwa 1400). Auf dem Festland bildet sich nach der Verbindung der Protogriechen mit der Urbevölkerung das mykenische Griechentum, seine Ritterkultur (Streitwagen) breitet sich (unter Vorherrschaft Mykenes) rasch über ganz Griechenland aus (»Mykenische Kultur«, 1400-1200 v. Chr.). Sie greift auch nach Kreta über, wo allmählich die griechischen Siedler und ihre Sprache sich ebenfalls durchsetzen. Die Epoche der Wanderungen wird mit der großen »Ägäischen Wanderung« abgeschlossen,
die wahrscheinlich durch den Vorstoß der Illyrer von Mitteleuropa zum Mittelmeer ausgelöst wird (in ihrem Verlauf stoßen auch die Philister nach Palästina vor). Ein Teil dieser Bewegungen ist die »Dorische Wanderung« (etwa 1200-1000), in deren Verlauf Nordwestgriechen und Dorier nach Süden vorstoßen und die Achaier zum Teil verdrängen.

Von 1000-500 v. Chr.

Das Fehlen einer politischen Tradition und die Bedingungen der Wanderzeit tragen dazu bei, daß eine ausgeprägte politische Ordnung sich erst allmählich bildet. Der im 8. Jahrhundert erstarkende Adel übernimmt die Macht, das Königtum gewinnt nur in den Randzonen (Makedonien, Epirus) dauernde Bedeutung. Die Städte werden zu Zentren des wirtschaftlichen und später auch des politischen Lebens es entsteht der Stadtstaat, die Polis. Das Erbe Mykenes wirkt nur in den Mythen weiter. Die Griechen übernehmen von den Phönikern die Schrift und entwickeln aus ihr das leicht erlernbare griechische Alphabet. Schrift und Sprache (mit landschaftlich nur geringfügigen Unterschieden) und die Epen Homers werden zu ersten gesamtgriechischen Bindungen. An den zunächst örtlich begrenzten Spielen mit kultischem Charakter (Olympia, Delphi, Korinth) beteiligt sich bald ganz Griechenland; das Orakel von Delphi wird von Griechen wie von Nichtgriechen befragt.
Etwa im 8. Jahrhundert treten tiefgreifende wirtschaftliche Änderungen ein: das Handwerk nimmt in einigen Gebieten einen bedeutenden Aufschwung, die Ausweitung des Handels führt aber weithin zu Preisverfall und dadurch zu Schulden und Armut bei den kleinen Bauern, deren Höfe sie nicht mehr zu ernähren vermögen.
Die griechische Kolonisation: Soziale Not und Übervölkerung in Griechenland und Kleinasien leiten um 760 die große Kolonisationsbewegung nach dem Westen ein. Die erste griechische Gründung ist Kyme (757), andere folgen (Naxos 734, Katane 728, Leontinoi 728, Megara Hyblaia 727, Rhegion 730?, Tarent 706, im selben Zeitraum Sybaris, Kroton, Metapont, Ostygia), wenig später Gela (688), Akrai, Selinus (627?) und zu Beginn des 6. Jahrhunderts Neapel, Himera, Massilia. Die Bindungen an die Mutterstädte bleiben erhalten. Auch im Osten kommt es durch die im Verlauf der Dorischen Wanderung

nach Kleinasien vorgedrungenen Griechen zu Neugründungen: Olbia, Tyras, Chersonesos, Pantikapaion, nachdem vorher schon Chalkedon, Byzantion u. a. besetzt worden waren (7. Jahrhundert).
Athen: Der Adel Attikas versammelt sich schon früh in Athen (8./7. Jahrhundert), wo sich bald eine ausgeprägte innere Ordnung entwickelt. Zu »außenpolitischer« Aktivität kommt es jedoch nicht, da die innere Konsolidierung alle Kräfte bindet. Das Königtum wird vom Archontat (drei Jahresbeamte) an der Spitze der Stadt abgelöst (683). Der Versuch *Kylons*, in Athen die Tyrannis zu errichten, mißlingt (632), aber die veränderten sozialen Zustände (Verschuldung der Kleinbauern) erzwingen eine Reform. Nach der Gesetzesreform des *Drakon* (um 624) wird *Solon* Archon mit außerordentlichen Vollmachten und erläßt eine Verfassung (594), mit der er zum eigentlichen Begründer des attischen Staates wird. Trotzdem ergibt sich keine Stabilisierung, so daß es *Peisistratos* nach mehreren vergeblichen Versuchen gelingt, die Tyrannis zu bilden (546). Der einsetzende wirtschaftliche Aufschwung gestattet die immer prunkvollere Ausgestaltung der Feste, unter ihnen das von *Peisistratos* (566) gestiftete Fest der Panathenäen und das der Einholung des Dionysos Eleuthereus. Auch unter den Söhnen des *Peisistratos*, *Hippias* und *Hipparch*, bleibt die Tyrannis erhalten (ab 527). Erst mit spartanischer Unterstützung kann *Kleisthenes* nach zwei fehlgeschlagenen Versuchen die Tyrannis beseitigen (510). Nach Überwindung innerer Schwierigkeiten (Gegnerschaft des *Isagoras*, der von Sparta unterstützt wird) reformiert *Kleisthenes* die Verfassung nach den solonischen Grundsätzen (509): neue Phyleneinteilung; Rat der Fünfhundert wird von den Phylen beschickt und leitet die Verwaltung.
Sparta: Zusammenschluß von vier Dörfern zur Gemeinde Sparta (um 900?), die allmählich die Eurotasebene besetzt (bis etwa 800). Streng aristokratische Verfassung (Doppelkönigtum, Gerusia als beratende Versammlung); neben den Vollbürgern, den Spartiaten, stehen die griechischen (vordorischen) Perioiken in Gemeinden minderen Rechts und die gleichfalls vordorischen Heloten, die hörigen Ackerbauern (Ureinwohner). Sparta unterwirft sich Messenien (Erster Messenischer Krieg, 740—720) und schlägt im Zweiten Messenischen Krieg (660—640) einen Aufstand nieder, der von den dorischen Nachbarn unterstützt worden war. Der Landgewinn gibt dem Sieger die Möglichkeit zu großzügiger Neuverteilung des Landes; eine Verfassungsreform gipfelt in der Schaffung des Ephorats. Außenpolitisch führt die innere Erstarkung Spartas zur Errichtung des Peloponnesischen Bundes (um 550), einer Konföderation, die für den Kriegsfall die Heerfolge der anderen Staaten auf der Peloponnes regelt.
Makedonien: König *Perdikkas I.* erobert von Aigai aus Niedermakedonien (7. Jahrhundert); in der Folgezeit dehnt sich die Macht der makedonischen Könige über den Axios bis ins Hinterland der Chalkidike aus (6. Jahrhundert).

Das übrige Griechenland: Im Laufe des 7. Jahrhunderts setzt sich in vielen griechischen Staaten die Tyrannis durch, die jedoch im 6. Jahrhundert meistens wieder beseitigt wird. In einem »Heiligen Krieg« wird die Freiheit Delphis gegen die phokische Hafenstadt Krisa erkämpft, die zerstört wird (594 bis 584); Reform der »Pythischen Spiele« (Vier-Jahres-Zyklus).
Karthago: Die 814 gegründete phönikische Stadt wird zur Vormacht im westlichen Mittelmeer; Gründung von Ebussos (Ibiza) auf den Balearen (654). In der zweiten Hälfte des 6. Jahrhunderts Einrichtung eines Berufsheeres; Malta, Sardinien und West-Sizilien geraten im Laufe des 6. Jahrhunderts unter karthagische Herrschaft. Gemeinsam mit den Etruskern erzwingen sie die Aufgabe der griechischen Siedlung Alalia auf Korsika (Seeschlacht bei Alalia, 535).

KULTUR »Ilias« und »Odyssee« des sagenhaften *Homer* (um 800). *Hesiod* (um 700), dessen »Theogonie« und »Werke und Tage« erhalten sind, der Lyriker *Archilochos* aus Paros (um 650), *Stesichoros* aus Himera (um 600), *Sappho* von Lesbos (um 600). Im 6. Jahrhundert leben die Dichter *Ibykos* aus Rhegion und *Anakreon* und die Philosophen *Thales* aus Milet (um 600), *Heraklit* aus Ephesos (etwa 540—480), *Parmenides* aus Elea (um 500), *Pythagoras* von Samos (etwa 580—500) und *Anaximander* aus Milet (etwa 611—546). In der Kunst des 7. Jahrhunderts setzt sich die Monumentalplastik durch, die Architektur entwickelt den Steinbau (Tempel).

500—400 v. Chr.

Griechen und Perserreich: Den Anstoß zum Kampf zwischen Griechen und Persern gibt der »Ionische Aufstand« (500—494), der im Grunde eine Revolution gegen die Herrschaft der von Persern unterstützten Tyrannen ist. Nach ersten Erfolgen (Eroberung und Einäscherung von Sardes, 498) wird der Aufstand von den Persern niedergeschlagen, die Flotte bei Lade besiegt und Milet zerstört; die Einwohner werden nach Mesopotamien deportiert (494). Die Perser sichern sich in einem Feldzug zunächst den Besitz von Thrakien und Teilen von Makedonien. *Miltiades*, Tyrann von Chersones, dessen Onkel einst diese Herrschaft begründet hatte, muß vor den Persern nach Athen fliehen (493). Die persische Flotte zerschellt im Sturm bei der Umschiffung des Athos-Vorgebirges.
Der eigentliche Rachefeldzug der Perser (Athen und Eretria hatten den Ionischen Aufstand unterstützt) führt zur Zerstörung von Eretria und zur Landung der Perser in der Ebene von Marathon, wo sie jedoch von den Athenern geschlagen werden (490). Neue Rüstungen der Perser unter dem neuen König *Xerxes* (seit 485) erzwingen die Stärkung der griechischen Verteidigungskraft; *Themistokles* setzt den Ausbau einer attischen Flotte durch; Begründung eines Hellenischen Kampfbundes (481). In einem neuen Feldzug brechen die Perser den griechischen Widerstand

bei Thermopylai und erobern vorübergehend Athen. Aber die persische Flotte wird bei Salamis vernichtend geschlagen (480). Daraufhin muß das Perserheer nach Norden zurückweichen und wird im folgenden Jahr erneut geschlagen (Plataiai). Ermutigt durch die Siege, trägt die griechische Flotte den Krieg nach Kleinasien und befreit die ionischen Städte (479/478). Sparta scheidet aus dem Krieg aus, während sich die ionischen Städte mit Athen zum (ersten) »Attischen Seebund« zusammenschließen (477): Bundesgenossen stellen Schiffe für die Fortführung des Krieges oder zahlen entsprechende Geldbeträge für die Bundeskasse. In den nächsten Jahren treibt Athen eine offensive Politik gegenüber Persien (Unternehmungen in Thrakien, Unterstützung von Aufstandsbewegungen im Perserreich), jedoch ohne nachhaltigen Erfolg; nach einem Sieg der Griechen in der Land- und Seeschlacht bei Salamis auf Kypros (449) vermittelt der Athener Kallias den Frieden (»Kallias-Frieden«): Persien erkennt die Autonomie der kleinasiatischen Griechenstädte an, Athen verzichtet auf weitere Unterstützung revolutionärer Erhebungen im persischen Machtbereich.

Athen: Auseinandersetzungen zwischen einzelnen politischen Gruppen führen zu weiterer Demokratisierung (mit der Bestimmung der Archonten durch das Los wird das Archontat bedeutungslos; Einführung des Scherbengerichts). *Miltiades*, einst bei Marathon erfolgreich, wird nach einem Mißerfolg im Krieg zu hoher Geldstrafe verurteilt und stirbt (488); *Aristeides* als Gegner der Flottenbaupolitik des *Themistokles* ostrakisiert (482), aber 480 zurückgerufen, erwirbt sich bei der Festlegung der Lasten der Bundesgenossen den Beinamen »Der Gerechte«; *Themistokles*, der Schöpfer der attischen Flotte, Sieger von Salamis und Erbauer der Mauer um Athen, wird auf Betreiben *Kimons*, des Sohnes des *Miltiades*, ebenfalls ostrakisiert (471), zum Tode verurteilt und stirbt in persischer Verbannung. *Kimon* wird als Freund der Spartaner durch *Ephialtes* gestürzt (461), der seinerseits ermordet wird. Schließlich übernimmt *Perikles* die Führung des Staates (als Stratege); Vollendung der Demokratie durch Erweiterung des passiven Wahlrechts und Einführung von Diäten für die Amtsträger. Blütezeit der attischen Kultur.

Sparta: Sparta hält an der überlieferten aristokratischen Verfassung fest, Kriegsverluste vermindern jedoch den Anteil der Spartiaten an der Bevölkerung. Durch eine Erdbebenkatastrophe (464) wird die Stadt zerstört, die junge Mannschaft kommt um. Gegen die Aufstände der Arkader ebenso wie gegen die der Heloten in Messenien (Dritter Messenischer Krieg, 464 bis 455) kann es sich noch einmal behaupten.

Athen und Sparta: Der Übertritt Megaras auf die Seite Athens entzündet die schwelende Rivalität, die zunächst zum Kampf Athens gegen Korinth führt. Das den Korinthern zu Hilfe eilende spartanische Heer vermag die Athener bei Tanagra zu schlagen (457), diese besiegen jedoch wenig später Theben bei Oinophyta. Die Expedition des *Tolmides* in den Golf von Korinth bleibt trotz der Zerstörung der spartanischen Schiffswerft in Gytheion ohne wirklichen Erfolg (455). Nach der Unternehmung des *Perikles* gegen Achaia und Akarnanien wird nach der Rückberufung *Kimons* zwischen Athen und Sparta ein Waffenstillstand auf fünf Jahre vereinbart (451). Als sich jedoch Boiotien von Athen unabhängig macht (Niederlage der Athener bei Koroneia, 447), kommt es zu Erhebungen auf Euboia, zum Abfall von Phokis und Megara; ein spartanisches Heer rückt in Mittelgriechenland ein. Ein Friede für dreißig Jahre wird geschlossen (446). Samos fällt vom Attischen Seebund ab und wird von Athen streng bestraft (441—439). Im Streit zwischen Korinth und Korkyra, das sich mit Hilfe eines innenpolitischen Umsturzes Epidamnos angeeignet hat, tritt Athen gegen Korinth auf, das so nachgebend muß (Schlacht bei den Sybota-Inseln, 433). Dafür unterstützt Korinth den Abfall der korinthischen Kolonie Poteidaia vom Attischen Seebund (432). Athen schließt nun Megara vom attischen Markt aus, jetzt fordert Korinth die Einberufung einer Versammlung des Peloponnesischen Bundes und setzt auf dieser den Beschluß zum Krieg gegen Athen durch, obwohl Athen zur Anerkennung eines Schiedsspruches bereit ist. So beginnt der Peloponnesische Krieg (431—404). Der erste Abschnitt ist gekennzeichnet durch fünf Einfälle der Spartaner in Attika und durch attische Unternehmungen zur See (Küsten des Peloponnes, Argolis). Die defensive Kriegführung des *Perikles* führt zu seiner vorübergehenden Ausschaltung kurz vor seinem Tod an der Pest (429). Der versuchte Abfall Mytilenes (Lesbos) wird von Athen hart bestraft (428/427), die Verteidiger Plataiais werden von den siegenden Peloponnesiern und Thebanern hingerichtet; der Bürgerkrieg auf Korkyra endet in einem blutigen Gemetzel, aus dem die demokratische Partei mit Hilfe Athens als Sieger hervorgeht. Nach der Niederlage der Spartaner auf Sphakteria (425) machen diese ein Friedensangebot, das jedoch unter dem Einfluß von *Kleon*, der schon lange auf einer offensiven Kriegführung bestand, abgelehnt wird. Die offensive Kriegführung hat jedoch keinen Erfolg; dagegen gelingt den Spartanern der Marsch nach Thrakien, wo sie die Küstenstädte zum Abfall von Athen veranlassen. *Kleon*, schließlich selbst mit dem Oberbefehl in Thrakien betraut, wird in der Schlacht bei Amphipolis geschlagen und kommt dabei um, aber auch der spartanische Feldherr *Brasidas* stirbt an seinen Wunden (422). *Nikias* schließt Frieden auf fünfzig Jahre (421): der Stand von 431 wird wiederhergestellt, der Attische Seebund bleibt bestehen. Dagegen löst sich der Peloponnesische Bund auf, es bildet sich ein Sonderbund von Korinth, Elis und Mantineia gegen Sparta, der jedoch trotz (allerdings schwacher) Hilfe Athens in der Schlacht bei Mantineia (418) geschlagen wird. Das Verhältnis zwischen Athen und Sparta verschlechtert sich wieder, besonders als Athen mit Waffengewalt den Anschluß der dorischen Insel Melos an den Attischen Seebund erzwingt (416). Athen

bricht den Frieden von 421 durch Überfälle auf die Küste Lakoniens. Auf Anraten des *Alkibiades* sagt Athen der sizilischen Stadt Segesta Hilfe gegen Syrakus und Selinus zu und entsendet ein Expeditionsheer nach Sizilien (415). *Alkibiades*, der sich wegen angeblichen Religionsfrevels in Athen verantworten soll, flieht von der Flotte nach Sparta und arbeitet dort gegen Athen. Sparta entsendet den Bevollmächtigten *Gylippos*, der die durch erste attische Erfolge demoralisierten Syrakusaner wieder ermutigt. Trotz Verstärkung gelingt den Athenern die Erstürmung von Syrakus nicht, ihre Flotte wird im Hafen von Syrakus, das Landheer am Asinaros vernichtet (413). Jetzt besetzt Sparta auf Anraten des *Alkibiades* die Feste Dekeleia in Attika, um von hier aus das Land zu verheeren (413). Es kommt zum Abfall der Verbündeten von Athen, zum Niedergang der attischen Seeherrschaft, zu innerpolitischer Degeneration. *Alkibiades* verhandelt mit Persien (Preisgabe der ionischen Städte gegen persische Unterstützung Spartas gegen Athen) und begibt sich ganz zum Satrapen *Tissaphernes* (Lydien). Von dort aus nimmt *Alkibiades* Beziehungen zu Athen auf und wird schließlich zum Strategen gewählt (411). Er kann durch den Sieg bei Kyzikos über die peloponnesische Flotte (410) die Seegeltung Athens wiederherstellen und besetzt Chalkedon und Byzantion; im Triumph kehrt er nach Athen zurück (407). Nach der Niederlage eines seiner Unterfeldherrn in einem Seegefecht wird *Alkibiades* erneut und diesmal endgültig verbannt. Noch einmal gelingt den Athenern ein Erfolg in der Schlacht bei den Arginusen (406); Sparta macht ein Friedensangebot, wird aber abgewiesen. Schließlich gelingt dem spartanischen Feldherrn *Lysander*, der schon längere Zeit von Persien unterstützt wird, die Einnahme der gegnerischen Flotte durch Handstreich und die völlige Einschließung Athens zu Lande und zur See, die schließlich zur Kapitulation führt (404): Athen muß die Festung Piräus schleifen, ebenso die Langen Mauern zwischen der Stadt und dem Hafen; es wird zur Anerkennung der Hegemonie Spartas und zur Einführung der Oligarchie gezwungen (Herrschaft der »Dreißig Tyrannen«).
Die Griechen im Westen: Auf Sizilien wehren die Griechen Angriffe der Karthager ab, die sie bei Himera schlagen (480). Auch gegen die Etrusker sind die italischen Griechen erfolgreich (Seeschlacht bei Kyme, 474). Die Führung in diesem Kampf haben die Tyrannen *Gelon* und *Hieron* von Syrakus.
Italien: Starker Einfluß der griechischen Kultur. Die Herrschaft der Etrusker in Mittelitalien geht allmählich zu Ende, vor allem seit dem Vordringen der Gallier nach Italien und ihrem Festsetzen in der Po-Ebene (Gallia cisalpina).
KULTUR Im 5. Jahrhundert v. Chr. Blüte der griechischen Kultur. Als Philosophen treten hervor *Anaxagoras* aus Klazomenai (um 500–428), *Protagoras* aus Abdera (um 485–415), *Empedokles* aus Akragas (geboren 482) sowie *Demokrit* aus Abdera (um 460 bis 371); von größtem Einfluß auf die weitere Entwicklung der abendländischen Philosophie ist *Sokrates* (470–399), der in Athen lebt und stirbt.
In der Dichtkunst erlebt Griechenland seine klassische Zeit: als Lyriker und Chordichter der vergangenen Zeit tritt *Pindar* aus Theben hervor (520–446), als Tragödiendichter zeichnen sich aus *Aischylos* (525 bis 456): »Die Perser« (472), »Sieben gegen Theben« (467), »Oresteia« (458); *Sophokles* (496–406): »Antigone« (442), »Oidipus« (427), »Elektra« (?); *Euripides* (480–406): »Medea« (431), »Hippolytos« (428), »Die Troerinnen« (415), »Orestes« (408), »Iphigenie in Aulis« (406). Glänzende Zeitkritik übt der Komödiendichter *Aristophanes* (um 445–385): »Die Wolken« (423), »Die Wespen« (422), »Die Vögel« (414), »Lysistrata« (411), »Die Frösche« (405).
Begründer der Geschichtsschreibung wird *Herodot* (etwa 485–430), wenig später schildert *Thukydides* (460–420) die Geschichte des Peloponnesischen Krieges, die er als Feldherr aus eigener Mitwirkung kennt.
Die Architektur der Griechen weist sich vor allem in der Ausgestaltung Athens (Akropolis) aus, an der auch Bildhauer mitwirken: *Pheidias*, um 500–430, und seine Schüler *Agorakritos* und *Alkamenes*.
Die medizinische Wissenschaft findet ihren ersten großen Vertreter in *Hippokrates* von Kos (460–377.)

400–336 v. Chr.

Athen, Sparta, Theben: In den ersten Jahren nach dem Peloponnesischen Krieg kontrolliert Sparta mit Hilfe kleiner Garnisonen unter spartanischen Kommandanten (Harmosten) die überall eingesetzten Oligarchien; in Athen kommt allerdings schon 403 die Demokratie wieder an die Macht. Als die Perser sich anschicken, die Unterwerfung der ionischen Städte zu verwirklichen, wenden sich diese erfolgreich an Sparta um Hilfe. Die Perser veranlassen jedoch Athen, Korinth, Theben und Argos zum Krieg gegen Sparta. Im Verlauf der Auseinandersetzung schlägt der Athener *Konon* als persischer Admiral die spartanische Flotte bei Knidos (394), während der Spartaner *Agesilaos* die vereinigte Streitmacht Athens und Thebens bei Koroneia (394) überwindet. Wegen der Gefahr eines neuerlichen Erstarkens der Seemacht Athens verbünden sich Sparta und Persien erneut; sie sperren den Bosporos und blockieren damit die Versorgung Athens (388). So kommt es schließlich zum Königs- oder Antalkidasfrieden (387): die griechischen Städte Kleinasiens werden Persien unterstellt, die Spartaner kontrollieren die Autonomie der Städte Griechenlands. Unter Wahrung dieser Autonomie wird der (zweite) »Attische Seebund« gegründet (377), der sich hauptsächlich gegen spartanische Übergriffe richtet (Besetzung der Burg Kadmeia von Theben, Unterstützung der thebanischen Oligarchen, 382). Nach einigen Niederlagen der Spartaner zur See einigen sich Sparta und Athen über einen Landf ieden (371). Theben schließt sich aber nicht an, sondern schlägt die Spartaner in der Schlacht bei Leuktra (371, *Epameinondas'* schiefe Schlachtordnung) und befreit Arkadien und Messenien von der spartanischen Herrschaft. Gegen die Ausbildung einer thebanischen Hegemonie schließen sich jetzt Athen und Sparta zusammen (369); Athen erobert Samos (365). *Epameinondas* sucht in der Schlacht bei Mantineia (362) eine endgültige Entscheidung zu erzwingen; zwar siegen die Thebaner, aber *Epameinondas* fällt. Damit findet auch der Versuch einer thebanischen Hegemonie sein Ende.

Makedonien: König *Archelaos* (413—399) bemüht sich um den Anschluß seines Landes an die griechische Kultur. Die Einwirkung auswärtiger Mächte (Illyrer, Olynthos) verhindert die politische Stabilität. Auch *Perdikkas III.* (365—359) vermag sie nicht zu erringen, der Krieg gegen die Illyrer endet mit einer vernichtenden Niederlage. Erst *Philipp II.* (359—336) gelingt die Festigung des Landes. *Philipp* dehnt seine Macht zunächst nach Obermakedonien aus (358), dann nach Amphipolis und auf die Halbinsel Chalkidike (357/356); dadurch kommt es zum Abfall von Chios, Kos und anderen vom Attischen Seebund und zu dessen Zerfall (Bundesgenossenkrieg 357—355). In den folgenden Jahren vermag er zunehmend Einfluß zu nehmen in Thessalien (342 *Philipp* lebenslänglicher Archon), Epirus (Einsetzung seines Schwiegersohnes *Alexander* als König) und Thrakien (Vorstoß bis nach Perinth und Byzantion 340). Mit der Eroberung von Olynthos (348) muß sich Athen abfinden, aber die Bedrohung der Schifffahrt ins Schwarze Meer und die Einmischung *Philipps* auf Euboia rufen es erneut auf den Plan; unter maßgeblicher Mitwirkung des *Demosthenes* entsteht ein Hellenenbund gegen *Philipp*. Dieser schlägt jedoch die Griechen bei Chaironeia (338). Athen kommt glimpflich davon, wohl weil sich *Philipp* der Flotte zum Kampf gegen das zum Nachbarn gewordene Persien versichern will. Unter *Philipps* Patronat entsteht der Korinthische Bund (Landfriedensordnung von Korinth, 338), in dem er im folgenden Jahr die Stellung eines *strategós autokrátor* einnimmt. Bei der Hochzeit seines Schwagers *Alexander* wird *Philipp* ermordet (336).

Sizilien: Die Niederlage der Athener (413) ermuntert die Karthager zu neuen Unternehmungen. Sie greifen in die Auseinandersetzung zwischen Selinus/Syrakus und Segesta ein. Der karthagische Feldherr *Hannibal* zerstört Selinus und Himera (409), erobert Akragas (405) und stößt gegen Syrakus vor. Im Kampf gegen Karthago gelingt dem Tyrannen von Syrakus, *Dionysios I.* (seit 405), die Einigung der sizilianischen Griechenstädte unter seiner Führung. Er vermag jedoch im Kampf gegen Karthago keinen wirklichen Erfolg zu erringen. Sein Sohn *Dionysios II.* (seit 367) wird von seinem Vetter *Dion* vertrieben (357), der jedoch bald darauf ermordet wird (354). In den nun folgenden Wirren kehrt *Dionysios II.* noch einmal zurück (347), wird aber dann von dem Korinther *Timoleon* gestürzt (344), der einen neuen Angriff der Karthager abwehren muß. *Timoleon* schafft eine gemäßigte demokratische Verfassung, worauf er sich aus dem politischen Leben zurückzieht (337).

Italien: In Unteritalien dringen in den ersten Hälfte des 4. Jahrhunderts die Osker weiter vor, die stark unter dem kulturellen Einfluß der Griechen stehen. Rom beginnt nach dem Keltensturm (387/386) zur vorherrschenden Macht Mittelitaliens zu werden (Samniter- und Latinerkriege, 343—338).

KULTUR In der Philosophie dominieren die Schüler des *Sokrates*: *Platon* (427—347) schreibt die Dialoge, die Politeia, die Apologie des Sokrates; Gründung der Akademie (387), Reisen nach Sizilien; *Eukleides* von Megara, *Antisthenes*, *Aristippos*. An der Platonischen Akademie studiert auch *Aristoteles* (geboren 384 in Stageira).

In der Literatur überwiegen jetzt die Prosaschriften und die Redekunst: *Xenophon* (um 430—354), *Isokrates* (436—338), *Aischines* (389—314), *Demosthenes* (384—322).

Architektur und Plastik stehen weiter in hoher Blüte *(Praxiteles*, 380—330, *Timotheos*, *Skopas)*.

336—146 v. Chr.

Nach der Ermordung *Philipps II.* wird *Alexander* König von Makedonien und übernimmt auch die Stellung des Feldherrn der Hellenen (336). Nach Sicherungsunternehmungen gegen Thraker und Illyrer schlägt er einen Aufstand in Griechenland nieder, der auf das Gerücht von seinem Tode hin ausgebrochen war; dabei wird Theben zerstört (335). Dann eröffnet er den Feldzug gegen Persien (334). Nach dem Übergang über den Hellespont schlägt er die persischen Satrapen am Granikos (334) und befreit anschließend die Griechenstädte. Marsch durch Kleinasien; nun wendet sich *Alexander* gegen *Dareios III.* und schlägt ihn bei Issos (333); dann zieht er die syrische Küste entlang (Eroberung von Tyros, 332) und begibt sich nach Ägypten (Zug zum Amun-Heiligtum in der Oase Siwa). Nach Syrien zurückgekehrt, überschreitet er Euphrat und Tigris und schlägt *Dareios* bei Gaugamela entscheidend (331). In den folgenden Jahren wird ganz Persien erobert. Die Truppen *Alexanders* stoßen bis nach Indien vor (327—325); hier muß *Alexander* jedoch nach einer Meuterei umkehren. Ein Teil des Heeres kehrt auf dem Landweg, ein Teil auf dem Seeweg nach Westen zurück. *Alexander* plant eine Verschmelzung von Griechen und Persern zu einer neuen Herrenschicht (große Hochzeit makedonischer Soldaten mit persischen Frauen, *Alexander* heiratet zwei persische Prinzessinnen, 324). Mitten in Vorbereitungen zu weiteren kriegerischen Unternehmungen stirbt er in Babylon (323).

Nach dem Tode *Alexanders* beginnen die Auseinandersetzungen unter seinen Feldherren (Diadochenkämpfe). Zunächst wird noch versucht, die Reichseinheit wenigstens theoretisch zu erhalten (Reichsverweser wird *Perdikkas*, der jedoch 321 stirbt). Athen macht den Versuch zur Selbständigkeit, sein Heer wird aber bei Krannon von *Antipater* (322) und seine Flotte bei Amorgos (322) geschlagen. In den folgenden Jahren werden die leiblichen Erben *Alexanders* ermordet (310/309), *Antigonos* beginnt sich immer mehr durchzusetzen, da nehmen *Seleukos* (oberes Asien), *Ptolemaios* (Ägypten), *Lysimachos* (Thrakien) und *Kassander* (Makedonien) die Königstitel an. *Antigonos* als der letzte Vertreter der Zentralgewalt wird von *Lysimachos* und *Seleukos* bei Ipsos geschlagen (301) und fällt; sein Sohn *Demetrios* vermag sich nach einigen Jahren der Piraterie noch einmal Athens und Makedoniens zu bemächtigen, muß aber den Versuch einer Erneuerung der Reichseinheit in *Seleukos'* Gefangenschaft aufgeben (er stirbt 283). Noch einmal wird dieser Versuch von *Lysimachos* aufgenommen; *Lysimachos* wird aber von *Seleukos* auf dem Kurupedion geschlagen und fällt (281), und *Seleukos* wird von *Ptolemaios Keraunos* ermordet, der sich nun in den Besitz von Makedonien setzt (280).

Die Dynastie der Ptolemäer behauptet sich auf die Dauer nur in Ägypten; es kommt immer wieder zu Kämpfen mit den Seleukiden, wobei es im wesentlichen um den Besitz von Syrien und Palästina geht. Schwächung der Dynastie durch innere Kämpfe.

Die Dynastie der Seleukiden macht sich zum Herrn von Mesopotamien, Persien und Kleinasien. Sie kann diese Riesengebiete jedoch nicht behaupten: sowohl im nördlichen Kleinasien als auch im östlichen Iran und in Indien entstehen neue, vom Seleukidenreich unabhängige Herrschaften.

In Makedonien und Griechenland setzt sich die Dynastie der Antigoniden durch, als *Ptolemaios Keraunos* bei der Abwehr des Einfalls der Galater fällt (279). Der Sohn des *Demetrios*, Enkel des *Antigonos*, *Antigonos Gonatas*, schlägt die Galater bei Lysimacheia (277) und macht sich zum König von Makedonien. Seine Herrschaft in Griechenland sichert er mit einem System von Garnisonen. In der Folgezeit kommt es zu immer neuen Versuchen, die makedonische Vorherrschaft abzuschütteln; Athen mißlingt die Befreiung im Chremonideischen Krieg (266–261), erst 229 ziehen die Makedonen nach Verhandlungen ab. Athen wird politisch unabhängig, aber bedeutungslos; nur in geistiger Hinsicht behält es seinen Rang als philosophische Hauptstadt des Griechentums. In Mittelgriechenland erstarkt nach der Abwehr der Galater (Schlacht bei Thermopylai und bei Delphi, 279) der Aitolische Bund. Seine Bedeutung geht erst nach dem »Bundesgenossenkrieg« (220–217) zurück, in dem die Makedonen sich vor allem gegen die Piraterie der Aitoler in der Ägäis wenden. Der Friede von Naupaktos (217) wird unter dem Eindruck des römischen Kampfes gegen *Hannibal* geschlossen. Der Achaiische Bund (Sikyon, Korinth, Argos, Aigina und andere) bildet sich zunächst in Abwehr gegen die Spartaner, deren König *Kleomenes III.* eine soziale Reform (Befreiung der Heloten) versucht und seine Macht auf die Peloponnes ausbaut. *Kleomenes* wird vom Achaiischen Bund und von Makedonien geschlagen (Schlacht bei Selasia, 222). Später wendet sich der Bund wieder von Makedonien ab und schließt sich mit den Römern gegen Makedonien zusammen.

König *Pyrrhos* von Epirus (306–272) kämpft im Tarentinischen Krieg gegen Rom, wenn auch ohne nachhaltigen Erfolg. Die Seeräuberei an der illyrischen Küste zwingt Rom zum Eingreifen (229); als *Philipp V.* von Makedonien sich mit Karthago verbündet, führt Rom den Ersten Makedonischen Krieg (215–205), der durch den Frieden von Phoinike beendet wird (Erhaltung des Status quo). Gegen das makedonisch-syrische Bündnis (gegen Ägypten) und auf Bitten Pergamons, Athens und Rhodos' beginnt Rom den Zweiten Makedonischen Krieg (200–197); die Niederlage bei Kynoskephalai (197) zwingt *Philipp V.* zum Frieden: er muß alle außermakedonischen Besitzungen abtreten, die Freiheit der griechischen Städte wird wiederhergestellt (Freiheitserklärung des *Flamininus* bei den Isthmischen Spielen, 196). Nach einer Epoche der inneren Konsolidierung Makedoniens beginnt *Philipps* Nachfolger *Perseus* (179 bis 168) erneut mit dem Ausbau der Macht Makedoniens. Dies führt zum Dritten Makedonischen Krieg (171–168); nach der Schlacht bei Pydna (168) wird Makedonien in vier selbständige Zonen aufgeteilt, nach einem Aufstand wird es römische Provinz (148); da der Achaiische Bund an diesem Krieg beteiligt war, wird Korinth von den Römern zerstört (146), die aufsässigen Städte werden der Aufsicht des Statthalters von Makedonien unterstellt. Die anderen Städte behalten ihre Autonomie: Sparta, das den nach dem Tode des Königs *Nabis* (207–192) erzwungenen Beitritt zum Achaiischen Bund rückgängig gemacht hat (149), Athen, Delphi und andere. Aber in der Praxis herrschen jetzt in Griechenland die Römer.

Sizilien: *Agathokles*, unterstützt von den Karthagern, macht sich zum Tyrannen von Syrakus (317–288), ja zum König des griechischen Siziliens (304) und dehnt seine Macht bis nach Unteritalien aus. Nach seinem Tode droht die Stadt an Karthago zu fallen, wird aber durch das Eingreifen des *Pyrrhos* gerettet, nach dessen Abzug sich *Hieron II.* zum Tyrannen macht (274–215). Auf Unteritalien vermag er jedoch seine Herrschaft nicht auszudehnen, hier setzen sich im Tarentinischen Krieg die Römer durch. Nach dem Zweiten Punischen Krieg wird Sizilien römische Provinz.

KULTUR In der Philosophie bildet sich eine Reihe neuer Schulen: *Diogenes* (412–323) ist der erste Kyniker, *Aristoteles* (384–322) faßt das gesamte Wissen seiner Zeit zusammen und begründet die Schule der Peripatetiker; *Epikur* (341–270) wird zum Begründer einer neuen Richtung; *Zenon* aus Kition (336–264) ist der Vater der Stoa. Das Werk *Platons* findet seine Fortsetzung in der sogenannten Mittleren Akademie unter *Arkesilaos* (318–241) und *Karneades* (213–129). *Antigonos* aus Karystos (um 290–235) verfaßt Biographien von Philosophen. Andere Philosophen der Zeit sind *Pyrrhon* von Elis (360–270), *Kleanthes* von Assos (331–233), *Theophrastos* (372–287), *Chrysippos* von Soloi (280–205), *Panaitios* von Rhodos (185–110). In der Dichtung kommt es zu einer neuen Blüte der Komödie: *Philemon* (um 360–264) und *Menander* (342–291); als klassischer Dichter der hellenistischen Zeit gilt *Kallimachos* von Kyrene (um 310–240), dessen Hymnen und Epigramme noch lange Vorbild sind; Vertreter der lehrhaften Dichtung ist *Aratos* von Soloi (um 310–245), Begründer der idyllischen Dichtung *Theokrit* von Syrakus (um 300–260). *Polybios* (um 200–120), der als Geisel nach Rom kommt, verfaßt eine Weltgeschichte.

Große Bedeutung gewinnt die Naturwissenschaft. Der schon genannte *Theophrastos* beschäftigt sich mit Pflanzenkunde; *Aristarchos* (320–250) entwirft ein heliozentrisches Weltbild; *Eukleides* (um 300) findet wichtige Ergebnisse in der Mathematik; *Archimedes* (um 287–212) wendet sich vor allem der Mechanik zu; *Eratosthenes* (280–200) ist Geograph, *Apollonios* von Perge (265–170) ebenfalls Mathematiker, *Hipparchos* (um 190–120) Astronom. *Herophilos* und *Erasistratos* sind berühmte Ärzte.

Lebhafte Bautätigkeit während der ganzen Epoche. (Leuchttürme von Rhodos und Alexandreia, Fries des großen Pergamonaltars), Zentrum der Wissenschaft wird die große Bibliothek in Alexandreia, an der viele bedeutende Gelehrte gearbeitet haben.

NAMEN- UND SACHREGISTER

A

Abdera, Thrakien 122, 264, 291, 465, 611, 680, *Karte 72*
Abu Gosch, westlich von Jerusalem 28
Abulites, persischer Satrap 421
Abu Simbel, Felsentempel am Nil (Nubien) 197
Abydos am Hellespont 395, 410f., 485f.
Achaia, Landschaft auf der Peloponnes 114, 460, 679
Achaier, Volksstamm auf der Peloponnes 60, 62ff., 67, 118, 139f., 150ff., 324, 459, 476, 478ff., 484, 487ff., 494, 677
Achaiertum 122
Achaiischer Bund, altgriechischer Städtebund 452, **462—465**, 478, 487f., 493f., 682, *Abb. 465*
Achaimeniden, persische Dynastie 517, 590
Achaios, Sohn des Andromachos 481, *Stammtafel 455*
Achaios, Sohn von Seleukos I. 471, *Stammtafel 455*
Achiawa (Achaier) 60
Achilleus, griechischer Held 82, 95, 97, 403, 410, 428, 548, 560, 584, 618ff., 639
Achilleus Tatios, griechischer Romanschriftsteller aus Alexandreia 618f., 622, 639
Ackerbau 27ff., 31, 36, 45, 75f., 113, 115, 117, 593, 628, 637
Ada, Fürstin von Karien 411
Adel, Griechenland 77ff., 84, 94, 105, 113, 127ff., 131, **134—148**, 173, 376, 592, 678
—, Athen 163, 168f., 177ff., 182, **185—188**, 268, 271, 276, 278, 289, 300, 320
—, Attika 83, 180, 183f., 678
—, Epidamnos 303
—, Euboia 123, 190, 284
—, Kleinasien 80, 99, 198, 214, 284, 364
—, Makedonien 367, 372, 406
—, Mytilene 312
—, Rom 485
—, Samos 286
—, Sizilien 235; 238

Adel, Sogdiane 427
—, Sparta 186
—, Theben 234
—, Thessalien 191, 199, 218, 340, 345
—, Thrakien 234
Adonis, phönikischer Fruchtbarkeitsgott 31, 549
Adrast, mythischer König von Argos 155
Adria, Meeresteil zwischen Balkanhalbinsel und Italien 72, 477ff.
Adulis, antike Stadt bei Massaua am Roten Meer in Eritrea 468
Ägäer 37, 44, 88
Ägäis, Teil des Mittelmeeres zwischen Griechenland und Kleinasien **27—33**, 35, 38, 54f., 57, 65f., 72f., 104, 107ff., 120, 122, 222, 226, 242, 249, 255, 259, 352, 359, 370, 442, 446, 450, 453, 459, 484, 526, 533, 652, 682
Ägäische Inseln 104, 107, 218, 226, 242, 245, 263, 445, 450, 459, 469
Ägäische (oder Große) Wanderung 22, 71f., 109, 111, 119, 677
Ägypten 29f., 41, 43ff., 47, 50, 53, 55, 57, 59, 64f., 71f., 100, 102, 110f., 122, 149, 176, 195ff., 204, 223, 240, 255f., 258f., 279, 299, 306, 339, 349, 363, **414—418**, 435, 437, 441f., 444, 452f., 459f., 469f., 475f., 479, 481f., 497f., 501ff., 512f., **518—524**, 527, 530f., 533ff., 538, 543, 548, 551, 558, 563, 595, 632, 668, 677, 681f., *Abb. 448*

—, Erhebung unter Xerxes I. 223, 256, 258
Ägypter 66, 469, 524, 527, 550, 567, 585f., 652
Aemilius Paullus Macedonicus, Lucius, römischer Konsul 493, 528
Aeneas (Aineias), troianischer Held 477
Äthiopien (Abessinien) 468, 525
Ätiologie, Lehre von den Ursprüngen 92, 108
Ätna (Etna), Vulkan auf Sizilien 596

Afghanistan 471
Afrika 30, 34, 110f., 114, 119, 200, 414, 433, 442, 448
Agamemnon, mythischer König von Mykene 22, 63ff., 134, 580, 619f., 626, 639, 643, *Abb. 592*
Agariste, Tochter des Kleisthenes 148
Agariste, Nichte des Kleisthenes, Mutter des Perikles 262
Agathokles, Freund des Ptolemaios IV. 482
Agathokles, Sohn des Lysimachos **448—451**, *Stammtafel 438*
Agathokles, Tyrann von Syrakus 389, 414, 443, 448, 451, 556, 605, 682
Agelaos, aitolischer Staatsmann 479f.
Agema, Gardereiterei Alexanders des Großen 409
Agesilaos, König von Sparta 352f., 358, 680
Agis II., König von Sparta 332, 346
Agis III., König von Sparta 418, 421
Agnostizismus, Lehre von der Unerkennbarkeit des übersinnlichen Seins 294
Agon (griechisch), Wettkampf 296, 603
Agonistik (von Agon), Kampfkunst 205f.
Agora (griechisch), Versammlung, dann Hauptplatz der Stadt (Markt) 568, 570
Agorakritos, athenischer Bildhauer 680
Agrianer, Volksstamm in Thrakien 407f., 410, 412ff., 422f., 525
Agrigentum, siehe Akragas
Agron, König der Illyrer 463, 477, 479
Aias (Aiax), Sohn des mythischen Königs Telamon von Salamis 619f.
Aigai, Kleinasien 472
Aigai, Makedonien 364f., 404, 406, 678
Aigina, Stadt und Insel im Saronischen Golf 90, 162, 191, 219, 222, 228, 260, 285, 290, 304, 341, 480, 682, *Abb. 89, 176*
Aiginatisches Maßsystem 176

Aigisthos, mythischer König von Mykene 134, 619
Aigospotamoi (Ziegenflüsse), Flüßchen zum Hellespont auf der thrakischen Chersones 336f., 341, 344, 347, 349, 352
Aioler, griechische Stammesgruppe 107, 107f., 119, 139
Aiolertum 121
Aiolis, Landschaft in Kleinasien 108, 216, 470, 481, 538, 550, 556, 561
Aiolos, Stammvater der Aiolen 108
Airopos, Fürst von Lynkestis 405
Aischines, griechischer Rhetor aus Sphettos, Attika 381, 393f., 397, 399, 583, 681
Aischylos (Aeschylus), griechischer Tragiker aus Eleusis 127, 238f., 296ff., 546, 637, 639, 641—645, 680, *Abb. 251*
—, »Agamemnon«, Tragödie 546, 643
—, »*Oresteia*«, die »Orestie« (Trilogie), die Tragödien »Agamemnon«, »Choephórai«, »Eumenides« 639, 680
—, »Persai« (Die Perser), Tragödie 239, 297, 680
—, »Sieben gegen Theben«, Tragödie 680
Aisymnet, gewählter Tyrann (Aristoteles) 144f.
Aitoler (Ätoler), nordwestgriechischer Volksstamm 310, 314, 366, 408, 432, 436f., 449, 458f., 462ff., 476—480, 483—491, 509, 527, 682
Aitolien (Ätolien), Landschaft in Mittelgriechenland 67, 74, 76, 107, 418, 436, 458, 461ff., 497
Aitolischer Bund 461—464, 479, 527, 682, *Abb. 465*
Akademie, Philosophenschule Platons 387, 536ff., 540, 547, 628, 661, 666ff., 672ff., 681
Akademos, attischer Heros 537
Akarnanen 310, 314, 366, 477, 480, 485, 679
Akarnanien, Landschaft in Mittelgriechenland 67, 74, 107, 363, 366, 395, 413, 459, 477, 480
Akesines, Fluß im Punjab 430
Akragas (Agrigentum), Sizilien 118, 122, 144, 192, 211, 236f., 264, 383ff., 680f.
Akrai, Sizilien 117, 677
Akro-Korinth, Akropolis von Korinth 464
Akropolis, hochgelegene Burg altgriechischer Städte 65
—, Athen 178f., 186, 267, 302, 680, *Abb. 288, 329, 576*
Akrupolis, thrakischer Fürst 491

Aktion (Actium), Landzunge am Golf von Ambrakia, Akarnanien 520
Aladscha Hüyük, Anatolien 34f.
Alalia (Aleria), Korsika 192, 199ff., 678
Alaun, Doppelsalz aus schwefelsaurem Aluminium und schwefelsaurem Kalium 192
Albaner, antikes Volk am Kaspischen Meer 516
Albania, Landschaft am Kaspischen Meer 517
Albanien, Balkan 72
Aleuaden, thessalisches Herrschergeschlecht 229, 406
Alexander I., König von Epirus 404, 436, 681, *Stammtafel 447*
Alexander II., König von Epirus 461, *Stammtafel 447*
Alexander I. Philhellen, König von Makedonien 365ff., *Stammtafel 427*
Alexander III., der Große, König von Makedonien 23f., 115, 232, 319, 356, 369, 379, 397, 399f., 403—436, 441, 444, 448, 452, 458, 462, 476f., 482, 490, 497, 507, 521, 524, 530, 532ff., 536, 538, 545, 547ff., 551, 560, 562ff., 566, 569, 602, 605, 609, 614, 617, 657f., 674, 681f., *Abb. 351,   429, 448, Stammtafel 427*
Alexander IV. Aigos, König von Makedonien 435, 441, 443, *Stammtafel 427*
Alexander, Enkel des Krateros, Statthalter in Korinth 460, 462ff., 468
Alexander, Fürst von Pherai, Thessalien 381
Alexander, Fürst von Lynkestis 405, 412f., 424
Alexander, Sohn des Kassander 445f., 448
Alexander, Sohn des Polyperchon 442
Alexander Balas, angeblicher Sohn des Antiochos IV. 501, 511, *Stammtafel 454f.*
Alexander Iannaios (Iannaeus), König in Juda 512, 517, 525
Alexander-Kult 432, 549
Alexander-Sarkophag 565, *Abb. 412*
Alexandreia, Ägypten 418, 433, 446, 449, 452, 468f., 474, 497, 502f., 512, 520, 522, 525, 527, 532, 536f., 542ff., 549, 551, 554, 556—559, 561, 565, 567, 570, 595, 602, 606, 668, 683, *Abb. 449*
Alexandreia am Kaukasos (Hindukush), nördlich von Kabul 424
Alexandreia Eschate am Iaxartes, Sogdiane 425

Alexandreia-Merv, Margiane 423
Alexandreia Prophthasia, Drangiane 423f.
Alexandretta (Alexandreia), Syrien 470
Alexandrinische Bibliothek 469, 536, 538, 542, 555, 557ff., 570, 683
Alkaios, griechischer Lyriker aus Mytilene 132, 145, 196, 203, 630ff., 635
Alkamenes, athenischer Bildhauer 680
Alketas, makedonischer Heerführer 429, 435, 437
Alkibiades, athenischer Feldherr und Staatsmann 254, 319—323, 325ff., 329, 331—335, 346, 348, 546, 605, 679, *Abb. 251*
Alkmaion aus Kroton, griechischer Arzt und Philosoph 545
Alkmaioniden, athenisches Adelsgeschlecht 178ff., 183f., 186, 219ff., 224f., 247f., 250, 252, 462, 320
Alkman, griechischer Lyriker aus Kleinasien 151, 158
»Allgemeiner Friede«, siehe Antalkidas-Friede
Allixenos, athenischer Politiker, *Abb. 225*
Alopeke, Attika 563
Alphabet, chalkidisches 116
—, griechisches 103f.
—, lateinisches 104
—, milesisches 104, *Abb. 103*
—, phönikisches 102ff., *Abb. 103*
Alpheios, Fluß in Elis *Abb. 576, innen*
Alter Orient 110, 580f., 596, 599, 653
Altes Testament 66, 195, 582, 600
Alyattes, König von Lydien 195
Amanos (Amanus), syrisch-kleinasiatisches Grenzgebirge 413
Amasis, Chnumibrê, König von Ägypten 192
Amazonen, sagenhaftes kriegerisches Frauenvolk im nordöstlichen Kleinasien 423
Ambrakia, Epirus 116, 149, 314, 406, 462, 491
Ammon, Landschaft im Ostjordanland 535
Ammonion, Heiligtum in der Oase Siwa, Ägypten 435, 681
Ammoniter, aramäisches Volk im Ostjordanland 470, 498, 525
Amnestie 175f., 347, 503, 512
Amnisos auf Kreta 63
Amorges, Herrscher von Karien 33
Amorgos, Kykladeninsel 436, 682
Amphiktyonie, kultisch-politischer Verband von Nachbarstaaten in Altgriechenland 105—108

NAMEN- UND SACHREGISTER

Amphiktyonie von Delphi 105, 191f., 393, 396, 403, 406, *Abb. 464*
— von Pylos 477
Amphipolis, Thrakien 285, 316ff., 368ff., 404, 409, 679, 681

Amphissa, ozolisches (westliches) Lokris 396
Amphora, großes zweihenkliges Gefäß 34, *Abb. 653*
Amphoteros, makedonischer Flottenführer 413
Amun (Amun-Re, Amon), ägyptischer Gott 417, 430, 433, 465, 546, 548f., 551, 681
Amyklai, vordorische Stadt in Lakonien 84f.
Amynander, Athamanenkönig 480, 484, 486
Amyntas I., König von Makedonien 427
Amyntas II., König von Makedonien 427
Amyntas III., König von Makedonien 368, 427
Amyntas, makedonischer Heerführer im Dienste des Dareios I. 414
Amyntas, Sohn des Andromenes 416, 421, 423f.
Amyntas, Sohn des Perdikkas III. 369, 405
Amyrtaios, König von Ägypten 259
Anacharsis, vornehmer Skythe, einer der Sieben Weisen Griechenlands 586
Anagnórisis, das plötzliche Erkennen, die Einleitung der Wende im Drama 641f.
Anaia, syrisch für Isis 550
Anakreon, griechischer Lyriker aus Teos 132, 203, 632, 678
Anakreónteia, »Anakreontische Lieder«, Sammlung späterer Gedichte und Nachbildungen in der Art des Anakreon 632
Anaktorion, Akarnanien 116
Analphabetentum 104
Anánke (griechisch), Notwendigkeit 579
Anarchie (Herrschaftslosigkeit) 591
Anatoler 72, 434, 453, 526
Anatolien (Kleinasien) 29—32, 35, 46f., 51, 54, 67, 677
Anatolische Bronzezeit (Anatolitikum) in Kleinasien 33
Anatolische Kultur 29, 33
Anatolisches Sprachgut 29
Anatomie 545f.
Anaxagoras, griechischer Philosoph aus Klazomenai 211, 266, 291, 307, 348f., 611, 666, 680, *Abb. 251*
Anaxilaos, Tyrann von Rhegion 235ff.

Anaximander (Anaximandros), griechischer Philosoph und Naturforscher aus Milet 209f., 212f., 625, 678
Anaximenes, griechischer Philosoph aus Milet 210, 212
Ancien régime 599
Ancona, Mittelitalien 387
Andriskos, Handwerker aus Adramytteion (Mysien) 494, 505
Andromache, Gemahlin des Troers Hektor 619
Andromachos, Enkel des Seleukos I. 481, *Stammtafel 455*
Andromenes, Vater des Attalos und des Amyntas 405, 416, 424
Andron, alexandrinischer Historiker 556
Andros, Ort und Insel der Kykladen 120, 468

Ano Englianos, Pylos Homers, Triphylien 59
Antagonismus, Gegensatz, Widerstreit 201, 357, 395
Antalkidas, spartanischer Feldherr und Diplomat 353f.
Antalkidas- (Königs-) Friede 354 bis 357, 359ff., 363, 393, 398, 680
Antenor, attischer Bildhauer 184
Anthela bei Thermopylai 105, 191
Anthestéria, Blütenfest zu Ehren des Dionysos in Athen 136
Anthropologie, Lehre vom Menschen 668ff.
Antigenes, makedonischer Heerführer 429, 436f., 440f.
Antigone, Tochter der Berenike 446, 449
Antigoneia (Syrien) 443
Antigoniden, makedonische Dynastie 451f., 459f., 483, 492f., 682, *Stammtafel 438*
Antigonos I. Monophthalmos, makedonischer Heerführer und König 412, 414, 435ff., **440** bis **445**, 451, 462, 532, 682, *Stammtafel 438*
Antigonos II. Gonatas, König von Makedonien, 449f., **456—461**, 463ff., 468, 472, 474, 476, 537f., 539, 558, 562, 682, *Stammtafel 438*
Antigonos Doson, König von Makedonien 464f., 468, 476, 479, *Stammtafel 438*
Antigonos-Kult 549
Antigonos aus Karystos, griechischer Philosoph 537, 566, 682
Antimachos, griechischer Dichter aus Kolophon 622
Antiocheia am Orontes 475, 498, 522, 565, 567, 602
Antiocheia in der Persis, nahe Buschir am Persischen Golf 475, 522

Antiochis, Enkelin des Seleukos I. Nikator 473
Antiochos, Sohn des Selenkos IV. 496, *Stammtafel 454f.*
Antiochos I. Soter, König von Syrien 451ff., **456—460**, 471f., 474, 496, 507, 522, 551, 565, *Stammtafel 454f.*
Antiochos II. Theos, König von Syrien 470, 472, 474f., 481, 496, 507, *Stammtafel 454f.*
Antiochos III., der Große, König von Syrien 471f., 475f., **481** bis **484**, **488—491**, 494ff., 498, 509, 551, *Stammtafel 454f.*
Antiochos IV. Epiphanes, König von Syrien **495—502**, 507, 512, 564, 569, *Stammtafel 454f.*
Antiochos V. Eupator, König von Syrien 500, *Stammtafel 454f.*
Antiochos VII. Euergetes (Sidetes), König von Syrien 511f., *Stammtafel 454f.*
Antiochos VIII. Philometor (Grypos), König von Syrien 511f., *Stammtafel 454f.*
Antiochos IX. Philopator (Kyzikenos), König von Syrien 512, *Stammtafel 454f.*
Antiochos XIII. (Asiatikos), König von Syrien 513, *Stammtafel 454f.*
Antiochos Hierax, Bruder des Seleukos II. 471, 473, 481, *Karte 468, Stammtafel 454f.*
Antipater (Antipatros), makedonischer Feldherr 399, 405, 407, 409, 421, 423, 432f., 436f., 440f., 449, 456, 462, 522, 537, 682, *Stammtafel 439*
Antipater (Antipatros), Sohn des Kassander, König von Makedonien 446, 448, 456
Antipater aus Tarsos, griechischer Philosoph 540
Antiphon, ältester attischer Redner aus Rhamnus 293
Antiphon, Sophist aus Athen 293
Antisthenes, griechischer Philosoph aus Athen 378, 537f., 609, 672, 681
Antonius, Lucius, römischer Feldherr 514, 516, 518f.
Antonius, Marcus, römischer Konsul 661
Anubis, ägyptischer Totengott 549
Anytos, athenischer Politiker 348
Aornos am Indus 429
Apama, Prinzessin von Iran 451
Apameia, Nordsyrien 475, 522

Apameia Kibotos am Mäander, Phrygien, Friede von 490f., 503

Apeiron (griechisch: das Unbegrenzte), in der griechischen Philosophie der ungeformte Urstoff 209

Apella, Versammlung der Wehrgemeinde in Sparta 151, 156, 305
Apelles aus Kolophon, griechischer Maler 565
Apenninhalbinsel (Italien) 72
Aphaia, vorgriechische Göttin 90, *Abb. 89*
Aphlaston (griechisch, Knauf am Vordersteven eines Schiffes), Zierstück am Stab des Poseidon, *Abb. 448*
Aphrodite, griechische Göttin 88, 546, 550, 557, 564, 600, 619, *Abb. 608*
Apis, in Memphis verehrter heiliger Stier, Herold des ägyptischen Gottes Ptah 417, 549f.
Apokletoi, Rat der Tausend in Aitolien 462
Apollodoros, Kommandant von Kassandreia 457
Apollon, griechischer Gott 88f., 92f., 96, 114, 124, 307, 449, 549, 557, 564ff., 580, 645, *Abb. 109, 141, 180, 569*
— Acharge 117
— Hyakinthos 89
— Karneios 89
— Lykeios 538
— Phylaxander in Tyros 416
— Pythios (Delphi) 89, 92, 114, 118, 125, 134, 136, 192f., 228, 294, 458, 472, 547
Apollonia, Illyrien 116, 480

— im oberen Mäandertal 475

Apollonios, Finanzminister des Ptolemaios II. 522, 535
Apollonios aus Perge, griechischer Mathematiker 542, 544, 683
Apollonios aus Tyana, griechischer Philosoph 563
Apollonios der Rhodier, griechischer Epiker aus Alexandreia 557ff., 622
—, »Argonautika« (Epos) 557f.
Apophthegmata, kurze treffende Sinnsprüche 672f.
Aporie, logische Auswegslosigkeit 17, 129, 164, 283, 297
Apostelgeschichte 628
Apuleius, Lucius, römischer Schriftsteller 550
—, »Metamorphosen« 550
Araber, Volksstamm der semitischen Völkerfamilie 513, 525f.
Arabien 433, 468, 525
Arabisches Meer (Erythräisches Meer) 428
Arachosien (Harahuvati), Landschaft in Ostiran 424, 430, 496

Aramäer, semitisches Volk 524
Aratos aus Sikyon, griechischer Staatsmann 452, 463ff., 480, 539

Aratos aus Soloi (Kilikien), griechischer Dichter 558, 628, 683
—, »Phainómena« (Himmelserscheinungen) 558, 628
Arbeitsethos 127, 129
Arbela (Arba'il), östlich vom Tigris 420
Archaiologia, Altertumskunde 657
archaisch, uranfänglich 71, 118, 121, 134, 141, 159, 360, 364, 589
Archaische Zeit von Hellas **71** bis **213**
—, Entstehung eines griechischen Volkes. Homerische Zeit **71** bis **109**
—, griechische Kolonisation **109** bis **123**
—, Krisis und Umbildung **123** bis **142**
—, die Tyrannis **142—150**
—, Sparta **150—162**
—, Athen **162—190**
—, spätarchaisches Griechentum **190—213**
Archeget(es) (griechisch), Stammvater 589, 650
Archelaos, griechischer Philosoph aus Athen 291
Archelaos aus Kappadokien 509f.
Archelaos, König von Makedonien 366, 368, 681, *Stammtafel 427*
Archelaos, pontischer Prinz, Gemahl der Berenike, Tochter von Ptolemaios XII. Auletes 519, *Stammtafel 466f.*
Archias, Angehöriger der Bakchiadensippe 117
Archidamischer Krieg 313, 321, 328f., 331, 347
Archidamos, spartanischer König 304, 313, 381, 387
Archilochos, griechischer Lyriker aus Paros 115, 120, 130ff., 153, 630ff., 678
Archimedes, griechischer Mathematiker und Physiker 532, 536, 542ff., 560, 663, 683
Archimedische Schraube, antike, eine zur Wasserförderung verwendete Schraubenpumpe 531, 543
Archon (griechisch: Herrscher), oberster Beamter in der griechischen Polis 135, 167, 169f., 177, 183, 187, 219, 248, 296, 320, 370, 453, 681
Archontat, höchste Staatsbehörde in Athen 224f., 248, 265, 268f., 678f.
Areia, Landschaft in Ostiran 423f., 500
Areopag (nach Areios pagos, Areshügel), Adelsrat von Athen 170f., 181, 248, 252f., 392, 540
Ares, griechischer Gott 96, 124, 130, 601
Aretas II., König der Nabatäer 513

Aretas III., König der Nabatäer 517
Areté (griechisch), Tugend 129, 131, 276
Areus, König von Sparta 461
Argeaden, makedonische Dynastie 403
Arginusen-Inseln an der kleinasiatischen Küste gegenüber Lesbos 336, 349, 680
Arginusen-Prozeß 336, 347
Argiver, Bewohner der Argolis 60, 64
Argolis, Landschaft auf der Peloponnes 35, 59f., 76, 78, 82, 249, 459, 679
Argonauten, Mythos von den Griechen, die unter Iason nach Kolchis am Schwarzen Meer fuhren 64, 93, 557
Argos, Stadt und Landschaft auf der Peloponnes 108, 141, 147, 152, 161, 218, 226, 249, 252, 257f., 304, 321, 323, 326, 352f., 365, 395, 460f., 463f., 487f., 680, 682
—, Bund gegen Sparta 318f.
Ariadne, vorgriechische Vegetationsgöttin 47
Ariarathes III., König von Kappadokien 472
Ariarathes IV., König von Kappadokien 505, 507
Ariarathes V., König von Kappadokien 505, 511, 524, 538
Arier 37
Ariobarzanes, Satrap der Persis 421f.
Arion, griechischer Dichter und Musiker aus Methymna auf Lesbos 147, 202, 294f.
Aristagoras, Tyrann von Milet 214—417, 236, 243
Aristarchos aus Samos, griechischer Astronom 542, 544, 559, 683
Aristeides, »der Gerechte«, athenischer Politiker und Feldherr 227, 244, 247f., 262, 288, 679, *Abb. 225*
Aristion, Aufständischer in Athen 509
Aristion-Stele des attischen Bildhauers Aristokles 562
Aristippos aus Kyrene, griechischer Philosoph 537, 541, 587, 608f., 667, 672, 681
Aristobulos, griechischer Historiker 412, 452
Aristodikides, Bürger aus Assos 474f., 522
Aristogeiton, der »Tyrannenmörder« 183f., 421
Aristokratie (»Herrschaft der Besten«) 590—593, 609
Aristolochos, Beamter am Hofe von Seleukos IV. 522
Ariston aus Chios, griechischer Philosoph 537

NAMEN- UND SACHREGISTER 689

Aristonikos, Thronanwärter in Pergamon 506, 540
Aristonous, Gefährte Alexanders des Großen 429, 435
Aristophanes aus Athen (?), griechischer Komödiendichter 274, 302, 309, 320, 342, 546, 554, 580, 638, 645 ff., 649, *Abb. 251*
—, »Die Frösche«, Komödie 680
—, »Die Vögel«, Komödie 324, 680
—, »Die Wespen«, Komödie 274, 680
—, »Die Wolken«, Komödie 680
—, »Lysistrata«, Komödie 680
Aristophanes aus Byzantion, griechischer Grammatiker 558

Aristoteles, griechischer Philosoph aus Stageiros, 24, 122, 160, 209, 211, 271, 281, 343, 366, 374, 376 ff., 387, 403, 427 f., 527, 535 f., 538, **542—545**, 578, 583 ff., 587, 589, 591, 594 f., 597 f., 600, 602 ff., 606 ff., 611, 613 f., 625, 634, 638, **640—644**, 647, 655, 657, **663—667**, **669** bis **673**, 681 f., *Abb. 351*
—, »Nikomachische Ethik« 584, 613
—, »Poetik« **640—644**
—, »Politik« 376, 387, 642
—, »Schrift über die Ehe« (Fragment) 583
—, »Staat der Athener« 377
—, »Handbuch der Dialogkunst« 672
Aristoxenos aus Tarent, griechischer Philosoph 543
Arithmetik 662
Arkadien, Landschaft auf der Peloponnes 73, 79, 114, 117, 143, 152, 226, 249, 257, 360, 408, 461 f., 464, 479, 557, 679, 681
Arkalochori, Zentralkreta 100
Arkesilaos, griechischer Philosoph aus Pitane 536, 538, 682

Armenien, Landschaft in Vorderasien 37, 433, 495, 500, 507 f., **513—517**, 519
Armut in der Sicht der Griechen 606 f., 610
Arrhidaios, Halbbruder Alexanders des Großen, siehe Philipp III. Arrhidaios
Arrhidaios, Vertrauter Alexanders des Großen, Satrap im hellespontischen Phrygien 435, 437
Arrian(us) Flavius, griechischer Schriftsteller aus Nikomedia, Bithynien 428, 522
Arsinoë, Tochter des Lysimachos, erste Gemahlin des Ptolemaios II. Philadelphos 450, 457, *Stammtafel 438, 467*

Arsinoë Philadelphos, Tochter des Ptolemaios I., Gemahlin des Lysimachos und des Ptolemaios II. 445, 449, 451, 456, 461, 468 f., 558, *Stammtafel 438, 466 f.*
Artabazos, persischer Satrap 432
Artaphernes, persischer Prinz, Neffe des Dareios I. 222
Artaxata, Armenien 515 f.

Artaxerxes I. Makrocheir (lateinisch: Longimanus, »Langhand«), König von Persien 252, 255
Artaxerxes II. Mnemon, König von Persien, 349, 353 ff., 360, 363, 653
Artaxerxes III. Ochos, König von Persien 364, 391, 393, 408
Artefakt (lateinisch: durch Kunst Erzeugtes) 559 f.
Artemis, griechische Göttin 54, 89, 96, 133, 204, 340, 549 f., 557, 564, 566, 569, 597, *Abb. 180*
— Eileithyia 89
— Eurynome 89
— Leukophryene 475
Artemision, Nordostspitze Euboias 230 f.
Arzneimittelkunde 628
Asander, makedonischer Offizier 425, 435, 442
Asarkes III., König von Parthien 482
Asébeia (griechisch), Gottlosigkeit 348
Ashoka Piyadasi, König der Maurya 471
Asia, römische Provinz 506, 508, 510, 513 f., 518
Asien 27, 32, 37, 432, 434, 436 f., 440 ff., 444 f., 449, 451, 453, 459, 470, 473, 489, 504, 514, 521 f., 609, 666
Asinaros, Fluß auf Südost-Sizilien 679
Asine, Argolis 59
Asket, streng enthaltsam lebender Mensch 666
Asklepieion, Tempel des Asklepios, des Gottes der Heilkunde auf Kos, *Abb. 664*
Askra, Boiotien 125, 624
Aspasia, Griechin aus Milet, Gefährtin des Perikles 267
Assos, Kleinasien 474, 522, 540, 683
Assur, Hauptstadt Assyriens 195
Assurbanipal (von den Griechen Sardanapal genannt), König von Assyrien 609, 653
Assyrer, semitisches Volk 240, 655
Assyrien 111, 195
Astakos an der Propontis 472,

Astarte (griechisch, babylonisch Ischtar), semitische Göttin der Fruchtbarkeit 549 f.
Astrologie 551 f., 629
Astronomie 209, 543 f., 552, 596, 598, 612, 614, 628, 662 f., 668 ff., 683
Astyages, König von Medien 197
Asylon, geheiligte, im Schutz der Götter stehende Freistätte 250, 474, 477
Atargatis (Derketo), syrische Göttin 549
Atarneus, Kleinasien 538
Atavismus, Wiederauftreten von Merkmalen entfernter Vorfahren, auch Rückfall in primitive Zustände 85
Ateas, skythischer König 396
Athamania, Landschaft in Epirus 480, 484
Atheismus (*átheos*, gottlos) 541, 580
Athen 35, 49, 59 f., 82 ff., 87, 92, 104, 108, 137, 139, **144—147**, 149 f., 153, 178 ff., 182 ff., 185, 187, 189 ff., 204, 208, 215 f., **218—224**, 226 ff., **230—233**, 238, **241—250**, **252—260**, **267—297**, 299, 301, 303, **307—345**, 347 ff., **351—354**, 356, **358—361**, 363 f., **367—370**, 373 f., 376 ff., 380 bis 384, 390, **392—397**, 406, 408 f., 418, 421, 431, 436, 440, 443, 445 f., 449, 452, 457, **459—465**, 469, 477 f., 485 ff., 493 f., 509, 524, **534—542**, 546, 553 f., 566 f., 570, 583, 586, 588 f., 595, 601, 603, 606, 630 f., 639, 647 bis 650, 652, 659, 664, 668, 671, **677—682**, *Abb. 101, 124, 132, 176, 188, 288 f., 329*
—, Amnestie politischer Verbannter 175 f., 347
—, archaisches **162—190**
—, Besoldung der öffentlichen Dienste 275
—, Bürgerrecht 277 ff.
—, Bundesgenossenkrieg 364, 392, 682
—, Dreißig Tyrannen 345, 680
—, Eherecht 278
—, Einwohnerzahl 277
—, Ernährung 278 f., 330
—, Expedition nach Ägypten 255 f., 258
—, Finanzrat 266, 268 f., 279, 359, 392 f.
—, Gesetze (*nómoi*) 273 f., 278, 280
—, Gesetze, ungeschriebene (*ágraphoi nómoi*) 273
—, Hegemonie **242—248**, 255, 263 f.
—, Konflikt mit Sparta 243 f., 249 f., **252—264**, 360, 680 f.
—, Kongreß der griechischen Staaten 259, 284
—, Pest in 306 f., 310, 329, 339

NAMEN- UND SACHREGISTER

Athen, Seemachtstellung 226f., 230ff., 334, **241—247**, **256—259**, 275, 279, 305, 310, 314, 331, 344, 363, 680
—, sizilianische Expedition **321—328**, 331, 382
—, soziale Stellung der Frau 267, 269
—, Sozial- und Wirtschaftspolitik 181, 278f., 284
—, Staat der Gerechtigkeit **267—282**
—, Steuerwesen 137, 169, 224, 246, 269, 279, 309, 359, 392 und der griechische Geist **290—301**
—, Verfassung 248, 253f., 265, **267—275**, 280f., 330, 332f., 589, 605, 678
—, Wahlen 189, 224f., 269, 273
—, Wirtschaft 175f., 181, 278f., 287, 343
—, Zusammenbruch **328—336**
Athena, Beiname der Großen Erdmutter 46, 54
Athena-Tempel zu Ilion
Athene, griechische Göttin 82, 88, 92, 97, 124, 164, 179, 182f., 548, 557, 569, 580, 600, *Abb. 209, 608*
— Nikephoros, die siegbringende Göttin 504f., 569, *Abb. 448*
— Parthenos, die jungfräuliche Göttin 287, *Abb. 265, 652*
Athener 220, 231, 234, 275f., 282, 404, 408f., 418, 432, 480, 637, 653
Athos, Vorgebirge auf der Halbinsel Akte der Chalkidike 221, 229, 678
Atintania, Landschaft in Epirus 478, 480
Atlantische Küste 111
Atomismus, Lehre von den Atomen als Grundlage allen Naturgeschehens 122, 211, 291, 541, 598, 611, 669f.
Atossa, Tochter des Kyros II., Gemahlin des Dareios I. 222
Atreus, mythischer König von Mykene 58, 64f., 626
—, Schatzhaus des 58, 61
Atria (Adria) im Schwemmland des Po 387
Atriden (nach Atreus), mythisches Herrschergeschlecht in Mykene 64
Attaleia, Kleinasien 473
Attaliden 474, 476, 480, 496, **503—506**, 508, 532f., 569, *Abb. 504, Stammtafel 447*
Attalos I. Soter, König von Pergamon 470f., 472, 476, 480f., 484f., 504, 566, *Abb. 473, Stammtafel 447*

Attalos II. Philadelphos, König von Pergamon 494, 496, 503, 504f., 524, 538, 565, 570, *Stammtafel 447*
Attalos III. Philometor, König von Pergamon 503, 506, 545
Attalos, makedonischer Feldherr 404f., 410
Attalos, Sohn des Andromenes 405, 416, 429, 435, 437
Attika, griechische Halbinsel 35f., 57, 59f., 64, 73, 79, 82 ff., 107, 162, 169, 174, 176, 179f., 182, 186, 188, 222, 260, 277f., 295, 304f., 310, 314, 329, 337, 346, 533, 679f., *Abb. 81*
—, Einwohnerzahl 277
Attis, pergamenischer Priester 503
—, Vegetationsgott, Kleinasien 31
Attische Komödie, siehe Komödie
Attischer Seebund, erster (auch Delischer Bund) **242—247**, 249, 256, 260, 263f., **283—290**, 303, 305, 311, 318, 331f., 340, 344, 352, 354, 359, 364, 367, 369, 390, 679
—, Verlegung der Finanzverwaltung nach Athen 256, 264, 286
—, zweiter 359f., 363f., 392, 395, 456, 680f.
Attisches Reich **282—290**, 339, 392
Attisches Staatsrecht 273
Attische Tragödie, siehe Tragödie
Aufklärung, Epoche der europäischen Geistesgeschichte 592
Augustin(us), Aurelius, aus Tagaste in Numidien, der größte der Kirchenväter 611, 655
—, »De civitate Dei« (Über den Gottesstaat) 655
Augustus, Gaius Octavius (nach Adoption durch Caesar: Gaius Iulius Caesar Octavianus), römischer Kaiser 518, 520, 556, 617, 628, 643, 658
Aulis, Boiotien 643, 680
Autariaten, Volksstamm 408, 443
Autarkie (Selbstgenügsamkeit), griechisches Tugendideal 584, 593, 607, 613
Autokephalie, Selbständigkeit unter eigenem Oberhaupt 171
Autonomie (Selbstgesetzgebung), Recht der Selbstverwaltung 290, **353—357**, 593
Axios (heute Wardar), Fluß in Makedonien 364f., 367, 678

B

Baal (Mehrzahl Baalim, babylonisch Bel), semitischer Gott 549
Baal-Shamin, phönikischer Gott 499

Babylon (Babel) 197f., 350, 415, **418—421**, 423, 431, 433, **440** bis **443**, 453, 525, 548, 551f., 681
—, Aufstand gegen Xerxes I. 239, 413
Babylonien 195, 209, **440—443**, 468, 495, 500, 511, 522, 524
Babylonier 525, 528
Babylonisches Exil 195
Bakchiaden, Herrschergeschlecht in Korinth 117, 143f.
Bakchylides von Keos, griechischer Lyriker 203
Baktra-Zariaspa (Balch), Baktrien 425f.
Baktrer, indogermanisches Volk 423, 500
Baktrien (Bāhlīka, Balkh), Landschaft in Nordostiran 419, 423f., 426, 434, 460, 471f., 476, 495, 500
Balakros, Satrap in Kilikien 414
Balearen, Inselgruppe an der Westküste Spaniens 112, 199, 678
Balkan 29, 32, 39, 51, 65, 72, 217, 407, 516, 586, 634
Banause (*bánausos*), »Arbeiter am Feuerofen«), der Mensch, der vom Ertrag seiner Arbeit lebt, schon im Altertum oft verächtlich gebraucht 276, 598
Bandkeramiker, Sprach- und Völkergruppe 32, 677
Banken in Rom 535
Barbaren (*bárbaros*, der eine unverständliche Sprache — *bar-bar* — Murmelnde), griechische Bezeichnung aller Nichtgriechen 586, 588, 602, 634, 652
Barock, europäische Stilepoche 644
Barsine, Gemahlin Alexanders des Großen 432, 435, *Stammtafel 427*
Basileús (griechisch), König 74, 78, 143
Basiliden, Herrschergeschlecht in Erythrai 143
»Basilika«, dorischer Tempel in Poseidonia (Paestum) 204
Bastarner, ostgermanisches Volk 463, 491
Bastet (Bubastis), ägyptische Göttin der Freude 549
Bauern, attische 168ff., 269, 275, 279
Baukunst, hellenistische 532
—, minoische **38—43**, *Abb. 32, 36, 44f.*
—, mykenische 61f., 66, *Abb. 56f., 64*
Bel (Marduk), babylonischer Gott 548f.
Belgien 32
Belgios, Häuptling der Kelten 457
Bellerophon, bei Homer Sohn des Glaukos, König von Korinth 101

NAMEN- UND SACHREGISTER

Beloch, Karl Julius, Geschichtsforscher 21
Bendis, thrakische Göttin 546
Bennet, Emmett, amerikanischer Sprachforscher 62
Berenike, Gattin des Ptolemaios I. 446, 449 ff., 483, *Stammtafel 467*
Berenike, Tochter des Magas von Kyrene, Gattin Ptolemaios' III. 470, 482, 557, *Stammtafel 438, 467*
Berenike, Tochter des Ptolemaios II. Philadelphos 471, *Stammtafel 467*
Berenike, Tochter des Ptolemaios XII. Auletes 519, *Stammtafel 466f.*
Berenike (Kleopatra Berenike) 512, *Stammtafel 466f.*
Berenike, Hafen am Roten Meer, Ägypten 533
Berlin, Pergamon-Museum 566, 569
Bernstein 530
Berossos, Marduk-Priester und Geschichtsschreiber 524, 551
Berufe bei den Ägyptern 585
— bei den Griechen 581, 584 f.
Bessos, Satrap in Baktrien 419, 423 ff.
Bestattung 49, 54—60, 66
Betis, persischer Feldherr 416f.
Beycesultan am Mäander 34
Bias aus Priene, einer der »Sieben Weisen« Griechenlands 145, 199
Bibel 97
Bilderschrift (Piktographie) 44, 62, 100
Bilinguen, zweischriftige oder zweisprachige Inschriften 101
Biographie 630, 633, 650—659, 672, 682
Biologie 542, 544, 614, 662, 668 ff.
Bion aus Smyrna, griechischer bukolischer Dichter 557
Bion der Borysthener, griechischer Philosoph aus Olbia 538 f.
Bíos theoretikós (Lebensweise des Betrachtens) 610
Bissing, Friedrich Wilhelm, Freiherr von, Ägyptologe 100
Bithynien, Landschaft in Kleinasien 451, 457, 459, 470 f., 473, 476, 480 f., 492, 504 f., 507 f., 511, 514, 517, 524, 528
Bithynier, indogermanisches Volk 453
Blegen, Carl William, amerikanischer Archäologe 33, 62 f.
Blemmyer, Nomadenvolk zwischen Nil und Rotem Meer 525
Blossios aus Cumae, griechischer Philosoph 540
Blutschuld, Befleckung durch 134

Bodenreform 138
— in Athen 167f.
— in Sparta 151, 155 f.
Böckh, August, klassischer Philologe 20
—, »Der Staatshaushalt der Athener« (1817) 20
Boëthius, Anicius Manlius, römischer Politiker und Philosoph 668
Boethos aus Chalkedon, griechischer Bildhauer 564
Boioter (Böoter) 108, 190, 230, 234
Boiotien (Böotien), Landschaft in Mittelgriechenland 27, 30, 57, 59, 67, 72, 79, 125 f., 190, 226, 233, 258, 260, 316, 346, 353, 355, 358—362, 408, 449, 456, 460, 463, 468, 480, 492 f., 495, 561, 624, 677, 679, *Abb. 88*
—, Bündnis mit Sparta 118
Boiotischer Bund 398, 487
Borysthenes (Dnjepr), Fluß zum Schwarzen Meer 539
Bosporanisches Reich 193, 507f.
Bosporus (Bosporos), 119 f., 470, 507f., 513, 516, 680
Botanik 542, 544 ff., 595 f., 598, 614, 668, 683
Bottiaia, Landschaft in Makedonien 409
Bottiaier, makedonischer Volksstamm 409
Boulé, Rat an der Spitze der Volksversammlung 170f., 180, 188, 254, 273, 275, 469
Bourgeoisie 142
Brāhmane, Mitglied der obersten Kaste der Hindus 428
Branchidai, Priestergeschlecht am Heiligtum des Apollon Philisios in Didyma 449
Brandbestattung 66
Brasidas, spartanischer Feldherr 316f., 335, 368, 679
Brauron, Attika 179
Brea, Bernabo, italienischer Archäologe 34
Brennos, keltischer Heerführer 458
Bretagne, französische Halbinsel 30
Briseis, Sklavin des Achilleus 97
Britische Inseln 30
Bröcker, Walter, Philosoph 209, 211
Bronze 34, 133, 504, 563 f., *Abb. 56, 132*
Bronzezeit 33, 35 f., 41, 53 f., 56, 60, 100 f., 677
Brundisium, Calabrien, Italien 505
Bruttier, Unterstamm der Lukaner 387
Brutus, Marcus Iunius, römischer Staatsmann 518, 592
Bryaxis, athenischer Bildhauer 551

Bryaxis der Jüngere, athenischer Bildhauer 551

Buddhismus 471, 500
Bug (Hypanis), Fluß in Südrußland 120
Bukephala am Hydaspes 430
Bukephalos, Lieblingsroß Alexanders des Großen 423, 430
Bukolische Dichtung (griechisch *bukólos*: Rinderhirt), Dichtung ländlicher Idyllen 557
Bulagoras, Bürger aus Samos 473 f., 534
Bulgarien 371
Burckhardt, Jacob, Kunst- und Kulturhistoriker 16, 281
—, »Griechische Kulturgeschichte« (1898—1902) 281
Buschir (Buschehr) am Persischen Golf 522
Byrebista, König von Thrakien 517
Buzyges, altadliges athenisches Geschlecht 262
Byzantion (Byzanz, Konstantinopel, Istanbul) 120, 243, 250, 286, 359, 364, 370, 395 ff., 407, 452, 457, 459, 472, 479, 481, 510, 517, 559, 622 f., 630, 632, 658, 678, 680 f.

C

Cadiz (Gades), Spanien 111 f.
Caere (Cerveteri), Etrurien 192
Caesar, Gaius Iulius, römischer Staatsmann 232, 518 ff., 570, 592, 657
Caligula (»Stiefelchen«), Gaius Caesar Germanicus, römischer Kaiser 604
Campania, siehe Kampanien
Candragupta (Sandrokottos), König der Maurya 471
Cannae, Apulien 200
Capua, Mittelitalien 200
Carnuntum, römische Festung bei Wien 29
Caskey, John, amerikanischer Archäologe 35
Cassius Longinus, Gaius, römischer Staatsmann 518
Catania (Katane), Sizilien 117
Catilina, Lucius Sergius, römischer Patrizier 661
Cato, Marcus Porcius (Cato Maior, »der Ältere«), römischer Staatsmann und Historiker 592, 660 f.
—, »Origines« (»Ursprünge« [Roms]) 592
Catull(us), Gaius Valerius, römischer Dichter 557, 631 f., 635
Cerveteri (Caere), Etrurien 192

NAMEN- UND SACHREGISTER

Chadwick, John, englischer Altphilologe 63, 101
Chairephon, Freund des Sokrates 294
Chaironeia, Boiotien 339, 356, 378, 381, 397, 399, 403, 659, 681
Chaldäer, aramäischer Stamm in Südbabylonien, auch Bezeichnung für orientalische Sterndeuter 421, 433
Chalkedon (Kalchedon) am Bosporus 120, 364, 457, 514, 537, 545, 564, 678, 680
Chalkidike, makedonische Halbinsel 54, 60, 73, 116f., 120, 122, 228f., 304, 310, 316, 357, 365, 367–371, 678, 681
—, Kanal des Xerxes durch die östliche Landzunge 229
Chalkidische Schrift 116
Chalkis (Euboia), 114f., 117f., 120, 123, 190, 285, 450, 457, 462, 486, 557f.
Chalkolithikum (Kupfersteinzeit) in Asien 31, 33
Chanukka (hebräisch Weihe), achttägiges jüdisches Tempelfest (5. Dezember) 499
Chaos (von *chaínein*, gähnen), nach Hesiod die gähnende Leere des Raums 625f.
Charisma, übernatürliche Fähigkeit, Begnadung 86, 225, 262, 266
Chariton, griechischer Romanschriftsteller aus Aphrodisias, Karien 622
Charondas, Gesetzgeber von Katane 145
Chassidim (hebräisch), Gesetzesfromme 498f., 525
Cheirokratie (Herrschaft der Faust), nach Polybios Resultat der Demokratie 592
Cheiromáche, »Partei der Fäuste« 138
Chemie 545
Chersones, thrakische (Gallipoli) 72, 182, 220f., 262, 285, 370, 489, 506f., 678
Chersonesos (Herakleia, heute Sewastopol), Krim 678
Chiliarch, griechisch Befehlshaber über 1000 Mann 437
Chios, ägäische Insel 67, 171, 330, 359, 364, 395, 479, 484f., 537, 681
Chirurgie 664
Chnumibrê Amasis, König von Ägypten 192
Choliambus (»Hinkjambus«), griechisches Versmaß 557f.
Chorgesang 294–297, 642
Chorlyrik 150f., 202f., 297, 554

Chremonideischer Krieg, benannt nach dem Athener Chremonides 461f., 682
Christentum 87, 90, 135, 208, 498, 526, 550, 570, 576, 579f., 582, 590, 594, 600, 602f., 615, 621, 629, 633, 644, 657, 665, 667f.
Chrysippos aus Soloi (Kilikien), griechischer Philosoph 540, 553, 673, 683
Chrysolakkos auf Kreta 40, 49
chthonisch, Beiname der in der Erde waltenden griechischen Gottheiten 31
Churri, vorderasiatisches Reich 37
Churriter 37
Cicero, Marcus Tullius, römischer Staatsmann, Redner und Philosoph 299, 391, 515, 517f., 536, 540f., 547, 553, 584f., 592, 602, 605, 611, 628, 632f., 637, 643, 649, 661, 667, 673
—, »De natura deorum« (Über die Natur der Götter) 547
—, »De re publica« (»Über den Staat«) 605
—, »Hortensius« (Dialog) 611
—, »Laelius de amicitia« (Über die Freundschaft) 585
—, »Phaenomena« des Aratos (lateinische Übersetzung) 628
Cilicia (Kilikien), römische Provinz 506
Claudius, Appius, römischer Staatsmann 518
Cloatii, römische Handelsleute 533f.
Concordia (lateinisch), Eintracht 589
Condominium, ungeteilte Herrschaft mehrerer über ein Gebiet und Bezeichnung für ein solches Gebiet 60
Connubium, im römischen Recht förmliche, rechtsgültige Ehe und Berechtigung zur Ehe 278
Côte d'Azur (Blaue Küste, Riviera di Ponente), Küstenraum des Mittelmeeres von Genua bis Marseille 119
Cotta, Marcus Aurelius, römischer Provinzstatthalter 514
Cumae (Kyme), Italien 112, 114, 116ff., 200, 238, 386, 529, 540, 680, *Abb. 116*
Curtius, Ernst, klassischer Archäologe 20
—, »Griechische Geschichte« (3 Bde 1857–61) 20
Cypern (Alaschia, Kypros), Mittelmeerinsel 28, 41, 59f., 65ff., 73, 100f., 111f., 176, 216, 246, 255f., 258f., 352, 379, 415, 424, 443f., 445f., 456, 459, 470, 475, 497f., 502, 512f., 518f., 539, 679

D

Da (Damater, Demeter), vorgriechische Erdgöttin 54
Daimónion (daimónia), das Göttliche, göttliches Wesen 348, 579f., 652, 655
Daisios, Monat des griechischen Kalenders (Mai/Juni) 403
Damaskios, griechischer Philosoph 668
Damaskos, Syrien 413, 415f.
Damasus I., römischer Papst aus Spanien, Heiliger 633
Damokles, Höfling des Dionysios I. von Syrakus (»Damoklesschwert«) 274
Damon, griechischer Musiker und Philosoph aus Athen 266
Danaer (Danuna?), eines der Seevölker 66
Dante Alighieri, italienischer Dichter 621
Danuna (Danaer?), eines der Seevölker 66
Daphne, südlich von Antiocheia in Syrien 496, 498, 565
Dardanellen, siehe Hellespont
Dardaner, illyrisches Volk 456, 479f., 491
Dardanos am Hellespont 511, 513
Dareios I., König von Persien 198, 213, 217f., 220–223, 331, 509
Dareios II. Nothos, König von Persien 331, 349
Dareios III. Kodomannos, König von Persien 413ff., 419ff., 423, 425, 497, 681
Datis, persischer Feldherr 222
David, König von Israel 66
Deidameia, Schwester des Pyrrhos 445f., *Stammtafel 447*
Deinomeniden, Adelsgeschlecht auf Sizilien 238, 382
Deiotaros, Häuptling der Galater 517
Dekarchien, zehnköpfige Komitees in Sparta 335, 340, 345
Dekeleia, Attika 329, 680
Dekeleischer Krieg 330, 340
Delbrück, Hans, Historiker 229
—, »Die Perserkriege und die Burgunderkriege« (1887) 229
Delion, Boiotien 316
Delischer Bund, siehe Attischer Seebund
Delos, Stadt und Insel der Kykladen 106f., 232, 234, 244f., 256, 286, 456, 468, 472, 487, 493, 505, 511f., 525f., 528, 533f., 549, 563, 567, 570, *Abb. 109*, 568, 616
Delphi (Delphoi, Pytho), Phokis 92, 125, 134, 156, 184, 191f., 196f., 226, 230, 237, 362, 396,

NAMEN- UND SACHREGISTER

403, 406, 417, 458, 462f., 472, 477, 492, 547f., 677, 678, 682, *Abb. 188, 464, 665*

Delphische Amphiktyonie 105, 191f., 393, 396, 403, 406, 462f.

Demagoge (*demagogós*, Volksführer), angesehener griechischer Politiker 225, 265

Demaratos, König von Sparta 187, 218f.

Demen (von *démos*), die einzelnen Gemeindebezirke Attikas 188, 269

Demeter, griechische Göttin 54, 88, 92, 124, 550, 557, *Abb. 609*

Demetrias, Thessalien 450, 457, 462, 486, 489

Demetrios I., König von Baktrien 500

Demetrios I. Poliorketes, Sohn des Antigonos I., König von Makedonien und Phrygien **442–446, 448–451**, 453, 456f., 477, 531f., 541, 682, *Abb. 448, Stammtafel 438*

Demetrios-Kult 549

Demetrios II. Aitolikos, König von Makedonien 463, 477, *Stammtafel 438*

Demetrios III., König von Makedonien 492, *Stammtafel 438*

Demetrios I. Soter, König von Syrien 501, 505, *Stammtafel 454f.*

Demetrios II. Nikator, König von Syrien 501f., 512, *Stammtafel 454f.*

Demetrios aus Alopeke, attischer Bildhauer 563

Demetrios der Schöne, Halbbruder des Antigonos 460, *Stammtafel 438*

Demetrios, Gefährte Alexanders des Großen 424

Demetrios aus Byzantion, griechischer Historiker 452

Demetrios von Phaleron, griechischer Gelehrter und Staatsmann 377, 468, 538f., 542, 555, 601

Demetrios von Pharos 478f.

Demiurg (griechisch Volksarbeiter), Handwerker, später Bezeichnung der höchsten Beamten auf der Peloponnes 94

Demochares, attischer Historiker 452

Demokedes, griechischer Arzt 218

Demokratie, attische 23, 219f., 224, 247f., 253, 262, **267–282**, 285, 295, 308f., 311, 313, 325f., 330, 333f., 344, 346f., 358, 373f., 378, 392, 440, 443, 446, 464, 586, **590–593**, 679f.

—, griechische 218, 221, 238, 249f., 257, 266, 353, 373f.

Demokrit(os), griechischer Philosoph aus Abdera 122, 211, 291, 541, 611, 666f., 669f., 680, *Abb. 251*

Demonax aus Mantineia 193

Demos (griechisch), Volk 137f., 142, 144f., 148, 156, 174, 235, 269ff.

Demosthenes, athenischer Feldherr 314f., 327f.

Demosthenes, attischer Redner 381, **390–397**, 399, 408f., 452, 552f., 558, 660f., 681, *Abb. 351, 393*

—, Philippische Reden (351, 344, 341 v.Chr.) 393ff.

—, Symmorienrede (symmoria Steuerklasse) 354, 392

Dendra, Argolis, *Abb. 56*

Denken und Wirklichkeit **372–375**

depravieren, entstellen, verschlechtern 165

Devolution, Übergang eines Rechtes oder Besitzes auf einen anderen 285

Diadochen (griechisch Nachfolger), die Feldherren Alexanders des Großen 436, 451ff., 462, 543, 551, 565, 681

Diäten in Athen 254, 275f., 279, 679

Diätetik, Lehre von der geeigneten Ernährungsweise 664

Diagnostik, die Kunst, Krankheiten zu erkennen 664

Dialektik, Methode, durch Aufweisen und Überwinden von Widersprüchen die Wahrheit zu erforschen 294, 337, 536

Dialog (Zwiegespräch) 672f.

Diaspora, religiöse Minderheiten 498

Diatribe (*diatribé*, das Zermahlen, der erklärende Vortrag), griechische Literaturform 539, 673

Dido, mythische Königin von Karthago 558

Didymaion, Tempel und Orakel des Apollon Philisios in Didyma bei Milet 569, *Abb. 569*

Didymos Chalkenteros (»Kupferherz«), griechischer Grammatiker aus Alexandreia 559

Diegylis, König in Thrakien 506

Dietrich von Bern (Verona), deutsche Sagengestalt in Erinnerung an den Ostgotenkönig Theoderich des Großen 65

Differentialrechnung 544

Dikaiarchos aus Alexandreia, griechischer Gelehrter 544

Dikaiarchos, griechischer Philosoph aus Messene, Sizilien 377

Dike, Göttin der vergeltenden, besonders der strafenden Gerechtigkeit 129, 164

Diktatur 281

Diktynna, Beiname der Großen Erdmutter 46

Dimale, Illyrien 479

Dimini, Thessalien 32, 38, 677

Dimini-Wanderungen 32, 677

Diodoros, griechischer Geschichtsschreiber aus Agyrion, Sizilien 430, 450, 657f.

—, »Bücherei der Geschichte« 450

Diodotos II. von Baktrien 472

Diogenes der Babylonier, von Seleukeia am Tigris, griechischer Philosoph 494, 526, 539f.

Diogenes von Laërte in Kilikien, griechischer Philosoph 537

—, »Über Leben, Ansichten und Aussprüche der berühmten Philosophen« 537

Diogenes von Sinope, griechischer Philosoph 534, 537ff., 594, 672, 682

—, »Staat« 539

Dion, Nauarch in Syrakus 378, 388f., 681

Dion am Olympos, Makedonien 411, 479

Dionysien, Feste zu Ehren des Dionysos Eleuthereus 147, 182, 295f., 678

Dionysios I., der Ältere, Tyrann von Syrakus 375, 380, 382, **384 bis 388**, 532, 542, 681

Dionysios II., der Jüngere 388f., 681

Dionysios-Petosiris, aufständischer Ägypter 503

Dionysios Thrax (griechisch: der Thraker), griechischer Grammatiker 559

Dionysos, griechischer Gott 89, 124, 136, 147, 202, 295f., 431, 433, 482, 520, 548, 564, 637, 645

— Eleuthereus 147, 182, 678

Dionysosmysterien 208

Diopeithes, athenischer Stratege 395

Diophantos, Heerführer in Pontos 507

Dioskorides aus Delos 563

Diphilos, Komödiendichter aus Sinope 554, 647

Dirke, Gemahlin des mythischen Königs Lykos von Theben 566

Diskos von Phaistos 44

Dithyrambos, Beiname des Dionysos und Chorlied auf Dionysos 202, 295

Divination, Vorausahnen künftiger Dinge 209, 219

Diwan, mit Bänken ausgestatteter Raum 568

Dyllos, athenischer Historiker 452

Dnjestr, siehe Tyras

Dobrudscha, Landschaft zwischen Donau und Schwarzem Meer 396

694 NAMEN- UND SACHREGISTER

Dörpfeld, Wilhelm, Archäologe 22, 33
Dolonker, thrakischer Volksstamm 220
Domestikation von Wildtieren 27
Donau 29, 198, 220, 407, 425, 448, 450
»Donnerkeil«, siehe Ptolemaios Keraunos
Doppelaxt 34, 46, 48, 52, 56, 100
Doppelkönigtum in Sparta 86
Dor (Dora), Palästina 66
Dorier, griechische Stammesgruppe 64, 66 ff., 72, 107 f., 139, 150, 637, 677
Doriertum 121, 238
Dorieus, spartanischer Prinz 194
Doris, Landschaft in Mittelgriechenland 108, 257, 362
Dorische Hexapolis 108
Dorischer Krieg 307
Dorischer Stil 204, 568 f., *Abb. 81, 89, 133, 141, 188, 288*
Dorische Wanderung 22, 72—76, 82 f., 86—90, 93, 107, 138, 618, 677
Doros, Stammvater der Dorier 108
Drachme (griechisch, »das Gefaßte«), Silbermünze, die Grundeinheit des griechischen Geldes 143, 176, 219, 275, 510 f., *Abb. 176, 448, 465*
Drakon, Gesetzgeber in Athen 145, 163, 167, 678
Drama (griechisch), Handlung 622, 630, 635, 637, 640, 645
Drangiane, Landschaft in Ostiran 423, 430, 496
Drepana, Westsizilien 385
Drittel (*tríttys*), Bezeichnung der dreißig Distrikte der zehn Phylen der attischen Gemeindeordnung 188
Dromos, gedeckter Zugangsweg zur Grabkammer 57
Droysen, Johann Gustav, Geschichtsforscher 20, 24
—, »Geschichte Alexanders des Großen« (1833) 20
Dualismus, Wettstreit zweier politischer Mächte 338, 356, 390
Dura-Europos am Euphrat 14, 523, 549, 567 f.
Duris von Samos, Tyrann und Geschichtsschreiber 432, 452
Dymanen, griechischer Volksstamm 67
Dysnomia (griechisch Ungesetzlichkeit) 165

E

Ebenholz 530
Ebussos (Ibiza), Insel der Pithyusen (Balearen) 199, 678
Edelsteine 530, 561, 569

Edessa (Antiocheia), Mesopotamien 516
Egnatische Straße, siehe Via Egnatia
Ehe bei den Griechen 583 ff., 589
Ehrendekrete und -statuen, griechische 601
Eidgenossenschaft gegen Persien, griechische, siehe Hellenischer Bund
Eídos (das Sehen), Begriff der griechischen Philosophie für das Wesenhafte an den Dingen 598
Eileithyia, Beiname der Großen Erdmutter 46, 54, 89
Eion am Strymon, Thrakien 245
Eisen 66, 453, 496, 531
Eisengeld 143, 158
Eisenzeit 33
Eisernes Zeitalter, siehe Zeitalter
Ekbatana (Hamadan), Westiran 422 ff., 433
Ekklesia (»Gesamtheit der Berufenen«), Volksversammlung in altgriechischen Staaten 170 f., 188 f., 333
— in Athen 226, 265 f., 269 f., 273 ff., 278, 306, 323, 330, 344
Ékphrasis (griechisch), Beschreibung, namentlich von Bildwerken 560
Elamiter (Elymäer) 521
Elaphebolión, Monat des griechischen Kalenders (März/April) 296
Elaphion, berühmte Kurtisane aus Syrien 529
Elateia, Phokis 396
Elburs, Gebirgszug südlich des Kaspischen Meeres 495
Elea (Velia), Süditalien 122, 192, 201, 211, 291, 386, 678
Eleatische Philosophenschule 192, 291, *Abb. 189*
Elegie (Elegeia), bei den Griechen Klagelied, später jedes in Distichen abgefaßte Gedicht 153, 164, 629, 632, 634 ff.
—, römische 588, 635 f.
Elektra, Tochter des Agamemnon, *Abb. 592*
Elektron (natürliche Gold-Silberlegierung) 55
Elemente (das Urstoffliche), des Empedokles (Feuer, Wasser, Luft, Erde) 629
Eleusinische Mysterien, Geheimkult der Demeter und Persephone 485, 550, 610, *Abb. 609*
Eleusis, Attika 83, 92, 101, 346 f.
Eleutherai, Attika 147, 182
Eleutheria (»Freiheitsspiele«) in Plataiai 234
Elfenbein 38, 43, 49 f., 61, 530, 533, 568 f.
Elier 74, 480

Elis, Stadt und Landschaft auf der Peloponnes 57, 74, 77 f., 86, 106, 143, 152, 249, 317, 340, 395, 408, **459—462**, 476, 527, 679, 683
—, Bund gegen Sparta 318 f.
Elite, politisch-kulturelle, in Athen 279 f., 345
— in Sparta 337
Elysium, Gefilde (Inseln) der Seligen 50, 613
Empedokles, griechischer Philosoph aus Akragas 122, 208, 211, 264, 628 f., 672, 680, *Abb. 251*
—, »perí phýsoos«, »Über die Natur« (Lehrgedicht) 629
Emporien, Handelsstationen 243
England 119
Enkomi, Cypern 101
Ennius, Quintus, römischer Dichter aus Rudiae, Calabrien 621 f.
—, »Annales« (»Jahresberichte«), Epos der römischen Geschichte 621 f.
Epameinondas, thebanischer Staatsmann und Feldherr 358, **360—364**, 371, 397, 487, 681
Epheben (griechisch die Mannbaren), Jünglinge zwischen 18 und 20 Jahren 205, 469, 499, *Abb. 208, 304*
Ephesos, Westkleinasien 54, 122, 153, 195 f., 211, 216, 340, 445 f., 451, 470, 473, 558, 622, 678, *Abb. 177, 468*
Ephialtes, athenischer Politiker 253, 679
Ephoren, die fünf Mitglieder der obersten Regierungsbehörde (Ephorat) in Sparta 157, 224, 250, 304, 678
Ephoros von Kyme in der Aiolis, griechischer Geschichtsschreiber 677
Ephyräische Keramik 57
Epicharmos, griechischer Komödiendichter aus Kos 122, 556
Epidamnos Dyrrhachium (heute Durazzo), Illyrien 116, 303, 679
Epidauros, Hafenstadt in Argolis 141
epideiktisch, zur Schau stellend, prunkend 553
Epidemiurg, oberster Beamter der Kultfeste 116, 304
Epigramm, Sinn- und Spottgedicht, meist in Distichen 556 ff., 629, **632—635**, 683
Epiktet(os), griechischer Philosoph aus Hierapolis, Phrygien 667
Epikureer 538, 542, 547, 584, 588, 605, 629, 668, 671 ff.

NAMEN- UND SACHREGISTER

Epikur(os) von Samos, griechischer Philosoph 537f., 541f, 588, 594, 598, 608, 663, 667, 670, 673, 682
—, »Über die Natur« 673
Epiphanie (griechisch), Erscheinung 48, 52
Epipolai, Plateau nördlich von Syrakus 325, 384
Epiroten, illyrisches Volk 81, 403, 525, 528
Epirus (Epeiros), Landschaft im nordwestlichen Griechenland 36, 59, 72, 80, 370, 403f., 436, 445f., 448ff., 456, **459—463**, 477, 480, 494, 677, 681f.

Stammtafel 447
Epos (gesprochener Bericht) 630, 650f.
—, altfranzösisches 622
—, griechisches **94—99, 124—127**, 130, 132, 147, 202, 295, 297, 552, 557, 584, 600, **616—622**, 630, 635, 637, 639, 643, 650, 654, 674, 677
—, mittelalterliches 622, 632
—, mittelhochdeutsches 622
—, römisches 621f., 635
Epyllion, kurzes Epos 557f.
Erasistratos aus Iulis auf Keos, griechischer Arzt 542, 545, 683
Eratosthenes aus Kyrene, griechischer Gelehrter 65, 542, 559, 683
Erdbestattung 49, **54—60**, *Abb. 32, 56, außen und innen*
Erdgöttin, Große, auf Kreta 42, 45f., 54
Erdkarte, griechische 596
Erdmutter, siehe Muttergöttin, Große
Erechtheion (nach Erechtheus, mythischem König von Athen), zweitgrößter Tempel auf der Akropolis 302, 329, *Abb. 329*

Eremiten 551
Eresos auf Lesbos 377, 538

Eretria, Euboia 120, 123, 179, 216, 218, 285, 537, 565, 678

Erigon, Fluß in Makedonien 408

Erigyios, Jugendfreund Alexanders des Großen 424, 435
Eris, griechische Göttin 127
Eristik, Kunst des Redestreits, oft als Selbstzweck angesehen 537f.
»Erkenne dich selbst«, delphisches Postulat 294
Eros, griechischer Gott 126, 560, 564, 625
Erythräisches Meer (Indischer Ozean) 512
Erythrai, Kleinasien (gegenüber Chios) 143, 284

Eschatologie, Lehre von den letzten Dingen 208
Esoterik, Geheimlehre 291, 372
Ethik 540, 547, 578, 582ff., 594, 598, 600, 604, 607ff., 620, 627, 634, 653, 665f., 660, **668—671**, 674
— der Lust 604, 608f., 670
— des Willens zur Macht 604f., 670
Ethnologie, Völkerkunde 607
Ethos der Spartaner 157, 160
Etrurien, Landschaft in Italien 563
Etrusker, altitalisches Volk umstrittener Herkunft 51, 63, 113, 116, 192, 200f., 206, 234, 237, 387, 525f., 678, 680
Etymologie, vergleichende Sprachwissenschaft 651f.
Etzel (Attila), König der Hunnen 65
Euagoras, Staatsmann aus Salamis auf Cypern 352, 379
Euander (Euandros), mythischer Arkader 477
Euboia, griechische Insel 35, 72, 79, 107, 113f., 117, 123, 125, 216, 230, 260, 284f., 334, 363, 395, 558, 679, 681
Euboiisches Maßsystem 176
Eubulos, athenischer Politiker 392f.
Eudoxos aus Knidos, griechischer Astronom und Philosoph 544, 558
Eudoxos aus Kyzikos, griechischer Seefahrer 533
Eukleides, griechischer Mathematiker 542, 544, 663, 683
—, »Stoicheia« (Elemente), Lehrbuch der Geometrie 544
Eukratides I., König von Baktrien 500
Eulaios, Regent in Ägypten 496
Eumenes aus Kardia, Geheimschreiber Alexanders, Satrap von Kappadokien 432, 436f., 440f., 452, 549
Eumenes I. von Pergamon 471ff., 538, *Stammtafel 447*
Eumenes II., König von Pergamon 484, **488—492**, 494, 503ff., 565, *Stammtafel 447*
Eunomia (griechisch Gesetzlichkeit) 165
Eupatriden, griechische Adlige 77
Euphorion aus Chalkis, griechischer Epiker 557
Euphraios, griechischer Philosoph von Euboia 366
Euphrat 350, 418, 512, 523, 549, 567, 681
Euphron, Gesandter von Sikyon, *Abb. 652*
Euphronios, attischer Töpfer und Vasenmaler, *Abb. 304*

Eupolis, attischer Komödiendichter 638, 647
Euripides, attischer Tragiker aus Phlya 296, 298, 302, 324, 342, 366, 554, 623, 637ff., 641, **643 bis 647**, 649, 680, *Abb. 251*
—, »Bakchen« Tragödie 366
—, »Danáe« (Tragödie; nicht erhalten) 643
—, »Elektra«, Tragödie 342
—, »Hippólytos«(Tragödie) 680
—, »Iphigenie in Aulis« (Tragödie) 643
—, »Iphigenie bei den Taurern« (Tragödie) 643
—, »Médea«, »Medea« (Tragödie) 643, 680
—, »Orestes« (Tragödie) 680
—, »Die Troerinnen«, Tragödie 324, 680
Euripos, Meerenge zwischen Boiotien und Euboia 462
Europa, Tochter des phönikischen Königs Agenor 47, 98
Europa 27ff., 30, 32, 36, 65, 111, 432, 436, 441, 489f., 524, 677
—, geistige Vorstellung 576f.
Eurotas, Fluß in Lakonien 84, 150, 157, 159, 678, *Abb. 152*
Euryalos, Fort bei Syrakus 384, *Abb. 384*
Eurydike, Tochter des Antipater 449, 451, *Stammtafel 439*
Eurydike, Tochter der Kynane 436f., 441, *Stammtafel 427*
Eurykleides, athenischer Staatsmann 464
Eurynome, vorgriechische Göttin 89
Eurymedon, athenischer Feldherr 327f.
Eurymedon (heute Köprü-Su), Fluß in Pamphylien 247, 255
Eurytheus, mythischer König von Mykene 212
Euthychides aus Sikyon, griechischer Bildhauer 565
Euthydemos I., König von Baktrien 482, 495, 500, 561
Euthymenes, griechischer Seefahrer 119
Evans, Sir Arthur, englischer Archäologe 33, 39, 49, 62, 100f.
Exegese, Auslegung und Erklärung von Texten 617, 620ff., 659
Exekias, attischer Vasenmaler 181

Exhaustionsmethode 544
Exulant, Verbannter 179

F

Fabelwesen der Minoer 47
Failaka (Ikaros), Insel im Persischen Golf, *Abb. 428f.*
Familie bei den Griechen 583f.

NAMEN- UND SACHREGISTER

Farnesischer Stier, Kolossalgruppe der Brüder Apollonios und Tauriskos aus Tralles 566
Fatum (lateinisch), Schicksal 580
Fayence (nach der Stadt Faenza benannte Tonware besonderer Art), minoische 42 f., 50, 52, 61, *Abb. 52*
Fayûm (Faijum), Oase in der Libyschen Wüste 469, 531, 550, 561 f.
Felonie, vorsätzlicher Bruch der Lehenstreue 346, 349
Feodosia auf der Krim 193
»Fesseln Griechenlands«, befestigte Städte Demetrias, Chalkis und Korinth 450, 457, 462, 486
Festspiele, griechische, siehe Panhellenische
Fetialen, altrömische Priestervereinigung zur Überwachung der religiösen Formen im völkerrechtlichen Verkehr 492
Feudalismus 57, 60, 149
Feuer in der Antike 593, 594, 627
Figurine, kleine, besonders antike Statue 561, 564
Filigran, Schmuckarbeit aus feinen zusammengelöteten Gold- und Silberdrähten 34
Fimbria, siehe Flavius
Firniskeramik 57
Firnismalerei 56
Fixsterne (*fixus*, fest) 597
Flamininus, siehe Quinctus Flamininus
Flavius Fimbria, Gaius, römischer Legat 510, 515
Flotte, ägyptische 442 f., 446, 450, 456, 458 f., 461
—, attische 216 f., 246 f., 256, 258 f., 314, 323, 325, 327, 332 ff., 336, 344, 352, 363, 436, **678–682**, *Abb. 248*
—, griechische 216, 243 ff., 331, 678
—, kyprisch-phönikische 416
—, makedonische 396, 410, 413, 430 f., 436 f., 440, 443 ff., 457, 468, 487
—, peloponnesische 331, 334, 336, 680
—, pergamenische 480
—, persische 410, 412, 415, 679
—, pontische 509 f.
—, rhodesische 459, 490, 492, 511
—, römische 478, 480, 514, 516, 520
—, spartanische 352, 488, 680
—, thebanische 361, 364
Föderalismus in Griechenland 226, 245 f.
Folklore, Lieder-, Märchen-, Sagen- und Sprichwörterschatz eines Volkes 93, 581, 623
Food gatherer, Nahrungssammler 27
Food producer, Nahrungserzeuger 27

Fortuna, römische Göttin des Glücks 579
Fränkel, Hermann, klassischer Philologe 96
Frankreich 35, 110, 119
Französische Akademie, Ausgrabungen 523
Französische Revolution von 1789 576, 586
Frau, soziale Stellung in Griechenland 267, 269, 529, 583, 590, 594
Freibeuterei, siehe Seeräuberei
Freihandelszone der griechischen Städte 533
Freiheit, bürgerliche, in Athen 271 ff., 282
Fresken, Wandmalerei auf frischem Mörtel, minoische 42 f., 45 f., 48, 52 f., 57, 59, 61, 532, 565, *Abb. 52, 339*
Freundschaft bei den Griechen 584 f.
Frömmigkeit in der Sicht der Griechen 582, 586
Fruchtbarkeitskult 28, 31, 45, 54, 89
Frühlingsäquinoktium, Tagundnachtgleiche 548
Fulvius Nobilior, Marcus, römischer Konsul 491
Furumark, Arne, schwedischer Altertumsforscher 44

G

Gabinius, Aulus, römischer Staatsmann 515, 519
Gadara, Ostjordanland 539
Gades (heute Cadiz), Spanien 111 f.
Galater, Bund mehrerer keltischer Stämme 450, 459, 472 f., 476, 481, 483, 491, 504 f., 507, 514, 566, 682, *Abb. 473, 504*
Galatien, Landschaft in Kleinasien 459, 508, 517
Galenos aus Pergamon, griechischrömischer Arzt 664
Gallia cisalpina 680
Gallien, umfaßte zur Zeit der Römischen Republik das heutige Frankreich, Belgien und Oberitalien bis zur Etsch 530
Gallier, Hauptvolk der Kelten 387, 478, 680
Gallipoli (thrakische Chersones), Halbinsel an den Dardanellen 72, 182, 220 f., 262, 285, 370
Gamelión, Monat des attischen Kalenders (Januar/Februar) 296
Ganges, Fluß in Indien 430
Gartenbau, griechischer 628, 662

Gaugamela, östlich von Mosul 414, 419, 421 ff., 681
Gaza, Palästina 416 f., 442, 484
Geburtshilfe 664
Gedrosien, Landschaft in Südiran 428, 496
Gela, Sizilien 114, 118, 121, 192, 235 f., 383 f., 677
Geld 38, 55, **132**, 143, 176, 219, 224, 275, 288, 339, 385, 534
Gelon, Tyrann von Gela und Syrakus 236 ff., 382, 384, 680
Gemme, Edel- oder Halbedelstein mit tief eingeschnittenem Bild 50, 52, *Abb. 177*
Geographie 543, 596, 668, 683
Geologie 596
Geometrie 544, 612, 614, 662 f.
Geometrischer Stil, Periode der altgriechischen Kunst 83
Gepiden, ostgermanisches Volk 66
Gerechtigkeit, Idee der 373 ff.
Gerichtshoheit Athens in den Kolonien 285 f.
Gerichtswesen, athenisches 268, 270, 272, 274 f., 280
Germanen 87, 577, 632
Germanicus, Nero Claudius Germanicus Caesar, römischer Heerführer 628
Gerrha, antiker arabischer Hafen am Persischen Golf 525, 533
Gerusia, »Rat der Alten« in Sparta 151, 156 f., 678
Geschichtsphilosophie 655
Geschichtsschreibung, griechische 298–301, 580 f., 601, 603, 609, 616 ff., **650–659**, 683
Geschichtstheologie, christliche 655
Geschworenengerichte, athenische 270, 272, 309
Geschworenenversammlung, Ausschuß der Volksversammlung (*ekklesía*) für Rechtsentscheidungen 189
Gesellschaftskomödie, antike 639
—, französische 648
Gestirne 596 f., 610 ff.
Geten, thrakisches Reitervolk 407, 425, 448 f.
Getreideanbau 27
Getreidehandel 278 f., 330, 530
Gewaltenteilung, Teilung der Machtausübung des Staates in Gesetzgebung, Rechtsprechung, Vollzug 272
Gezeiten (Ebbe und Flut) 119, 428, 544
Gibbon, Edward, englischer Historiker 20
Gibraltar, Spanien 111 f., 119, 201, 213
Giganten, im griechischen Mythos ein Riesengeschlecht, Söhne der Erdgöttin Gaia 91, 96
Gigantomachie, Kampf der Giganten 565, 569

NAMEN- UND SACHREGISTER

Gillos aus Tarent 218
Giskon, karthagischer Feldherr 383
Gla (Arne), Insel im Kopaïs-See, Boiotien 65
Glaukias, König der Taulantier 408
Gleichberechtigung, bürgerliche, in der attischen Demokratie 271, 277, 282
Glyptik, Stein-(Metall-)Schneidekunst 50, 52, 56, 61
Gnomen (*gnomai*), kurze Sinnsprüche 203, 672
Goethe, Johann Wolfgang von, Dichter 576, 583, 598, 621
—, »Faust« 598
—, »Wer Wissenschaft und Kunst besitzt, / Hat auch Religion; Wer jene beiden nicht besitzt, Der habe Religion.« (Vierzeiler aus den Zahmen Xenien, IX) 583
Götter, griechische 575—582, 593, 596 f., 600, 605, 607, 609, 616 f., 620, 624—627, 644, 670
—, orientalische 579
—, römische 579, 644
—, Allgegenwart, Allmacht, Allwissen, Unsterblichkeit 581 ff.
Gold 31, 34 f., 49 f., 55 f., 61, 120, 449, 487, 493, 496, 508, 530, 533 f., 561, 568 f.
Goldenes Zeitalter, siehe Zeitalter
Goliath, Philister aus Gath 66
Gomme, Arnold Wycombe, englischer klassischer Philologe 277
Gordion am Sangarios, Kleinasien 412
Gordischer Knoten 412
Gorgias von Leontinoi, griechischer Philosoph und Rhetor 292, 310, 342, 345, 378, 380, 601
Gorgos, Resident in Korkyra 116
Goten, ostgermanische Völkerschaft 66
Gott 582, 598, 603, 639, 640 f., 669 f.
Gottesfrieden 106
Gottesgnadentum 38
Gournia auf Kreta 43
Grabmäler, griechische 561 f., 594, 632, *Abb. 449*
Gracchen, römische Volkstribunen 529
Gracchus, Gaius Sempronius, römischer Volkstribun 540
Gracchus, Tiberius Sempronius, römischer Volkstribun 540
Graeci, Griechen 106
Graffito, eingekratzte Inschrift 100
Grammatik 662
Granikos, Fluß in Kleinasien 411, 414, 418 f., 426, 428, 434, 563, 681, *Abb. 412*
Granulation, Verzierung von Schmuck durch aufgelötete Gold- und Silberkügelchen 34
Greif, Fabelwesen (Löwe-Vogel) 47, 57, 61

Griechen 56, 60, 67, 72 f., 75, 87, 92 f., 98 f., 102, 106 ff., 110 f., 120 ff., 124, 177, 193, **195—198**, **225—234**, 238, 243, 265, 354 f., 369, 379 f., 399, 404, 409, 411, 414, 417, 421, 424, 428, 432, 434, 444, 453, 458, 469, 476, 481, 483, 491, 494, 517, 521, 523 ff., **528 ff.**, 546, 548, 550, 567, 576 f., 579, **583—587**, 590, **595—607**, 609, 615, **617—623**, 627, 630 ff., **634—637**, 643, 649 f., 652 f., 657, 659 f., 660, 662, 666, 669, 671, 674, *Abb. 412, 504*
— auf Sizilien 234—238, 310, 383, 677, 680 ff.
— in Kleinasien 196—199, 214 bis **217**, 228, 232, 242 f., 245, 247, 259, 263, 266 f., 331, **351—356**, 511, 677
—, Lebensdaten bedeutender 251, 351
Griechenland 13, 27, **30—34**, 36, 51, **56—60**, 71 ff., 81, 84, 86, 88 f., 104 f., 139, 172, 179, 214, 217, **223—227**, 229, 231 f., 239 f., 241, 247 f., 256, 272, 289, 305, 333, 357, 389 ff., 393 f., 418, 442 f., 445, 450, 458 f., 468, 475 ff., 479 f., 487, 491, 504, 508 ff., 518, 521, 533, 586, 596, 651, 677 f., 680 ff.
—, Archaische Zeit (bis zur Wende zum 5. Jahrhundert) **71—213**
—, Klassische Zeit **214—400**
—, Staaten und Staatenbünde **460 bis 465**
Griechentum 578 f., 584, 598, 618, 627, 665
—, archaisches 119 f., 122, 145, 149
—, klassisches 23 f., 214, **225—228**, 234, 236, 238—258, 264—267, 298 f., 357, 376, 379
—, sizilisch-unteritalisches 325 f., **382—389**
—, spätarchaisches **190—213**
Griechische Kolonisation 22, **109 bis 123**, 132, 138 f., 162, **191 bis 194**, 199, 235—238, 264, 279, 284, 365, 677
Griechische Kunst, Architektur 132 f., 133, 147, 203 ff., 267, 287, 302, 532, 561, **567—571**, 678, 680 f., 683, *Abb. 89, 109, 133, 141, 188, 236, 265, 288 f., 329, 428, 472, 528, 569*
—, Bildhauerei 133, 162, 205 f., 267, 291, 339, **563—566**, 680 f., *Abb. 88, 124 f., 132, 140, 180, 208, 217, 229, 237, 249, 264, 393, 412, 429, 473, 504 f., 544, 576 f., 592, 609, 617, 652*
—, Bildniskunst 561—564, *Abb. 217, 249, 264, 393, 429, 448, 505*
—, Keramik 83, 138, 144, 162, 176, 181, 206, 561, *Abb. 88, 181, 209, 225, 248, 304, 560, 592 f., 596, 608, 644 f., 653*

Griechische Kunst, Keramik, megarische 530 f., 560
—, —, pergamenische 530 f., 560
—, —, samische 560
—, Malerei 181, 205 f., 339, 561, 564 f., *Abb. 181, 209, 248, 304, 449*
Griechischer Geist **15—19**, 24, **290—301**, 342, **372—381**, 575 ff., 608, 631
Griechische Schrift **100—105**, 677, *Abb. 101, 103, 225*
Große Wanderung, siehe Ägäische Wanderung
Großgriechenland 201, 204
Grote, George, englischer Historiker 20 f., 281
—, »History of Greece (12 Bde. 1846—56) 20
Grünstein (Felsgestein) 35
Gyges (Guggu), König von Lydien 192, 195 f.
Gylippos, spartanischer Feldherr 326 f., 331, 335, 387 f., 680
Gymnasion (Gymnasium), im alten Griechenland öffentliche Anstalt für Leibesübungen 570, 586, *Abb. 665*
Gymnastik (griechisch *gymnós*, nackt), Leibesübungen zur Ausbildung des Körpers für die Wettspiele 205 f.
Gynäkologie, Frauenheilkunde 664
Gytheion, Lakonien 533, 679

H

Hadad, syrischer Gott 549
Hades, griechischer Gott der Unterwelt und die Unterwelt selbst 208
Hadrumetum, Nordafrika 112
Hagia Triada auf Kreta 42 f., 49, 58, 100, *Abb. 32, 45*
Hahnenkämpfe bei den Griechen 594
Haliartos, Boiotien 352, 493
Halicar, Fundstätte (mittleres Kleinasien) 28, 30
Halikarnassos, Südwest-Kleinasien 67, 299, 364, 411 f.
Halonnesos, Insel der Nördlichen Sporaden 395
Halykos, Fluß zur Südküste Siziliens 385
Halys (Kisil Irmak), größter Fluß Anatoliens 197, 517
Hamilkar, karthagischer Feldherr 200, 237, 383
Hamiten, Sprachfamilie, der alle nichtsemitischen Völker Nord- und Nordostafrikas angehören 29, 37

NAMEN- UND SACHREGISTER

Handel, Sesklo-Kultur 30
—, Griechenland 110—113, 115, 118f., 183, 197, 277ff., 339, 677
—, Kreta 38f., 41—43, 50f., 57
—, Mykene 57, 59—62, 80
Handel und Verkehr in der hellenistischen Welt 530—534
Handwerk in Ägypten 585
— in Griechenland 76, 136, 162, 176, 197, 206, 246, 276f., 339, 585, 598f., 627, 663, 677, *Abb. 177*
Hannibal, karthagischer Feldherr und Politiker 383, 479, 488, 490, 504, 681f.
Harappa (Punjab) 29
Harmodios, »Tyrannenmörder« 183f., 421
Harmodios und Aristogeiton, Doppelstatue von Antenor 184, 421
Harmosten, spartanische Vögte in ehemaligen athenischen Bundesstädten 340, 680
Harpalos, Schatzmeister Alexanders des Großen 418, 423, 431, 436
Hasdrubal, karthagischer Feldherr 200
Hasmonäer (Makkabäer), jüdische Dynastie 498ff.
Hastings, Sussex, Schlacht bei 240
Hatschepsut, Maatkarê, Königin von Ägypten 43
Hedonismus, philosophische Lehre, nach der Glück und Ziel des Menschen im Gefühl der Lust besteht (Aristippos) 537, 541, 604, 608f.
Heerwesen, griechisches 222, 229, 233, 268
Hegel, Georg Friedrich Wilhelm, Philosoph 197, 338
Hegemonie, Vormachtstellung eines Staates 59f., 64, 161, 192, 226, 240, 244f., 248f., 252, 257, 263f., 340, 361f.
Hegesipp(os) von Sunion, attischer Gesandter in Makedonien 394
Heilige, christliche 644
Heiliger Krieg gegen die Lokrer von Amphissa 396
— gegen die Phoker 191f., 678
Heimarméne (griechisch), Schicksal 579
Hekabe (Hecuba), Gemahlin des Priamos von Troia 619
Hekataios, Vertrauensmann Alexanders des Großen in Kleinasien 405
Hekataios von Abdera, griechischer Schriftsteller 465
Hekataios von Milet, griechischer Historiker 212f., 215, 299, 650ff.
—, »Genealogien«, 4 Bücher 651
Hekate, griechische chthonische Göttin 546, 550

Hekatómpedos, Hauptraum des Parthenon 181
Hektor, Sohn des Priamos 618ff., 626, 639
Helena (Heléne), Gattin des Menelaos 620
Helepolis (Stadtnehmerin), antike Belagerungsmaschine 531
Heliaia, siehe Geschworenengerichte in Athen
Helikon, Bergzug in Boiotien 125, 468, 624, *Abb. 125*
Heliodor(os), griechischer Sophist und Romanschriftsteller aus Emesa, Syrien 622f.
Heliopolitai (Sonnenbürger), Anhänger des Aristonikos 506
Helios, griechischer Sonnengott 92, 532
Heliozentrisches Universum 544
Helladische Bronzezeit, Bronzezeit auf dem griechischen Festland 33, 36, 53f., 56f.
Hellanodiken, »Hellenenrichter« in Olympia 106
Hellas, Landschaft im südlichen Thessalien, seit dem 7. Jahrhundert v.Chr. Name für Griechenland 27f., 36f., 53, 60, 66, 71, 82, 106, 143, 156, 192, 195, 222, 228f., 239, 264, 282, 298, 331, 337f., 356, 362, 365, 371, 389f., 677
—, archaische Zeit **71—213**
—, klassische Zeit **214—400**
Hellen, mythischer Stammvater der Hellenen 108
Hellenen 82, 90, 99, **106—109**, 204, 227, 398, 403
Hellenentum 121
Hellenische Festspiele 106, 136, 147, 182, 191, 202, 234
Hellenischer Bund (Eidgenossenschaft gegen Persien) 227, 233, 241, 243ff., 406, 408f., 412, 421f., 432, 479, 678
Hellenisches Erbe **573—674**
Hellenismus, von Johann Gustav Droysen eingeführte Bezeichnung für die Kulturperiode von Alexander bis Augustus 13f., 19f., 23f., 81, 119, 124, 356, 379, 452, 473, 475, 507, 579, 585, 588, 594, 606, 609, 614, 618, 620, 623, 629, 631, 633f., 636, 638, 643, 646, 656f., 669, 671, 673
—, Ausklang des politischen 517 bis 521
Hellenistische Kunst 31, **559—571**
Hellenistisches Staatensystem 452 bis 460
Hellenistische Welt **401—571**
Hellenophile, Hellenenfreunde 529
Hellenotamien (*hellenotamíai*, »Hellenenschatzmeister«), Verwalter der Kasse des Attischen Seebundes in Athen 244, 286

Hellespont (Dardanellen) 109, 119, 149, 163, 183, 216, 229, 232, 334, 409f., 414, 437, 459, 468, 470, 475, 481, 485, 488f., 514, 681
—, Brückenschlag des XerxesI. 229
Heloten, versklavte, an die Scholle gebundene Bauernschaft Lakoniens 76f., 84f., 151, 155, 157, 159, 224, 249, 253, 360, 376, 678f., 682
Henotheïsmus, Religion, die mehrere Götter kennt, aber einen als den höchsten verehrt 547
Hephaistion, makedonischer Heerführer 410, 417, 420, 424, 426, **429—433**, 532, 549
Hephaistos, griechischer Gott 96, 133, 147, 340, 468, 550, 600, *Abb. 576f., 608*
Hera, griechische Göttin 89, 96, 133, 147, 340, 468, 550, 600, *Abb. 576f., 608*
— Eileithyia 89
Heraion, Tempel in Olympia 133, *Abb. 133*, 577
— bei Poseidonia (Paestum), *Abb. 544*
Herakleia Pontika am Schwarzen Meer 378, 451f., 457, 472, 514
Herakleides Lembos, griechischer Philosoph 537
Herakleopolis, Ägypten, *Abb. 545*
Herakles, griechischer Heros 67, 93, 212, 365, 403, 415, 418, 429, 433f., 548, 564, 584, 599f., 618, 639
— am Scheideweg, Schilderung des Prodikos, durch Xenophon überliefert 599f.
—, Säulen des (Gibraltar) 201, 213, 515
Herakles, Sohn Alexanders des Großen 435, 443, *Stammtafel 427*
Herakliden, Nachkommen des Herakles 365
Heraklit (Herakleitos), griechischer Philosoph aus Ephesos 122, 211, 213, 540, 594, 597, 667, 678, *Abb. 251*
—, »Alles fließt« (pánta rhei) 597
Herakliteer 673
Herculaneum am Golf von Neapel 542
Herme, ursprünglich Pfeiler mit Phallus, später mit Relief von Hermes, dann allgemein Pfeiler mit Bildnis 323
Hermeias, Tyrann von Atarneus 538
Hermekopiden, Hermenstürzer 323
Hermes, griechischer Gott 88, 550, 566, *Abb. 608*
Hermes Trismegistos (der dreimal Größte), griechische Benennung des ägyptischen Gottes Thoth 551

NAMEN- UND SACHREGISTER

Hermippos aus Smyrna, griechischer Philosoph 537
Hermogenes aus Alabanda, griechischer Baumeister 569
Hermokrates, Staatsmann in Syrakus 325f., 383f.
Hermos, Fluß in Lydien 451, 490
Herodas (Heroidas, Herondas), griechischer Mimendichter 557
Herodot(os), griechischer Geschichtsschreiber aus Halikarnassos 95, 122f., 149, 179, 184, 189f., 213, 216, 223f., 239, 264, 271, 280, 298–301, 380, 553, 590, 650, 652f., 655, 657f., 680, *Abb. 251*
—, »Geschichte der Perserkriege« 652
—, »Königslisten« 652
Heroenverehrung 298f.
Heron von Alexandreia, griechischer Mathematiker und Physiker 532, 543f.
Herophilos aus Chalkedon, griechischer Anatom 542, 545, 683
Hesiod(os), griechischer Epiker und Rhapsode aus Askra 19, 95, 102, **125–132**, 134, 138f., 164, 207, 209f., 212, 276, 546, 559, 581, 593, 616, **624–629**, 631, 651f., 672, 678, *Abb. 125*
—, »Theogonie«, episches Lehrgedicht 125, 546, **624–628**, 651f., 678
—, »Werke und Tage« (*érga kaí hemérai*), episches Lehrgedicht 624, 626f., 678
Hestia, griechische Göttin des Herdfeuers 550
Hetären, griechische Kurtisanen 145, 267, 422, 647
Hetairie (*hetaireía*, »Kameradschaft«), in den griechischen Staaten politischer Klub der Aristokratie 281, 292
Hetairos, »Gefährte«, makedonischer Adelstitel 367, 372, 406
Hethiter, indogermanisches Volk 37, 60, 91
Hethiterreich 66, 71
Hethitische Schrift 100
Heuristik, Methode zur Gewinnung neuer wissenschaftlicher Erkenntnisse 300
Hexameter, sechsfüßiger Vers Homers 98, 102, 628, 636
Hexapolis, dorische 108
Hierarchie, Herrschaft des Priestertums 28
Hieroglyphenschrift 100f.
Hieron I., Tyrann von Gela und Syrakus 236ff., 282, 680
Hieron II., König von Syrakus 543, 557, 682
Hieronymos aus Kardia, griechischer Historiker 450, 452, 477, 553

Himera an der Himera septentrionalis 115, 117, 234, 236f., 383, 385, 677f., 680f., *Abb. 236*
Himera septentrionalis, Fluß an der Nordküste Siziliens 234, 237f., 382f.
Himmelsglobus 596
Hindukush, Gebirge Innerasiens 424, 428, 459, 495, 500.
Hippalos, griechischer Handelsmann und Seefahrer 533
Hipparchos, Sohn des Charmos, Archon in Athen 187
Hipparchos aus Nikaia (Bithynien), griechischer Astronom 542, 544, 552, 558, 683
Hipparch(os), Tyrann von Athen 183, 678
Hippeis (Ritter), zweite Einkommensklasse in Athen 168f., 268
Hippias, Tyrann von Athen 183ff., 191, 216, 218f., 222, 678
Hippodamos, griechischer Architekt und Städteplaner aus Milet 264, 287, 567
Hippokrates, Tyrann von Gela 235f.
Hippokrates von Kos, griechischer Arzt 664, 680
—, »Corpus Hippocraticum« 664
Hipponax, griechischer Jambendichter aus Ephesos 557f.
Hipponion, Unteritalien 387

Histiaia (Oreos), Euboia 341, *Karte 72*
Histiaios, Tyrann von Milet 214
Historiographie, siehe Geschichtsschreibung
Hockergrab 54
Hölderlin, Friedrich, Dichter 629
—, »Empedokles« (dramatische Dichtung) 629
Hörigkeit, erbliche, dingliche Unfreiheit der Bauernschaft 76f., 84, 108, 141, 474, 522
Hohenstaufen, schwäbisches Fürstengeschlecht 58
Homann-Wedeking, Ernst, Archäologe 133
Homer(os), griechischer Dichter 60, 63ff., 78, **95–99**, 101f., 113, 124ff., 130, 133, 140, 164, 182f., 207f., 210, 213, 297, 372, 377, 546, 552, 559, 576, 578, 580, 581, 586, 588, 601f., **616–622**, 624f., 629, 631, 637, 647, 649, 663, 674, 677f., *Abb. 617*
Homerische Zeit **95–109**, 123, 132, 135, 138, 140, 148, 377
Homo-mensura-Satz 211
Homónoia (Eintracht), zwischenstaatliches Ideal der Griechen 380, 589

Homo oeconomicus, der wirtschaftlich tätige Mensch, Terminus der Nationalökonomie 277
Homo politicus, der öffentlich tätige Mensch, Terminus der Soziologie 277
Homosexualität 84, 161
Hoplit (griechisch, Schwerbewaffneter) 168, 222, 315, 322, 325, 350, 410, *Abb. 140*
Horaz, Quintus Horatius Flaccus, römischer Dichter aus Venusia 539, 609, 628, 631f., 635f., 643, 673
—, »Carmina«(»Lieder«), meist unter dem Namen »Oden« bekannt 609, 631
—, »Epistula ad Pisones«, Lehrbrief über die Dichtkunst 628
—, »Epodi«, »Epoden« (Gedichtsammlung) 631
Horologium, Uhrenturm in Athen 570
Horoskop 552
Horoztepe, Fundstätte in Kleinasien 34
Horus, ägyptischer Gott 47, 548f.

Humanismus 587, 633
Humanität, siehe Menschentum

Hund, in der Antike 594
Hunnen (Hsiung-nu), zentralasiatisches Nomaden- und Reitervolk 66, 240, 500
Hyakinthos, vorgriechischer Gott 54, 89
Hybris (griechisch), frevelhafter Hochmut 176, 604, 651
Hydaspes (Vitasta, Jhelum), Nebenfluß des Indus 429f.
Hydria (griechisch), Wasserkrug *Abb. 181, 593*
Hydrologie, Lehre vom Wasser 596
Hydrostatik, Lehre von Gleichgewicht ruhender Flüssigkeiten 543
Hyksos 37, 41, 55
Hylleer, griechischer Volksstamm 67
Hymnen 550, 556ff., 616, 632, 683
— altorientalische 632
— jüdische 632
Hypaspistai, »Schildträger«, makedonische Gardeinfanterie 409, 412f., 416, 428, 440f.
Hyperbolos, radikaldemokratischer Politiker in Athen 317, 319ff.
Hyphasis (Bias), Fluß im Punjab 430
Hypogäen 39
Hypokausten, Fußbodenheizung der Römer 570
Hypostase, in der Philosophie: Verdinglichen und Vergegenständlichen von Begriffen 197

NAMEN- UND SACHREGISTER

Hypostylos (griechisch), Säulenhalle 570
Hyrkania am Kaspischen Meer 551
Hyrkanien, Landschaft am Kaspischen Meer 423

I

Ialysos auf Rhodos 58
Iamblichos, griechischer Philosoph aus Chalkis, Syrien 667
Iambus (griechisch), aus kurzer und langer Silbe bestehender Versfuß 558, 636
Iapygier, illyrisches Volk 525
Iason, mythischer Königssohn aus Thessalien 64, 557, 618
Iason, Tyrann von Pherai, Thessalien 362
Iason (Jason), jüdischer Hoherpriester 499
Iasos, Karien 484, 488
Iaxartes (Sir-Darja) 425

Iberia, Landschaft im Kaukasus 517
Iberische Halbinsel 111
Ibiza, siehe Ebussos
Ibykos, griechischer Lyriker aus Rhegion 122, 678
Ichthyophagoi (griechisch), Fischesser 428
Ideale (*idéa*, »sichtbare« Gestalt, Urbild), griechische 575, 599 bis 616
Ideogramm, Schriftzeichen, das einen Begriff darstellt 44, 100 ff., *Abb. 101*
Idumäer (Edomiter), aramäischer Volksstamm 525
Idyll (griechisch *eidýllion*, kleines Bild), liebevolle Darstellung unbeschwert heiteren, natürlichen Daseins 556f., 560, 683
Ikaros (Failaka), Insel im Persischen Golf, *Abb. 428f.*
Ile Basilike (griechisch königliche Schwadron), Gardereiterei Alexanders des Großen 409
Ilias, griechisches Epos 94, 96f., 101, 560, 580, 616—622, 625, 639, 651, 678
Ilion, siehe Troia
—, Staatenbund von 489
Illyrer, indogermanische Volksgruppe 72, 368ff., 407f., 462f., 465, 477, 480, 491, 525, 677, 681
Illyrien, Landschaft an der Nordostküste des Adriatischen Meeres 364, 367, 403, 477—480, 494, 682
Illyrischer Krieg, Erster 479
—, Zweiter 479
Immanenz Gottes, das Insein Gottes in der Welt 341

Imbros, ägäische Insel 73, 284, 344, 352, 493
Imperialismus, athenischer 254 bis 258, 284, 288, 359
— des Dionysios I. 386
—, persischer 217, 223, 227, 235, 239, 250
—, römischer 13
—, spartanischer 353
Inaros, libyscher Fürst in Unterägypten 255
Inder 525
Indien 427f., 471, 482, 500, 525, 533, 681f.
Indischer Ozean (Erythräisches Meer) 512, 533
Indoeuropäischer Einbruch 32, 36f., 54, 677
Indogermanische Einwanderung 88
Indus (Sindhu) 213, 428ff.
Inkrustation, Einlagerung härterer Gegenstände in weiche sich verhärtende Masse und die Bekleidung von Mauern mit edlen Belagstoffen 532, 565, 571

intelligibel, nur durch Vernunft und Verstand, nicht durch Sinneswahrnehmung und Erfahrung faßbar 373, 375
Iohannes Hyrkanos (Johannes Hyrkanus) I., König in Juda 512
Iohannes Hyrkanos (Johannes Hyrkanus) II., Hoherpriester in Judäa 517
Iolaos, Halbbruder und Gefährte des Herakles 584
Iolkos, Thessalien 57, 59f, 64

Ion, Stammvater der Ioner 108
Ioner, griechische Stammesgruppe 106ff., 119, 140, 199, 210, 214, 216, 228, 234, 243, 266, 608f., 633f., 637, 652
Ionien, Landschaft in Kleinasien 124, 196f., 206, 216, 263, 284, 286, 299, 330ff., 351, 425, 449, 471, 473, 556, 630, 652, 679
Ionischer Aufstand 214—222, 228, 235, 242, 286, 351, 678
Ionischer Bund 505
Ionischer Stil 204, 568f., 653, *Abb. 329, 664*
Iphigenie, Tochter des mythischen Königs Agamemnon von Mykene 566
Ipsos, Phrygien 444f., 682
Iran 29, 197, 501, 535, 548, 682
Iranier 425, 431, 433f., 451, 470, 521, 524
Isagoras, athenischer Staatsmann 185ff., 221, 678
Isaios, griechischer Rhetor aus Chalkis 391

Isaurien, Landschaft an der Südküste Kleinasiens 514
Ischia (Pithekusai), italienische Insel 59, 112
Isegoría (Redefreiheit), griechischer Begriff für die Demokratie 271
Isidoros, thrakischer (?) Dichter 550
Isis, ägyptische Göttin 47, 520, 549ff., *Abb. 545*
Islam 547, 664, 667f.
Island 119
Ismâni, assyrischer Name der Griechen 107
Ismenias, thebanischer Politiker 358
Isokrates, griechischer Rhetor 362, 378—381, 391f., 398f., 527, 536, 553, 586, 647, 681, *Abb. 351*
—, »Panegyrikos« (nach Panegyris, Festversammlung), nie gehaltene Lobrede 362, 381
Isonomía (Rechtsgleichheit), Gleichheit vor dem Gesetz, griechischer Begriff für die Demokratie 271, 277, 282
Isopoliteía, gemeinsame Staatsangehörigkeit der Bürger mehrerer Staaten 463
Israel, antiker Staat 71
Israel, jüdische Republik 498
Issos, Kilikien 413ff., 417ff., 422, 432, 434, 565, 681
Istanbul, Türkei 665
Isthmien, panhellenische Festspiele auf dem Isthmos im ersten und dritten Jahr jeder Olympiade 147, 478, 487, 489, 682
Isthmische Mauer, Schutzwall gegen die Perser 233
Isthmosbund 245
Istros, Westküste des Schwarzen Meeres 514
Italien 29, 32, 35, 58, 65, 72, 110, 116, 118, 122, 181, 192, 194, 200f., 208, 218, 331, 387, 389, 461, 477f., 480, 483, 493, 505, 511, 513, 516, 521, 525f., 529, 531, 621, 680ff
Italiker, Gruppe indogermanischer Völker 386
Ithome (heute Vurkano), Berg mit Festung in Messenien, später die Akropolis des neugegründeten Messene 253
Iustinus, Marcus Iunianus, römischer Historiker 452, 658

J

Jäger und Fischerkultur 27, 677
Jagd bei den Griechen 594, 628
Jehova (Jahve oder Jao), Name Gottes im Alten Testament 549

NAMEN- UND SACHREGISTER 701

Jericho, Palästina 28
Jerusalem, Palästina 498f., 516, 525
Jesus von Nazareth 548, 563, 644
Jeunesse dorée in Athen 309
Jonathan, Bruder des Judas Makkabäus 500f.
Juba II., König von Mauretanien 519, *Stammtafel 466f.*
Juda, Landschaft in Palästina 498f., 517, 521, 525
Judas Makkabäus, Feldherr und König in Juda 499f.
Juden 66, 135, 195, 197, 240, 469, 498f., 511, 513, 521, 525f., 567
Judentum 134, 549, 632
Jungsteinzeit (Neolithikum) 27, 29ff.
Justinian (Iustinianus), oströmischer Kaiser 668
Juvenal, Decimus Iunius Iuvenalis, römischer Satirendichter aus Aquinum, Latium 636, 647

K

Kabeira in Pontos 314
Kabul (Kubha, Kophes), Nebenfluß des Indus 429
Kadijustiz 272
Kadmeia, die Akropolis von Theben 358, 408, 680
Kadmos, mythischer König von Theben 64
Kärnten (Karantanien), österreichisches Bundesland 29
Kahrstedt, Ulrich, Althistoriker 270
Kaikos, Fluß in Kleinasien 472f.

Kaisarion (Caesarion), siehe Ptolemaios XV.
Kaisertum 592
Kalabrien, Landschaft in Unteritalien 386
Kalanos, indischer Asket 432
Kalas, makedonischer Heerführer 410, 414
Kalchas, Wahrsager im griechischen Heer vor Troia 580
Kalchedon, siehe Chalkedon
Kalender, griechischer 135f., 296, 403
Kallatis, Westküste des Schwarzen Meeres 514
Kallias, athenischer Politiker 259, 679
Kalliasfriede zwischen Athen und Persien (448 v. Chr.) 259f., 262f., 283, 285, 331, 679
Kallikles, Gestalt in Platons Dialog »Gorgias« 604
Kallikrates, achaiischer Bürger 494
Kallikratidas, spartanischer Flottenführer 336

Kallimachos, Statthalter in Theben, Oberägypten 519
Kallimachos aus Kyrene, griechischer Grammatiker und Dichter 477, 556–559, 636, 683
Kallinos, griechischer Elegiker aus Ephesos 153, 195, 634
Kallion, Aitolien 458
Kallippos, athenischer Heerführer 458
Kallisthenes, griechischer Geschichtsschreiber 427
Kallistratos aus Aphidnai (Attika), athenischer Staatsmann 359, 363
Kallixeinos, griechischer Schriftsteller 568f.
Kalypso, Nymphe der griechischen Sage 617
—, Insel der »Ogygia«, im Ionischen Meer gesucht 617
Kamarina, Sizilien 117, 235, 384

Kambyses II., König von Persien 197
Kammergrab 57, 59, *Abb. 56*
Kampaner, Bewohner von Kampanien 525
Kampanien, Landschaft in Süditalien 200, 386, 526, 542
Kaperkrieg Athens 314
Kaphyai, Arkadien 479, *Abb. 465*

Kapıtell (Kopf der Säule) 568f.
Kappadokien, Landschaft in Anatolien 412, 414, 436f., 441, 444, 459, 470f., 476, 501, 504f., 507f., 511, 514, 517, 524f.
Karanos, Halbbruder des Amyntas, des Sohnes Perdikkas' III. 405
Karantanien (Kärnten) 29
Kardia, thrakische Chersones 450, 452, 553
Karduchen (Kurden), Bewohner Kurdistans 414
Karer (Karier), antikes, den Lykern verwandtes Volk 197, 525

Karien, Landschaft in Südwestkleinasien 213, 331, 411, 442f., 445, 468, 475, 479, 484, 491, 493, 506
Karmanien, Landschaft in Südiran 430f., 496

Karneades, griechischer Philosoph aus Kyrene 494, 524, 526, 536f., 540, 682
Karneios, vorgriechischer Gott 89
Karst, Kalkhochflächen im Nordwesten Jugoslawiens 31
Karstphänomene, geologische Erscheinungen in Kalkgebirgen infolge der Auswaschung leicht löslichen Gesteins 31

Karthago (Qart-hadascht), Tunesien 112, 119, 194, 199ff., 234, 236f., 309, 321, 337, 382–386, 389, 443, 448, 478, 484, 648, 678, 680ff.
Karystos auf Euboia 537, 566, 682

Kasmenai, Sizilien 117
Kaspisches Meer 423, 433

Kassander (Kassandros), Sohn Antipaters, König von Makedonien 437, 440–446, 452, 456, 462, 538, 682, *Stammtafel 439*
Kassandreia, siehe Poteidaia
Kassîten (Kossäer), turanides Bergvolk 37, 433
Katakomben (nach einer Gegend ad catacumbas an der Via Appia), römische 633
Katálysis toú démou (»Auflösung des Volksstaats«), Verletzung der attischen Verfassung 273
Katane (Catania), Sizilien 117, 145, 325, 384, 677
Katapult, antike Wurfmaschine 531, 543, *Abb. 529*
Kátharsis, Reinigung 642
Katholizismus 615
Katoikoi, Militärsiedler 523
Kaukasus 37, 507, 516
Kaunos, Südwestkleinasien 522

Kautilya (Cānakya), Brāhmane 460
Keilschrift, hethitische 59
Kelainai, Phrygien 412, 435
Kelten, indogermanische Völkergruppe 407, 457ff., 461, 462, 491, 525f., 577, 632, 681

Keos, Kykladeninsel 202, 364

Kephallenia, Insel im Ionischen Meer 340, 479

Kerameikos (Töpferviertel), nordwestlicher Stadtteil von Athen mit dem Staatsfriedhof 540
Keramik, ephyräische 57
—, griechische, siehe griechische Kunst
—, minoische 39–43, 48ff., 51 ff., *Abb. 37, 52, 100*
—, minysche 54
—, mykenische 55ff., 59f., 65
—, neolithische 29–32, 34, 36
— Seevölker 66
Keretim (Kreter) 66
Kerkidas aus Megalopolis, griechischer Staatsmann und Philosoph 539, 558
Kertsch, Straße von, Meerenge zwischen Asowschem und Schwarzem Meer 193, 286
Kiliker, antikes Volk 525

NAMEN- UND SACHREGISTER

Kilikien (Kizwatna), Landschaft im Südosten Anatoliens 29, 66, 111, 412 ff., **433—436**, 440, 443, 445 f., 468, 470, 493, 508, **513** bis **517**, 558

Kimmerier (Kimmerer), thrakischer Volksstamm 194 ff.

Kimon, athenischer Feldherr 224, 245, **247—250**, **252—255**, 258 f., 262 ff., 323, 380, 679, *Abb. 225*

Kimonischer Friede, siehe Kalliasfriede

Kinyps, Oase in Libyen 194

Kithara (griechisch), griechisches Saiteninstrument, *Abb. 608*

Kition, Cypern 216, 259, 537, 539, 601, 682

Klagepflicht in Athen 174

Klagerecht in Athen 174

Klassenherrschaft 281

Klassische Zeit von Hellas **214—400**

Klassizismus, Stilperiode der neueren Kunst, etwa 1770—1830 576

Klazomenai, Kleinasien 291, 680

Kleander, makedonischer Offizier 431

Kleanthes aus Assos, griechischer Philosoph 540, 558, 683

Klearchos, spartanischer Flottenführer 350

Klearchos, Tyrann von Herakleia am Pontos 378

Kleinasien, Anatolien **28—38**, 46 f., 51, 54, 60, 64 f., 71 ff., 79 ff., 88, 95, 99 f., 102, 107 f., 119, 122, 144, 195 f., 198, 200, 204, 218, 223, 227, 234, 242, 245 f., 259, 263, 266, 299, 351 ff., 359, 363 f., 413 f., 418, 436, 442, 444 f., 450 f., 453, **457—460**, **468—471**, 473, 476, 480, 483, 488 ff., **504** bis **511**, 513, 517 f., 521, 530, 533, 562, 677 ff., 681 f.

—, Eroberung durch Alexander den Großen **409—413**

Kleisthenes, athenischer Staatsmann 162, **183—190**, 216, 219, 224 f., 275, 295, 678

—, Phylenreform des 187 ff.

Kleisthenes, Tyrann von Sikyon 144, 148

Kleitarchos, griechischer Geschichtsschreiber 428, 452

Kleitos, König der Illyrer 408

Kleitos der Schwarze, Reiterführer Alexanders des Großen 409, 411, 425 f.

Kleitos der Weiße, Flottenführer 436 f., 440

Kleobulos, Tyrann von Lindos, einer der Sieben Weisen Griechenlands 145

Kleomenes I., König von Sparta 185, 190, 194, 215, 218 f., 224, 341

Kleomenes III., König von Sparta 460 f., 464 f., 487, 506, 682

Kleomenes aus Naukratis, makedonischer Feldherr 418, 433

Kleon, radikal-demokratischer Staatsmann 306, 308 f., 312, 315 ff., 320, 329, 334, 348, 679

Kleopatra, Gemahlin Philipps II. 404 f., *Stammtafel 427*

Kleopatra, Schwester Alexanders des Großen 403 f., 436, 446, *Stammtafel 427*

Kleopatra, Tochter des Mithridates VI. 508

Kleopatra I., Tochter von Antiochos III. 484, 496 f., *Stammtafel 454 f., 466 f.*

Kleopatra II. Kokke, Tochter von Ptolemaios V. 497, 502, 512, *Abb. 584, Stammtafel 466 f.*

Kleopatra III. Euergetis, Tochter von Ptolemaios VI. 512, *Stammtafel 466 f.*

Kleopatra IV, Tochter von Ptolemaios VIII. 512, *Stammtafel 454 f., 466 f.*

Kleopatra V. Selene, Tochter von Ptolemaios VIII. 512, *Stammtafel 454 f., 466 f.*

Kleopatra VII. Thea Philopator, Königin von Ägypten 519 f., *Stammtafel 466 f.*

Kleopatra Selene, Tochter des Marcus Antonius 519, *Stammtafel 466 f.*

Kleopatra Thea, Tochter von Ptolemaios VI. 501, 511, *Stammtafel 454 f., 466 f.*

Kleophon, athenischer Politiker 334, 336, 344, 348

Kleruchen (Kolonisten), Inhaber eines Landloses (Kleros) und des attischen Bürgerrechts 284, 312 f., 344, 347, 352 f., 355, 363, 370, 469, 523, 541

Klient, im altrömischen Recht der sozial, auch rechtlich zurückgesetzte und wirtschaftlich abhängige Hörige 528, 659

Klytaimnestra, Gattin Agamemnons 59, 134, 619

Knidos, Südwest-Kleinasien 67, 194, 352, 484, 532, 544, 565, 623, 653, 680

Knossos auf Kreta 30, **39—44**, 49, 52, 54 f., 57 f., 61 ff., 100 f., *Abb. 44, 52 f., 100*

Kober, Alice, amerikanische Sprachforscherin 62

Kochkunst, griechische 628, 662

Königs- (Antalkidas-) Friede **354** bis **357**, 359 ff., 363, 393, 398, 408, 680

Königtum in Griechenland 74 f., 78, 81, 85 f., 134 f., 143, 156 f., 377 ff., 590 f., 677

Koexistenz 383

Koiné (die Allgemeine), griechische Umgangssprache der hellenistischen Welt 529, 552, 554

Koiné eiréne, der allgemeine Friede 355

Koinos, makedonischer Heerführer 409, 420, 422 ff., 426, 429 ff.

Kolaios, Kaufmann von Samos 112

Kolchis, Landschaft an der Ostküste des Schwarzen Meeres 507, 513, 516 f.

Kollektaneen, Lesefrüchte, Auswahlsammlungen 655

Kolonisation, griechische **109** bis **123**, 132, 138 f., 162, **191—194**, 199, **235—238**, 264, 279

—, ostdeutsche 109

Kolophon, kleinasiatische Küste 118, 210, 557, 621

Kommagene (früher Kummuch), Landschaft in Ostanatolien 507, 517

Kommunismus 590

Komödie, attische 182, 266, 296, 324, 342, 554 ff., 580, 583, 585, 621, **635—639**, **645—650**, 660, 674, 683, *Abb. 645*

—, —, Alte 638, 647

—, —, Mittlere 639, 647

—, —, Neue 639, 647 f.

—, moderne 639, 648, 650

—, römische 648 f.

Komos, dionysisches Tanz- und Trinkfest 422, 431

Konon, athenischer Flottenführer 352, 363, 680

Konservatismus in Griechenland 262 f., 306, 308, 330, 333, 376, 399, 464, 487, 495

Konsul, höchster Beamter der Römischen Republik 86

Korakesion, Kilikien 516

Korax, griechischer Lehrer der Rhetorik aus Syrakus 264, 292

Korfu, siehe Korkyra

Korinth, Peloponnes 108, 116 f., 139, 141, **143—147**, 149, 159, 161, 186, 191, 195, 202, 204, 226 f., 231, 235, 257, 286, 294 f., 303 ff., 314, 317 ff., 326, 331, 341, 352 f., 398, 406, 409, 443, 450, 457, **460—464**, 468, 478, 486 f., 495, 505, 553, 677, 679 f., 682, *Abb. 141, 176*

—, Isthmos von 65, 78, 82, 118, 143, 147, 151, 163, 204, 227, 229, 231, 233, 244, 294, 458, 461, 464 f., *Abb. 305*

—, Staatenbund von 444

Korinthia, Landschaft auf der Peloponnes 60

Korinthischer Bund 398, 488, 679, 681

Korinthischer Golf 257 f., 260, 310, 340, 679

NAMEN- UND SACHREGISTER

Korinthischer Stil 568 f.
Korkyra, Ort und Insel im Ionischen Meer (heute Korfu) 116 f., 205, 235, 303, 310, 313, 359, 448, 478, 679

Koroneia, Boiotien 260, 679 f.
Korsika (Kyrnos) 30, 112, 192, 199, 387, 678
Korupedion (Kurupedion), Lydien 451, 456, 459, 682
Korybant, Begleiter, auch Priester der phrygischen Göttin Kybele 322

Kos, Sporadeninsel und Stadt 58, 67, 364, 458, 468, 472, 477, 530, 545, 556, 664, 680 f., *Abb. 664*
Kosmogonie, Weltschöpfungslehre 91, 207 f., 210, 582, 629
Kosmologie, Lehre vom Weltall 210, 600, 629, 669, 671
Kosmos 575, 581 f., 582, 588, 596, 610, 612, 655, 669 f.
—, spartanischer, soziale und politische Ordnung in Sparta 158 f.
Kossäer (Kassiten), turanides Gebirgsvolk 37, 433
Krannon, Thessalien 436, 682

Krantor, griechischer Philosoph aus Soloi, Kilikien 538
Krateros, Heerführer Alexanders des Großen 413 f. 416, 422 f., 426, **429—437**, 441, 522
Krates aus Theben, griechischer Philosoph 537 ff.
Krateuas, griechischer Arzt 545 f.
—, Vater des Peithon 429
Kratinos, Komödiendichter aus Athen 638, 647
Kresilas, griechischer Bildhauer aus Kydonia 266, *Abb. 264*
Kreta, Insel im Mittelmeer 15, **30—54**, 56 f., 64, 66 f., 71, **73—78**, 84, 87, 100 f., 104, 108, 112, 114, 118, 121, 141, 193, 204, 431, 459, 484, 487, 493, 514, 516 f., 570, 677

—, minoische Kultur **37—53**, *Abb. 32 f., 36 f., 44 f., 48, 52 f.*
Kreter (Keretim) 66 f.
Kretisch-mykenische Schrift 100 f.
Kriegsmaschinen 531, 543, 663, *Abb. 529*
Krim, Halbinsel im Schwarzen Meer 193 f., 507, 517
Krimis(s)os, Sizilien 29
Krisa, Phokis 191, 396, 678
Kritias, bedeutendster der »Dreißig Tyrannen« in Athen 345 ff.
Kritios, athenischer Bildhauer 184
Kritolaos aus Phaselis, griechischer Philosoph 494, 525, 538, 540

Kroisos (Krösus), König von Lydien 176, 192, 196 ff., 299, 652, *Abb. 653*
Kronos, im griechischen Mythos der oberste der Titanen, Vater des Zeus und der Hera 181, 626
Kroton, Süditalien 118, 122, 201, 545, 677
Ktesias, griechischer Historiker aus Knidos, Karien 623, 653
Ktesibios aus Askra, griechischer Mathematiker und Mechaniker 543
Kulte, ägyptische 579, 586
—, griechische 577 f., 580 f., 599, 665
—, orientalische 580
—, römische 580
Kulthörner 34, 48
Kulturentstehungslehre 655
Kunaxa am Euphrat 350
Kupfer 31, 33, 35, 111, 453, 483, 496, 534, 568
Kupfersteinzeit (Chalkolithikum) in Asien 31
Kuppelgrab 30, 35, 49, 54, **57—60**, 64, *Abb. 56 innen*
Kura (Kyros), Fluß in Transkaukasien 516

Kuriositätenkabinette des Mittelalters 596
Kursiv-(Protolinear-)Schrift 100
Kurtisanenwesen 145, 267, 422, 534
Kurupedion siehe Korupedion
Kyaxares (Huvakhschatra, Uwachschatra), König von Medien 195
Kydias, athenischer Rhetor 364
Kydnos, Fluß in Kilikien 413
Kyinda, Kilikien 436, 440, 445
Kykladen, Inselgruppe in der Ägäis 32 f., 35 f., 39, 41, 51, 67, 468, 677, *Abb. 33*
Kyklopen, einäugige Riesen des griechischen Mythos 154, 588, 617, *Abb. 593*
—, Insel der, Sizilien 617
Kylon, vornehmer Athener 163, 165, 186, 678
Kyme auf Euboia 114, 125
— in der Aiolis 550, 657

— (Cumae), Italien 112, 114, 116 ff., 200, 238, 386, 529, 540, 677, 680, *Abb. 116*
Kynane, Halbschwester Alexanders des Großen 436, *Stammtafel 427*
Kyniker (Zyniker), griechische Philosophenschule, nach dem Gymnasion Kynosarge 378, **537—540**, 594, 652, 657
Kynismus (Zynismus) predigte Bedürfnislosigkeit und Einfachheit bis zur Verachtung allgemeingültiger Formen 378, 537

Kynoskephalai, Bergland in Thessalien 486, 492, 682
Kynuria, Landschaft in Argos 152
Kypro-mykenische Schrift 100 f.
Kypros, siehe Cypern
Kypseliden, korinthisches Adelsgeschlecht 195
Kypselos, Tyrann von Korinth 116, 144 f.
Kyrenaika, östlicher Teil von Libyen 110, 475, 502
Kyrenaiker, Schüler des Aristippos von Kyrene 584
Kyrene, Libyen 59, 110, 112, 193 f., 196, 436, 442 f., 460, 470, 502, 513, 537, 556, 565, 567, 608, 667, 683
Kyrnos, siehe Korsika
Kyros II., König von Persien 197 f., 217, 223, 232, 378, 422, 428, 431, 586
Kyros der Jüngere, persischer Prinz 335, 349 ff.
Kythera, südlichste der Ionischen Inseln 318
Kyzikos am Marmarameer (Propontis) 334, 364, 411, 472, 508, 514, 533, 680

L

Labienus, Quintus, römischer Offizier 517
Lachares, Tyrann in Athen 446
Lade, ionische Insel bei Milet (Seeschlacht) 216 f., 227, 236, 678
Laelius Sapiens, Gaius, römischer Staatsmann 529
Laenas, Gaius Popillius, römischer Legat 497 f.
Lagina bei Milet 570
Laiodike, Prinzessin aus Kyrene 195
Lakedaimon, antiker Name des Staatsgebietes von Sparta 84 f., 108, 158, 256, 376
Lakedaimonier 85, 187, 411
Lakedaimonios, Sohn des Kimon 250
Lakonien, Landschaft auf der Peloponnes 57, 59, 89, 305, 326, 446, 680
Lamachos, athenischer Feldherr 325, 327
Lamia, Mittelgriechenland 436
Lamischer Krieg (Erhebung der Griechen gegen Antipater) 436, 462, 540
Lampsakos, Hellespont 488 f., 538, 543
Lanassa, Fürstin von Korkyra 448
Landkarte, griechische 596

Langobarden, westgermanisches Volk 32, 622
Laodike, Tochter des Achaios, erste Frau des Antiochos II. 471, 473 f., 481, *Stammtafel 455*
—, Tochter Antiochos III. 501, *Stammtafel 454f.*
—, Tochter des Antiochos IV. 507, *Stammtafel 439, 454f.*
—, Tochter des Seleukos IV. Philopator 492, *Stammtafel 438, 454f.*
Laodikeia, Nordsyrien 470, 475, 522, 602
Laokoon, Priester des Apollon in Troia 566
Laomedon, Jugendfreund Alexanders des Großen, Bruder des Erigyios 410, 435, 437
Laos, Süditalien 386
Laren (Lares), römische Feld-, dann Haus- und Familien-Schutzgötter 563, 567
Larisa, Argolis 59
Larisa (Larissa), Thessalien 366, 406
Lateinisches Alphabet 104
Latifundium, sehr großer, in einer Hand vereinigter Grundbesitz 529
Latiner, Volksstamm der Italiker 681
Latiner-Krieg 681
Latomien (Steinbrüche) von Syrakus 328, *Abb. 328*
Laurion, Attika 227, 329
Lea, eine der Frauen Jakobs im Alten Testament 600
Lebensdaten bedeutender Griechen 251, 351
Legalismus, Handlungsweise, die sich nur nach der Rechtmäßigkeit richtet 134
Legitimität, historisch begründete Rechtmäßigkeit 144
Lehnswesen in Makedonien 371 f.
— in Mykene 56
Lehrgedicht, christliches 629
—, griechisches **624—630**, 634, 672
—, mittelalterliches 629
—, philosophisches 628 f.
—, römisches 628 f.
Leipsydrion, Burg südlich des Parnassos 184
Leiturgie (Volksdienst), unentgeltliche Leistung für den Staat in Griechenland 278, 308, 320
Lelantische Ebene auf Euboia 123, 190
Lelantischer Krieg 123
Lemnos, ägäische Insel 34, 73, 284, 344, 352, 493
Lenäen (Bacchantinnenfest), attisches Fest zu Ehren des Dionysos 295
Lenaios, Regent in Ägypten 496 f.
Lentini, siehe Leontinoi

Leonidas, König von Sparta 230, *Abb. 228*
Leonidas aus Tarent, griechischer Epigrammatiker 558
Leonnatos, Freund Alexanders des Großen 405, 417, 429 ff., 434 ff.
Leontinoi (Lentini), Sizilien 117, 144, 292, 310, 384, 677
Leosthenes, athenischer Feldherr 436
Leotychidas (II.), König von Sparta 249
Lepidus, Marcus Aemilius, römischer Politiker 485 f., 488
Lerna, Argolis 35 f.
Lesbos (Mytilene), ägäische Insel 34, 67, 108, 143, 183, 217, 312, 359, 678 f.
Leto, lykisch für Isis 550
Leukas, Ort und Insel im Ionischen Meer 36, 116, 149
Leukipp(os) von Milet, griechischer Philosoph 211, 669
Leuktra, Stadt und Landschaft in Boiotien **360—363**, 452, 681
Levante, Küstenländer des östlichen Mittelmeeres 415, 418, 460, 483, 497, 515, 530
Levi, Doro, italienischer Archäologe 41
Libanon (Labnanum), Gebirge in Syrien 416
Libri Sibyllini, griechische Orakelbücher 116
Libyen, Nordafrika 417, 465, 468, 546
Libyer, hamitisches Volk 30, 59, 196, 483, 525
Libysche Wüste 417
Licinius Murena, Lucius, römischer Statthalter 513
Lied 629, 632, 634 f.
—, christliches 629
Lilybaeum (Lilybaion, heute Marsala), Sizilien 112
Linear-A-Schrift 44, 62 f., 100 f.
Linear-B-Schrift 22, 44, 62 f., 89, 100 ff., *Abb. 100*
Liparische (Äolische) Inseln bei Sizilien 59, 194
Literatur, siehe Elegie, Epigramm, Epos, Hymne, Komödie, Lehrgedicht, Tragödie
—, hellenistische **552—559**
Livius, Titus, römischer Geschichtsschreiber 480, 485, 490, 554
Liwan, zum Hof offener Wohnraum mit großem Bogeneingang und kleinen Zimmern zu beiden Seiten 568
Logik, Lehre von den Gesetzen richtigen Denkens 536, 539 f., 668
Lokrer (östliche) 76, 396

Lokris, hypoknemidisches oder opuntisches (östliches) 74, 107, 260, 361 f., 463
—, ozolisches (westliches) 74, 107
Lokroi Epizephyrioi, Süditalien 145
Longaros, König der Agrianer 407
Longus (Longos), griechischer Romanschriftsteller 622
Los, Wahl durch das, in Athen 189, 269, 273, 590, 679
Lourdes, Wallfahrtsort in Südfrankreich 90
Louvre, königlicher Palast in Paris, heute Museum 566
Lucan (us), Marcus Annaeus, römischer epischer Dichter 622
—, »Pharsalia« (Schlacht bei Pharsalos, Epos) 622
Lucilius, Gaius, römischer Dichter aus Suessa Aurunea, Kampanien 647
Lucretii Cari, pompejanische Familie 542
Lucullus, Lucius Licinius, römischer Feldherr **513—516**
—, Marcus Licinius, römischer Statthalter von Makedonien 514
Lukaner, oskischer Volksstamm 386 f., 525
Lukian(us) (Lukianos), griechischer Schriftsteller aus Samosata am Euphrat 539
Lukrez, Titus Lucretius Carus, römischer Dichter 542, 629
—, »De rerum natura«, Lehrgedicht 542, 629
Lust, Ethik der 604, 608 f., 670
Luvier, indogermanischer Volksstamm 33, 37
Luvisch, ägäisch-indoeuropäische Mischsprache 32
Luxus in der Antike 599, 607, 609
Lyder, antikes Volk in Kleinasien 525, 652
Lydiades, Tyrann von Megalopolis 464
Lydien (Luddi), Landschaft in Westkleinasien 143, 192, **195** bis **198**, 214 f., 286, 437, 441, 481, 680
Lygdamis, Tyrann von Naxos 179 f., 183
Lykeion (Lyceum), Gymnasium, in dem Aristoteles lehrte 376, 538
Lyker, antikes Volk in Kleinasien 525, 550
Lykien, Landschaft in Westkleinasien 259, 412, 425, 435, 442 f., 468, 475, 491, 493, 514
Lykon aus Troas, griechischer Philosoph 358

NAMEN- UND SACHREGISTER

Lykophron aus Chalkis, griechischer Grammatiker und Dichter 477, 558
—, »Alexandra« (Monodrama) 558
Lykos, Fluß in Pontos 515f.
Lykurg(os), athenischer Staatsmann und Redner 178, 570
Lykurgos, mythischer Gesetzgeber Spartas 159f., 589
Lynkestis, Landschaft in Makedonien 405, 412, 424
Lyrik, von *lýra*, Leier 130, 132, 587, 600, 608f., 622, **629—636**, 641, 650
Lysander (Lysandros), spartanischer Feldherr und Staatsmann 335ff., 340ff., **344—347**, 363, 378, 680
Lysandra, Tochter des Ptolemaios I. 445, 448f., 451
Lysias, attischer Rhetor 347, 380, 553, 661
Lysias, syrischer Reichsverweser 501
Lysimacheia, Aitolien *Abb. 465*
Lysimacheia, Thrakien 459, 489, 491, 506, 682
Lysimachos, makedonischer Feldherr 417, 429, 435ff., 441f., **444—451**, 453, 456f., 469, 472, 533, 682, *Abb. 448, Stammtafel 438*
Lysippos aus Sikyon, griechischer Bildhauer 339, 563ff.

M

Machares, Sohn von Mithridates VI. Eupator 516
Machiavelli, Niccolò, italienischer Staatsmann und Historiker 185, 242
Machiavellismus, durch keine moralischen Bedenken gehemmte Machtpolitik 185, 340, 346, 354, 373
Macht in der Sicht der Griechen 604ff., 608
Mäander (Maiandros, heute Menderes), Fluß in Kleinasien und nach ihm benanntes Ornamentband 31, 34, 195, 413f., 462, 470, 475, 522
Märchen in Griechenland 93
Märtyrer ([Blut-] Zeugen), christliche 633
Magas, König von Kyrene 460, 470, *Stammtafel 467*
Magie 546f.
Magna Mater (Große Mutter), siehe Muttergöttin, Große

Magnesia am Hermos (am Sipylosgebirge), Kleinasien 490, 495, 522
Magnesia am Mäander, Kleinasien 195, 462, 470, 475, 484, 522, 569
Mago, karthagischer Feldherr 200
Mainake (Malaga), Südspanien 119
Makedonen, nordwestgriechischer Volksstamm 80, 107, 364f., 369, 371, 398, 403ff., 407, 414, 417, 420, 422, 424ff., 428, 431, 433—437, 441, 444, 448, 451, 453, 456f., 459, 469, 483, 491, 521f., 524f., 548f., 655, 667, *Abb. 449, 504*
Makedonien, Landschaft der Balkanhalbinsel 32f., 36, 60, 183, 199, 217, 221, 298, 356, 361, **364—372**, 389, 399f., 403f., 406f., 409, 411f., 418, 421, 423, 425f., 437, 440, 444, 446, **448—452**, 456f., **459—465**, 476, 478f., 484f., 494, 514, 542, 547, 601, 606, 657, 677f., 681f., *Abb. 448*.
Stammtafel 427
—, Blutsgerichtsbarkeit 366
—, Heeresverfassung 367, 371, 406, 409
—, römisches **491—495**, 509, 682
—, Suprematie (Oberherrschaft) 356f, 369, 398
—, Volks- und Heerkönigtum 366, 371
Makedonischer Krieg, Erster (215 bis 205) 484, 528, 682
—, Zweiter (200—197) 485f., 489, 649, 682
—, Dritter (171—168) 493, 682
Makedonische Suprematie 356f., 369, 398
Makkabäer (Hasmonäer), jüdische Dynastie 498ff., 512, 521
Makrokosmos (griechisch), große Welt 665
Makron, attischer Vasenmaler, *Abb. 608*
Malaca, Spanien 112
Malchus, karthagischer Feldherr 200
Malia, Bucht von, Mittelgriechenland 477
Mallia auf Kreta 40f., 43, 49, 58, 100
Malloi (Malla), Volksstamm im Punjab 430
Malta, Insel im Mittelmeer 30, 35, 59, 199, 678
Malthi, Messenien 101
Mammon (Gewinn), althebräischer Gott der Gewinnsucht 237
Manetho, ägyptischer Priester und Tempelschreiber 524, 551
Manilius, römischer Dichter 629
—, »Astronomica« (Lehrgedicht) 629

Manlius Volso, Gnaeus, römischer Konsul 491
»Manon Lescaut« (Histoire du chevalier Des Grieux et de Manon Lescaut), Roman von Abbé Antoine-François Prévost d'Exiles, französischem Schriftsteller 622
Mantineia (später Antigoneia), Arkadien 193, 257, 357, 362f., 681
—, Bund gegen Sparta 318f.
Marakanda (Samarkand), Sogdiane 425
Marathon, Attika 179
—, Schlacht von 23, 217, **222—225**, 227f., 236, 240f., 248f., 337, 344, 380, 678, *Abb. 225*
Marcius Philippus, Quintus, römischer Konsul 493
Marden (Marder), Volksstamm in Persien 423
Mardonios, persischer Feldherr 221, 224, 229, 233
Marduk (Bel), babylonischer Gott 548
Mareottis-See, westlich des Nildeltas 418
Margiane, Landschaft in Ostiran 423
Maria, Mutter Jesu 600
Marinatos, Spyridon, griechischer Archäologe 100
Marius, Gaius, römischer Feldherr 510, 513
Mark Aurel, Marcus Aurelius Antoninus, römischer Kaiser 667
Marmarameer, siehe Propontis
Marsala, Sizilien 112
Marseille (Massalia, Massilia), Südfrankreich 110, 119, 192, 199, 201, 489, 677
Martha, Schwester des Lazarus im Neuen Testament 600
Massageten, indogermanisches Nomadenvolk 426
Massalia (Massilia, Marseille), Südfrankreich 110, 119, 192, 199, 201, 489, 677
Materialismus 576
Mathematik 536, 542, 544, 598, 662f., 669, 683
Matriarchat, Mütterherrschaft, Mutterrecht 45
Matrikularbeiträge des zweiten Attischen Seebundes 395, 398
Mauretanien, Landschaft in Nordwestafrika 519
Maurya (Moriya), altindische Dynastie 500
Mausoleion, Grabstätte in Halikarnassos 364
Mausolos, Satrap von Karien 364, 562
Mazaios, persischer Satrap 419ff.
Mechanik 542f., 663, 683

Medeia, Tochter des mythischen Königs Aëtes in Kolchis 558
Medeon, Arkanien 477
Meder 197, 228, 525, 652
Medien (Madai), Landschaft in Nordwestiran 195, 197, 420, 422f., 433, 435, 440, 495, 500, 507, 517, 609
Medinet Madi, Ägypten 550
Medios, Aleuade aus Larissa 406, 434
Medismós (medische Gesinnung) unter den Griechen 228
Medizin 536, 544f., 663ff., 680 683
Megakles, Angehöriger der Alkmaioniden 178, 180, 185
Megalithkultur, jungsteinzeitliche Kultur mit Bauten aus großen Steinblöcken 30, 34, 36
Megalopolis, Arkadien 440, 464f., 539, 558
Megara, Attika 114f., 117, 120, 144, 147, 162f., 166, 178, 257, 260, 304, 317, 443, 464, 537, 560, 679, 681
Megara Hyblaia, Sizilien 115, 117f., 677
Megaron (Halle), Hauptraum des mykenischen und homerischen Palastes 30, 33f., 38, 54, 56, 58f., 204
Meleager (Meleagros) aus Gadara, griechischer Epigrammdichter 539, 558
—, »Stephanos« (Kranz), Epigrammsammlung 539, 558
Meleager, makedonischer Feldherr 426, 429, 435, 441
Melesias, athenischer Adliger 264
Meliamben, satyrische Gedichte in lyrischer Form 539
Melinda (Menander), indo-griechischer König 500
Melindapaña, indische Schrift 500
Melkart (Baal), Stadtgott von Tyros, auch dem Herakles gleichgesetzt 415f., 418, 548
Mellaart, James, englischer Archäologe 29
Mellink, Machteld Johanna, niederländisch-amerikanische Archäologin 33
Melos, Kykladeninsel 58, 60, 101, 104, 321, 324, 341, 565, 679
Memnon, griechischer Historiker 452, 458, 472
Memnon von Rhodos, griechischer Heerführer 410f., 413
Memnon-Kolosse (Theben, Ägypten) 197
Memphis, Mittelägypten 256, 417f., 550

Menander (Menandros), griechischer Komödiendichter aus Athen 342, 554f., 623, 635, 639, 645, 647ff., 674, 683
—, »Dyskolos« (Der Menschenfeind) 555
Menander (Melinda), indo-griechischer König 500
Menander, Satrap von Lydien 435
Menedemos aus Eretria, griechischer Philosoph und Staatsmann 537, 558
Menelaos, jüdischer Hoherpriester 499
Menelaos, mythischer König von Sparta 566, 621
Menes, Kämmerer Alexanders des Großen 421
Menetekel, Warnungszeichen, nach Daniel (Kapitel 5) »Meneh meneh tekel u pharsin«, Geisterschrift beim Gastmahl des babylonischen Königs Belsazar 219, 306
Menhir (keltisch), aufrecht stehender Felsstein 30
Menippos aus Gadara, griechischer Philosoph 539
Menschenopfer auf Kreta 48f.
Menschentum in der Sicht der Griechen 575—579, 581f., 583 bis 594, 598, 601, 603ff., 607, 612, 620, 624, 626ff., 647
Merowinger, fränkisches Königsgeschlecht 622
Mersin, Kilikien 29
Merv (Alexandreia-Merv), Margiane 423
Mesara, Ebene auf Kreta 35, *Abb. 32*
Mesembria am Schwarzen Meer 193
Mesolithikum, Mittelsteinzeit 27, 677
Mesopotamien (Zweistromland) 28f., 31f., 37f., 45, 47, 71, 197, 217, 413, 418, 421, 433, 468, 507, 515ff., 678, 682
Messene (Mavrommati), Messenien, *Abb. 153*
Messener 151, 236, 340, 479f.
Messenien, Landschaft auf der Peloponnes 54, 60, 86, 101, 118, 150, 224, 249, 253, 314, 360, 395, 408, 459, 462, 465, 480, 678ff.
Messenischer Krieg, Erster 118, 678
—, Zweiter 152, 155ff., 161, 678
—, Dritter 224, 235, 253, 679
Messina (Zankle, Messene, Messana), Sizilien 115, 117f., 218, 235f., 384
—, Straße von 117f.
Metallurgie, Wissenschaft der gesamten Metalltechnik 33, 531
Metallzeit 31, 33ff.

Metapont im Golf von Tarent 118, 677
Metellus Creticus, Quintus Caecilius, römischer Konsul 516
Metellus Macedonicus, Quintus Caecilius, römischer Prätor 494
Meteorologie, griechische 596, 598, 628, 668
Metoiken (metoíkoi, Beisassen), Einwohner ohne volles Bürgerrecht 246, 277f., 526
Metope, rechteckiges Zwischenfeld im dorischen Tempelgebälk 267
Metrik (Versmaß), griechische 616, 631
—, römische 631
Metroon, Tempel der Muttergöttin (Meter) in Athen 546
Metrópolis, Mutterstadt einer griechischen Kolonie 114ff.
Meyer, Eduard, Geschichtsforscher 11ff., 21, 240
—, »Geschichte des Altertums« (5 Bde., 1884—1902) 11f.
Midas, König von Phrygien 154, 194, 412
Midea (Mideia), Argolis 59
Mikion, athenischer Staatsmann 464
Mikrokosmos (griechisch), kleine Welt 665
Milawata (hethitisch, wohl Milet) 60
Milesisches Alphabet 104, *Abb. 103*
Milet, Kleinasien 58, 60, 81, 111, 115, 119f., 123, 138f., 114, 193, 196, 201, 209—212, 214, 216f., 219, 236, 258, 264, 267, 286, 299, 330f., 343, 411, 414, 449, 453, 456, 469f., 484, 501, 567, 569f., 678
Mill, John Stuart, englischer Volkswirtschaftler 240
Miltiades, Tyrann auf der thrakischen Chersones und athenischer Feldherr 182, 220ff., 224, 226f., 245, 247, 678f.
Mimnermos, griechischer Elegiker aus Smyrna 634f.
Mimus (Mimen), griechische Posse 556f.
Minäer, antiker Volksstamm Südarabiens 525
Mine, attische Münze 176
Mineralogie 668
Ministeriale, niederer Adel im Mittelalter 56
Minnesang, deutscher 632
Minoer 48, 51, 54, 62, 67
Minoische Bronzezeit (Kreta) 33
Minoische Keramik 39—43, 48ff., 51f.
Minoische Kultur 37—53, 67, 677
Minoische Kunst 39, 47, 50—53, 56, 61, *Abb. 2, 36f., 44f., 52f.*

NAMEN- UND SACHREGISTER

Minoische Religion 46—51
Minoische Schrift 38, 40, 44, 100f.
Minoische Sprache 43f., 63
Minos, mythischer König von Kreta 33, 49f.
Minotauros, Fabelwesen (Mensch-Stier) 47, 49, *Abb. 181*
Minyer, vorgeschichtlicher Volksstamm in Boiotien 54, 64
Minysche Keramik 54
Mirabilia (Denkwürdigkeiten), Natur- und Reisebeschreibungen 596
Mirmekion auf der Krim, *Abb. 528*
Misthós (Entgelt), Aufwandsentschädigung für Bekleidung öffentlicher Ämter in Athen 254, 275f., 279, 679
Mitanni, Reich in Mesopotamien 37
Mithridates III., König von Pontos 472, *Stammtafel 439*
Mithridates V. Euergetes, König von Pontos 506, *Stammtafel 439*
Mithridates VI. Eupator, König von Pontos 506—511, 513—518, 545, *Abb. 505, Stammtafel 439*
Mithridates (Mithradates) I., Partherkönig 500, 511
Mithridaten von Pergamon 520
Mithridatiden von Pontos 507, *Stammtafel 439*
Mithridatischer Krieg, Erster (88 bis 84 v. Chr.) **506—511**, 513
—, Zweiter (83—81) 513
—, Dritter (74—64) 514 ff., **535, 540**
Mittelalter 56, 592, 596, 603, 614f., 622, 629, 632f., 644, 668
Mitteleuropa 29, 72, 677
Mittelmeer, Mittelländisches Meer 12, 27, 30, 59, 100, 110, 256, 279, 321, 418, 475, 516, 533, 677

Mochlos auf Kreta 35, 49
Mohenjo-daro am Indus 29
Molière, siehe Poquelin, Jean Baptiste
Molon, Befehlshaber in Kleinasien 481
Molosser, illyrischer Volksstamm in Epirus 80f.
Mommsen, Theodor, Geschichtsforscher 20f.
—, »Römische Geschichte« (3 Bde. 1854—56) 21
Monarchie, Alleinherrschaft **590** bis **593**, 606
Monatsnamen, griechische 136, 296, 403
Mondmonat 135f.
Monemvasia, Ostküste Lakoniens 66
Monolith, vereinzelter Steinblock 160
Monotheismus, Verehrung eines einzigen Gottes 540, 547, 551

Monsun, in Richtung und Stärke wechselnder Großwind in der Äquatorialzone 428, 533
Montesquieu, Charles de Secondat, Baron de la Brède et de, französischer Philosoph und politischer Schriftsteller 272
Monunios, König der Dardaner 457
Morphé (die äußere Gestalt), Begriff der griechischen Philosophie für das Wesenhafte an den Dingen 598
Mosaik 532, 565, 571
Moschos, griechischer Dichter aus Syrakus 557
Motye, Sizilien 112, 385, *Abb. 385*
Müller, Karl Otfried, klassischer Philologe und Archäologe 20
Münzwesen 38, 132, 143, 158, 176, 183, 288, 472, 483, 496, 500, 533f., 561, *Abb. 117, 176, 448*
Mumien 561
Mumius, Lucius, römischer Konsul 495
Munichia, Burg und Hafen auf der Piräus-Halbinsel 184, 246, 346
Musaios, mythischer Sänger und Dichter 207, 628
Museion, Heiligtum der Musen (danach: Museum) 469, 536, 538, 542, 556, 564, 567
Musen, neun griechische Göttinnen aller Künste und der Wissenschaft 472, 548, 609, 616, 624f., *Abb. 617*
Musik, griechische 150f., 202f., 266, **294—297**, 645
Musikanos am Indus, Reich des 430
Musiktheorie 662f.
Mutter der Götter, Ausdruck der Thraker für Isis 550
Muttergöttin, Große 29ff., 34, 42, 45ff., 52, 54, 481, 549, 677, *Abb. 237*
—, anatolische (Meter) 546
Mykale (Samsun Dagh), Vorgebirge zwischen Ephesos und Milet 107, 234, 242, 255, 262, *Abb. 216*
Mykene (Mykenai), Peloponnes 15, 22, 30, 32, 35, 41, 43f., 50, **54—66**, 74, 82, 101, 124, 249, 617, 621, 677, *Abb. 57 innen*
Mykenische Epoche **53—68**, 71f., 75, 78ff., 82, 87, 93, 99, 102, 111, 204
Mykenische Keramik 55ff., 59f., 65
Mykenische Kultur und Kunst 56, 60f., 65f., 87, 677, *Abb. 53, 56f.*
Mykenische Schrift 62, 87, 100f.
Myrina, Aiolis 561

Myron aus Theben, griechischer Bildhauer 291, 562, 564
Myronides, athenischer Feldherr 254
Mysien, Landschaft in Kleinasien 481
Mysier, indogermanisches Volk 525
Mystagoge, in die Mysterien einführender Priester oder Eingeweihter 211
Mysterien 208, 485, 550, 610, 616
Mythen, minoische 45, 47
—, mykenische 677
Mythologie, griechische 126
Mythos, der griechische **91—95**, 108, 126, 203, 210, 212, 295, 297, 299, 377, 546, 554, 556, 558f., 577f., 599, 625, 638, 642f., 665
Mytilene, Lesbos 143, 145, 183, 312f., 538

N

Nabatäer, arabischer Volksstamm 442, 512, 516f., 525, 533
Nabis, letzter König von Sparta 484, 487ff., 682
Nabonid, König von Babylonien 197
Naissos (Nisch), Serbien 29
Nanaia (Nana), elamitische Göttin 500
Nationalismus, griechischer 586, 603
—, neuzeitlicher 239, 586, 603
Natur in der Sicht der Griechen 575ff., **593—599**, 606f.
Naturalismus 373
Naturgesetze 598
Naturphilosophie, griechische 208, 210f., 291f., 372, 596, 598f., 614, 625f., 628, 652, 664, 666, 668, 674
Naturwissenschaft 540, 542 ff., 553, 596, 598, 614, 683
Naukratis, Nildelta 111, 115, 197, 418
Naupaktos, Aitolien 260, 340, 479, 682
Nautaka, Baktrien 426, 428
Navarino, siehe Pylos, Messenien
Naxos, Kykladeninsel 66, 117, 133, 179f., 183, 214f., 246, 364
—, Sizilien 384, 677
Neapel (Neapolis) 116, 386, 677

Nearchos, griechischer Flottenführer und Satrap von Lykien 412, 425, **428—432**, 435, *Abb. 428*
Nebukadnezar II., König von Babylonien 196

Necessitas (lateinisch), Notwendigkeit 579
Neger 528
Nekropolis (Totenstadt), Begräbnisstätte im Altertum 567
Neleia, Thessalien 57, 59
Neleus, in der griechischen Sage Sohn Poseidons 64f.
Nemeische Spiele (Nemäen), panhellenische Festspiele, benannt nach dem Nemeatal bei Kleonai nahe Korinth 147, 458
Neolithikum, Jungsteinzeit 15, 27, 29—36, 81, 677
Neoptolemos I., König von Epirus 403, *Stammtafel 447*
Neoptolemos II., König von Epirus 446, 456, *Stammtafel 447*
Nesiotes, griechischer Bildhauer 184
Nestor, mythischer König von Pylos 64f., 101, 140, 601, 619

Nestos, Fluß in Thrakien 371f.

Neues Testament 582, 600, 628
Neuplatonismus, griechische Philosophenschule 580, 668
Niebuhr, Barthold Georg, Geschichtsforscher und Staatsmann 20, 22
—, »Römische Geschichte« (Bd. 1/2 1811/12, Bd. 3 1832) 20
Niello, Verzierung metallener Gegenstände durch Einschmelzen einer schwärzlichen Masse aus Silber, Kupfer, Blei, Schwefel und Borax in eine eingravierte Zeichnung 61
Nietzsche, Friedrich, Philosoph 18, 125, 177, 644f.
—, »Die Geburt der Tragödie aus dem Geiste der Musik« (1872) 614f.
Nikaia, Gemahlin des Lysimachos 450, *Stammtafel 438*
Nikaia am Hydaspes 430
Nikaia (Nizza), Südfrankreich 119

Nikandra von Naxos 133
Nikanor, makedonischer Feldherr 409, 417, 424
Nike, griechische Siegesgöttin 566
Nikias, athenischer Staatsmann und Feldherr 308, 315, 317, **319—322**, 325, 327f., 679
Nikiasfrieden 317, 319f., 679
Nikokles, Tyrann von Sikyon 463
Nikokles von Samos auf Kypros 379
Nikomedeia am Golf von Astakos 472, 510, 602
Nikomedes I., König von Bithynien 457ff.
Nikomedes II., König von Bithynien 472, 507
Nikomedes III., König von Bithynien 505, 508, 511, 514, 528

Nikopolis, Vorort von Alexandreia, Ägypten 567
Nil 119, 256, 259, 417f., 437, 468f., 532, 566

Nilsson, Martin P., schwedischer klassischer Philologe und Religionshistoriker 93, 134
Niobiden, Nachkommen der Niobe, Tochter des mythischen Königs Tantalos 566
Nisaia, Hafen von Megara 178
Nisch (Naissos), Serbien 29
Nisibis (Antiocheia), Mesopotamien 515f.
Nizza (Nikaia), Südfrankreich 119

Nomaden, Völker ohne festen Wohnsitz 426
Nomos (griechisch) das Gesetz 157
Nomophylakía (»Gesetzesüberwachung«), attische 273
Nomothéteis, Gesetzgebungsbehörde 273
Nora, Kappadokien 437, 440
Nordafrika 34, 51, 100
Nordafrikanische Kulturtrift 30, 677
Nordbund, Städtebund an der Nordküste Kleinasiens 457f., 470, 497
Nordeuropa 30
Normandie, Landschaft im Nordwesten Frankreichs 32
Normannen, nordgermanisches Volk 32, 58
Notion, Kleinasien 335
Nubier, ein den Äthiopiern verwandtes Volk 525
Numen, Gottheit 88
Nymphen, in Bäumen und Quellen lebende griechische Naturgottheiten 597
Nymphis, griechischer Historiker aus Herakleia Pontika 452
Nysa, seleukidische Prinzessin 506f., *Stammtafel 439, 454f.*

O

Oben, soziale Organisationen in Sparta 156f.
Obolos ($^1/_6$ Drachme), griechische Münze in Silber und in Kupfer 143, 275, 329, *Abb. 176, 465*
Octavianus, Gaius Octavianus Augustus, römischer Staatsmann 516, 518, 520
Oder 72
Oderint, dum metuant (mögen sie hassen, wenn sie nur fürchten). Zitat aus der Tragödie »Atreus« des römischen Dichters Lucius Accius, nach Sueton ein Wahlspruch des Caligula 604

Odessos (Warna?) am Schwarzen Meer 193
Odrysen, thrakischer Volksstamm 407, 459, 484
Odyssee, griechisches Epos 94, 96, 111, 164, 557, **616—622**, 625, 639, 651, 678
—, »Odusia«, lateinische Übersetzung des griechischen Freigelassenen Andronikos (Livius Andronicus) 621
Odysseus, griechischer Held 95, 594, 600f., 618f., 621, *Abb. 593*
Ökonomik, Wirtschaftswissenschaft 668
Ökumene (Oikumene), der bewohnte Teil der Erde 343, 597
Ölbaumkultur 535, 593
Ölbaumzweig, Symbol in Griechenland 242
Oidipus, Sohn des mythischen Thebanerkönigs Laios 64, 618f., 638f., *Abb. 644*
Oikistés (griechisch), Gründer 114f., 117
Oinoë, Argolis 257
Oinophyta, Boiotien 258, 260, 679
Okeanós, in der Antike das große Weltmeer 602
Okzident 576f.
Olbia am Schwarzen Meer (Bugmündung) 120, 193, 508, 539, 678
Oligarchie (Herrschaft der Wenigen), Staatsform, in der nur die Adligen (= Aristokratie) oder die Reichen (= Timokratie) regieren 186, 277, 284, 311ff., 325, 330, 333f., 340, **344—347**, 357f., 363, 374, 376, 436, 440, 442, 451, 478, 591f., 680
Olympia, Elis 74, 106, 133, 136, 148, 152, 202, 205, 237, 241, 320, 365, 509, 566, *Abb. 108*, *265, 576 innen*.
Olympias, Prinzessin von Epirus, Mutter Alexanders des Großen 403ff., 417, 436, 440f., *Stammtafel 427*
Olympier, olympische Götter 626, 652
Olympische Spiele, panhellenische Festspiele von Olympia in Elis 147, 205, 241, 365, 380, 395, 432, 610, 677, *Abb. 108*
Olympos (Sitz der Götter), Bergmassiv in Griechenland 36, 88, 96, 126, *Abb. 80*

Olynthos, Chalkidike 357, **368** bis **371**, 393, 681, *Abb. 392*
Oniaden, Hohepriesterfamilie in Juda 498
Onias III., Hoherpriester in Juda 499

NAMEN- UND SACHREGISTER

Onesikritos, griechischer Flottenführer und Schriftsteller 428, 431
Onomakritos, griechischer Dichter 208
Onomarchos, phokischer Tyrann 362, 370
Ontologie, philosophische Lehre vom Sein 291, 376, 575, 629
Ophellas, ägyptischer General 443
Opis (früher Akschak), Mesopotamien 432
Optimaten (die Besten), konservative Partei in Rom 516
Orakel 180, 185, 197, 208, 417, 546, 548, 551
Orakelbücher, griechische 116
Orchestra, der Spielplatz im antiken Theater 570
Orchomenos, Boiotien 57, 60, 64, 101, *Abb. 56 innen*
—, Arkadien 464
Oreiten, Volksstamm in Südiran 430
Orest(es), Sohn des Agamemnon 63f., 134, 584, 620, 626, 638, *Abb. 592*
Orestis, Landschaft in Makedonien 405
Organon (griechisch), Werkzeug, Mittel 131, 164, 227, 372, 379
Orontes, Fluß in Syrien 565, 567
Orophernes, Sohn Ariarathes' IV. von Kappadokien 505
Oropos, Mittelgriechenland 494
Orpheus, mythischer Sänger und Dichter 207f., 628
Orphizismus, erste geschichtlich greifbare religiöse Bewegung in Griechenland 208, 210, 240f.
Ortygia, Insel vor Syrakus 117
Osiris, ägyptischer Gott 47, 550
Osker, Zweig der altitalischen Samniter 386, 681
Osrhoëne, Landschaft am Euphrat 517
Ostdeutsche Kolonisation 109
Osteuropa 32, 36
Ostrakismos, »Scherbengericht«, Verbannungsspruch 187, 225, 227, 247, 250, 253, 262, 264, 320f., 679, *Abb. 225*
Ostrakon, irdene Scherbe 187
Ostsee 119
Ostygia, griechische Kolonie 677
Otto, Walter F., klassischer Philologe 126
Ovid, Publius Ovidius Naso, römischer Dichter aus Sulmo (Sulmona) 588, 628, 632, 635
—, »Ars amatoria«, »Die Liebeskunst« (Lehrgedicht) 628
—, »Fasti«, »Der Festkalender« (Lehrgedicht) 628

Ovid, Publius Ovidius Naso, römischer Dichter aus Sulmo (Sulmona)
—, »Metamorphoses«, »Verwandlungen« (Gedichtzyklus) 628
Oxos (Amu-Darja) 424
Oxyartes, sogdischer Stammesfürst 425 ff.
Oxynthemis, Aleuade aus Larissa 406

P

Pädagogik (*paidagogós* Knaben-Anleiter), griechische 584, 589, 620
Pädiatrie, Kinderheilkunde 664
Paestum (Poseidonia), Süditalien 118, 204, 386
Pagai, Hafenstadt am Korinthischen Golf 257
Pagasai, Thessalien 457, 561
Paian, griechisches Chorlied, Hymne 340
Paioner, den Makedonen verwandtes Volk 369f., 407, 410, 525
Paionien (Päonien) 463
Pairisades II., König des Bosporanischen Reiches 507
Pakoros (Pakores), parthischer Prinz 517
Paläolithikum, Altsteinzeit 27, 677
Palästina 28f., 37, 59, 66, 442, 444, 475f., 481, 483f., 495, 497f., 501, 513, 525, 533, 677, 682
Palästinenser 527f.
Palaikastro, Ostkreta *Abb. 37*
Palaistra, Ringerschule der Griechen 266
Palakos, Herrscher der Skythen 507
Pallene, Attika 179
Palmyra (Tadmor), Syrien 533, 549
Pamir, Hochland Innerasiens 426
Pamphyler, griechischer Volksstamm 67, 525
Pamphylien, Landschaft in Südkleinasien 247, 412, 443, 468
Pan, arkadischer Naturgott 597
Panaitios aus Rhodos, griechischer Philosoph 512, 540f., 683
Panaitios, Tyrann von Leontinoi 144
Panakton, Mittelgriechenland 319
Panathenäen, im Hochsommer gefeiertes Hauptfest der Athene 147, 182f., 581, 678
Panegyrikos, in einer Panegyris (Festversammlung) gehaltene Lobrede 468

Paneion (Banias), Palästina 484, 499, 533
Pangaion (Bunar Dagh), Gebirge in Thrakien 120
Panhellenische Festspiele 106, 136, 147, 182, 191, 202, 205, 234, 365, 380, 394f., 432, 458, 478, 487, 489, 581, 601, 610, 618, 677f.
Panhellenischer Kongreß in Athen 259, 264, 284
Panhellenismus 380f., 391, 398
Panionion, Bundesheiligtum der Ioner 107
Pantheismus, philosophische Anschauung, daß Gott und Welt eins seien 547
Pantheon in Rom 204
Pantikapaion auf der Krim 193, 678
Paos, ägyptischer Beamter 524
Papadimitriu, Joannis, griechischer Archäologe 54
Paphlagonien, Landschaft im nordöstlichen Kleinasien 414, 507f., 510, 514, 525
Paphos auf Cypern 552
paradigmatisch, beispielhaft 130, 163, 347, 618, 634, 647
Paris, Prinz von Troia 600, 619f., *Abb. 608*
Parmenides, griechischer Philosoph aus Elea 122, 211, 291, 628f., 672f., 678, *Abb. 251*
—, »Perí phýseos«, »Über die Natur« (Lehrgedicht) 628
Parmenion, makedonischer Feldherr 370, 403ff., 407, 409f., **412–417**, 419f., **424–425**, 431
Parnassos, Gebirgsstock in Mittelgriechenland 458
Paropamisosgebirge, Teil des Hindukusch 424
Paros, Kykladeninsel 120, 130, 214, 224
Parrhasios, griechischer Maler aus Ephesos 339, 378
Parthenon, Tempel der Athene Parthenos 182, 267, 287, *Abb. 180*
Parther, indogermanisches Nomadenvolk 423, 501, 511ff., 515, 517, 521, 533
Parthien, Landschaft in Iran 423, 460, 471f., 476, 482, 495, 500, 511
Parysatis, Halbschwester und Gattin Dareios' II. 349
Pasargadai, Persis 422, 431
Pasiphaë, Tochter des Helios, Gemahlin des Minos 47
Patroklos, Flottenführer des Ptolemaios II. 461
Patroklos, Freund des Achilleus 410, 566, 584
Pattala am Indus 430

NAMEN- UND SACHREGISTER

Paulus, Apostel 372, 540
Pausanias, griechischer Schriftsteller aus Magnesia am Sipylos, Kleinasien 470, 562, *Abb. 40*
Pausanias, spartanischer Feldherr und Staatsmann 233, 243, 250, 341, 346, *Abb. 249*
Pausanias, Mörder Philipps II. 404f.
Peirithoos, mythischer König der Lapithen 584
Peisistratiden, athenisches Adelsgeschlecht 185, 187, 220
Peisistratos, Tyrann von Athen 146f., 149, 162, **178—185**, 191, 208, 220, 225, 265, 295, 562, 678
Peithon, Gefährte Alexanders des Großen 429, 435f., 440f.
Pelike, griechische Vasenform, *Abb. 644*
Pelion am Erigon, Lynkestis 408

Pella, Makedonien 365, 409, 457, 538, 547
Pellene, Achaia 463f.
Pelopidas, vornehmer Thebaner 358, 371
Pelopidas-Friede 361
Peloponnes (*Pelopónnesos*, »Insel des Pelops«), südgriechische Halbinsel 59, 67, 73, 82f., 86, 106, 108, 114, 152, 161, 192, 231, 249, 252, 257f., 260, 304, 312, 314, 318, 321, 340, 360, 362, 389, 395, 406, 408, **443** bis **446**, 461, 464f., 476, 479, 678, 682, *Abb. 152f., 176*

Peloponnesier 307, 313f., 318, 361, 637
Peloponnesischer Bund 161, 219, 226, 257, 261, 286, 303f., 310, 317, 357, 360, 678f.
Peloponnesischer Krieg 23, 256, 261, 282, 288, 300, **302—400**, 587, 653, 659, 679f.
Pelops, Sohn des Tantalos, mythischen Königs von Sipylos in Phrygien 155, 626
Peltasten (griechische Leichtbewaffnete) 350
Pelusion (Pelusium), Nildelta 418, 497
Peneios, Fluß in Thessalien 27

Penelope, Gattin des Odysseus 618f.
Penesten, die Hörigen Thessaliens 76, 340, 345
Pentakosiomedimnoi (»Fünfhundertscheffler«), oberste Einkommensklasse in Athen 169, 224, 269
Pentathlos, griechischer Kolonist 194, 199
Penthiliden, Herrschergeschlecht in Mytilene 143
Peraia, Landschaft an der Küste Kariens 487f.

Perdikkas I., König von Makedonien 365, 678
Perdikkas II., König von Makedonien 310, *Stammtafel 427*
Perdikkas III., König von Makedonien 366, 369, 681, *Stammtafel 427*
Perdikkas, makedonischer Heerführer und Regent von Makedonien 405, 408, 416f., 426, 429f., **432—437**, 440f., 462, 682
Pergamon, Mysien 451, 457, 459, **470—473**, 475f., 480f., 484f., 488, 492f., 501, 503, 505f., 523f., 532, 537, 560, 562, 565ff., 569f., 682f., *Abb. 472f., 529*
—, Festspiele zu Ehren der Athene Niképhoros 504
—, Tempel der Athene Niképhoros 504, 569, *Abb. 504*
—, Zeus-Altar 569
Perge, Pamphylien 683

Periander (Periandros), Tyrann von Korinth, einer der »Sieben Weisen« Griechenlands 116, **144—147**, 294
Periegese (von Perieget, Fremdenführer), Länder- und Erdbeschreibung 651
Perikleischer Friede zwischen Athen und Sparta **260—263**, 289, 679
Perikleisches Zeitalter **261—269**, 271, 277—280, 308
Perikles, athenischer Feldherr und Staatsmann 23, 252f., 256, **258—268**, 270f., 273, 275f., 280—287, 289, 291, 297, 300, 302, **304—308**, 314f., **317—320**, 324, 328, 330, 390, 392, 537, 646, 679, *Abb. 225, 251, 264*
Perinth(os) am Marmarameer 370, 396f., 681
Perioikoi (griechisch, Umwohner), in halbfreier Abhängigkeit von der herrschenden Schicht stehende Bevölkerungsgruppe 77, 84ff., 151f., 157, 160, 253, 376, 678
Peripatetiker, Schüler des Aristoteles, benannt nach der Wandelhalle (*peripatos*) des Lykeion in Athen 494, 537f., 564, 580, 596, 667f., 672f., 682
Peripetie, Wendepunkt, Schicksalsumschwung 326, 587, 641f., 644
Periploi (griechisch), Schiffahrtshandbücher 213
Peristyl, einen Platz umrahmende Säulenhalle 33
Pernici, Luigi, italienischer Archäologe 100
Persephone, griechische Göttin 92, *Abb. 609*
Persepolis, Persis 421ff., 431

Perser, indogermanisches Volk 198, 214, 216, 222, 238, 240, 343, 380, 411, 413f., 419f., 422, 425, 433, 458, 504, 521, 525, 534, 586, 652, 655, *Abb. 225, 504*
Perserkriege 22, 160, 179, 202f., **214—234**, **238—262**, 264, 267, 279f., 283, 285, 288, 298, 301, 331, 365, 382, 390, 587, 652, 678f., *Abb. 225*
Perserreich 24, 186, 199, 215, 217, 219ff., 223, 226, 228, 235, 238, 242, 244ff., 252, 256, 258f., 263, 286, 331ff., 335, 339, **349** bis **354**, **356—359**, 380, 398f., 403, 406, 409f., 412, 422, 428, 471, 498, 532, 590, **678—682**
—, Anspruch auf Weltherrschaft 217, 223, 227, 235, 239, 250
Perses, Bruder des Hesiod 127f., 624, 626
Perseus, griechischer Held 618
—, König von Makedonien **491** bis **494**, 497, 505, 682, *Stammtafel 438*
Persien (Iran) 218, 433, 490, 609, 617
Persis, Landschaft in Südwestiran 197, 421f., 475, 495, 522

Persische Kunst, *Abb. 224*
Persische Pforte (Tore) 434

Persischer Golf 522, 525

Persius, Aulus Persius Flaccus, römischer Satirendichter aus Volaterrae, Toskana 636
Perspektive 53
Pessimismus 129, 177
Pessinos (Pesinus), Galatien 503
Pest in Athen 306f., 310, 329, 339
Peukestes, Freund Alexanders des Großen 428, 431, 435, 441
Pezhetären, schwerbewaffnete Fußsoldaten in Makedonien 367, 371, 406, 428, 433, 435
Pflanzen in der Antike 546, 593, 595, 597
Phäaken (Phaiaken), mythisches Seefahrervolk 113, 617
—, Insel der, »Scheria«, später oft mit Korfu identifiziert 617
Phaistos, Kreta **40—44**, 58, 100, *Abb. 36*
Phalanthes, mythischer Gründer von Taras (Tarent), *Abb. 117*
Phalanx, geschlossene, mehrere Glieder tiefe Schlachtreihe der Griechen 141, 152, 169, 221, 367, 407, 411f., 414, 418f., 421, 457, 486f., 490, 493, *Abb. 140*
—, ägyptische 482, 503
Phalaris, Tyrann von Akragas 144
Phaleron, alter Hafen von Athen 232, 288, 377, 468, 538

NAMEN- UND SACHREGISTER

Phanagoreia an der Straße von Kertsch 193
Pharnabazos, Satrap von Phrygien am Hellespont 331, 346, 352f., 562
Pharisäer, religiös-politische Partei der Juden 498, 525
Pharnakes I., König von Pontos 504ff., 518, *Stammtafel 439*
Pharnakes II., König von Pontos 517, *Stammtafel 439*
Pharos, Insel bei Alexandreia, Ägypten 418, 469, 532, 567
—, Stadt und Insel an der Küste Dalmatiens (heute Hvar) 479
Pharsalos, Thessalien 520

Phaselis, Lykien 538
Pheidias (Phidias), griechischer Bildhauer aus Athen 267, 291, 601, 680, *Abb. 251, 265*
Pheidon, argivischer König 143f.
Pherai, Thessalien 362
Pherekydes von Athen, griechischer Geschichtsschreiber 299
Pherekydes von Syros, griechischer Philosoph 206ff.,
—, »Heptámychos« (Siebenschlucht) 207
Phigalaia, Arkadien 89, 476, 479, 527
Phila, Gemahlin des Antigonos II. Gonatus 459, *Stammtafel 438, 454f.*
Phila, Gemahlin des Demetrios I. Poliorketes 445f., *Stammtafel 438f.*
Philaiden, griechisches Adelsgeschlecht 220
Philemon, griechischer Komödiendichter aus Soloi, Kilikien 554f., 647, 683
Philetaireia, Kleinasien 473

Philetairos, Kämmerer des Lysimachos 451, 457, 472
Philhedonía (Liebe zum Genuß) 600
Philipp (Philippos) II., König von Makedonien 339, 361, 369ff., 381, 389ff., **393—400, 403—407**, 416f., 422, 432, 434, 444, 456, 486f., 533, 542, 563, 601, 681, *Abb. 351, Stammtafel 427*
Philipp III. Arrhidaios, König von Makedonien, Halbbruder Alexanders des Großen 435f., 441, *Stammtafel 427*
Philipp IV., König von Makedonien 446, *Stammtafel 439*
Philipp V., König von Makedonien 465, 476, 478ff., **483—493**, 530, 682, *Abb. 492, Stammtafel 438*
Philipp, Arzt aus Akarnanien 413
Philippoi (Philippi), Thrakien 372, 520, *Abb. 493*
Philippopel, Thrakien 372

Philister, zu den Seevölkern gezähltes Volk 66f., 100, 677
Philodomos aus Gadara, griechischer Philosoph 542
Philokrates, athenischer Politiker 393f.
—, Frieden des 393, 395
Philologie 621
Philon aus Byzantion, griechischer Gelehrter 542f.
Philon aus Eleusis, griechischer Baumeister 570
Philoplutía (griechisch), Liebe zum Reichtum 600
Philopoimen, griechischer Feldherr aus Megalopolis 480, 488
Philosophie, griechische 15, 126f., **290—294**, 366, 373f., 376ff., 469, 494, **536—542**, 579, 581 584, 587f., 597, 599f., 600, 602, 606f., **609—616**, 620, 625, 628, 631, 636, 641f., 647, **662—674**, 682f.
—, aristotelische 578
—, ionische 588, 625, 652, 669
—, milesische 293
—, platonische 375, 578
Philotas, makedonischer Heerführer 405, 409, 417, 424, 426, 435
Philotimía (griechisch), Ehrliebe, Ehrgeiz 600
Philoxenos aus Eretria, griechischer Maler 565
Phöniker, semitisches Volk 47, 51, 111f., 194f., 215f., 232, 234, 525f.
Phönikien, Landschaft an der syrischen Küste 104, 256, 332, 412, 414f., 435, 445, 456, 530, 533
Phönikische Kolonien 111f., 194, 199
Phönikisches Alphabet 102, 104, 132, *Abb. 103*
Phönikische Schrift 102, 104, 132, 677, *Abb. 103*
Phoenix aus Kolophon, griechischer Dichter 558
Phoinike, Epirus 480, 485f., 682
Phokaia (heute Fotscha), Kleinasiatische Küste 119, 192

Phokaier 199ff., 489
Phoker 74, 191, 226, 230, 342, 393ff.
Phokis, Landschaft in Mittelgriechenland 74, 107, 192, 257, 260, 361f., 408, 458, 463, 679
Pholegandrier, Mann von der Kykladeninsel Pholegandros 166
Phóros, Tribut im ersten Attischen Seebund 244f., 259, 263, 283, 288, 309, 329, 359
Phraates III., Partherkönig 516

Phratrie (griechisch), Bruderschaft, Geschlecht, Sippe 139f., 188
Phryger, indogermanisches Volk 525
Phrygien, Landschaft in Westkleinasien 194, 412, 435, 444, 459, 506, 514
Phrygien am Hellespont 414, 435ff., 441, 444
Phrynichos, griechischer Dichter aus Athen 219, 297
—, »Milétou hálosis« (Die Einnahme Milets), Tragödie 219, 297
Phthia, Tochter Alexanders II. von Epirus 463, 476, *Stammtafel 438*, 447
Phthiotis, Landschaft in Thessalien 479, 487
Phylarchos, athenischer Historiker 452, 471, 553
Phyle, Grenzfeste in Attika 346
Phyle (griechisch, Stamm), Blutsund Sippenverband der altgriechischen Stämme 139ff., 145, 151, 156, 171, 182, 265, 269, 273, 330, 443
Phylenreform des Kleisthenes 187ff., 678
Physik 536, 538ff., 542, 614, 668
Physiologie 664
Piktographie (Bilderschrift) 44, 62, 100
Pinaros, Fluß bei Issos, Kilikien 413
Pindar(os) aus Kynoskephalai bei Theben, griechischer Lyriker 203, 238, 297, 377, 408, 465, 601, 603, 611, 680, *Abb. 251*
Pindos, Gebirgszug in Nordgriechenland 36
Piräus (Peiraieus), Hafen von Athen 219, 246, 274, 277, 287f., 306, 341, 343f., 346f., 352, 358, 440, 443, 446, 457, 462, 509, 546, 680, *Abb. 289*
Piraterie, siehe Seeräuberei
Pisatis, Landschaft in Elis 86, 152

Pisider, antikes Volk in Kleinasien 525
Pisidien, Landschaft in Westkleinasien 412, 436
Piso, Lucius Calpurnius, römischer Feldherr 517
Pitane, Aiolis 472, 538
Pithekusai, siehe Ischia
Pithyusen, Inselgruppe der Balearen 199, 678
Pittakos, Aisymnet in Mitylene, einer der Sieben Weisen Griechenlands 145
Planetarium des Archimedes in Syrakus 543, 560

NAMEN- UND SACHREGISTER

Planeten, Wandelsterne 544, 597
Plastik, griechische 133, 162, 205f., 267, 291, 339, *Abb. 88*, *124f.*, *132*, *140*, *180*, *208*, *217*, *233*, *237*, *249*, *264*, *393*
—, minoische 48ff., 52, *Abb. 33*
—, mykenische 61, *Abb. 53*
—, neolitische 30f., 34ff.
Plataiai, Boiotien 223, 226, 233f., 250, 252, 262, 337, 390, 679, *Abb. 233*, *249*
Platon, griechischer Philosoph 24, 110, 208, 281, 294, 343, 345, 347, 349, 366, **373—381**, 388f., 522, 527f., 536f., 539, 542f., 546f., 551f., 554, 563, 575, 578, 583ff., **588—592**, 594, 596, 600, **602—606**, 608, **611—614**, 625, 629, 634, 642, 647, 649, 658, 660, 663f., **666—673**, 681f., *Abb. 351*
—, »Apología« (Verteidigungsrede des Sokrates) 536, 681
—, Eídos, das Wesenhafte, Grundbegriff der Ideenlehre 598
—, »Euthyphron« 547
—, »Gemeinschaft von Frauen, Kindern und Eigentum«, in Politeia 590
—, »Georgias« (Dialog) 604
—, »Lysis« (Dialog) 584
—, »Nómoi«, »Die Gesetze« (Abhandlung) 522, 528, 547, 642
—, »Politeía« »Vom Staate« 347ff., 389, 546, 590f., 542, 642, 681
—, »Theaítetos« (Dialog) 611f., 614
Platoniker, siehe Akademie
Platonische Staatsphilosophie 172, **374—377**, 590
Plautus, Titus Maccius, römischer Komödiendichter aus Sassina, Umbrien 522, 527, 529, 555, 639, 648f.
—, »Captivi« (Die Gefangenen) 527
Pleistarchos, Bruder Kassanders 445f., *Stammtafel 439*
Pleuratos, König in Illyrien 480
Plinius Secundus der Ältere, Gaius, römischer Schriftsteller 562, 564, 566
Plotin(os), griechischer Philosoph aus Lykopolis, Ägypten 667f., 673
Ploutos, »Partei des Reichtums« 138
Plutarch(os) aus Chaironeia, griechischer Schriftsteller 423, 450, 452, 659, 663, 673
—, »Vitae parallelae«, 46 vergleichende Lebensbeschreibungen berühmter Griechen und Römer 450

Pluton, griechischer Gott der Unterwelt 551, 565
Po, Fluß in Oberitalien 200
Poetik, griechische 622, 628, 634f., 640, 642
—, römische 622, 636
Polemarch, Archon für das Heerwesen in Athen 135
Polemon aus Athen, griechischer Philosoph 538f.
Polen 32
Poliochni auf Lemnos 34
Polis, Stadtstaat im alten Griechenland 23f., 78, 84, 229, 242, 249, 269, 271, 275, 277ff., 281, 475, 523f., 576, **587—593**, 677
—, attische 220, 262, **267—282**
Polizeiwesen, athenisches 268
Polyandrie (Vielmännerei) 161
Polybios, griechischer Historiker aus Megalopolis 13, 452, 465, 477f., 483, 485, 489, 492ff., 502, 529, 541, 554, 591f., 657, 683
Polydamas, Freund Parmenions 424
Polygamie (Vielehe) 161
Polygnotos von Thasos, griechischer Bildhauer 563
Polyklet (Polykleitos), griechischer Bildhauer aus Sikyon 562, *Abb. 251*
Polykrates, Tyrann von Samos 144f., 148, 183, 191, 193, 195, 198
Polyperchon, makedonischer Heerführer 426, 429, 432f., **440—443**
Polyphemos, Kyklop der Odyssee, *Abb. 593*
Polytheïsmus (Vielgötterei) 88
Polytimetos, Fluß in der Sogdiane 425
Pompeii am Golf von Neapel 542, 565, 571
Pompeius, Gnaeus, römischer Feldherr 513, 515ff., 520, 541
Pontos (Pontus), Landschaft am Schwarzen Meer 451, 459, 470f., 476, 504, 506f., 513, 517f., 524f.
Stammtafel 439
Pontos Euxeinos (griechisch: das gastliche Meer), Schwarzes Meer 60, 110

Poquelin, Jean Baptiste, Pseudonym Molière, französischer Dichter 639, 648
Poros (Paurava?, Parvataka?), König im Punjab 429f.
Porphyrios, griechischer Philosoph aus Tyros 667f.
Porto Rafti, an der Ostküste Attikas 66
Poseidon, griechischer Gott 54, 64, 89, 92f., 96, 416, 430, 567, *Abb. 81*, *180*, *448*
Poseidonia (Paestum), Süditalien 118, 204, 386, *Abb. 544*

Poseidonios, griechischer Philosoph aus Apameia, Syrien 512, 540f., 544, 657
Poteidaia (Kassandreia), Chalkidike 116, 304, 310, 369f., 452, 456f., 679
Pothos (griechisch), Sehnsucht, Verlangen 428, 564
Präfiguration, vorausdeutende Darstellung 356
Präzession, Vorrücken der Tagundnachtgleiche 544
Pragmatismus, philosophische Richtung, die Tun und Handeln über Denken und Theorie stellt 109, 190, 208, 290, 312f., 345, 381
Praxiteles, athenischer Bildhauer 339, 560, **563—566**, 681, *Abb. 351*
Priamos, mythischer König von Troia 558, 619
Priene am Vorgebirge Mykale, Kleinasien 199, 286, 451, 567, 569f.
Priester (*presbýteros*, der Ältere) 580f.
Priesterkönigtum auf Kreta 43
Primogenitur, Erstgeburt 366
»Problemata« (Streitfragen), 37 Bücher von Nachfolgern des Aristoteles 596
Probul (Vorberater) der Volksversammlung in Athen 330
programmatisch, richtungweisend, zielsetzend 113, 170
Proklos, Diadochos, griechischer Philosoph aus Byzantion 668
Proletariat in Griechenland 138, 169, 188
Prometheus, Titanensohn des griechischen Mythos 627
Prónoia (griechisch), Vorsehung 580, 593, 623
Properz, Sextus Aurelius Propertius, römischer Elegiendichter aus Asisium (Assisi), Umbrien 588, 635
Propontis (Marmarameer) 60, 109, 119, 216, 286, 330, 334, 370, 396, 484

Propyläen (Propylaia, »Vorpforten«), Torhallen 267, 287, *Abb. 288*
Prosaliteratur, attische 292f., 342f.
Proskenion, im antiken Theater Bühnenplan vor dem Bühnengebäude, auf dem die Schauspieler auftraten 570
Prosopitis, Schwemmland im Nildelta 256
Prostasie (Vorstandschaft) 192
Prostátes tés Helládos »Vorsteher von Hellas«, Ehrentitel Spartas 162

ns des Volkes«, Ehrenname Solons 166
Prosymna, Argolis 59, 65
Protagoras, griechischer Philosoph aus Abdera 122, 211, 264, 266, 281, 291f., 348f., 373, 646, 680, *Abb. 251*
Protogriechen 36f., 53, 677
Protolinear-(Kursiv-)Schrift 100
Providentia (lateinisch), Vorsehung 113, 580, 593, 623
Proxenos (von proxenia Gastfreundschaft), Vertreter eines griechischen Staates in einem anderen (Konsul) 254
Prozessionen im griechischen Kult 580
Prozeßordnung, griechische 136
Prusias I., König von Bithynien 480, 504
Prusias II., König von Bithynien 492, 505
Prytaneia (oberste Leitung), jeweils amtierendes Zehntel des Rates der Fünfhundert (*boulé*) 273, 336, 349
Psammetich I., Wahibrê, König von Ägypten 149, 195
Psephisma, Beschluß der Volksversammlung in Athen 270, 304
Psychagogie (»Seelenführung«) 265, 641
Psychologie 653
Ptolemäer, makedonische Dynastie in Ägypten 418, 444, 459f., **464—470**, 476f., 481, 485, 497 ff., 504, 511, 519, 524, 532f., 543f., 549ff., 682, *Stammtafel 466f.*
Ptolemäische Festspiele in Alexandreia 474
Ptolemäische Kunst, *Abb. 545*
Ptolemaeus, Claudius, Mathematiker und Astronom 544
Ptolemaios I. Soter, König von Ägypten 408, 412, 417, 422, 425, 429f., **432—437, 440—446, 448—452**, 469f., 483, 533, 538, 542, 551, 682, *Abb. 448, Stammtafel 466f.*
Ptolemaios-Kult 549
Ptolemaios II. Philadelphos, König von Ägypten 449, **450—453**, 456 ff., 460f., 463, 468f., 471f., 482, 527, 538, 558f., 565, 569, 595, *Stammtafel 466f.*
Ptolemaios III. Euergetes I., König von Ägypten 465, 468, 470, 475, 522, 557, *Stammtafel 466f.*
Ptolemaios IV. Philopator, König von Ägypten 475f., 481 ff., 499, 532, 568, *Stammtafel 466f.*
Ptolemaios V. Epiphanes, König von Ägypten 484, **488—491**, 495f., 503, *Stammtafel 466f.*

Ptolemaios VI. Philometor, 501ff., 511f., 552, *Stammtafel 466f.*
—, erste allgemeine Amnestie 503
Ptolemaios VII. Neos Philopator, König von Ägypten 502, 512, *Stammtafel 466f.*
Ptolemaios VIII. Euergetes II. (Physkon), König von Ägypten 502, 511 ff., 524, 533, *Abb. 584, Stammtafel 466f.*
Ptolemaios IX. Soter II. (Lathyros), König von Ägypten 512f., 519, *Stammtafel 466f.*
Ptolemaios X. Alexander I., König von Ägypten 512, 518, *Stammtafel 466f.*
Ptolemaios XI. Alexander II., Gemahl der Berenike (Kleopatra Berenike), König von Ägypten 518, *Stammtafel 466f.*
Ptolemaios XII. Neos Dionysos (Auletes), König von Ägypten 513, 519, *Stammtafel 466f.*
Ptolemaios XIII. Dionysos, König von Ägypten, Gemahl der Kleopatra VII. 519f., *Stammtafel 466f.*
Ptolemaios XIV. Philopator, Gemahl der Kleopatra VII., König von Ägypten 519, *Stammtafel 466f.*
Ptolemaios XV. Kaisar (Kaisarion), angeblich Sohn des Caesar 519f., *Stammtafel 466f.*
Ptolemaios, Sohn Ptolemaios IX. Soter II., König von Kypros 519, *Stammtafel 466f.*
Ptolemaios Apion, König von Kyrene 513, *Stammtafel 466f.*
Ptolemaios Keraunos (Donnerkeil), König von Thrakien und Makedonien 449, 451, 453, 456f., 470, 682, *Stammtafel 467*
Ptolemaios, Neffe Kassanders 443
Ptolemaios, makedonischer Eremit 551
Ptolemaios, Sohn des Lysimachos und der Arsinoë, Statthalter von Telmessos (?) 457, 469, *Stammtafel 438*
Ptolemaios, Statthalter in Milet 469
Ptolemais, Gattin des Demetrios I. Poliorketes 449, *Stammtafel 438*
Ptolemaïs (Hormu) in der Oase Fayûm, *Abb. 520*
Ptolemaïs, Oberägypten 469, 503
Ptolemaïs (Akko, Ake), Palästina 501
Publizistik, politische 659ff.
Punischer Krieg, Zweiter (218 bis 201 v. Chr.) 483f., 533, 621, 643, 649, 682
Pustrissa (Pustertal), Südtirol 29
Puteoli, Kampanien 526
Pydna, Makedonien 369, 493, 498, 513, 682

Pylades, Freund des Orestes 584, *Abb. 592*
Pylos Homers (Alt-Pylos, heute Ano Englianos), Triphylien 59 bis 64
Pylos, Messenien 101, 314f., 318, 477, 479
Pyrrhon von Elis, griechischer Philosoph 536, 683
Pyrrhos I., König von Epirus 387, **445—450**, 452, 456, 460, 463, 476f., 682, *Stammtafel 447*
Pythagoras, griechischer Philosoph aus Samos 122, 208, 210, 611, 658, 665f., 678
Pythagoreer, philosophisch-politische Schule 372, 543f., 551, 595, 673
Pytheas aus Massilia, griechischer Geograph, Astronom und Mathematiker 119
Pythia, Priesterin des Orakels in Delphi 185, 417
Pythisch-delphische Amphiktyonie 108, 192
Pythische Spiele (Pythien), panhellenische Festspiele in Delphi 147, 191, 394, 458, 678
Pytho, alter Name für Delphi 89, 92
Python, mythischer Drache 89, 92
Pyxos, Süditalien 386

Q

Qalat Jarmo (Irak) 28
Quadrivium (lat. Vierweg), die vier mathematischen Fächer: Arithmetik, Geometrie, Astronomie, Musiktheorie 663
Quinctius Flamininus, Titus, römischer Konsul **486—489**, 682
Quintilian(us), Marcus Fabius, römischer Rhetor und Kritiker 563

R

Rabierius Postumus, römischer Bankier 519
Rachel, Frau Jakobs im Alten Testament 600
Racine, Jean Baptiste, französischer Dramatiker 621
Ramses III., Usermaatrê, König von Ägypten 65
Raphia (Rapihu), Palästina 481, 503
Rapport, im Kunsthandwerk: regelmäßige Wiederkehr der gleichen Figur 51
Ras Schamra, Vorgebirge an der syrischen Küste 101
Rat der Fünfhundert (Kleisthenes) 180, 254, 273, 330
Rat der Vierhundert (Solon) 170f., 188, 334, 345

Rechtsstaat 281
Rechtstheorien, griechische 217, 244, 257, 260, 272
Rechtswesen, griechisches 136f., 145f., 604ff.
Rednerliteratur, antike 659f.
Reichtum in der Sicht der Griechen 599, 606f.
Reiterei, aitolische 487
—, athenische 168f., 268
—, iranische (persische) 411, 419f., 428
—, makedonische 367, 371, 403f., 417, 421ff., 425, 428, 487
—, paionische 410
—, pergamenische 490
—, pontische 509
—, syrische 490
—, thessalische 410ff., 422
—, thrakische 410, 412
—, turkestanische 495
Religion 579, 583, 616, 620, 663, 665f.
—, ägyptische 579, 586
—, minoische 46—51
—, römische 579
Religionen, orientalische 579
Religion und Kult der Griechen 88—92, 124, 268, 341, 536, 540, 546—552, 577—583, 598
Renaissance, Epoche des 14.—16. Jahrhunderts in Europa 575f., 579f., 585f., 589f., 590, 592, 594, 598, 600, 603, 614, 622f., 642, 644, 647, 650
Res publica (lateinisch, öffentliche Sache), Gemeinwesen, Staat, Republik 587
Rhadamanthys, mythischer König von Kreta 43, 50
Rhamnus, Attika 293
Rhapsode, griechischer Sänger 94f., 104f., 125, 147
Rhea, Beiname der Großen Erdmutter auf Kreta 46, 550
Rhea (Rheia), griechische Göttin, Mutter des Zeus 550
Rhegion (Reggio di Calabria) an der Straße von Messina 118, 235f., 386, 677f.
Rhetorik, Lehre der Beredsamkeit 264, 345, 379, 469, 536, 553, 580, 583, 644, 659ff., 681
Rhetra, Große, spartanisches Gesetz 156
Rhethymnos (Rhethymna) auf Kreta 43
Rhodogune, Tochter Mithridates'I. von Parthien 511, Stammtafel 454f.
Rhodos, ionische Insel 58, 66f., 114, 118, 121, 194, 359, 364, 395, 444f., 459, 477, 479, 481, 484f., 487f., 490—493, 508, 511, 531f., 533, 540, 549, 557, 682f.

Rhossos (Kilikien) 445

Rhyton, Trinkhorn, Abb. 53
Richter, athenische 268, 272, 274f.
Ritualismus, Überbetonung des Rituellen 94
Römer 488, 514, 521, 525, 528f., 534, 580, 586ff., 621, 629, 635f., 643, 647ff., 653, 655, 660, 661, 663, 682
Römertum 644, 649
Römisches Recht 272
—, Gesetzgebung der Zwölf Tafeln 477
Römisch-syrischer Krieg (192 bis 188) 489ff.
Rohde, Erwin, klassischer Philosoph 125
—, »Psyche, Seelenkult und Unsterblichkeitsglaube der Griechen« (2 Bde. 1890—94) 125
Rom 477ff., 484, 488f., 492, 494, 496ff., 501f., 505, 521, 525f., 528f., 538, 540f., 554, 558, 580f., 599, 606, 617, 622, 636, 648ff., 659
—, Bürgerkriege (49—47, 43/42, 33—31) 518, 535
—, imperiales Sendungsbewußtsein 587, 650
—, Kaiserzeit 599, 631, 633, 636, 643, 659
—, Staat 13, 87, 119, 200, 383, 459, 477f., 480f., 484—491, 496—499, 502ff., 505—510, 513f., 516ff., 535, 539, 550, 553, 570, 587, 589, 592, 599, 623, 633, 636, 643f., 659, 681f.
—, Weg nach Osten 475—516
Roman 622ff.
Rosetta-Stein, Inschrifttafel aus der Zeit Ptolemaios' V. 503
Rosette (Rosetta), Nildelta 503
Rostovtzeff, Michail Iwanowitsch, russischer Archäologe 14f.
Rotes Meer 213, 512, 532f.

Roxane, sogdische Prinzessin, Gemahlin Alexanders des Großen 427, 432, 435, 441, 443, Stammtafel 427
Ruhm in der Sicht der Griechen 600—604
Rumänien 32
Rundgrab 30, 34ff., 49, Abb. 32
Rußland 198, 279, 517, 530

S

Saale 72
Sabazios, dem Dionysos verwandter phrygischer Gott 546
Sabbat, jüdischer Ruhetag 499
Sage in Griechenland 93
Saïs, Nildelta 195

Saïten-Dynastie (26. Dynastie Ägyptens, nach Psammetich I. von Saïs im Nildelta) 195f., 563
Salaminia, athenisches Staatsschiff 323
Salaminische Elegie von Solon 166
Salamis, Cypern 259, 518, 679
—, Insel im Saronischen Golf 23, 162, 166, 223, 227, 443
—, Seeschlacht bei 232, 237, 239 bis 242, 246, 248, 252, 262, 337, 380, 390, 679
Sallust, Gaius Sallustius Crispus, römischer Geschichtsschreiber 653
Sambos am Indus, Reich des 430
Samier, ionische Griechen auf Samos 236
Sammuramat (Semiramis), mythische Königin der Assyrer 583, 653
Samniter, altitalisches Gebirgsvolk 681
Samniter-Krieg 681
Samos, Ort und Insel im Ägäischen Meer 67, 122f., 133, 144, 147, 183, 191, 193ff., 210, 217, 232, 234, 286, 333f., 340, 344, 363, 452, 456, 473f., 484, 541, 544, 560, 666, 678ff., Abb. 216
—, Abfall von 286, 303
Samothrake, ägäische Insel 457, 550, 559, 566
Sanherib (Sinachcheriba), König von Assyrien 111
Sappho, griechische Lyrikerin auf Lesbos 132, 145, 203, 630ff., 635, Abb. 632
Sardana (Sarden?), eines der Seevölker 66
Sardanapal, siehe Assurbanipal
Sarden (Sardana?), Bewohner Sardiniens 66
Sardes, Lydien 132, 151, 186, 196ff., 216, 232, 411f., 449, 472f., 475, 481, 484, 505, 522, Abb. 413
Sardinien (Sardo), Insel im Mittelmeer 30, 112, 199f., 678

Sargon II., König von Assyrien 686
Sarisse, makedonische Lanze 367
Sarmaten (Sauromaten), iranisches Nomadenvolk 507f., 514, 525
Saronischer Golf, Teil des Ägäischen Meeres zwischen Attika und Argolis 232
Satan, Thron des 570
Satibarzanes, persischer Satrap 423

NAMEN- UND SACHREGISTER

Satire (nach Ennius von *satura* [Allerlei]) 636, 647
Satrapenaufstand in Kleinasien 363
Satyr, griechischer Walddämon 295, 564, 597
Satyrspiel *(drama satyrikón)* 296
Schachtgrab **54—59**
Schadewaldt, Wolfgang, klassischer Philologe 97
Scherbengericht, siehe Ostrakismos
Schicksalsglaube, griechischer, siehe Anánke; Heimarméne; Prónoia; Týche
—, römischer, siehe Fatum; Fortuna; Necessitas; Providentia
Schiller, Johann Christoph Friedrich von, Dichter 632
Schlangensäule, Siegesdenkmal von Plataiai, *Abb. 233*
Schliemann, Heinrich, Altertumsforscher 23, 33f., 55f., 58
Schopenhauer, Arthur, Philosoph 18
Schrift, chalkidische 116
—, griechische **100—105**, 677, *Abb. 101, 103, 225*
—, hethitische 59, 100
—, Hieroglyphen 100f.
—, Keil- 59
—, Kypro-minoische 101
—, Linear-A 44, 62f., 100f.
—, Linear-B 22, 44, 62f., 100f.
—, minoische 38, 40, 44, 100f.
—, mykenische 62, 87, 100f.
—, phönikische 102, 104, 132, 677, *Abb. 103*
—, piktographische (Bilder-) 44, 62, 100
—, Silben- 44, 62, 101f.
Schuldenabschüttelung *(seisáchtheia)*, Solonische 167
Schuldknechtschaft in Athen 167
Schwarzes Meer *(Pontos Eúxeinos)* 60, 110, 120, 181, 259, 279, 286, 340, 350, 396, 442, 459f., 475, 507, 514, 528, 533, 538, 681

Scipio Aemilianus Africanus d. J., Publius Cornelius, römischer Feldherr 512, 529, 540
Scipio Africanus d. Ä., Publius Cornelius, römischer Legat 490
Scipio Asiaticus, Lucius Cornelius, römischer Konsul 490
Seelenwanderung 208, 210
Seeräuberei 217, 224, 246, 259, 339, 462, 478, 484, 493, 506, 511, 514ff., 528, 605, 682
Seevölker 65f., 72
Segesta, Westsizilien 321f., 325, 383, 680f.
Seide, chinesische 530
Sekelesa (Sikuler?), eines der Seevölker 66

Seleukeia am Tigris 522, 540, 567
Seleukeia in Pieria, Syrien 470, 475f., 496, 522
Seleukiden, makedonische Dynastie 451, 459f., **471—475**, **481—484**, 490, 495, 497, 499ff., 507, **511—517**, 521, 523ff., 533, 549, 682, *Stammtafel 454f.*
Seleukidenreich 453, 470f., 481f., 496, 507, **511—516**, 525, 535
Seleukos I. Nikator, makedonischer Heerführer, König von Syrien 429, 432, 435, **440—446**, 449ff., 453, 456f., 459, **470** bis 474, 476, 489, 567, 682, *Abb. 448, Stammtafel 454f.*
Seleukos-Kult 549
Seleukos II. Kallinikos, König von Syrien 464, 471, 473, 481, 522, *Stammtafel 454f.*
Seleukos III. Keraunos, König von Syrien 471, 481, *Stammtafel 454f.*
Seleukos IV. Philopator, König von Syrien 492, 496, 499, 522, *Stammtafel 454f.*
Seleukos, ältester Sohn Antiochos' I. 471, *Stammtafel 454f.*
Seleukos, griechischer Gelehrter aus Babylonien 542, 544
Selinus (Selinunt), Sizilien 115, 118, 194, 321, 383, 385, 677, 680f.
Sellasia, nördlich von Sparta 465, 476, 682
Sema, Bezirk im Königsviertel von Alexandreia (Ägypten) 483, 567
Semiramis, siehe Sammuramat
Semiten, Sprachfamilie der Völker Nordafrikas und des Nahen Ostens 37, 453, 524, 526
Semitische Sprache 29
Seneca, Lucius Annaeus, römischer stoischer Philosoph und Tragödiendichter aus Corduba, Spanien 584, 638, 643f.
—, »Agamemnon« (Tragödie) 643
—, »Medea« (Tragödie) 643
—, »Oedipus« (Tragödie) 643
Senegal, Fluß in Westafrika 119
Serapeion, Tempel des Serapis in Alexandreia 483, 550f., 567, 569
Serapis, ägyptischer Gott 469, 550f., 565
Sertorius, Quintus, römischer Feldherr 514
Servilius Vatia, Publius, römischer Feldherr 514
Sesklo, Fundstätte, Thessalien 30
Sesklo-Kultur (Neolithikum) 30
Sestos, Thrakische Chersones 262, 410
Seuthes, König in Thrakien 436, 442

Severus Alexander, Marcus Aurelius, römischer Kaiser 563
Shakespeare, William, englischer Dichter und Dramatiker 644
Sibirien 109
Sibylle von Kyme 116, *Abb. 116*
Sidon (Saida), Phönikien 111, 446, 484, 561, 565

Sieben Weise *(sophoí)* Griechenlands (Pithakos, Thales, Bias, Solon, Kleobulos, Periandros, Thrasybulos) 145, 163, 199, 665
Siegelschneidekunst 29, 35, 39f., **47—50**, 52, 55, 100
Sigeion am Hellespont 149, 163, 183, 185, 220
Sikinos, Kykladeninsel 166

Sikinnos, Sklave des Themistokles 232
Sikuler (Sikeler), Volksstamm in Ostsizilien 66, 235f., 328, 384, *Abb. 237*
Sikyon am Korinthischen Golf 141, 144f., 148, 295, 443, 452, 460, 463, 494, 682, *Abb. 652*
Silawald, Gebirgsstock in Süditalien 386
Silbenschrift 44, 62, 101f.
Silber 31, 34, 61, 111, 227, 329, 437, 449, 453, 487, 490, 493, 496f., 508, 530, 534f., 561, *Abb. 53*
Silbermünzen 143, 472, 483, 561, *Abb. 117, 176*
Silen, griechischer Walddämon 295, 597
Silloi, Spottgedichte in Hexametern 539

Simon der Gerechte, Hoherpriester in Juda 499
Simon, Bruder des Judas Makkabäus 500
Simonides von Keos, griechischer Lyriker 202f., 238
Sinai, ägyptische Halbinsel 416
Sine ira et studio (Tacitus), ohne Zorn und Eifer 657
Sinope am Schwarzen Meer 112, 120, 506, 514, 538

Sintflut 82, 91
Siphnos, Ort und Insel der Kykladen 193
Siris am Golf von Tarent 118
Sitalkes, makedonischer Offizier 431
Sittenlehre, siehe Ethik
Siwa, Oase in der Libyschen Wüste (Ammonion) 417f., 546, 548, 551, 681

NAMEN- UND SACHREGISTER

Sizilien 29, 35, 58f., 110, 112, 114f., 117, 121, 144, 192ff., 199, 201, 204, 208, 234–237, 279, 292, 310, 314, 321f., 324–327, 330, 380, 382f., 385f., 388f., 461, 477, 480, 483, 526, 556f., 596, 621, 643, 659, 678, 680ff., *Abb. 232, 560*
Sizilische Expedition Athens **321 bis 328**, 331, 382, 387f.
Skarabäus (Mistkäfer, Pillendreher), Amulett bei den Ägyptern 41
Skepsis, am Skamandros, Kleinasien 474
Skerdilaidas, König von Illyrien 478f.
Skione, auf der Halbinsel Pallene der Chalkidike 316, 341, *Karte 72*
Sklaverei 62, 85, 167f., 222, 236, 272, 277, 312, 328, 371, 377, 380, 408, 411, 416, 420, 462, 480, 488, 493f., 499, 506, 509, 522, 533, 583f.
—, als Hellenisierungsmittel **526 bis 529**
Skopas, griechischer Bildhauer aus Paros 339, 564, 681
Skylax von Karyanda, griechischer Seefahrer 213
Skyros, Sporadeninsel 246, 284, 344, 352, 493

Skythen (Saken), indogermanisches Nomadenvolk 122, 195, 198, 217, 220, 396, 425f., 507f., 525f.
Skythes, Tyrann von Zankle 218, 236
Slawen 72
Smyrna, Kleinasien 196, 451, 470, 474, 488, 523, 537

Snell, Bruno, klassischer Philologe 97
Söldner 196, 237f., 339f., 350, 360, 362f., 367, 410f., 413f., 418f., 422f., 431, 434, 457f., 460, 472, 476, 482, 497f,. 501, 506, 520ff.
Sogder (Sogdianer), indogermanisches Volk 425
Sogdiane, Landschaft in Nordostiran 424ff., 429
Sokrates, griechischer Philosoph aus Athen 24, **293f.**, 302, 320, 336, 343, 345, **347f.**, 373, 378, 536f., 546, 562f., 583, 585, 587f., 603ff., 608, 610ff., 638, 646f., 657f., 661, 666, 671f., 680f., *Abb. 251*
Sokratik, Sokrates' Art des Philosophierens 585, 587, 614, 627, 657, 667
Sokratiker 642, 667
Sokratische Philosophenschule 378
Soloi, auf Cypern 424

Soloi, Kilikien 538, 540, 558, 683
Solon, athenischer Gesetzgeber, einer der Sieben Weisen Griechenlands 19, 144f., **162–178,**, 180ff., 185, 188f., 193, 246, 257, 274, 277f., 294, 345, 586, 589, 590, 604, 648, 652, 678
—, Gesetzgebungswerk 172ff., 177f.
—, Gedichte 589, 604, 634
Solonische Schätzungsklassen (siehe Pentakosiomedimnoi; Hippeis; Zeugiten; Theten) 169, 224, 269, 279
Sonnenjahr 136
Sophagasenos (Saubhāgasena), König von Indien 482
Sophainetos, griechischer Söldnerführer und Schriftsteller 350
Sophía (griechisch), Weisheit 242
Sophilos, griechischer Bildhauer 565
Sophisten (*sóphisma*, List, Kunstgriff), Lehrer der Weisheit und Redekunst 211, 281, **291–294**, 298, 301, 320, 333, 342, 345, 372f., 378, 603f., 616, 627, 653
Sophokles, attischer Tragiker aus Kolonos 266, 296ff., 300, 302, 342, 601, 619, **637–646**, 652, 680
—, »Antigone« (Tragödie) 644, 680
—, »Elektra« (Tragödie) 680
—, »Oidípus Koloneús«, »Oedipus auf Kolonos« (Tragödie) 642, 680
—, »Oidípus týrannos«, »König Oedipus« (Tragödie) 619, 639f., 642ff., 680
Sophron, griechischer Mimendichter aus Syrakus 556
Sosibios, Freund des Ptolemaios IV. 482
Sosthenes, makedonischer Heerführer 457
Sostratos aus Knidos, griechischer Baumeister 532
Sotades, griechischer Satiriker aus Maroneia (Thrakien) 558
Soteria (griechisch), Erlösungsfestspiele in Delphi 458, 462
Sotion aus Alexandreia, griechischer Philosoph 537
Souveränität 270, 272
Sozialreformen, griechische 599, 605
Spanien 30, 35, 112, 200, 478, 480, 483, 632
Sparta, Peloponnes 77, **83–87**, 108, 118, 141, 152f., 155, 158f., 168, 185ff., 191ff., 198, 206, 215f., 218ff., 222, 224, 226ff., 236, 238, **241–244**, 248ff., **252–258**, 260f., 282, 286, 289, 302, 304f., 307, **310–314**, 316–319, 321, 326, **329–338**, 340ff., **344–347**, **349–361**, 363, 368, 375f., 380, 387, 390, 393, 395, 398f., 406, 446, 459ff., 463ff., 476, 479f., 484, 487f., 534, 589, 650, **678–682**, *Abb. 152*
—, Doppelkönigtum 86, 678
—, Entstehung des klassischen **150–162**
—, Friede von 360, 680f.
—, Hegemonie 215, 222, 226, 244, 248f., 252, 257, 340, 344, 357, 380, 390, 680
—, Konflikt mit Athen 243f., 249f., **252–264**, 360, 680f.
—, politische Reform 156f.
—, Seeherrschaft 336, 340f., 352
Spartaner, griechischer Volksstamm 230, 233, 282, 408, 601, 632, 647
Spartanisch-athenische Allianz 317f., 321
Spartanische Kunst 150
Spartanische Ordnung 158f., 589
Spartanisch-persischer Krieg 352ff.
Spartiaten, Vollbürger Spartas 315, 317, 338, 376, 678f.
Speckstein (Steatit), dichte Massen von Talk 50, 52
Speusippos, griechischer Philosoph aus Athen 381, 537
Sphakteria (Sphagia), Insel vor Pylos, Messenien 315, 317, 337, 679
Sphinx, mythisches Ungeheuer in der Nähe von Theben, *Abb. 124, 644*
Sphodrias, spartanischer Feldherr 358f.
Spitamenes, sogdischer Stammesfürst 425f.
Sprache, ägäische 44
—, attische 647
—, griechische 99, 102, 620, 630, 642, 677
—, ionische 102
—, lateinische 576, 622, 632, 635f., 643, 649
—, luwische 32
—, minoische 43f., 63
—, nordwestgriechische 365
—, sumerische 29
»Staat der Athener« (*Politeía Athenaíon*), politisches Pamphlet eines unbekannten Verfassers, unter die Schriften Xenophons geraten 280
Staatstheorie, griechische **588–593**
—, neuzeitliche 592f., 634
Staat und Gesellschaft in Athen 270
Stadtbürgertum 142
Stadtstaat, griechischer, siehe Polis
Stageiros (Stageira) auf der Chalkidike 122, 681

Stammesverbände in Griechenland 78 ff., 82
Stammtafeln, Antigoniden 438
—, Attaliden 447
—, Epirus 447
—, Haus der Antipater 439
—, Haus der Lysimachos 438
—, Makedonien 427
—, Pontos 439
—, Ptolemäer 466 f.
—, Seleukiden 454 f.
Stasanor aus Soloi, Fürst von Kypros 424, 435
Stater *(statér)*, ursprünglich Gewicht, dann Großeinheit griechischer Gold- und Silberwährungen, *Abb. 176*
Steatopygie, Anhäufung von Fett in den Gesäßmuskeln 46
Steingefäße 30, 34 f.
Steinschalenkultur 28
Steinsetzungen (Neolithikum) 30
Steinwerkzeuge 27, 29 f.
Steion, kultisches Getränk bei den Festen von Eleusis 92
Stele, freistehende Steinplatte 54, 56, 58, 561 f., 594, 632, *Abb. 449 464*
Stempelsiegel 29, 35, 39 f., 44, 48 ff., 52, 55
Stesichoros, griechischer Lyriker aus Himera 122, 678
Steuerwesen, Ägypten 456, 469, 483
—, Anatolien 511
—, Athen 137, 169, 224, 269, 279, 309, 329, 359
—, Römisches 508, 517 f., 535
Stierkult auf Kreta 42, **46—49**
Stilpon aus Megara, griechischer Philosoph 537, 539
Stoa Poikíle (bunte Halle), Säulenhalle in Athen 570
Stoizismus (nach Stoa Poikíle), griechische Philosophenschule des Zenon d. J. 494, 527, 536 f., **539—542**, 547, 552 f., 578, 580, 593, 605, 655, **667—673**, 682
Strabo(n), griechischer Geograph aus Amaseia in Pontos 493, 567
Strasburger, Hermann, Altertumsforscher 301
Strategen *(strategoí)*, Heerführer, in Altgriechenland oberste Militärbeamte 189, 265, 268, 307, 322, 334, 389, 398, 469 f., 472, 474, 679, 681
Straton aus Lampsakos, griechischer Philosoph 538, 543
Stratonike, Tochter des Demetrios I. 446, 451, 459, 474
Streitaxt 34, 36 f.
Streitwagen, zweirädriger mit Pferden bespannter Kriegswagen 37, 55 ff., 59, 61, 63, 78, 141, 412, 419, 490, 509, 677
Strymon (heute Struma), Fluß in Thrakien 245, 285, 365, 367 f., 370 f.

Subjektivismus 373
Sublunare Welt *(luna,* lateinisch, Mond), irdische Welt 592
Substrat, Grundschicht, Urbevölkerung 107 f.
Sudan, Großlandschaft im nördlichen Afrika 595
Sueton, Gaius Suetonius Tranquillus, römischer Historiker 604
—, »De vita caesarum« (»Lebensbeschreibungen der Caesaren«) 604
Sulla, Lucius Cornelius, römischer Feldherr und Staatsmann **508** bis **510**, 513, 515, 518, 541
Sulpicius Galus, Gaius, römischer Konsul 505
Sumerer, Volk unbekannter Herkunft 37
Sumerische Sprache 29
Sundwall, Johannes, finnischer Altphilologe 101
Susa (Seleukeia, Schuch), Iran 198, 215, 259, 350 f., 354, 415, 421, 431 f., 437
Susiane (Elam, Elymais), Landschaft in Südwestiran 437, 440, 495, 500
Sybaris im Golf von Tarent 118, 122, 201, 264, 677
Sybota-Inseln an der Küste von Epirus gegenüber der Südspitze von Korkyra 679
Sykophant (Feigenanzeiger), Verleumder, Denunziant 275, 308
Symposion, das griechische Gastmahl mit Gelage 586, 634
Syngrapheís (Aufzeichner), Verfasser von Gesetzen und Statuten in Athen 273
Synhedrion, beratende Versammlung 359, 395, 398
Synkretismus, Vereinigung verschiedener philosophischer Lehren, Religionen und Kulte 89
Synoikismos, politische Vereinigung mehrerer Städte oder Gebiete 60, 83, 249
Sýntaxis, Beitrag im zweiten Attischen Seebund 359, 395
Sýntrophos, Milchbruder, Jugendgenosse 405
Syrakus, Sizilien 115, 117 f., 192, **235—238**, 264, 310, 321, **324** bis **328**, 330, 366, 378, **382—385**, 387 ff., 414, 451, 532, 542 f., 556 f., 660, 663, 680 f., 683, *Abb. 328, 384*
Syrer, Mischvolk vorderasiatischer und orientalischer Rasse 525, 550
Syrien 28 f., 31 f., 37 f., 41, 45, 47, 59 f., 65, 71, 88, 100 f., 110, 195, 215, 421, 437, 440 ff., 445, 450,

453, 468, 470, 475 f., **481—484**, 495, 497 ff., 501, 505, 511 ff., **516—519**, 522, 524, 530 f., 549, 564, 681 f., *Abb. 448*
Syrischer Krieg, Erster (275—272) 460
—, Dritter (246—241) 464, 468, 470
Syssitien, gemeinsame Mahlzeiten der Männer in Sparta 84, 180

T

Tacitus, Cornelius, römischer Geschichtsschreiber 657
Tagundnachtgleiche 544, 548
Tainaron, Stadt und Vorgebirge in Lakonien 212
Takara (Teukrer?), eines der Seevölker 66
Talent, altgriechisches Gewicht, entspricht 60 Minen oder 6000 Drachmen 224, 288, 307, 322, 328, 385, 421, 441, 449, 480, 487, 490, 495
Talsperren 62
Tammuz, Vegetationsgott, Mesopotamien 31
Tanagra, Boiotien 258, 561, 679
Tantalos, mythischer König von Sipylos in Phrygien 155, 626
Taormina (Tauromenion), Sizilien 117
Taras, mythischer Gründer von Taras (Tarent), *Abb. 117*
Taras (Tarentum, Tarent), Süditalien 29, 59, 118, 201, 218, 264, 387, 461, 558, 677
Tarentinischer Krieg 461, 682
Tarsos (Tarsus, Antiocheia), Kilikien 29, 413, 470, 475, 520, 523 f., 540
Tartaros, im griechischen Mythos ein Bereich weit unterhalb des Hades 626
Tartessos (Tarschisch), Spanien 111 f.
Taulantier, illyrischer Volksstamm 408
Tauromenion (Taormina), Sizilien 117, 452
Tauros, Gebirgszug an der Südküste Anatoliens 445, 490, 495
Taurt (ägyptisch), Fabelwesen (Krokodil-Nilpferd) 47, 52
Taxila (Takshashilā), Punjab 429, *Karte 424*
Taygetos, Gebirge auf der Peleponnes 86, 155, *Abb. 152*
Tebtynis, Oase Fayûm, Ägypten 516

Technik *(téchne,* Kunstfertigkeit) 594, 597ff., 615
Tegea, Arkadien 249, 252
Teisias, griechischer Lehrer der Rhetorik aus Syrakus 264, 292
Tektosagen, Stamm der Galater 459
Teleologie, Lehre von der Zielgerichtetheit des Geschehens in der Natur 593, 669f.
Telephos, Sohn des Herakles, König von Mysien 566
Teles, Prediger der Kyniker 539
Tell-Halaf (Guzana), Mesopotamien 29
Tell-Halaf-Kultur 29
Telmessos, Lykien 469, 476

Temenos, mythischer Urenkel des Herakles 365
Tempe, Talschlucht des Peneios, Thessalien 229
Tempelbau in Griechenland 133, 147, 203f.

Terentius Varro, siehe Varro
Terenz, Publius Terentius Afer, römischer Komödiendichter 529, 555, 639, 648ff.
Terillos, Tyrann von Himera 236f.
Terpandros (Terpander), griechischer Lyriker und Musiker aus Antissa auf Lesbos 158
Territorialstaat 28
Tetraden, militärische Organisation in Thessalien 78
Teukrer (Takara?), eines der Seevölker 66
Teuta, Königin von Illyrien 478
Thaïs, griechische Hetäre 422
Thalassokratie (Seeherrschaft) 41, 51, 64
Thales aus Milet, griechischer Philosoph, einer der Sieben Weisen Griechenlands 145, 196, 209, 294, 611, 625, 666, 668, 678
Thapsakos am Euphrat 418

Thapsos, Nordafrika 112
Thasos, ägäische Insel 73, 120, 130, 246, 252, 316
Thassalos, Sohn des Kimon 323
Theagenes, Tyrann von Megara 144, 147, 163
Theater, griechisches 275, 278, **294–298**, 570, 642
Thebanischer Bund 495
Theben (Thébai), Boiotien 57, 59f., 64, 79, 101, 179, 226, 228, 230, 234, 257f., 341ff., **352** bis **355**, 357f., 360f., 363, 371, 390, 393, 395ff., 403, 406, 408f., 460, 465, 479, 487, 492, 495, 679ff.

Theben, Hegemonie 361f., 681

Theben, Oberägypten 513, 519, 524
Themistokles, athenischer Staatsmann und Feldherr 219ff., 226ff., 231f., 241f., **246–250**, 252, 262, 277, 287, 679, *Abb. 217, 225, 251*
Theodizee, Gottesbeweis angesichts des Bösen in der Welt 176
Theodoros von Kyrene, griechischer Philosoph 541
Theodosia (Feodosia) auf der Krim 193
Theognis, griechischer Elegiendichter aus Megara 138, 634f.
Theogonie, Entstehungsgeschichte der Götter 95, 125ff., 207
Theokrasis (Göttermischung) 207
Theokrit(os), griechischer bukolischer Dichter aus Syrakus 468, 556f., 560, 683
Theologie, christliche 629, 667f., 671
—, homerische 620, 668
—, philosophische 577, 581f., 598, 669
Theophrast(os), eigentlich Tyrtamos, griechischer Philosoph aus Eresos auf Lesbos 377, 538, 544, 555, 655, 666, 683
—, »Geschichte der Pflanzen« 538, 544
Theopompos, griechischer Geschichtsschreiber von Chios 372, 657f.
Theoría (das Schauen), das geistige Erschauen und Betrachten der Dinge **609–616**
Theoríai (die Zuschauer) 610
Theoriká (Schauspielgelder), an die Bürger Athens gezahlter Beitrag (2 Obolen) zum Theaterbesuch 275
Theorikón, Kasse für die Schauspielgelder *(theoriká)* in Athen 392
Theoxene, Tochter der Berenike 448
Thera, Stadt und Insel der Kykladen 58, 101, 104, 114, 193f.
Theramenes, athenischer Feldherr und Politiker 344, 346, 348
Thermopylai (warme Pforten), Engpaß zwischen dem Kallidromos-Gebirge und dem Gol von Malia 105, 191, 203, 229f., 241, 246, 458, 490, 679, 682, *Abb. 228*
Thermos, Aitolien 479
—, auf Lesbos 34
Theron, Tyrann von Akragas 236f.
Theseus, griechischer Held 182, 246, 557, 584, 601, *Abb. 181*
Thespiai, Boiotien 472, *Abb. 125*
Thespis von Ikaria, Schöpfer der griechischen Bühne 295, 297

Thessaler 74, 82, 345, 370, 403f. 410, 420, 422, 462, 487
Thessalien, Landschaft in Griechenland 27f., 30, 32, 57, 59, 67, 73f., 76, 78, 81f., 106, 108, 183, 191f., 199, 217f., 226, 229, 232, 249, 252, 258, 340, 345, 361f., 364, 381, 403, 406, 408, 436, 448f., 458, 477, 480, 486f., 548, 677, 681

Thessalischer Bund 406, 462, 487
Thessalonike, Halbschwester Alexanders des Großen, Gemahlin Kassanders 441, 446, *Stammtafel 427, 439*
Thessalos, Sohn des Peisistratos 183
Theten *(thétes,* Taglöhner), vierte und unterste Einkommensklasse in Athen 77, 138, 169f., 188, 227, 247, 279
Thibron, Adjutant des Harpalos 431, 436
Thiouis, Beiname der Isis 550
Thora (Tora Pentateuch), die fünf Bücher Mose 498
Thot, altägyptischer Mondgott 551f.
Thraker, indogermanisches Volk 72, 81, 89, 285, 369f., 394, 407, 410, 434, 462, 483, 491, 506, 509, 514, 525, 550, 681

Thrakien, Landschaft der Balkanhalbinsel 32, 73, 120, 179, 199, 217, 220f., 245f., 316, 364, 367, 370f., 395f., 403, 408f., 412, 434ff., 442, 445, 451, 453, 456, 459f., 468, 506, 508f., 521, 525, 678f., 681
Abb. 448
Thrakische Chersones, siehe Chersones
Thrakischer Krieg 517
Thrasybulos, athenischer Feldherr und Politiker 346ff., 354
Thrasybulos, Tyrann von Milet, einer der Sieben Weisen Griechenlands 144
Thrasymachos, Sophist aus Chalkedon 366
Thukydides, Sohn des Melesias, athenischer Politiker 263f., 300
Thukydides, Sohn des Oloros, griechischer Geschichtsschreiber aus Athen 24, 116, 123, 184, 242, 246, 261, 266, 282, 289, **298, 300**ff., 304, 307, 309, 311ff., 316, 321, 324, 380, 390, 492, 553, 653, 656f., 680, *Abb. 251*
—, »Geschichte des Peloponnesischen Krieges« 680
—, »Melierdialog« 321
—, »Rede des Perikles vor den Gefallenen« 282

NAMEN- UND SACHREGISTER

Thurioi (Thurii), Unteritalien 264, 291, 300, 368
Thutmosis III., Mencheperrê, König von Ägypten 43
Thyateira, Kleinasien 484
Thyestes, Sohn des Pelops, Bruder des Agamemnon und Vater des Aigisthos 640
Tiberius Claudius Nero, als Kaiser Tiberius Iulius Caesar, römischer Kaiser 628
Tibull(us), Albius, römischer Elegiendichter 588, 635
Tieion, Stadt des Nordbundes 457, 472
Tier in der Antike 575, 576, 593 ff., 597, 604, 607
Tierkult, ägyptischer 586
Tigranes, König von Armenien 508, 513—516
Tigranokerta, Armenien 514 f.
Tigris, 418 f., 432, 539, 567, 681
Timaios, griechischer Geschichtsschreiber aus Tauromenion 452, 477
Timarchos aus Milet, syrischer Statthalter 501
Timokratie (*timokráteia*), Staatsform mit Abstufung der Rechte und Pflichten nach Einkommen und Vermögen 169 f., 591
Timoleon, Feldherr und Staatsmann aus Korinth 389, 681
Timon von Phlios, griechischer Philosoph und Dichter 539
Timotheos, athenischer Bürger 551
Timotheos, athenischer Flottenführer und Staatsmann 363
Timotheos, athenischer Bildhauer 681
Tiribazos, Satrap von Lydien 353
Tiryns, Argolis 35 f., 65 f., 82, 101, 249, *Abb.* 57
Tissaphernes, Satrap von Lydien 331 f., 335, 351 ff., 562, 680
Titanen, im griechischen Mythos das gewaltige ältere Göttergeschlecht 91, 96, 126, 626 f., 652
Titanomachie, Titanenkampf 126, 626, 652
Tithonos, mythischer Sohn des Laomedon, Königs von Troia 154
Tobiaden, Geschlecht der Ammoniter 470, 498
Tobias, Fürst in Ammon 535
Tocharer (Tokharer, Yüe(h)-chih) 500
Töpferei 29, 31, 34, 36, 39, 52, 61, 677
Tolistoager, Stamm der Galater 459, 472
Tolmides, athenischer Feldherr 258, 679

Tomi (Tomoi), Westküste des Schwarzen Meeres 193
Torone, auf der Halbinsel Sithonia der Chalkidike 341
Totenkult auf Kreta 47, 49 f.
Totenschädel-Kult 28
Toxikologie, Lehre von den Giften 544
Toynbee, Arnold Joseph, englischer Historiker und Geschichtsphilosoph 87, 162
Tragik, das Tragische 618 f., 638 bis 641, 644 f.
Tragödie (*trágos*, Bock; *odé*, Gesang), attische 147, 182, 241, 281, 294—298, 302, 324, 342, 552, 554, 586, 601, 619, 621, 623, 631, 637—646, 652
—, französische 644
—, römische 638, 643 f., 648
Traller, antikes Volk der Balkanhalbinsel 524
Trapezunt am Schwarzen Meer 120
Trasimenischer See, Etrurien 479
Triballer, Volksstamm in Thrakien 407
Tribus (Gau, Bezirk), im alten Rom die Unterabteilungen der gesamten Bürgerschaft 529
Tribut (*phóros*) im ersten Attischen Seebund 244 f., 259, 263, 283, 288, 309, 329, 359
Trierarchie (griechisch, Trierenführung), Übernahme des Baues und der Führung eines Schiffes durch reiche Bürger 430, 599
Triere (*triéres* lateinisch *triremis* »Dreiruderer«), Kriegsschiff der Griechen und Römer mit 170 Ruderern in drei übereinander angeordneten Reihen 266, 278, 286, 322, 325, 532
Triparadeisos, Nordsyrien 437
Triphylien, Landschaft auf der Peloponnes 101
Tripolis, Phönikien 414
Triptolemos, Sohn des mythischen Königs Keleos von Eleusis, *Abb.* 609
Troas, Landschaft in Westkleinasien 250, 470 f., 474, 538
Trogus, Pompeius, lateinischer Schriftsteller 452, 658
Troia (Ilion) 15, 22, 33 ff., 38, 60, 64 f., 72, 95, 140, 224, 324, 410, 428, 450, 474, 480, 548, 558, 580, 617 ff.
Troianischer Krieg 64, 66, 602
Troianisches Pferd 64
Trokmier, Stamm der Galater 459
Troubadour, provenzalischer Minnesänger 632

Tryphaina, Tochter des Ptolemaios VIII. 512, *Stammtafel 454 f., 466 f.*
Tryphon, seleukidischer Offizier und Beamter 500, 511
Tschat al Hüyük, Ostanatolien 29
Tschenstochau (Czenstochau), Wallfahrtsort in Polen 90
Türkei 371
Tumulus, vorgeschichtliches Hügelgrab 36, 54, 58
Tunis, Nordafrika 112
Turkmenien (Turkestan) 198
Tyana, Kappadokien 563
Tyche, griechische Göttin des Glücks und des Zufalls 239, 565, 579, 623, 655
Tylis, keltisches Königreich 459, 481, 525
Tylissos auf Kreta 43, 63
Tyrannenmord in Athen 183 f., 377
Tyrannis, griechische 116, **142** bis 150, 176 ff., 180 ff., 184 f., 190 f., 198, 214, 220, 225, 235, 238, 265, 271, 284, 289, 309, 373, 377, 384 f., 387 ff., 442, 591 f., 604 f., 678
Tyras, Stadt und Fluß (Dnjestr), Südrußland 120, 193, 677
Tyros (Ssurru), Phönikien 66, 111, 415 f., 418, 422, 424, 442, 446, 548, 681
Tyrrhenisches Meer, Teil des Mittelmeeres 118
Tyrtaios (Tyrtaeus), griechischer elegischer Dichter 152 ff., 634

U

Ugarit am Vorgebirge Ras Schamra 101
Ungarn 32
Universalismus (Weltherrschaftsanspruch) des Perserreichs 217, 223, 227, 235, 239, 250
Ur (heute al Mugier), Mesopotamien 35
Uranos, der Himmel, im griechischen Mythos personifiziert als Gatte der Ge (Erde) und Vater der Titanen 626
Urartu (Uruatru, Bia), Reich der Chalder in Armenien 195
Unsterblichkeit in der Sicht der Griechen 600—603, 610
Utica, Nordafrika 112
Uxier, Volksstamm im Zagrosgebirge 421 f.

V

Valerius Flaccus, Lucius, römischer Konsul 510
Vandalen, ostgermanisches Volk 66

Varro, Marcus Terentius, römischer gelehrter Schriftsteller 539, 649
Vasenmalerei, griechische 181, *Abb. 96, 181, 184, 209, 248, 304, 593, 596, 608, 644, 653*
—, mykenische 61
Vasiliki, Ostkreta 39
Vaterrecht 36, 45, 677
Vathypetron auf Kreta 43
Vegetarismus (*vegetus*, gesund), antiker 211, 595
Venedig 201
Ventris, Michael, englischer Architekt und Sprachforscher 44, 62f., 101
Verbannung in Athen, siehe Ostrakismos
Vergil, Publius Vergilius Maro, römischer Dichter aus Andes bei Mantua 529, 557f., 617f., 621f., 628, 632
—, »Aeneis« (»Das Buch von Aeneas«) 617, 622
—, »Georgica«, Lehrgedicht über den Landbau 628
Vermögensrecht, griechisches 278
Verres, Gaius Cornelius, römischer Beamter 661
Ver sacrum (lateinisch, heiliger Frühling), altitalischer Brauch, in Notzeiten den Göttern den ganzen Nachwuchs eines Frühlings (Feldfrüchte, Vieh und Kinder) zu weihen, wobei die Kinder, sobald sie erwachsen waren, auswandern mußten 114
Via Egnatia, antike Straße von Epidamnos nach Byzantion 494, *Abb. 493*
Viehzucht 27–30, 36, 66

Vita activa (besonders in christlichen Orden), die »praktisch tätige Lebensweise« 600
Vita contemplativa (»betrachtende Lebensweise«), der Gegensatz zur Vita activa, dem tätigen Leben 588, 600, 610, 615
Vitruvius Pollio, Marcus, römischer Baumeister 569
Völkerwanderung 87
Volkssouveränität, attische 270, 272
Volksversammlung in Griechenland, siehe Ekklesia
Vorderasiatische Kulturtrift 28 bis 32, 677
Vorderasien 28f., 34, 37, 41, 45f., 51, 194
Vorderer Orient 12f., 71, 102, 107, 110f., 119, 204
Vorderindien 29
Vorsehung, göttliche (*prónoia*; *providentia*) 113, 580, 593, 623, 663

Vorsokratiker 588, 610, 629
Vulci, Etrurien, *Abb. 209*

W

Wace, Alan John Bayard, englischer Archäologe 33
Waffen und Ausrüstungsstücke, antike, *Abb. 492, 504*
Währungssystem in der hellenistischen Welt 533f.
Wagner, Richard, Komponist 645
Wahlzulassungsverfahren *(dokimasía)* in Athen, passives 173
Walliser, Bewohner des Kantons Wallis der Schweiz 74
Wan- (Thospitis-) See, Armenien 195
Wardar (griechisch Axios), Fluß in Makedonien 365

Weber, Max, Soziologe und Volkswirtschaftler 272
Weichsel, Fluß in Nordeuropa 119
Weihgeschenke, griechische 237, 287, 632f., *Abb. 544*
Wein, in der Antike 593, 596, *Abb. 528*
Weltliteratur, Begriff von Goethe 618, 635, 646
Weltschöpfungslehre, christliche 582, 629
Weltseele 669f.
Westeuropa 433
Wilamowitz-Moellendorf, Ulrich von, klassischer Philologe 21
Winckelmann, Johann Joachim, Archäologe 20
Wirtschaft, Attika 175f., 181
—, Kreta 50f.
— und Technik in hellenistischer Zeit 530–535
Wissenschaft, griechische **542** bis **546, 609–616**, 627f., **662–676**, 683
—, moderne 615
Wunder der griechischen Götter 577f., 582
Wurfmaschinen, antike 531, 543, *Abb. 529*

X

Xanthippos, athenischer Feldherr 247, 262
Xenokrates aus Chalkedon, griechischer Philosoph 537, 539
Xenophanes, griechischer Dichter und Philosoph aus Kolophon 210, 628f., 672
—, »Peri phýseos«, »Über die Natur« (Lehrgedicht) 629
Xenophon, griechischer Romanschriftsteller aus Ephesos 622

Xenophon, griechischer Schriftsteller aus Athen 280, 341, **350**, 378, 553, 583, 587, 599f., 623, 647, 657, 681, *Abb. 351*
—, »Anábasis« 350
—, »Apomnemoneúmata« (»Memorabilia«, »Erinnerungen an Sokrates«) 599f.
—, »Kyropädie« 378
—, »Oikonomikos« 583
Xerxes I. (Chschajarscha), König von Persien 184, 223, 225, 228f., 231f., 234, 237, 239, 243, 249f., 252, 255, 331, 365, 399, 415, 421f., 509, 632, 652, 678, *Abb. 224*
Xerxes II., König von Persien 331

Y

Yale-Universität, Ausgrabungen 523
Yüe(h)-chih (chinesisch), Tocharer 500

Z

Zab, Unterer (Kleiner) 418
Zagros, Hochgebirge in Westiran 421f., 441, 500
Zakynthos, Ort und Insel im Ionischen Meer 193
Zaleukos, Gesetzgeber von Lokroi 145
Zankle (später Messene, Messana, heute Messina), Sizilien 115, 117f., 218, 235f.
Zarathustrismus 548
Zeitalter, in der antiken Sage vier (Ovid) oder fünf (Hesiod) Epochen der Menschheitsgeschichte 627
Zeitrechnung, Griechen 135f., 617, 650
—, Parther (von 248/247 v. Chr.) 471
—, Seleukiden (von 312/311 v. Chr.) 471
Zenodotos aus Ephesos, griechischer Grammatiker 559
Zenon aus Kaunos, Verwalter bei Ptolemaios II. 522, 524, 535, 540
Zenon d. J. aus Kition, griechischer Philosoph 537ff., 553, 558, 601, 667, 673, 682
Zensus, Vermögen, Vermögensschätzung in Athen 169f.
Zephyrion, Kap, Süditalien 118
Zeugiten (*zeugítes*), Gespannführer), dritte Einkommensklasse in Athen, freie Bauern 168ff., 269, 279, 329

Zeugungshelfer 161
Zeus, griechischer Gott 54, 78, 88f.,
    91, 96, 126f., 129, 133, 164, 181,
    229, 265, 298, 378, 468, 504,
    540, 548, 551, 557f., 564f., 569,
    579ff., 605, 626f., *Abb. 448, 576,
    652*
—, Ktesios 89
—, Megistos 568
—, Meilidrios 89

Zeuxis (Zeuxippos), griechischer
    Maler aus Herakleia, Unter-
    italien 339, 366
Zeuxis, Statthalter in Sardes 484
Ziaëlas, König von Bithynien 472f.
Zinn 33, 530
Zins in Griechenland 137
Zionismus, Bewegung zur Errich-
    tung eines autonomen jüdischen
    Staates in Palästina 498

Zipoëtes, König von Bithynien 457
Zoologie 544f., 595f., 614, 668
Zoologische Gärten, griechische 595
Zóon politikón, Mensch als ein der
    Staatsgemeinschaft verhaftetes
    Wesen (Aristoteles) 587
Zweistromland, siehe Mesopota-
    mien
Zyguries, Argolis 65
Zyniker, siehe Kyniker

QUELLENVERZEICHNIS DER ABBILDUNGEN

Die Aufnahmen stammen von: Erling Albrectsen, Odense (428, 429) – Fratelli Alinari, Florenz (393, 473) – American School of Classical Studies, Athen, Agora Excavations (225 o.) – Pierre Benoit, o. p., Jerusalem/Jordan (493) – Paul Bijtebier, Uccle-Brüssel (449) – Bildarchiv Foto Marburg (57, 140 u., 180, 208, 329, 576) – Paul Boissonnas, Genf (80) – Maurice Chuzeville, Paris (505) – M. B. Cookson, Institute of Archaeology, London, Leeds-London Expedition to Motya (385) – Prof. Georges Daux, Athen (464) – A. H. Detweiler über Prof. George M. A. Hanfmann, Cambridge/Mass. (413) – Deutsches Archäologisches Institut, Athen (101, 125, 216, 225 u., 265, 289, 609, 652) – Deutsches Archäologisches Institut, Berlin (100) – Deutsches Archäologisches Institut, Rom (217) – Alison Frantz, Athen, nach Gisela M. A. Richter »The Archaic Gravestones of Attica«, 1961, Phaidon Press Ltd., London (124) – Dr. Georg Gerster, Zürich (108, 305) – Prof. Walter Hege, Staatliche Kunsthalle, Karlsruhe (576/577 innen) – Konrad Helbig, Frankfurt a. M. (89, 236, 237, 328, 384, 568, 616, 664) – Dr. Hellmut Hell, Reutlingen (229, 472, 529) – Hirmer Verlag München (32, 37, 44, 45, 53, 56 innen, 109, 132, 209, 248, 412, 569, 577, 593, 653, 665) – Kurt Julius, Hannover (88) – Prof. Doro Levi, Athen (36) – Enrico Mariani, Como (133, 288) – Leonard von Matt, Buochs/Schweiz, aus »Großgriechenland«, 1961, Echter-Verlag, Würzburg (116, 117, 181, 189, 544, 645) – Heinz Müller-Brunke, Grassau/Obb. (57 innen, 141, 153, 188, 228) – Dr. Detlef M. Noack, Berlin u. Madrid (492) – Oriental Institute of the University, Chicago (224) – Hans Reger, München (176, 177, 448, 465) – H. Romanowsk, Warschau, über Prof. Dr. K. Michalowski, Warschau (528) – C. L. Schmitt, München-Solln (81) – Jutta Tietz, Berlin (608, 644) – Ullstein Bilderdienst (152) – University of Mississippi (392) – O. Væring, Oslo (249) – Dr. N. Verdelis, Athen (56) – Alle anderen Fotos verdanken wir den in den Bildunterschriften genannten Museen und Archiven.

Deutsche Geschichte
im Ullstein Taschenbuch

Ein Gesamtbild deutscher Geschichte vom Mittelalter bis in unsere Zeit in Einzeldarstellungen und thematischen Ergänzungsbänden

Herausgegeben von Walther Hubatsch

Walther Hubatsch
Deutschland im Weltkrieg 1914-1918

Deutsche Geschichte Band 5

Die weltgeschichtlichen Kräfte / Kriegsreife / Bündnisgruppierungen 1871 bis 1914 (Zeittafel) / Ausbruch des Krieges / Automatik der Mobilmachung 1914 (Zeittafel) / Kräfte und Befehlsstruktur / Krieg der Mitte nach zwei Fronten / Lage Ende 1914 / Erfolge gegen Rußland 1915 / Kampf um die Mittelmeerposition / Im Kulminationspunkt / Materialschlachten und Massenangriffe 1916 / Innenpolitische Wandlungen / Kriegsziele und Friedensbemühungen / Spannung mit Nordamerika / Kriegsjahr 1917 / Von Brest-Litowsk nach Compiègne / Am Ende einer Epoche

Hans Herzfeld
Die Weimarer Republik

Deutsche Geschichte Band 6

Weimarer Demokratie 1919–1933 / Errichtung der Republik: Nationalversammlung und Verfassung von Weimar / Friedensvertrag und Friedensschluß / Erste Krisen und Kapp-Putsch 1919–1920 / Reparationsfragen und »Erfüllungspolitik« 1921/22 / Ruhrbesetzung und das »große« Ministerium Stresemann 1923 / Anfänge der Konsolidierung: Dawes-Plan 1924/25 / Locarno-Politik und Young-Plan 1925–1929 / Weltwirtschaftskrise und Wendung zum autoritären Staat: die Regierung Brüning 1929–1932 / Auflösung der Weimarer Republik Mai 1932 bis Januar 1933

Politik- und Sozialwissenschaft im Ullstein Taschenbuch

Klaus Epstein
Matthias Erzberger und das Dilemma der deutschen Demokratie

Ullstein Buch 3227

Diese Biographie gehört zu den bekanntesten Veröffentlichungen des 1967 verstorbenen jungen Historikers. Epstein untersucht Leben und Wirken Erzbergers (1875–1921), jenes zwielichtigen und von seinen Zeitgenossen vielfach mißdeuteten deutschen Politikers.

Klaus Epstein
Vom Kaiserreich zum Dritten Reich
Geschichte und Geisteswissenschaft im 20. Jahrhundert

Ullstein Buch 2949

Der Historiker Klaus Epstein galt als eine der großen Hoffnungen der deutschen und der amerikanischen Geschichtsschreibung. Nach seinem tragischen Tode 1967 wurden seine bisher weit verstreuten kritischen und interpretierenden Rezensionsarbeiten in einer repräsentativen Auswahl zusammengestellt. So entstand dieser Band, der eine einzigartige Einführung in die jüngste deutsche Geschichte darstellt und das widersprüchliche Bild, das die Historiker gezeichnet haben, überschaubar macht.